U1069671

# 互联网金融年鉴2014—2016

# Reports on Internet Finance (2014-2016)

BR互联网金融研究院 主编

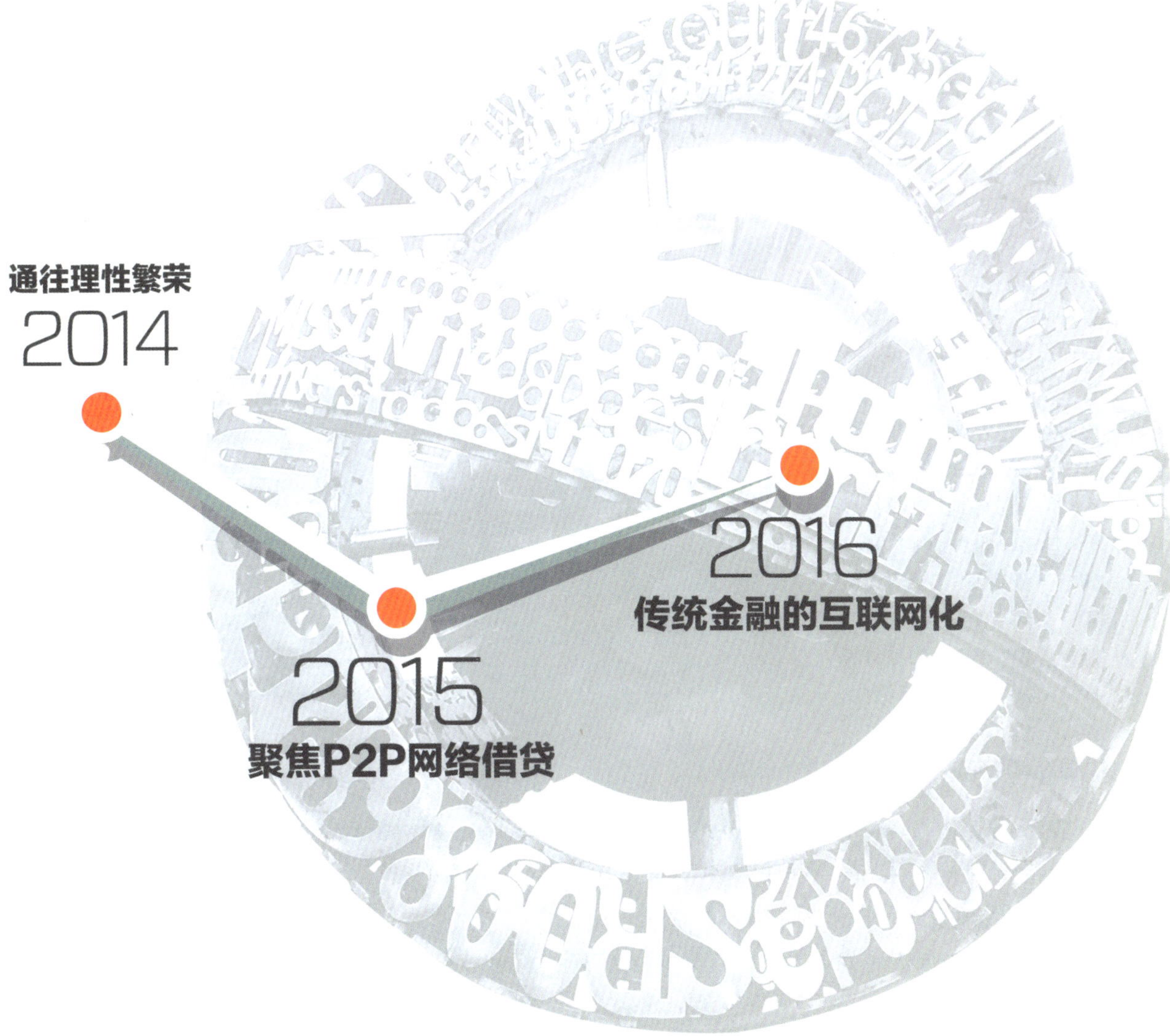


中国经济出版社
CHINA ECONOMIC PUBLISHING HOUSE

图书在版编目（CIP）数据

互联网金融年鉴.2014—2016 / BR互联网金融研究院主编

北京：中国经济出版社，2017.3

ISBN 978-7-5136-4634-5

Ⅰ. ①互… Ⅱ. ①B… Ⅲ. ①互联网络—应用—金融—中国—2014-2016—年鉴 Ⅳ.①F832.2-54

中国版本图书馆CIP数据核字（2017）第042082号

责任编辑　姜　静
责任印制　马小宾
封面设计　宫　燕　于　静

出版发行　中国经济出版社
印 刷 者　北京艾普海德印刷有限公司
经 销 者　各地新华书店
开　　本　889mm × 1194mm　1/16
印　　张　28.75
字　　数　805千字
版　　次　2017年3月第1版
印　　次　2017年3月第1次
定　　价　588.00元
广告经营许可证　京西工商广字第8179号

**中国经济出版社** 网址www. economyph.com　社址 北京市西城区百万庄北街3号　邮编100037

本版图书如存在印装质量问题，请与本社发行中心联系调换（联系电话：010-68330607）

**版权所有　盗版必究**（举报电话：010-68355416　010-68319282）

国家版权局反盗版举报中心（举报电话：12390）　　服务热线：010-88386794

## 联合出品

Boao Review 博鳌观察　　清果金服 Olive Financial

## 编委会

| | |
|---|---|
| 总顾问 | 谢　平 |
| 顾问委员会 | 洪　斌　王　东　高　嵩　徐井宏　王子康　毛增余　黄黎明 |
| 总策划 | 宋功武 |
| 主编 | 欧阳海燕 |
| 编委会成员 | 何　珊　倪经纬　邹传伟　李　洋　史晓晨 |
| | 姚静峰　周厚兴　姜　静　马　骏　魏　颖 |
| 研究助理 | 唐　阳　胡书欣　杨鑫杰　王玉雪 |
| 联合研究单位 | BR 互联网金融研究院 |
| | 南湖互联网金融学院 |
| | 盈灿咨询 |
| 互联网金融法律支持机构 | 北京市京翰律师事务所 |

# Foreword I
# 序言一

周文重
博鳌亚洲论坛秘书长

互联网、大数据、云计算等信息化技术与传统金融不断融合，为金融市场带来全新活力，日益成为创新驱动发展的先导力。

2012 年 4 月，强调传统金融与互联网创新相互融合的“互联网金融”概念首次被提出。4 年来，互联网金融的发展日新月异，行业创新层出不穷，对于信息化技术的应用亦延伸至大数据、人工智能、移动互联等一系列领域。

## 信息化技术驱动金融创新

纵观当前科学技术的发展，信息化技术可谓异军突起。人类社会先后经历了三次工业革命，眼下正迈入以一系列创新科技为代表，以移动互联网、大数据、人工智能等信息技术为核心的“工业 4.0”时代。

2016 年 7 月，中共中央办公厅、国务院办公厅印发的《国家信息化发展战略纲要》指出“全球信息化进入全面渗透、跨界融合、加速创新、引领发展的新阶段”。随着信息技术，尤其是互联网技术应用的不断深化，其在现代化建设全局中的引领作用日益凸显，对世界经济发展起到了广泛而深刻的影响。

科技是创新的重要驱动力。2012 年以来，以“互联网金融”为代表的新金融概念愈发广泛地被提及，基于信息化技术的金融创新不断涌现，金融服务的基础设施也在发生改变。互联网技术给金融行业带来了两个层面的影响：一是技术层面，支持金融产品和业务的不断创新，使金融服务的效率更高、成本更低、风险更小；二是理念层面，倡导共享、平等、公开、透明、自由的精神，以用户为核心，提供多样化、定制化、便利化的普惠金融服务。

中国传统金融业也开始逐步加速向互联网模式转型，极大地拓展了传统金融市场的服务范围，有效服务于之前往往被忽略的“长尾客户”。传统金融机构与新兴互联网金融机构正在展开多元化合作与良性竞争，呈现出相互融合、百花齐放的态势。

## 从野蛮生长到规范发展

随着互联网金融行业的不断发展，诸如技术、资金、法律等方面的风险也随之而来。2015 年可谓互联网金融监管元年。《关于促进互联网金融健康发展的指导意见》《国务院关于积极推进“互联网 +”行动的指导意见》等一系列监管措施的出台奠定了互联网金融长足发展的基础，也定下了互联网金融发展与监管“鼓励创新、防范风险、趋利避害、健康发展”的总体基调。

2014年以来，“互联网金融”已连续3年写入政府工作报告，体现出政府层面对互联网金融发展的高度重视与支持。2014年3月，中国国务院总理李克强在政府工作报告中指出：促进互联网金融健康发展，完善金融监管协调机制……让金融成为一池活水，更好地浇灌小微企业、“三农”等实体经济之树。这是国家层面第一次给予互联网金融以肯定。2016年，李克强总理在政府工作报告中指出“规范发展互联网金融”，强调“扎紧制度笼子，整顿规范金融秩序，严厉打击金融诈骗、非法集资和证券期货领域的违法犯罪活动，坚决守住不发生系统性区域性风险的底线”。关注点从2014年的“促进”转变为2016年的“规范”，政策指向愈发明确。

互联网金融在中国飞速发展的根本原因，在于金融抑制造成的普惠金融供给不足，导致社会巨大的融资需求无法得到满足。一方面，互联网金融可以通过信息化技术强化风险甄别、降低小微企业及个人的融资成本，进而推进普惠金融发展的深度及广度。另一方面，法律法规的不健全、金融基础设施建设的不牢固、投资者的不完全理性，亦为行业带来了诸多隐患。

相比之下，欧美等发达国家自20世纪90年代起即开始将互联网等信息技术与传统金融业务相结合，在发展过程中不断完善监管条例，规范行业标准，已形成较为成熟的监管体系。在这方面，中国亟须加强与其他国家的国际交流与合作，积极借鉴欧美等发达国家的成功经验。相信在未来，随着行业监管框架的出台及落实、金融基础设施的不断完善、行业自律的不断强化，中国互联网金融亦将迈向规范，成为全球范围内参与国际竞争与合作的重要力量，在提供信息技术服务与产品设计的同时，提升中国金融资源的全球配置能力。

## 博鳌亚洲论坛助推互联网金融健康发展

博鳌亚洲论坛自2013年起关注互联网金融行业的创新与发展，共举办十余场与互联网金融、普惠金融、小微金融、农村金融、共享经济相关的年会分论坛。分论坛嘉宾涵盖国内外专家学者、监管机构代表、企业领袖，共同探讨国内外互联网金融实践、监管困境及发展态势。未来，博鳌亚洲论坛还将持续关注互联网金融领域的发展创新以及信息化技术为金融市场带来的创新改变，并在促进该领域的国际交流和推动行业健康发展方面发挥积极作用。

《博鳌观察》作为博鳌亚洲论坛的官方杂志，从2013年开始，针对互联网金融话题，连续4年成立专项课题组，展开深入研究，并通过论坛年会发布具有前瞻性的互联网金融年度系列报告。

《互联网金融年鉴2014—2016》以历年《互联网金融报告》为基础，融入新观点、新内容，以期忠实反映互联网金融从野蛮生长走向规范发展的3年之变，翔实记录3年来的行业历程及政策走向，以飨读者并资借鉴。

2017年1月

谢平
清华大学五道口金融学院教授

互联网金融受到了越来越多的关注，传统金融机构和新兴互联网金融机构纷纷加码互联网金融，金融科技、数字普惠金融等一系列概念也被提了出来。技术的进步和监管的完善将为互联网金融铺设一条健康的发展之路，让更多人享受到安全、便捷的金融服务。

## 传统金融机构——改革，势在必行

互联网金融大大降低了传统金融机构的风险损失，提高了传统金融机构的运营效率。因此，传统金融机构有极大的动力将金融业务布局到线上。

据统计，2015 年我国个人网银用户比例已经达到 40%，企业网银用户比例为 73%。2015 年个人手机银行同比增长 81%，64% 的企业经常使用手机银行[1]。直销银行在近几年也发展迅速，截至 2016 年 3 月 1 日，已有 55 家商业银行推出直销银行服务；保险业的互联网化进程同样成绩喜人，2015 年互联网保险的保费收入几乎是 4 年前的 70 倍，通过互联网渠道获得的保费收入占到了整个保险行业保费收入的 9.2%；货币基金是互联网基金的“宠儿”，其销售规模最大，2016 年第二季度互联网“宝宝类”产品对接的货币基金产品总规模超过 1.71 万亿元；对于信托行业来说，业务的线上布局在一定程度上降低了信托的门槛，提高了信托的流动性，加快了资产的多元化布局；股票经纪业务的互联网化改造更为迅速，目前 95% 以上的股票经纪业务通过互联网完成交易。

传统金融机构拥有完善的金融基础设施、丰富的行业经验、大量的客户数据，在“互联网 + 金融”的模式中享有得天独厚的优势；其运营方式和风控能力也有利于行业的健康稳定发展，为监管部门减轻压力。但很多传统金融机构并不能完全适应互联网化的大潮，体制机制不灵活、组织架构不合理、思维僵化、冗余的物理网点和人员在很大程度上影响了运营效率，阻碍了其互联网化改造，要改变这些根深蒂固的运作模式需要付出巨大的努力。

## 新兴互联网金融机构——规范，必经之路

电子商务网站、社交平台、通信公司、电子公司等积极布局互联网金融行业，

1 中国金融认证中心 . 2015 中国电子银行调查报告 [R]. 2015-12-03.

为互联网支付、网络借贷、股权众筹融资、互联网消费金融等新兴金融模式注入了新鲜血液。

互联网支付是互联网金融不可或缺的重要支柱，对互联网金融起着基础性作用。2016 年第三季度互联网支付累计交易额已经超过 433.93 万亿元 [1]，结合可穿戴设备、生物识别、虚拟现实等技术，人们的支付行为变得更加便捷。不过在 P2P 网络借贷方面，2016 年 6 月底较半年前，正常运营的平台数量减少了 246 家 [2]，这恰恰显示了原本野蛮生长的 P2P 网络借贷迎来良性发展阶段。股权众筹行业整体发展趋势良好，其筹资规模在 2016 年 6 月末已经达到了 100 亿 ~120 亿元。互联网消费金融市场也一片向好，交易额在 2015 年达到了 1375 亿元，同比增长 454%[3]。

互联网新兴金融机构多采取扁平化的组织结构，天生适应互联网，所以不需要进行大刀阔斧的改革。但是新兴互联网金融平台却缺乏完善的法律制约，是行业乱象的主要制造者。

“船小好调头，船大好顶浪”。传统金融机构和新兴互联网金融机构各具优势。互联网金融行业中的新兴机构在调整时更灵活，而传统金融机构则有更强的风险抵抗能力。

## 新技术，新金融

互联网金融的高效对传统金融体系产生巨大冲击。以支付为例，传统的支付形式已不能完全适应互联网金融的新需求，第三方支付、移动支付、数字货币、区块链等概念应运而生，打破了人们对支付的传统观念。

互联网金融的随时随地性对支付的效率提出了更高的要求，第三方支付和移动支付较好地迎合了互联网金融的需求。2016 年第三季度，第三方互联网支付的交易规模是 26.34 万亿元，同比上涨 105.82%，同期中国移动支付交易规模已经达到 35.33 万亿元，同比增长 94.45%[4]。NFC、HCE、Token 等技术加速了移动支付的发展，目前银行、第三方支付平台、移动运营商，甚至电子产品公司等均加码移动支付，“云闪付”“Apple Pay”“Samsung Pay”“MI Pay”等一系列移动支付产品蜂拥而至，移动支付行业竞争异常激烈。可穿戴设备、生物识别技术等与移动支付的深度结合将为人们带来全新的支付体验。第三方支付和移动支付大大减少了支付的成本，提高了支付的效率，无缝支付的梦想变得触手可及。

数字货币的诞生极大地降低了交易成本，提高了效率，减少了欺诈，但数字货币也面临着公信力不足、应用范围有限等问题，数字货币的滥用甚至有可能削弱政府部门对货币的控制力。由货币当局来发行法定数字货币可以有效解决这些问题，提高央行对货币的掌控力，避免数字货币对社会造成的负外部性。我国从 2014 年就开始成立数字货币研究团队，预示着中国的法定数字货币时代即将到来。

区块链作为数字货币的一种底层技术出现，具有可信任性、不可篡改性、可匿名性、可追溯性等特点，可以很好地降低支付时的风险，保护交易双方的信息安全。目前，区块链技术已经开始运用于跨境支付、贸易金融、结算清算等领域中。

---

1 中国人民银行 . 2016 年第三季度支付体系运行总体情况 [EB/OL]. http://www.01caijing.com/article/5279.htm，2016-12-01.
2 网贷之家，盈灿咨询 . 2016 年全国 P2P 网贷行业半年报 [EB/OL]. http://www.wdzj.com/news/baogao/30277.html，2016-07-01.
3 易观智库 . 中国校园消费金融市场专题研究报告 [EB/OL]. http://www.analysys.cn/view/report/detail.html?columnId=8&articleId=16204，2016.
4 中国人民银行 . 2016 年第三季度支付体系运行总体情况 [EB/OL]. http://www.01caijing.com/article/5279.htm，2016-12-01.

# Foreword II
# 序言二

## 监管开启互联网金融新时代

互联网金融在发展初期的野蛮生长确实给社会带来了一些负面影响，部分金融消费者也因此蒙受了损失。但从整体上看，互联网金融符合社会发展大趋势，有利于促进经济发展，维护社会公平。因此，如何在保证互联网金融继续发挥积极作用的同时，降低其带来的风险，是监管部门面临的一大难题。

为促进互联网金融快速、持续、健康发展，需要监管机构、互联网金融机构、第三方机构和行业协会共同努力。第一，监管和法律体系的完善不可或缺。分业监管的模式已经不能适应互联网金融的发展趋势，一行三会、各地区间做好协调工作对于减少互联网金融监管漏洞至关重要。监管部门要加强审慎监管、功能监管、穿透式监管，从而更好地防范日益复杂的互联网金融风险。第二，注重科技在监管中的重要性。基于大数据的信息化监管将会成为金融监管的主要方式，金融监管机构借助先进的信息化技术，构建新型信息化金融监管方式，实现对金融市场和企业动态大数据的实时监测，更好地维护金融行业的持续、健康、稳步发展。第三，互联网金融机构要规范自己的经营行为，遵守法律法规，积极进行信息披露，保证行业的透明度。第四，征信系统、身份认证、第三方托管、支付清算等金融基础设施，以及大数据、云计算、区块链等信息技术的进一步完善也有利于互联网金融的健康发展。第五，行业协会作为监管部门和互联网金融机构之间的协调人，其地位无可替代。行业协会相比监管部门更了解行业的实际情况，协会提出的指导意见一般也是非强制性的，因此其措施更具针对性和灵活性。

互联网金融的规范归根到底要保证互联网金融消费者的权益，只有时刻从消费者的角度出发，才能有助于互联网金融趋利避害，充分展现其积极的一面。随着互联网金融的规范，监管套利将会逐渐消失，行业会更加透明化，互联网金融一定会迎来更好的发展机遇。

监管体系的完善与新兴科技的运用将会给互联网金融带来一个全新的时代，消费者将享受到前所未有的金融服务体验。一站式金融服务平台、移动金融、场景化营销、社区金融等会成为未来互联网金融机构努力的方向，因为只有为消费者提供更优质的服务、带来更多的利益，更好地迎合消费者的需求，才能在激烈的竞争中胜出。高度透明化的行业信息和智能投顾等新型业务模式也打破了金融知识不足给普通金融消费者设置的门槛，未来每一个人都能轻松愉快地享受金融带来的乐趣，金融的普惠程度和社会的公平性将被大大提高。

《互联网金融年鉴 2014—2016》总顾问
2017 年 1 月

# 编委会序

1994年4月20日，中国科学院通过一条64K的国际专线，全功能接入国际互联网，由此开启了中国的互联网时代。近年来，随着互联网等信息科技的迭代发展，其与传统金融业不断加速融合，在推动社会发展进步方面做出了卓越贡献，为传统金融变革创新和更好服务实体经济带来了广阔的畅想空间，不仅在中国，而且在全球范围内加快促进了金融要素的服务方式、服务网络、服务能力和服务效率的大幅提高和改进，使得中国互联网金融成为国际合作发展大格局中重要的一环。

2013年被视为中国的“互联网金融元年”，互联网思维逐渐成为影响并改变传统金融业态的冲击力量。银行、证券、基金、保险等金融机构纷纷开始布局移动互联网的线上业务，阿里巴巴、腾讯、百度等互联网公司竞相开始进军金融领域。随着互联网与金融的全方位渗透融合，基本形成了以互联网支付、网络借贷、股权众筹融资、互联网基金销售、互联网保险、互联网信托和互联网消费金融为代表的主要业态。

博鳌亚洲论坛官方媒体博鳌观察自2013年起关注互联网金融领域的创新与发展，并于2015年成立BR互联网金融研究院，依托博鳌亚洲论坛的资源优势，搭建了国内外专家资源网络、战略合作伙伴网络和行业发展伙伴网络，旨在为行业提供前沿观点、增进行业互动、促进跨界交流、助力品牌传播、促成业界合作，以此推动中国互联网金融行业健康发展。

自2013年以来，博鳌观察已连续4年联合业界专家、权威机构及战略合作伙伴组建互联网金融报告课题组，每年紧扣行业脉搏，设置年度主题——2014年的主题是“通往理性繁荣”，2015年的主题是“聚焦P2P网络借贷”，2016年的主题是“传统金融的互联网化”，2017年的主题是“金融创新与规范发展”，深入持续开展互联网金融的行业研究。

从2013年互联网金融元年到2016年互联网金融规范年，互联网金融报告研究和写作团队目睹并记录了中国互联网金融行业从萌芽、兴起，到由乱而治的过程。为了对上一阶段中国互联网金融的发展进行系统梳理和反思，博鳌观察联合中国经济出版社，将过去三年的报告集结成《互联网金融年鉴2014—2016》。年鉴以历年报告为主体（修订约10%的内容），融入过去三年行业、政策的大事梳理和博鳌亚洲论坛相关分论坛的内容，以及监管者、学者、企业代表的精彩观点（新增部分约占年鉴内容的25%），力求较为完整地反映互联网金融近三年的发展变化，翔实记录互联网金融从元年发展至今所走过的历程及政策走向，以期为行业从业者和广大关心互联网金融行业发展的各界人士提供借鉴与参考，更好地激励大家有力促进行业发展和创新，实现其应有的历史作用和地位。

互联网金融年度报告得到了博鳌亚洲论坛的大力支持，周文重秘书长为报告撰写序言，博鳌亚洲论坛研究院则对课题研究进行直接指导。博鳌亚洲论坛是亚洲乃至全球著名的国际论坛，互联网金融报告连续在博鳌亚洲论坛2014年、2015年、2016年年会上发布，其影响力和知名度不断提高。

此次将2014—2016年的互联网金融报告集结为年鉴，主要得益于历年互联网金融报告课题组和合作伙伴的贡献，中国投资有限责任公司原副总经理、清华大学五道口金融学院博士生导师谢平教授是中国提出互联网金融概念的第一人，他对互联网金融的情怀和前瞻性思考构成了互联网金融报告的精神内核。谢平教授从2013年起一直担任互联网金融报告课题组的总指导，为互联网金融报告的研究提供了基本理论框架，并将研究队伍带上轨道。

互联网金融报告得到了业界的鼎力支持，陆金所是2014年和2015年互联网金融报告的联合出品方，红岭创投是2016年互联网金融报告的联合出品方，合作伙伴良好的企业形象对报告影响力的提高起到了积极的促进作用。

历年互联网金融报告课题组、合作伙伴及贡献者名单如下：

《互联网金融报告2014——通往理性繁荣》：谢平、陈超、邹传伟、刘海二、石午光、刘利红、陆婷、苗文龙、田薇、陈晓文、吴亮、柏亮、李耀东、潘瑾健、陈海、贺斌、宋功武、欧阳海燕、卢瑞。陆金所董事长计葵生和公共事务部范如倩为研究提供了宝贵的经验、观点和思路。

《互联网金融报告2015——聚焦P2P网络借贷》：谢平、陈超、陈晓文、邹传伟、刘海二、倪经纬、田薇、杨硕、刘利红、高翔、苗文龙、石午光、张德进、宋功武、欧阳海燕、王艺潼、马文霄。陆金所董事长计葵生，公共事务部范如倩、周群对课题研究提供了案例、组织座谈、行业意见等方面的支持。

《互联网金融报告2016——传统金融的互联网化》：谢平、邹传伟、倪经纬、宋功武、欧阳海燕、朱捷、纪飞峰、高翔、李洋、王开宇、肖洁菲、王冠、杨崇园、姚静峰、夏玉洁、何珊、马骏、王洋、高燕、罗小瑜、史晓晨、胡书欣、杨鑫杰、王玉雪。BR互联网金融研究院、南湖互联网金融学院、尼尔森和腾讯网·企鹅智酷等联合研究机构的密切合作保证了报告的质量。

年鉴编委会向历年报告贡献者致以由衷的谢意！并向参与历年互联网金融报告研究的企业和个人，以及关心互联网金融报告的机构和读者致以衷心的感谢！

本年鉴得到了博鳌亚洲论坛的一贯支持，周文重秘书长拨冗为年鉴作序，对年鉴的编撰工作给予关心和鼓励。谢平教授对年鉴给予了一如既往的支持和指导，年鉴的品质主要得益于此。

此次年鉴得以顺利与读者见面，感谢联合出品方北京清果金融信息服务有限公司的大力支持，公司董事长何珊女士不仅最早肯定年鉴的价值，而且对年鉴的编撰和传播工作提出了很多中肯的建议。北京市京翰律师事务所也对年鉴给予了认可和支持，京翰互联网金融法律研究中心的成立，无疑是对年鉴工作的一种积极回应。尤其要提及的是，如果没有中国经济出版社的眼光和姜静编辑的实际付出，本书也难以成型。从构想到落地，中国经济出版社全面参与了年鉴的策划、出版和发行等各项工作，使互联网金融研究团队三年研究成果得以梳理和传播，期间的种种经历成为对“合作伙伴”的最好诠释。

年鉴编委会顾问委员会的各位委员和各联合研究单位为年鉴提供了重要资料和宝贵意见，对提高年鉴的编辑质量起到了重要作用。

在此，编委会谨向各有关方面表示最衷心的感谢！

BR互联网金融研究院
《互联网金融年鉴2014—2016》编委会
2017年1月

# CONTENTS 目录

# CONTENTS 目录

# CONTENTS 目录

# 2014

# 第一篇

# 互联网金融元年
# 通往理性繁荣

**New Era of Internet Finance:**
Towards Rational Exuberance

# 导言 Introduction

2012年以来，中国掀起了一波又一波研究、讨论并实践互联网金融的高潮。互联网金融的出现意味着巨大的机遇和挑战。互联网技术以及互联网精神的渗入，极大地改变了金融领域。

## 传统金融与互联网创新的融合

互联网金融是传统金融与互联网创新的融合。互联网金融是对传统金融的沿袭。在互联网金融中，金融的核心功能不变，股权、债权、保险、信托等金融契约的内涵不变，金融风险、外部性等概念的内涵以及金融监管的基础理论也不变。

互联网金融是互联网因素对传统金融的渗入。第一，互联网技术对传统金融的渗入，主要包括移动支付和第三方支付、大数据、社交网络、搜索引擎、云计算等。互联网技术的引入能降低金融交易成本和信息不对称程度，提高金融资源配置效率，改变金融交易、组织形式和市场结构，拓展交易可能性边界。第二，互联网精神对传统金融的渗入。互联网精神的核心是开放、共享、去中心化、平等、自由选择、普惠、民主。互联网金融反映了人人组织和平台模式在金融业的兴起，金融分工和专业化将会被淡化，而金融的普惠性将增强。

## 人类金融模式将被改变

以互联网为代表的现代信息科技，特别是移动支付和第三方支付、社交网络、搜索引擎和云计算等，将对人类金融模式产生革命性的影响。在互联网金融下，支付便捷，超级集中支付系统和个体移动支付统一；资金供需双方可以不经过银行、证券公司和交易所等传统金融中介和市场，直接在网上发行和交易贷款、股票、债券等。市场充分有效，接近瓦尔拉斯一般均衡对应的无金融中介或市场情形，现有金融格局将会被变革。

互联网金融的发展也将对金融定价和资源配置产生根本性影响。信息处理和风险评估以大数据分析和高速算法为基础，并通过网络化方式进行，由此可以给出任何资金需求者的风险定价或动态违约概率，而且成本极低。企业家、普通老百姓都可以通过互联网进行各种金融交易，风险定价、期限匹配等复杂交易都会大大简化、易于操作。

互联网货币作为货币的一种新形态，将会对传统货币理论、货币政策产生重大影响。同时，互联网货币也会对税收计量和物价指数统计带来挑战。

## “三大支柱”助推互联网金融发展

第一支柱——支付。支付领域的创新为互联网金融插上了腾飞的翅膀。可以说，过去这几十年，金融业最大的创新发生在支付领域。支付系统不再是银行特有的业务。以余额宝为代表的“第三方支付＋货币市场基金”，使金融产品具有了支付功能，使投资与支付的界限、金融产品与货币的界限被打通。未来，第三方支付将逐渐走向移动端，移动支付的地位越来越重要，移动支付完全可以替代（无收益的）现金。

第二支柱——信息处理。大数据的运用将解决信息和风险不对称的问题，基于大数据的征信和网络贷款已经产生。比如，阿里小贷通过分析淘宝和天猫网上的大量行为信息，进行风险定价，为个人和商户授信、发放贷款。大数据在金融领域的运用已逐步深入，大数据对保险精算也将产生深远影响。未来，搜索引擎和各种金融App会内嵌智能化的大数据分析工具和IT解决方案，通过算法来确定违约概率、风险定价等。

第三支柱——资源配置。资源的有效配置提高了互联网金融的效率。一方面，P2P网络借贷的发展背景是正规金融一直未能有效解决中小企业融资等问题。而以互联网为代表的信息技术，大幅降低了信息不对称和交易成本，使得个人对个人借贷这一人类最早的金融模式焕发出新的活力，并弥补了正规金融机构的不足。另一方面，众筹融资开创了互联网上的股权融资。众筹融资的方式，比创投和天使投资更具创新性。比如，众筹融资中，出资者和筹资者之间的交易较少受到空间距离的制约，而传统VC则遵循“20分钟规则”（被投企业距VC不超过20分钟车程）。这种大众式、市场自发的对金融支持机制的创新也正是中国所需要的。

## 互联网金融催生监管变革

对政府而言，互联网金融模式可被用来解决中小企业融资问题和促进金融的阳光化、规范化，更可被用来提高金融包容性水平，促进经济发展。中国政府对互联网金融也采取了积极态度。2013年，国务院部署了金融领域的19个重点研究课题，“互联网金融发展与监管”是其中之一（2014年1月，国务院领导已听取课题组汇报）；此外，国务院的两个重要文件《关于金融支持小微企业发展的实施意见》《关于促进信息消费扩大内需的若干意见》都正式写入了互联网金融，积极推动互联网金融的创新和发展。同年，人民银行第二季度货币政策执行报告给予互联网金融正面评价，这是互联网金融第一次进入金融方面的权威文件。2014年3月，中国国务院总理李克强在政府工作报告中指出：促进互联网金融健康发展，完善金融监管协调机制……让金融成为一池活水，更好地浇灌小微企业、“三农”等实体经济之树。这是第一次在国家层面给予互联网金融以肯定。

但互联网金融的发展同时也带来一系列的监管挑战。

一是监管是否有必要？我们认为，中国互联网金融的监管要参照这一轮国际金融危机后金融监管改革的理念和方法进行监管。对互联网金融，不能因为发展不成熟就采取自由放任的监管理念，应该以监管促发展，在一定负面清单、底线思维和监管红线下，鼓励互联网金融创新，并在监管中考虑互联网金融的一些特殊性，如信息科技风险及“长尾”风险。

二是如何监管？功能监管方面，互联网金融也可以分成审慎监管、行为监管、金融消费者保护等三种主要类型。机构监管方面，亟须建立监管的是P2P网络借贷和众筹融资。互联网金融已经出现了混业迹象，交叉性金融工具的创新加剧了金融体系的脆弱性，影响金融稳定。需要根据互联网金融机构具体的业务、风险，从功能监管角度制定监管措施，同时加强监管协调。

三是互联网货币如何监管？互联网金融未来发展到一定程度后，互联网产生的货币形态会给央行带来巨大的挑战。比如，各国对是否认可比特币分歧很大，美国、德国、加拿大总体支持，中国、俄罗斯则坚决反对。其中有大量值得讨论的问题。

课题主持人
中国投资有限责任公司副总经理
2014年1月

# 第一章 CHAPTER 1

# 互联网金融的基本原理

# Theory of Internet Finance

## 第一节 互联网金融兴起的宏观背景

互联网金融的兴起具有深刻的宏观背景。其中，部分是全球性的，也有部分为中国所特有。

### 一、国际背景

首先，互联网已经影响了许多行业，尤其是不需要物流的行业，金融业也不会例外。过去10年，通信、图书、音乐、商品零售等多个领域均在互联网的影响下发生了颠覆性的改变，这点从传统书信在E-mail兴起后的迅速式微中可窥一斑。金融具有天然的数字属性（金融产品可以看作是数据的组合，金融活动也可以看作是数据的移动），因此，作为一种本质上与互联网具有相同数字基因的行业，金融没有可能，也不应该成为不受互联网影响的“圣域”。

其次，走向数字化是未来社会的整体趋势。目前，全社会信息中约有70%已经被数字化。未来，各类传感器会更加普及，在大范围内得到应用（比如，目前智能手机中已经嵌入了很复杂的传感设备或程序），购物、消费、阅读等活动均会从线下转到线上（3D打印普及后，部分制造业也会转到线上），互联网上会产生很多复杂的沟通和分工协作方式。在这种情况下，全社会信息中的90%可能会被数字化。这就为大数据在金融中的应用创造了条件。如果个人、企业的大部分信息都存放在互联网上，那么基于网上信息就能准确评估这些人或企业的信用资质、盈利前景。

最后，部分实体企业已积累了大量可用于金融活动的数据和风险控制工具。

此外，共享经济（sharing economy）也正在全球范围内悄然兴起。这些互联网交换经济既为互联网金融提供了应用场景，也为互联网金融打下了数据基础和客户基础，体现了实体经济与金融在互联网上的融合。

### 二、国内背景

首先，中国金融体系中长期存在的一些低效率或扭曲的因素，为互联网金融的发展提供了空间。这些因素包括：

（1）正规金融对小微企业服务不足，而民间金融（或非正规金融）有其内在局限性，导致风险事件频发。

（2）正规金融无法满足经济结构调整所产生的大量消费信贷需求。

（3）普通投资者投资理财渠道匮乏，难以实现资金的保值增值。

（4）现行新股发行体制下，股权融资渠道不畅顺。

（5）在存贷款利差受保护的情况下，银行利润高，各类资本都有进入银行业的积极性[1]。

（6）证券、基金、保险等机构的产品销售受制于银行渠道，有动力拓展网上销售渠道。

其次，中国对普惠金融的支持与推动也是促使互联网金融发展的重要动因。普惠金融的实现与互联网金融息息相关。普惠金融的核心是有效、全方位地为社会所有阶层和群体，尤其是那些被传统金融忽视的农村地区、城乡贫困群体、中小微企业提供金融服务。发展普惠金融，实现金融资源的公平配置，已成为国家层面的政策取向。然而，由于缺乏传统金融的资本实力、网络渠道和客户资源，普惠金融在传统经营方面天然处于劣势。相比之下，互联网金融服务模式，能有效消除海量用户之间的信息不对称，降低交易成本，从而解决普惠金融所面临的诸多困难。通过利用互联网信息处理技术，结合丰富的数据资源，未来互联网金融将成为建设普惠金融的重要力量。

## 三、互联网金融的特点及相关概念界定

互联网金融（Internet Finance）是由谢平等人于2012年提出的概念[2]。它涵盖了受互联网技术和互联网精神的影响，从传统银行、证券、保险、交易所等金融中介和市场，到瓦尔拉斯一般均衡对应的无金融中介或市场情形之间的所有金融交易和组织形式，是一个谱系（spectrum）的概念。理解互联网金融的定义需把握三个要点：一是认识到该概念的前瞻性；二是辨明它和传统金融的区别与联系；三是了解互联网金融的三大支柱[3]。

### （一）互联网金融的前瞻性

随着全球网络经济的迅速发展，互联网金融已成为不可避免的趋势。除银行、证券、保险、基金外，电子商务公司、IT企业、移动运营商等各类机构也纷纷参与到与互联网金融相关的创新活动中，演化出丰富的商业模式，模糊了金融与非金融业的界限。

尽管如此，截至2013年底互联网金融还远没有发展成形。根据我们的乐观估计，互联网金融还需要20年左右的时间才能迈入成熟期。这一方面是因为互联网金融的发展速度主要取决于互联网技术的发展速度，而非金融自身的发展速度。我们预计，互联网技术能够在现有基础上进一步大幅降低金融活动中的交易成本和信息不对称，至少需要20年的发展时间；另一方面，伴随互联网成长起来的这一代人（大致在1980年后出生）将在20年后成为社会主流，他们的互联网使用习惯将极大影响金融交易和组织形式。

在这种背景下，学术研究要引领现实，就必须大胆推演，合理构建未来情景。因此，互联网金融所包含的，更多是对未来的设想，是一个前瞻性概念。

然而前瞻并不意味着乌托邦式的空想。互联网金融同时也扎根于理性思维，它有三个“理性之锚”：

一是立足于现实。现实中已经出现的互联网金融形态是我们推演未来的出发点。

二是符合经济学、金融学基本理论。不管是对互

1 2012年，中国银行业总资产占金融业的78%，净利润占金融业的95%，16家上市银行的净利润占沪深两市2467家上市公司的53%。

2 谢平，邹传伟，刘海二. 互联网金融模式研究[J]. 新金融评论 ,2012(1).

3 Xie Ping, Zou Chuanwei. The Theory of Internet Finance[J]. China Economist,2013(3).

联网金融已有形态的解释，还是对互联网金融未来发展的预测，都基于目前既有的经济学、金融学基本理论框架和分析工具。

三是以瓦尔拉斯一般均衡所对应的无金融中介或市场情形为研究基准。瓦尔拉斯一般均衡是经济学的理论基石之一，表明在一系列理想化的假设条件下，完全竞争市场将会达到均衡状态，此时所有商品的供给和需求正好相等，资源配置达到帕累托最优（即不可能在没有任何人境况变坏的前提下，使某些人的境况变好）。在瓦尔拉斯一般均衡中，金融中介和市场都不必存在，货币也可有可无。而现实中之所以存在金融中介和市场，主要是由信息不对称和交易成本等摩擦因素造成的。随着互联网的发展，信息不对称程度和交易成本将显著降低，互联网金融将逐渐逼近瓦尔拉斯一般均衡对应的无金融中介或市场情形（见图 1-1-1）。这是金融演变的内在逻辑。

直观理解是，有 M 个资金供给者和 N 个资金需求者，两边通过各种金融中介和市场进行金额、期限、风险收益上的匹配，设想 M 和 N 趋向无穷大，并且金融中介和市场被互联网替代。

## （二）互联网金融对传统金融的沿袭与变革

### 1. 对传统金融的沿袭

第一，金融的核心功能[1]不改变。互联网金融仍是在不确定环境中进行资源的时间和空间配置，以满足实体经济需求。这些需求包括支付清算、资金融通和股权细化、为实现经济资源的时空转移提供渠道、风险管理、信息提供、激励问题的解决，等等。

第二，股权、债权、保险、信托等金融契约的内涵不改变。金融契约的本质是约定各缔约方在未来不确定情景下的权利与义务，主要针对未来现金流。比如，股权对应着股东对公司的收益权和控制权，债权对应

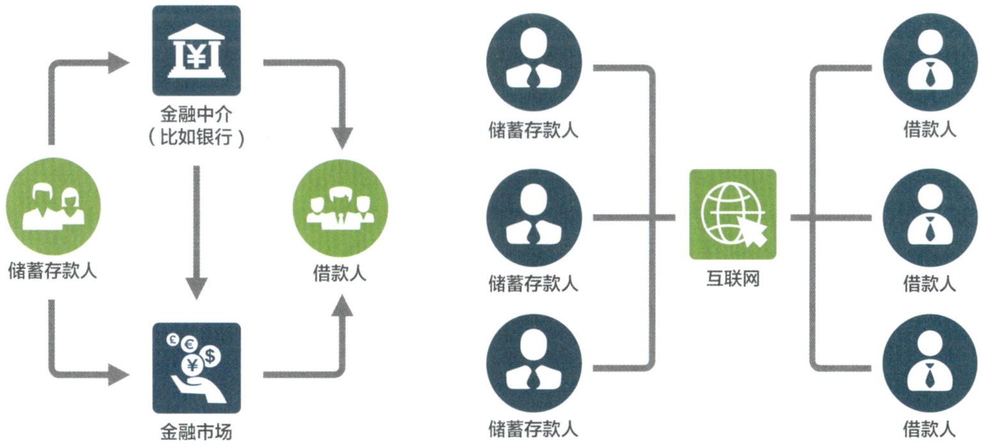


资料来源：课题组整理

图 1-1-1 无金融中介或市场情形

1 Bodie, Zvi,and Robert Merton. Finance[M]. N J:Prentice-Hall Inc,2000.

着债权人向债务人收取款项的权利。金融契约直到不久前还主要以物理形式存在（比如中国最早的 A 股股票），目前则多以电子形式存在，并建立了相关托管、交易和清算机制。但不管金融契约以何种形式存在，其内涵不变。

第三，金融风险、外部性等概念的内涵不改变。在互联网金融中，风险指的仍是未来遭受损失的可能性，市场风险、信用风险、流动性风险、操作风险、声誉风险和法律合规风险等概念和分析框架依旧适用。互联网金融也存在误导消费、夸大宣传、欺诈等问题，故其监管的基础理论不变，审慎监管、行为监管、金融消费者保护等主要监管类型也都适用，尽管具体监管措施与传统金融不同。

### 2. 对传统金融的变革

互联网金融对传统金融变革的一面主要体现在互联网因素对金融的渗入，它包括两个方面：

一是互联网技术的渗入，主要包括移动支付和第三方支付、大数据、社交网络、搜索引擎、云计算等。互联网技术的引入能显著降低交易成本和信息不对称，提高风险定价和风险管理效率，拓展交易可能性边界，使资金供需双方可以直接交易，改变金融交易和组织的形式。这里面要特别强调三个技术趋势：一是信息的数字化（详见后文），这为大数据在金融中的应用创造了条件。二是计算能力的不断提升。在集成电路（IC）领域摩尔定理至今仍有效，而云计算、量子计算、生物计算等有助于突破 IC 性能的物理边界。三是网络通信的发展。未来，互联网、移动通信网络、有线电话网络和广播电视网络等将高度融合，高速 Wi-Fi 将覆盖全球。这三个技术趋势不仅会影响金融基础设施，还会促成金融理论的突破。

二是互联网精神的渗入。传统金融具有一定精英气质，讲求专业资质和准入门槛，不是任何人都能进入，也不是任何人都能享受金融服务。传统金融创新主要是金融产品（契约）创新，即使用金融工程技术和法律手段设计新的金融产品。部分新产品具有新的现金流、风险、收益特征，可实现新的风险管理和价格发现功能，从而提高市场完全性，比如期权、期货、掉期等衍生品。部分创新产品以更低交易成本实现已有金融产品（及其组合）的功能，比如交易所交易基金（Exchange Traded Funds，ETF）。

互联网精神的核心是开放、共享、去中心化、平等、自由选择、普惠、民主。互联网金融反映了人人组织和平台模式在金融业的兴起，金融分工和专业化淡化，金融产品简单化，金融脱媒、去中介化，金融民主化、普惠化。除投融资外，互联网金融的很多创新产品还与衣食住行和社交联系在一起，经常内嵌在 App 中，产品实用化、软件化，自适应生成，强调行为数据的应用，一定程度上体现了共享原则，比如微信红包、余额宝、P2P 网络借贷、众筹融资等。

互联网金融创新与传统金融创新，理论逻辑和创新路径不同，隐含着监管上的差异。

## （三）互联网金融的三大支柱

互联网金融的第一个支柱是支付。支付作为金融的基础设施，在一定程度上决定了金融活动的形态。互联网金融中的支付，以移动支付和第三方支付为基础，通常活跃在银行主导的传统支付清算体系之外，显著降低了交易成本。不仅如此，互联网金融中的支付往往还与金融产品挂钩，促进了商业模式的丰富。此外，由于支付与货币的紧密联系，互联网金融中还会出现互联网货币。

第二个支柱是信息处理。信息是金融的核心，构成金融资源配置的基础。在互联网金融中，大数据被广泛应用于信息处理，有效提高了风险定价和风险管理效率，显著降低了信息不对称程度。互联网金融的信息处理方式，是其与商业银行间接融资模式，以及资本市场直接融资模式的最大区别。

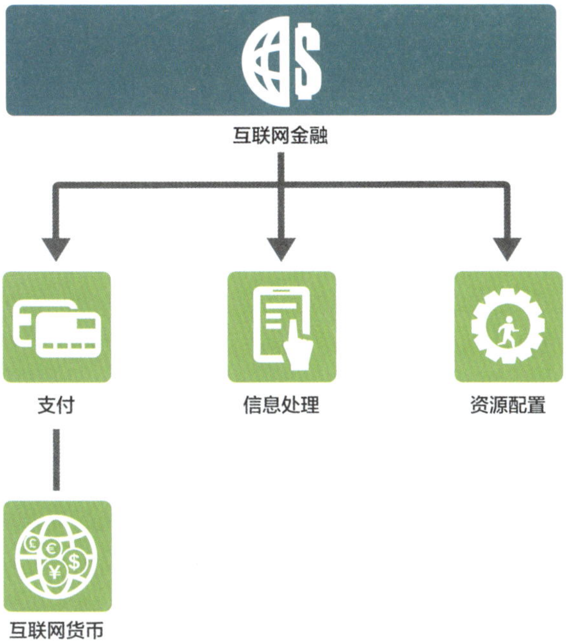


图 1-1-2 互联网金融的三大支柱

资料来源：课题组整理

第三个支柱是资源配置。金融资源配置是指金融资源通过何种方式从资金供给者配置给资金需求者。资源配置是金融活动的最终目标，互联网金融的资源配置效率是其存在的基础。在互联网金融中，金融产品与实体经济结合紧密，交易可能性边界得到极大拓展，不再需要通过银行、证券公司或交易所等传统金融中介和市场进行资金供求的期限和数量匹配，而可以由交易双方自行解决。

目前互联网金融的主要形态，在支付、信息处理、资源配置三大支柱中的至少一个具有上述特征（注意：不是三大支柱都具有相关特征）。

## （四）互联网金融谱系

互联网金融是一个谱系概念，它的两端，一端是传统银行、证券、保险、交易所等金融中介和市场，另一端是瓦尔拉斯一般均衡对应的无金融中介或市场情形，介于两端之间的所有金融交易和组织形式，都属于互联网金融的范畴。

按照目前各种互联网金融形态在支付方式、信息处理、资源配置三大支柱上的差异，可以将它们划分成 6 种主要类型：

### 1. 金融互联网化

金融互联网化体现了互联网对金融中介和市场的物理网点、人工服务等的替代，包括：①网络银行和手机银行，以 ING Direct（欧洲）、M-Pesa（肯尼亚）为代表；②网络证券公司，以 Charles Schwab（美国）为代表；③网络保险公司；④网络金融交易平台，以 SecondMarket、SharesPost（美国）、前海股权交易所为代表；⑤金融产品的网络销售，通过网络销售金融产品，以 Bankrate（美国）、余额宝、百度金融、融 360、东方财富网为代表。

### 2. 移动支付和第三方支付

移动支付和第三方支付体现了互联网对金融支付的影响，以 PayPal（美国）、支付宝（阿里）、财付通和微信支付（腾讯）为代表。移动支付存在的基础是移动终端的普及和移动互联网的发展，可移动性是其最大的特色。第三方支付的最大特色是在结算过程中，客户不直接与银行进行支付清算，起到类似中央银行的作用。

### 3. 互联网货币

互联网货币体现了互联网对货币形态的影响，以比特币（BTC）、Q 币、亚马逊币为代表。

### 4. 基于大数据的征信和网络贷款

因为贷款的核心技术是信用评估，这里将基于大数据的征信和网络贷款放在一起讨论。基于大数据的征信，以ZestFinance（美国）为代表。基于大数据的网络贷款，以Kabbage（美国）、阿里小贷为代表。云计算和搜索引擎的发展，使得对大数据的高效分析成为可能。

### 5.P2P 网络借贷

P2P网络借贷是互联网上个人之间的借贷，其核心技术是内部信用评级和贷款利率定价。以Prosper、Lending Club（美国）、Zopa（英国）、宜信、陆金所、拍拍贷、人人贷为代表。其个人对个人借贷的模式弥补了正规金融机构一直未能有效解决的中小企业融资问题。

### 6. 众筹融资

众筹融资主要指互联网上的股权融资，以Kickstarter（美国）、天使汇为代表。

需要说明的是，互联网金融谱系的各种形态之间不存在清晰界限，而且是动态变化的。例如，保险业出现了根据汽车使用情况确定费率的车险（usagebased insurance），证券研究发现社交网络的活跃度对股价有预测力，未来大数据与保险精算、证券投资结合，会促成许多新商业模式。所以，这里对互联网金融6种类型的划分，还达不到严格分类应有的“不重复，不遗漏”标准（mutually exclusive & collectively exhaustive）。

## 四、互联网金融的发展历程

随着互联网与金融的互相渗透，催生出互联网金融模式。互联网金融的发展提高了金融业务的普惠性，这与“十二五”期间中国金融业发展和改革的目标不谋而合，与中国深化金融机构改革的步伐相适应。结合前面第二部分相关内容，我们认为互联网金融的发展历程主要体现在以下几个方面：

### （一）支付方式的发展

以移动支付、第三方支付为基础的新型支付体系正在逐渐兴起，以互联网货币为媒介的货币形态正在悄悄“走”来。对于在支付方式演变中出现的代理风险与电子货币风险，目前中国人民银行采取了统一发放牌照的监管方式，从法律层面监管第三方支付企业融资的准入门槛；某些第三方支付机构也通过设定赎回上限监控，防止出现资金兑付恐慌。

随着移动终端普及率的提高，在未来，移动支付完全有可能替代现金和银行卡，成为电子货币形态的一种主要表现形式。艾瑞咨询的数据显示，截至2013年上半年，中国移动支付交易规模总额达到1224亿元，与第一季度相比增加77%，整体呈现爆发式的增长态势。预计到2016年中国移动支付交易规模将达到13583亿元。与此同时，移动互联网和多网融合的发展在一定程度上也加速了移动支付的发展。

截至2013年7月，人民银行已经给250家企业发放了第三方支付牌照。第三方支付促进了支付体系与互联网的融合，并成为互联网金融的“基础设施”。目前，第三方支付涉及的行业已经涵盖了基金、保险、企业支付、网购、公共事业费用代缴等银行业的传统业务领地，部分第三方支付企业已经将银行的个人客户和企业客户服务作为其重要的业务战略。金融产品的网络销售和网络金融交易平台也日渐普遍，越来越多的人开始习惯在网络上购买金融产品及服务，并进行金融交易。

随着互联网金融的发展，数据商品与实物商品之间的界限越来越模糊。网络支付与电子支付的高度整合带来了虚拟货币这一互联网货币的雏形，如比特币、

Q币、Facebook Credits、Amazon Coins、魔兽世界G币，等等。这些虚拟货币已经催生了复杂的市场机制。比特币作为一套绕过银行的数字货币流通体系，在无需第三方介入的条件下，能够解决防伪造及防重复支付的问题。

## （二）信息处理方式的发展

以社交网络、搜索引擎、云计算、大数据为代表的信息处理方式，通过大数据、云计算识别风险、管理风险，能够更好地为中小企业融资提供金融需求服务。

云计算作为一种基于互联网的计算方式，有效保障了移动支付所需要的存储和计算能力，保障了资金供需双方的信息通过社交网络得以揭示和传播，被搜索引擎组织和标准化，最终形成时间连续、动态变化的信息序列，由此可以以极低的成本给出任何资金需求者（机构）的风险定价或动态违约概率，有效降低了运营成本。正是这一信息处理方式的优化，互联网金融模式替代了商业银行和证券公司的主要功能。代表性的云服务商有亚马逊、谷歌、盛大、华为等。

云计算和搜索引擎的发展使得对大数据的高效分析成为可能。以阿里小贷、ZestFinance、Kreditech为代表的网络贷款模式基于大数据方法对信贷申请人进行全面评估，不仅在一定程度上能够解决中小企业融资难的问题，而且能够为资金方提供庞大的数据支撑和信用基础，从而有效控制信用风险、操作风险。根据中国互联网金融行业协会转载的数据，阿里小微信贷的贷款不良率为0.87%，低于中国银行业0.96%的水平。中国金融新闻网转载的有关报道披露[1]，供应商利用京东供应链金融平台获得融资的资金成本为每日0.019%，相当于7%的年化利率，远低于同类银行贷款产品的年利率。大数据本质上是一种针对非结构化数据的算法，所以不需要针对其引入专门的监管措施。

## （三）资源配置方式的发展

以P2P网络借贷、众筹模式为代表的新型资源配置方式已经发展成为一个全球性的新兴产业。

从全球第一家P2P网络借贷平台Zopa的成立开始，Kiva、Prosper、Lending Club、陆金所、拍拍贷、红岭创投、阿里小贷等融资模式纷纷出现。以美国的Lending Club为例，从2007年建立至2013年10月底，它已经累计促成27.7亿美元借贷交易，产生了2.5亿美元的利息收入，一跃成为全球最大P2P网络借贷平台。据网贷之家统计，截至2013年底，中国P2P公司已经达到1000多家，总成交量1058亿元，贷款存量268亿元。这种个体之间的直接金融交易由于突破了传统的安全边界和商业可行边界，在一定程度上解决了中小企业融资难问题。

相较于P2P债权融资方式，众筹融资作为一种互联网上的融资方式，发展迅速，其规模也不可小觑。Massolution数据显示，全球众筹融资产业规模从2009年的36.1亿元飙升至2012年的173亿元，3年增长

1 中国金融新闻网. http://www.financialnews.com.cn/kj/sw/201302/t20130209_26415.html.

380%。单单2012年这一年，全球众筹融资交易规模就达到168亿元，年增长率为83%。以Kickstarter、天使汇、点名时间为代表的模式已经对传统的证券业模式提出革命性的挑战。众筹融资具有强大的连接投资群体的能力，能较为轻松地获得运作资金。

另外，未来互联网金融还有一些有待挖掘的亮点，比如大数据在证券投资中的应用及在保险精算中的应用等，大数据的思维方式和逻辑架构给企业的经营效率注入新活力。

## 五、互联网金融的国内外差异

### （一）互联网金融各个形态的发展差异

第一，在金融机构互联网化方面。近年来，各种形态的互联网金融蓬勃发展，其中最为普及的当属金融机构互联网化。自1995年美国第一家网络银行——安全第一网络银行（Security First Network Bank，SFNB）诞生以来，全球各地的网络银行和手机银行、网络证券公司、网络保险公司等新型服务渠道如雨后春笋般涌现，发展至今均已有较为成形的业务模式，并出现了不设立实体营业网点的纯粹网络证券经纪公司（如美国的E*Trade）和网络保险超市（如美国的INSWEB），它们声誉良好，交易便捷，显著降低了交易成本。中国为解决农村地区金融系统不完善，物理网点不足，难以满足人们基本金融服务需求的问题，也推出了无卡取现、手机银行—农户小额贷款、手机银行按址汇款和手机金融等一系列颇具中国特色的手机银行业务。然而，由于缺乏可大规模推广的业务模式，总体上中国农村地区的手机银行发展仍旧缓慢。

在中国，网络证券公司的发展速度远超网络保险公司。前者已围绕提供资讯和资金服务基本形成券商自建、独立第三方网站和券银合作三种服务模式，后者却仍处于起步阶段，仅仅建立了自己的门户网站，网上销售和网上交易还远未成气候。可以说，比起国外的金融机构互联网化，中国的金融机构还存在很大的与互联网进一步深入融合的空间。

第二，在P2P网络借贷与众筹融资方面的区别与差异。

P2P网络借贷方面。近几年，国内外P2P网络贷款经历着同样的爆发式增长。但是，国外P2P贷款申请通过率较低，在这部分通过的贷款申请中也只有一小部分能“筹满”成为贷款。相较于国外，截至2013年，中国P2P贷款公司放贷规模已经达到680.3亿元，同比增长197.59%，预计贷款规模未来两年内仍将保持超过100%的增速。另外，国外大部分P2P网络借贷平台运营规范，相关监管措施完备，信息披露充分，显示出良好的发展潜力和风险管控框架，交易增长迅速。中国的金融环境下诞生的P2P有其自身的特殊性，大规模的线下交易，使得P2P行业亟待加强消费者保护，目前国内对于P2P监管还是空白。

众筹融资方面。国内的众筹融资规模远逊色于全球表现。2012年，包括中国在内的亚洲地区众筹融资规模仅占全球规模的1.2%，天使汇、点名时间等众筹融资平台虽然成功完成了不少项目，但融资总规模较小。

第三，在移动支付和第三方支付方面的差异。国外发达地区的移动支付模式与国内相似，而国外贫穷地区的移动支付模式与国内有所不同，主要表现为，国外手机银行一般不需要第三方支付来配合（如肯尼亚的M-Pesa），而在国内，既有银行推出的，也有运营商或第三方支付公司推出的移动支付，与第三方支付融合程度较高。

### （二）中国政府对互联网金融的态度

总体而言，中国政府对互联网金融采取了积极态度。

2013年4月，中国国务院部署了金融领域的19个重点研究课题，“互联网金融发展与监管”是其中之一。

课题组由人民银行、银监会、证监会、保监会、工信部、公安部、法制办共同组成，人民银行牵头，在北京、上海、杭州等地开展了调研。马凯副总理2014年1月听取了课题组汇报。该课题研究将对中国互联网金融行业产生深远影响。

中国人民银行2013年第二季度货币政策执行报告给予互联网金融正面评价，认为互联网金融具有透明度高、参与广泛、中间成本低、支付便捷、信用数据更为丰富和信息处理效率更高等优势。这是互联网金融第一次进入金融方面的权威文件。

2013年8月，中国国务院的两个重要文件都正式写入了互联网金融。国务院办公厅《关于金融支持中小企业发展的实施意见》提出："充分利用互联网等新技术、新工具，不断创新网络金融服务模式。"国务院《关于促进信息消费扩大内需的若干意见》提出："推动互联网金融创新，规范互联网金融服务。"这是互联网金融第一次进入国家层面的文件。

2013年12月，中国支付清算协会成立互联网金融专业委员会，引入自律监管。

2014年3月，中国国务院总理李克强在政府工作报告中指出：促进互联网金融健康发展，完善金融监管协调机制……让金融成为一池活水，更好地浇灌小微企业、"三农"等实体经济之树。这是第一次在国家层面给予互联网金融以肯定。

中国地方政府对互联网金融的热情很高，比如深圳、上海黄浦区、北京海淀区和石景山区等，都将互联网金融作为一个重要的新兴产业予以扶持，出台了一系列促进互联网金融发展的优惠措施。

## 第二节 互联网金融的理论框架

### 一、基本框架

金融服务实体经济的最基本功能是融通资金，是将资金从储蓄者转移到融资者手中。但在瓦尔拉斯一般均衡定理的经典表述中[1]，金融中介和市场都不存在。美国经济学家Frederic Mishkin指出[2]，金融中介和市场的存在主要有两个原因：第一，它们有规模经济和专门技术，能降低资金融通的交易成本；第二，它们有专业的信息处理能力，能缓解储蓄者和融资者之间的信息不对称以及由此引发的逆向选择和道德风险问题。

目前，有两类金融中介和市场在资金供需双方之间进行融资金额、期限和风险收益的匹配：一类是商业银行，对应着间接融资模式；另一类是证券公司和交易所，对应着直接融资模式。这两类融资模式对资源配置和经济增长有重要作用，但也需要巨大的交易成本，主要包括金融机构的利润、税收和薪酬。据估算，2011年中国全部银行和证券公司的利润就达到约1.1万亿元，税收约5000亿元，员工薪酬约1万亿元。

以互联网[3]为代表的现代信息科技，特别是移动支付和第三方支付、大数据、社交网络[4]、搜索引擎[5]和云计算等，将对人类金融模式产生颠覆性影响，会出现比传统金融中介和市场更先进的互联网金融。在互联网金融下，支付便捷，超级集中支付系统和个体移动支付统一；信息处理和风险评估以大数据分析和高速算法为基础，并通过网络化方式进行，信息不对称程度非常低；资金供需双方在资金期限匹配、风险分

1 Mas-Colell, Andreu, Michael Whinston, and Jerry Green.Microeconomic Theory [M], Oxford University Press,1995.
2 Mishkin, Frederic. The Economics of Money, Banking, and Financial Markets [M]. Harper Collins College Publishers,1995.
3 我们对互联网采取广义理解方式，包括移动通信网络、有线电话网络和广播电视网络等将来会与互联网高度整合的网络。
4 广义上，社交网络不限于个人、机构之间的交流和互动，也包括人与物之间、物与物之间的交流和互动。
5 我们认为，未来的搜索引擎，将不局限于网页检索、查询、排序等功能，而会成为信息处理引擎，内嵌各种智能化的数据分析工具和IT解决方案。

担等上的成本非常低，可以不经过银行、证券公司和交易所等传统金融中介和市场，直接在网上发行和交易贷款、股票、债券等。市场充分有效，接近瓦尔拉斯一般均衡对应的无金融中介或市场情形，可以超越传统金融中介和市场的资源配置效率，在促进经济增长的同时，还能大幅减少交易成本。

更为重要的是，在互联网金融下，现在金融业的分工和专业化被大大淡化，被互联网及其相关软件技术替代（可以设想所有金融业务都嵌入在 App 中）。企业家、普通老百姓都可以通过互联网进行各种金融交易，风险定价、期限匹配等复杂交易都会大大简化、易于操作。市场参与者更为大众化，互联网金融交易所引致出的巨大效益更加惠及普通老百姓。这也是一种更为民主化，而不是为少数专业精英所控制的金融模式。

互联网金融意味着巨大的机遇和挑战。对政府而言，互联网金融可用来解决中小企业融资问题和促进民间金融阳光化、规范化，更可用来提高金融普惠性，促进经济发展。但同时，互联网金融的发展也带来了一系列监管挑战。在互联网金融下，针对现在金融机构（比如商业银行、证券公司和保险公司）的审慎监管可能会被淡化，金融消费者保护的重要性将更为突出。对业界而言，互联网金融会产生巨大的商业机会，但也会促成竞争格局的大变化。对学术界而言，支付革命会冲击现有的货币理论。

接下来，我们按互联网金融的三大支柱（支付、信息处理和资源配置）依次讨论互联网金融原理。

## 二、支付方式

互联网金融的支付以移动支付为基础（从长期看，第三方支付将逐步走向移动端）。移动支付是通过移动通信设备、利用无线通信技术来转移货币价值以清偿债权债务关系[1]。移动支付的发展，体现了支付的三大发展趋势：第一，终端离散化。从银行柜台机，到 ATM 机和 POS 机，再到无处不在的互联网和移动通信设备。第二，身份数字化。第三，服务通用化。移动支付的核心是，不需每个人都有银行卡，只要手机里有一个类似支付宝的第三方支付账号就可以。由此，人类基本的交易方式改变了。

移动支付的基础是移动通信技术和设备的发展，特别是智能手机和掌上电脑（比如 iPhone 和 iPad）的普及。高盛公司[2]估计，全球移动支付总金额，2011 年为 1059 亿美元，预计未来 5 年将以年均 42% 的速度增长，2016 年将达到 6169 亿美元；移动支付占全球支付市场的比例，2011 年约为 1.0%，2015 年将达到 2.2%。目前典型的有手机炒股、手机购物支付等，支付宝和微信支付已经应用于打车、购物、工资发放等日常活动中，智能手机和掌上电脑替代信用卡将在不远的将来实现。

移动互联网和多网融合将进一步促进移动支付发展。随着 Wi-Fi、4G 等技术发展，互联网和移动通信

1 帅青红．电子支付与结算 [M]. 大连：东北财经大学出版社 ,2011.

2 Goldman Sachs.Mobile Monetization:Does the Shift in Traffic Pay?[R].2012.

网络的融合趋势已非常明显，有线电话网络和广播电视网络也会融合进来。在此基础上，移动支付将与银行卡、网络银行等电子支付方式进一步整合。未来的移动支付将更便捷、人性化，真正做到随时、随地和以任何方式（anytime,anywhere,anyhow）进行支付。随着身份认证技术（比如生物识别技术）和数字签名技术等安全防范软件的发展，移动支付不仅能解决日常生活中的小额支付，也能解决企业之间的大额支付，完全替代现在的现金、支票、信用卡等银行结算支付手段。

云计算保障了移动支付所需的存储和计算能力。尽管移动通信设备的智能化程度提高，但受限于便携性和体积要求，存储能力和计算速度在短时期内无法与个人电脑（PC）相比。云计算正好能弥补移动通信设备这一短板，可以将存储和计算从移动通信终端转移到云计算的服务器，减少移动通信设备的信息处理负担[1]。这样，移动通信终端将融合手机和传统PC的功能，保障移动支付的效率。

在互联网金融下，支付系统具有以下根本性特点：第一，所有个人和机构（法律主体）都在中央银行的支付中心（超级网银）开账户（存款和证券登记）；第二，证券、现金等金融资产的支付和转移通过移动互联网进行（具体工具是智能手机和掌上电脑）；第三，支付清算完全电子化，基本不再需要现钞流通，就算有极个别小额现金支付，也不影响此系统的运转；第四，二级商业银行账户体系将不再存在。

如果个人和企业的存款账户都在中央银行，将对货币供给定义和货币政策产生重大影响，同时也会促进货币政策理论和操作的重大变化[2]。比如，全社会用作备付金的活期存款将会减少。当然，这种支付系统不会颠覆目前由中央银行统一发行信用货币的制度，货币与商品价格的关系也不会发生根本转变。但是，目前社交网络内已经自行发行货币，用于支持网民之间数据商品的购买，甚至实物商品的购买，并建立了内部支付系统，产生了互联网货币。

## 三、信息处理

金融信息中，最核心的是资金供需双方的信息，特别是资金需求方的信息（如借款者、发债企业、股票发行企业的财务信息等）。美国经济学家Frederic Mishkin指出[3]，在直接和间接融资模式下，主要有两类信息处理方式：第一类是信息的私人生产和出售，即设立专门机构负责搜集和生产区分资金需求者信用资质的信息，然后卖给资金供给者。典型的如证券公司和信用评级机构。商业银行同时是信息生产者和资金供给者，也属于这类方式。第二类是政府管制，即政府要求或鼓励资金需求方披露真实信息。比如政府对会计准则、审计和信息披露的监管，特别针对上市公司。

互联网金融的信息处理，是它与传统金融中介和市场的最大区别，核心是大数据替代传统的风险管理和风险定价，有三个组成部分：第一，社交网络生成和传播信息，特别是对个人和机构没有义务披露的信息；第二，搜索引擎对信息的组织、排序和检索，能缓解信息超载问题，有针对性地满足信息需求；第三，云计算保障海量信息高速处理能力。总的效果是，在云计算的保障下，资金供需双方信息通过社交网络得以揭示和传播，经搜索引擎组织和标准化，最终形成时间连续、动态变化的信息序列。由此可以给出任何

1 刘鹏. 云计算[M]. 北京：电子工业出版社，2011.
2 谢平，尹龙. 网络经济下的金融理论与金融治理[J]. 经济研究，2001(4).
3 Mishkin, Frederic. The Economics of Money, Banking, and Financial Markets[M].New York:Harper Collins College Publishers,1995.

资金需求者的风险定价或动态违约概率，而且成本极低。这样，金融交易的信息基础（充分条件）就满足了。

接下来分别讨论社交网络、搜索引擎和云计算在互联网金融下的信息处理作用。

第一，社交网络及其作用。社交网络以人际关系为核心，把现实中真实的社会关系数字化到网上并加以拓展，是个人发布、传递和共享信息的平台，建立了自愿分享和共享机制。社交网络有两个基础：一是人类作为社会动物固有的网络行为，主要有四个特点[1]——交换性[2]、一致性[3]、传染性[4]、传递性[5]；二是互联网和通信手段的发展，降低了个人发布信息和与日常生活之外的人联系的成本，产生了一些新的分工协作模式。比如，“人肉搜索”、维基百科的编撰等[6]。在信息内涵上，社交网络蕴含了非常丰富的关系数据，即个体之间的接触、联络、关联、群体依附和聚会等方面的信息[7]。

社交网络使人与人（机构）之间的“社会资本”可以较快积累，成为新型的“财富”，人们的“诚信”程度提高，大大降低了金融交易的成本，对金融交易有基础作用。此外，社交网络也更为严格地约束了人们可能的“违约”动机和道德风险。

社交网络具有的信息揭示作用表现为：个人和机构在社会中有大量利益相关者。这些利益相关者都掌握该个人或机构的部分信息，比如财产状况、经营情况、消费习惯、信誉行为等。单个利益相关者所掌握的信息可能有限，但如果这些利益相关者都在社交网络上发布各自掌握的信息，汇在一起就能得到该个人或机构信用资质或盈利前景方面的完整信息了。举例而言，淘宝和天猫就类似社交网络，商户之间的交易所形成的海量信息，特别是货物和资金交换的信息，显示了商户的信用资质，阿里小贷就是利用这些信息给一些商户发放小额贷款。

第二，搜索引擎及其作用。搜索引擎的作用是从海量信息中迅速找到最能匹配用户需求的内容。搜索引擎与社交网络的融合是一个趋势，体现为社会化搜索。从技术上来说，对关系数据的处理一直是搜索引擎的重要组成部分。比如，抓取网页的“爬虫”算法和网页排序的链接分析方法（以 Google 的 PageRank 算法为代表）都利用了网页之间的链接关系，属于关系数据。社会化搜索对用户的疑问，不仅能寻找到现有的答案，还会推荐合适的人来回答，或者通过社交关系过滤掉不可信赖的内容[8]。社会化搜索的本质是利用社交网络蕴含的关系数据进行信息筛选，进一步提

---

1 [美]芒戈，康特拉克特．传播网络理论[M]. 陈禹，刘颖，等，译．北京：中国人民大学出版社，2003.

2 人们建立联系并获得宝贵资源的条件，即“礼尚往来”“投桃报李”。

3 人们有与特征相似的其他人建立传播网络的倾向，即“物以类聚，人以群分”。

4 思想、信息和观点如何在传播网络内的人与人之间流动，即“近朱者赤，近墨者黑”。

5 如果个体 A 和个体 B 有联系，并且个体 B 与个体 C 有联系，那么个体 A 与个体 C 就有联系，即“朋友的朋友是朋友”“敌人的敌人是朋友”。

6 Shirky,Clay.Here Comes Everybody: the Power of Organizing without Organizations[M].Penguin Press,2008.

7 Scott,John.Social Network Analysis:A Handbook[M].SagePublications,Inc,2000.

8 张俊林．这就是搜索引擎：核心技术详解[M]. 北京：电子工业出版社，2012.

高“诚信”程度。

第三，云计算及其作用。在集成电路的性能逐步逼近物理极限的情况下，云计算使用大量廉价的个人电脑分担计算任务，易扩展，能容错，并保障多备份数据的一致性，使用户按需获取计算能力、存储空间和信息服务[1]。云计算保障了处理海量信息的能力，而且计算能力容易标准化，可以像商品一样交易和流通。随着计算能力供给和需求的增加，2011 年 2 月已经出现了针对计算能力的现货交易市场，预计期货市场也将出现[2]。云计算对搜索引擎的发展有重要促进作用，比如实时搜索的计算量很大，Google 就是发展云计算的先驱。金融业是计算能力的使用大户，云计算会对金融业产生重大影响。比如云计算可以随时提供任何软件和数据，处理任何与金融交易有关的信息问题，苹果商店与手机的关系已经与此类似。

在互联网金融模式下进行信息处理，比如，由于信息科技足够发达，自然人出生后的关键信息和行为信息都被记录下来，可以查询，不准确的信息通过社交网络和搜索引擎进行核实或过滤，从而形成“大数据基础”。在这种情况下，对个人信用状况的信息处理将自动依据算法产生，非常有效率。再比如，人们在日常生活中发现某银行服务效率低下，就可以把相关信息发到社交网络上，这些信息汇总后有助于评估该银行的盈利和信用前景——在现代股票市场上，股东仅能以“买入—卖出”来表达自己对盈利前景的判断。目前在全球很受欢迎的 tripadvisor[3] 网站又是一例，网友对去过的任何旅游点、饭店、宾馆等，都可以留下自己的评级和评论，为后来的搜寻者节省了很大的时间成本。

综上所述，互联网金融模式下的信用处理有五个主要特点：一是地方信息和私人信息公开化；二是软信息转化为硬信息，或者说只可意会的信息显性化；三是分散信息集中化；四是基于信息检索和排序产生了类似“充分统计量”的指标和指数，能凝练、有效地反映汇聚起来的信息；五是信息通过社交网络的自愿分享和共享机制进行传播。最终实现信息在人与人之间的“均等化”。

这与目前信用违约掉期（Credit Default Swap, CDS）

1 刘鹏 . 云计算 [M]. 北京：电子工业出版社，2011.

2 A Market for Computing Power[J]. Economist,2012-02-17.

3 tripadvisor 官网 . www.tripadvisor.com.

市场机制类似。谢平和邹传伟[1]的研究表明，CDS市场就是用与社交网络和搜索引擎相类似的机制，通过市场交易（价格）来产生时间连续、动态变化的违约概率序列，在违约信息揭示上比信用评级机构更有效。将来从理论上讲，任何金融交易产品实际上都隐含着一种CDS，在任何时点上都可以知道它的违约概率，在这种情况下所有金融产品的风险定价就会非常直观和简易。

## 四、资源配置

互联网金融中资源配置的特点是：资金供需信息直接在网上发布并匹配，供需双方直接联系和交易，不需要经过银行、证券公司和交易所等金融中介和市场。未来可能的情景是：贷款、股票、债券等的发行和交易在社交网络上进行，也就是去中介化、去中心化、“脱媒”[2]。

典型例子是P2P网络借贷。比如2007年成立的美国Lending Club公司，到2012年年中已经促成会员间贷款6.9亿美元，利息收入约0.6亿美元，美国前财长Larry Summers和摩根斯坦利前董事长John Mack均加入了此公司的董事会。Lending Club公司对符合要求的贷款申请，根据借款者的FICO信用评分、贷款金额、过去6个月借款次数、信用记录长度、账户数量、循环信用额度使用率和贷款期限等进行内部信用评级，分成A到G共7个等级，每个等级又细分成5档。不同信用评级对应着不同贷款利率，从6%到25%不等，而且信用评级越低，贷款利率越高。Lending Club公司把每份贷款“镜像”作为一个票据，提供贷款金额、待认购金额、期限、评级、利率、用途以及借款者的就业、收入、信用历史等信息，放在网站上供投资者选择。对于单个票据，投资者的最小认购金额是25美元，这样2万美元最多可投资800个票据，实现了风险的充分分散。Lending Club公司还为投资者提供了构建票据组合的工具。比如，投资者说明自己的收益目标、投资金额和拟认购票据数目，Lending Club公司就会推荐一个票据组合。Lending Club公司还为投资者提供了交易票据的平台。在贷款存续过程中，Lending Club公司负责从借款者处收取贷款本息，转交给投资者，并处理可能的延付或违约情况。

另一例是众筹融资（crowd funding，通过互联网为投资项目募集资金）替代传统证券业务，代表是2009年4月成立的美国Kickstarter公司。Kickstarter公司通过网上平台为创意项目融资，到2012年年中已为2.4万个项目筹资2.5亿美元，共吸引了200万名投资者。投资回报以项目产品为主，比如音乐CD、电影海报等。对于每个项目，第一批投资者多为项目负责人的朋友、粉丝和熟人，投资者可以通过Facebook推荐自己认为不错的项目。2012年4月，美国通过JOBS法案（Jumpstart Our Business Startups Act），允许小企业通过众筹方式获得股权融资。

再举一例，Facebook平台有9亿网民，已经发行自己的货币，网民之间的数据、商品、股票、贷款、债券的发行和交易均可以通过网络处理，同时保留完整的信用违约记录（淘宝网、腾讯已经有类似做法），形成最优价格。Facebook上市估值达960亿美元，正是由于大家看中了其中隐含的巨大价值。

为更好地说明互联网金融下的资源配置，接下来以轮转储蓄与信贷协会（Rotating Savings and Credit Association，ROSCA）为参照，对以Lending Club公司为代表的P2P网络借贷进行分析。

1 谢平，邹传伟. CDS的功能不可替代[J]. 金融发展评论，2011(1).
2 可以设想，每一个资金供给者、需求者都可以“一对多”交易，那么资金供需匹配的组合会无穷大，进而就是“网上金融市场”。

ROSCA[1] 是一种在世界范围内广泛存在的民间金融组织。一般由发起人邀请若干亲友参加（在中国东南沿海，参与者总数多在 30 人左右），约定每月或每季举会一次。每次各参与者缴纳一定数量的会款，轮流交一人使用，借以互助。按收款次序的决定方法，分成轮会、标会等类型。ROSCA 可视为先收款的参与者与后收款的参与者两两之间借贷关系的集合。尽管有大量文献表明 ROCSA 在促进信贷可获得性和推动经济发展上有重要作用，但 ROCSA 崩盘时有发生。ROCSA 主要依靠熟人间的信用网络（特别是发起人的信用担保），存在安全边界，一旦 ROCSA 拓展到相互熟悉的亲友之外，就很难控制参与者的道德风险（主要是在不同 ROSCA 之间进行套利）；ROSCA 有多轮、分期的契约形式，参与者的份额很难转让，退出成本（实际是交易成本的一部分）很高，在 ROSCA 出现问题时，参与者的"挤兑"等自利行为容易在集体层面形成"囚徒困境"，放大风险。由此可以得出两个结论：第一，P2P 网络贷款和 ROSCA 本质上都是个人之间借贷。实际上，根据 SmartMoney[2] 杂志报道，最早开展 P2P 网络借贷的美国 Prosper 公司的商业模式就深受 ROSCA 启发。因此，P2P 网络借贷可以看成现代信息科技与民间金融组织形式结合的产物。

第二，在 P2P 网络借贷中，一个投资者可以向成百个借款者发放金额小到几十美元的贷款，这对包括 ROSCA 在内的民间借贷是不可想象的。主要有两个因素保障 P2P 网络贷款做到这一点：首先，对借款者的信用评估采取了标准、高效和由独立第三方负责的方式，大大降低了借款者和投资者之间的信息不对称，从而拓展了交易边界，使得现实生活中毫无交集的两个人之间能发生借贷；其次，贷款的认购、交易和本息清收充分利用了现代信息科技，并借鉴了证券市场的一些做法，大大降低了交易成本，便利了资金供需的匹配，还能获得风险分散的好处。

推而广之，我们认为，在移动支付和第三方支付、大数据、社交网络、搜索引擎和云计算等现代信息科技的推动下，个体之间的直接金融交易这一人类最早的金融模式会突破传统的安全边界和商业可行边界，焕发出新的活力。在供需信息几乎完全对称、交易成本极低的条件下，互联网金融形成了"充分交易可能性集合"，双方或多方交易可以同时进行，信息充分透明，定价完全竞争（比如拍卖式）。各种金融产品均可如此交易。这种资源配置方式最有效率，社会福利最大化，也最公平，供需方均有透明、公平的机会，诸如中小企业融资、民间借贷、个人投资渠道等问题就容易解决。不认识的人（企业）可以通过"借贷"而形成社交网络关系，成为"熟人"，进而拓展了其他合作的可能性，如投资入股、买卖产品等。

1 本节关于 ROSCA 的观点引自：（1）张翔，邹传伟 . 标会会案的发生机制 [J]. 金融研究，2007（11）；（2）邹传伟，张翔 . 标会套利与系统性标会违约 [J]. 金融研究，2011（11）.
2 Global Lessons for Better Savings Habits[J].SmartMoney,2011(18).

# 第二章 CHAPTER 2
# 金融互联网化
# Internetization of Finance

金融互联网化（或金融活动从线下向线上转移）是一个必然趋势。一方面，越来越多的人习惯了互联网，而且随着生活节奏加快，很多人没有时间去柜台办理业务，金融机构要通过互联网化来适应客户需求；另一方面，互联网技术的快速发展，有助于金融机构降低交易成本。本章依次讨论网络银行和手机银行、网络证券公司、网络保险公司和金融产品的网络销售。

## 第一节　网络银行和手机银行

### 一、网络银行

对于网络银行，尹龙[1]认为有两种含义：第一种含义涉及对网络一词的理解和对网络银行性质的认定。网络并不仅指局域网 LAN、互联网 Internet 等开放型电子网络，还包括各类银行内部网络、资金转移网络、支付清算网络，甚至电信网络，只要能作为银行信息产品和服务的载体，都被视为一种新的银行业务通道，被统一划归为网络银行的范畴。第二种含义涉及对网络银行的业务认定和银行职能。网络银行被认为是在网络中拥有独立的网站，并为客户提供一定服务的银行（这里的网络指互联网）。网络银行不仅是业务模式的演变，同时也是金融机构的互联网化。

网络银行的演变大致经历了业务处理电子化、经营管理电子化、银行再造等三个阶段（见表 1-2-1）。

表 1-2-1　信息技术与商业银行创新[2]

| 时间 | 创新主题 | 相关技术 |
| --- | --- | --- |
| 20 世纪 50 年代 | 信用卡 | 磁条 |
| 20 世纪 60 年代初 | 自动转账 | 电话 |
| 20 世纪 60 年代 | 支票处理机 | 磁记录 |
| 1969 年 | ATM 机 | 机电一体化技术 |
| 20 世纪 70 年代 | POS 机 | 计算机和通信 |
| 20 世纪 70 年代 | 信用打分模型 | 数据库技术 |
| 1970 年 | CHIPS | 通信 |
| 1973 年 | 自动付款技术 | 通信、微信 |
| 1977 年 | SWIFT 系统 | 通信 |
| 20 世纪 80 年代 | 衍生产品 | 高速运行计算机和信息通信技术 |
| 1982 年 | 家庭银行 | 计算机和信息通信技术 |
| 20 世纪 80 年代中期 | 企业银行 | 计算机和信息通信技术 |
| 1988 年 | EDI | 通信、安全控制 |
| 1990 年 | 客户关系管理 | 数据库技术 |
| 1990 年 | 信用打分模型 | 数据库技术 |
| 20 世纪 90 年代 | 网络银行 | 信息通信技术和互联网 |

资料来源：课题组整理

1 尹龙 . 网络银行与电子货币——网络金融理论初探 [D]. 西南财经大学 ,2002.
2 姜建清 . 金融高科技的发展及深层次影响研究 [M]. 北京：中国金融出版社 ,2000.

第一阶段，银行主要运用信息通信技术来辅助和支持业务发展，比如数据保存、财务集中处理等，主要是实行办公自动化，即手工操作向计算机处理转变，但当时信息通信技术还不够发达，银行信息系统分散而封闭。

第二阶段，信息技术的快速发展与成本的大幅降低，为银行业广泛应用网络信息技术提供了有利的条件，这一阶段银行实现了联网实时交易，同时内部网络电子银行开始兴起，出现了 POS 机、ATM 机等。

第三阶段，以 1995 年 10 月美国第一家网络银行——安全第一网络银行（Security First Network Bank，SFNB）的诞生为标志，出现了网络银行、电话银行、手机银行和电视银行等新型服务渠道，客户可以在任何时间、任何地点，以任何方式获得银行服务。这一阶段的创新使银行业务发生了革命性变革，突破了银行、保险、证券之间的分业限制，使金融业不断融合。银行业务的发展，反过来又增加了对信息通信技术的需求，出现了大量 IT 外包活动。

案例 1-2-1

## ING Direct

ING Direct 是荷兰国际集团于 1997 年在加拿大创立的第一个金融产品网上直销银行。所有的业务都通过网络、电话和邮件开展，没有任何分支机构和网点，只在一些大城市设有少量的咖啡馆，用于品牌宣传和满足客户接触银行实体的心理需求。截至 2013 年，公司在全世界拥有 1500 万客户，已经发展成为全美最大的网上银行和第四大零售银行，业务主要集中在欧洲地区。公司每年的新增存款中有超过 95% 是来自传统银行“逃离”的储户。北京银行在 2013 年 9 月与荷兰国际集团正式开通直销银行服务模式，并在北京、南京、济南、西安四地率先推出首批共 6 个试点，未来将全面铺开此项业务。

ING Direct 的盈利来源于利差收入，这就决定了它只能通过“规模”来获取利润。银行创始人阿卡迪•库尔曼（加拿大）指出，ING Direct 的商业模式就是做“银行业的沃尔玛”，以低廉的价格出售简单的“金融日用品”，通过低成本运营，获得规模化的收益。与传统银行相比，ING Direct 具有如下特点：

一是目标客户定位单一化，降低管理成本。ING Direct 将目标客户定位在金融服务的“长尾市场”，即 30~50 岁，受过良好教育，善于通过网络和电话渠道获取服务，平时与实体银行网点接触较少的上班族。通过锁定目标客户群体，排除个性化与差异化，创造一个稳定的客户群体，以“标准化”的方式来进行运营和管理，能够建立持续的成本优势，从而保持稳定的盈利模式。

二是产品结构简单化，控制交易成本。产品主要集中在活期存款、定期存款、支付账户、住房抵押贷款和普通理财产品代理等，在少数国家还提供一些个人消费贷款。客户可以将 ING Direct 的账户与他在其他银行的账户相连，一些金融需求可以通过关联账户来满足，客户可以将资金在这些关联账户之间转换。

三是营销方式简单化、精准化。从客户的消费、交易数据中选择适合的产品，经过过滤之后，按照每个产品对公司利润的贡献程度进行排序，在精准营销的同时保证公司的收益。抓住客户的需要、猎奇心理及公众舆论，强调所想即所得的服务理念，积极应用互联网新技术，制造可供谈论的话题。

与传统银行相比，ING Direct 由于其特有的运营环境和运营模式，在为客户提供服务的同时，也面临着一些特殊的风险：一是技术风险，网络直销模式对信息处理平台的性能要求较高，如果运营时的信息技术不成熟、不完善，则会带来安全隐患（网络病毒及恶意攻击）及业务处理的低效率；二是业务操作风险。目标客户需要一定的操作技能，在实际中存在客户误操作的风险。R

## 二、手机银行

手机银行也称为移动银行、移动金融服务，指利用手机、PDA 和其他移动设备等实现客户与金融机构的对接。手机银行在 20 世纪 90 年代末诞生于捷克，由该国 ExpandiaBank 与移动运营商 Radiomobile 共同打造，目前已经出现了多种模式和大量案例。2013 年 12 月，人民银行行长周小川在接受财经杂志专访时也表示，应该借鉴国际经验，通过手机银行为农村地区、边远地区和贫困地区提供基本金融服务。

### （一）手机银行的主要模式

表 1-2-2 归纳了手机银行的 4 种主要模式，需要说明两点：第一，多数手机银行属于银行主导模式，移动运营商只提供运营平台。这也是手机银行的最早模式，在发达国家至今仍是主流。

第二，非洲国家出现了大量手机银行创新，而且移动运营商、第三方支付公司等非银行机构在手机银行中扮演了重要角色。比如，肯尼亚的手机银行 M-PESA，由移动运营商主导，已经成为全球接受度最高的手机支付系统，在肯尼亚的汇款业务已超过该国所有金融机构之和。非洲国家金融系统不发达，难以满足人们的基本金融服务，特别是物理网点不足，从而为这些新兴手机银行模式带来了巨大发展空间（见表 1-2-3）。

### （二）手机银行的存在条件

手机银行存在的条件很多，如手机终端和信息通信技术等物理条件，更重要的则是经济条件，包括现实约束下的条件和未来约束改变下的条件。

在现实约束下，手机银行主要在非洲等欠发达国家存在。为什么？因为手机银行在目前条件下，更多是作为网上银行、银行物理网点等的替代品，而不是互补品。非洲国家大多数人没有获得基本金融服务，金融需求强烈。手机银行的无网点性，既使非洲人民能获得基本金融服务，也使手机银行供应商能大幅降低交易成本，实现盈利。这为手机银行解决金融包容问题提供了可能性（即必要条件）。此外，非洲国家的金融监管包容也为手机银行的存在提供了充分条件，

**表 1-2-2 手机银行的主要模式**

| | 银行主导 | 合伙企业 | 非银行主导 | 非银行发起 |
|---|---|---|---|---|
| 谁持有账户或存款 | 银行 | 银行 | 银行 | 运营商或者其他非银行机构 |
| 提现机构 | 银行 | 银行 | 银行或者代理商 | 运营商或者其他 |
| 谁执行支付指令 | 任何运营商 | 特定运营商 | 特定运营商 | 特定运营商 |
| 典型例子 | 多位手机银行 | MTN Mobile Money,Smart | M-PESA,Wizzit | Globe,Celpay |

资料来源：课题组整理

**表 1-2-3 非洲国家手机银行概览**

| | Celpay | M-PESA | MTN Mobile money | Wizzit |
|---|---|---|---|---|
| 目标是否金融空白 | 否 | 是 | 部分是 | 需要银行账户 |
| 提现方式 | 不能提现 | 代理商 | ATM 机；银行分支机构 | ATM 机；银行分支机构 |
| 是否可以转账 | 是 | 是 | 是，任何银行账户 | 是，任何银行账户 |
| 特殊硬件要求 | 是 | 否 | 32k SIM | 否 |

资料来源：David Porteous.The Enabling Environment for Mobile Banking in Africa[R].2006.

即具有比较优势的移动运营商能提供手机银行。总之，供给和需求的双重耦合，是手机银行存在的基本条件。

在欧美等发达国家，手机银行为什么普及率不高？主要是因为发达国家银行网点（包括物理网点和网上银行）星罗密布，人们可以随时获得金融服务，而手机银行由于屏幕小等固有属性，致使其普及率较低。

在中国等部分国家的农村地区，手机银行为什么发展缓慢？这是因为在欠发达地区发展手机银行，需要“可口可乐化”模式，即设计一个可大规模推广的业务模式，以实现低成本和高密度销售。银行和移动通信机构等的市场化水平越高，越能主动适应客户需求，而不是让客户来适应供给者。但如果供给者处于绝对垄断地位，则没有动力来构建和推广这种“可口可乐化”模式。

当下大多数人认为，手机银行推广的主要障碍是其安全性，比如手机银行在发达国家不普及的主要原因是对安全的担忧，而欠发达国家的人们可能压根没有意识到手机银行的安全性，所以手机银行在欠发达地区普遍存在。该观点貌似有道理，其实不然。实际上穷人对安全更关心，因为穷人的存款是其命根子，同时他们对新事物也存在更多敬畏感。未来，随着约束条件改变，金融模式变革，更多的是无网点服务，资金供求双方通过手机等移动终端可以直接匹配，产品定价、风险管理和信息处理，完全可以在每个人的手机上完成，不需要银行等金融中介。那时，手机银行会取代实体金融机构而单独存在，手机银行在欠发达和发达地区都具备存在的条件，而不仅仅在欠发达地区。

案例1-2-2

## 肯尼亚M-PESA[1]

M-PESA由Vodafone[2]在肯尼亚的合作伙伴Safaricom于2007年推出。一开始主要为满足穷人汇款需求，后来发展到可以通过手机完成转账、汇款、取现、话费充值、付账、发工资和偿还贷款等业务。M-PESA不仅能在国内汇款，在海外也可向M-PESA用户汇款。M-PESA成功的一个重要因素是实现存取现金业务。M-PESA引入邮局、药店、超市等代理商，通过它们来提供现金业务，但客户不直接与代理商发生契约关系，代理商仅仅是代理而已，这一切都在M-PESA的控制下完成。

M-PESA通过收取一定转账费来实现自身的可持续发展。账户查询和更换PIN号码要收费，但账户注册、存款和通过M-PESA进行话费充值都免费。M-PESA还打通了移动运营商和银行之间的通道，可以实现M-PESA账户和银行账户之间的转账，同时也可以通过银行的ATM机取现。

M-PESA虚拟账户的设计使其不属于肯尼亚法律下的银行活动。因此，Safaricom可以根据自己的商业判断选择代理商，Safaricom和Vodafone不对代理商的经营负责。M-PESA客户协议规定，Safaricom对代理商提供的M-PESA服务项目中出现的问题不承担任何责任。对M-PESA这种由非银行机构主导的无网点银行服务，监管部门除了要求把客户储值的资金存入多家银行外，基本上没有什么严格监管。

M-PESA最早只有约5.2万家用户，355家代理商。到2011年4月，M-PESA用户增长到约1400万，代理商增加到近3万家。M-PESA的成功引起了很多新兴市场国家的兴趣，比如坦桑尼亚、南非、阿富汗、印度、埃及，它们已经或试图复制M-PESA的成功经验。R

1 Safaricom 官网 .http://www.safaricom.co.ke/.

2 Vodafone（沃达丰集团股份有限公司）是跨国移动运营商，总部设在英国波克夏郡的纽布利（Newbury）及德国杜塞尔多夫，是全球最大的移动通信运营商之一。其网络直接覆盖26个国家，并在另外31个国家与其合作伙伴一起提供网络服务。

案例1-2-3

## 南非 Wizzit[1]

Wizzit 由移动运营商 MTN 公司和标准银行（Standard Bank）合办的 MTN 金融公司于 2004 年 11 月推出。Wizzit 定位于虚拟银行，没有网点或分支机构，目标用户是 1600 万南非低收入群体（占全国成年人口的 48%）。除了通过手机完成转账、支付、话费充值、发工资和账单查询等金融服务外，Wizzit 还给每位用户发放一张带有 Maestro 标志的借记卡。用户可以使用该卡在银行的 ATM 机取款，也可以在银行的分支机构存款。Wizzit 不通过媒体来宣传，而是重点栽培 2000 多名 WIZZ Kids，通过他们宣传 Wizzit，同时也起到类似代理商的作用。但 WIZZ Kids 不负责存取款业务，只是方便用户注册 Wizzit。用户也可以在 400 多个 Dunn's Stores 处注册 Wizzit。

考虑到金融包容需要，Wizzit 没有最低账户余额要求，也没有固定费用，具体交易费用取决于交易类型。与南非的其他交易方式相比，Wizzit 的交易费用较低，这是其最大优势。但由于 Wizzit 使用者群体规模大，Wizzit 可以实现商业可持续性。

Wizzit 与所有移动运营商都兼容，这大大拓展了其使用范围。为保证客户资金安全，Wizzit 设置了强制性暂停交易（但能提供合理证明的除外）。比如，24 小时内借记卡交易超过 5000 兰特[2]，账户余额超过 2.5 万兰特，就会强制性暂停交易。Wizzit 只对客户资金安全提供基本保护，客户要谨慎保管好 Wizzit 卡和密码，除非 Wizzit 有重大过失，客户要对自己的资金安全负全责。R

案例1-2-4

## 菲律宾 G-Cash[3]

G-Cash 由菲律宾移动运营商 Globe Telecom 于 2004 年推出。用户通过手机短信即可完成 G-Cash 注册。通过 G-Cash，用户可以完成存取款、转账、国内汇款、支付、话费充值、发放工资、跨国汇款和偿还小额贷款等业务。G-Cash 引入了代理商，主要是药店、邮局、便利店、加油站、彩票点和杂货店等，通过它们来实现存取款业务。存取款也可以在 Globe Telecom 的营业厅或银行网点办理。G-Cash 还实现了银行账户之间的转账，但 G-Cash 属于非银行主导模式，银行等金融机构只是代理商。

目前，G-Cash 用户已超过 120 万，G-Cash 的资金流通量已超过 600 亿菲律宾比索[4]。G-Cash 用户无须支付在代理商处存取款的手续费，手续费由 G-Cash 供应商支付。G-Cash 还发给每位用户一张 G-Cash 卡。该卡没有固定费用，也没有年费，可以在 3.3 万家合作商家处免费刷卡，也可以在 9000 个 ATM 机上取款，但取款要按次收取 20 比索的手续费。

菲律宾央行对 G-Cash 主要有以下监管要求：第一，用户注册手机银行账户时，必须提供身份证、姓名和住址等信息。第二，为保护存款人利益，Globe Telecom 要按照 1∶1 的比例在其专用银行账户上保持与手机银行账户相等的资金。第三，G-Cash 对每日和每月的交易额设置上限。比如，单笔交易额不得超过 1 万比索，日交易额不超过 4 万比索，月交易额不超过 10 万比索。第四，Globe Telecom 每月必须向菲律宾央行提交业务报告，并且参加由菲律宾央行组织的反洗钱培训；第五，所有代理商都必须向菲律宾央行提出注册申请[5]，代理商必须保留 5 年之内的交易记录。R

1 Wizzit 官网 .http://www.wizzit.co.za/.
2 2014 年 1 月 18 日，1 兰特 =0.55683 人民币。
3 G-Cash 官网 .http://gcash.globe.com.ph/.
4 2013 年 12 月底，1 元人民币约兑 6.6 比索。
5 2010 年后允许 Globe Telecom 批量向菲律宾央行进行代理商注册，但 Globe Telecom 需承担由代理商所引起的全部责任。

### （三）手机银行的风险与监管

在非洲等贫穷地区使用手机银行面临两类风险：第一类是与代理相关的风险，手机银行与零售代理商的合作，由于零售代理商缺乏经过专门训练的员工和安保系统，面临一定风险，如现金被盗、身份盗用、操作错误、代理商欺诈以及第三方欺诈等，零售代理商的引入使得政策制订者和监管部门必须认真考虑新的和更大的风险[1]；第二类是电子货币风险，如移动运营商等非银行主体挪用客户预先存储的资金，进行高风险投资。

对与代理相关的风险，不同国家制定了不同的监管办法。巴西中央银行发布的监管条例允许各种实体担任代理，这使得巴西成为银行代理商最多的国家，包括小型超市、药店、邮局以及彩票销售点，银行通过代理商向客户提供各种金融服务。在巴西，零售商只要拥有 POS 机，几乎都能成为银行代理。巴西的银行代理商在快速发展的同时，也蕴含了一定风险。因此，该国中央银行对代理做出了一些限制性规定，如银行应对代理行为负责，可办理开户或处理存款取款的代理商必须得到中央银行的批准，规定代理的作用只能是银行的中介，中央银行可以直接通过代理商提取关于代理的一切数据，银行与代理商必须在 48 小时之内清算所有交易。

与巴西相比，印度中央银行只允许少数合作社、非营利实体和邮局担任代理商。印度中央银行认为社区的非政府组织和邮局声誉较好，而许多地方企业名声较差。印度过去一些地方企业作为银行代理商在进行小规模储蓄动员时，曾出现了许多欺诈事件。基于以上考虑，印度中央银行只允许少数声誉较好的实体担任代理商。正因为印度中央银行关于代理商方面的严格监管，使得无网点银行服务在印度发展缓慢。

在肯尼亚，M-PESA 不属于该国法律所指的银行活动，因此，M-PESA 提供商可以完全根据自己的商业判断选择代理商。M-PESA 这种由非银行机构主导的无网点银行服务，监管机构除了要求把客户储值的资金存入多家银行外，基本上没有什么严格规定。由于 M-PESA 供应商不需要承担由代理而产生的相关责任，因此在出现欺诈或管理不良的情况下，这些公司几乎没有任何损失。

关于电子货币风险的监管。如果电子货币由银行发行，通行的做法是，监管机构需要对与储值相应的资金或未支付资金进行监测，这属于银行审慎监管的一项重要内容。如菲律宾的 Smart Money，在其合作银行账面上被记为应付账款，而不是储蓄，这样做便降低了银行的监管成本，而客户得到较低程度的保护。然而，在非银行主导的模式下，移动运营商为客户开立虚拟账户，客户与移动运营商之间直接建立契约关系，而与银行没有契约关系。在这种情况下，电子货币受到较少监管。一旦发生风险，客户可以向提供商索赔，但不能向银行索赔。因此，针对上述问题需要制订专门的监管规定，保证提供商有足够的资金来应对客户的索赔，保证客户具有优先索赔权。

### （四）中国的手机银行

#### 1. 发展概况

国内银行中已经推出手机银行业务的包括：中农工建交等大型国有银行、全国性股份制银行、部分城商行和农商行以及极少数农合行、新型农村金融机构和农信社。区域性银行的手机银行基本是网络银行的手机化。有特色且与中国农村金融相关的手机银行包

1 CGAP(Consultative Group to Assist the Poor). Use of Agents in Branchless Banking for the Poor: Rewards, Risks, and Regulation.2006.

括无卡取现、手机银行—农户小额贷款、手机银行按址汇款和手机金融等。

手机银行无卡取现首先由交行推出，此后广发行、深发展、工行等也推出了类似业务。持卡人先要通过手机银行预约 ATM 机取款。预约后，凭预约手机号码、预约号及预约银行卡的取款密码，即可实现无卡取款，而无须向 ATM 机插入银行卡。持卡人不仅可以在本人忘记带卡（或银行卡遗失）时应急取现，还可以为远方急需现金的亲友提供便利的取款服务。更重要的是，这项服务使持卡人免于受到不法分子在 ATM 机上设置盗卡装置等带来的潜在安全威胁。但无卡取现需要有 ATM 机配合，目前主要在城市应用，农村推广的比较少。

手机银行—农户小额贷款由农行推出，于 2009 年 12 月起在广西、河南分行所属辖区内先行试点，目前仅针对广西、河南惠农卡客户提供专项服务。手机银行—农户小额贷款提供自助借款、自助还款、还款试算、合约信息查询、贷款信息查询、还款明细查询等六项基本功能。这项服务有多赢效果：农民足不出户就能实现贷款，农行在降低交易成本的同时拓展了农村市场，政府则解决了金融包容问题。

手机银行按址汇款由邮储银行推出。通过此功能，农户可以按汇款人提供的收款人名址等信息，以投递取款通知单的方式完成汇款。这项服务的意义在于，有些偏远地区的农民没有银行卡，但按址汇款是适用的。

手机银行还可以融合其他金融服务。重庆农商行的手机银行将基础金融服务、多领域移动支付应用以及跨行业移动支付运用高度整合。比如，自助银行，客户足不出户即可自助办理各项非现金业务；远程支付，帮助客户在网上购物、缴费、充值游戏点卡、订购机票、预订酒店等；近场支付，客户用手机刷 POS 机和持手机就可搭公交、乘地铁、看电影等。

## 2. 通过手机银行提高金融普惠性的前景

目前，中国农村金融机构网点还远远不能满足日益增长的农村金融服务需求，监管层已经意识到手机银行在解决金融空白乡镇方面的重要性。2011 年，银监会《关于继续做好空白乡镇基础金融服务全覆盖工作的通知》指出，要积极发展电话银行、手机银行等现代金融服务方式。

手机银行解决金融普惠的关键是现金存取。要实现现金业务，一般来说需引入代理商。具体运行机制如下：手机银行用户可使用银行发放的银行卡，也可以由移动运营商提供手机银行虚拟账户；代理商可安装 POS 设备，或者持有具有手机银行功能的手机。如果客户想在代理商处存款，只要刷一下手机，银行就会自动从代理商的账户中扣除等量金额，作为客户的存款资金。客户存入的现金则由代理商保留，以抵消其在银行 / 移动运营商账户中的扣款。如果客户希望提取现金，则流程相反。代理商先从收银台提供现金，银行则会从客户的账户中扣除等量金额，同时向代理商账户中补入相等金额。通过手机银行，客户获得相关金融服务的同时，免去了频繁往返银行的劳顿之苦。

手机银行在农村地区推广，移动运营商具有网点方面的得天独厚优势。移动运营商完全可以通过手机、移动网络、通信服务站、手机销售网点等提供存款、提现、贷款、汇款等基本银行服务（肯尼亚、赞比亚就是如此）。因此，中国金融包容体系的建立，需要监管部门的监管包容，需要其向移动运营商颁发手机银行牌照。即使不能直接颁发给移动运营商，也应该向移动运营商和银行组建的合伙企业颁发牌照，如南非的 Wizzit。

随着手机逐步走向实名制，手机号码有身份识别功能。用户可以在手机中储值，储值后的手机号码相当于存款账户，而且可移动，任何时间、地点都能接通。通过手机通讯录和通话、短信记录，移动运营商实际上掌握了用户的核心人际关系网络。随着移动互联网的发展以及智能手机的普及，大量消费行为在手机上发生，这些相关信息有助于评估借款人的信用，进而可以开展贷款业务，并且可以通过人际关系网络实施“社会惩罚”（比如暂停通信服务，这种惩罚还可以在不同移动运营商之间共同实施），移动运营商能有效控制借款人违约及道德风险行为。

中国农村推广手机银行的条件已经成熟：一是手机银行的硬件条件已经具备。截至 2012 年 10 月，中国手机普及率为 80.6%。无线移动通信网络发展加速，截止到 2011 年底，3G 基站达 81.4 万个，覆盖全国所有县城以及多数乡镇。目前，3G 网络传输速度高达 2M，并且能够在传输信息的过程中进行加密保护。

二是手机银行由于不需要设立网点，不需要另外的设备与人员等，与其他渠道相比，交易成本较低。据统计，国外银行柜台每笔业务交易成本为 1.07 美元，而手机银行每笔业务交易成本只有 0.16 美元；国内银行柜台每笔业务交易成本约为 4 元，手机银行每笔业务交易成本则只有 0.6 元。

三是农村金融机构空白的存在，已有的农村金融机构网点不能覆盖广阔的农村地区，为手机银行发展提供了市场需求和空间。

此外，在中国农村推广手机银行，还受到农村收入水平、教育水平和消费习惯等方面的影响，具体如下：

一是农村收入水平。改革开放以来，中国农村居民收入水平有了大幅提高，人均纯收入从 1978 年的 133.6 元上升到 2009 年的 5153.2 元，增加了近 38 倍，农民收入水平的上升，为手机银行的推行奠定了坚实的经济基础。

二是农村教育水平。一般来说，文化水平达到中学程度就足以熟练使用手机银行了，农村初中和高中程度比率从 1985 年的 34.7% 稳步上升到 2009 年的 64.4%[1]。

三是农村消费习惯。中国农村要由目前的现金交易模式转变为手机支付模式，还需要时间的考验。影响农民消费习惯的主要因素，除收入水平、教育、年

1 国家统计局农村社会经济调查司 . 中国农村住户调查年鉴 [M]. 北京：中国统计出版社，2010.

龄以及观念等之外，还包括文化、相关群体的购买行为、政治经济法律以及手机银行本身等。现有相对固化的现金消费习惯并不可怕，手机银行推行的过程本身就是人们消费习惯改变的过程。

## 第二节　网络证券公司

网络证券业务指投资者利用互联网网络资源，包括公用互联网、局域网、专网、无线互联网等各种电子手段传送交易信息和数据资料并进行与证券交易相关的活动，包括获取实时行情、相关市场资讯、投资咨询和网上委托等一系列服务[1]。网络证券公司是证券公司运用互联网的一种表现形式。

曾几何时，穿着红马甲的交易员，做着各种手势，争分夺秒地打电话和下订单，成为证券交易所里的一道风景线。信息通信技术的发展使得这一切成为历史，以前通过电话和传真委托的交易，现在都可以通过网上交易系统来完成。证券公司的交易大厅也逐渐被网上交易取代。1992 年美国 E*Trade 公司推出了网上证券交易，此后网上证券交易业务蓬勃发展。现在大多数客户都习惯于网上交易，开户后下载一个简单的交易软件，就可以在家炒股。手机交易也在快速发展，手机交易的可移动性，能随时满足客户的需求。

中国证券业尽管发展较晚，但信息通信技术的影响非常深远，先后经历了集中交易、网上交易、手机证券等阶段。一是集中交易，标志是 1990 年上海证券交易所和 1991 年 7 月深圳证券交易所的成立。二是网上交易，标志是 1997 年 3 月华融信托投资公司湛江营业部推出的网上交易系统。三是手机证券，这一阶段证券交易进入了可移动时代，人们可以在任何时间、地点获得证券服务。

### 一、国外模式

根据利用互联网的深度，我们把国外网络证券的模式分为三种模式：一是以 E*Trade、TD Ameritrade 为代表的纯粹网络证券经纪公司（即 E*Trade 模式）；二是以嘉信理财、Fidelity 为代表的综合型证券经纪公司（即嘉信模式）；三是以美林证券、A.G.Edwards 为代表的传统证券经纪公司（即美林模式）。

#### （一）E*Trade 模式

1992 年 E*Trade 公司正式成立，一开始就通过美国在线向投资者提供一些网上证券服务，1996 年建立了 www.etrade.com 这一网上交易站点，完成了证券交易的电子化革命。目前，E*Trade 已经成为全球最大的个人在线投资服务站点，客户已经遍及全球 100 多个国家。E*Trade 模式的最大优势就是交易成本低。E*Trade 有较强的技术开发能力，便捷的网上交易通道，同时未设立实体营业网点，平均每笔佣金仅约 10 美元。E*Trade 的缺点在于缺乏长期积累的投资顾问和客户群体。

#### （二）嘉信模式

1971 年成立的嘉信理财（Charles Schwab）是一家总部设在旧金山的金融服务公司，如今已成为美国个人金融服务市场的领导者。20 世纪 90 年代中期，嘉信理财实现重大突破，推出基于万维网的在线理财服务。

1 张进，姚志国．网络金融学 [M]. 北京：北京大学出版社，2002.

公司主要通过电话、传真、网上交易向投资者提供相对廉价的服务。与 E*Trade 模式不同，嘉信不是纯粹的网络证券公司，还通过店面向投资者提供服务。嘉信模式的优点是成本低廉，缺点是资讯研发方面的能力较弱。

### （三）美林模式

成立于 1885 年的美林证券，是世界领先的财务管理和顾问公司之一，总部位于美国纽约。与嘉信模式不同，美林模式主要定位于高端客户，为客户提供面对面、全方位的资产投资咨询服务，拥有强大的投资研究能力和资产组合咨询能力，但由于定位高端，也使其客户群体存在局限性。此外，由于高端客户大多数需要个性化的服务，导致其利用互联网的深度不及前两种模式。

## 二、国内模式

中国证券公司的互联网形态，主要是提供资讯和资金服务（主要是经纪业务）。根据提供主体不同，可分为三种模式：券商自建网站模式、独立第三方网站模式以及券商与银行合作模式。

### （一）券商自建网站模式

这种模式在证券公司中普遍存在，其中较有代表性的是广发证券、国泰君安、中信证券、海通证券等。这些证券公司的交易和服务网站属于公司内部的一个服务部门（中心）。随着互联网金融的兴起，广发证券又推出了易淘金平台，这一平台不限于传统经纪业务，客户在该平台上还可以购买资管产品、基金等。这一模式的优点在于证券公司可以直接将其在传统市场上的服务通过网站提供给网络客户，券商的服务优势可以充分发挥出来。缺陷则在于专用网站的建设需要大量资金投入，是中小券商力所不能及的。

### （二）独立第三方网站模式

在这种模式下，网上服务公司、资讯公司和软件系统开发商等负责开设网络站点，为客户提供资讯服务，券商则在后台为客户提供网上证券交易服务。这种模式是一种开放平台，如果需要证券交易，则需要在他们提供的软件上通过“添加券商”这一功能来实现，典型代表如同花顺、大智慧等。有些则只提供资讯服务，如东方财富网。这一模式的优点在于技术优势和信息优势。缺点在于证券服务的内容和专业水平要得到客户的认同需要一段时间。

### （三）券商与银行合作模式

在银行、保险和证券分业经营的情况下，券商与银行合作的典型模式是银证通。银证通指在银行与券商联网的基础上，投资者直接利用在银行各网点开立的活期储蓄存款账户卡作为证券保证金账户，通过银行的委托系统（如电话银行、银行柜台系统、银行网上交易系统、手机银行等），或通过券商的委托系统（电话委托、手机证券委托、网上委托等）进行证券买卖的一种新型金融服务业务。这一模式为商业银行直接参与证券市场业务创造了条件。其优点在于方便快捷且手续费低，同时还能规避保证金被券商挪用的风险。缺点在于存在法律风险，2006 年银证通被全面叫停就是明证。

## 第三节　网络保险公司

网上保险指保险公司或者其他中介机构运用互联网来开展保险业务的行为，有狭义和广义两种口径。狭义的网上保险，指保险公司或其他中介机构通过互联网为客户提供有关保险产品和服务的信息，并实现网上投保，直接完成保险产品和服务的销售。广义的网上保险，还包括保险公司内部基于互联网的经营管理活动，以及在此基础上的保险公司之间、保险公司与公司股东、保险监管、税务、工商管理等机构之间的交易和信息交流活动[1]。网络保险公司则是保险公司运用互联网的一种表现形式。

### 一、发展概况

在保险业，信息通信技术最初主要用于保险产品电子化（即电子保单）。同时销售也部分实现电子化，主要是网络营销和电话销售等。比如，在英国，10家最大的车险公司都有自己的电话销售系统，1/3的私人汽车保险业务是通过电话系统完成的。随着信息技术的发展，保险产品的电子商务平台应运而生，这类平台提高了客户的自助能力，同时也加强了保险公司和客户之间的联系，如保险产品的在线报价与交易、个人之间的信息共享等。

目前，一些保险公司网上保险的业务量已经发展到一定规模，并且还出现了一些纯粹的互联网保险公司。1999年7月，日本出现首家完全通过互联网推销保险业务的保险公司。这家保险公司由总部位于美国的艾夫莱克（AFLAC）公司和日本电信共同投资设立和管理，服务对象定位于40岁以下的客户。美国INSWEB公司是全球目前最大的保险电子商务站点，在业界有着非常高的声誉，被福布斯称为网上最优秀站点，该网站涵盖了汽车、房屋、医疗、人寿、宠物等方面的保险业务。

当前，中国网上保险处于初级阶段。大多数保险公司只是建立了自己的门户网站，而网上销售和网上交易基本上还没成气候。虽然2000年平安公司推出了货运险网上交易系统，但中国保险业的整体信息化水

1 张劲松．网络金融理论与实务[M]. 杭州：浙江科学技术出版社，2007.

平还远远不够。2012年6月19日成功上线的“放心保”，兼具B2B和B2C交易模式，属于网上保险的一类，同时也是保险产品的第三方销售平台。2013年，阿里巴巴、中国平安和腾讯联合设立的众安在线财产保险公司，突破了国内现有保险营销模式，不设实体分支机构，取而代之的是互联网销售和理赔。

## 二、主要模式

网上开展保险业务的模式主要有三类：一是保险公司提供网上保险服务；二是专门公司经营的网上保险服务业务[1]；三是多家保险机构共建的网上保险业务。我们借鉴上述分类方法，并结合目前网络保险公司的服务内容，将网络保险公司分为如下几种模式：

### （一）保险公司网站模式

在这种模式下，各家保险公司通过自己的门户网站，向客户展示保险产品，提供联系方式，扩展销售渠道等。该种模式具有如下优点：第一，宣传公司及产品；第二，网上购买保险，扩展产品销售渠道；第三，保险公司通过电子商务对客户资料进行管理；第四，提供其他增值服务，如提供免费短信俱乐部、个性化邮件订阅等。其缺点是内容信息量不足（因为只展示了自己公司的产品，没有融合其他保险公司的产品），对公司信息技术水平要求高。在美国，eCoverage是第一家通过互联网向客户提供从报价到赔偿服务的保险公司，在该公司的网站上，客户可以花费比过去更短的时间获得报价、购买方针以及赔偿等服务，并且是24小时全天候服务。

### （二）网络保险超市模式

在这种模式下，网络平台把有关联的所有保险公司的保险产品信息放在一个网站上介绍，让用户根据自身实际情况自主选择所需要的保险产品，通过将用户与保险公司联系起来，从中收取较低的佣金或手续费。在该模式下，客户可以快速寻找到自己需要的各种保险产品信息，对比、选购多家保险公司的产品。

这种模式在中国的代表是慧择网，其系中国首家集产品对比、保险垂直交易与预约购买、保险专业咨询互动为一体的综合型第三方保险电子商务平台，通过联合十几家大型保险公司，实现了网上保险实时投保。

在国外的典型代表是美国的INSWEB，其已经与世界上50多家著名保险公司有业务协议，同时还通过与其他180多个著名站点连接，进行合作的方式，吸引源源不断的客户访问该站点。客户只需在网上输入需求信息，网站就会根据相关信息自动对各家会员保险公司的产品进行比较分析，然后将结果反馈给客户。

这种模式的盈利点主要有三个：一是供求匹配的中介费，一般向消费者收取；二是为代理人提供消费者信息和需求，向代理人收取费用；三是广告费等其他收入。

### （三）网络保险淘宝模式

这种模式下，网络保险网站既不提供保险产品，也不提供专业的保险信息，只是提供平台，由保险供求双方自行匹配。同时，供求双方的相互交流可以为保险市场提供一些“软”信息，有利于客户进行决策。

---

1 张劲松．网络金融 [M]. 北京：机械工业出版社，2010.

目前，很多保险公司已经入驻淘宝，包括中国平安、中国人保在内的几家公司都在淘宝商城开出了自己的网上旗舰店，在线销售意外险、车险、健康险等保险产品。

### （四）网络保险支持平台

这类平台不直接提供网络保险产品的买卖，而是为网络保险提供信息和技术支持。信息平台一般由一些非保险类机构创办，这些机构一般有很深的保险业背景，有强大的信息优势和社会公信力。典型代表比如中国保险网，为保险从业者和消费者提供保险理论与政策、会员交流与沟通、保险业实时新闻、数据资料、培训信息以及有关保险公司、保险代理人、保险经纪人在内的诸多信息。而网络保险技术支持，则专门为保险公司提供信息技术。典型代表比如易保网，其不是买方和卖方之间的中介机构，既不承保，也不做网络保险代理人，不向客户推荐任何一个具体公司的产品，而是为保险公司提供技术保证与服务。

## 第四节 金融产品的网络销售

金融产品的网络销售，本质上是通过网络渠道，匹配金融产品的供给者和需求者。金融产品需求者在匹配过程中起主导作用。他们根据自己的预算约束、风险收益偏好、融资需求等搜索合意的金融产品，并在不同金融产品之间分配额度。金融产品供给者的目标是，针对金融产品需求者的偏好，通过揭示自己产品的风险收益特征和进行一定的推广活动，最大化产品进入金融产品需求者“配置篮子”（这就是交易可能性集合的概念）的概率和金额[1]。

目前，网络销售的金融产品主要分成5类：投资型产品，比如银行理财、股票型和债券型基金；融资型产品，比如贷款（融360是这方面的代表）；风险保障型产品，比如保险产品；“投资＋支付”复合型产品，比如余额宝；社交型产品，比如微信红包。

### 一、核心要素

我们认为，互联网信息技术、网络客户关系管理以及网络数据挖掘构成了金融产品网络销售的三大核心要素。其中，互联网信息技术是金融产品网络销售的重要技术保障，网络客户关系管理是金融产品网络销售可持续发展的支撑，而网络数据挖掘则为金融产品网络销售的决策及风险控制提供了支持。

### （一）互联网信息技术

互联网信息技术为金融产品网上销售提供了便捷的操作及服务。主要包括：一是通过简单明了的网络门户网站，方便用户利用碎片时间，只要在能上网的地方，不管是通过PC机，还是移动终端等任何工具，都能得到相应的金融支持；二是突破时间和空间的限制获取金融服务；三是通过网上的交互式联络，缩短市场信息的获取和反馈时间。

1 这是一个经典的营销问题。在大数据分析的帮助下，金融营销会走向精准化。但目前我们还没有看到特别有说服力的案例。大数据下精准营销的一般介绍可以参考：Provost,Foster,and Tom Fawcett.Data Science for Business:What You Need to Know about Data Mining and Data-Analytic Thinking[M].O' Reilly Media,Inc,2013.

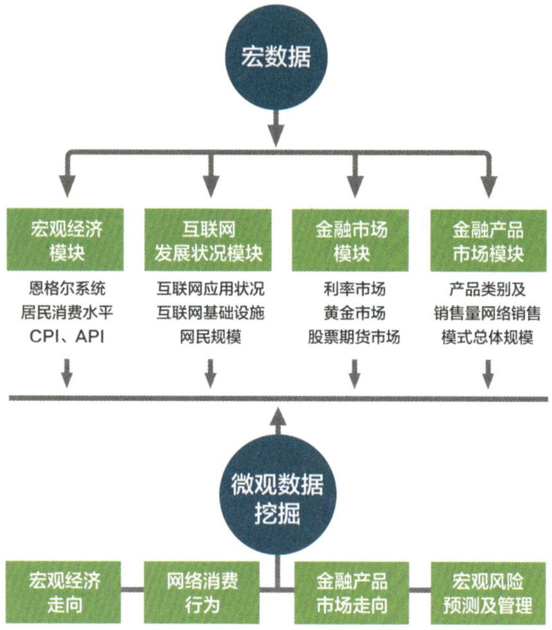


**图 1-2-1　宏数据挖掘**

资料来源：课题组整理

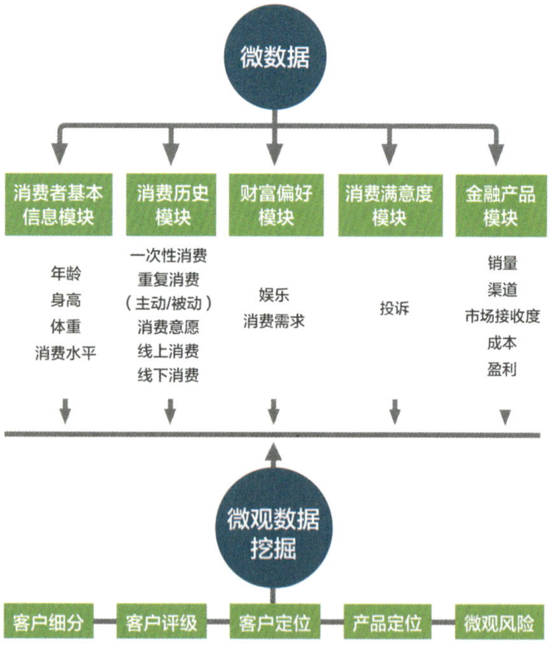


**图 1-2-2　微数据挖掘**

资料来源：课题组整理

## （二）网络客户关系管理（ECRM）

网络客户关系管理，包括如下几个方面：一是网络信息仓库管理，主要指将客户所有相关的网络信息集中于客户数据仓库（Customer Data Warehouse），形成客户信息聚集库。二是网络客户管理，根据客户网络信息等进行客户细分与评级，识别客户需求，提供适宜的金融服务。三是网络营销渠道管理，主要包括通信多渠道管理（Mutichannel Management）、金融产品自销及分销渠道管理。在ECRM模式下，所有的通信渠道都必须集成和连接，信息都必须被整合。四是网络售后在线分析处理，主要包括售后跟踪分析及金融消费满意度分析。

ECRM主要解决两个关键性问题：一是金融产品网络销售的时效性问题；二是金融消费者的需求问题。

## （三）网络数据挖掘

网络数据挖掘，包括宏数据挖掘和微数据挖掘，以及建立在宏微数据挖掘基础上的分析决策。

宏数据挖掘：通过对宏观经济、互联网发展状况、金融市场、金融产品市场等宏观数据的分析，挖掘隐藏于其中的信息，目的是实现对宏观经济趋势、网络金融消费行为、金融产品市场等的分析与预测。

微数据挖掘：通过对消费者基础信息、消费历史状况、财务偏好、金融产品销售情况等微观数据的分析，挖掘隐藏于其中的信息，目的是实现金融产品网络销售的客户细分、客户评级、客户定位、产品定位，并对微观风险进行评估与管理。

宏微数据分析决策：通过进一步对宏观数据挖掘和微观数据挖掘结果的分析和处理，为金融产品的网络营销提供决策支持。

## 二、影响因素

金融产品网络销售受到 Gen-Y 群体的影响，Gen-Y 群体来源于美国对在某一段时期内出生的人群的称呼。Gen-Y 群体具有时代特征，奠定了时代发展的根基，并对一个时代具有较强的影响力。根据美联储对美国金融消费者的调查，2012 年，18~29 岁的人群中，有 45%使用手机银行，而 45~59 岁的人群中，手机银行使用率仅为 18%，美联储预测，Gen-Y 人群将为金融服务的数字渠道带来生机。而像土耳其这类发展中国家也在开始关注这部分人群对金融产品新渠道的影响，因为在土耳其，有 45%的人口在 25 岁以下。

在中国，这部分群体对应的是“80 后”和“90 后”，他们将是金融产品网络消费最具潜力及未来普及金融网络消费的对象。他们将对金融产品的网络渠道产生根本性的影响。

具体而言，金融产品网络销售受到以下特征因子的影响：

### （一）感知收益度

感知收益度是在考虑风险因素的情况下，金融消费者选择网络方式消费金融产品所实现的效用和收益。从购买成本上看，互联网消费通常是“减少环节、一步到位”，在价格上有明显的比较优势。从产品丰富性上看，互联网金融线上产品的多样化、线上和线下的互动性，提升了用户的购买体验。从金融纠纷上看，互联网消费会实时记录交易中的每个流程，不会存在单据凭证丢失等引起的纠纷，有一定优势。从时间成本上看，网络消费金融产品可以节约时间成本。

### （二）感知易用性

感知易用性是金融消费者对消费模式便利程度的感知度。从信息获取角度上看，用户不仅可以通过门户网站获取金融信息，还可以通过发表评论或留言的方式互相交流金融消费的心得。在金融产品比较上，互联网搜索和排序功能能够在短时间内完成商品按某一属性的排列，从而快速筛选出符合消费者意愿的商品。从购物方便性来看，网络金融消费不需要走出家门，只要有网络，就能消费金融产品。

### （三）消费动机

金融消费者获取金融消费行为的心理动机主要体现在人际动机、隐匿动机和求乐动机及“省钱”又“挣钱”四个方面。网络金融消费具有很多传统消费所不具备的特点，会激发金融消费者出现一种被重视和被尊重的感觉，可以满足金融消费者的交流需求。“省钱”又“挣钱”动机方面，网络购买基金类金融产品的费率是物

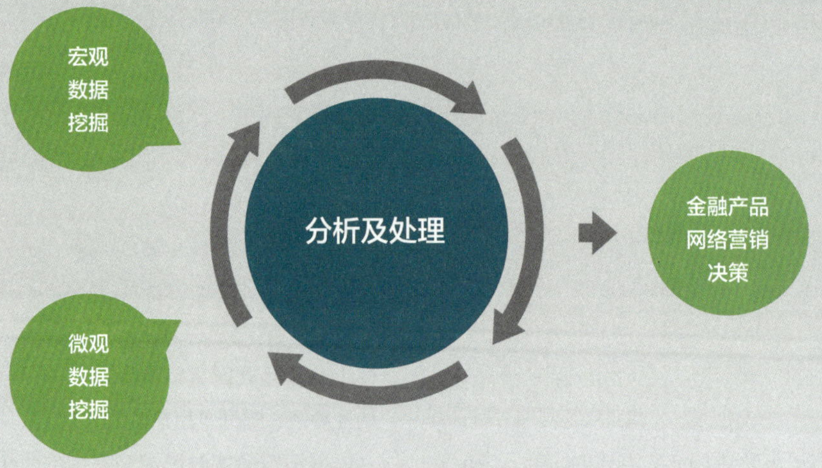


图 1-2-3 金融产品网络销售决策

资料来源：课题组整理

理网点申购费率的4折，有的甚至可以网络0费率申购，金融消费者实现了既“省钱”又“挣钱”的目的。

### （四）消费经验

消费经验主要指金融消费者从多次消费实践中总结出的知识或技能。网络金融消费者考虑的因素主要包括金融产品供应商及门户网站的知名度、信誉、支付方式、安全性和隐私保密程度、提供的金融产品信息的充分度、对同类金融产品特征和价格的比较信息等。

## 三、主要模式

### （一）自建平台，销售金融产品

随着互联网金融的兴起，各大商业银行逐步设立了自己的电子商务平台，不仅提供支付业务，也提供一揽子金融服务。比如，建行的善融服务，不仅是B2B平台，也是B2C平台，是电子商务与金融服务的深度合作，善融服务突破了封闭式的服务模式，被业内戏称为“银行搭台，商户唱戏”。自建平台销售产品，主要是培养客户，但由于自建平台的封闭性和产品的单一性，同时又不具备价格优势，导致平台上客户不够活跃，兴业银行网上商城的关闭就是明证。

### （二）利用第三方渠道，销售金融产品

这种模式主要有六种方式：一是在电商平台上开店销售产品，如淘宝旗舰店等；二是以余额宝为代表的第三方金融产品，主要是与基金公司合作，来推出符合互联网特性的基金产品；三是基金超市，用户可以比价选择不同基金产品，以数米基金网、好买基金网为代表；四是贷款超市，人们在该平台

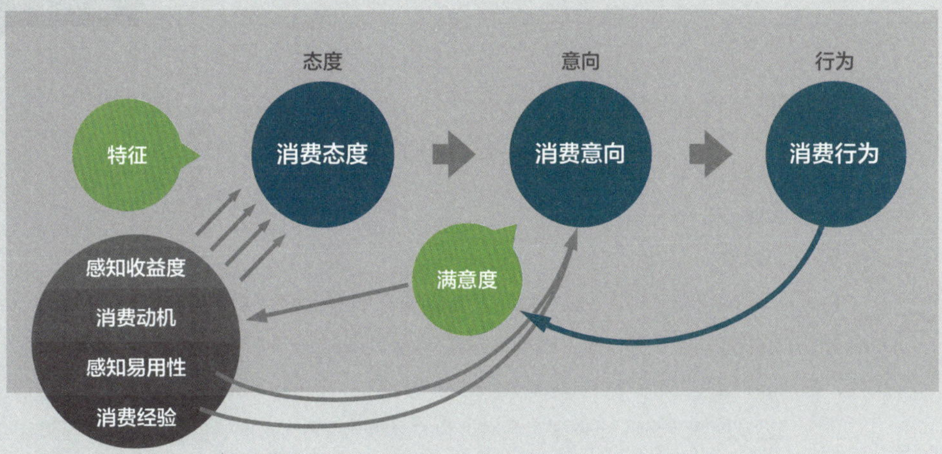


**图 1-2-4 金融产品网络销售影响因素**

资料来源：课题组整理

上可以对比选择全国不同银行的各种贷款产品，如融 360 等；五是保险超市，在该平台上，人们可以对比选择不同的保险产品，如惠择网等；六是金融超市，提供各种金融产品，如 91 金融，包括贷款、保险和理财等业务。

## （三）利用社交网络，销售金融产品

这种模式指金融机构通过社会化平台，连接金融机构和用户，并以此来销售金融产品。这种模式充分利用了社交网络平台的大数据分析、数据流、云计算和社交关系，能够获得一些“软”信息。同时通过建立虚拟的线上贵宾室，用户可以享受到在金融机构柜台上完成的业务。社交网络平台销售金融产品，可以从根本上改变金融机构与顾客的关系，实现顾客与金融机构的实时对话，对话机会越多，信息共享也就越多，金融机构就越能准确判断客户的需求。典型代表如微博银行、微信银行、百度金融等。

## （四）利用连带关系与互联网的融合，推出网络供应链金融

在这种模式下，销售的不仅仅是某一金融产品，而是一揽子金融服务，同时客户也不仅仅是单一客户，而是与某一核心企业有关系的客户群。供应链金融通过“转移”目标客户的方式，有效地解决了信息不对称问题。互联网供应链融资由于实现了信息流、物流和资金流的高度融合和在线控制，贷款效率和安全性大大提高。比较典型的有京东供应链金融，京东为商家从金融机构贷款提供担保，通过担保，商家可以顺利地从金融机构获得贷款。

最后需要说明的是，不是所有金融产品都适合网上营销，特别是复杂程度高、条款个性化、风险高、需要投资者做大量判断的金融产品。

案例 1-2-5

# Bankrate

## （一）基本概况

Bankrate 创建于 1976 年，主要为消费者提供在线专业金融服务，总部位于美国。1996 年 Bankrate 开始发展网上业务，旗下旗舰网站有 www.yinhang.com 和 www.bankrate.com.cn。2007 年前后，Bankrate 相继收购了 Nationwide Card Services 及 Saving for College 两家公司。

公司通过定期跟踪调研 5000 多家金融机构的金融产品为大众提供全面、清晰、客观和公正的金融产品信息及投资咨询服务。提供的产品信息包括：住房抵押贷款、住房加按揭贷款、信用卡、新旧车贷款、货币市场账户、存单、支票、ATM 及网上银行费用等。公司服务范围覆盖美国、加拿大、中国。

## （二）主要特点

一是信息全面。Bankrate 通过对美国、加拿大及中国境内的 5600 多家金融机构的实时跟踪调研，向消费者提供及时、客观、全面的在线金融产品查询及 190 多种个人理财计算器，金融产品数据高达 326000 多种，内容涉及房贷及各类个人贷款、银行卡、理财产品、储蓄与国债、黄金、基金、保险、外汇、高端投资等多个品种。作为在线提供个人金融资讯的机构，Bankrate 所提供的费率数据、资讯及金融分析，无论在深度和广度上都具有鲜明的特色。二是信息创造。除了提供实时更新的金融产品数据信息，Bankrate 还通过原创的个人理财资讯及故事帮助消费者增强理财观念，把握投资方向。

## （三）主要风险

一是法律风险。营销观念的偏差会带来在线上营销产品过分夸大收益，将不适宜销售的金融产品销售给非匹配对象，比如产品的收益率等关键信息容易被过分夸大，产生误导。二是支付风险。通过第三方支付平台支付的资金存在安全性风险。相对于传统的银行账户，通过第三方支付进行资金操作风险较大。

# 第三章 CHAPTER 3

# 移动支付与第三方支付

# Mobile Payments and Third Party Payments

## 第一节　基本概念与发展概况

美联储前主席沃尔克曾说：“这几十年银行创新唯一做对的是发明了ATM机。”沃尔克的观点在于强调技术的革命性作用，有人认为他的观点过于保守。但如果我们说过去这几十年，金融业最大的创新发生在支付领域，是不为过的。

### 一、移动支付

移动支付主要指通过移动通信设备、利用无线通信技术来转移货币价值以清偿债权债务关系[1]。移动支付存在的基础是移动终端的普及和移动互联网的发展，可移动性是其最大的特色。随着移动终端普及率的提高，在未来，移动支付完全有可能替代现金和银行卡，被人们在商品劳务交易和债权债务清偿中普遍接受，成为电子货币形态的一种主要表现形式。移动支付的特点如下：第一，以移动通信设备为载体，主要表现为手机；第二，运用无线通信技术；第三，电子货币是移动支付存在的基础，电子货币与移动支付是一对孪生兄弟；第四，移动支付是货币形态的表现形式而非货币本质的改变；第五，移动支付的发展依赖于第三方支付。

在中国，近年来移动支付发展迅速。来自艾瑞咨询的数据显示，截至2013年第三季度，中国移动支付交易规模达到2965.1亿元，移动支付呈爆发性增长，环比增长185.3%。此外，2013年中国智能手机的保有量为5.8亿台，同比增长60.3%，2013年移动购物在移动互联网市场规模中占比为38.9%，2013年移动游戏(俗称“手游”)也呈爆炸性增长，市场规模达到112.4亿元，同比增长246.9%。移动互联网市场的发展带动了移动支付的发展，随着移动互联网市场的发展，移动支付自身也在变化，形式更加多样化，出现了短信支付、NFC[2]近场支付、语音支付、二维码扫描支付、手机银行支付、刷脸支付等移动支付方式。

---

1 帅青红．电子支付与结算[M].大连：东北财经大学出版社，2011.

2 NFC 指近场通信（Near Field Communication）。

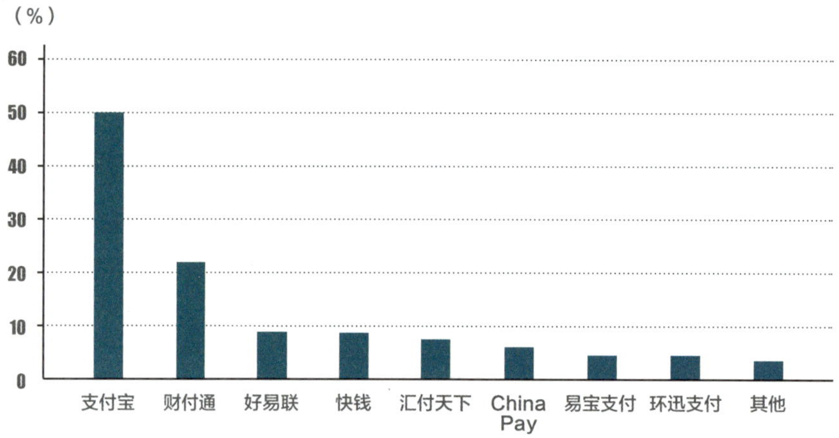


**图 1-3-1 第三方互联网支付市场格局**

资料来源：艾瑞咨询（截至 2013 年第三季度）

## 二、第三方支付

第三方支付指通过互联网在客户、第三方支付公司和银行之间建立连接，帮助客户快速实现货币支付、资金结算等功能，同时起到信用担保和技术保障等作用。来自艾瑞的数据显示，2013 年第三季度中国第三方互联网支付市场交易规模达 14205.8 亿元，环比增速 26.7%。其中，支付宝占比达 48.8%，财付通以 18.7% 居第二位，好易联、快钱、汇付天下、易宝支付、环迅支付等发展迅速。

## 三、第三方支付移动支付

第三方支付移动支付主要指第三方支付公司通过移动终端完成的支付，提供移动支付的主体是第三方支付公司。来自艾瑞咨询的数据显示，2013 年中国第三方移动支付市场交易规模达 12197.4 亿元，同比增速 707.0%。其中，远程移动互联网支付在整体移动支付中的占比达到 93.1%，近场移动支付占比为 0.8%。从中可以发现近场移动支付的占比还很低，存在很大的发展空间。随着语音支付、二维码扫描等支付方式的发展，以及个人账户的逐步集成，这一现状将逐步得到扭转。

2013 年第二季度从第三方支付移动支付业务交易额情况看，支付宝、拉卡拉、财付通为市场前三甲，市场份额分别为 58%、21% 和 6%。2013 年第二季度支付宝钱包转账业务增长迅猛，此外阿里外部商户的移动支付交易增长也较快。拉卡拉凭借多年来在便民支付领域积累的品牌认知和用户基础，加上手机拉卡拉推广力度较大，拉卡拉移动支付增长迅速。2013 年第二季度财付通与微信平台推出微信支付，上线支付产品操作便捷性受到了用户好评。

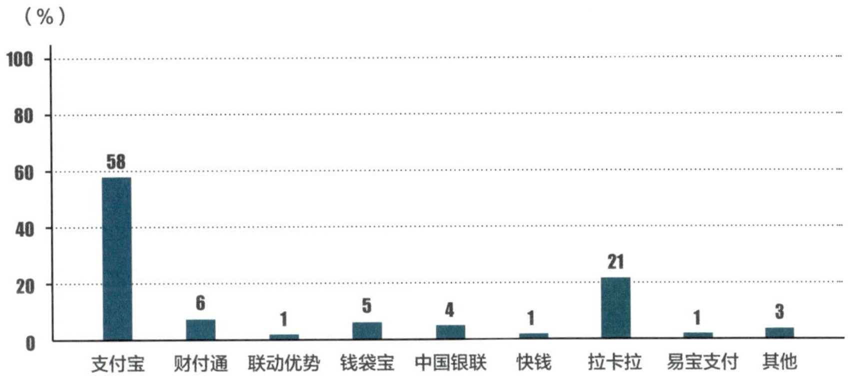


**图 1-3-2　第三方移动支付市场格局**

资料来源：易观智库（截至 2013 年第三季度）

## 第二节　基本原理与账户体系

### 一、移动支付的原理

国外的移动支付模式，在发达地区与中国比较相似，而在贫穷地区主要表现为手机银行，一般不需要第三方支付来配合。中国的移动支付模式，如果是由银行推出，则需要开通手机银行，同时为了配合近场支付，可能还需要手机具有 NFC 功能。如果是三大运营商推出的移动支付[1]，一般是通过在 SIM 卡植入芯片来完成支付（如手机贴膜卡、翼支付的 RFID-UIM 卡[2]等）。如果是纯粹的第三方支付公司推出，可以不用开通手机银行，就可直接进行支付，如支付宝的“碰碰刷”、微信支付等，其特点就是方便快捷，最大限度地满足客户对速度的要求。但第三方支付公司推出的移动支付，安全性不及手机银行，多数情况由保险公司来进行承保。

非洲地区的手机银行作为支付使用时一般需要事先储值（国内的手机银行则有交易额的限制），而国内移动运营商推出的移动支付也需要事先储值。如果是第三方支付公司推出的移动支付，一般不需要事先储值，如微信支付、支付宝的“碰碰刷”。事先储值影响到了移动支付的便利性，有被淘汰的趋势，未来更多的是不需要事先储值的移动支付。

手机银行与移动支付又是什么关系？主要体现在如下两个方面：一是手机银行侧重于银行业务，但同时也具有移动支付的功能，但由于手机银行对设备和安全性的要求较高，需要事先在银行网点（或者网上银行）来开通此项功能，并且支付时程序也比较烦琐，需要输入一大堆号码，其支付的便捷性远远不如移动支付第三方支付（如微信支付）；二是移动支付侧重于支付，正因为对支付的专注，使得其支付的便捷性大大提高，只需要绑定一张银行卡，就可进行支付，并且不需要

1 实际上是由电信运营商的子公司推出，分别是天翼电子商务（中国电信）、联通沃易付（中国联通）、中移电子商务（中国移动）。
2 RFID-UIM 卡是一种具有无线射频功能的手机卡，RFID 即射频识别技术（Radio Frequency Identification）.

频繁地输入银行卡号等信息，同时还可以具有金融商品的属性。

## 二、第三方支付原理

第三方支付的产生，使得客户不直接与银行进行支付清算，从而具有如下几点好处：一是在电子商务中可以起到担保作用；二是第三方支付可以集成众多银行，且不用开通网上银行和手机银行也能进行支付，方便快捷；三是可以节约交易成本；四是支付与购物、旅游、投资等社会活动相连，具有社会性。移动支付第三方支付的产生，更是大幅降低了交易成本。

在第三方支付产生以前，支付清算体系是客户与商业银行建立联系，商业银行与中央银行建立联系，中央银行是所有商业银行支付清算的对手方，能够通过轧差进行清算。在原有支付清算模式下，由于客户与中央银行之间不能直接建立联系，客户必须分别与每一家商业银行建立联系，支付清算的效率较低。

第三方支付诞生以后，客户与第三方支付公司建立联系，第三方支付公司代替客户与商业银行建立联系。这时第三方支付公司成为客户与商业银行支付清算的对手方，第三方支付公司通过在不同银行开立的中间账户对大量交易资金实现轧差，少量的跨行支付则通过中央银行的支付清算系统来完成。

第三方支付通过采用二次结算的方式，实现了大量小额交易在第三方支付公司的轧差后清算，在一定程度上承担了类似中央银行的支付清算功能，同时还能起到信用担保的作用。而在移动支付产生以前，客户与第三方支付公司建立联接主要通过电脑端实现，移动支付诞生以后，客户与第三方支付公司的联系逐渐向手机端转移。

## 三、账户功能与类别

支付与账户紧密相连，账户是支付的起点与归属，没有了账户也就没有了支付，在电子货币时代账户尤

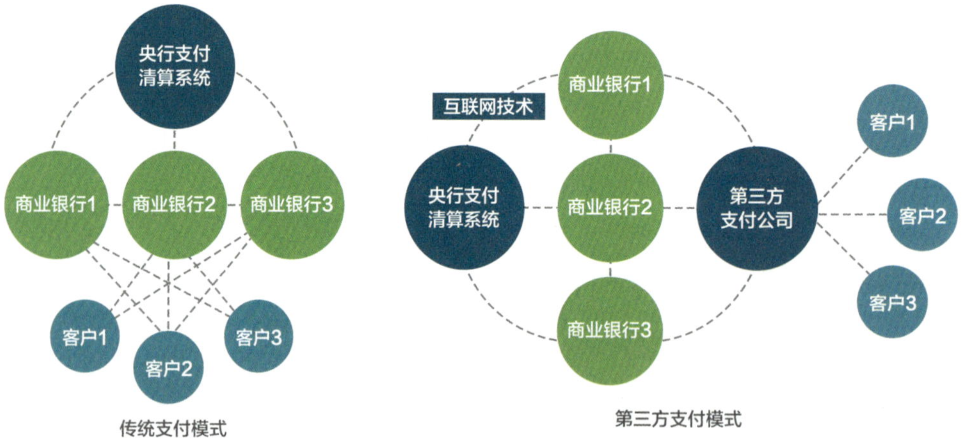


图 1-3-3　传统支付模式与第三方支付模式的对比

资料来源：课题组整理

其重要，国泰君安证券公司董事长万建华认为“未来金融业，得账户者得天下”[1]。支付是将货币从一个账户里转移到另一账户，支付的过程就是货币在账户之间转移的过程。在电子货币时代，要使货币同时具有支付与金融商品的属性，个人账户不可或缺（如果是现金交易则可以不需要）。而能够作为支付手段的金融商品，一般具有低波动率、高流动性的特征。

我们把与金融相关的账户分为如下几类：一类是个人在传统金融机构的账户，这类账户在支付中目前还处于主导地位。在某家金融机构内部这类账户逐步集成（如招商银行的一网通，国泰君安的君弘一户通账户），在不同金融机构之间这类账户目前还没有完全集成，但超级网银的出现，使得客户在不同银行间的账户的部分功能实现了集成，如账户余额查询等。同时证券公司的账户也在一定程度上实现了集成，个人在证券公司开户，实际上是在中国证券登记结算有限公司开户，客户的证券账户可以在不同证券公司使用，但前提是需要办理转托管。

二是客户在第三方支付公司、金融服务公司的账户，如支付宝账户等。2013 年 7 月起支付宝逐渐向第三方应用开放账户体系，如丁丁优惠、iReader 等。开放账户体系后，客户通过登录内置第三方应用可以直接调用支付宝账户，免去了注册的烦琐。同时当用户需要在这些应用内进行支付时，也可直接调用支付宝账户信息进行快捷支付，方便又安全。

三是各种社交网络平台账户，可以使用虚拟货币购买各种虚拟商品，如 QQ 账户等，目前 QQ 的账户体系也逐渐向第三方应用开放。

综上所述，目前各类账户只是在类别内完成部分功能的集成，还没有实现不同类别账户的集成，这大大局限了移动支付与第三方支付的发展。而随着信息技术的发展，个人账户将逐步集成，未来的个人账户将是一个综合类账户，集成个人所有业务和所有资产负债，这个账户将成为个人金融活动甚至日常生活的出发点和归属点（账户还有身份认证功能，能归拢信息，既有助于信用评估，也是金融营销的“抓手”）。账户的集成反过来又促进了移动支付与第三方支付的发展，这是因为账户集成后，人们可以在任意可能进行移动支付的地方使用移动支付，如果没有账号集成，有时虽然具备移动支付的基础条件，但苦于没有账户，或者注册账户烦琐，使得人们放弃使用移动支付。

随着互联网金融的兴起，个人的金融账户不再专属于传统金融机构，一些互联网公司也可以提供，如

1 万建华 . 金融 e 时代 [M]. 北京：中信出版社 ,2013.

支付宝账户、QQ 账户等。在一段时间内账户提供主体将呈现多元化的态势。而随着个人账户的逐步集成，个人账户最终可能由中央银行这类机构来提供，因为集成后的个人账户具有公共产品的属性。

## 第三节　金融商品属性与货币控制

### 一、支付与电子货币

移动支付、第三方支付实质就是电子货币的流转。虽然人们对电子货币有不同定义，但一般来说电子货币具有如下特点：一是以虚拟账户代表货币价值；二是储存于电子装置，通常是电子货币发行机构的服务器，但有时也存于客户的卡或芯片上；三是电子货币有通用目的，是发行机构及其密切的商业伙伴以外的实体可接受的支付手段。

我们认为电子货币是货币的一种形态，不仅是支付手段，同时也具有交易手段和价值储藏的功能（金融商品属性）。根据电子货币是否与传统商业银行有关，可将电子货币分为两类：第一类是基于银行卡的电子货币，发行者是商业银行，如存款和数字支票；或者是需要银行存款和现金与电子货币之间进行转换，如电话卡、饭卡、数字现金等，靳超、冷燕华[1]又把这种类型的电子货币称为电子化货币；第二类是基于虚拟账户的电子货币，如 M-PESA、互联网货币等。

电子货币不仅可以与中央银行发行的信用货币进行转化，同时还可能会脱离中央银行的信用货币而单独存在（比如互联网货币），可能会出现利润最大化的企业和中央银行并行发行货币的状态。

这种由社会约定的货币形式和支付方式（第三方移动支付）如果要逐渐上升为法律规定的货币形式和支付方式，其前提条件是使用范围逐渐扩大（具有网络规模效应），在社会经济中的作用不可替代时，倒逼法律规定其为货币的一种形态和支付方式。

移动支付（当然也包括第三方移动支付）受限于网络规模效应，要达到普及的程度还需要一段路要走，而移动支付与第三方支付的融合，可以加速这一进程。移动支付的网络规模效应类似蛋生鸡和鸡生蛋的问题，在初期，由于移动支付没有足够多的使用者，供给者不愿意提供，同时消费者也不愿意使用。要打破

1 靳超，冷燕华．电子化货币、电子货币与货币供给 [J]. 上海金融，2004（9）.

移动支付蛋生鸡和鸡生蛋的困境，需要各参与主体采取切实有效的措施，如大力宣传移动终端的优势和移动支付的前景，进而推广移动支付。在初期，政府可以给予参与者某种意义上的补贴，也可以由政府来推动移动支付相关基础设施的建设，同时供给者也需要采取各种优惠措施，以此来激励消费者参与到移动支付中来。

移动支付具有网络外部性，并且是正的外部性。消费者从消费某种商品（如移动支付）中得到的效用，依赖于其他消费者对该种商品消费的数量。移动支付网络规模效应的核心是基础用户群的确立。根据经济学理性人的假设，消费者使用移动支付这种支付手段，前提是从移动支付中得到的收益大于其成本。要使这一前提成立，移动支付的使用人数就必须达到足够大的规模，才有可能使得消费者的收益大于成本。而要使移动支付的使用人数达到足够大的规模，消费者的预期就非常重要，消费者预期未来会有很多人使用移动支付，那么移动支付的使用人数才有可能达到一定规模。

理解移动支付网络规模效应的关键在于消费者对移动支付基础用户群的预期，当人们预期移动支付基础用户群很大时，即移动支付前景一片光明时，人们就愿意参与到移动支付中来，同时人们现在也愿意为之付出更高的价格，因为当移动支付使用人数足够多时，其成本就变得非常低，价格也就低了，甚至逼近零。为了使人们预期未来移动支付的基础用户群会很大，需要供给者和政府的共同努力，如由政府来推动移动支付相关基础设施的建设和移动支付相关法律法规的制定，给出一个正面的信号，使人们相信移动支付的前景，同时供给者在初期可以给予消费者更多的优惠和更便利的体验，使消费者切身感受到移动支付的好处。

总之，随着移动支付和电子货币网络规模效应的凸显，私人企业发行的电子货币使用范围越来越大，不仅可以购买网络上的虚拟商品，也可以购买现实生活中的实体商品。因此，移动支付和电子货币网络规模效应的凸显，使电子货币有取代中央银行发行的信用货币的趋势，或者在某种程度上与之并存，这将会对货币控制造成冲击。

## 二、支付与金融商品属性

在电子货币时代，信息技术发展使得移动支付与第三方支付具有金融商品的属性，这是它们区别于其他支付手段的典型特征。支付的金融商品属性不仅增加了移动支付与第三方支付的吸引力，也增加了货币控制的难度。金融商品属性指商品能够为客户带来盈利的可能性，同时作为金融商品要对货币的变化敏感。支付的金融商品属性具有一个典型特点，即作为支付手段的货币，要么本身就是金融商品，要么能够自动在金融商品与支付手段之间进行转换，通过转换来实现价值。

在贵金属货币时代与电子货币时代，货币在没有进行支付时，都可以称为金融商品。而二者不同之处在于：在进行支付时，货币与金融商品相互转化的交易成本不同，在贵金属时代货币与金融商品转化的交易成本较电子货币时代要高。此外，在电子货币时代，移动支付的可移动性与支付的移动性特征不谋而合，这本身就大大降低了货币与金融商品转化的交易成本。

在电子货币时代，只需要拥有一个账户（如支付宝账户），通过电脑或者是移动终端动动手指，就可以把货币与金融商品联接起来。不进行支付时，个人账户上的数字是金融商品，进行支付时，个人账户上的数字是货币，这一过程的转换在瞬间完成，这一切在以前根本无法想象，而在互联网时代的今天则轻而易举，这就是技术的力量，但这也给货币控制带来了挑战。

## 三、支付与货币控制

通过以上分析，可以发现移动支付与第三方支付的兴起，从以下几种途径影响货币控制：一是移动支付与第三方支付的低交易成本（支付本身的交易成本低，并且金融商品属性间接降低了交易成本），降低了人们对现金货币的需求；二是移动支付与第三方支付的金融商品属性，模糊了货币层次，会影响基础货币与货币乘数，从而影响货币供给；三是移动支付、第三方支付的快速发展，同与之相伴随的电子货币的私人供给，在某种程度上改变了中央银行和商业银行构成的货币供给体系，这将对货币供给产生一定的影响。

随着金融创新和技术进步，第三方支付与移动支付的兴起，其他收益率较高的资产很容易转化为可以作为支付手段的货币，这种现象在电子货币时代尤其明显，这种低转换成本降低了人们对不付息电子货币的需求——不仅是对不付息现金的需求，使得人们可以真正做到无论何时、何地和以任何方式获得金融服务，当然也包括将其他收益率高的资产转化为电子货币，用于交易。人们将电子货币存放在享有利息收入的银行账户／虚拟账户中，只有在交易发生时才会通过简单的电脑／手机操作（当然这一过程完全可能是自动完成）将所需数额的资金从相应账户中兑换成电子货币，然后经由网络传送给对方即可完成交易。移动支付、第三方支付的产生，将减少人们对货币的需求，同时会加快货币流通速度。

移动支付、第三方支付的出现，模糊了货币各层次之间的界限。客户利用移动终端发送指令，可以快速地实现流动性差的货币与流动性强的货币之间的相互转换，这使得不同层次的货币差别正在日益缩小，模糊了货币界限，很难分辨货币是活期存款、储蓄存款，还是现金。更有甚者，一些非银行机构也在发行电子货币，并且与银行几乎可以不发生任何关系，如移动运营商使用虚拟账户发行电子货币、互联网货币等，这种电子货币甚至不在原来的货币统计范围之内，这些使得货币控制的难度增加。

移动支付和第三方支付的出现，伴随着电子货币的私人供给（即私人货币问题）。一些非银行机构可以自主发行电子货币，现实中发行主体主要是移动运营商和互联网企业，由于其发行不受过多的监管，发行电子货币的储备更多地依靠企业自主决定，也即企业考虑到自己的声誉，发行电子货币时，可能会事先把一定量的货币作为储备，但这只是软约束。中央银行与利润最大化的企业并存发行货币，特别是不受监管的企业发行电子货币，出于利润最大化的冲动，可能把发行电子货币的储备降到最低，抑或是根本就没有储备，这对货币供给的冲击将是巨大的。

总之，电子货币的私人供给（私人货币），虽然在现阶段不会结束中央银行统一发行信用货币的基础制度。但货币需求形式的改变、货币层次的模糊以及货币供给主体的多元化，对中央银行货币控制构成挑战是必然的。

## 第四节 移动支付模式

根据移动支付的距离远近[1]，我们把移动支付分为近场支付、远场支付，以及连接线上与线下的O2O移动支付模式。远场支付主要有网上购物支付、各种缴费等，而近场支付主要用于交通支付、超市购物等。而O2O移动支付模式则是介于近场支付与远场支付之间的一种移动支付模式，既包括了远场支付（如网上团购）、也包括了近场支付（如自动售货机购物等），主要目的在于通过支付实现线上与线下的闭环，典型代表如扫描支付。本部分对移动支付类型的划分，还达不到严格分类应有的“不重复，不遗漏”标准，主要是为了讨论问题方便。

另外，根据移动支付的提供主体，还可以将移动支付分为银行主导的移动支付，如手机银行支付，移动运营商主导的移动支付，如M-Pesa、翼支付等，第三方支付公司主导的移动支付，如支付宝的“碰碰刷”、微信支付等。这里重点讨论按移动支付的距离远近分类的移动支付模式。

### 一、近场移动支付

近场支付大部分情况可以离线交易，不需要联网。典型代表如NFC移动支付（谷歌钱包）。如果是基于LBS技术的近场支付，则需要网络来配合，典型代表如支付宝的“碰碰刷”，用户双方同时“摇一摇”手机，就能找到对方账号并进行快速支付，不再需要手动输入对方支付宝账号。当然“碰碰刷”也可以通过NFC技术“嘀”一下，即可找到对方，前提是双方手机都具有NFC功能。

近场移动支付主要基于如下技术：一是LBS技术，

案例1-3-1

#### 谷歌钱包

谷歌钱包（Google Wallet）主要是基于NFC的移动支付模式，不仅集成了客户的信用卡，还集成了客户的会员卡、折扣卡和购买卡等。

一开始，谷歌钱包主要运用于近场支付，由于受限于NFC终端的不普及（苹果手机不支持NFC），谷歌钱包开始拓展使用范围，不仅仅限于近场支付。推出了实物卡（实物卡和谷歌钱包账号绑定，支付时直接从谷歌账号的余额中扣除），实质是预付卡，该卡既可以在柜员机取款，也可以在商场进行刷卡消费。此外，谷歌钱包还推出了G-Mail邮箱支付等新功能，并且与即时购买公司合作，向其提供购物时必要的用户和信用卡信息，简化用户在线购物的流程。R

1 这里的距离主要是指支付地点与所支付产品之间的距离。

指基于位置的服务（Location Based Service），是由移动网络和卫星定位系统（GPS）结合在一起提供的一种增值业务。利用移动网络与移动终端的配合，来获取移动终端用户的位置信息；二是 NFC 技术，指近场通信（Near Field Communication）；三是 RFID，指射频识别技术（Radio Frequency Identification），如翼支付的 RFID-UIM 卡，它是一种具有无线射频功能的手机卡。

此外，近场支付还有红外线、蓝牙等技术。但蓝牙和红外线普及程度不及 NFC，这是因为：一是蓝牙和红外线支付在手机没电的情况下，无法进行支付，而 NFC 支付则依然可以完成；二是蓝牙建立连接时间较长，红外线则对视距要求比较苛刻；三是 NFC 相较于 RFID 技术，具有距离近、带宽高、能耗低等特点，同时 NFC 技术增加了点对点通信功能，通信的双方设备是对等的，而 RFID 通信的双方设备是主从关系。

在移动支付混战的过程中，基于 NFC 的移动支付逐渐表现出一定的优越性。但基于 NFC 的移动支付对终端的要求太高，其普及性受到一定影响。对此，基于 NFC 的移动支付可以和基于 LBS 的移动支付配合，提高其普及性，如支付宝的“碰碰刷”。

## 二、O2O 移动支付

O2O 移动支付，是连接线上与线下进行的支付，典型代表如扫描支付，基于 LBS 技术的移动支付等。看见心仪的商品，扫一扫二维码，用手机完成支付后即可取走商品，这就是扫描支付，完全自主化。二维码扫描支付可以实现近场支付（自动售货机购物等），也可以实现远场支付（团购等），目前二维码扫描是连接线上与线下的主要纽带。

O2O 移动支付也可以通过手机刷卡器来完成，手机刷卡器是通过手机音频口与手机连接的移动配件（能够识别不同的 IC 卡）。这种终端不仅可以实现远场刷卡，如支付宝订单支付，网上购物支付等，也可以完成近场支付，如商场购物刷卡等。

此外，Facebook 推出的 Autofill 的移动支付信息自动输入功能，使线上与线下的“互动”变得更加便捷。其运作原理如下：如果用户在 Facebook 上使用信用卡购买，那么用户的信用卡信息将会被记录，用户在使用 Facebook 账户购物时，将会自动导入其信用卡信息，使购物更加方便快捷。

## 三、远场移动支付

目前大多数移动支付表现为远场支付，典型代表如微信支付、手机银行支付、短信支付、语音支付、支付宝支付，主要通过移动互联网技术来实现支付。远程支付可以通过如下几种模式来实现：一是客户端模式，二是内嵌插件支付模式，三是手机刷卡器模式。

最后需要说明的是：以上上述三种分类方法，没有严格的界限，某些移动支付，既可以实现近场支付，也可以实现远场支付，也可以是 O2O 移动支付。上述三种移动支付模式的密切组合，可以实现近场近付，近场远付，远场远付。

此外，移动支付的主要问题是标准不统一，比如，国内三大运营商建立了各自的移动支付可信服务平台(TSM)，提供不同行业的支付应用（例如金融、公交等）；中国银联与部分商业银行也建设了 TSM，向合作的运营商提供金融支付应用。2013 年底中国建成的移动金融安全可信公共服务平台（MTPS）可以在一定程度上解决这一难题，目前建设银行、中信银行、光大银行、中国银联、中国移动等 7 家机构的企业 TSM 已系统级接入试运行。移动金融安全可信公共服务平台的建成，可以实现商业银行、移动通信运营商、第三方支付公司的互联互通，公共服务平台是一个顶层架构，是移动支付行业的标准，在此顶层架构下可建立多个企业 TSM 并存的移动金融健康生态环境。

案例1-3-2

## PayPal Beacon 和 Square 刷卡器

PayPal 早期推出的移动支付主要是手机短信支付，后来逐渐过渡到 PayPal Beacon。PayPal Beacon 是一款支持蓝牙支付的附件设备，使用蓝牙技术，无需掏出手机即可完成支付(如蓝牙手机通话一样)。PayPal Beacon 有两个关键点：一是 Beacon 无需接入互联网，可以离线交易，既方便了用户支付，也在一定程度上保护了用户数据的安全；二是能够提前实现商家与用户的互动。当用户靠近支持 Beacon 的商店时，手机会震动或发出提示音（当然用户也可以取消这一自动提醒功能）；同时 Beacon 不会对用户的位置进行持续追踪，以保护用户的隐私和数据安全。

Square 刷卡器，它的本质是读卡器，通过插入手机的耳机连接口 + 应用程序，就可以完成信用卡的支付。Square 还为 iPad 定制了内置读卡器的托架，通过托架来完成支付。Square 刷卡器主要是移动刷卡支付，而 Square 的目标是取代实物信用卡，因此还提供了通过 Square 账号直接支付的方式，从而实现真正的无卡支付，其原理如下：Square 用户在手机上安装 Square 应用，便可以在部分商家直接结账（不需要用户掏手机，这点与 PayPal Beacon 类似）。R

案例1-3-3

## 微信支付

### 一、发展概况

2013 年微信支付诞生以来，迅速席卷全中国。目前支持微信支付的有 QQ 充值、腾讯充值中心、广东联通、印美图、麦当劳、微团购等。银行理财业务也正在与微信进行合作，财付通已经和多家银行协商展开合作，前期将尝试以风险较小的固定收益类产品为主。除此之外，微信支付还延伸至民生支付领域，如由深圳市供电局正式上线的“深圳供电”服务，不仅能为客户提供业务办理指南，还能快速查询电费、电价等各类信息，并可以直接缴纳电费。虽然小额民生支付相对于信用卡还款、电子商务支付等利润微薄，但这可以增加用户黏性。

为了增加支付的便利性，微信逐渐与一些商家合作推广语音支付，用户可以直接对着手机说出自己想要的商品，并可直接进行支付。此外，微信还可以通过扫描购物，即用户扫描商店里产品的二维码，直接付款购物。在微信支付的过程中，用户不用退出微信再进入其他网页或程序，只要拥有一张与微信绑定的银行卡、一个微信账号，就能通过财付通购买公共账号所提供的商品，整个过程不到 1 分钟。

然而金融机构在微信支付上的进展相对于其他行业来说相对较慢。截至 2013 年 12 月，已有超过 40 家基金公司开通微信账户，但主要是余额查询和业务咨询方面，多数不涉及支付，如需购买理财产品则仍需要跳转至基金公司的手机页面。银行业也是同样的情况。此外，微信支付的上线商户基本上是中国内地的商户，暂时只能接受中国内地用户的支付交易，尚未覆盖海外地区，也就是说目前还不能利用微信实现跨国购买产品。

微信支付有两层含义：一是通过第三方支付平台财付通来完成的快捷支付，是一种移动创新产品；二是通过银行开通的微信公众号引导到手机银行来完成的支付。我们通常所说的微信支付更多地指第一层意义上的微信支付。微信支付不仅整合了社交网络平台与第三方支付公司，同时也整合了手机银行，能够最大化地满足客户的支付需求。

微信支付的核心是融合了社交网络平台、第三方支付与手机银行，充分利用了社交网络平台的客户优势，第三方支付的开放性以及手机银行功能的多样性。

## 二、功能延伸

微信红包是传统“发红包”、移动通信、社交网络与支付相结合的产物，是由互联网精神催生的新事物，是微信功能的延伸。

来自腾讯方面的数据显示，农历 2013 年除夕到农历 2014 年大年初一下午 4 点，参与抢红包的用户超过 500 万，领取到的红包总计超过 2000 万个，平均每分钟超过 9000 个红包被领取。微信红包之所以受到用户追捧，原因如下：

一是微信红包具有社交网络的属性，贴近真实世界的人际关系，这是微信红包走红的主要原因；二是拼手气群发红包实质是抢红包，“抢”字意味着竞争，正因为竞争机制的引入，增加了人气，同时也增加了“年味”；三是微信“发”红包符合中国传统的发红包习惯，而“讨”红包则不符合中国人爱面子的习惯，这也是支付宝的“新年讨喜”不及微信红包的原因之一；四是微信红包摆脱了物理位置的限制，虽然相隔千里，同样可以感受到“天涯若比邻”的欢乐；五是微信红包体现了互联网的精神，即共享、平等、普惠、民主等，这里没有高低贵贱之分，也不是名利场，有的只是亲情、友情和同学情。

通过微信红包活动，微信支付潜在收益如下：一是微信红包活动使微信支付功能得到了大范围的推广，大部分参与“抢红包”的用户都将微信账户与银行账户进行了绑定；二是部分领到微信红包的用户不提现，使得红包成为腾讯的沉淀资金，腾讯可以通过沉淀资金来获益，主要是“吃利息”；三是用户领到微信红包后不提现，使得微信支付账户变成一个类似“支付宝余额”的账户，倒逼腾讯植入更多的增值服务，如话费充值、销售金融产品等。

## 三、风险与管理

微信支付面临的主要风险是信息科技风险，即运用微信进行支付时，由于硬件瘫痪、各种软件故障、网络病毒、人员操作失误、数据传输和处理偏差以及各种网络欺诈等造成损失的风险，主要表现为客户账号和资金的风险。

对于微信支付的信息科技风险，不能仅仅用单一的手段来管理，需要建立一套整体的风控策略（技术与非技术手段并存）。技术手段比如：单独设立微信支付密码，短息以及语音认证相结合，运用对大数据的分析来验证人的身份等。此外，在信息科技风险发生时，要能及时报警并对可疑行为作出合理处理，为用户账户提供实时保护。比如，支付宝从2005年开始就自行研发了一套支付宝账户及交易的智能风险实时监控系统，通过该系统，可以有效地识别信息科技风险，及时提醒用户防范相应风险。非技术手段如由保险公司提供保险等，目前，微信支付已经由国家人保财产全额承保。R

案例 1-3-4

# 余额宝

## 一、发展概况

余额宝是由支付宝为个人用户打造的一项余额增值服务，于2013年6月13日上线，短短几个月余额宝发展迅速。天弘基金的数据显示，截至2013年12月，余额宝的客户数达4303万人，基金规模达1853亿元。余额宝的推出，使得天弘基金资产排名从2013年第一季度末的第46位跃居至2013年底的第2位[1]。余额宝以大多数人都没有预料到的方式，显著改变了中国基金业的格局。

余额宝目前主要面对低附加值的货币市场基金和海量的小额投资者，对银行活期存款构成了挑战。聚沙成塔原本是银行特有的功能，余额宝的产生大大弱化了银行的这一功能。而随着信息技术的发展，未来的支付宝将可能是一个综合账户，不仅是支付和短期理财产品，而且还包括贷款、存款、购买基金、资管产品等一系列综合金融服务。

## 二、基本原理

余额宝的成功得益于实现了多赢：一是基金公司能够通过支付宝平台扩大基金产品的销量；二是支付宝作为连接中小散户与基金公司的桥梁，可以赚取一定的中介费用；三是散户也能够通过余额宝进行碎片化理财，并且不影响客户的流动性。

而余额宝的创新主要体现在申购与赎回两方面。在申购方面，由于支付宝不具备基金托管人资格，客户资金必须及时从支付宝转移到天弘基金在银行开户的托管账户，这一过程必须实时完成，否则就会有违规嫌疑。客户资金流动实际上分为购买与转移两个环

1 到2014年2月，天弘基金资产超4000亿元，为中国基金第一。

节。在购买环节，首先是支付宝余额转入余额宝；在资金转移环节，资金转入余额宝账户后，通过信息技术，自动把这笔资金从余额宝转入天弘基金的托管银行账户。

在赎回方面，余额宝的一大创新，就是实时赎回。如果赎回是申购环节的逆操作，就不存在违规的问题，但这无法实现 T+0 赎回。要实现实时赎回，还有其他两种方式，不过有违规之嫌：一是支付宝利用自有资金为客户垫付资金，事后天弘基金将资金划转给支付宝；二是天弘基金在支付宝的支付账户中预留部分资金，以备用户实时赎回。

虽然余额宝绕过了银行销售，但在现阶段还不能脱离银行而单独存在，第三方支付公司的客户信息还需要通过银行来验证，资金划拨和清算需要通过银行系统来完成。

## 三、主要风险

一是余额宝不是存款，可能存在由于基金管理能力的下降，导致收益率下降，甚至本金损失的可能性。需要指出的是，余额宝于 2013 年 6 月推出后，适逢银行间市场资金紧张，利率高企，甚至几度出现所谓“钱荒”局面。这是余额宝能取得较高收益的宏观背景，但这种情况不一定能一直持续下去；二是余额宝可能投资于非货币市场产品等高风险的产品；三是当经济处于下行期，余额宝为实现高收益可能使投资风格更加冒进，增加了市场风险发生的可能性。

余额宝的宏观影响，主要是改变了全社会活期存款和定期存款的比重，可能使银行存款的平均成本上升。但银行贷款利率主要取决于贷款者的风险溢价和贷款供需力量的对比，不一定与存款成本同比例上升。总的效果可能是，银行利差收窄，余额宝的客服分享了原来属于银行的一部分利差收入。

## 四、适合作为支付工具的金融产品

余额宝极大刺激了中国基金业，出现了大量“第三方支付 + 基金”合作的金融产品。这类金融产品试图与支付挂钩，平时作为投资品获取收益（基准是活期存款利率），需要时（比如购物消费时）可以快速转换为支付工具，从而打通了投资与支付的界限、金融产品与货币的界限。这说明，未来随着支付的发展，资金利用效率会越来越高（甚至不会有闲置资金），在流动性趋向无穷大的情况下，金融产品仍可以有正收益，不一定是 0。

在利率市场化背景下，这类金融产品的规模预计在未来 1~2 年还会持续增长（特别是考虑到银行间市场资金持续紧张局面），如果达到万亿规模，将对中国金融体系产生不可忽视的影响。因此有必要讨论，哪些金融产品适合作为支付工具，有什么风险?

金融产品要作为支付工具，必须具有低波动率、高流动性特点。这两个特点之间有紧密联系，但不存在直接因果关系[1]。同时，金融产品是否具有这两个特点，除自身因素外（比如头寸构成），还在很大程

1 有 A 不一定有 B，反之亦然。

度上取决于市场环境。详细说明如下：

首先，在统计学上，低波动率要求金融产品价格在时间序列上变化不大，特别是亏损时候不多。这样，金融产品就有保值作用，一定程度上接近货币的价值储藏功能。有两个途径使金融产品具有低波动率：第一，金融产品本身是一个足够分散的证券组合，从而单个或部分证券头寸的价格波动不会对整个组合的价格产生显著影响；第二，金融产品（或底层证券头寸）的风险比较低，比如：①发行人或交易对手的资质比较好；②在资本结构中处于优先位置；③期限比较短；④条款比较标准。

其次，流动性主要指金融产品（或底层证券头寸）的变现能力[1]，也就是转化为现金、在中央银行储备等能满足支付要求的一般等价物的能力。市场流动性经常用二级市场的买卖价差（bid-ask spread）来刻画，买卖价差越小，市场流动性越好。一般而言，证券的风险越低，二级市场越发达（比如成交量大），流动性越好。

货币市场基金主要投资于现金、协议存款、定期存款、大额存单、国债和央行票据等，在通常情况下具有低波动率、高流动性的特点。特别是目前，提前支付不罚息的协议存款在我国货币市场基金的资产配置中占了很高的比例。协议存款没有二级市场交易，公允价值的变化来自应计利息的变化，因此波动率很低。协议存款的流动性，主要来自可以提前从银行提取的权利（这相当于一个美式期权）。“提前支付不罚息”则使协议存款在提取时不会遭遇流动性折扣。

综上所述，货币市场基金最适合与支付挂钩。实际上，美国的M2统计中就包括能够签发支票的货币市场存款账户和货币市场基金份额。

但货币市场基金不是无风险资产，也不像存款一样受存款保险保护，不是在任何市场环境下都具有低波动率、高流动性特点。实际上，2008年9月，全球货币市场基金行业就遭遇很大危机。这说明，要充分认识“第三方支付＋基金”合作的金融产品的风险，并制定相应监管措施。R

1 在一些场合，金融产品（或底层证券头寸）的流动性也体现为，在信贷市场上（比如向中央银行和其他银行融资）作为抵押品的质量。抵押品的质量越高，估计折扣（haircut）越小。

# 第四章 CHAPTER 4

# 互联网货币
# Internet Currency

现有的互联网金融形态主要对商业银行、证券公司提出了挑战，而互联网货币则会对中央银行提出挑战。本章主要讨论互联网金融下的货币形态，核心观点是：未来，很多信誉良好、有支付功能的网络社区将发行自己的货币，称为“互联网货币”（Internet Currency）；互联网货币将广泛用于网络经济活动，人类社会将重新回到中央银行法定货币与私人货币并存的状态。互联网货币会挑战目前的货币基础理论、货币政策理论和中央银行理论。

## 第一节　互联网货币的概念

互联网货币是伴随着互联网经济和文化发展，在新的支付需求推动下产生的一种新型货币。目前已经出现了互联网货币的雏形——虚拟货币（Virtual Currency）。典型案例包括比特币、Q 币（腾讯公司）、Facebook Credits（Facebook 公司）、Amazon Coins（亚马逊公司）、魔兽世界 G 币（暴雪公司）、Linden Dollars（Linden 实验室）。在网络游戏、社交网络和网络虚拟世界等网络社区中，这些虚拟货币被用于与应用程序、虚拟商品和服务（以下统称为“数据商品”）有关的交易中，已经发展出非常复杂的市场机制。

有些虚拟货币与法定货币之间不存在兑换关系，只能在网络社区中获得和使用，比如魔兽世界 G 币；有些虚拟货币可以通过法定货币来购买，可以用来购买虚拟和真实的商品或服务，但不能兑换为法定货币，比如亚马逊货币；还有些虚拟货币与法定货币之间能相互兑换，并可以用来购买虚拟和真实的商品或服务，比如比特币、林登币。按照虚拟货币和法定货币直接的兑换关系，欧洲央行将虚拟货币分为三类，见图 1-4-1。

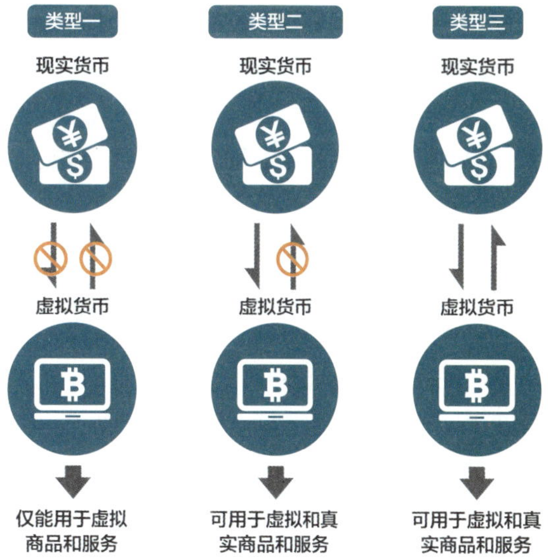


**图 1-4-1　虚拟货币分类**

资料来源：课题组整理

欧洲央行研究表明，2011 年美国虚拟货币交易量在 20 亿美元左右，已经超过一些非洲国家的 GDP[1]。传统支付企业纷纷进入虚拟货币领域。2011 年，VISA 用 1.9 亿美元收购 PlaySpan 公司，该公司主要处理发生在网络游戏、电子媒体和社交网络中的电子商品交易；美国运通用 0.3 亿美元收购虚拟货币支付平台 Sometrics。移动支付发展起来后，虚拟货币的便利性、交易功能得到了更充分的体现。

以虚拟货币为蓝本，我们从如下 6 个特征来定义互联网货币：

（1）由某个网络社区发行和管理，不受监管或监管很少，特别是不受或较少受到中央银行的监管；

（2）以数字形式存在，运用技术手段可以不被轻易损害；

（3）网络社区建立了内部支付系统；

（4）被网络社区的成员普遍接受和使用；

（5）可以用来购买网络社区中的数据商品或实物商品；

（6）可以为数据商品或实物商品标价。

其中，第 4 个特征指互联网货币能用作一般等价物（一些网络社区的成员数超过了很多国家的人口，比如 Facebook 每月活跃用户已超过 10 亿人，而且跨越了国界）；第 5 个特征指互联网货币有交易媒介功能；第 6 个特征指互联网货币有计价功能。鉴于互联网货币的购买能力以及所购买之物的价值，互联网货币有价值储藏功能。

所以，互联网货币满足货币的标准定义（在商品或服务的支付中或债务的清偿中被普遍接受的东西），拥有货币的三大功能——交易媒介、计价单位、价值储藏。不仅如此，因为互联网不属于特定的国家，互联网货币天生就是国际性、超主权的。

到目前为止，大部分互联网货币本质上都是信用货币，存在一个中心化的发行者，其价值取决于人们对发行者的信任。比特币要特殊一些，没有中心化的发行者，更接近贵金属货币。

在很长的一段时间内，互联网货币将作为法定货币的一种补充和发展。互联网货币不会被法定货币替代掉，主要有两个原因：第一，在网络经济活动的很多环节，用户不一定接受法定货币；第二，互联网技术的发展，使支付活动能在中央银行支付清算系统之外发生。而支付从来就是与货币紧密联系、一同演变的。因此，未来法定信用货币将与互联网货币并存，成为人类货币形态的第四个发展阶段。

## 第二节　互联网货币的经济学

### 一、实体经济数字化、网络化是互联网货币发展的基础

货币制度安排是与其经济活动相适应的。根据《互联网世界》统计，世界上互联网用户数量在 2000 年底为 3.6 亿，而 2011 年底，这个数字已经达到了 22.67 亿，约占全球人口的 33%。互联网的蓬勃发展繁荣了网络

1 European Central Bank.Virtual Currency Schems[Z].2012.

经济。网络经济具有世界性、快捷性和很强的外部经济性等特点，体现出许多与传统经济的不同点，并在很短时间就对人们的生产生活产生了根本性的影响：首先，网络经济突破了传统的国家边界，将世界连为一体，把地球变成一个“村落”，人们的生产生活区域得到极大的扩张。在网络上，无论种族、民族、国家、职业和社会地位，人们都可以自由地交流和交换。其次，网络经济突破了时间的约束，使得人们的经济往来可以在更短的时间内进行。网络经济可以 24 小时不间断运行，经济活动更少受到时间、地域制约。再次，网络经济具有很强的外部经济性，按照梅特卡夫法则(Metcalf Law)，网络经济的价值等于网络节点数的平方，网络产生和带来的效益将随着网络用户的增加而呈指数形式增长。增加了成员就增加了价值，反过来又吸引更多的成员。

如果我们把价值创造分为价值生产和价值消费两个部分，网络经济已经深刻影响价值消费领域。我们看到数据商品与实物商品之间的界限越来越模糊。数据商品与软件、电子图书、音乐、电影、新闻资讯等，在存在形式上没有差别，都是数字化的信息流，所带来的消费者真实效用也是相同的，人们（特别是年轻人）也越来越认可数据商品的价值。未来，很多不需要物流的商品和服务都可以在互联网上生产、交易、消费，在人类经济活动和消费序列中占的比重会越来越大。比如，根据英国《金融时报》报道，在大数据的帮助下，人们将来可以在网上看病。在这些网络经济活动中，不一定要有法定货币的使用。

我们也可以看到网络经济正在逐步渗透到价值生产领域，越来越多的企业利用网络社区收集产品需求的动态信息来指导实际生产。比如，《纸牌屋》是美国视频网站 Netflix 所拍摄和独资播放的电视剧，在制作的过程中，公司通过收集每天产生在网络上的 3000 多万个用户行为，包括用户会在哪里暂停、回放、快进以及评论和搜索等请求，来指导内容生产。

随着网络经济的发展，网络经济活动和实体经济活动之间的联系越来越紧密。目前，许多大型网络游戏都存在网络货币虚转实交易（Real Money Trade，RMT）[1]，即用户在虚拟世界花费时间，赚取虚拟商品，通过 RMT 机制将虚拟商品卖出去，获得法定货币。这种行为模糊了虚拟和现实的边界，使两者结合得更加紧密。可以设想另一个可能情景：某人生产数据产品（比如空气质量测量软件），在某个网络社区上出售，获得一定数量的互联网货币；然后，他用互联网货币去麦当劳买汉堡；麦当劳再用收到的互联网货币去网络社区购买数据产品。在这个过程中，通过互联网货币的媒介作用，网络经济活动与实体经济活动之间实现了完美分工和价值交换，而法定货币则被排除在外。图 1-4-2 是互联网货币在网络社区和实体经济中交换可能采取的一种运行模式的示意图。

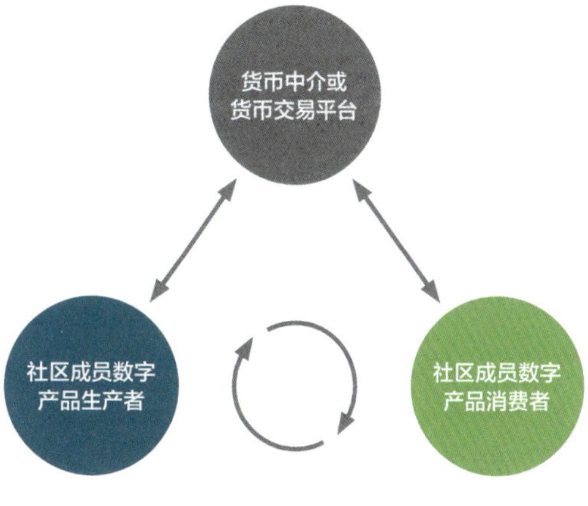


**图 1-4-2　互联网货币用于互联网经济交换**

资料来源：课题组整理

1 吴洪，等. 国外网络货币虚转实交易研究述评 [J]. 经济理论与经济管理，2012(1).

## 二、网络支付创新催生了互联网货币

在互联网经济下，微支付是网络支付的新特点。目前网络数字产品包括网络图书、音像、网络社区虚拟道具以及各种在线增值服务等。相对于实物产品，网络数字产品有单笔消费金额小、消费频率高等特点，比如，网络阅读、看电影、听歌曲只需小额费用，传统支付手段手续复杂、速度慢、安全性要求高，其手续费相对数字产品而言过高，可能抑制大众对数字产品的需求，引起了网络微支付的难题，同时也促进了互联网支付方式的创新。

Henrik[1] 分析了一些微支付模式成功的因素。包括使用用户熟悉的支付方式，比如说手机支付；相比安全性，更加重视支付方式的可信任度等。目前预支付是比较典型的网络微支付方式，见图 1-4-3。

首先，用户预先通过传统支付方式向社区平台支付一笔费用，购买社区货币。其次，在社区活动中，用户可以通过多次支付社区货币来购买数字产品、虚拟服务等。在后续支付中，用户的支付行为与传统支付方式无关，仅仅发生在社区服务提供商记录社区货币消费和转移的服务器上。可见，互联网货币比较好地解决了网络微支付的难题。

在互联网金融下，网络支付将与移动支付、银行卡等电子支付方式高度整合，真正做到随时、随地、以任何方式支付，会使互联网货币的使用越来越便捷。实际上，在目前的虚拟货币案例中，网络社区成员的账号，就可以被视为互联网货币存款账户，通过手机上网，高效的移动支付网络就形成了。

未来可能的情景是：每个人（企业）都同时有互联网货币账户和（在中央银行的）法定货币账户；不同网络社区的互联网货币可以相互兑换，跨网络社区的交易和支付非常方便；互联网货币与法定货

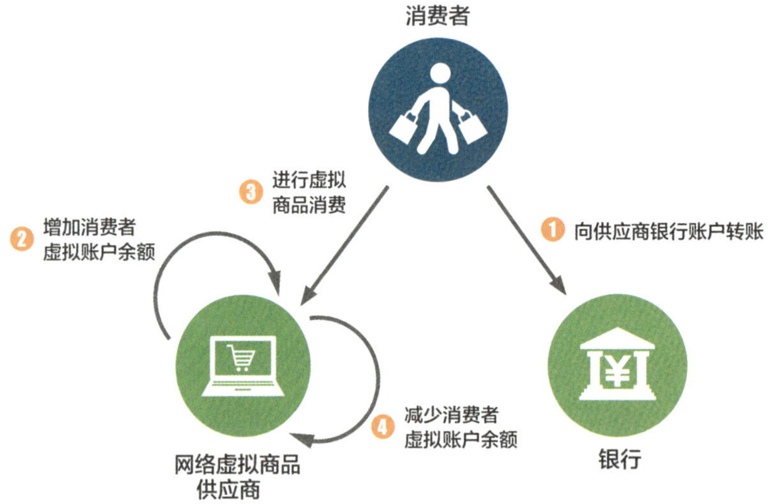


图 1-4-3　预支付方式示意图

资料来源：课题组整理

1 Henrik,What makes a Micropayment Solution Succeed[Z].2002.

币之间的兑换很灵活，趋向可相互交易；互联网货币不仅用于网络经济活动，也可广泛参与实体经济活动；出现基于互联网货币的金融产品和金融交易，比如针对互联网货币的股票、债券、存贷款、信用透支等。

### 三、网络社区发展对互联网货币提出了需求

对于网络社区而言，互联网货币不仅是一种支付货币，能够对数据产品实现独立定价，而且还可以作为社区内的一般等价物，对各种各样的数字化产品进行定价，方便网络社区成员之间的交易和支付活动。使用互联网货币，一方面，可以促进不同成员之间网络产品交易，降低交易成本；另一方面，可以激励不同成员之间相互合作，促进网络资源的共享。

网络社区可以用互联网货币增强成员对网络社区的黏性，促进网络社区中的经济活动，比如应用程序开发和广告活动。网络社区有自己的管理规则，类似“俱乐部规则”，成员使用互联网货币可以得到比使用法定货币（比如人民币）更高的效用。通过互联网货币可以对不同成员的活跃程度进行统计和区分，实施不同的激励，可以增强成员对网络社区的忠诚度。

同时，网络社区可以通过互联网货币扩充网络社区的收入来源，比如互联网货币的“铸币税”、与法定货币的兑换差价以及不活跃成员的互联网货币残值等。对于社区用户而言，存在网络账户，有“财富效用”。互联网货币可以作为一种存储手段，保存成员的社区虚拟财富，从而提升成员社区活动的效用水平。互联网货币没有现金，不存在假币。大型网络社区用户，如Facebook、微信等，往往来自不同的国家，客观上也对社区内统一货币提出了需求。

总之，互联网货币的发展趋势无法阻挡。在中国，淘宝、天猫实际上就是一个网络生态系统，再加上支付宝、阿里金融（刚推出信用支付功能），可以断定：发行“阿里币”的条件完全具备，淘宝、天猫的商户和购物者，完全可以用“阿里币”来交易、支付、借贷，而且“阿里币”可以与人民币有兑换率，进而可能产生“铸币税”，这样阿里巴巴就类似中央银行，而不仅是商业银行。同时，对税收计量、CPI统计（淘宝已有自己的物价指数）也会有颠覆。

## 第三节　互联网货币的影响

互联网货币作为货币的一种新形态，将会对传统货币理论、货币政策产生重大影响。其主要表现在：互联网货币由网络社区发行，存在内在风险；互联网货币具有自身特有的发行和流通规律，会对传统的货币政策带来比较大的冲击；随着网络经济的发展成熟，互联网货币将影响物价和金融稳定。

### 一、互联网货币的内在风险

首先，互联网货币发行者的信用比不上中央银行，相关支付功能也比不上中央银行管理的支付清算系统（比特币的内在风险主要来自算法的可靠性）。互联网货币在交易和支付中不可避免会遭遇信用风险、流动性风险、操作风险、支付安全问题。“发行者欺诈”是最大的风险。

其次，互联网货币有很强的匿名特征，监管难度大，可能被用于非法活动（比如洗钱），造成法律风险和声誉风险。

最后，互联网货币价格有不稳定因素。原因有：方案不成熟、部分用户缺乏信心、交易量低、没有明确的法律、投机买卖和网络攻击等。

## 二、互联网货币对货币政策的影响

货币是宏观经济的重要变量。在一个国家，货币被认为是主权的象征。中央银行垄断了货币发行，并对稳定货币币值负有责任。在互联网经济下，中央银行货币政策的模式受到了很大的挑战[1]。

第一，互联网货币的发展打破了中央银行对货币发行的垄断，促进了发行主体的多元化。

第二，在传统的货币供给中，中央银行通过调节基础货币，利用货币乘数，达到控制货币总量的目的。在这种传统模式下，货币供给被假定是外生的。在互联网货币模式下，货币供给的内生性大大加强，主要是因为互联网货币的发行和流通规律与法定货币有很大不同。可以看到互联网货币不仅仅用于虚拟产品的计价和交易，也常常被作为一种网络平台的营销和激励手段，它被认为是一种市场行为，因此它的总量取决于网络经济发展的规模和复杂度。就货币流通来看，互联网货币可以通过与法定货币兑换，或者越过法定货币，直接参与到现实商品的买卖中。这种兑换关系同样取决于人们对互联网货币的接受程度和网络经济的发展。

第三，网络经济条件下，传统货币不同层次的界限变得更加模糊。这主要是因为货币的电子化使得不同层次货币的相互转换变得很容易，从而给不同层次货币的划分带来问题。进一步，使得中央银行无法对货币总量进行控制。另外，虚拟货币的运行规律尚待研究，有理由相信虚拟货币的发展会给货币的分类、统计等货币政策的基础条件带来深刻的影响。

因此，网络经济、虚拟货币的发展将导致货币政策的理论基础和实际操作随之改变。货币供应量等货币总量指标不再具备货币政策中介指标的条件，传统货币政策工具需要进一步研究。

## 三、互联网货币对物价稳定的影响

在针对互联网货币的存贷款活动出现之前，互联网货币创造过程中不存在中央银行和商业银行的分工（即二级银行体系），也不会产生多个货币层次，但互联网货币的过量发行会造成数据商品的通货膨胀。未来，数据商品会进入 CPI 篮子。但总的来说，数据商品价格实际上是不同数据产品之间的比价（交换比率），会有均衡价格，不会有很大的价格风险。

互联网货币会通过多种渠道影响实物商品的价格，包括：互联网货币介入实体经济活动，甚至在一些场合替代法定货币，产生“挤出效应”；互联网货币影响法定货币的流动速度。中央银行需要了解互联网货币的发行和流通情况。

## 四、互联网货币对金融稳定的影响

互联网货币对金融稳定的影响，目前主要来自互联网货币兑换法定货币的汇率波动，这在比特币上表现得尤为明显。

1 尹龙 . 网络银行与电子货币——网络金融理论初探 [D]. 西南财经大学 ,2002.

案例 1-4-1

# 比特币

比特币是世界上第一种基于 P2P 分布技术在互联网发行和交易的电子货币，由 Satoshi Nakamoto[1] 在 2008 年发明，2009 年 1 月 3 日正式运行。截至 2013 年 12 月底，已发行约 1200 万个比特币，按 1 比特币可兑换 900 美元，总市值超过 100 亿美元，已经超过了 60 多个国家的 GDP 总量[2]。

比特币的技术基础是密码学的发展和互联网的普及，最大特点是不通过中央银行或第三方机构发行和交易，并因运用现代数字签名技术而具有较好的匿名性。比特币在发展早期，得到了技术狂热分子、反政府主义者、非法交易者的支持。这些人认为比特币体现了民主精神，是对主权货币、银行体系的挑战，特别是针对政府在货币发行上的垄断地位以及由滥发货币引发的通货膨胀。随着比特币逐步实现与现实货币的自由兑换，并涉足现实商品和服务的购买，比特币越来越受到媒体、政府、学者和民众的重视，同时也引发了很多争议。

此外，已经从比特币衍生出来多种互联网货币[3]，包括 Litecoin、Peercoin、Primecoin 等。这些互联网货币保留了比特币主要的思想，仅在个别特征上可以与比特币区分开来。

## 一、比特币的工作机制

早在 1998 年，Dai Wei 在一个密码学邮件群里，就提出了一种新型电子货币的思想，“这种货币将有无法追踪的匿名特征”并且“政府的作用被排除在外”。比特币实际上就体现了这种思想的延续和发展，最突出的创新就是分布式支付系统，而不是集中式的支付清算系统（见图 1-4-4）。

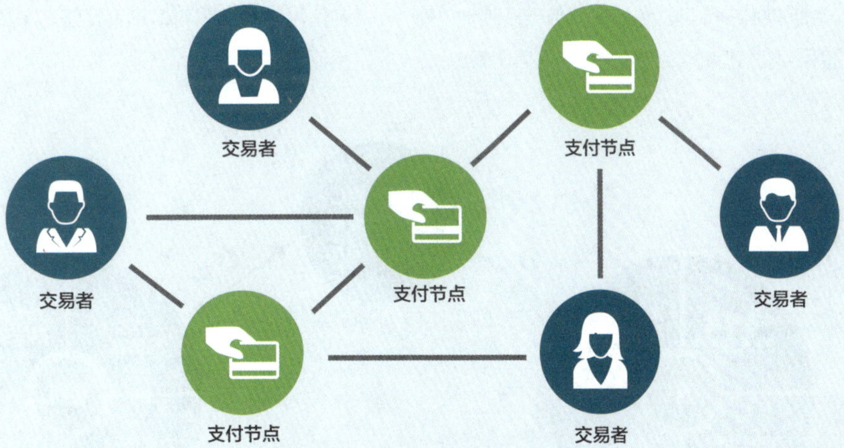


**图 1-4-4　分布式支付系统示意**

资料来源：课题组整理

1 Satoshi Nakamoto. Bitcoin:A Peer-to-Peer Electronic CashSystem[EB/OL].https://bitcoin.org/en/bitcoin-paper,2008.

2 World Bank.Gross Domestic Product[Z].2013.

3 Sprankel,Simon.Technical Basis of Digital Currencies[Z].2013.

整个分布式支付网络中，可以有数量不定的支付节点，用于交易确认和整个网络账户系统的维护。交易确认分为两步：第一步，由某个支付节点通过竞争完成交易有效性的初步确认；第二步，初步确认消息被广播到全网络，被全网络认可后，交易有效性得到最终确认。

作为一种新型货币，理论上，比特币需要解决两个突出问题：第一，如何保护交易双方的隐私；第二，如何避免同一货币被多次使用。对这两个问题，比特币均设计了非常精巧的解决方案。

比特币通过公钥密码原理确保交易双方的隐秘性。公钥密码技术可以产生两把对应的密码钥：一把是公钥，作为货币持有者的地址或账号（类似银行账号）；另一把是私钥，由货币持有者保留。公钥账户可以作为比特币的接受地址。公钥账户里的电子货币只能通过对应的私钥来访问。私钥被用来确认账户中货币的转移支付。公钥账户与电子邮件地址相似，是公开的，为所有用户所知；而私钥则与电子邮件的密码相当，需要通过它来实现对信息的访问和处理。

图 1-4-5 展示了公私钥如何用于比特币交易。假设在第 N 个交易中，交易者 A 希望支付交易者 B 若干比特币，而在第 N+1 个交易中，交易者 B 希望将他从交易 N 中获取的比特币支付给交易者 D。这两个交易分四步进行：

第一步：交易者 A 生成第 N 个交易信息，包括上一次相关交易的关联信息、本次交易信息（包括需要支付的数额）、交易者 B 的公钥地址。最后，交易者 A 会使用他拥有的私钥对第 N 个交易信息进行数字签名，并发出关于该交易的信息。

第二步：支付网络中的支付节点获取交易者 A 发出的关于交易 N 的信息后，对交易有效性进行确认，包括该信息是否由 A 发出、A 是否拥有所交易比特币的所有权以及该比特币有没有被多次使用等。在该节点完成对交易有效性的确认后，将该确认信息在支付网络中广播，最终完成交易信息在全网络中的确认。

第三步：交易者 B 生成第 N+1 个交易的信息，并使用他的私钥对信息进行签名（具体做法与第一步类似）。

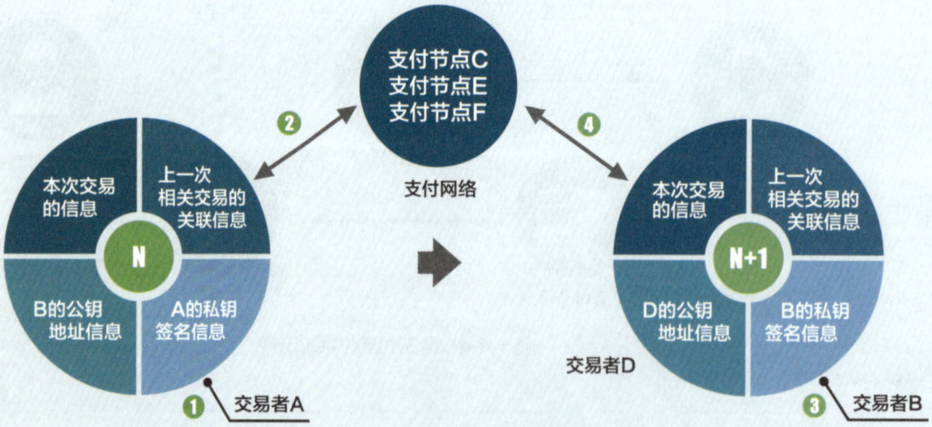


图 1-4-5 比特币交易示意

资料来源：课题组整理

第四步：支付网络会完成对 N+1 个交易信息的确认（具体做法与第二步类似），交易者 B 成功将他从交易者 A 处获取的比特币支付给交易者 D。

以上是比特币交易支付的全过程。可以看出，支付系统需要防止同一比特币被用户恶意多次使用。在传统经济中，重复支付的问题由一个中央结算机构来解决。中央结算机构会对每一笔交易进行确认，并通过集中账户来保证交易的连续性，避免同一货币被重复用于支付。比特币则使用分布式时间戳技术来解决该问题。在比特币网络中，每一台电脑都有一份关于历史所有交易的明细清单，称作交易链（blockchain）。新产生的交易会通过与交易链中历史交易进行一致性检验，通过检验的交易才可能被作为正常的交易接受。事实上，新产生的交易会被负责进行交易验证的程序打包产生新的交易模块，加入到原有的交易链后面，构成新的交易链。在比特币网络中，只有一个全局有效的交易链，并分布式存储在支付网络的每一个节点中（图 1-4-6）。

为避免交易网络中无效信息的泛滥，同时防范针对比特币网络的恶意攻击，支付节点产生新的交易模块需要进行复杂的计算，被视为支付节点的工作证明（proof of work）。该计算本质上是一种概率很低的随机碰撞试验，需要消耗支付节点大量的计算资源。因此，率先完成工作证明的节点会得到一定奖励，这个过程被称为“挖矿”。“挖矿”是新比特币产生的过程，同时也保证了比特币支付平台的高效运行。

除了前面提到的核心特征外，比特币及其支付机制有以下特点：第一，比特币依托于互联网，因此可以轻易地跨越国界。第二，分布式支付系统拥有数量不限的支付节点，因此不容易受到攻击。换言之，关闭若干支付节点，基本不会对支付体系造成影响。第三，比特币账户具有匿名性，是一串没有规律的字符，不体现账户拥有者的任何特征。一个人可以拥有成千上万，甚至更多账户。第四，低费用。比特币属于新型货币，尚无监管，持有和交易都无须缴纳税费。即使通过比特币交易平台进行货币兑换，也只需缴纳很

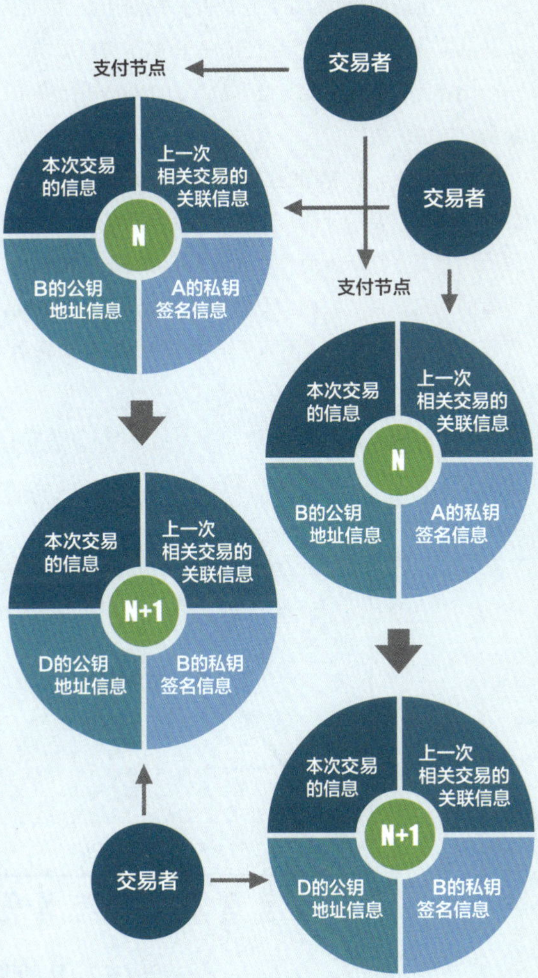


图 1-4-6 比特币的全局交易链

资料来源：课题组整理

低的交易费。第五，交易不可逆。与大多数电子货币交易不同，比特币交易无法通过“回滚”机制来取消交易，一旦交易确认，只能通过新的交易来实现账户的修复。第六，公开、透明。支持比特币交易的计算机程序代码、比特币的交易历史数据都在互联网上公开，使得比特币的发行和交易具有很高透明度。第七，可分的电子货币。比特币适合一些小微型交易需求，一个比特币可以被分到 8 位小数，0.00000001 比特币是最小单位。

尽管如此，比特币的工作机制并非完美。生产新交易模块所需要的计算，被认为消耗了网络的很多资源而没有太多实际价值。微软的 Moshe Babaioff 与合作者的研究表明[1]，比特币“挖矿”的激励机制可能存在“红气球现象”，不利于交易信息在分布式网络中传播。比如，有些挖矿程序可能修改消息分发代码，使得其他节点无法收到新的交易信息。

## 二、比特币的发行机制

前面已经指出，新产生的比特币由完成交易确认的支付节点获取（即“挖矿”）。因此，比特币的发行不需要中央机构，完全点对点、去中心化。比特币生成机制将发行总量预设在 2100 万。一开始，每完成一个新的交易模块可以获得 50 比特币。这个奖励每四年将减少一半（见图 1-4-7），使得比特币发行总量在 2040 年接近最大。这种可预期的货币供给使比特币具有一定的稀缺性，但会造成两方面的问题：

第一，控制发行总量会使比特币出现通货紧缩效

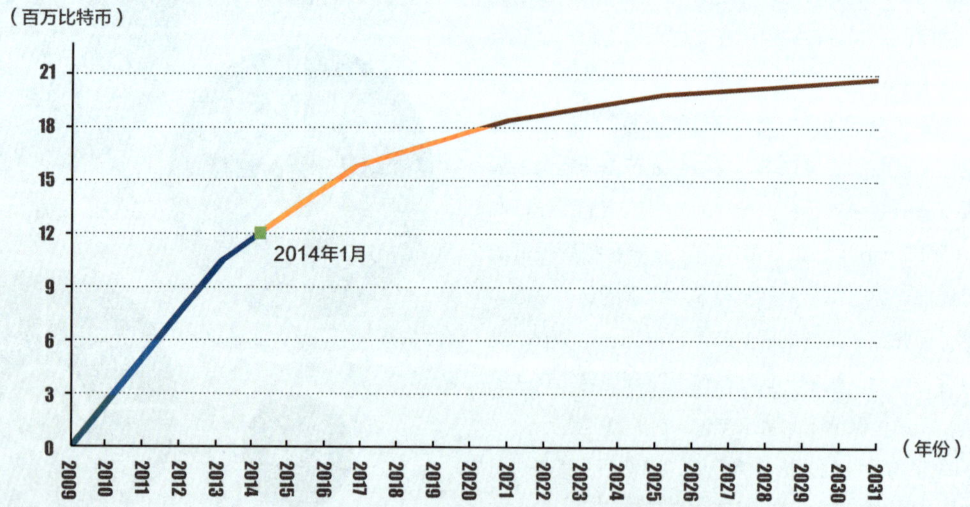


图 1-4-7 比特币发行量（截至 2014 年 1 月）

资料来源：课题组整理

1 Moshe Babai of f,Shahar Dobzinski,Sigal Oren and Aviv Zohar. On Bitcoin and Red Balloons[Z]. ACMSIGecom，2011. “红气球”是美国国防部以前的一个研究项目，参与者需抢先找到随机拴在美国各地的 10 个红色气象气球，以获取 4 万美元的奖金。“红气球现象”的核心是竞争和协作的问题。

应，也就是以比特币标价的商品或服务的价格会下降，也体现为以美元标价的比特币价格的上升。这会产生两个消极影响：一是在比特币价格上升的过程中，比特币持有者倾向于将比特币储存起来（形象说法是"把钱藏在毯子下"），而不是用于流通领域，这样会减少比特币的流通量，进一步加剧通货紧缩效应。二是通货紧缩效应使比特币的跨期交易很难进行。比如，在一个以比特币为标的的贷款合约中，因为比特币价格上升，债务人实际负担随时间增长。这就使得基于比特币的金融产品和金融交易很难出现。这说明，对任何货币而言，币值稳定都很重要，比特币也不例外。比特币尽管通过预设货币总量上限的方式，避免了中央银行法定货币经常出现的通货膨胀问题，但通货紧缩会对比特币的发展产生消极影响。

当然，因为比特币是基于互联网上的计算机程序产生的，可以通过修改计算机代码来重新设定比特币的发行数量，也可以让它遵守一定的增长规则。相关建议已经在一些研究中体现，感兴趣的读者可以参看 Palo Alto 研究中心 Simon Barber 与合作者的报告[1]。

第二，控制发行总量使"挖矿"收益不断下降。早期，通过在个人电脑上运行"挖矿"程序可以获得相应比特币。目前，因为"挖矿"需要的计算量越来越大，参与"挖矿"竞争的电脑也越来越多，个人"挖矿"难度也越来越大，出现了"矿池"模式（见图 1-4-8），即由多台个人电脑联合"挖矿"，"挖矿"问题被分解成若干子问题，由各电脑分别承担，"挖矿"收益也在参与的个人之间共同分配。

"矿池"支付模式使比特币的支付体系出现了一

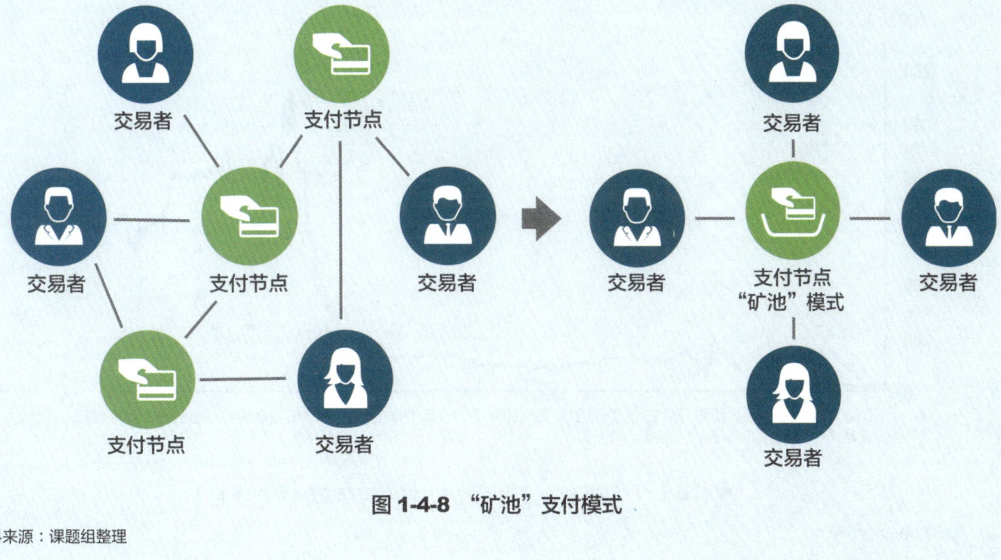


图 1-4-8 "矿池"支付模式

资料来源：课题组整理

1 Barber,Simon,etc.Bitter to Better—How to Make Bitcoin a Better Currency[M].Berlin:Springer Berlin Heidelberg,2012.

定程度的垄断。如果只有有限可用的支付节点，那么比特币与由某一中央机构发行和交易的货币区别就不大，从而偏离了比特币支持者鼓吹的纯粹民主轨道。

从长期看，当“挖矿”的奖励越来越少，以至于没有新的比特币产生时，比特币的支付体系如何有效运行是一个大问题。比特币的创始人 Satoshi Nakamoto 设想由交易双方交一定费用来保证支付体系的有效性。目前比特币协议里也有交易费用设计，交易者可以为进行支付确认的节点（“挖矿”机）提供一些费用，但没有进行具体规定。实际情况是，无须交易费用也可进行交易确认。

## 三、比特币的应用

目前已经形成了相当规模的比特币在线交易所。在交易所，比特币可以与大多数主权货币进行兑换，兑换价格多数根据需求自由浮动（即实行浮动汇率制）。Mt.Gox 曾是全球最大的比特币交易所，承担了超过 80% 的比特币兑换交易，每天会有比特币与主要主权货币的报价[1]。2014 年 2 月，Mt.Gox 受到黑客攻击，暂停了取现服务，比特币价格暴跌 50%。Mt.Gox 因为此次攻击损失惨重，已申请破产。此外，有些网站也支持用户直接交易，比如 Bitcoin.local 工具支持双方直接联系，并自行完成货币交易。

比特币的一个显著特点是价格不稳定。2011 年 6—7 月，比特币的价格和用户数出现指数式增加。比特币价格从 2011 年初的不足 1 美元，短时间内攀升到 30 美元左右，其后在波动中持续增长。图 1-4-9 是比特币与美元比价 2013 年内的波动情况。2013 年比特币价格呈现大幅波动，价格一度攀升至 1200 美元，之

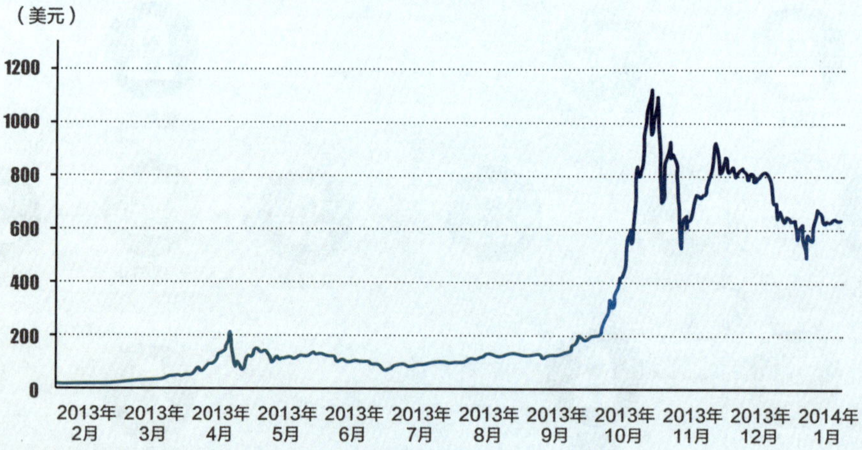


**图 1-4-9　比特币价格波动（2013 年 1 月至 2014 年 1 月）**

资料来源：http://bitcoincharts.com

1 2014 年 2 月，比特币交易所 Mt.Gox 85 万比特币被盗，申请破产。

后迅速回落，持续动荡。

现实中，比特币的使用并不多见。但一些服务商已经接受用户用比特币购买诸如电脑软件、服装等商品。比特币的匿名性产生了一些颇有争议的应用。比如，维基解密（WikiLeaks）在 Visa、MasterCard、美国银行、PayPal 等不提供支付服务后，宣称将接受比特币捐赠。再比如，丝绸之路（Silk Road）以买卖毒品和枪支而臭名昭著，并且只接受比特币支付。卡耐基梅隆大学 Nicolas Christin2012 年的一篇文章指出[1]，丝绸之路每月大概发生 120 万美元交易。2013 年 5 月，美国 FBI 关闭了丝绸之路，并获取了交易的比特币。

以色列魏茨曼科学研究所的 Dorit Ron 和 Adi Shamir 比较系统地研究了比特币的交易特征[2]，包括真实交易者数量、每个账户持有比特币情况、账户变动情况、比特币持有分布情况、比特币交易和储蓄特征等，发现了两个重要结论：

第一，从比特币产生至今，大部分比特币没有参与流通，它们被转入特定账户后，就从流通中消失了。显然，它们被早期持有者丢失了，或者被持有者储蓄起来，而不是用于交易。另外，90% 以上账户交易次数少于 10 次，并不活跃。

第二，大多数人只持有很小数量的比特币，比特币分布高度集中。表 1-4-1 给出了每个账户和持有人（可以拥有多个账户）比特币余额的统计情况。可以看到，97% 的账户只持有少于 10 个比特币。

表 1-4-1 印证了前面对比特币通货紧缩效应的分析，即受比特币的稀缺性、升值预期等因素影响，比特币持有者更多选择持有，而不是使用。该种行为可能会限制比特币的推广和应用。

**表 1-4-1　比特币账户余额情况**

| 余额大于或等于 | 余额小于 | 持有人（可以有多个账户） | 账户 |
|---|---|---|---|
| 0 | 0.01 | 2097245 | 3399539 |
| 0.01 | 0.1 | 192931 | 152890 |
| 0.1 | 10 | 95396 | 101186 |
| 10 | 100 | 67579 | 68907 |
| 100 | 100 | 6746 | 6778 |
| 1000 | 10000 | 841 | 848 |
| 10000 | 50000 | 71 | 65 |
| 50000 | 100000 | 5 | 3 |
| 100000 | 200000 | 1 | 1 |
| 200000 | 400000 | 1 | 1 |
| 400000 | | 0 | 0 |

注：2012 年 5 月 3 日情况。
资料来源：课题组整理

1 Christin,Nicolas.Traveling the Silk Road:A Measurement Analysis of a Large Anonymous Online Marketplace[J].International Conference on World Wide Web,2012.
2 Ron,Dorit and Adi Shamir.Quantitative Analysis of the Full Bitcoin Transaction Graph[M].Berlin:Springer Berlin Heidelberg,2013.

总的来说，比特币的价格稳定性和持有者的交易行为将对比特币未来发展产生重大影响。

## 四、比特币的监管

在讨论比特币的监管之前，需要先认清楚比特币的性质。比特币不是现代意义上的信用货币。对信用货币而言，不管由私人机构发行，还是由中央银行发行，货币和信用是联系在一起的。现钞和存款准备金等基础货币是中央银行的负债，存款是银行的负债。货币的发行，同时伴随着信用的扩张，典型过程就是存款的多倍扩张。而在比特币中，不存在债权债务关系，也就是货币和信用是脱钩的。从这个意义上讲，比特币更接近一种贵金属货币，只不过这种“贵金属”是人类通过密码学和互联网技术制造出来的。为理解与比特币有关的很多货币现象，可以把比特币类比成一种人造黄金。比如，比特币的货币总量有限，相当于地球上黄金储量有限（人类至今都不能通过其他元素大规模合成黄金）；比特币的“挖矿”过程，与黄金的开采冶炼也是可类比的，都是越往后成本越高。

比特币的价格是怎么决定的？信用货币的价值由发行者的信用来支撑，当然货币发行数量也有很大影响。贵金属有内在价值（比如在装饰、加工上），这对其价格有一定支撑作用。在金本位时期，如果黄金价格偏低，一些黄金就会退出流通领域，被收藏、熔化或输出国外，对价格起到提升作用；如果黄金价格偏高，一些黄金就会重新回到流通领域，对价格起到平抑作用。

比特币的价格决定，兼有信用货币和贵金属货币的特征。从根本上讲，比特币的价值取决于人们对比特币算法可靠性的信任。如果人们发现比特币的工作机制有漏洞，或者容易被操纵，或者容易出现伪造货币，或者容易被黑客攻击，那么比特币价格会下跌；比特币“挖矿”消耗的计算资源，相当于比特币获取成本，会影响比特币价格；比特币和贵金属货币一样，价格都受用来标价的信用货币的影响，比如，美元贬值时，比特币和黄金价格上升，反之亦然。

比特币处在法律的灰色地带，这使得比特币使用者对其广泛应用存在疑问，主要有以下几个问题：①比特币是不是一种财富？是否受到法律保护？②比特币是否与现行法律有冲突？③立法者或监管者应该对比特币采取怎样的行动？④现行法律可以怎样调整以适应网络电子货币的发展趋势？此外，比特币的匿名和分布式支付特征，使它游离于监管之外，常常被用于洗钱、购买毒品枪支等非法活动，也需要有应对措施。

耶鲁大学 Reuben Grinberg 在美国法律体系下对比特币进行了研究[1]，包括与美联储货币发行权、证券法以及反洗钱相关法律的关系。在货币发行方面，《邮戳支付法案》（*Stamp Payment Act*）和《联邦伪造法案》对比特币有实质性影响。两个法案在不修改的条件下，无法适用于比特币。由于缺少发行机构，比特币与证券法界定的证券概念也有很大差异。而反洗钱法案对比特币的发展可能有较大限制。美国天普大学 Nikolei Kaplanov 研究了使用比特币的法律问

1 Reuben Grinberg. Bitcoin: An Innovative Alternative Digital Currency [J]. Hastings Science & Technology Law Journal, 2011(4):160.

题[1]，并分析了美联储监管比特币交易的主要障碍。2013 年 8 月，比特币被美国德州联邦法官裁定为受《联邦证券法》监管。2014 年 2 月，加州众议院通过 AB129 法案提出：各种形式的另类货币，比如电子货币、积分、优惠券或其他有货币价值的事物，在用于商品和劳务购买或支付时，不属于违法行为。此法案若生效[2]，将为比特币在加州合法化铺平道路。

在对金融稳定的影响方面，IMF 的 Nicholas Plassaras 研究了从 IMF 角度如何应对比特币对全球货币市场的冲击[3]。比特币在货币交换中的优势（比如匿名性和去中心化特性）可能使其在国际货币交换体系中扮演越来越重要的角色。这将与 IMF 负责平衡汇率和应对国际货币危机的职能产生矛盾。因此，IMF 有必要对比特币采取行动，防止货币投机。

比特币的“野蛮生长”引起了各国货币监管当局的关注[4]。在欧洲，监管机构声称正在密切关注比特币的发展，并对比特币等虚拟货币可能挑战中央银行货币掌控能力提出警告，但尚未对比特币采取特别的管制措施。在美国，也没有过多地对比特币采取管制，部分监管机构宣称正在评估比特币货币创新带来的潜在收益及风险。在亚洲，比特币遭到了比较严厉的管制。中国政府 2013 年 12 月[5]宣布禁止将比特币作为流通货币使用，金融机构和支付公司不能从事比特币等虚拟货币业务。这导致零售商停止接受比特币支付，并促使比特币价格大幅下跌。但同时，中国政府表示，个人在风险自负的前提下可以从事比特币交易。在印度这个比特币的潜在大规模市场，印度央行 2013 年 12 月也就比特币被用于违法活动以及黑客攻击的风险发出了警告。在此之后，开展了一系列针对比特币交易所的突袭搜查，印度最大的比特币交易平台 BuySellBitCo.in 已经暂停运营。中国香港金管局警示了比特币可能具有较高的洗钱，或者用于恐怖分子集资的风险[6]。

最后，互联网货币的流行说明了，点对点、去中心化的私人货币（根据密码学和互联网技术设计），在纯粹竞争环境下（假设没有政府监管或干预），不一定比不上中央银行的法定货币（根据货币政策来发行和调控）。而且互联网货币天生的国际性、超主权性，丰富了对货币可兑换的认识。未来，随着互联网货币进一步完善，有可能出现“自适应”互联网货币。这种互联网货币内生于实体经济，根据规则自动调整发行量（设想货币政策委员会变成 App），而不是像比特币那样事先限定发行量（从而产生通货紧缩效应），以保持币值稳定。

---

1 Nikolei M.Kaplanov.Nerdy Money:Bitcoin,the Private Digital Currency,and the Case Against its Regulation[R].Temple University Legal Studies Reserch Paper,2012-03-31.

2 截至 2014 年 2 月底，该法案还需加州参议院通过后，经加州州长签署才能生效。

3 Plassaras,Nicholas. Regulating Digital Currencies:Bringing Bitcoin within the Reach of the IMF[J]. Chicago Journal of International Law,2013(Summer).

4 史蒂芬·福利，等 . 分析：全球各地如何看待比特币 [N]. 金融时报，2014-01-16.

5 中国人民银行等五部委 . 关于防范比特币风险的通知 [Z].2013.

6 中国香港金管局 . 虚拟商品的相关风险 [Z].2014.

第五章 CHAPTER 5

# 基于大数据的征信和网络贷款

# Credit Investigation and Network Loans Based on Big Data

## 第一节 对大数据的讨论

### 一、大数据的定义与类型

大数据产生的背景是整个社会走向数字化，特别是社交网络和各种传感设备的发展。云计算和搜索引擎的发展，使得对大数据的高效分析成为可能，核心问题是如何在种类繁多、数量庞大的数据中快速获取有价值的信息。大数据在社会分析、科学发现和商业决策中的作用越来越大，金融只是其中的一个应用领域。

大数据是一个新概念，英文中至少有三个名称：大数据（big data）、大尺度数据（big scale data）和大规模数据（massive data），至今未形成统一定义。但一般认为大数据具有四个基本特征（即所谓4V特征）[1]：数据体量庞大（volume）、价值密度低（value）、来源广泛和特征多样（variety）、增长速度快（velocity）。

从学术角度，对大数据的讨论基本属于数据科学（Data Science）和数据挖掘（Data Mining）的范畴。

根据大数据的表现形式与具体内容，可以将大数据分为如下三类：

第一类是记录数据，即记录的汇集，其中每个记录包含固定的数据字段（或属性）。比如，计量经济学中的横截面数据、文档数据、事务数据或购物篮数据。记录数据通常存放在平展文件或关系数据库中，属于结构型数据的范畴。

第二类是基于图形的数据，包括带有数据对象之间联系的数据和具有图形对象的数据，比如网页链接、化合物结构。

第三类是有序数据，包括时序数据、序列数据、空间数据。比如，宏观经济指标序列，金融价格序列，基因组序列，词或字母的序列，同一时点上从不同的地理位置收集的气象数据（温度、湿度、气压等）。

1 value 也有人理解成应用价值巨大，velocity 也有人理解成需要高速分析能力。

## 二、大数据分析的主要任务

大数据分析主要有两类任务：第一类是预测任务，目标是根据某些属性的值，预测另外一些特定属性的值。被预测的属性一般称为目标变量或因变量，被用来做预测的属性称为解释变量和自变量。第二类是描述任务，目标是导出概括数据中潜在联系的模式，包括相关、趋势、聚类、轨迹和异常等。描述性任务通常是探查性的，常常需要后处理技术来验证和解释结果。这两类任务，又可以细分成七种：

（1）分类（classification）的目标是确定数据对象属于哪个预定义的目标类。典型例子是信用评级。

（2）回归（regression）与分类非常接近，关键差异在于：在回归中，目标属性是连续的；在分类中，目标属性是离散的。可以简单理解为，分类是预测某事是否发生，回归则是预测某事以多大的概率发生。回归也是最常用的计量经济学分析方法。

（3）关联分析（association analysis）主要针对购物篮数据，目标是发现隐藏在大型数据集中的有意义联系。关联分析的一个广为人知的例子是零售商发现许多购买尿布的顾客也购买啤酒，因此可以将尿布和啤酒摆在一起，以促进交叉销售。关联分析的目标是发现联系，而不是解释联系。

（4）聚类分析（cluster analysis）根据在数据中发现的描述对象及其关系的信息，将数据对象分组。目标是，组内对象相互之间是相似的（相关的），而不同组中的对象是不同的（不相关的）。

（5）推荐系统（recommender system）的目标是预测用户（user）对选项（item）的喜好。比如，在线报纸基于对用户兴趣的预测结果，为读者提供新闻报道；在线零售商基于顾客的购物和/或商品搜索历史，为顾客推荐他们可能想要买的商品。亚马逊的推荐系统最具代表性。

（6）异常检测（anomaly detection）的目标是识别特征显著不同于其他数据的观测值。这样的观测值被称为异常点（anomaly）或离群点（outlier）。异常检测算法要发现真正的异常点，而避免错误地将正常对象标注为异常点。异常检测的应用包括检测欺诈（比如信用卡欺诈检测）、网络攻击、疾病的不寻常模式、生态系统扰动等。

（7）链接分析。Google 的 PageRank 算法是链接分析的代表。在 PageRank 出现前，搜索引擎领域有大量词项作弊（term spam）问题，一些人通过修改网页的方式（比如大量重复某一关键词）欺骗搜索引擎，让它们相信一个本来不相关的页面。PageRank 算法是针对词项作弊开发的，主要有两项创新：一是模拟互联网冲浪者的行为。这些假想的冲浪者从随机网页出发，每次从当前页面随机选择出链前行，该过程可以迭代多步。最终，这些冲浪者会在页面上会合。较多冲浪者访问的页面的重要性被认为高于那些较少冲浪者访问的页面。网页的这种重要性就用 PageRank 值来衡量。二是在判断网页内容时，不仅考虑网页上出现的词项，还考虑指向该网页的链接中或周围所使用的词项。

# 第二节　大数据在金融领域的应用

## 一、大数据在金融领域的整体应用

数据是金融机构的核心资产。通过对金融中介的分析，我们可以看到，处理信息不对称和规模效益是金融机构的两大特点，而这两大特点都要求金融机构拥有大规模、高质量的数据。大数据改变了传统数据及其分析方法，对金融领域产生了重要的，甚至革命性的影响。这主要体现在大数据给传统金融中介提供了新的分析工具，使得传统金融机构能够利用大数据丰富客户资源、开拓新的市场，并提升内部管理和运营水平。

传统金融机构数据类型主要以记录类型为主，包括客户基本信息、财务信息、与金融机构交易往来信息等。大数据大大拓宽了金融机构可用数据的种类。在大数据条件下，金融机构可以采集并应用图片、视频、社交网络信息等非结构化数据。比如交通银行信用卡中心应用智能语音云产品对海量语音信息进行处理[1]，从语音数据中提取丰富的客户信息，包括客户身份信息、客户偏好信息、服务质量信息、市场动态信息、竞争对手信息等。每天处理数据量达到 5000 小时、20GB，使得历史语音检索花费时间从 3~5 天缩短为 5 分钟，极大地加快了处理速度。

大数据使得金融机构产品营销具有更好的精准性。通过大数据分析，使得原本因果关系不清晰的几个事务关联起来。比如，中信信用卡中心[2]利用大数据发现周末 18:00 之前加油的客户有相当比例去中心城区吃饭，因此信用卡中心与城区的烤肉店进行合作，由银行向加油站客户投放广告，促进信用卡消费。

大数据同时创造了新的金融业务模式。比如说应用大数据理念的京东模式[3]。2012 年，京东通过与中国银行合作，推出“供应链金融服务”，供应商可以凭借其在京东的订单、入库单等向京东提出融资申请，由京东经过大数据分析、核准后递交银行，再由银行给予放款。据报道，此服务可以帮助京东供应商大幅度缩短账期，资金回报率由原来的 60% 左右提高到 226%。

目前，大数据在金融机构舆情分析、360 度客户全景视图、运营日志分析、客户欺诈和风险监控中也得到了广泛的应用。

## 二、大数据在证券投资中的应用

主流的证券投资理论认为，市场基准指数是投资的出发点，是默认的资产配置方案，也就是在一定程度上承认市场有效；投资者仅在有不同于市场平均的观点或预测时，才可以偏离市场基准指数进行投资，即主动投资（active investment），但必须权衡自己观点或预测的可靠性。

主动投资一般可以归纳为五步：①从数据中提炼有价值的信号；②基于信号形成不同于市场平均的预测；③根据预测制定策略；④根据策略实际效果或回溯测试（back test），即用历史数据测试策略效果，评估策略业绩；⑤根据业绩评估结果，评价信号是否有价值以及预测是否有效，并进行修正。大数据分析主要在第①步和第②步使用。这两步往往配合进行，不

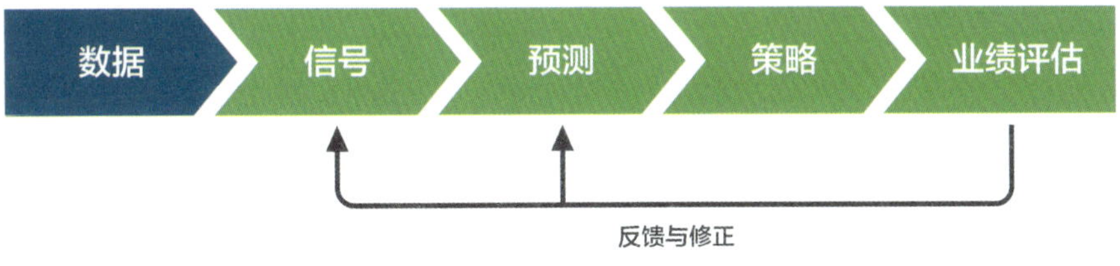


**图 1-5-1 主动投资的一般步骤**

资料来源：课题组整理

1 艾瑞咨询 . 大数据行业应用展望报告 [R].2013.

2 姜奇平 . 看中信银行如何玩转互联网 [EB/OL].http://mp.weixin.qq.com/s?__biz=MjM5NDA2MjM1Nw%3D%3D&idx=2&mid=10014852&sn=16f2e5032699ada839c40398e1ab9f4f，2014-01-03.

3 李乃青 . 大数据时代下我国电子商务的发展机遇与挑战 [EB/OL].http://www.cww.net.cn/news/html/2013/6/13/201361310044509l.htm，2013-06-13.

能截然分开。从数据中提炼信号，可以依据经济理论，也可以使用数据挖掘方法。原则是，信号应该有助于改进对证券价格的预测，否则就是噪声了。我们结合美国加州大学河滨分校 Vagelis Hristidis 及合作者关于 Twitter 与股票价格的论文[1]来说明大数据分析在证券投资者中的应用：

首先，他们分析了 Twitter 上与某只股票有关的全部信息，设计了几个用来衡量 Twitter 活跃度的定量指标，发现部分指标与未来 1~3 天的股票交易量、收益率之间存在比较显著的相关关系。此即第 1 步——从数据中提炼信号。

其次，他们根据前面设计的 Twitter 活跃度指标，建立了关于股票收益率的预测模型。此即第 2 步——基于信号形成预测。

再次，他们根据前述模型的预测，投资于预测收益率最高的几只股票。此即第 3 步——根据预测制定策略。

最后，用回溯测试法，比较基于 Twitter 的投资策略与其他策略的业绩，发现基于 Twitter 的投资策略的业绩最好，说明 Twitter 信息可以用于证券投资。此即第 4 步和第 5 步——业绩评估、反馈与修正。

## 三、大数据在保险精算中的应用

从目前文献看，非寿险精算中出现了大数据应用案例，代表者是基于使用的保险（usage-basedinsurance），一种根据汽车使用情况厘定费率的车险。这种车险要求汽车配备 GPS、测速器和无线电装置。保险公司掌握车型、开车时间（比如是否在交通高峰期）、行驶里程（比如是否长期开车不休息）、行驶地点（比如是否在容易出事故的地点）、驾驶习惯（比如开车时是否打电话）等信息，这些都会成为厘定费率的依据，也便利理赔。

在寿险精算方面，大数据应用还不多。尽管基因、家族遗传、生活习惯、职业等对一个人的寿命有显著影响，气候变化、环境污染等自然条件也会影响人的寿命，但这些因素还难以纳入生命表的分析框架中。

基于大数据的征信与网络贷款目前发展得较为成熟，下面将重点介绍大数据在征信和网络贷款中的应用。

# 第三节 基于大数据的征信

## 一、征信的本质是客户分类

征信主要是根据客户的财务状况、行为特征、行业环境、信用记录等信息对客户的贷款能力、还款意愿进行评估。征信本质上是一个分类问题，是根据违约可能性高低，将企业和个人分类，数学上可以抽象为如下过程：用 X 表示企业和个人的特征、属性和历史信息等（即自变量），用 Y 表示信用评级、违约概率、信用评分等指标（即因变量），征信本质上是在实证分析基础上，用关于 X 的函数 g(X) 作为对 Y 的预测。在设定和校准预测函数方面，银行业进行了大量探索，集中体现为 Basel Ⅱ & Ⅲ的内部评级法[2]。

相对传统征信而言，基于大数据的征信主要是引入新的数据来源，但在信用评估的具体方法和模型技术上变化不大。直观理解是，传统征信是用自变量 X 来预测因变量 Y，基于大数据的征信则是用新自变量 Z

1 Ruiz,et al. Correlating Financial Time Series with Micro-Blogging Activity[Z].International Conference on Web Search & Web Data Mining, 2012.
2 梁世栋 . 商业银行风险计量理论与实务——《巴塞尔资本协议》核心技术 [M]. 北京：中国金融出版社 ,2011.

和 X 一起来预测 Y，但在设定和校准预测函数上两者没有本质差异。

## 二、征信的数据来源

由于互联网企业在开发核心业务的过程中，逐渐产生了传统银行所不具备的客户行为数据，而这些数据一定程度上更能反映客户的社会关系和经济行为特征，更能反映客户的贷款需求和信用状况。这些数据与官方大数据库相比，具有明显的互补特征。我们通过对中国官方的征信大数据和互联网大数据的比较进行说明。

（1）现有的征信大数据主要来源于银行，主要是对已有贷款客户的信用记录。比如中国人民银行征信中心的大数据主要来源如下[1]：金融机构采集的客户贷款信用交易信息和对信用主体有直接、明确影响的非信用交易信息，以金融行业的信贷数据为主、非信用交易信息为辅，具体包括五类（见图 1-5-2）：

一是银监会批设的授信机构所产生的信贷信息。这部分是征信中心的主要数据源，已由行政法规保障征信中心对相关数据的强制性采集权。授信类金融机构的信息化程度一般较高，数据库中的数据质量较好。例如商业银行的客户信用信息。

二是非银监会批设的授信机构所产生的信贷信息。这类数据是补充数据来源，同样由行政法规来确保征信中心的数据采集权。这类机构的规模较小，而且信息化程度参差不齐，因此，数据的质量也参差不齐。例如小额贷款公司、小额担保公司、典当行的客户信用信息。

三是公用事业单位所提供的具备信用特征的相关数据，例如社会公众的电信缴费记录数据。这类数据一般以许可或协商方式采集，数据的质量受到公用事业单位信息化水平的影响。

四是政府部门在行政执法过程中所产生的信用及合法行为类信息。这类数据对信用主体的信用报告具有重要影响。随着政府行政信息的逐步公开，这类信息可从公开渠道查询采集。

**图 1-5-2　征信中心的数据源**

资料来源：课题组整理

1 牛路辰 . 借贷声誉研究——理论与征信中心实践 [D]，西南财经大学 ,2012.

五是法院在案件审理过程中所产生的立案、诉讼、判决、执行等信息。这类信息对信用主体的信用报告也有重要影响。除特殊情况外的司法信息将来会公开，也将逐渐可从公开渠道搜寻采集。

（2）互联网金融企业的数据来源于核心业务，主要是初始的核心业务，但也有一些公司通过客户授权的关联账户取得数据信息。例如，百度主要拥有两种具有优势的大数据：以用户搜索为基础表现出的客户需求数据；以爬虫和阿拉丁为基础获取的公共网络数据。而阿里巴巴主要拥有电商交易数据和客户评价的信用数据。在当前的数据挖掘能力水平上，这两种数据更容易分析出商业价值。除此之外，阿里巴巴还通过投资微博和高德掌握了部分社会公众的社交数据。腾讯则拥有用户关系数据以及由此产生的社交网络数据，这些数据可以用于分析客户的生活行为，并从中挖掘出社会、政治、商业、文化、健康等领域的信息，甚至用于预测客户或市场的未来趋势[1]。网络贷款公司Kabbage自身并不积累客户的历史交易数据，主要依赖从第三方获取数据。这些数据的共享或读取主要通过取得关联账户的授权来实现。数据必须是可标准化、时间序列化的，可以通过互联网直接传送。Kabbage的主要数据来源见表1-5-2。

## 三、征信的数据分析

### （一）分析框架

数据处理是指征信中心对客户的相关信用信息进

**表1-5-1 阿里巴巴征信系统的数据源**

| 系统 | | 阿里巴巴征信系统 | 中国人民银行征信中心 |
|---|---|---|---|
| 商户数人数 | 企业征信 | 600多万户（仅淘宝） | 1000多万户 |
| | 个人征信 | 1.45亿人（仅淘宝） | 6亿人 |
| 征信内容 | 企业征信 | 卖家的身份信息、商品交易量、商铺活跃度、用户满意度、库存、现金流、水电缴纳等所有与店铺运营有关数据 | 企业的身份信息、信贷信息、环保信息、缴纳各类社会保障费用和住房公积金、质检信息、拖欠工资信息，以及缴纳电信信息费等 |
| | 个人征信 | 买家信息同企业征信系统；买家身份信息、网购支出、生活缴费、社交活跃度等 | 个人的银行信贷信息、身份信息、缴纳各类社会保障费用和住房公积金信息等 |
| 数据来源 | | 系统自动记录 | 商业银行和政府部门 |

资料来源：财新《新世纪》周刊，2012年11月19日

**表1-5-2 Kabbage的数据来源**

| 数据类型 | 来源 | 说明 |
|---|---|---|
| 信息流 | eBay/Amazon | 电商平台上商品的浏览数、价格、评价、库存变动及周转率 |
| 现金流 | PayPal | 在线支付账户的现金流入流出数据（要检验时间、数量是否与货物销售数据相符） |
| 物流 | UPS | 物流数据（要检验是否与在线销售数据相符，可核查是否真实发货及发货速度、物流效率等） |
| 社交网络 | Facebook/Twitter | 与客户的关系经营，社会化营销能力 |
| 小型记账软件 | QuickBooks | 小型记账软件 |

资料来源：课题组整理

1 2014春晚广告风向标：移动安全、移动支付、大数据[EB/OL]. 虎嗅网，https://www.huxiu.com/article/27294/1.html，2014-02-01.

| | 数据 | 技术 | 人才 | 方向 |
|---|---|---|---|---|
| Baidu百度 | 公共数据<br>需求数据 | 数据聚合<br>语义理解<br>深度学习 | 高价+用心挖相关领域<br>高端人才 | 重视研究与实用性相结合，<br>仍然围绕搜索 |
| 阿里巴巴 alibaba.com.cn | 电商数据<br>信用数据 | 底层系统<br>并发处理 | 系统级别人才，例如 Linux、<br>Kernal、数据库、服务器 | 完善底层系统，做分享平台 |
| 腾讯 | 关系数据<br>社交数据 | 技术低调<br>执行力强<br>封闭开发<br>集体加班<br>重金激励 | 缺乏技术带头人，但技术<br>执行力强，同时注重与高<br>校合作 | 先把产品补全，形成稳定<br>生态圈，面向产品的挖掘 |

**图 1-5-3　BAT 大数据比较**

资料来源：2014 春晚广告风向标：移动安全、移动支付、大数据 [EB/OL]. 虎嗅网，https://www.huxiu.com/article/27294/1.html，2014-02-01.

行筛选、分类、加工。征信中心的数据处理框架可以初步概括为 6 个部分，分别为数据提供层、数据交换层、基础数据层、数据处理层、产品加工层和数据迁移。数据提供层：通过队列、文件、数据库等方式从应用系统中抽取数据。数据交换层：对数据进行格式和逻辑上的校验，并加载到基础库中。基础数据层：保存校验后的数据，作为贴源数据层，为数据和产品加工提供数据源。数据处理层：①主数据管理，对信用主体进行识别和整合；②共用信息库，对交易数据进行粗加工，供数据集市使用。产品加工层：进行产品加工，包括基础产品和增值产品。数据迁移：包括调度、数据交换和格式转换等。

征信中心对数据进行校验、清洗、匹配、存储和管理后，根据产品设计与研发成果，将数据加工成对应产品。征信中心定位为“金融信用信息基础数据库”，主要服务对象是授信机构，同时也为信用主体和政府机关提供相关服务。根据客户规模和需求的不同，征信中心目前规划了 5 类产品：数据类产品、工具类产品、解决方案类产品、外包服务类产品、信用主体服务类产品（见图 1-5-4）。

数据分析在阿里金融的业务决策中处于核心位置，目标是向公司管理层提供科学、客观的分析结果及建议，并对业务流程提出优化改进方案[1]。具体而言，数据分析主要为微贷、理财、保险和消费等方面的业务决策提供服务，从而为公司的市场营销、信贷审批、授信、支用、监控、催收等各项工作提供支持。

1 本章关于阿里小贷的材料，如无特别说明，均来自阿里小微金融服务集团微贷事业部总经理娄建勋在 2013 年 11 月 30 日浙江省金融学会第二届学术年会上的演讲《我们是如何做互联网金融的》。

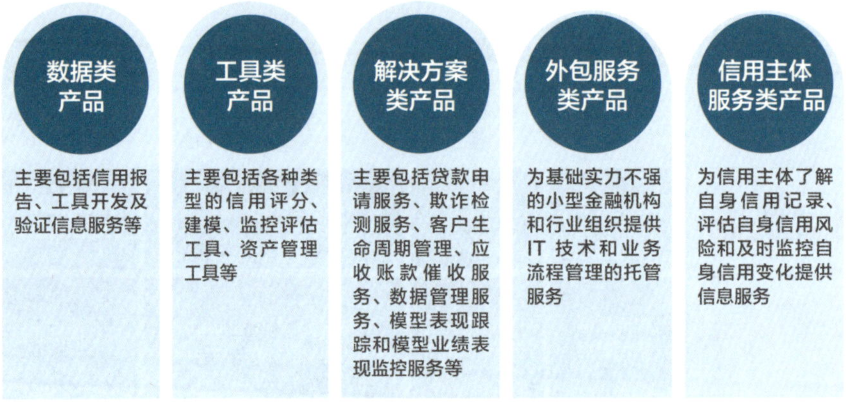


**图 1-5-4　征信中心的产品体系**

资料来源：课题组整理

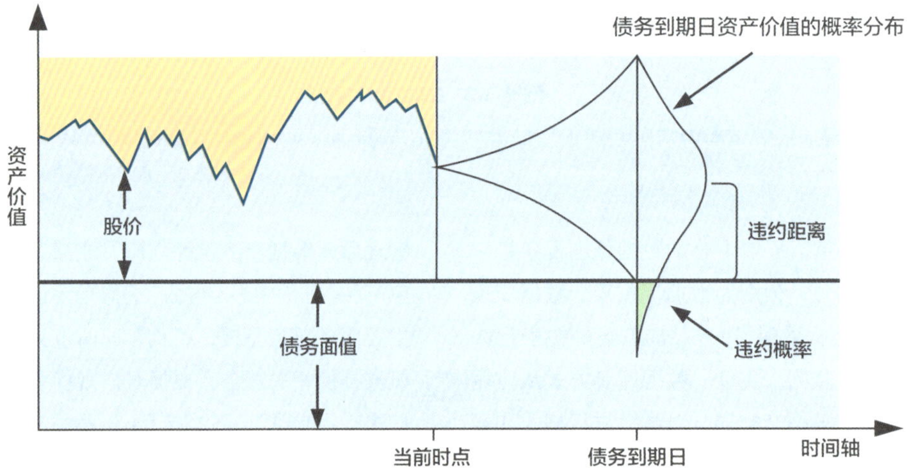


**图 1-5-5　Merton 模型**

资料来源：Duffie, Darrell and Kenneth Singleton. Credit Risk:Pricing, Measurement, and Management[M].Princeton University Press,2003.

## （二）分析方法

信用评估有定性和定量两类方法，基于大数据的征信必须兼顾两种方法。定性方法的代表是5C评估，主要是根据专家判断，从品德（character）、能力（capacity）、资本（capital）、条件（condition）、抵押担保（collateral）等5个维度评估信用。随着统计方法和技术手段的完善，定量方法起的作用越来越大。在大数据征信评估中，比较经典的方法是Merton模型、CDS模型、Logit模型和贝叶斯判别法。其中，Logit模型和贝叶斯判别法对企业和个人的信用评估都适用，根据企业和个人的特征、属性和历史信息等预测信用状况。Merton模型、CDS模型则只分别适用于有股票、CDS交易的企业，从股价、CDS价差等市场信息中推导出信用状况，隐含前提是市场能反映信用信息。此外，Merton模型是从因果关系角度看待信用风险，称为结构化模型（structural model）；其他三个模型则是从相关关系角度对信用风险进行预测，称为简约化模型（reduced form model）。

各种方法的基本思想是：Merton 模型的思想最早由著名经济学家 Robert Merton 阐发（相关论文后获诺贝尔经济学奖）。Merton 模型将企业股票看成以企业资产为标的、以企业债务为行权价的看涨期权（见图 1-5-5），先从股价中推导出企业资产的市场价值和波动率，再计算资不低债（也就是违约，这里面体现了因果关系）的概率。穆迪公司的 KMV 模型将 Merton 模型商业化。CDS 本质上相当于对一个或多个机构（称为标的机构）债务的信用风险的保险。一笔 CDS 交易中有两个参与者，一方为保护权买方，另一方为保护权卖方。保护权买方定期向保护权卖方支付固定费用（称为 CDS 价差）。作为对价，如果 CDS 到期前，标的机构发生了拒付或重组债务等事件（称为信用事件），保护权卖方有义务赔偿保护权买方的损失。CDS 的市场交易非常活跃，相关市场信息比较透明。

Logit 模型形式简洁，拟合方便，是银行业在企业、个人信用评估方面最常用的模型之一。Logit 模型属于非线性概率模型，其推导基于隐性变量模型（latent variablemodel）。贝叶斯统计的思想是，假定对研究的对象已经有一定认识，用先验概率分布来描述这种认识，然后取得样本信息数据，用样本数据来修正已有的认识（先验概率分布），得到后验概率分布，各种统计推断都通过后验概率分布来进行。将贝叶斯思想用于征信判别分析，就得到贝叶斯判别下的征信评估结果。

目前，国内的互联网征信环境正在逐步完善中，P2P、小贷、电商平台都有部分接入银行或者央行征信系统的需求。这是因为，大多数互联网平台没有阿里金融那样大规模的数据，也缺乏持久的数据积累。即使是阿里金融，也发现了央行征信数据对其业务发展的不可或缺性。需要明确的是，互联网金融的优势在于数据分析和征信，渠道是外在的表现，内在的核心是数据和信用[1]。

案例 1-5-1

## ZestFinance

ZestFinance 是一家信用评估公司，于 2008 年在美国洛杉矶创立，创始人为谷歌公司前首席信息官（CIO）Douglas Merrill 和 Capital One 公司前主管 Shawn Budde。ZestFinance 主要特点如下：

一是拓展数据运用维度。在数据来源上，ZestFinance 公司强调一切数据皆为有用数据，通过对多达 7 万个潜在信用信息进行收集和分析，更好地评估还款意愿和能力、违约风险及维持长期客户关系可能性等。除了传统信息收集渠道，ZestFinance 还搜集客户在网络社交媒体中的点击、翻页、关注、评论、分享等行为数据；通过经常使用的网络 IP 地址，将客户来自哪里、使用什么电脑、是否玩游戏作为潜在的可用数据；将申请人申请贷款时在贷款网页上停留的时间等信息作为判断其教育背景、还款能力与还款意愿的有用信息。

二是创新数据处理方式。ZestFinance 最新的模型是取自统计学家 David Hilbert 之名的 Hilbert。模型分析包括特征变换、特征提取、独立模型建立和合成模型等步骤，数以千计的变量中有 75% 可通过机器学习自动处理，其余 25% 的变量则采取人工处理的方式。

1 陈凯 . 数据与征信：互联网金融的拿手好戏 [EB/OL].http://iof.hexun.com/2013-11-05/159390709.html, 2013-11-05.

## 第四节 基于大数据征信的网络贷款

### 一、网络贷款与传统贷款的异同

网络贷款最核心的内容仍然是信用。基于大数据的网络贷款，其核心工作与传统贷款并无太大的区别，其流程如下：针对客户群体收集建立数据库，并在一定的技术方法下研究出客户行为数据与客户信用之间的内在联系、给出客户违约的预期概率和违约预期损失。

同传统贷款业务一样，征信是网络贷款的首要问题。但网络贷款的操作模式、数据内容、渠道方式较传统贷款存在明显的差别：一是操作模式。大数据网络贷款的操作主要通过网上申请。这种转变减少了纸质贷款申请填写、递交、审核、内部流转、风险评估等环节，提高了贷款效率，降低了贷款交易费用。二是数据来源。大数据网络贷款对客户评估的数据，主要来源于客户属性、网上交易记录、网上信用评价、网上交易习惯、社交网络信息，以及财务信息。传统的贷款对客户评估的数据，主要来源于客户财务报表和担保抵押。前者数据更有利于反映客户真实的经济状况和未来的收入趋势，更能反映客户的信贷风险。三是风险控制。大数据网络贷款依靠贷后实时监控、系统自动扣款、鼓励提前还款控制信贷风险，通过网络实时监测客户信贷资金运用和风险状况，并且通过系统自动扣款保障还款的及时性。在传统的贷款中，银行很难实时掌握客户经营状况和资金流信息，也很难实现主动扣款，除非客户向指定账户存入足额资金。因此，大数据的网络贷款具备了传统银行贷款所不具备的许多优势。

### 二、网络贷款的流程

网络贷款公司在对大数据进行挖掘、总结客户信用等级规律的基础上，根据客户提出的贷款申请信息，通过计算机系统评估出客户违约风险，确定信用额度、贷款利率和贷款期限，同时给出偿还方式和违约罚则。其过程可以归纳为贷款申请、审批发放、贷后管理。下面以阿里小贷和 Kabbage[1] 为例来介绍网络贷款的流程。

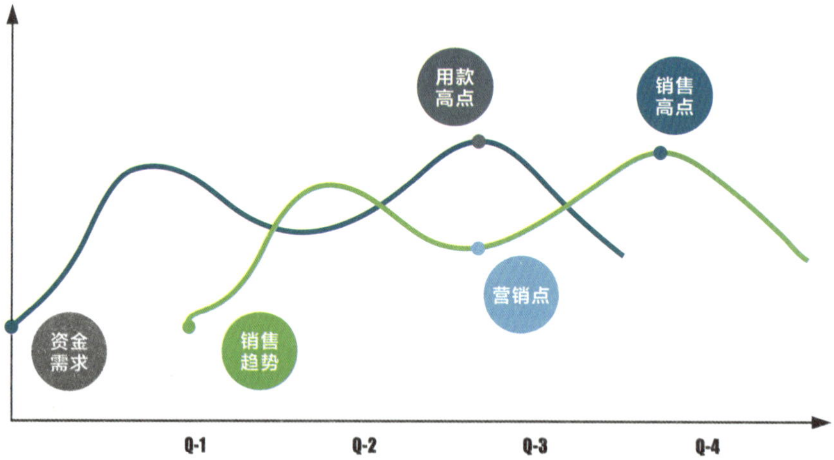


**图 1-5-6 阿里小贷的水文交易预测模型**

资料来源：课题组整理

1 Kabbage 是国际上网络贷款的典型。Kabbage 创立于 2008 年，主要为不满足银行贷款条件的网上商户提供运营资金。

## （一）贷款申请

准备申请贷款的客户，首先登录网络贷款公司网页，在线提交贷款申请表。不同贷款公司要求填写的申请表信息可能有所差别，但主要内容相差不大。阿里小贷要求的信息主要包括申请额度、公司名称、法定代表人姓名、法定代表人手机号、法定代表人信箱、法定代表人婚姻状况。

阿里小贷接收到贷款申请后，调查团队调阅客户在阿里巴巴 B2B、淘宝网 C2C、天猫 B2C 等平台上的交易记录、信用记录、同业比较、库存变动、财务信息、非财务评价、征信报告、银行对账单等信息，并进行实地走访。实地走访工作包括：首先，阿里小贷授权并委托第三方专业机构派出外访专员直接上门拜访申请贷款的企业，当面了解企业经营情况，现场征信并拍照收集主要的申请资料；其次，阿里小贷的客户经理与客户电话沟通确认。

值得一提的是，阿里小贷通过水文交易预测模型（见图 1-5-6），对客户进行主动营销。主要原理是，利用水文变量预测淘宝未来交易金额（能有效剔除季节性波动影响），判断客户资金规模和偿还贷款的能力，对处于用款高峰的客户进行最大力度营销，对即将达到用款高峰的客户进行提前式低强度营销。所有营销动作和反馈结果都记录在案，并在后期通过响应模型予以优化。

## （二）审批发放

贷款公司根据前期掌握的客户资料和大数据挖掘的规律，在一定的系统模型内进行计算评估，并结合人工审查，决定是否对客户进行放款，并确定放款的条件。例如，阿里小贷接收到客户在线申请后，使用违约风险 PD 模型对网商进行信用评分。该模型分三个步骤（见图 1-5-7）：第一步，归集现有客户的个人信息、征信信息、历史表现、交易信息和经营状况等信息；第二步，根据归集的信息，筛选出对信用状况有显著影响的变量，建立 PD 模型；第三步，根据 PD 评分对潜在客户分类，区分出信用好和信用不好的客户。通过该模型，网商在阿里巴巴生态系统中的信用、交易、投诉纠纷等百余项信息得到了充分运用，最终作为贷

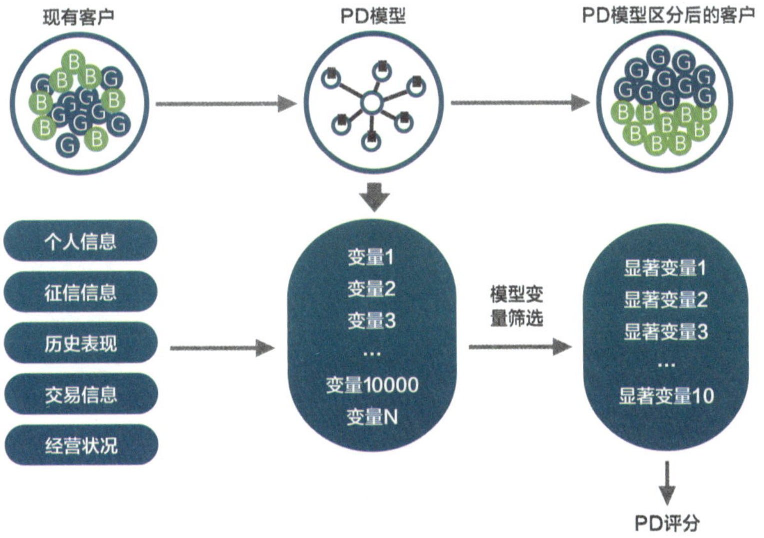


图 1-5-7 阿里小贷的违约风险 PD 模型

资料来源：课题组整理

款评审依据，解决了传统银行在对中小企业（或个人）贷款时存在的信息不对称、流程复杂等问题。

阿里小贷根据网商信用评分和商城融资担保情况，决定给网商的贷款额度、利率和期限等。如果贷款获批，客户需要和阿里小贷签署合同，绑定法人或个人银行卡和支付宝账户。阿里小贷实行个人实名认证和支付宝认证，以确认支付宝贷款到账金额。在阿里小贷中，交易平台和融资平台实现了高度统一，两者之间信息高度互通，放贷者不必花费巨大成本作为交易局外人去获取信息，而是作为交易亲历者在第一线和第一时间发现融资机会、提供融资，使金融资源配置的效率大为提升。

再如，Kabbage 的口号是“7 分钟内拿到成长所需资金”。网商提交注册数据后，Kabbage 后台系统自动审核该网商是否拥有足够长时间的网络销售数据。网商通过审核后才有资格提交贷款申请，之后一切审核程序都由 Kabbage 后台系统自动完成。Kabbage 依据信用评估结果决定是否授信，以及授信金额、利率和期限。Kabbage 的算法可以保证在 7 分钟内输出结果，并将资金打到申请人指定的第三方网络支付账户。Kabbage 的放贷是高度定制化的，可以针对每一个申请人的需求提出个性化方案，比如根据申请人的经营情况、贷款目的自动调整贷款额度、期限和利率。

Kabbage 拥有网上拍卖、交易场所环境下提供流动性贷款等几项专利。网商可以根据未卖出但已上架待售的商品向 Kabbage 申请贷款，在商品卖出收到货款后再偿还贷款。在这个过程中，Kabbage 从订单贷款中收取利息或费用，网商则可以提前获得现金流，以维持营运资本。Kabbage 提供的信用贷款金额在 500 美元到 4 万美元之间。贷款利率由贷款期限（最长 6 个月）和网商信用状况共同决定，一般为 2%~7%（30 天）和 10%~18%（6 个月）。

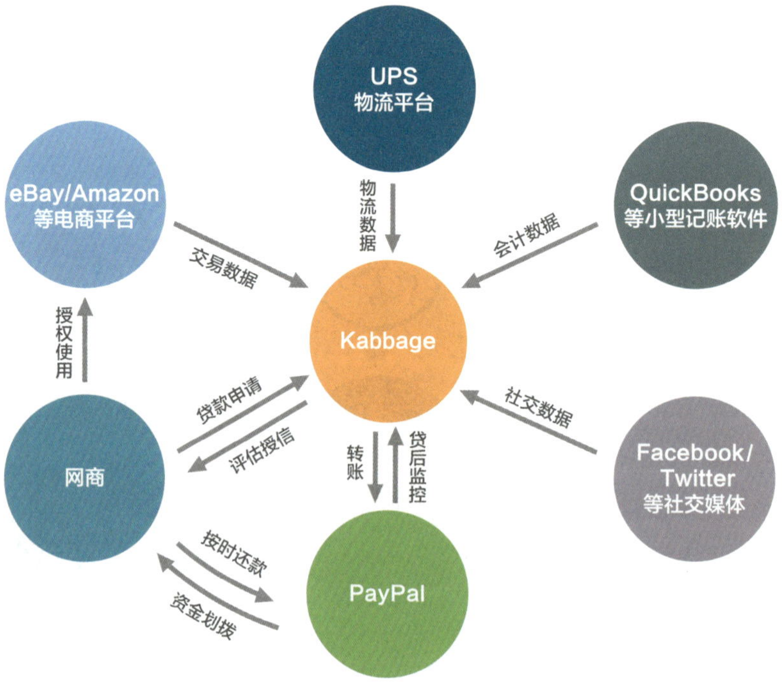


图 1-5-8　Kabbage 的业务流程

资料来源：廖理．互联网金融讲义 [Z]. 清华大学五道口金融学院 ,2013.

## （三）贷后管理

网络贷款公司为了监督贷款使用情况、实时掌握客户经营状况和违约的可能性，分别制定了贷后管理措施，以减少还款风险。

例如阿里小贷公司，根据网商的交易信息和财务报表信息，利用监控评分模型、贷后催收评分模型，监控贷款用途和运作效率，及时收回贷款。在还款上，阿里小贷采用分期等额本息偿还法。客户定期将还款资金通过银行卡转入支付宝账户，或者在支付宝账户留有足够金额，由支付宝系统自动扣款。如果客户提前还款，阿里小贷一般会收取本金的 3% 作为手续费。如果出现逾期，逾期期间按正常利率的 1.5 倍计息。

再如 Kabbage 公司，它的还款安排非常简单。在每月约定的还款日，Kabbage 从网商的支付账户中扣除固定的还款金额（加上若干处理费用）。网商可以选择提前还款，并且提前还款不会产生任何额外成本。

Kabbage 贷后监控的核心是，通过多重数据源交叉验证（尤其是支付账户的现金流向数据），了解网商的真实经营情况。Kabbage 做到了对网商销售情况和资金流向的实时掌控，能在第一时间对现金流紧张的商户做出预警，提高关注级别。Kabbage 如果确认某商户有支付困难，可以从该商户的支付账户转回部分现金，并采取不再予以授信的惩罚性措施。

Kabbage 对拖延还款设立了惩罚机制。在还款日，如果支付账户中没有达到规定的月度还款额，Kabbage 通常会收取 35 美元作为延迟费用，同时保留向其他追贷机构报告的权利。如果商户从第一个还款日就开始错过还款，Kabbage 会将该商户视作不诚信，并交由公司法务部门处理。Kabbage 坏账率大约在 1%，低于美国银行业 5%~8% 的平均水平。

以 Kabbage 和阿里小贷为例，其贷款流程可以概括为图 1-5-8、图 1-5-9。

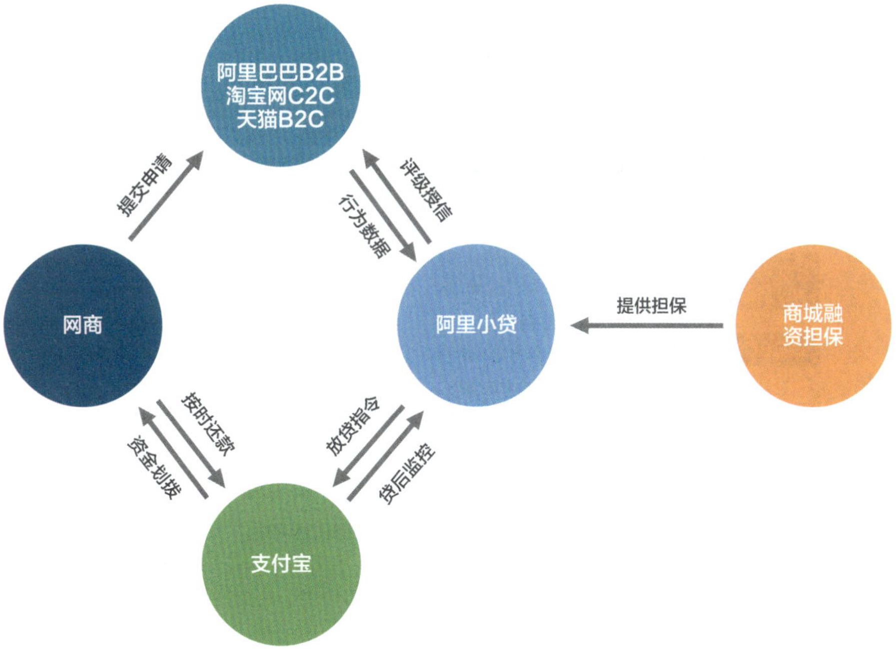


**图 1-5-9　阿里小贷的业务流程**

资料来源：廖理．互联网金融讲义 [Z]. 清华大学五道口金融学院 ,2013.

案例 1-5-2

## 阿里小贷

阿里小贷是国内网络贷款的典型。阿里小贷最大的优势在于信息优势。阿里小贷与阿里巴巴、淘宝网、支付宝底层数据完全打通，通过大数据和云计算，客户网络行为、网络信用得以在小额贷款中得到运用。小企业在阿里巴巴和淘宝店主在淘宝网上的经营信用记录、交易发生的状况、投诉纠纷情况等百余项指标信息都在评估系统中经过计算分析，并最终作为是否放贷的评价标准。

阿里小贷所有贷款流程都在网上完成，通过支付宝发放贷款，基本不涉及线下审核，最短放贷时间仅需 3 分钟。信誉较高的客户还可以通过申请和人工审核获得超额贷款，金额在 1000 万元以内。2013 年，阿里小贷累计客户数超 49 万家，贷款余额超 120 亿元（成立以来累计放贷超过 1000 亿元），户均贷款余额不到 4 万元（户均授信约 13 万元），不良贷款率在 1% 以内。在资金来源方面，自有资本 20 亿元左右，2013 年完成资产转让约 80 亿元[1]。R

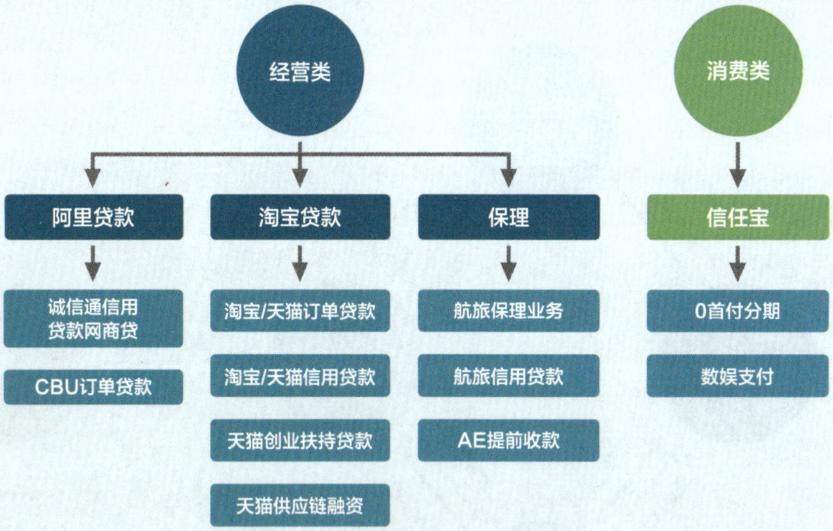


图 1-5-10　阿里小贷的主要贷款类型

资料来源：课题组整理

1 阿里小贷作为小额贷款公司，不能吸收公众存款，在资金来源上受限，所以通过资产证券化方式盘活存量资金，提高资金周转速度。

## 第五节 中国基于大数据征信及网络贷款存在的问题

大数据支撑并推动了互联网金融的蓬勃发展，但这一领域也存在一定的问题，初步归纳如下：

### 一、缺乏核心技术

尽管信息技术迅速发展、网络交易数据成倍增加，但中国在研究设计大数据挖掘平台工具方面能力非常薄弱。从技术角度分析，大数据挖掘越来越依赖于Hadoop[1]平台，这一平台也越来越影响到中国大数据分析技术的发展方向，中国在这一平台的构建方面如无突破性创新发展，将来必然受制于人。

### 二、忽视基础数据库建设

尽管国内许多企业或专家在宣扬大数据的作用，社会公众对大数据的关注程度也空前高涨，但对于如何发展大数据产业以及如何在互联网金融领域更大地发挥大数据的作用，仍未找到合适的方向。同时，人们在大肆宣扬大数据在非结构化数据分析方面的功能的同时，往往忽视了基础信息资源建设。

### 三、大数据挖掘的变量选择仍有待精确

数据挖掘的基本问题是数据的数量、质量和维数，选择准确的分析变量有利于提高数据挖掘的效率，数据模拟及预测的准确程度。国内现有的互联网金融资料表明，互联网金融大数据的变量选择仍有较大的提升空间。

### 四、大数据分析模型与方法仍有待提高

数据模型包括概念数据模型、逻辑数据模型、计量模型等。数据挖掘的模型也有多种，例如采集模型、处理模型及其他模型，但无论哪种模型都不同程度地存在缺陷。改进和完善现有模型、探索和建立新的模型，是大数据在互联网金融领域进一步发挥作用的前提。同时，大数据是海量的，在海量数据中挖掘数据之间的内在联系以及预测数据变化趋势，特别是对客户属性、交易记录、评价信息以及商品信息进行合理预测，至今都还没有统一的标准；同时，数据挖掘过程中出现的大量非标准化数据格式，也给数据高效挖掘带来了困难。

### 五、数据挖掘涉及信息的私有性与安全性

首先，互联网金融面临的重要风险之一是操作风险，计算机网络系统的故障和中断、网络黑客攻击及内部操作人员失误等，都会造成客户隐私性数据泄露的风险。

其次，大数据挖掘涉及大量客户的个人隐私数据，过度挖掘必然会影响到人们的日常生活。

---

1 Hadoop是Apache软件基金会所研发的开放源码并行运算编程工具和分散式档案系统，Hadoop是一个能够对大量数据进行分布式处理的软件框架。知名用户有Yahoo、A9.com、Facebook、FoxInteractive Media、IBM等。

第六章 CHAPTER 6

# P2P 网络借贷

# P2P Lending

## 第一节　概念与特点

### 一、起源与概念

P2P 网络借贷是近年来兴起的一种互联网上个人对个人的借贷模式。P2P 网络借贷的发展背景是正规金融一直未能有效解决中小企业融资问题和替代民间金融；而以互联网为代表的信息技术，大幅降低了信息不对称和交易成本，使得个人对个人借贷这一人类最早的金融模式焕发出新的活力，并弥补了正规金融机构的不足。P2P 网络借贷使投资人（放款人）和借款人都能受益。借款人可以获得比民间借贷更便利的信用融资渠道和更低的借款成本，投资人可以获得比银行存款更高的回报。

P2P 网络借贷指的是个体和个体之间通过网络实现直接借贷，中国通常称其为“人人贷”。P2P 网络借贷的模式主要表现为个体对个体的信息获取和资金流向，在债权债务属性关系中脱离了传统的资金媒介。从这个意义上讲，P2P 网络借贷内含在“金融脱媒”的概念里。

P2P 网络借贷平台主要为借贷的双方提供信息、信息价值认定和其他促成交易完成的服务，但不作为借贷资金的债权债务方。具体服务形式包括但不限于：借贷信息公布、信用审核、法律手续、投资咨询、逾期贷款追偿以及其他增值服务等。有些 P2P 网络借贷平台事实上还提供了资金中间托管结算服务，也依然没有逾越“非债权债务方”的边界。

P2P 网络借贷并非只是一种技术手段，而是理念与方法的革新。与传统金融行业相比，目前 P2P 规模并不大，但发展速度惊人。究其发展原因，有如下几个方面：其一，细分市场的需求；其二，利润和成本空间的吸引；其三，准入门槛较低、无特殊监管；其四，互联网技术、数据挖掘技术和信用体系的必要支撑。而随着客户互联网使用习惯的成熟和 P2P 网络借贷借贷平台自身实力的加强，行业将继续“爆炸式增长”。

### 二、P2P 网络借贷的特点

#### （一）与民间金融的比较

P2P 网络借贷如果不为投资人提供担保（比如 Lending Club），从信用风险角度看，投资人和借款人之间如同有直接的债权债务关系，P2P 网络借贷可以被视为个人之间的直接借贷。这种借贷形式非常古老，在现代社会也大量存在，一般归属于民间金融的范畴。其中，与 P2P 网络借贷最接近的民间金融组织是标会[1]。

P2P 网络借贷和标会有三个共同点：第一，本质上都是个人之间借贷；第二，借贷完全基于信用，不依赖抵押品或担保；第三，利率是市场化的。在 P2P 网络借贷中，利率由风险定价机制决定。在标会中，利率随行就市，包括对参与者的信用风险升水。

标会有非常精巧的契约形式和风险控制机制，特别是以长期博弈中形成的社会资本（social capital），包括非成文的道德和习俗约束、熟人之间相互信任以及社会惩罚（social sanctions）作为履约保障手段等，以缓解信息不对称，降低交易成本。但与 P2P 网络借贷相比，标会有两个不足。

第一，标会本质上是基于社会网络的人格化交易，标会参与者之间多是亲友关系，一群陌生人很难组织起标会，这就限制了标会的作用范围。而在 P2P 网络借贷中，通过第三方机构（网络借贷平台）提供的风险控制机制，陌生人之间也可以发生借贷，因此是非人格化交易，这样作用范围就很广。此外，标会中利率尽管包含信用风险升水，但基本上由经验规则决定，而标会竞标过程还可能引入一些非理性因素；P2P 网络借贷的风险定价机制则要科学得多。

第二，包含标会在内的民间金融，都有内在不稳定性。民间金融因为要嵌在一定社会网络中，一般表现为一系列相互分割的局部市场。这些局部市场有不同参与群体和风险控制机制，利率水平也不完全一样。因为相互之间联系不紧密，一个局部市场出现风险不会产生全局性影响。但有些时候，一些人利用民间金融市场的利率差异，通过在利率低的地方融资、在利率高的地方投资来套利。当套利行为比较普遍时，民间金融市场的各个局部市场就会被联系起来，相互之间出现风险传导渠道。在这种情况下，民间金融活动趋向活跃，民间信贷规模膨胀，一些原本有效的风险控制机制失效，民间金融的风险积聚。当风险积聚到一定程度并爆发后，会通过风险传导渠道产生全局性影响。此时，存量的民间借贷会出现大量坏账，而且伴随着社会网络中信任关系的减弱，增量的民间借贷会急剧减少，民间金融市场会出现信贷紧缩。这种信贷紧缩会直接影响地方的实体经济，而实体经济的疲软反过来又使民间金融市场更难恢复。这个紧缩过程，只有到坏账被处理、民间金融参与者资产负债表被修复以及民间信任关系被重建后，才能结束。近几年，我国的温州、鄂尔多斯等实际上就出现了这种情况。

P2P 网络借贷是非人格化交易，对社会网络的依附性不强，而且投资人的风险足够分散，不会出现类似民间金融的内在不稳定性。但 P2P 网络借贷是否会随着经济波动而出现一定信贷周期，因为其发展时间不长，目前还无法判断。

### （二）与银行贷款的比较

P2P 网络借贷接近直接融资。如果将票据视为借款人发行的一种债券（从风险角度来看，这是成立的），那么 P2P 网络贷款实际上类似一个债券市场，投资人购买借款人发行的债券，直接承担借款人的信用风险。而且因为不存在期限转换，P2P 网络借贷中也没有流动性风险。P2P 平台本身既不承担信用风险，也不承担流动性风险，其盈利不是来自对风险承担的补偿，而是来自向投资人和借款人提供的服务（包括促成借贷交易、

1 张翔，邹传伟．标会会案的发生机制[J]．金融研究，2007(11)．标会是轮转储蓄与信贷协会（ROSCA，也称“合会”）的一种。ROSCA 是一种信用互助方式，一般由发起人（称为“会首”）邀请亲友若干人（称为“会脚”）参加，约定每月、每季或每年举会一次。每次各缴一定数量会款，轮流交一人使用，借以互助。会首先收第一次会款，以后依不同方式，决定会脚收款次序。在 ROSCA 中，如果用投标竞争办法决定得到资金的顺序，就称为“标会”。

风险定价、贷款清收和票据服务等），本质上是一种中介业务。而银行存贷款则代表了另一种资金融通方式——间接融资，具有期限转换、监督等功能，同时银行承担了信用风险和流动性风险。

具体而言，P2P 网络借贷具有以下特点：

第一，借贷双方的广泛性。P2P 网络借贷的借贷双方呈现的是散点网格状的多对多形式，且针对非特定主体，使其参与者极其分散和广泛。参与者的广泛性主要源于其准入门槛较低，参与方式灵活。借贷者只要有良好信用，即使缺乏担保抵押，也能够获得贷款；投资者即使拥有的资金量较小，对期限有严格要求，同样能够找到匹配的借款人。并且每一笔贷款中可以有多个投资者；每个投资者可以投资多笔贷款。这使得具体业务形式上更加分散，参与群体上也更加广泛。

第二，交易方式的灵活性和高效性。其主要内容包括借贷金额、利息、期限、还款方式、担保抵押方式和业务发生效率。在该平台上，借款者和投资者的需求都是多样化的，需要相互磨合和匹配。在这种磨合中，形成了多样化的产品特征（尤其是市场化的利率）和交易方式。此外，P2P 网络借贷业务往往淡化烦琐的层层审批模式。在信用合格的情况下，手续简单直接，高效率满足借款者的资金需求。

第三，风险性与收益率双高。P2P 网络借贷平台上的借款者普遍不被传统金融机构所接纳，其往往缺乏有效担保和抵押，对贷款产品的需求特征个性化，甚至可能是传统金融机构筛选后的“次级客户”，故愿意承受更高的利率获得贷款。另外，P2P 网络借贷平台和投资者也面临高成本的线下尽职调查的缺失或者不够细致的问题，仅靠网络信息的汇总分析对客户进行信息真实性和还款能力的审核，仍然是一个巨大挑战和风险来源。

第四，互联网技术的运用。在 P2P 网络借贷中，其参与者极其广泛，借贷关系密集复杂。这种多对多的信息整合与审核，极大依赖于互联网技术。事实上，P2P 网络借贷形式的产生，也得益于信息技术尤其是信息整合技术和数据挖掘技术的发展和运用。

## 第二节 发展现状

P2P 网络借贷行业自 2005 年诞生以来，在全球范围内都表现出快速发展态势。国际证券事务监察委员会组织（IOSCO）根据各国 P2P 网络借贷平台自行披露的数据统计，截至 2013 年 9 月 30 日，全球 P2P 网络借贷行业的市场规模为 64 亿美元[1]。

互联网的出现为 P2P 网络借贷走出熟人圈子、扩大借贷范围以及消除各种民间借贷压力带来了可能。2005 年 3 月，Zopa 网站开始在英国伦敦运营，标志着基于网络的 P2P 借贷模式的诞生，它是互联网上首家 P2P 网络借贷平台。借款人通过该网站发布自己的借款需求，平台根据借款人资料对其进行信用评级，出借人（投资人）看到公开展示的借款信息后，可以根据借款人的信用等级、借款金额和借款时限以贷款利率竞标，利率低者胜出。借贷平台在此提供了信息展现、交易撮合和信用评估服务，但是并不参与双方的交易。借贷双方信息透明，资金直接在二者之间流通，平台的收费也公开、透明，因此这种借贷模式是去中心化的，平台仅用作透明中介。

Zopa 主要针对个人之间的小额借贷，借款人可借入 1000~15000 英镑，投资人可贷出 500~25000 英镑，

1 Eleanor K.,Shane W.Crowd-funding:An Infant Industry Growing Fast[EB/OL].OICU-IOSCO,February15.http://www.iosco.org/library/pubdocs/pdf/IOSCOPD459.pdf,2014-02-15.

贷款期限最长可达60个月，一般为36个月。投资人借给某个特定借款人的资金最低为10英镑，最高不限。出于分散风险的考虑，一笔贷款将覆盖多个出借人。贷款本息按月偿还，借款人提前还款不会收取任何违约金或罚息。运行9年多来，Zopa拥有近5万名活跃出借人和8万名借款人，已经促成超过4.79亿英镑的贷款，其中2012年为1.26亿英镑，2013年为1.9亿英镑，年度增长率超过50%，累计支付利息2800万英镑[1]。

## 一、美国

2006年2月，美国首家P2P借贷网站Prosper开始运营，随后（2007年5月）Lending Club成立。这2家网站成为当今美国P2P借贷行业的领头羊，其规模分别排第2名和第1名。早期的P2P借贷网站对于借款人资格几乎没有限制，导致逆向选择和高违约率。同时，由于借贷周期过长（一般至少为3年），资金的流动性比较差。

2008年，美国证券交易委员会（SEC）要求所有P2P借贷公司必须根据1933年证券法案，把它们的服务注册为证券。注册完成后，SEC准许Prosper和Lending Club向投资者提供贷款收益权证。这两个公司与Folio Investing公司合作创建了权证交易的二级市场，以便为投资者提供流动性。Prosper要求该二级市场的交易者必须在其一级市场平台上注册，而Lending Club对此不做强制性要求。

2009年，美国的非营利性网站Zidisha成为首家无本地中介的跨国P2P借贷平台，它允许人们直接向发展中国家的企业借出小额资金。由于Zidisha避开了小微贷款中介（发展中国家的小微企业向国外P2P平台申请贷款时一般由本地中介代理，这些中介帮助企业沟通投资人、填写申请、归集还款，并以此收取高昂的中介费），真正做到了投资者与借款人的直接沟通，其贷款利率可比传统的小微贷款公司低一半。

2008年金融危机之后，因为银行收缩了流动性，拒绝增加贷款额度，更多的普通美国人开始转向P2P借贷平台。经过几年的运营，美国P2P借贷平台表现良好，对机构投资者也开始具有吸引力。2012年6月，Lending Club成为美国最大的P2P借贷平台，其借贷额和收入均高于Prosper。截至2013年底，Lending Club累计放出的贷款总额超过30亿美元，其中2013年即超过20亿美元；Prosper的用户数接近200万，累计发放贷款超过6亿美元，2013年为3.59亿美元。

P2P借贷成为美国增长最快的投资行业，每年的增长率超过100%。其贷款利率为5.6%~35.8%，违约率为1.5%~10%。那些被传统金融机构排斥在外的人们纷纷加入P2P借贷平台，成为借款人或投资人，甚至成为P2P借贷公司的董事会成员，意味着这一新型的金融模型正逐步迈入主流投资渠道。

## 二、英国

如前所述，英国的Zopa是世界上第一个P2P网贷平台。2010年，RateSetter成为英国第一个设立风险储备金的P2P平台，设立风险准备金主要是防范借款人违约，保护投资者。Funding Circle则是第一个设立风险储备金的P2B（个人对企业）借贷平台，主要向小型企业提供融资服务，它目前也是英国第2大的网上借贷平台，注册用户超过7万人，发放的总贷款超过2.3亿英镑。

MarketInvoice经常被认为是英国的第一个P2B借贷平台，但其业务主要针对商业票据。它的操作原理

1 若无特殊说明，本部分数据来源于零壹数据。

类似银行的保理业务：将收款公司的应收账款的债权转让给银行，由银行以一定折扣提前支付这笔账款给收款方，到期后这笔账款会直接支付给银行，银行从中赚取折扣和佣金。MarketInvoice 把这一业务搬到网上，通过 P2P 方式帮助小公司向投资者打折出售其未到期的应收款票据。于 2013 年开始提供 P2P 借贷服务的 Assetz Capital，曾放出英国 P2P 历史上的最大单笔贷款——150 万英镑，用于诺丁汉的一个学生宿舍房产开发项目。

2011 年，P2P 借贷平台 Quakle（成立于 2010 年）倒闭，它尝试使用类似 eBay 上的用户评价机制来衡量借款人的信用可靠性，该模型未能鼓励借款人还款，导致该平台的违约率几乎接近 100%。2012 年 5 月，英国政府承诺通过非传统借贷渠道——包括 P2P 借贷——向小企业投资 1 亿英镑，目的是绕过那些不情愿提供贷款的主流银行。

英国的 P2P 借贷行业由 P2P 金融协会自我监管，该协会设定行业标准。正常来讲，P2P 借贷平台的投资者无法获得英国金融服务补偿方案（FSCS）的保护，该方案为每个银行的每个储户提供最高 8.5 万英镑的担保。但是 P2P 金融协会强制要求协会成员采取措施确保借贷服务，即使平台已经破产。英国政府宣布从 2014 年 4 月开始，P2P 借贷行业会受到金融市场行为监管局的监管。

## 三、中国

自 2006 年开始，P2P 借贷平台在中国陆续出现并呈快速发展趋势，平台数量从 2009 年的 9 家增长到 2012 年的 110 家。截至 2013 年底，至少有 238 家活跃的 P2P 借贷平台，整体数量在 700~800 家，成交额超过 1000 亿元人民币。

### （一）交易量

2013 年，20 家 P2P 借贷平台全年累计交易笔数为 50.66 万笔，交易额达 248.77 亿元。成交笔数在 10000（笔）以上的平台有 12 家，成交额超过 10 亿元的平台有 7 家。温州贷以 84.3 亿元的成交额比排在第二位的陆金所（40 亿元[1]）高出 1 倍有余，与其自身 2012 年的 21.8 亿元的成交额相比，增长了近 3 倍。

由于各平台借款标的构成差别较大，如温州贷 11.02 万笔借款标中，期限小于一个月的占到 97% 以上，导致其成交笔数和成交额虚高，不能完全反映平台的运营情况。我们采用加权成交量[2]这个指标，从另一个方面来反映平台的运营规模。虽然陆金所交易笔数排名第二，但 99% 以上借款标的期限都超过 12 个月（36 个月的标甚至占到 70%），所以其加权成交量位居第一，高达 931.4 亿元 • 月。人人贷 3.28 万笔借款标中，期限在 12 个月以上的占到 94% 的比例，其加权成交量也达到 422.8 亿元 • 月。

### （二）借款产品分类

中国 P2P 借贷平台因模式、地区及从业者背景等差异造成了产品名称的多样化，仅本报告详细统计的 20 家平台的标类型就包括给力标、普通标、友情标、本地标、推荐标、担保标、抵押标、净值标、秒还标、信用标、个人质押标、企业质押标、本息保障借款标、机构担保标、推荐抵押标、债务重组标、推荐普通信

1 本部分的交易额包括债权转让部分。

2 成交量 × 期限加权指标：每笔借款标的成交量与期限（月）乘积之和，单位：亿元·月；成交量期限加权值 = $\sum_{k=1}^{n} J_k \times Q_k$，$n$ 代表成功的成交笔数，$J_k$ 代表借款金额，$Q_k$ 代表借款期限；$Q_k$ 按“天”计算时，根据自然月 30 天换算成月单位；期限换算值 = 实际借款期限 ( 天 )/30( 天 )。

用标、快借标、快借普通信用标等 20 多种。

为了便于统计分析，本报告将所有借款标按其实际用途进行了如下分类：

基础借款标：主要是以信用为担保，通过相关资产证明，经一般流程的审核后获得一定的借款额度。这类借款产品额度一般金额较小，以工薪阶层经营消费性贷款为主。

高级借款标：相对于普通的借款标，此类标一般会办理抵押、担保手续，签署反担保协议，金额较大，以中小企业或者个体户生产性贷款为主。

非常规借款标：大部分并非用于实际生产或者消费性借贷。一般旨在活跃网站人气、站内资金周转、逾期重组、体验借贷流程等。

在 2013 年 248.77 亿元的总成交额中，有 28% 由净值标、秒还标等非常规借款标构成。部分 P2P 借贷平台的非常规借款标在成交额和成交量上，都占到较大的比重。温州贷、红岭创投、融信财富等平台的净值标都超过了自身成交额的 50%，人人贷所有的借款标均为普通月标，陆金所全年成交额中有超过 18% 的债权转让标。

2013 年，非常规借款标主要来自各平台的净值标，而秒标的比例相比上年大为下降。20 家 P2P 借贷平台一共有净值标约 24 万笔，累计成交金额突破 67 亿元，约占 20 家平台总成交额的 26.93%。

## （三）不良贷款情况

### 1. 逾期公布时间

大部分 P2P 借贷平台在借款标逾期 30 天之后会公布借款人的相关逾期信息，包括逾期金额、逾期时间、身份证号码、家庭地址、联系方式等。很多平台借款人逾期现象在 2012 年比较严重，加上逾期借款人地域分散、负债情况复杂等因素，基本成为坏账，成功催收案例较少。

在经过 2012 年的逾期高潮后，各 P2P 平台加强了对风险控制的重视和应对措施。2013 年逾期总金额超过 1000 万元的平台仅有 365 易贷一家，拍拍贷作为纯粹的 P2P 撮合平台以 518 人成为逾期人数最多的一家平台，但人均 4300 元的逾期金额相对其他 P2P 平台来说较小。

### 2. 不良贷款率

目前 P2P 平台没有统一的逾期率计算方法，本报告提供两种不同的统计口径：①逾期率 = 逾期金额 / 当年成功贷款量；②逾期率 = 逾期金额 / 年末贷款余额。

## 四、其他

德国的 P2P 借贷市场主要由 Smava 与 Auxmoney 两个公司主导，它们均从 2007 年开始运营，主要是借助网络平台，为个人和个人间借贷提供小额贷款中介服务。二者累计促成的贷款在 1 亿 ~2 亿欧元。

SocietyOne 是澳大利亚第一个完全合规的 P2P 借贷平台。它成立于 2012 年 8 月，据 SocietyOne 2013 年 8 月公布的数据，该平台共放出将近 150 笔贷款，累计贷款额为 200 万美元。SocietyOne 以其创新性的应用手机技术加速贷款申请和转账而受到赞扬。

2010 年，印度首家 P2P 借贷平台 i-Lend.in 在海得拉巴成立。截至 2013 年底，i-Lend.in 的注册用户有 1200~1300 人，累计贷款需求约 4000 万卢比，但累计投资额仅为 800 万 ~900 万卢比，平均贷款利率接近 17.5%，投资者平均收益率在 16.6% 左右。

案例 1-6-1

## Lending Club

Lending Club 2007 年开始运营，办公室在旧金山，没有分支机构，所有业务都通过互联网和电话进行。截至 2013 年 10 月底，Lending Club 已经累计促成27.7 亿美元借贷交易，产生了2.5 亿美元的利息收入，是全球最大的 P2P 网络贷款平台，而且增长非常迅速。

### 一、运营框架

Lending Club 为符合美国法律和监管（特别是证券监管），形成了非常有特点的运营框架，核心参与者有四类：Lending Club、投资人、借款人和 WebBank。其中，WebBank 是一家在犹他州注册、受存款保险公司 FDIC 保护的商业银行。

尽管 P2P 的本意是个人对个人（Peer to Peer），但在 Lending Club 的运营框架中，从法律上讲，投资人和借款人之间不存在直接的债权债务关系（实际上，他们注册时使用账号名称，保持匿名，彼此不认识，也不允许获取对方的真实姓名和地址）。投资人购买的是 Lending Club 按美国证券法发行的票据。给借款人的贷款，先由 WebBank 提供，再转让给 Lending Club。每一个系列的票据，均对应着一笔贷款，两者之间存在类似镜像的关系。如果不考虑 Lending Club

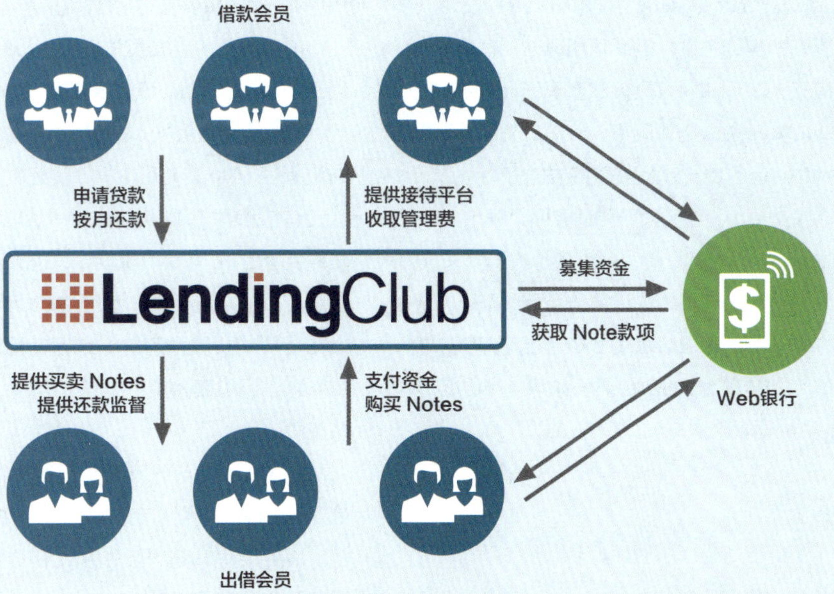


**图 1-6-1 Lending Club 的运营框架**

资料来源：廖理．互联网金融讲义 [Z]. 清华大学五道口金融学院 ,2013.

向投资人收取的服务费，借款人每个月对贷款偿付多少本息，Lending Club 就向持有对应票据的投资人支付多少。如果借款人对贷款违约，对应票据的持有人也不会收到 Lending Club 的支付（即 Lending Club 不为投资人提供担保），但这不构成 Lending Club 自身的违约，所以 Lending Club 不承担与借贷交易有关的信用风险。对 WebBank 而言，因为向借款人放贷以及向 Lending Club 转让贷款几乎同时发生，也不承担与借贷交易有关的信用风险，在一定程度上类似托管银行的角色。贷款的信用风险，实际上完全由投资人承担。

因此，Lending Club 运营框架的核心是有镜像关系的贷款和票据。每对贷款和票据均有相同的本金、利息、期限、现金流特征，这类票据被称为收益权凭证（paymentdependent notes），类似证券化中的转手证券（passthrough securities）。通过贷款和票据的安排，尽管 Lending Club、WebBank 和借贷双方之间存在复杂的契约关系，但从信用风险的角度看，投资人和借款人之间如同有直接的债权债务关系，而 Lending Club、WebBank 则如同不介入借贷交易。所以，Lending Club 的运营中，涉及贷款的发放和转让以及票据的发行和交易，跨越了银行和证券两个领域。

Lending Club 从向投资人出售票据和安排 WebBank 发放贷款的过程中收取服务费用来盈利。投资人收到的每一笔支付，Lending Club 都会收取 1% 的服务费。借款人要向 Lending Club 一次性交纳贷款手续费（origination fee）。

## 二、借款方

拟借款的人经注册后在 Lending Club 网站上提交贷款申请。Lending Club 对借款人资质有一些限制，包括：①美国国籍或永久居民；②年龄在 18 周岁以上，有邮箱、美国的社会保障号以及在美国金融机构的账号；③信用资质方面，FICO 信用评分在 660 分以上，债务收入比小于 35%（其中按揭贷款不计入债务，下同），信用历史长度大于 3 年，过去 6 个月在 Lending Club 上贷款小于 6 次。

拟借款的人在申请贷款时要按 Lending Club 的要求提供能反映本人信用状况的信息，Lending Club 对贷款申请进行筛查，但不一定核实借款人提供信息的真实性。Lending Club 对贷款申请的筛查很严，截至 2012 年底，只有 11% 的申请者获得了贷款。由此使得 Lending Club 中的借款人整体上属于美国的中上阶层。比如，截至 2013 年 10 月底，借款人的 FICO 信用评分平均是 703 分，债务收入比平均是 16.2%，信用历史长度平均是 15 年，年均收入 7.1 万美元（在美国人口中居于前 10%）。

借款人要说明贷款的三个核心条款：金额、期限、用途。Lending Club 允许的贷款金额在 1000~35000 美元。贷款期限由借款人指定，有 3 年期和 5 年期两种。对金额在 1000 美元和 15975 美元之间的贷款，如借款人没有特别请求，Lending Club 默认的贷款期限是 3 年。贷款用途也由借款人说明，Lending Club 不会确认或监督贷款的真实用途。截至 2013 年 10 月底，Lending Club 上平均贷款金额是 1.35 万美元，贷款用途以再融资和还信用卡债为主（见图 1-6-2），基本属于消费信贷范畴。

Lending Club 的风险定价是其核心技术之一，由信用评级和贷款利率定价两部分组成。

信用评级从高到低分成 A 到 G 共 7 个等级，每个等级从高到低又细分成 1~5 共 5 档（实际上共 35 个信用评级），分两步得到。第一步，Lending Club 根据

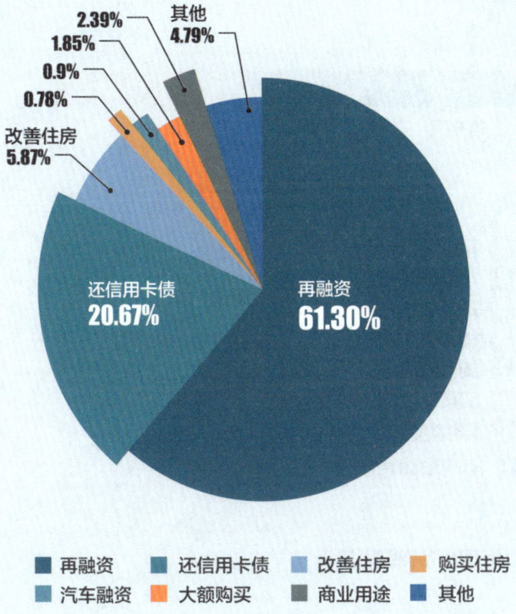


图 1-6-2　Lending Club 中的贷款用途

资料来源：课题组整理

表 1-6-1　Lending Club 的贷款定价机制

| 贷款利率 | | 档次 | | | | |
|---|---|---|---|---|---|---|
| | | 1 | 2 | 3 | 4 | 5 |
| 信用评级 | A | 6.03% | 6.62% | 7.62% | 7.90% | 8.90% |
| | B | 9.67% | 10.99% | 11.99% | 12.99% | 13.67% |
| | C | 14.30% | 15.10% | 15.61% | 16.20% | 17.10% |
| | D | 17.76% | 18.55% | 19.20% | 19.52% | 20.20% |
| | E | 21.00% | 21.70% | 22.40% | 23.10% | 23.40% |
| | F | 23.70% | 24.08% | 24.50% | 24.99% | 25.57% |
| | G | 25.80% | 25.83% | 25.89% | 25.99% | 26.06% |

资料来源：课题组整理

表 1-6-2　Lending Club 的贷款手续费费率

| 手续费费率 | | 期限 | |
|---|---|---|---|
| 信用评级和档次 | | 3 年期 | 5 年期 |
| A | 1 | 1.11% | 3.00% |
| | 2~3 | 2.00% | 3.00% |
| | 4~5 | 3.00% | 3.00% |
| B | 1~5 | 4.00% | 5.00% |
| C | 1~5 | 5.00% | 5.00% |
| D | 1~5 | 5.00% | 5.00% |
| E | 1~5 | 5.00% | 5.00% |
| F | 1~5 | 5.00% | 5.00% |
| G | 1~5 | 5.00% | 5.00% |

资料来源：课题组整理

借款人的 FICO 信用评分以及其他信用特征，得到一个模型次序（modelrank），每个模型次序均对应着一个基准信用评级。第二步，根据贷款金额和期限，对基准信用评级进行调整，得到最终的信用评级。贷款金额越大或期限越长，从基准信用评级上下调的档次越多。

Lending Club 的贷款利率是市场化的，采用固定利率形式。总的来说，贷款利率与信用评级挂钩，等于基准利率与风险、波动率调整之和。其中，风险、波动率调整的目标是覆盖贷款的预期损失。评级越低，贷款利率越高（见表 1-6-1）。

借款人向 Lending Club 交纳的贷款手续费在贷款金额的 1.1% 到 5.0% 之间，直接从贷款本金中扣除。费率与信用评级、贷款期限有关，信用评级越低或贷款期限越长，费率越高（见表 1-6-2）。

Lending Club 具有从借款人手中按月取得还款的独家权利，通常以电子转账的方式，而且可以尝试追索任何已经逾期的贷款，也有权决定是否或者何时将贷款转给第三方收款机构。

## 三、投资方

Lending Club 对投资人有一些适当要求，比如要求投资人的收入和财富（用净值来衡量）达到一定门

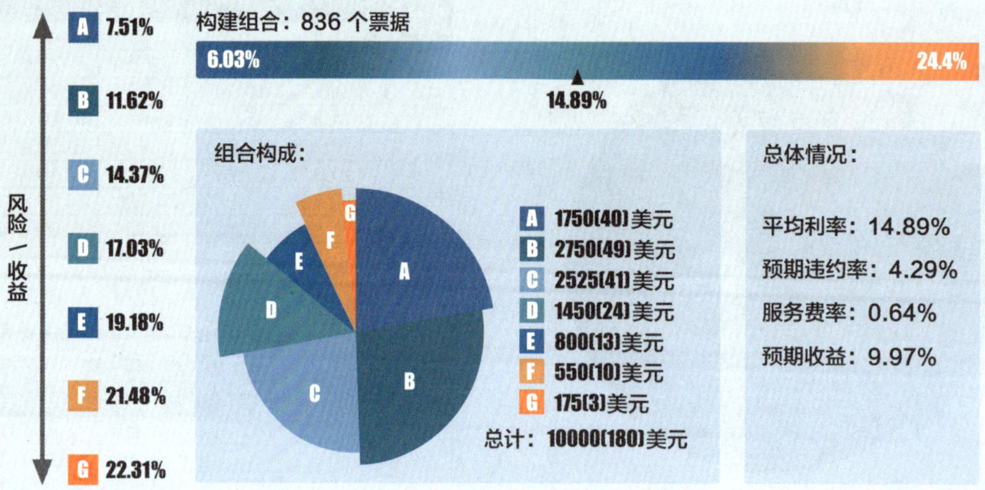


图 1-6-3　Lending Club 的组合构建工具

注：[ ] 中的数字表示票据数。
资料来源：课题组整理

槛，在 Lending Club 上的投资不得超过财富的 10%，但无须经过信用审核。此外，Lending Club 还成立了一个投资顾问公司 LC Advisors。LC Advisors 类似基金管理人，募集外部资金投资于 Lending Club 发行的票据。

投资人可以在 Lending Club 网上手动挑选愿意购买的票据(因为票据比较多，Lending Club 提供了检索、筛选工具)，也可以使用 Lending Club 提供的组合构建工具，对单个票据的最小投资额是 25 美元。比如，投资人指定有关风险收益参数后，Lending Club 会推荐一个票据组合（见图 1-6-3）。

对投资者而言，风险分散效果非常明显。比如，Lending Club 统计表明，如果投资人购买 100 个票据，遭受亏损的概率是 1%；购买 400 个票据，遭受亏损的概率是 0.20%；购买 800 个票据，基本不可能出现亏损。

需要说明的是，在投资者认购票据时，实际上相关票据并没有发行，对应的贷款也没有发放。当认购足额时，票据才会向投资者发行，Lending Club 收到认购款（历史统计表明，99% 的票据被全额认购）。同时，WebBank 会发放对应的贷款，然后将贷款转让给 Lending Club。Lending Club 向投资者发行的票据，不在任何证券交易所挂牌交易。但 Lending Club 建立了票据交易平台 FOLIOfn，用于投资人之间的票据转让，相当于为票据设立了一个二级市场，为投资人提供流动性。

美国 SEC 是 Lending Club 的主要监管者，原因是

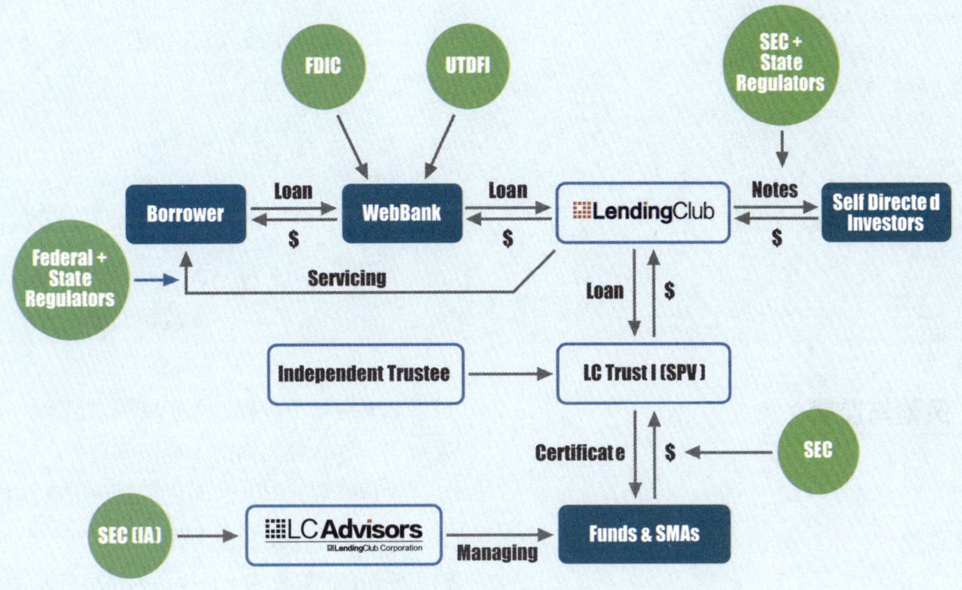


图 1-6-4 美国对 Lending Club 的监管[1]

SEC将Lending Club向投资人发行票据视为证券发行。SEC监管的重点是Lending Club是否按要求披露信息，而不是检查或监控 Lending Club 的运作情况，也不是审核票据的特征。

Lending Club 采用了暂搁注册方式（shelf registration），通过发行说明书（Prospectus）向 SEC 登记注册发行证券的意向。发行说明书要详细披露 Lending Club 的运营机制和公司治理结构，票据的基本条款，并向投资人无保留地提示所有可能出现的风险。在具体发行时，Lending Club 要向 SEC 说明相关票据的信息（称为 sales reports），包括对应贷款的条款以及借款人的贷款目的、工作状态和收入等匿名信息等。此外，SEC 还要求 Lending Club 每季、每年披露财务报告，即 10-K 和 8-K 表。Lending Club 披露的这些信息，都可以在 SEC 的 EDGAR 系统和 Lending Club 网站上查到。R

1 此图中的几个英文缩写的含义是：① UTDFI，代表 Utah Department of Financial Institutions，即犹他州金融管理委员会；② FDIC，代表 Federal Deposit Insurance Corporation，即联邦存款保险公司；③ SEC，代表 Securities and Exchange Commission，即美国证监会。

## 第三节　风险与监管

### 一、主要风险

#### （一）法律风险

传统的P2P网络借贷模式是由借贷双方直接签订债权债务合同，P2P网络借贷平台只提供第三方服务且不承诺本金保障。平台承担的是信息公布、信用认定、法律手续和投资咨询的职能（有时候还包括资金托管结算中介、逾期贷款追偿等服务），收取服务费，不参与到借贷的实际交易中。

在中国，部分P2P网贷平台存在非法集资的嫌疑。非法集资是集资诈骗和非法吸收公众存款的并称。集资诈骗是金融犯罪行为，带有主观意图的诈骗性质，暂不讨论。目前P2P网贷平台主要面临的问题是是否先吸收资金再用于放贷，其主要涉及的是非法吸收公众存款的问题。若是投资人与借款人实际上并没有直接接触，P2P网贷平台跨越中介的定位，先以平台名义从投资人处获得资金（即使只是存放在中间账户），再直接决定投资行为和进行资金支配，甚至挪作他用和非法占有，则有非法集资的嫌疑。

此外，为了满足投资者的资金安全性要求，中国很多P2P网贷平台都加入了变相“担保性”条款或者采取了一些含糊其词的本金保障宣传。若是双方直接签订借贷合同，但P2P网贷平台承诺以自有资金为投资人提供本金（及利息）保障（以平台先行垫付或者购买坏账合同等形式），可认为是小贷担保模式。

小贷担保的模式涉嫌超范围经营特殊业务。法律上对一般超范围经营（不需要经营专项许可）保持容忍度。但是融资性担保行为属于需要许可的特殊目的经营活动，还需接受地方政府指定的相关部门的业务监管，而不仅仅是登记注册管理。虽然这样的平台一般自称为P2P借贷，按照一般商企业注册，但业务范围中并不包含担保业务，杠杆比率超过担保公司法定要求（净资本10倍），也不接受金融监管。故其担保的经营行为涉嫌触碰法律边界。引入担保的商业逻辑是可以理解的，但涉嫌超范围经营也是事实。

#### （二）信贷技术风险

信贷技术风险是源头风险。P2P网络借贷业务主要是针对小微客户的小额贷款服务，较大比例贷款业务是无抵押无担保和纯信用性的。小贷业务可以获得更高的收益，但是在不同贷款产品中，其相对风险是较高的；必须依靠合适的信贷技术，诸如交叉校检和社会化指标体系，来弥补财务数据和担保抵押的缺失。

事实上，即使是几个国外运营较为成熟的 P2P 网贷平台，其逾期率和坏账率仍达到 3% 以上，甚至更高。中国社会信用环境和客户金融行为习惯更加不成熟，单纯依靠网络来实现信息对称性和信用认定模式的难度和风险较大。

尽管在实践中，P2P 网贷平台建议客户普遍采用小额分散投资针对多个客户的风险控制方法，但在客户源头评估上仍然出现了上述两大难题：一是是否拥有合适的信贷技术，二是能否承受高成本的线下尽职调查。

根据课题组与 P2P 网贷平台从业者的交流，坏账的比率极难达到 1% 以下，有的平台坏账率甚至达到 5% 以上；而公布数据的几个 P2P 网贷平台的坏账率都在 2% 左右。至于线下销售和尽职调查的费用（包括对应的人力成本），据业内人士估计，达到整体费用一半以上。

### （三）平台欺诈风险

部分 P2P 网贷平台为了提高交易量，出现了所谓的秒标和净值标，这存在一定的欺诈风险。

秒标通常是指满标后自动还款的借款需求，因期限短、回报率高吸引了大量投资者。其原本是 P2P 网贷平台宣传营销的一种手段，但是大规模的秒标却使产品变异了。首先，秒标能虚增交易量和虚降坏账风险，造成平台虚假繁荣，误导投资人。其次，秒标发标人（即 P2P 网贷平台）在短期内吸收大量资金，在不冻结发标人资金的情况下，存在金融诈骗风险。此外，部分 P2P 网贷平台允许投资者利用信用卡透支进行秒标套利，也增大了风险。秒标的资金不产生实际使用价值，应仅限于客户对操作流程的体验，应严格限制，决不能进行大规模的推广。

净值标是指 P2P 网贷平台的投资者以其债权为抵押标的，在平台上发布的借款需求（用于出借）；而这一过程可以不停循环。投资者利用净值标手段进行频繁的借入借出，成为了 P2P 网络借贷市场的做市商和实际担保人。在循环借贷中，每次的抵押标的实际上都是“多次折扣”后的原始债权，每次交易都会增加杠杆率。另外，其过程涉及较多的投资人和借款者，有较长的信用链条。某一环节的资金流断裂可能引起整个信用链条崩溃。这种杠杆风险和信用链条风险值得警惕。

此外，中间账户也可能导致欺诈风险的产生。中间资金账户的开设是为了交易核实与过账。P2P 网贷平台在银行和第三方支付平台开设中间资金账户，实现交易中的转账结算。转账结算业务理论上可以由第三方机构来做，但是由于其“钱少活多责任大”，第三方机构不承诺进行操作及监管，只是允许 P2P 网贷平台及个人开户。

目前中间资金账户普遍处于监管真空状态，资金的支配权仍然在 P2P 网贷平台手里。若是对时间差和合同条款没有严格控制，“卷款跑路，挪作他用”等中间账户资金沉淀引起的道德风险是存在的。近期的 P2P 网贷平台跑路事实也证明了这一点。

此外，因为中间账户及其关联账户缺乏监管，也使 P2P 网贷平台非法集资的可能性增大。机构可以先从投资人处获取资金再用于出借。因资金沉淀账户未受监管，也不能及时发现制止。资金池的形成使机构运作资金的“便利性”增强，固然更有利于 P2P 网贷平台交易的完成，但是却使投资人对资金用途、资金转移没有确定把握，从而增大了公众投资人风险，P2P 网贷平台本身也陷入了非法集资的怪圈。

## 二、监管措施

### （一）行业自律

新兴行业的成熟和健康发展，极大依赖于行业的透明性、自律性和声誉。P2P 网贷行业的自律透明要求主要包括以下五个方面。

（1）必要财务数据的透明。行业部分从业者强调其自身平台安全性的同时，对核心数据尤其是流动性指标和坏账率指标讳莫如深。在不涉及商业机密，但与投资者资金安全相关的数据上，P2P 网贷平台及专业放贷人应该及时做出说明。

（2）运营关联性的合理切割。该合理切割包括小贷担保模式中的网贷平台业务和担保关联业务的切割，以及与关联担保公司的切割；债权转让模式中的资产评级业务必须与专业放贷人及其关联机构进行风险隔离，保持充分的独立和透明，而非内部循环。这样的切割是为了建立防火墙机制，未必是股权上的彻底切断。

（3）投资者风险说明工作。小额贷款在信息不充分对称的情况下，原本就是高风险业务。行业部分从业者为了吸引更多的投资者，片面地夸大其安全性是不合适的。P2P 网贷平台应该做好投资者风险说明工作，并努力挑选和培养具备风险识别和风险承担能力的合格投资者。

（4）独立意见机构的监督管理。P2P 机构应该加强与独立意见机构的合作，包括：①第三方支付机构。资金交易结算都通过第三方机构实现，不能使用平台自身账户进行托管结算，切断资金线和业务线的联系，平台也不能享有三方账户中资金的支配权。②独立审计机构。定期审计，尤其是对合规性、坏账率和流动性进行审计，保持信息公开透明。③独立律师事务所。定期审计公司收入的状况，检查债权债务关系，抽查留底文件尤其是流转文件，核实相关数目、事项。④独立资产评级机构。用其来避免“自评自卖”行为。

（5）行业自律组织与行业标准。首先是业内建立信息共享平台，尤其是征信信息共享和黑名单公示机制，最好和行业平台达成共享的常态备案机制；其次，应当考虑对授信共享机制形成共识和初步行业标准；最后，成立必要的自律性组织，承担道义监督和警示责任。目前小额信贷联盟、互联网金融相关组织已经开始着手此类工作，要实现严格的行业标准和行业自律，还需长时间的多方努力。

## （二）政府监管

对于涉及公众利益的金融行为，仅有行业自律是不够的，必须有严格的他律。政府部门也应该研究讨论，确定 P2P 网贷平台机构性质，确定监管主体、监管内容和监管形式。从监管内容上看，以下方面应该严格审慎：

（1）资金流动性监管。通过监管资金流的来源、托管、结算、归属，详细分析信贷活动实际参与各方的作用，从而严格避免 P2P 网贷平台介入非法集资或者商业诈骗活动的可能性。对于中间的资金清算结算账户，尤其是专业放贷人与债权转让模式中的专业放贷人账户进行严格流动性监管。这样的措施可以降低非法集资、欺诈和洗钱等风险，也利于相关部门进行社会融资的监测和统计。

由权威的第三方支付平台对资金进行托管、结算和监督的程序极有必要，可以效仿证券行业的资金托管和清算办法。中国人民银行相关人士曾在文章中提出：将用户因转账而产生的在途资金存入委托监管的银行的无息监控账户中，由银行对网络借贷平台的转账账户“专户专款专用”的情况进行监控，按时出具托管报告，提交监管部门。政策层面上可考虑指定公共平台或者接受严格监管的平台来负责中间的流动性监管工作。此外，也可以尝试成立专业的认证机构对 P2P 网贷平台的资金安全进行认证。

（2）行业准入门槛。目前中国 P2P 网贷平台行业的鱼龙混杂现象主要是因为其准入门槛较低，注册资本不受限，业务开展不需要审批，从事类金融业务但是不按照金融机构的要求接受监管。据媒体报道，有业内人士曾表示对 P2P 网贷行业要有严格要求，包括资本金不能用于放贷，注册资本应全面覆盖坏账风险。表面上看这是矛盾的，但在这种审慎的原则下设置行业门槛是有益的。其逻辑在于：注册资本并不用于赔付，而是用于风险控制。平台风险较大的机构需要投入更大的成本来进行风险控制，这个成本需要与风险挂钩。同时，资本金要求也是让股东对平台风险进行背书。

（3）机构风险评级机制和控制措施。仅仅有资本金的要求远远不够。政府部门应该考虑对 P2P 网贷平台进行机构风险评级，对社会和投资者公布，发布风险警示。同时通过财税政策、资本金注册和补充要求、风险警示窗口指导和投资者保护政策引导进行风险控制。比如，要求其按照风险比率补充资本金用于风险控制。

## 第四节 发展趋势

P2P 网络借贷三个可能的发展趋势：第一，“P”的扩大。P2P 网络借贷目前主要是自然人对自然人的借贷，将来可以拓展到个人对机构、机构对机构的借贷，理论上交易可能性边界无限。第二，随着基于大数据的征信的发展，P2P 网络借贷中的定价效率会显著提高。第三，P2P 网络借贷平台可以提供信用保险功能。投资者在交纳一定保费后，可以将借款人的部分或全部信用风险转移出去。这既为投资者提供新的风险管理工具，还会进一步拓展 P2P 网络借贷的交易可能性边界。

这里重点介绍 P2B（“P”的扩大）。早期 P2P 网络借贷平台的借款人多为普通个人、个体工商户、私营小企业主，所借资金常用于个人消费或临时资金周转，借款额度较小，资金流转过程简单。随着 P2P 网贷行业的发展，中小型企业开始进入 P2P 网络借贷平台的视野，出现了一种专门面向中小型企业的借贷模式，即 P2B 模式。

P2B 模式代表性平台有中国的爱投资、积木盒子和普资华企等。该模式的基本借贷流程与普通的 P2P 类似，但是借款人一般为中小型企业主或实际控制人。借款人获得贷款后把资金转借给自己的企业，经过一定的周期之后，企业把本息归还给借款人，借款人再归还给平台上的投资者。

虽然大致流程相似，但由于单笔借款额高，P2B 模式的风险管理与普通的 P2P 模式有较大差异。普通 P2P 模式的风险控制基础是大数定理，借款人数量众多、互相独立，借款额较小，一般不会产生同时违约的情况，而投资人又会投资多个标的，风险被分散。但在 P2B 模式中，借款数额巨大（经常达数百万元乃至数千万元），因此固定时间段内的投资标的较少，参与的投资人却很多，风险高度聚集。

为应对此种情况，P2B 平台一般都会引入担保公司对借款进行担保，而担保公司也会要求借款人控制的公司提供反担保。在此过程中，担保公司的风险控制显得尤为重要，选择合适的担保公司也成为 P2P 网络借贷平台的重要任务。

平台自身同样需要强大的风险控制能力，以便在担保公司“疏忽大意”时，仍能独善其身，避免“殃及”大量投资者。

总之，P2P 网络借贷平台的借款人由普通个人、个体工商户、私营小企业主向中小企业主扩散，是一种新趋势。这种趋势可以从以下例子看出：以爱投资、积木盒子为代表的 P2B 借贷平台均成立于 2013 年，在不到一年的时间里实现了数亿元的成交额，发展速度大大超过一般的 P2P 网络借贷平台。

# 第七章 CHAPTER 7

# 众筹融资
# Crowdfunding

## 第一节 起源与概念

世界上最早建立的众筹网站是 ArtistShare，于 2001 年开始运营，被称为“众筹金融的先锋”，主要面向音乐界的艺术家及其粉丝。粉丝们可以通过该网站资助唱片生产过程，并获得仅在互联网上销售的专辑；艺术家则可以获得更加合意的合同条款。艺术家通过该网站采用“粉丝筹资”的方式资助自己的项目，粉丝们把钱直接投给艺术家后可以观看唱片的录制过程（粉丝还可以观看“特别收录”的内容）。

2005 年之后，众筹平台如雨后春笋般出现，例如：Sellaband（2006 年）、SliceThePie（2007 年）、IndieGoGo（2008 年）、Spot.Us（2008 年）、Pledge Music（2009 年）和 Kickstarter（2009 年），这其中，ArtistShare 起到了强大的示范作用。或者说，ArtistShare 作为首家互联网众筹平台，不仅深刻影响了美国音乐界，而且开启了互联网众筹时代。

众筹融资源于众包模式。众包的目的是有效利用一个新项目潜在参与者的知识、智慧、技能，构建一个庞大的资金池。互联网的迅速发展为众包提供了新的网络基础。许多专门为众包任务设计的在线平台已经用于孵化企业项目，形成众筹融资。众筹融资中，主要有两类使用者：一是生产者或项目管理者。他们介绍新项目给平台，如果能筹集、管理足够的资金，他们将按照募资计划执行项目生产。二是众筹出资者。尽管大多数众筹融资平台是“购买你想要的”（pay-what-you-want）模式，但一般会给众筹出资者提供其他非物质的补偿，例如感谢的电子邮件、公司发行音乐的 CD、观看电影制片工厂、在电影中扮演一个小角色或者具有文化价值的纪念品等。众筹融资主要的回报是产品本身，但对于金额大的参与者还有其他奖励计划，例如更高的股权回报率。

本部分讨论的众筹融资主要是互联网上的股权融资。对于生产者来讲，他们在发生成本之前就获得未来消费者的资金，得到白手起家开展生产的机会。同时，如果众筹资金反应冷淡，生产者在投产之前就会再慎重考虑自己的想法。这与投入资金、项目失败后才深刻反思相比，生产者可以节省投资成本。众筹融资不仅是资金的来源，更是一个评价、判断产品设计及未来市场前景的平台。此外，大型出资者往往倾向于对生产者的想法施加各种约束，众筹融资平台则有效消除了这一问题。对于消费者来讲，他们在最终产品生产之前就可以和生产者接触，获得最新产品；也可以根据自身收入水平和对众筹项目价值的判断选择参与份额。

## 第二节　发展概况

据统计[1]，全球范围内的众筹平台筹资规模在2011年为15亿美元，2012年为27亿美元，预估2013年的互联网众筹网站数目在500~800家，交易额为51亿~60亿美元（某些平台同时开展多种融资业务，涵盖部分P2P借贷数据）。从2011年到2013年，行业每年交易额的增长超过80%。世界银行预测，到2025年，全球发展中国家的众筹投资将达到960亿美元，中国有望达到460亿~500亿美元。

### 一、总体概览：模式分化

最初的众筹平台，如AritstShare、Indiegogo和Kickstarter，主要面向创业者和艺术家，帮助其筹集研发、生产/制作或建设的资金。如果项目最终运作成功，投资者获得的是产品、服务等非金钱回报，这类众筹模式可称为商品众筹。在某种意义上，它接近于商品预售，项目发起人不承诺金钱回报，投资人也不以经济收益为目的。在商品众筹领域，众筹平台也出现了综合类和垂直（专业）类的分化。例如Kickstarter上的项目按其内容可以分为13个大类：音乐、影视、艺术、出版、戏剧、游戏、设计、视频、漫画、摄影、时尚、舞蹈和技术，是典型的综合类平台。Venture Heath、Watsi、Medsatrt等平台专门面向医疗领域；Pateron专注于文艺类活动、文化产品；国内的淘梦网专注于（微）电影行业，它们都属于垂直类众筹平台。

随着众筹融资的发展，其投融资中介的含义被扩展，出现了Crowdcube、ASSOB、Seedrs等以资金回报为目的的众筹平台。项目发起人在平台上发布的，不再是具体的研发、生产项目，而是公司信息，希望通过转让公司部分股权的形式，获得一定的资金，支持公司业务的全面发展。投资人投入资金后，获得公司的股权和股权收益，这类众筹构成了股权众筹模式。

股权众筹与商品众筹相比，在法律程序、资金交

**表1-7-1　商品众筹与股权众筹的区别**

| 类型 | 商品众筹 | 股权众筹 |
|---|---|---|
| 模式 | 根据协议，项目发起方可以承诺实物回报来取得支持者的投资。例如支持者如果贡献50美元，那么商品在生产之后，支持者就可以优先获得产品或得到一定的折扣 | 公司可以直接向资格合格的投资者出售股权以换取投资，其中可能涉及股转债的选项 |
| 回报 | 通常以“预售”的形式提供实物回报 | 提供公司原始股份，投资者享有股东权利 |
| 筹款金额 | 大部分筹款金额较低，常在5万美元以下 | 筹款金额普遍在5万美元和100万美元之间 |
| 参与投资方 | 所有注册用户，一般没有经济背景限制 | 只对资格合格的投资者开放，大部分地区都对投资者有一定的财富要求 |
| 投资者权利 | 投资者可以与发起人在线交流，对产品的设计提出意见，但意见最终是否被接纳，取决于项目发起人，投资者只有建议权 | 遵循现代公司治理制度，投资者可以享受普通股东的权利，拥有较大股份比例的股东可以加入公司董事会，对创业者的决策施加影响 |
| 项目设置 | 与公司、股权无关，理论上项目发起人不需要为此专门设立公司 | 项目发起人必须成立公司，建立可对外发售股权的制度 |
| 投资者目的 | 往往兼有支持、捐助和预购的性质，带有非常强的情感因素 | 获得经济回报，基于理性分析与预期，看重公司的商业模式和未来发展 |
| 回报周期 | 一般较短，从筹资满额到投资者最终获得实物回报或者参与活动，常在数月至一年。如果发起人不能按时提供商品，某些平台要求发起人必须退还部分资金 | 必须待公司盈利之后才能获得回报，回报的时间较长。如果公司亏损或者失败，投资者无法获得收益，发起人也不承诺退还资金 |

资料来源：课题组整理

1 若无特殊说明，本部分数据来源于零壹数据。

割手续等方面复杂程度大大增加，因此也使得股权众筹平台提供的辅助性服务更多。股权众筹可以看成商品众筹模式的一个升级版本，它将众筹模式从商品生产领域引入金融领域，从资助个别商品生产上升到扶持企业整体发展，使资金有更大的发展空间。具体见表 1-7-1。

目前众筹融资主要有商品预售筹资平台和商业投资平台，商品预售平台的筹资模式一般包括：固定模式——筹款期结束时，如果达到预定的筹款目标，筹款人获得所有资金；否则，不能获得任何资金。灵活模式——无论是否达到预定的筹款目标，筹款人都可以获得筹集的资金，如果筹款人认为所筹款项不足以支撑项目目标，他可以选择把资金退给投资者。悬赏模式——谁完成项目，就把筹集到的资金给谁。一个平台可能支持上述三个模式的组合，由筹款人发布项目时指定一种模式。商业投资平台的投资模式包括股权、债权、酬金、津贴、奖励等。典型的商品预售筹资平台和商业投资平台见表 1-7-2 和表 1-7-3。

## 二、美国

美国是众筹平台最活跃的国家，截至 2013 年 11 月，其平台数目为 344 家，占全球众筹平台数的一半左右，筹资额亦遥遥领先。美国的众筹平台涵盖了创意、商业、慈善、教育、人权等广泛的领域，几乎无所不包。其中影响力最大的众筹平台是 Kickstarter 和 Indiegogo。

**表 1-7-2 典型的商品预售筹资平台**

| 名称 | 支持的筹资模式 | 领域 | 国家 |
|---|---|---|---|
| ArtistShare | 固定 | 音乐 | |
| AngelList | 灵活 / 固定 | 初创公司 | 美国 |
| Appsplit | 灵活 / 固定 | 技术 | |
| Bountysource | 悬赏 / 固定 | 开源软件 | |
| CommunityFunded | 灵活 / 固定 | 大学、非营利组织、信仰型组织 | 美国 |
| Crowdtilt | 固定 | 不限 | 美国 |
| DonorsChoose | 固定 | 教育 | |
| FundAnything | 灵活 | 不限 | |
| FundRazr | 灵活 | 个人、慈善、创业、政治 | 加拿大 |
| GiveForward | 灵活 | 医疗花费 | 美国 |
| GoFundMe | 灵活 | 事故与疾病救助 | |
| Indiegogo | 灵活 / 固定 | 广泛 | |
| Kickstarter | 固定 | 创意项目 | 美国、英国、加拿大 |
| Microryza | 固定 | 科研 | |
| Mobcaster | 固定 | 电视节目 | |
| MyFreeImplants | 固定 | 整容 | |
| Neighbor.ly | 灵活 / 固定 | 民权 | |
| Patreon | 灵活 | 艺术 | 美国 |
| Piggybackr | 灵活 | 儿童与学生 | 美国 |
| Pozible | 固定 | 创意项目 | 澳大利亚 |
| Rally.org | 灵活 | 医疗、教育、慈善、创意、创业、政治 | 美国、德国 |
| Sellaband | 固定 | 音乐 | 德国 |
| Weeve | 灵活 | 非营利组织 | |

资料来源：课题组整理

**表 1-7-3　商业投资平台**

| 名称 | 投资模式 | 领域 | 国家 |
| --- | --- | --- | --- |
| Angels Den | 股权、捐献、借贷 | 不限 | 英国 |
| AngelList | 股权、债权 | 初创公司 | 美国 |
| BankToThe Future | 股权、债权、奖励 | 小企业、初创公司 | 英国 |
| Bolstr | 收入分成 | 小企业 | 美国 |
| CircleUp | 股权 | 消费品、零售 | 美国 |
| Companisto | 股权 | 初创公司、小企业、成长型企业 | 德国 |
| CrowdCube | 股权、酬金 | | 英国 |
| Fundable | 股权 | 种子投资 | 美国 |
| FundedByMe | 股权、酬金 | 创业 | 瑞典、芬兰 |
| Gambitious | 股权 | 游戏开发 | 荷兰 |
| Innovestment GmbH | 股权拍卖 | | 德国 |
| Invesdor | 股权 | 初创公司、成长型企业 | 芬兰、瑞典、丹麦、爱沙尼亚 |
| Kopernik | 其他 | | 第三世界国家 |
| MicroVentures | 股权 | 科技类初创公司、高成长型企业 | 英国 |
| Seedrs | 股权 | 种子投资 | 英国 |
| Seedups | 股权 | 科技类早期初创公司 | 英国、爱尔兰、美国、加拿大 |
| Symbid | 股权、津贴天使投资、孵化、加速 | | 挪威 |
| TenPages.com | 收入分成 | 书籍 | 挪威 |
| Unbound | 津贴 | 书籍 | 英国 |

资料来源：课题组整理

案例 1-7-1

## Kickstarter

Kickstarter 是目前全球最大的综合型众筹平台，总部位于美国纽约。自 2009 年 4 月正式上线以来，Kickstarter 屡创奇迹，在世界范围内掀起了一场“众筹风暴”，是商品众筹领域的标杆平台。成立之初，Kickstarter 只接受来自美国本土创业人员提交的项目，随后逐渐扩展至英国、加拿大、澳大利亚和新西兰。Kickstarter 对于支持者的来源地没有限制，全球各地的支持者都可以为自己喜欢的项目提供资金支持。唯一的限制在于，支持者只能以美元或者英镑支付。

在 Kickstarter 上创设项目，需说明筹资的最后期限和最低目标。如果目标在截止日期之前没有实现，则 Kickstarter 会有一个退还募集资金的保证契约[1]。出资者的资金通过亚马逊支付给项目管理者。Kickstarter 对全世界各地的出资者以及对美国、英国的项目管理者开放。Kickstarter 允许项目发起人同时发起数个项目，也支持将一个项目分成数个子项目，按进展和阶段进行筹资。

Kickstarter 一般收取募集资金的 5% 作为佣金。亚马逊一般收取另外的 3%~5% 的费用。Kickstarter 对通过平台促成的项目无所有权。此外，在 Kickstarter

1 Musgrove,Mike.At Play:Kickstarter is a Web site for the Starving Artist[N].The Washington Post,2010-03-07.

上推出的项目都将被永久存档，公众可以查询。

Kickstarter 将平台发布的项目分为 13 大类和 36 小类。13 大类分别是：艺术、漫画、舞蹈、设计、时尚、影视、食物、音乐、游戏、摄影、出版、技术和喜剧。其中，影视与音乐是最大类别，占 Kickstarter 项目的 50% 以上。

截至 2013 年 12 月底，Kickstarter 上已经结束的项目有 123303 个，其中成功完成筹资的项目为 54366 个，平均每天 32 个；累计成功筹资总额约为 7.9 亿美元，平均每月筹资 1800 万美元。从成功筹款额的角度来看，游戏和影像类的份额最大，分别达到 22.2% 和 19.4%，其次为设计、音乐和科技类。从成功项目个数来看，音乐类项目以 26.6% 的比重居于首位，其次是影像和艺术类，分别占到 23.0% 和 9.9%。这些项目共得到来自世界 1011.5 万人次的资金支持，其中 10~99 美元的支持人次占到 76.4%，100~999 美元的占到 16.1%。成功项目的筹款期限在 1~92 天不等，其中 16~45 天的项目个数占到 80%。单个项目的最高筹款额达到 10266845.74 美元，最高支持人数为 91585 人，最高评论数量为 24.96 万，平均每个项目有 199 人参与支持，有 71 条评论记录。上线以来，Kickstarter 收取的服务费总额约为 3974 万美元。R

案例 1-7-2

## Indiegogo

总部位于旧金山的 Indiegogo 于 2008 年 1 月开始上线运营，起初主要针对电影类垂直项目，后来逐步发展为综合性众筹平台。2011 年 9 月，Indiegogo 获得来自 Metamorphic Ventures，ff Venture Capital，MHSCapital 以及 Zynga 联合创始人 Steve Schoettler 的 150 万美元种子资金，2012 年 6 月完成 1500 万美元 A 轮融资，由 Insight Ventures，Khosla Ventures 等领投，其目标是成为大型的多元化投资平台。

Indiegogo 是一个完全开放的平台，来自世界各地的人们都可以在这里展示自己的奇思妙想或对项目进行支持。项目发起人无须申请，即可开始筹资活动，还可以利用平台提供的免费工具和 24 小时客服获取更加便捷的服务。目前，Indiegogo 上的项目包括电影、科技、艺术、戏剧、舞蹈、设计、游戏、音乐、影视等 24 个类别。项目的筹资方式比较灵活，分为固定型[1]和灵活型[2]两种，发起人可根据实际需求任选其一；筹资期限可以短到一天，也可以长达数年。项目结束后，对于固定筹资且未达到目标金额的，所筹资金将全部返还给支持者，平台不收取任何费用；对于其他情况，Indiegogo 会收取所筹资金的 4%~9% 作为服务费（通过美国国税局认证的非营利性机构可享受 25% 的优惠）。

截至 2013 年 12 月 31 日，Indiegogo 共完成来自 191 个国家和地区的 51804 个项目，涉及美元、欧元、英镑和加元四种类型的货币，除去 1146 个没有达到目标金额的固定筹资型项目，总共为发起人筹到 2.35 亿美元左右的有效资金。在所有项目中，灵活筹资型占到 95% 以上，筹款进度达到 99% 以上的项目占到 1/3 以上，平均每个项目有 61 人予以资金支持、24 人参与评论。R

1 固定型——实际筹款达到或超过初始设定的目标金额时，项目发起人方可获得所筹资金。
2 灵活型——不论实际筹款有多少，项目发起人都可以选择是否接受所筹资金。

## 三、英国

英国众筹平台的活跃度仅次于美国，截至 2013 年 11 月，英国众筹平台的数量为 87 家，位列全球第二。英国众筹行业的立法比较健全，众筹平台的生存和发展环境都比美国同行要好。但是限于经济总量等原因，众筹行业的规模仍然显著低于美国。Seedrs 在扩展欧洲业务时表示：“我们暂时不会进军美国，因为美国的众筹行业正在经历一场战争，而且他们似乎不太放心股权众筹。”这当然是指关于 JOBS 法案无休止的争论和 SEC 迟迟不出台众筹的细则。

案例 1-7-3

### Crowdcube和Seedrs

英国最大的股权众筹平台 Crowdcube 成立于 2011 年 1 月 15 日。Crowdcube 遵循英国现行的证券管理框架，允许项目发起人利用“Online Portal”（众筹平台在英国监管体系内的专门称谓，类似于美国 JOBS 法案中的 Funding Portal）筹资。截至 2014 年 2 月 16 日，Crowdcube 一共拥有 58353 名注册用户，总共上线 95 个项目，成功筹集到 18025970 英镑的资金，平均每个项目筹资的额度在 19 万英镑左右。

Seedrs 是 Jeff Lynn 和 Carols Silva 在牛津大学 Said Business School MBA 课程中的项目，该公司从数个知名的天使投资人处获得了大约 130 万英镑的早期投资，它是英国第一家获得 FCA 批准的股权众筹平台，自 2013 年 5 月以来总计为 21 个初创企业筹集了超过 100 万英镑的资金。这些初创企业大多涉及网络安全和制造业。Seedrs 资金的分布比较平均，每家企业大致可筹集到约 5 万英镑的资金，其中最多的是一家名叫 Mikes Fancy Cheese 的企业，它成功筹集到 8 万英镑。

Seedrs 早期业务局限在英国本土，2013 年底时计划将业务扩展到欧洲大陆。为了满足进一步发展的需求，Seedrs 为自己做了一个众筹项目，拟出让 8.81% 的股权筹资 50 万英镑，但是投资者的热情使得 Seedrs 决定把股权出让的比例提高至 12.66%，共筹得 75 万英镑。

Croedcube 和 Seedrs 都是英国众筹协会的成员，英国也是最早拥有众筹行业协会的国家。英国众筹发展的法律环境相对宽松，加之政府的资金支持，中小企业得以迅速发展。投资者除了股权收益之外，还可以参与“种子企业投资计划”（SEIS）减税计划。根据该计划，投资者在众筹平台上的投资金额可以冲销投资者申报的应税收入总额，从而免交部分税款。前提条件是该初创企业的股份尚未在交易所发行，同时未得到任何风险基金信托（Venture Capital Trust）。R

## 四、中国

与 P2P 借贷一样，众筹也是舶来品。美国众筹平台 Kickstarter 的巨大成功激起了国内创业者的热情，他们纷纷期待打造"中国的 Kickstarter"。2011 年 6 月，国内首家众筹平台点名时间上线运营，同年 11 月首家股权众筹平台天使汇上线，据不完全统计，截至 2013 年底，众筹平台数量已有 16 家，见表 1-7-4。

**表 1-7-4 国内主要众筹平台一览表**

| 平台名称 | 筹资模式 | 领域 | 所在地 | 上线时间 |
|---|---|---|---|---|
| 点名时间 | 固定 | 综合，偏向科技设计 | 北京 | 2011 年 7 月 |
| 追梦网 | 固定 | 综合，偏向文化创意 | 上海 | 2011 年 9 月 |
| 天使汇 | 固定 | 股权 | 天津 | 2011 年 11 月 |
| 创投圈 | 固定 | 股权，专注早期项目 | 北京 | 2012 年 1 月 |
| 众筹网 | 固定 | 综合 | 北京 | 2012 年 2 月 |
| 淘梦网 | 固定 | 微电影 | 北京 | 2012 年 3 月 |
| 觉 JUE.SO | 固定 | 综合，偏向手工制作 | 上海 | 2012 年 4 月 |
| 乐童音乐 | 固定 / 灵活 | 音乐 | 北京 | 2012 年 8 月 |
| 海色网 | 固定 | 综合 | 北京 | 2012 年 11 月 |
| 大家投 | 固定 | 股权 | 深圳 | 2012 年 12 月 |
| 鸿元众筹 | 固定 | 综合 | 江苏 | 2013 年 3 月 |
| 5SING 众筹 | 固定 | 音乐 | 杭州 | 2013 年 7 月 |
| 中国梦网 | 固定 | 综合 | 上海 | 2013 年 10 月 |
| 酷望网 | 固定 | 综合，主要针对大学生 | 广州 | 2013 年 11 月 |
| 天使湾 | 固定 | 股权，偏向天使 / 种子投资 |  | 未知 |
| 企业号 | 固定 | 股权 | 北京 | 未知 |

资料来源：课题组整理

案例 1-7-4

### 点名时间

点名时间是国内首家众筹平台。公司成立之初获得来自中国台湾的 50 万美元天使投资。2013 年 6 月底，点名时间在成立两周年庆典上宣布与小米、视觉中国达成合作，这两家公司分别资助 100 万元，一起推动国内创意产业的发展；同时宣布实行免费制，平台不再收取佣金，支持者所有的支持资金最终都会到达创业者手中。

平台开创性地引入"预热机制"，即在正式筹资前不设期限地将项目在网上展示，在获得足够的关注度、潜在支持者的反馈后，对项目加以完善，再正式开始筹资。

截至 2013 年 12 月底，点名时间成功完成的项目有 341 个，筹资总额 1021 万元，单个项目筹集到目标资金所需的平均时间为 23 天，平均每个成功项目的筹款金额约为 3 万元，单个项目的最高筹款额达到 158 万元。来自中国大陆 31 个省（区、市）、中国香港、澳门和台湾地区以及国外 64 个国家和地区共计 42025 位支持者对项目提供了各种支持，最高单次支持金额达 50 万元；平均每个项目有 165 人参与支持，平均每个月的活跃支持者有 1648 人。在取消服务费之前，点名时间共收取服务费约为 49.2 万元。

点名时间上的项目起初细分为科技、音乐、影视、设计、出版等 9 个类别，2013 年底改版后整合为创意设计、时尚科技和文艺生活三大类。其中，文艺生活类项目不论是从项目数量还是筹款金额上，都占到绝大比例（项目数量占比为 59%，筹款金额占比为 77%）。R

案例 1-7-5

## 天使汇

2011 年 11 月 1 日，国内首家股权众筹平台天使汇上线运营。由于目前的项目操作未实行“标准化”，而是就每一个项目进行具体商谈，大部分的投资工作均在线下完成，所以无法根据官网来统计具体指标。

据媒体公开报道，截至 2013 年 11 月，天使汇上通过认证的投资人达 700 余人，登记的创业者有 22000 多个，登记项目 7000 多个，审核通过可进行信息披露的项目有 900 多个，完成融资的项目有 70 多个，融资规模达 2 亿多元，逾八成项目的融资额在 100 万 ~500 万元。这 700 多名天使投资人每年的投资潜力达 65 亿元，成为中国早期投资领域排名第一的互联网投融资平台。

自上线以来，天使汇上完成了不少明星项目。例如，在打车应用软件市场占据很大份额的“滴滴打车”完成的 1500 万元首轮融资；天使汇本身启动的自融项目，不到两天就筹资 1000 万元。R

## 五、其他国家和地区

案例 1-7-6

## 其他国家和地区的典型众筹平台

荷兰：Gambitious，游戏类众筹平台。游戏开发者可以公开募资，以游戏本身或者游戏发行的利润分成作为回报。平台最大的特点在于构建了一个开发者和游戏玩家紧密联系的社区。支持者可以提前进行游戏试玩，或者提出任何反馈意见，开发者可以借助该平台把游戏分发到 Xbox、Steam、Play Station 和 NintendoeShop 等。

新加坡：ToGather.Asia，新加坡第一个众筹网站。旨在创造一个没有任何资金限制的投资环境，让创意成为现实，经营范围集中在新加坡及周边东南亚国家。

中国香港：ZAOZAO，香港本土时尚设计众筹网站，平台上所有的内容都是时装、手袋、配件设计师们的产品，时尚爱好者是他们主要的筹资对象。网站创始人还别出心裁地用三个汉字“早，找，做”来表达他们的运营理念。

拉丁美洲：Idea.me，拉丁美洲最大的众筹平台。覆盖巴西、智利、墨西哥、哥伦比亚、乌拉圭、阿根廷等国家。目前，网站从最初的 250 个用户、70 个项目支持者发展到了 25000 名用户、5000 名实际支持者的规模。这家阿根廷的网站还收购了巴西的竞争对手 Movare，巩固了该平台在拉美市场的领先地位。R

# 第三节　运作原理

## 一、设立条件：以股权融资为例

在股权众筹中，筹资人需要提交的资料更加复杂，通常包括一份完整的商业计划书和拟出让股份的数量、价格。商业计划书描述公司的基本经营状况、发展计划、预期收入和盈利等。为了证明计划书的真实性，筹资人通常需要提交企业营业许可文件、公司财务报表（财务报表的严格程度视不同的法律规定而定），等等。项目经过平台审核之后上线，其后的投资流程与商品众筹类似——若在规定期限内成功达到筹资目标，筹资人获得相应的融资；筹资不足时所筹资金原额退还给投资者。股权众筹流程见图 1-7-1。

筹资成功之后，众筹平台一般会指定合作的律师事务所或者投资公司来处理股权转移、合同签订和信息披露等工作。投资合同签订后，筹资人（即股权转让方）需要提前制定投资者转股退出或者公司增资稀释股份情况下的应对计划，建立信息沟通制度以定期向投资者汇报公司经营情况，并在公司盈利的时候进行分红。具体的公司设定、股权转让安排，因当地的法律法规而异。

## 二、运作原理

企业筹集资金一般分为接受捐赠、接受赞助、前端销售（预定或预售）、借贷、股权出售等环节。这些环节的复杂性差别很大，根据复杂程度描述为图 1-7-2。捐赠融资的复杂程度最低。赞助可能附有其他条件，复杂程度要略高于捐赠。众筹融资往往采取前端销售的方式。前端销售必须有创新产品的样本，而且要有相应的股权配置规则，以及未来的回报计划，因此复杂程度要高于捐赠和赞助。企业运行稳定且达到一定规模后，常

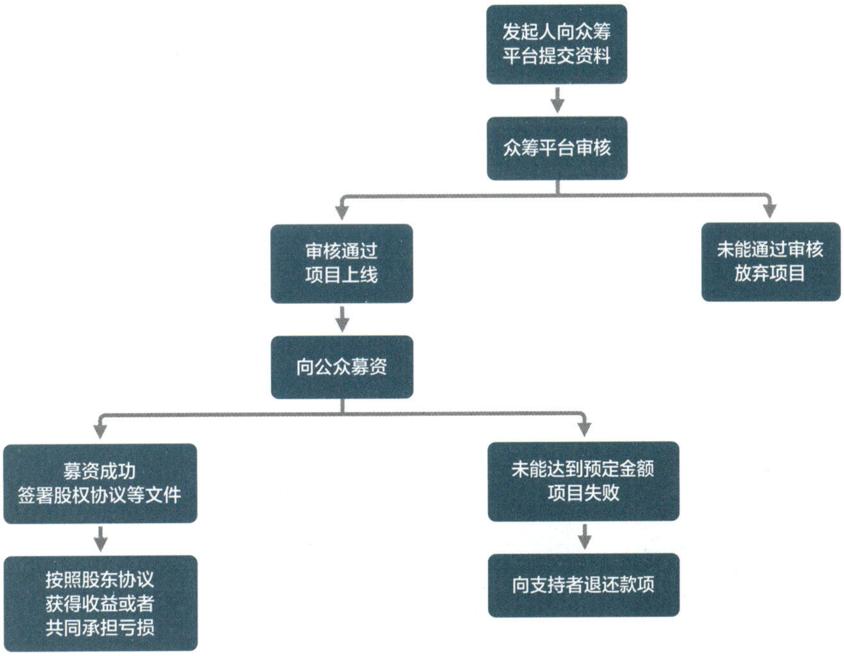


图 1-7-1　股权众筹流程

用借款（包括银行贷款和发行债券）工具进行融资，此时复杂程度又要高于前端销售。复杂程度最高的就是传统的股票公开发行。

但众筹融资的实现也需要一定条件，众多的资金支持者，大量小额支付交易的管理必不可少。许多企业启动项目，要么经验不足，要么没有兴趣管理小额支付交易，往往将支付交易管理的任务委托给所谓的“中间人”——众筹融资平台。一开始，服务中介往往是网络公司或软件公司。这些中介拥有较大的活动范围和活动强度。随着参与者对平台需求的提高和众筹机制的发展，平台又增加了监督项目执行等方面的功能。一些众筹融资平台还向项目管理者提供融资建议，为参与者组建更为广泛的社交网络，帮助成员寻求共同出资者等。

这些平台迅速崛起是因为具有符合筹融资逻辑、解决融资信息和降低融资成本的关键功能。首先，作为资金需求的一方——创新项目的管理者（生产者）与众筹融资平台进行信息交流，听取平台的建议，按照平台规则发布较为详细的项目信息、发展计划、股权配置以及奖励回报等信息。其次，创新项目在众筹融资平台发布后，资金提供方在平台上输入出资条件、搜寻符合条件的创新项目，直接与项目管理者进行谈判；或者委托银行进行投资，银行可以投资既定的项目，也可以投资符合条件的非既定项目，类似于信托贷款。当然，这一过程的参与者更多的是小额投资者，他们通常自主在平台上查找各自偏好的项目进行投资。然后，随着资金的划转，项目管理者启动生产，逐步向出资者派发收益。其运作关系描述为图 1-7-3。需要注意的是，众筹融资平台对项目管理者国籍有一定要求，但对出资者则无国籍限制。

### 1. 降低资金成本

项目管理者的早期资金一般来源于个人储蓄、房屋净值贷款、个人信用卡、朋友和家人投资、天使投资和风险资本家。在某些情况下，众筹融资可能使项

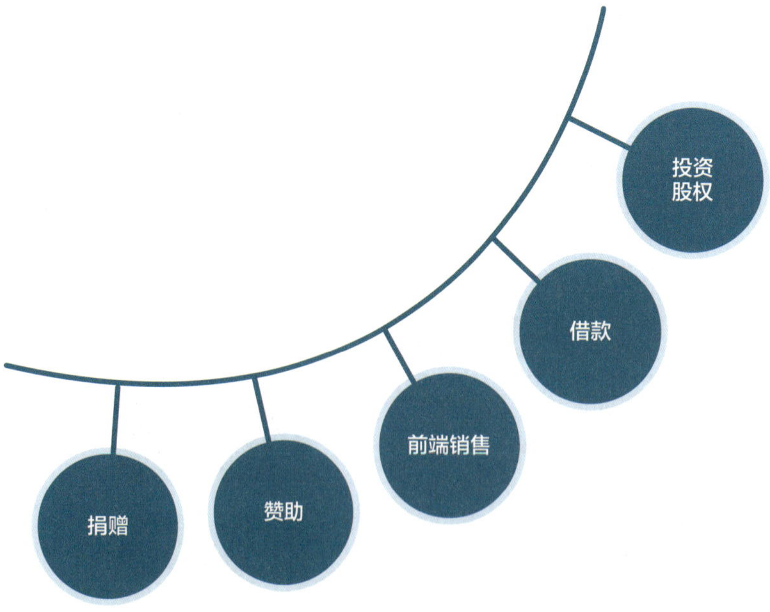


**图 1-7-2　企业融资工具的复杂性变化**

资料来源：课题组整理

目管理者以更低成本获得资金，原因如下：

（1）更好的匹配。项目管理者可以与对该项目投资意愿最强的出资者匹配。这些项目的出资者不再局限于某些特定地方（比如，与生产者在地理位置上接近），而是从全球范围内进行匹配。

（2）捆绑。众筹融资过程中，在一定条件下出资者可提前获得相应的产品。捆绑出售股权的同时，项目管理者获得了相应的资助。

（3）信息。一定程度上，众筹融资比传统融资提供的信息量要大。

### 2. 更多的需求信息

项目管理者根据出资者的反应和选择，判断产品的创新性和实用性，并进一步修正前期的想法和计划。项目管理者可以对市场需求进行分析和推测，提供符合市场需求的产品，提高了产品成功的概率。

## 第四节 主要风险

众筹融资作为一种新的融资模式，在快速发展的过程中遇到了一些问题，主要是交易的合法性与消费者权益保护问题。商品众筹多以产品预售形式开展，遇到的法律问题较少，发展速度也比较快。股权众筹的问题比较复杂，在不同国家有不同的监管待遇，在某些国家甚至被现行法律所禁止，不得不采用各种变通方法规避风险。

总体而言，包括英国在内的西欧国家对众筹行业的监管响应较快，监管措施比较灵活，股权众筹的发展状况较好。美国的股权众筹受到传统证券法律的制约，部分平台不得不以“遮遮掩掩”的方式运营。美国的JOBS法案有望改善这一局面。但在法案的具体落实上，美国证券委员会态度谨慎，数次引起争论。争论的焦点是效率与安全的平衡关系，核心在于信息披露制度

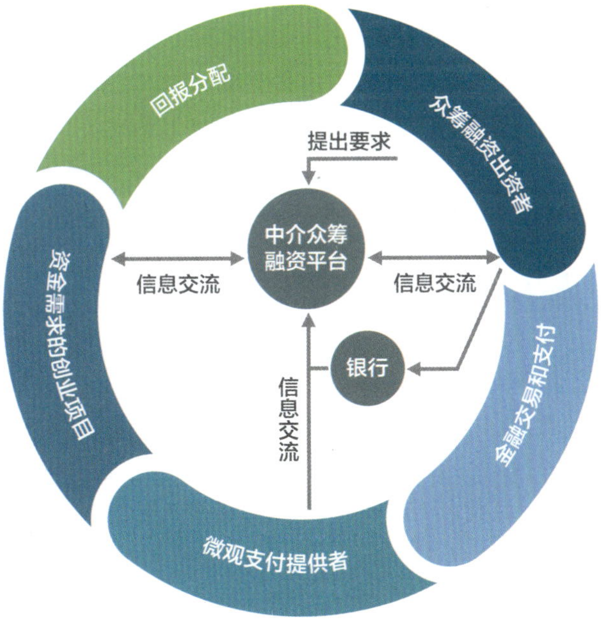


**图 1-7-3 众筹融资基本过程**

资料来源：课题组整理

及相关成本。

## 一、众筹机制不完善的风险

传统的商品预售遵循合同法、消费者保护等相关法律法规的要求。但在商品众筹模式下，消费者的预付款兼具预购、投资和资助性质，一旦出现违约，如何挽回损失，是个悬而未决的问题。在法律适用方面，创业者、消费者和平台的意见也不统一，因此当前商品众筹的消费者保护处于模糊状态。信息披露、消费者风险警示、履约监督、违约追偿等机制的缺失，放大了消费者的风险，也导致平台与创业者的道德风险。

在股权众筹方面，缺乏足够的信息获取、风险判别和风险定价能力，是股权众筹的最大风险。传统金融市场的风险防范和投资者保护程序被简化，所有环节均通过投融资双方的直接交流进行。投资者只能依赖自身的信息渠道和过往经验做出风险与收益判断。

众筹机制的不完善还体现于投后管理。创业投资是一种结合技术、管理与创业精神的特殊投资方式。投资人（消费者）的目标是追求特定条件（例如特定资金量、特定时间周期）下投资回报最大化，创业者追求的是自身效益最大化，两者并不完全一致，导致双方均可能存在道德风险，例如投资人盲目追求回报而试图杀鸡取卵，创业者我行我素而罔顾投资方的利益。

当前，许多众筹平台正积极改善投后管理，例如某些平台会要求创业者在融资成功之后定期提交项目进展报告，包括具体的资金使用、日常产品开发、公司事务、人员变更等情况，部分平台还会定期举办线下交流活动。一些股权众筹平台还提供股票托管服务，帮助投资人处理相关的琐碎事务，定期通报公司状况等。此外，部分众筹平台还专门设立领投人制度，指定专人监督、通报公司运营，甚至直接参与董事会。

尽管有这些努力，众筹模式中的决策权和信息通常不对称，实际上导致消费者处于弱势地位。尤其是在资金投入之后，如何约束创业者按照事先的约定合理使用这些资金，并尽最大努力保证消费者的回报，需要相关的程序与制度安排，其核心是消费者、创业者与平台共同设计一套有效的创业资本契约，通过适当的约束与激励机制协调三者间的利益关系，有效防范创业者的道德风险。

众筹的发展亟须不断完善自身机制，增强消费者保护。此外，消费者也应该要有清醒的认识，理性对待众筹投资，加强风险管理与自我保护意识。

## 二、众筹项目的执行风险

项目延误乃至失败是众筹平台上最常出现的问题，由于众筹项目的产品大多具有很高的创新性和独特性，而项目发起人往往因为个人经验、技术基础、生产工艺、生产经验等客观因素制约导致工期延误，无法按期交货。这类问题由于受制于外部因素，对投资人造成的损失较轻，投资人也易于理解和接受。

较为严重的情况出现在项目发起人因为懒惰、不负责任等主观原因导致的延期交货或者滥竽充数——投资人拿到的产品与最初宣传或者展示的样品差距甚远。这种情况与网络购物非常相似，网购可以依靠担保支付、客户评价、运费保险、退货等来控制风险。而众筹模式往往附有发起人可以修改设计或产品内容，以最终实物为准的条例，投资人处于相对弱势的地位，面对此种情况往往无可奈何。

从机制上讲，更为严重的情况是很难以量化的规则来判断一件产品的问题究竟是出于主观故意的粗制滥造还是受限于客观条件而不得不做出的修正，所以众筹平台并无足够手段保证投资者的满意度。而众筹模式缺乏合适的退出机制，没有退款手段，甚至也不拥有天然的退货权利，某些产品连售后服务或者维修等都无法保证，这更加剧了投资人的损失风险。

## 三、众筹平台的失德风险

众筹平台的收入依赖于成功筹资的项目，因此可能存在降低项目上线门槛、允许更多项目进入平台进行募资的冲动。这种冲动在股权众筹中更易滋生，因为股权众筹的投资回报周期长，回报不确定性高。更严重的问题在于，众筹平台可能会疏于资料核实或尽职调查，误导投资人。如果这种情况发生，投资人很难对平台进行实质性的追偿，因为举证会非常困难，而要界定众筹平台是出于主观故意还是客观疏忽，则更加困难。

从众筹平台的业务性质上讲，它首先是信息中介。但是这一信息中介应掌握、核实、披露多少信息并无严格规定。在创业者与平台之间，平台与投资者之间，均存在信息不对称，信息不对称是众筹平台失德风险产生的温床。

目前对众筹平台的法律争论集中于平台地位的合法性问题，包括众筹平台的登记注册等事项；对众筹平台的经营限制主要是不能在平台上为自己的项目融资（即“自融”），但没有清晰界定众筹平台在一般项目上的责、权、利，因而并未消除众筹平台的失德风险。

事实上，众筹平台要维护两方面的平衡：其一是项目准入门槛和分成收益之间的平衡，其二是项目发起者和投资者之间的利益平衡。前者决定着众筹平台的短期收益，后者决定着平台的长期收益。目前并无既定规则限定众筹平台究竟应在多大程度上介入项目的标准制定和投融双方之间的协调；但从长远角度看，设立一些约束性指标很有必要，这些约束性指标可以避免平台的利己行为，并防止恶性竞争。

## 四、投资者维权难的风险

投资者权益保护是一个系统性的问题，在上述的机制风险、项目风险和道德风险部分都有所涉及。除此之外，众筹模式下投资者权益保护的棘手之处还在于损失的认定、举证、计算与追偿，这些造成了维权成本高昂。

以商品众筹为例，项目失败是大概率事件，但项目失败本身并不是对投资者权益的侵害。真正损害投资者的行为来自两个方面：第一是项目发起人误导性宣传，项目风险提示不足；第二是项目发起人自我认识不足，过分乐观或过度承诺（overpromised）。但二者之间的界限很难划分。

除此之外的欺诈行为主要表现为编造身份，虚构各种材料和证明文件，乃至伪造不存在的产品与设备等。例如，Kickstarter 平台的“Mythic:The Story of Gods and Men”（神话：神与人的故事）——一个在线游戏项目，所幸被及时发现是一个诈骗事件，才未导致投资者的直接经济损失。如果在项目筹资成功、“创业者”资金到手之后，人们才发现这是一起诈骗事件，届时如何进行追偿是一个值得深思的问题。事实上，众筹平台没有相应的保险、预先赔付机制，因此投资者是否能追回损失很难确定。

## 五、中国众筹融资特有的法律风险

国内众筹融资面临的法律风险主要表现为：非法集资和非法发行股票。前者主要针对商品众筹。若众筹平台在无明确投资项目的情况下，事先归集投资者资金，形成资金池，然后公开宣传、吸引项目上线，再对项目进行投资，则存在非法集资的嫌疑；若平台在投资人不知情的情况下将资金池中的资金转移或挪作他用，更有导致被判“集资诈骗罪”的可能。

为避免触碰非法集资的红线，中国的商品众筹平台大多采用“预售”形式对众筹程序进行规范。众筹项目上线后，项目发起人的支持请求与回报承诺构成要约，该要约向不特定对象发出，一旦支持者接受该要约并支付了资金，他将获得一份商品预购订单，届时项目发起人与支持者之间形成商品买卖合同关系。

在上述过程中，首先，资金从支持者向项目发起人的转移发生在项目上线之后，即先有特定的“预售”商品，才有“预购”行为，事前没有资金池，众筹平台就在一定程度上避开了非法集资的嫌疑。其次，平台以“订单”的形式明确了项目发起人与支持者之间的法律关系。“订单”作为合同受《合同法》《产品质量法》《消费者权益保护法》等相关法律法规的保护、规范与约束，项目发起人和投资者之间的责权利明确。而目前亟须规范的，是众筹平台在项目发起人与支持者的交易关系中所需承担的职责与义务，包括信息的保护、审查职责与纠纷处理机制等。

中国商品众筹平台遇到的另外一个法律问题是沉淀资金的管理与规范。在项目支持期结束之前，支持者的“预购”资金大多沉淀在平台内部；按照某些平台的规定，项目成功筹资之后，支持者的“预购”资金也会按期发放给项目发起人，在此过程中同样存在沉淀资金。如何保证平台不挪用这些沉淀资金，或者规范平台对沉淀资金的使用，并确定资金的受益权，同样是一个需要在立法层面考虑的问题。

在股权众筹方面，中国大部分平台采用“线上+线下”的模式来规避法律风险。平台首先展示项目的股权转让与融资金额信息，吸引感兴趣的投资者。在意向投资人与意向投资金额达到预期后，所有的活动转入线下，意向投资人严格按照《公司法》等法律法规进行股权投资操作。

根据上述流程，众筹平台主要承担线上信息披露的职责，在活动转入线下以后，平台则提供流程、法律等方面的一些辅助服务。股份的转让以增资扩股方式由投资人与项目发起企业直接协调、依法完成，理论上不涉及股票发行。由于股权的交割不在平台上进行，平台不是承销商，亦不直接介入股份转让过程，在一定程度上避免了非法发行股票的嫌疑。股权转让信息一旦在互联网上公布，即满足“信息公开”的要件，如何界定这种行为的法律性质，需要做进一步的探讨，以期在鼓励金融创新与保护投资者利益、维护金融市场秩序之间做出合理折中。

对于股权众筹，是否需要建立特定的合格投资者门槛，部分平台做了一定尝试，例如对投资者的身份进行审核、认证，限定普通投资者的投资金额等；再如通过领投人制度，由领投人作为企业董事会成员代行投资人职责；甚至领投人与所有跟投人签订有限合伙协议，以有限合伙企业的形式与企业签署投资协议等。这些措施的效果值得进一步观察和评估，而与此相伴的小股东利益保护问题，也不容忽视。

## 第五节　发展趋势

### 一、现有众筹模式的主要功能

#### （一）商品众筹调整生产流程，重新定义“预售”的概念

预售一般理解为客户在产品制造完成或进入流通渠道之前先付款（包括全额付款和部分付款），等待一段时间之后才能获得商品。在过去数年间，消费品市场上兴起了一股“预售”热潮，大量产品以“预售”的形式提前发布，在产品正式发售之前就展开营销。

众筹模式的预售概念与此截然不同，相当于将“生产销售—回笼资金—再生产”的传统模式转变成“募集资金—试制—生产—发货”模式。这一模式倒置了企业的资金流程，将销售放在生产之前，解决了中小创业者遇到的两个核心问题：产品的用户是谁和生产资金从何而来。因此，它给予许多创业者“白手兴家”的机会：创业团队可在无须借助传统投资的情况下，直接利用消费者的预付款进行产品的研制与生产。

在项目执行初期，由于是按需生产，顺带解决了库存问题。成功的众筹项目往往会出现产品供不应求的状况，以前在生产商、渠道商或者零售商之间货品积压、滞销的风险被这种定向供给模式消除。定向供给的优势还体现在生产与反馈环节的紧密结合、透明的交流渠道和消费者的明确反馈上，这都使得生产者可以及时修改、调整产品的设计与生产，同时需求信息可以迅速传递到各个生产环节，避免层层延误，最终的产品能最大程度满足消费者的需求。

#### （二）生产者与消费者的角色重新调整，消费者也是生产者

在商品众筹模式中，项目发起人是筹资人、生产者和销售者。项目支持者既是投资者也是消费者——投资于他们希望购买的商品，并经常亲自参与商品的设计。几乎所有的众筹平台都提供发起人与投资人的互动功能，投资人可就产品的设计理念、主要功能、产品生产进程等进行提问，甚至可以提出一些大胆的想法，如果想法得到大多数人的响应并且可行，发起人往往会对产品做出修改以尽量满足投资人的需求。这种利用互联网整合群体创意的方法，为新产品的孕育和研发提供了一种新模式。

#### （三）以小众带动大众，寻找长尾市场的规模效应

长尾市场的消费者比较分散，使用传统的大规模

宣传营销方式来定位这些潜在的消费者，投入产出比非常低。众筹平台采用社交网络的强联系代替广告宣传的弱联系，有效吸引了潜在消费者，并降低了产品营销成本。统计数据显示，少量支持者就可以撬动大批量的消费者参与购买，提供了间接发掘长尾市场的新方式。

众筹的预售机制明确了购买者规模和价格承受能力，为生产者决定是否启动生产清除了不确定性障碍，甚至使得过去由于工艺落后或者销售不佳而退市的产品重见天日。在供需关系的推动下，生产者有较高的定价能力。小众消费者的人数虽少，但所需要小众产品的范围却有可能很广，这种广泛的“小众”需求不仅为手工制品生产者带来了前所未有的生产动力，也可显著降低单个产品的生产成本，使买卖双方均可由此获益。

## （四）商品众筹的包容性，使得众筹平台成为创新的热土

商品众筹网站宣传的口号多数基于“实现梦想”，而非产品本身。这种情感上的交流互动反映了众筹平台对创新和创业的包容。商品众筹的魅力不在于纯粹理性的商业投资，投资者对情感因素的考量经常超过产品质量、功能、耐用度等客观因素，其投资行为多带有支持、捐助和共同实验的目的。尤其对于小额投资者来说，很多时候项目的成败并不重要，支持他人的梦想、参与梦想实现的过程才是更重要的。充足的资金、热情的支持和宽松的氛围让创业者拥有了广阔的施展空间，从而能够充分发挥自己的才能，实现真正有价值的创新。

总之，商品众筹平台具备非常宽松、包容的文化氛围。这种建立于新型、平等的点对点交易结构和信任基础之上的文化氛围，在传统社会中则难以普遍达成，但互联网渠道、思维与精神却在支撑这种氛围方面发挥了重要作用。

## （五）商品众筹使人们更高层次的需求得到满足

众筹平台汇集了大量新奇的创业项目和文娱活动，多样的“商品”类型使得商品众筹平台表面上看起来类似于酷炫商品的在线预售市场。支持者通常基于情感需求，而非耐用性和功能性需求对该众筹项目做出资金支持。众筹平台与电商平台的最大区别在于：人们在电商平台上希望买到物美价廉的商品；在众筹平台上寻找的却是更高层次的需求满足感，支持者真正在寻找的是价值共鸣，产品或回报只是这一价值共鸣的附着物。

因此，销售只是众筹平台的一个次要环节，众筹平台存在的意义不在于销售产品，而在于鼓励创业和创新。从实现创意、孵化梦想到社会化创新实验，其中衍生出来的创新模式才是众筹的核心，而这远远超过了电商平台和概念所能承载的内容。

## （六）股权众筹改变了企业融资方式

传统的股权融资经常遭遇两个方面的问题：信息不对称与融资渠道单一。前者使得投融资双方需要承担非常高的显性、隐性成本才能达成合作；后者使得中小企业难以找到投资方。

众筹平台的出现使得信息展现与传递不再是制约性问题，任何登录众筹平台的人都可以看到项目发起人的创意展示。通过信息展示与交流，好计划很容易获得志同道合者的欢迎，从而激活长尾市场投资者的投资意愿，并吸引对项目有兴趣的专业投资人参与。

另外，众筹平台改变了创业者融资渠道单一的局面。早期创业项目融资难是一个世界范围内广泛存在的难题。囿于有限的投资机构和专业投资人，资金供不应求，创业者只能扎堆争夺少数投资机构或个人的有限资金，不得不把大量时间花费在拜访投资方、推销商业计划上，导致融资成本高昂。

通过股权众筹平台，初创企业面向公众融资。资金供应者从少数专业投资人和投资机构转变为普通公

众。在克服了地理、距离、信息传递等物理限制之后，每个普通人都可以基于情感支持或商业眼光，参与创业投资。众筹模式开创了人人皆可成为投资人的新模式，投资门槛远远低于传统投资模式，例如股权众筹网站 Funderable 甚至把允许的最低投资额降到了象征性的 1 美元。

因此，股权众筹不仅有利于融资人，也为普通人带来了接触初创企业和进行相关投资的机会。由于互联网的聚集效应，有吸引力的创业者可在短时间内获得大量投资者的小额投资——尽管单笔金额都很小，但是总额可能相当可观，这足以满足创业者的资金需求。在此过程中，创业者和投资人各取所需，以群体协作的方式，实现了社会化企业的构建。

股权众筹对传统融资方式的改变，折射出互联网金融发展的重要特点，那就是交易中介的扁平化，尽可能地将对中介的需要压缩到最小以逼近直接交易，但并非彻底的去中介化。其优点在于通过打造公共平台降低交易的中介成本，在此基础之上，再让价格机制发生作用——表现为企业的出让股价与筹资额，从而使成本降低直至达到一个“完备合同”的标准。

## 二、未来发展

### （一）众筹市场规模继续扩大，平台数目可能大增

根据咨询公司 Massolution 发布的《2013 年众筹行业分析报告》，众筹平台在 2012 年总共募集到了 27 亿美元，较上一年度增加 81%，资助了超过 100 万个项目。预计众筹的融资额度会在 2013 年超过 51 亿美元，较 2012 年翻一番。

面对如此高速成长的市场，大量新的众筹网站已在酝酿之中。尤其在未来，美国证券交易委员会（SEC）可能进一步开放众筹市场，允许国外众筹机构进入美国开展业务（前提是这些机构愿意接受相关的监管）。在股权众筹发展的最大障碍——合法性问题得到解决后，此前持观望态度的大量投资者很可能会进入这一市场，进一步扩大众筹平台的数量。甚至部分传统金融机构，例如风险投资基金，也会直接参与到股权众筹的大潮之中。

由于商品众筹的模式较为容易复制，传统的商业巨头也开始做出一些尝试。淘宝已经推出了名为“淘星愿”的众筹子频道（http://hi.taobao.com/），但截至 2013 年底尚未进行大力宣传，内容也不丰富。

### （二）众筹链条分工更加细化，更多第三方参与众筹生态链

众筹平台上相当比例的项目属于硬件创业，“创客”文化为众筹平台提供了大量的商业投资机会。资金只是生产启动的基础，而整个生产过程势必会直接、间接地影响到其他环节的参与者，例如设计商、制造商、物流公司、销售渠道等。单个产品从开始研发到最终送达消费者手中，需要经历多个环节。

随着众筹项目的增多和众筹平台的发展壮大，越来越多的第三方生产、服务机构将围绕众筹项目运作，形成众筹产业生态链。例如：专业的营销团队帮助众筹项目进行宣传、推广，以便帮助项目发起人获得足够的筹资金额；制造厂商、硬件孵化公司支持、指导众筹硬件的生产；商业咨询公司帮助项目发起人进行众筹产品的包装和营销；大型工厂对成功的众筹产品进行第二轮的大规模生产；电商网站、销售平台支持第二轮的大规模销售；风险资金、行业资本对成功的众筹项目团队进行投资。

目前，一批围绕众筹团队服务的营销公司已经出现，它们的主要任务是帮助众筹平台上的团队宣传自身项目，获得更多的口碑和资金。例如 Agency 2.0 为创业者拍摄宣传视频，通过微博、博客和邮件等渠道进行推广，曾帮助 Kreyos 智能手表项目在 Indiegogo 上筹款 150 万美元。Prefund 通过自家网站展示即将在 Kickstarter 等融资平台上线的项目，订阅者可在项目真正上线时收到通知；在 Prefund 上预先展示的项目，有

71% 最终成功筹资。

## （三）众筹平台也更加细化，可能涌现更多的垂直型众筹平台

众筹模式虽然面向普通百姓，但具有专业背景的投资人拥有能够筛选出更加具有投资价值项目的优势，从而获得更好的收益。特定行业人员的大量会集促成了垂直型众筹网站的产生，其中发展较快的是医疗行业众筹网站。Kickstarter 不允许发起涉及医疗的项目，VentureHealth、Med Start 等新上线的医疗众筹网站填补了这一块空白。

另一种发展较为迅速的垂直众筹是文化创意产业。国内的淘梦网专注于微电影众筹，通过帮助发起人募集启动资金、参与发行计划，达到最终成功发行的目的。类似的垂直平台，不但吸引了一些文化类项目，还迅速集结了一大批爱好者、专业制作者、合作者，甚至发行公司。可见，众筹已经开始形成较为完善的生产和销售链条。

垂直众筹的一个重要优势是投资者可以方便找到符合自己兴趣或专业知识的项目；创业者可以省略基础性的背景知识介绍，直接突出项目的创意和亮点，得到专业人士的反馈与建议。如果垂直型众筹网站能够突出专业性优势，找准定位，做到专而精，将拥有广阔的发展前景，成为连接大量生产（创作）者与消费者的有力纽带。

众筹平台专业性增强的另外一个表现是综合类平台也开始侧重于行业细分，并向某些固定行业倾斜，比较明显的是影视、音乐和科技类项目。国内综合性众筹平台的“偏科”趋势更加明显，筹资额度最高的项目基本上都是影音或者科技类产品。

## （四）流程管理将成为众筹平台竞争力的关键

无论是商品众筹还是股权众筹，其风险不仅体现于投资标的（如项目和企业）的选择，更体现于投后管理，即如何确保项目正常运作或企业健康发展，即使是有价值、有前景、可行性强的项目和企业，也会在执行过程中遇到各种主客观问题，导致失败，并使投资人血本无归。

投后管理的关键在于及时、准确的信息披露，异常事件的提早处理，重大事件的集体协商以及项目、企业失败后的资产处置。要在不显著提高企业信息披露和外部管理成本的前提下实现上述目标，实质上意味着企业流程管理的完善化、标准化与透明化。在这方面，众筹平台责无旁贷。

更重要的是，流程管理的作用不仅在于信息披露与风险防范，更在于协同运作。以初创团队的精力和经验，在创业初期势必会遇到种种困难；此时，众筹平台可发挥其中介作用，借助流程管理系统，协助对相关环节进行处理，并通过采用经验交流、集体协商、分工协作、联合议价等方式打通产业链上下游，为初创团队提供切实帮助。

众筹平台介入初创团队的流程管理，意味着它将演变为创业联盟平台，兼具创业辅导、孵化器、流程管理商和资产处置中介的职责，提供支持创业的全方位服务，而不仅仅局限于投资端。角色转变和职能扩展将使得众筹平台与初创企业建立更加紧密的联系，共同开发出全链条的一揽子解决方案，这势必有助于众筹平台形成自己的核心竞争力，避免以单纯吸引筹资项目为目的的粗放式业务发展模式，实现初创团队、平台、支持者的三方共赢。一些垂直众筹平台已经开始类似的尝试，但是工作尚不系统。

透明、标准化的流程管理同样有利于解决小型企业和众筹平台的监管成本问题，以更低成本实现有效监管；同步提升效率与安全，达成二者之间的更好平衡；在鼓励创新的同时降低投资者风险，保护投资者的权益。

第八章 CHAPTER 8

# 互联网金融监管与政策建议

# Internet Financial Regulation and Policy Recommendations

## 第一节　互联网金融监管的特殊性

与传统金融相比，互联网金融有两个突出的风险特征，在监管中要注意。

### 一、信息科技风险

随着互联网对金融的浸入，信息技术风险在互联网金融中更为突出。比如，计算机病毒、电脑黑客攻击、支付不安全、网络金融诈骗、金融钓鱼网站、客户资料泄露、身份被非法盗取或篡改等。中国银监会阎庆民副主席[1]认为，信息科技风险可以从风险来源、影响的对象及对责任单位的影响三个角度来理解。

信息科技风险的来源分为四类：①自然原因导致的风险。②系统风险，由信息系统相关软硬件缺陷引发，包括基础设施和硬件设备老化、应用和系统软件质量缺陷等。③管理缺陷导致的风险，主要体现在管理制度的缺失或组织架构的制衡机制不完善、管理流程不足。④由人员有意或无意的违规操作引起的操作风险。

信息科技风险影响的对象分为三类：①数据风险。金融服务反映在信息科技领域就是数据处理，一旦管理不善就容易出现客户信息泄露、资金差错等数据风险。②运行平台风险。金融服务涉及的数据处理都需要稳健的运行平台，硬件设备、网络、操作系统、数据库、中间件以及应用系统内在缺陷或管理差错，将影响信息系统运行平台的质量，出现运行平台风险。③物理环境风险。信息系统运行平台的安全运行有赖于适宜的物理环境，地震、雷雨、群体事件以及机房设备故障将影响机房供电、温度、湿度等，形成物理环境风险。

信息科技风险对组织的影响分为四类：①安全风险，即信息被篡改、盗用或被非授权组织使用的风险。②可用性风险，即由于系统的失败、自然灾害等导致信息或应用程序不可用的风险。③绩效风险，指由于系统、应用程序或人员的表现不佳，从而导致交易和运营效率降低及金融机构价值下降的风险。④合规风险，指对信息的处理加工不能满足法律、监管要求或 IT 和金融机构政策需求而导致金融机构声誉受损的风险。

1 阎庆民 . 银行业金融机构信息科技风险监管研究 [M]. 北京：中国金融出版社，2013.

对信息科技风险的主要监管手段包括[1]：非现场监管（使用监管指标）、现场检查、风险评估与监管评级、前瞻性风险控制措施，也可以使用数理模型来计量信息技术风险（比如基于损失分布法的计量方法）。

### 二、“长尾”风险

互联网金融因为拓展了交易可能性边界，服务了大量不被传统金融覆盖的人群（即所谓“长尾”特征），使得互联网金融具有非常不同于传统金融的风险特征。第一，互联网金融服务人群的金融知识、风险识别和承担能力相对欠缺，属于金融系统中的弱势群体，容易遭受误导、欺诈和不公正待遇。第二，他们的投资小额而分散，作为个体，投入精力监督互联网金融机构的成本远高于收益，所以“搭便车”问题更突出[2]，针对互联网金融的市场纪律更容易失效。第三，个体非理性和集体非理性更容易出现。第四，一旦互联网金融出现风险，从涉及人数上衡量（涉及金额可能不大），对社会的负外部性很大。总的来说，鉴于互联网金融的“长尾”风险，强制性的、以专业知识为基础的、持续的金融监管不可或缺，而金融消费者保护尤为重要。

## 第二节　互联网金融的功能监管

功能监管的核心是根据互联网金融的业务和风险来设定监管。互联网金融机构，如果实现了与传统金融类似的功能，就应该接受与传统金融一致的监管；不同的互联网金融机构，如果从事了相同业务，产生了相同风险，就应该受到相同的监管。否则，就容易造成监管套利，既不利于市场公平竞争，也会产生风险盲区。与功能监管相对应的是机构监管。尽管对互联网金融而言，从机构监管角度更容易把监管问题说清楚，但功能监管涉及监管基本理论和方法论，所以有必要在机构监管之前讨论。

功能监管主要是针对风险的监管，基础是风险识别、计量、防范、预警和处置。与传统金融一样，在互联网金融中，风险指的仍是未来遭受损失的可能性，市场风险[3]、信用风险[4]、流动性风险[5]、操作风险[6]、声誉风险[7]和法律合规风险[8]等概念和分析框架对互联网金融都适用。互联网金融也存在误导消费、夸大宣传、欺诈等问题。因此，在功能监管方面，互联网金融与传统金融没有显著差异，也可以分成审慎监管、行为监管、金融消费者保护等三种主要类型（尽管具体措

1 具体监管措施，可参看前述阎庆民的著作。
2 可参考第八章对众筹融资中“搭便车”问题的讨论。
3 因市场价格的不利变化而发生损失的风险。
4 因债务人不履行还本付息义务而发生损失的可能性。
5 无法及时获得充足资金或无法以合理成本及时获得充足资金以应对资产增长或支付到期债务的风险。
6 由不完善或有问题的内部程序、员工和信息科技系统以及外部事件造成损失的风险。
7 由经营、管理及其他行为或外部事件导致利益相关方对金融机构负面评价的风险。
8 金融机构因未能遵循法律法规、监管要求、规则、自律性组织制定的有关准则，以及适用于金融机构自身业务活动的行为准则，而可能遭受法律制裁或监管处罚、重大财务损失或声誉损失的风险。

施与传统金融可能不同）。

## 一、审慎监管

审慎监管[1]的目标是控制互联网金融的外部性，保护公众利益。根据微观经济学理论，外部性指的是经济主体的行为可通过价格机制之外的渠道，直接影响其他消费者的福利或其他厂商的生产能力；如果不对市场施加额外限制，在外部性为正时，均衡水平会低于社会最优水平，而在外部性为负时，均衡水平会高于社会最优水平——金融领域一般属于后一种情形。审慎监管的基本方法论是，在风险识别的基础上，通过引入一系列风险管理手段——一般体现为监管限额，控制互联网金融机构的风险承担行为以及对社会造成的负外部性——特别在事前，从而使外部性行为达到社会最优水平。

目前看，互联网金融的外部性主要是信用风险的外部性和流动性风险的外部性。对这两类外部性，可以借鉴银行监管中的相关做法[2]，按照“内容重于形式”原则，设计针对互联网金融的监管措施。

### （一）针对信用风险的外部性的监管

部分互联网金融机构从事了信用中介活动。比如，在P2P网络贷款中，一些P2P平台直接介入借贷链条，或者为借贷活动提供担保，总的效果都是承担了与借贷有关的信用风险。因此，这类互联网金融机构就会产生信用风险的外部性。它们如果破产，不仅会使相关债权人、交易对手的利益受损，也会使具有类似业务或风险的互联网金融机构的债权人、交易对手怀疑自己机构的清偿能力，进而产生信息上的传染效用。根据国务院办公厅2013年《关于加强影子银行监管有关问题的通知》（即“107号文”）的精神，从事信用中介活动的互联网金融机构，如果不持有金融牌照，并且完全无监管，就属于影子银行，需要由中国人民银行会同有关部门共同研究制定监管办法。

对信用风险的外部性的监管，可以参考银行业的做法。在Basel Ⅱ和Ⅲ下，银行为保障在信用风险冲击下仍具有持续经营能力，需要计提资产损失准备金和资本。其中，损失分为预期损失和非预期损失两种，预期损失是未来可能损失的平均值，不是真实的风险，可以用资产损失准备金来覆盖；非预期损失是指损失围绕预期损失的波动，是真正的风险，必须用资本来覆盖。具体体现为不良资产拨备覆盖率、资本充足率等监管指标。

比如，P2P平台普遍划拨部分收入到风险储备池（比如贷款总额的2%），用于保障投资者的本金。风险储备池在功能上与银行资产损失准备金、资本相当，那么如何确定风险储备池的适当规模？银行资本充足率要求是8%，而资本充足率等于资本除以风险加权资产，资产的平均风险权重一般在50%左右，因此银行资本约占资产的4%。按此类推，P2P平台的风险储备池应为贷款总额的4%。当然，这只是一个“信封背面的计算”（back-of-the-envelope calculation），主要为说明相关监管逻辑，风险储备池的具体标准应根据风险计量来确定。

### （二）针对流动性风险的外部性的监管

部分互联网金融机构进行了流动性或期限转换。

---

1 审慎监管分为微观审慎监管和宏观审慎监管两大类。微观审慎监管指的是针对单个互联网金融机构安全和稳健的监管。宏观审慎监管指的是针对互联网金融对金融系统安全和稳健以及实体经济的影响的监管。

2 谢平，邹传伟．银行宏观审慎监管的基础理论研究[M]. 北京：中国金融出版社，2013.

比如，信用中介活动经常伴随着流动性或期限转换。再比如，在以余额宝为代表的“第三方支付＋货币市场基金”合作产品中，投资者随时可以赎回自己的基金份额，但基金头寸的期限则要长一些。这类互联网金融机构就会产生流动性风险的外部性。它们如果遭受流动性危机，会冲击银行等交易对手的流动性，并会使具有类似业务或风险的互联网金融机构的债权人、交易对手怀疑自己机构的流动性状况，也会产生信息上的传染效用。此外，金融机构在遭受流动性危机时，通常会通过出售资产来回收现金，以满足流动性需求。短时间内大规模出售资产会使资产价格下跌。在公允价值会计制度下，持有类似资产的其他金融机构也会受损，在极端情况下，甚至会出现“资产价格下跌→引发抛售→资产价格进一步下跌”的恶性循环。

对流动性风险的外部性的监管，也可以参考银行业的做法。Basel Ⅲ引入了两个流动性监管指标——流动性覆盖比率（Liquidity Coverage Ratio, LCR）和净稳定融资比率（Net Stable Funding Ratio, NSFR）。其中，流动性覆盖比率已经开始实施，要求银行在资产方留有充足的优质流动性资产储备，以应付根据流动性压力测试估计的未来 30 天内净现金流出量。净稳定融资比率的监管逻辑与之类似。

对“第三方支付＋货币市场基金”合作产品，应该通过压力测试估算投资者在大型购物季、货币市场大幅波动等情景下的赎回金额，并据此对货币市场基金的头寸构成进行限制，确保有足够比例的高流动性头寸——当然，这会牺牲一定的收益性。

## 二、行为监管

行为监管包括对互联网金融基础设施、互联网金融机构以及相关参与者行为的监管，主要目的是使互联网金融交易更安全、公平和有效。在一定意义上，行为监管是对互联网金融的运营优化，主要内容如下：

第一，对互联网金融机构的股东、管理者的监管。一方面，在准入审查时，排除掉不审慎、能力不足、不诚实或有不良记录的股东和管理者。另一方面，在持续经营阶段，严格控制股东、管理者与互联网金融机构之间的关联交易，防止他们通过资产占用等方式损害互联网金融机构或者客户的合法权益。

第二，对互联网金融有关资金、证券的存放、托管、交易和清算系统的监管。一方面，提高互联网金融运行效率，控制操作风险。另一方面，平台型互联网金融机构的资金与客户资金之间要有效隔离，防止挪用客户资金、卷款“跑路”等风险。

第三，要求互联网金融机构有健全的组织结构、内控制度和风险管理措施，并有符合要求的营业场所、IT 基础设施和安全保障措施。

## 三、金融消费者保护

金融消费者保护，即保障金融消费者在互联网金融交易中的权益。金融消费者保护与行为监管有紧密联系，因此有学者认为金融消费者保护属于行为监管。我们之所以将金融消费者保护单列出来，是因为金融消费者保护主要针对互联网金融服务的“长尾”人群，而行为监管主要针对互联网金融机构。

金融消费者保护的主要背景是消费者主权理论以及信息不对称下互联网金融机构对消费者权益的侵害[1]。要认识到，互联网金融机构与金融消费者两方的利益不完全一致，互联网金融机构健康发展——这主要是审慎监管和行为监管的目标，不足以完全保障金融消

1 谢平 . 金融监管消费者至上 [N]. 财新《新世纪》,2010-10-18.

费者权益。

现实中，由于专业知识的限制，金融消费者对金融产品的成本、风险、收益的了解根本没有办法和互联网金融机构相比，处于知识劣势，也不可能支付这方面的学习成本。后果是，互联网金融机构掌握金融产品内涵信息和定价的主导权，会有意识地利用金融消费者的信息劣势开展业务。经济学上称之为隐含欺诈倾向（或准欺诈），但不一定构成法律定义上的“欺诈”。此外，互联网金融机构对金融消费者有“锁定效应”[1]，欺诈行为一般比较隐蔽，不能被市场竞争消除，也即金融消费者发现欺诈行为后，也不会另选机构。

针对金融消费者保护，可以进行自律监管。但如果金融消费者没有很好的低成本维权渠道，或者互联网金融机构过于强势，而自律监管机构又缺乏有效措施，前述准欺诈行为一般很难得到制止和处罚，甚至无法被披露出来。在这种情况下，自律监管面临失效，政府监管机构就需要作为金融消费者的代理人实施强制监管权力，主要采取以下措施。

第一，要求互联网金融机构加强信息披露，产品条款要简单明了、信息透明，使金融消费者明白其中风险和收益的关系。

第二，要赋予金融消费者维权的渠道。一是赔偿机制。买电器碰到“假冒伪劣”可以赔偿，买金融产品遇到误导消费、夸大宣传、欺诈等问题也应该可以索赔。二是诉讼机制。美国原来规定只有股票投资可以集体诉讼，在这轮国际金融危机后允许金融消费者在遭遇金融产品欺诈时，上告银行、保险公司和证券公司，代销者也被规定负有连带责任。这一诉讼机制可以用在互联网金融的消费者保护中。

第三，利用金融消费者的投诉及时发现监管漏洞，要求互联网金融机构改进（现实生活中有些互联网金融机构的“准欺诈产品”，监管者难以发现）。

第四，利用互联网平台扩大金融消费者“维权投诉”的信息扩散效果。一个金融消费者发现某个互联网金融机构的某个产品有问题后，一旦在网上公布，可使其他消费者“搭便车”，扩大保护作用。这相当于利用了社交网络和大数据的原理。

## 第三节　互联网金融的机构监管

在本报告所列的互联网金融的 6 种主要类型中，急需建立监管的是 P2P 网络贷款和众筹融资，其他几类或多或少有一定监管框架，所以这一节重点讨论对 P2P 网络贷款和众筹融资的监管。需要说明的是，机构监管隐含的前提是，同类机构从事的业务和产生的风险类似，因此适用于类似的监管。但互联网金融已经出现了混业迹象。在这种情况下，就需要根据互联网金融机构具体的业务、风险，从功能监管角度制定监管措施，同时加强监管协调。

### 一、目前已有的监管框架

第一，在金融互联网化方面，网络银行、手机银行、网络证券公司、网络保险公司和网络金融交易平台（见第一章）的核心是互联网对银行、证券公司、保险公司和交易所等传统金融中介和市场的物理网点和人工服务的替代。大数据在信用评估、网络贷款（不管是以银行为载体，还是以小贷公司为载体）、证券投资、

1《Lending Club 简史》（Renton,Peter.The Lending Club Story: How the World’s Largest Peer to Peer Lender is Transforming Finance and How You Can Benefit,Renton Media LLC[M]. 第一财经新金融研究中心，译 . 北京：中国经济出版社，2013）就指出：借款人如果在某个（P2P）平台上留下了过高的债务占收入比记录，也很难从其他平台借款；对于放款人而言，熟悉了某个平台之后也会产生依赖性；对于借款人和放款人而言，转换平台的成本都是非常高的。

保险精算中的应用，主要是改进相关金融活动的信息处理环节。相对传统金融中介和市场而言，这些互联网金融机构尽管信息更透明、交易成本更低、资源配置效率更高，但金融功能、风险特征变化不大，所以针对传统金融中介和市场的监管框架和措施也都适用，但需要加强对信息科技风险的监管[1]。相关法律法规和监管框架可以在“一行三会”网站上查到。

第二，对移动支付和第三方支付，中国已经建立起了一定的监管框架，包括《反洗钱法》《电子签名法》和《关于规范商业预付卡管理的意见》等法律法规，以及中国人民银行的《非金融机构支付服务管理办法》《支付机构预付卡业务管理办法》《支付机构客户备付金存管办法》和《银行卡收单业务管理办法》等规章制度，这些都可以在中国支付清算协会网站上查到。

第三，对金融产品的网络销售，监管重点是金融消费者保护，严控误导消费、夸大宣传、欺诈等问题。《证券投资基金销售管理办法》第三十五条规定：“基金宣传推介材料必须真实、准确，与基金合同、基金招募说明书相符，不得有下列情形：（一）虚假记载、误导性陈述或者重大遗漏；（二）预测基金的证券投资业绩；（三）违规承诺收益或者承担损失……（五）夸大或者片面宣传基金，违规使用安全、保证、承诺、保险、避险、有保障、高收益、无风险等可能使投资人认为没有风险的或者片面强调集中营销时间限制的表述；（六）登载单位或者个人的推荐性文字。”银监会对理财产品和信托产品等也有明文规定，绝对不能保证收益率，只能是预期收益率，并要向投资者反复强调，投资有风险，买者自负的基本原理。2014 年 1 月，浙江证监局开出了针对互联网理财产品的首张罚单，认定数米基金公司宣传资料中存在“最高可享 8.8% 年化收益”等不当用语，责令其限期改正。

对以余额宝为代表的“第三方支付 + 货币市场基金”合作产品，鉴于可能的流动性风险，应参考美国在这轮国际金融危机后对货币市场基金的监管措施：

一是要求“第三方支付 + 货币市场基金”合作产品如实向投资者揭示风险，避免投资者形成货币市场基金永不亏损的错误预期。《证券投资基金销售管理办法》第四十三条规定：“基金宣传推介材料中推介货币市场基金的，应当提示基金投资人，购买货币市场基金并不等于将资金作为存款存放在银行或者存款类金融机构，基金管理人不保证基金一定盈利，也不保证最低收益。”

二是要求“第三方支付 + 货币市场基金”合作产品如实披露头寸分布信息[2]（包括证券品种、发行人、交易对手、金额、期限、评级等维度）和资金申购、赎回信息。

三是要求“第三方支付 + 货币市场基金”合作产品满足平均期限、评级和投资集中度等方面的限制条件，确保有充足的流动性储备来应付压力情景下投资者的大额赎回。

## 二、对 P2P 网络贷款的监管

理论上，如果 P2P 网络贷款走纯粹的平台模式（既不承担与贷款有关的信用风险，也不进行流动性或期限转换），而且投资者风险足够分散，对 P2P 平台本身不需要引入审慎监管。这方面的代表是美国。

以 Lending Club 和 Prosper 为代表的 P2P 网络贷款具有以下特点：①投资人和借款人之间不存在直接债权债务关系，投资人购买的是 P2P 平台按美国证券法

1 中国对非中央政府办的各种金融交易平台一直持保留态度。2011 年，国务院曾出台《关于清理整顿各类交易场所切实防范金融风险的决定》（“38 号文”）。
2 不一定是每个头寸的详细信息。

注册发行的票据（即收益权凭证），而给借款人的贷款，先由第三方银行提供，再转让给 P2P 平台；②票据和贷款之间存在镜像关系，借款人每个月对贷款本息偿付多少，P2P 平台就向持有对应票据的投资人支付多少；③如果借款人对贷款违约，对应票据的持有人不会收到 P2P 平台的支付（即 P2P 平台不对投资人提供担保），但这不构成 P2P 平台自身违约；④个人征信发达（比如 FICO 信用评分），P2P 平台不用开展大量线下尽职调查。在此情况下，美国 SEC 监管的重点是信息披露，而非 P2P 平台的运营情况。P2P 平台必须在发行说明书中不断更新每一笔票据的信息，包括对应贷款的条款、借款人的匿名信息等。这里面特别要注意美国证券法提供的资本工具灵活性——收益权凭证既是 P2P 网络贷款运行框架的核心，也是对 P2P 网络贷款进行监管的“抓手”。

与美国情况相比，中国 P2P 网络贷款有很大特殊性，主要表现为：①在个人征信系统不完善的情况下，线上信息不足以满足信用评估的需求，普遍开展线下尽职调查；②老百姓习惯了“刚性兑付”，没有担保很难吸引投资者，P2P 网贷平台普遍划拨部分收入到风险储备池，用于保障投资者的本金；③“专业放贷人 + 债权转让”模式，目标是更好地连接借款者的资金需求和投资者的理财需求，主动、批量开展业务，而非被动等待各自匹配；④大量开展线下推广活动，金融消费者保护亟待加强。总的来说，中国 P2P 网络贷款更接近互联网上的民间借贷。

截至 2013 年底，中国 P2P 网络贷款无论在机构数量上，还是在促成的贷款金额上，都超过了其他国家。P2P 网络贷款在“中国化”过程中产生了很多特有的商业模式、运营机制和风险隐患。针对 P2P 网络贷款行业鱼龙混杂的局面，一些监管者已经表示了担忧。中国人民银行刘士余副行长（也是国务院“互联网金融发展与监管”课题组组长）在 2013 年 12 月 4 日支付清算协会互联网金融专业委员会成立大会上指出，作为政府部门，绝不姑息违法犯罪和欺诈行骗，央行和金融监管部门一定会配合公安机关和各级政府出重拳打击，以促进正常互联网金融健康发展，非法集资、非法吸收公众存款两个红线不能碰，尤其 P2P 平台不可以办资金池。

我们认为，对 P2P 网络贷款要引入以下监管措施，核心理念是“放开准入，活动留痕，事后追责”。

## （一）准入监管

（1）建立基本准入标准。P2P 平台的董事、监事和高管要具有一定金融知识和从业经验，要通过一定背景审查（比如，具有良好的职业道德、没有不良记录）。P2P 平台要具备基本的经营条件。比如，在 IT 基础设施方面，要有条件管理和存放客户资料和交易记录，要有能力建立风险管理体系。

（2）建立“谁批设机构，谁负责监管和风险处置”的机制——这也是国务院办公厅 2013 年《关于加强影子银行监管有关问题的通知》的精神之一。

## （二）运营监管

（1）P2P 平台仅限于从事金融信息服务业务，为投资者和借款者建立直接对应的借贷关系，但 P2P 平台本身不能直接参与借贷活动，不得因为技术手段的改进而超范围经营。

（2）如果 P2P 平台通过风险储备池等方式承担了贷款的信用风险，必须遵从与银行不良资产拨备、资本相当的监管标准，确保风险储备池有足够的风险吸收能力。这个要求的核心目标是使 P2P 平台的业务规模与风险承担能力相适应，保障持续经营能力。

（3）P2P 平台必须严格隔离自有资金与客户资金，客户资金由第三方账户管理，比如，与中国人民银行核准的第三方支付机构合作，P2P 平台不得以任何方式挪用客户资金。

（4）P2P 平台要了解自己的客户（Know Your Customers，KYC），采取有效手段对客户身份进行识别和认证，防范不法分子进行交易欺诈、融资诈骗、违规套现等活动。

（5）P2P 平台要建立合格投资者制度，确保投资者有足够的金融知识、风险识别和承受能力以投资于 P2P 网络贷款，比如，要求投资者满足一定的收入和财产门槛。

（6）P2P 平台不得进行虚假宣传、误导陈述。

### （三）信息监管[1]

（1）P2P 平台必须完整地保存客户资料（包括申请和信用评估资料）、借贷两端客户匹配信息以及客户借贷、还款等交易信息，以备事后追责。

（2）P2P 平台不得虚构债权或篡改借贷信息，P2P 平台的股东或工作人员如果在自家平台上融资，要如实披露信息，防止利益冲突和关联交易。

（3）P2P 平台要充分履行风险告知义务，确保投资者和借款者明确自身的权利义务（包括借贷金额、期限、利率、服务费率、还款方式等），保障客户的知情权和选择权。

（4）P2P 平台要如实披露经营信息，包括公司治理情况（比如“三会一层”构成）、平台运营模式（比如信用评估方法、借贷双方匹配机制、客户资金管理制度、是否提供担保等）、业务数据（比如交易额、累计用户数、平均单笔借款金额、投资人收益情况、不良贷款指标等），供客户参考。

（5）P2P 平台要保障客户信息安全，防止客户信息的灭失、损毁和泄露，不利用客户信息从事超出法律许可和未经客户授权的活动。

## 三、对众筹融资的监管

中国目前因为《证券法》对投资人数的限制（不超过 200 位），众筹融资主要限于艺术类创意项目的“慈善性捐款”融资，没有扩展到中小企业的股权融资，无法为中小企业与资本市场的对接搭建平台，但也不会产生很大金融风险。未来，如果中国允许众筹融资以股权形式给予投资者回报，就需要在证券监管框架下对众筹融资进行监管。这方面，美国 JOBS 法案值得借鉴。该法案基于美国强大的征信系统和良好的证券监管机制，对众筹融资的参与方进行权利义务的分配，以达到保护投资者和促进投融资两者的平衡，要点如下：

### （一）对发行人的限制

（1）要求在美国 SEC 备案，并向投资者和众筹融资平台披露规定的信息，主要是财务报告（根据募资的多少披露不同程度的财务报告），高管、董事和持股 20% 以上股东的信息，募资用途、发行额、募资截止期限以及募资达标过程中的定期通报。

（2）不允许通过广告进行宣传，但是可以在众筹融资平台上进行宣传。

1 信息监管是监管的重点。

（3）披露支付给众筹融资平台的报酬。

（4）每年应向SEC和投资者提供公司运营情况和财务情况的报告。

（5）每年通过众筹融资平台募资总额不超过100万美元。

### （二）对众筹融资平台的限制

（1）必须在SEC登记为经纪商或者“集资门户”（Funding Portal）。

（2）必须在自律监管性组织登记注册（Self-Regulatory Organization，SRO）。

（3）必须向投资者披露募资风险的相关信息并进行投资者风险教育。

（4）必须采取措施减少众筹融资中的欺诈现象。

（5）在融资预定目标未能完成时，不得将所筹资金给予发行人。

（6）确保投资者没有超过投资额度的限制。

（7）采取必要措施保护投资者的隐私。

（8）禁止他人通过提供潜在投资者个人信息给众筹融资平台而获利。

（9）禁止众筹融资平台与发行人有利益关联。

（10）允许投资者在证券发行时取消购买承诺。

### （三）对投资者的限制[1]

（1）如果个人投资者年收入或净资产少于10万美元，则投资限额为2000美元或者年收入或净资产5%中孰高者。

（2）如果个人投资者年收入或净资产中某项达到或超过10万美元，则投资限额为该年收入或净资产的10%。

### （四）互联网金融的监管协调

互联网金融的监管协调也是一个重要问题。目前，中国采取银行、证券、保险“分业经营，分业监管”框架，同时金融监管权高度集中在中央政府。但互联网金融已经出现了混业迹象。比如，在金融产品的网络销售中，银行理财产品、证券投资产品、基金、保险产品、信托产品完全可以通过同一个网络平台销售。再比如，余额宝就混合了第三方支付与货币市场基金，在一定意义上还涉足广义货币。另外，互联网金融机构大量涌现，规模小而分散，业务模式层出不穷，统一的中央金融监管可能“鞭长莫及”。所以，互联网金融机构的牌照发放、日常监管和风险处置责任，在不同政府部门（主要是“一行三会”和工信部）之间如何分担，在中央与地方政府之间如何分担，都是非常复杂的问题。

2013年8月，中国国务院为进一步加强金融监管协调，保障金融业稳健运行，同意建立由中国人民银行牵头的金融监管协调部际联席会议制度，职责之一就是“交叉性金融产品、跨市场金融创新的协调”。中共十八届三中全会提出，“完善监管协调机制，界定中央和地方金融监管职责和风险处置责任”。应该说，互联网金融的监管协调的制度框架已现雏形。

## 第四节 政策建议

截至2013年底，通过不断的探索和试错，全世界在互联网金融领域已经形成了一个初步的监管框架。第一，对第三方支付有一个牌照的概念；第二，以网络形式存在，不依托物理网点的银行、券商、保险公司、

1 投资者适当性监管。

小贷公司（比如阿里小贷），传统的金融监管仍然适用；第三，对金融产品的网络销售的监管；第四，互联网货币监管目前在美国、德国已经开始进行，对比特币的监管也已经出台了一套办法；第五，众筹监管的核心是对投资人数的限制，如美国的 JOBS 法案。

除了以上实践性的探索，根据我们对互联网金融内涵、形态和风险的探讨，我们认为未来还可以从以下七大方面，原则性地对互联网金融的规范发展进行思考。金融互联网化、移动支付和第三方支付、P2P 网络贷款等六种形态的互联网金融尽管各有独特的特点，在三大支柱上的创新也各有侧重，但从引导和规范的角度来说，它们之间具有较强的相似性和共通性，因此在下面的讨论中，我们对各类型的互联网金融暂不做明确的区分，只提出原则性建议。在实践过程中，政府可根据不同类型互联网金融的性质和其所处的发展阶段，适度予以把握，制定具体的引导和规范方案。这七个原则性的方面包括：

## 一、健全完善相关法律制度

截至 2013 年底，中国对互联网金融进行专门立法的条件尚未成熟，当务之急是要在现有立法的基础上，对相关制度规定进行补充、修订和完善，加强信息披露，降低信息不对称，以最大限度保护借贷双方交易的安全性，具体可在以下几方面着手：

首先，建立并完善互联网金融的统计调查和风险监测分析体系。尽快将互联网金融纳入金融业综合统计体系，特别是把网络信贷资金纳入社会融资总量的统计范围，要求互联网金融机构定期报送有关资产负债、流动性以及财务资金状况等方面数据报表和重大事项报告，建立与之相关的统计监测指标体系；同时，加强对互联网金融机构日常风险的监测分析和风险预警，定期排查和消除风险隐患，对有关机构的风险行为及时进行提示和纠正，避免出现区域性金融风险。

其次，针对互联网金融机构的特点完善监管制度。例如建立统一的 CA 安全认证中心，加强对客户认证、电子货币发行与流通、网络金融犯罪等问题的研究，以实时出台电子签名、票据管理、反洗钱和征信管理等方面的配套规则；以立法的形式明确互联网金融信贷机构的身份和地位，对其组织形式、资格条件、经营模式、风险防范和监督管理等做出规定；提升第三方支付监管制度的法律层级，尽快出台备付金存款、预付卡发行与管理以及违规经营退市等配套管理办法。

最后，推动互联网金融行业自律组织建设，发挥行业自律管理作用。例如英国三家最大的网络信贷机构 Zopa、Funding Circle、RateSetter 从维护个人消费者和小型企业利益的角度出发，成立了网络信贷融资协会，通过加强行业自律管理，弥补政府监管力度的不足。可以借鉴英国、日本的相关经验，采取建立互联网金融行业协会等自律组织的方式，填补在立法修订过程中的规范及监管空白，由自律组织充当“准政府机构”，通过加强行业自律管理，规范和引导互联网金融机构行为。

## 二、提高互联网金融市场透明度

信息透明是确保任何一个金融市场健康发展的基石。2008 年金融危机中最为人们所诟病的问题之一就是场外衍生品市场信息的不透明，导致它成为各类高风险交易的土壤和温床。也正因为如此，2008 年之后的全球金融监管改革无一不把增加金融市场透明度作为金融市场立法和监管制度完善的重要目标。

在互联网金融的发展和规范中，我们可以借鉴这一全球性的金融监管趋势，努力提高互联网金融市场透明度。可以考虑建立互联网金融交易信息库机制，确保交易信息库收集、储存并向公众和监管者报告互联网金融交易的全部数据。这些数据既应包括成交金额、期限、利率、服务费率等交易数据，也应包括客户融资申请资料、第三方信用评估等客户关联数据，且监管机构和公众应被允许便捷地利用该信息库获得自己所需的信息。监管当局可在必要时采取立法措施，消除限制信息收集和发布的法律障碍。

通过信息库，监管者能够对互联网金融市场的风险敞口有一个清晰的认知，在市场出现混乱时，信息库所提供的权威信息能够帮助监管者及时控制市场风险并稳定市场情绪。不仅如此，信息库的建立还能够协助监管者打击互联网金融市场操纵、舞弊和其他市场滥用行为。而且由于它也对公众开放，投融资双方均可通过进入信息库来核对相关的交易细节，以降低发生争议的可能性。

## 三、严格互联网金融市场准入

互联网金融作为一种新型的融资模式，在其发展初期必然鱼龙混杂，良莠不齐，此时由于市场并未发展健全，单纯依靠市场机制可能无法实现优胜劣汰的筛选。因此政府机构可在初期对互联网金融的市场准入进行管理，设立基本的准入标准。这些标准既包括针对互联网金融企业本身的要求，如是否具备合格的经营设施和条件，业务流程是否规范，是否具有良好的风险管控体系等，也包括针对高管从业资格和从业行为的要求，如互联网金融企业的高级管理人员需要具有一定的金融知识和从业经验，并能够通过一定的背景审查等。不仅如此，相关机构还可以在必要时引入一定程度的行政化手段，如实行牌照准入制，只有互联网金融企业在信息技术水平、业务流程、风险控制等方面符合准入标准之后，才可以进入市场。

需要说明的是，行政化手段与互联网精神相悖，它在一定程度上限制了互联网金融发挥其核心优势的能力，因此它必须只是一个仅在初期使用的、临时性的措施。一旦某一形态的互联网金融行业开始成形，它就应当立即退出，让权于行业自律组织，由自律组织自发性地制定行业标准，规范从业行为。

## 四、规范互联网金融企业行为

无论是通过政府监管还是行业自律的方式，互联网金融企业的行为都有必要受到一系列的约束，以确保行业的健康发展和金融体系的平稳运行。在这一点上，互联网金融企业与传统金融机构并无不同。

资金方面，互联网金融企业需严格隔离自有资金与客户资金，防止出现资金挪用、混用的情况，掩盖真实风险敞口。提供平台服务的互联网金融企业，可引入第三方机构负责资金托管，代理互联网金融企业在投资方账户、企业账户与融资方账户之间进行资金划转，保证资金的安全性。

业务方面，由于互联网金融属于创新性很强的行业，为鼓励创新，原则上只需互联网金融企业所从事的业务符合准入要求，不应对所经营业务范围做额外的限制。然而，在互联网金融发展的初期，考虑到风险在金融体系内的传染性，为维护金融稳定，可针对某些特定的、风险外部性较强的互联网金融形态，采取一定措施，以限制其业务范围。例如 P2P 网络贷款平台，现阶段可明确规定平台本身不得直接参与信贷交易，且不允许向投资者提供投资建议或推荐，避免承担贷款的信用风险。

信息方面，互联网金融企业有如实披露融资项目信息的义务，不得虚构或篡改信息，或对投资者做出误导陈述和虚假宣传，并依法保障客户信息安全，防止客户信息的损毁和非法泄露，不得利用客户信息从事超出法律许可和未经客户授权的活动。互联网金融企业还应满足所在行业的信息披露要求，积极向监管机构或公众提供相应的业务及运营数据。

此外，互联网金融企业还需要了解自己的客户，采取有效手段对客户身份进行识别和认证，防范不法分子进行交易欺诈、融资诈骗、违规套现等违法活动。

## 五、强化技术防范，加强风险控制

网络金融安全防范中，技术防范是关键。金融企业应制定全面周密的软硬件装备升级换代方案，及时引进和应用符合国家安全标准，具有较高安全系数的金融电子化软件平台和金融电子设备核心技术，保证计算机应用软件的不断升级，维护网络系统健康运行。要配备性能良好的内外网络防火墙、病毒防御与杀毒软件，定期升级，严格网络登录口令管理等。要采用数字证书等较高级别的网络加密技术，设置交易中的客户身份认证和交易密码。此外，要对网络信息安全产品进一步加大投入，研发网络安全系统、语音鉴别系统、电子转账系统、智能卡识别系统、管理信息系统等，提高金融装备国产化水平，夯实金融安全基础。

网络金融机构要参照相关的法规条例，制定各项安全管理制度，包括业务操作规程、计算机网络、数据库、病毒防治、密钥等安全管理制度。要加强人员变动管理，及时注销、移交和变更原有的密钥等信息资料。要建立数据备份中心，实现数据可追溯性。掌控网络金融风险重在预警评估与防范，建立网络金融风险预警机制，专人监控业务运行，加工处理数据，研究数据指标；制定网络金融风险应急处理预案，发现指标逼近预警线，果断采取风险防范措施。

## 六、加强互联网金融投资者权益保护

互联网金融由于具有明显的普惠性，涉及的公众投资者通常数量众多，且金融知识、风险识别能力参差不齐，因此，加强投资者教育、完善投资者保护机制是政府部门监管工作的重中之重。具体来说，它包括以下几项措施：

一是健全投资者适当性制度，严格投资者适当性管理。投资者适当性制度是投资者保护中不可或缺的一项重要制度性保障，其核心在于将适合的产品和服务提供给适当的投资者。监管机构有必要建立规范的投资者分类标准和统一的投资者适当性管理规范，同时，明确互联网金融企业的适当性管理责任，健全各类自律规则的要求。

二是建立多元化的纠纷解决和赔偿机制。互联网金融的投资者大多为中小投资者，其在资金实力、法律专业能力等方面受到制约，往往无法正确使用法律手段进行纠纷处理。因此监管机构有义务完善投诉处理机制，加强与司法机关的协调配合，建立健全互联网金融投资者的维权渠道，并重视发挥行业自律组织作用，为互联网金融投资者权益保护提供专业服务、咨询和援助。

三是强化投资者教育。成熟的投资者群体有利于互联网金融市场的理性和健康发展，适当机制的投资者教育，可以帮助互联网金融投资者增加金融知识、提高投资技巧、增强理解风险的信心，使他们更理智地做出决策，知悉如何寻求帮助，提高金融消费水平。因此相关机构应积极开展教育宣传，普及互联网金融知识，帮助投资者提高风险意识和自我保护能力，并督促互联网金融企业将投资者教育纳入业务流程的各个环节。

## 七、积极推动监管合作

互联网金融兼具互联网和金融两个行业的双重特征，且普遍存在跨界、跨领域经营的情况，从国际通行实践看，不宜对互联网金融采取单一主体监管和机构监管的方式，而是应以功能监管和行为监管为主，加强部门之间的合作，以避免出现监管真空地带，同时保证监管的灵活性。例如，美国证券监管机构从功能监管的角度，将个人房贷者购买网络信贷机构的贷款份额、参与放贷的行为认定为证券投资行为而非普通的借贷行为，要求其接受美国证券法律的约束。

不仅如此，未来随着各国金融市场的不断开放，以及金融全球化趋势的不断发展，互联网金融必然不仅仅局限于为某一国家或地区的客户提供服务，它的服务对象将遍及全球。这一方面有利于行业发展，使客户能够在全球范围内进行资金配置，另一方面也意味着金融风险跨境传播的速度将不断加快。届时如果没有统一的监管标准，互联网金融企业往往会不断突破监管底线，进行监管套利，增加全球金融体系的系统性风险。

由于互联网金融兴起的时间并不太长，目前各国的互联网金融监管均处于探索期，这为各国监管机构共同参与互联网金融监管国际标准的制定提供了绝佳的契机。因此，亚洲各国应积极推动互联网金融的国际标准制定和监管合作，充分利用金融稳定理事会（FSB）、国际证监会组织（IOSCO）等国际组织的纽带功能，依据本国互联网金融发展过程中所遇到的情况和问题，提出在互联网金融国际监管合作中的诉求，促使国际监管标准能够照顾各方关切、平衡各方利益。同时，监管机构应逐步完善双边或多边安排，以促进各互联网金融监管机构交换有关互联网金融市场和参与者的信息，有效防范跨境市场操纵和监管套利行为。

总体而言，互联网金融对于亚洲来说是机遇也是挑战。它发展势头良好，发展前景广阔，能够有效降低信息不对称造成的交易成本，促进金融脱媒，有利于小微企业和个人融资，有希望为亚洲的经济增长带来新的活力与动力。但作为一个新兴行业，它在发展过程中也将不可避免地经历一系列的问题，在冲击传统金融行业的同时，为金融监管和金融稳定带来一定的压力与挑战。各国政府、自律组织以及互联网金融从业人员应当齐心合力，锐意进取，开拓创新，在把握机遇的同时加强风险防范，推动互联网金融的健康有序发展，使之充分发挥潜在优势，引领经济增长新时代。

# 2015

# 第二篇

# 互联网金融新生代

## P2P 网络借贷的崛起

**New Energy of Internet Finance:**

The Rise of P2P Lending

# 导言 Introduction

2014 年，互联网金融行业在繁荣壮大的同时，也暴露出发展初期存在的一些问题。P2P 网络借贷作为最能体现互联网金融特征的新型金融组织形式，越来越受到国内外市场的关注和认可。2014 年 12 月 12 日，全球最大的 P2P 网络借贷平台 Lending Club 成功登陆纽交所，市值达到 90 亿美元左右。与此同时，我国不少金融机构及产业资本也对互联网金融进行了相关战略布局，而政府决策层也积极释放明确信号，鼓励互联网金融健康发展。虽然目前 P2P 网络借贷发展中存在一定的问题，但随着互联网信息技术的发展、社会征信体系的健全，P2P 网络借贷终将迸发强大活力，逐步通往理性的繁荣之路。

## P2P 是最能代表互联网金融的一种安排

理解 P2P 需要想象力。P2P 并非只是一种技术手段，而是理念与方法的革新。狭义的 P2P 是指 P2P 网络借贷，即债权众筹；广义的 P2P 是指参与者之间通过互联网直接达成的任何金融交易行为，包括各种金融产品的类众筹、P2P 换汇，甚至网络慈善筹款等，其主要特征是互联网技术推动下的金融脱媒。金融产品需求者在互联网上通过不同的 P2P 平台寻找金融产品的提供者，以达到风险和期限的匹配，此时互联网就是一个以个体为中心，以关系为纽带，囊括信息、交易的自组织金融市场。

P2P 是最能代表互联网金融的一种新型金融组织形式，互联网连接一切、高速匹配、海量信息以及边际成本趋向零的特征，使得 P2P 具备任何一种传统金融体制不能比拟的优势：

一是极大地扩大了金融交易边界，有效降低了金融活动的交易成本。目前的金融体系均受到交易成本的约束，唯独 P2P 市场可突破交易成本的约束。其边际成本趋向零，使得 P2P 更加适合解决小微贷款、完成跨区域贷款等短平快的金融交易，实现资金快速周转。效率上得天独厚的优势，使得 P2P 网络借贷市场在理论上可以成为信贷资源配置效率最高的市场。

二是最能体现互联网金融的精神。金融是每一个人都应该获得的服务，金融不应贵族化，而互联网精神的核心恰恰是自由、开放、平等、共享、大众化、民主化、去中心化，对于传统金融而言，其精神通常和资本的逐利性联系在一起，导致富者更富。互联网金融的特性无疑可以更好地实现人人平等这个目标。正如 2013 年诺贝尔经济学奖获得者罗伯特•席勒曾指出的，金融的大众化将原本仅由华尔街客户享有的金融服务特权，传播给沃尔玛的客户。

目前来看，P2P 网络借贷市场是最能体现金融民主化和大众化的金融市场，使得信用好的个人可以获得与大企业利率相当的贷款，普通民众可以像专业金融机构一样参与放贷，实现自己的金融权利，即使不参与信托等高门槛理财产品，也可享受同等的利率回报。

三是促进了金融市场化进程，加快了金融脱媒的趋势。不论是理论上还是从发达国家的金融发展史来看，金融机构从来不应是暴利机构，P2P 作为具有强烈互联网属性的新生金融力量，可加快金融脱媒的过程，从而有效降低社会资金成本，更有利于实体经济发展。

P2P 规模虽小但增长迅速，究其快速发展的原因，可以发现三大因素催生了 P2P 现阶段的繁荣：一是信息技术、移动互联、第三方支付等技术因素的大发展；二是金融监管的放开，目前对 P2P 并无特殊监管，丰厚的利润吸引了大量 P2P 平台的建立；三是细分市场的需求，对民间借贷等小微贷或高收益债的大量需求，直接反映在 P2P 贷款余额的增加上。

目前，中国的 P2P 更多体现的还是民间借贷的网络化，属于特定阶段的产物，但是在我国金融管制的大背景下，这种初期形式的 P2P 为我国存在了千百年的民间借贷赋予了新的活力，弥补了长久以来我国传统金融中小微贷、高收益债的缺失，对促进传统金融机构由垄断走向竞争、推动利率市场化、倒逼监管改革、减少金融管制、减轻金融压抑等均有重大的意义。

## P2P 发展的核心障碍是征信系统不健全

数据基础和外部监管，是 P2P 网络借贷健康发展的前提条件。目前中国 P2P 处于发展的草莽时代，出现了鱼龙混杂的局面，跑路、倒闭情况不断，社会上也出现了各种质疑声音。造成这种情况的原因包括：一是监管缺位、准入门槛较低；二是我国的征信系统尚待完善，P2P 平台缺少海量的大数据基础，从而制约了网络借贷的信用评估、贷款定价和风险管理，成为目前 P2P 发展的核心障碍。

赢者通吃的特征使得 P2P 平台必须把握先发优势，对 P2P 平台来说，首要任务是要活下来，要想活下来就必须扩张规模。由于数据基础薄弱及面临的激烈竞争，P2P 在发展初期必然要进行担保，并进行大量的线下尽职调查，造成现阶段 P2P 的运营成本较高。在这种情况下，一些 P2P 网站不得不采取本金担保、提取风险准备金、委托专业放贷、债权转让及对接理财资金池等措施，不免触及监管红线，同时由于道德风险和违约风险的存在，短期的流动性问题促使一些 P2P 平台选择了跑路。

然而这些问题会随着数据的积累而改善，一是我国正在逐步完善社会征信体系；二是 P2P 自身的数据也在不断积累。当 P2P 的重复博弈足够多的时候，P2P 的发展将与其数据积累之间形成正向回馈机制，交易成本自然会下降。在大数据背景下，参与 P2P 的投资者越多，数据积累就会越多，海量数据将支持 P2P 平台更加精准地把握风险，走向正常运营，从而降低坏账率水平和运营成本，实现去担保化，成为完全的信息中介；而部分采用信用中介形式的 P2P 平台也可以随着金融管制的放松，凭借自身多年客户及经验的积累，成为民间资本设立银行的一种模式，更进一步推动传统银行市场化的改革。

## P2P 监管应以数据为基础

P2P 监管始终要以数据为基础进行信息监管。目前，中国的监管理论完全是针对银证保等传统机构而设置的，包括宏观审慎监管、微观审慎监管、资本充足率以及流动性监管等，在一定程度上并不适用于诞生于互联网的 P2P 形态。以高门槛以及资本充足率等为主的传统银行监管手段去要求 P2P，可能与其互联网精神的初衷背道而驰。

作为信息中介，P2P 监管应采取类似于直接融资的充分信息披露原则，关键是信息充分公开，包括股东信息、交易程序、管理层构成、交易记录备份等，让任何投资者都可以在网上查询到。可以采用现代信息技术，特别是利用好搜索引擎的作用。部分监管任务可以外包给专业的 IT 公司来完成，具体的监管工作不一定必须由监管机构负责。另外，更加重要的是，监管部门要负责监管规则的制定和不断完善，对监管任务执行机构的行为进行督查，对相关从业机构的违法违规行为进行事后处罚，减少各类风险事故的发生，缩小风险出现后波及的市场范围。

## P2P 将改变传统金融模式

目前我国 P2P 本质更接近互联网小微贷，只是我国金融市场的一个重要补充，更接近一个边缘的金融市场，还

# 导言 Introduction

远远不能撼动我国传统的金融体系。然而正如凯文•凯利说的那样，创新往往发生在边缘地带，最为明显的事例是电子商务对于零售、拍卖等传统行业的冲击。互联网行业在刚开始进入这些存活多年的传统行业时，看上去都比较边缘化，一开始只是占据一个小板块，但慢慢就会侵占整个渠道，进而倒逼传统机构改革。在互联网和金融的融合过程中，例如第三方支付以及 P2P 的大发展，就有可能控制银行存款渠道进而倒逼银行改革。因此我们强调，对待互联网金融要有想象力。虽然未来是不能预测的，但是世界潮流发展的大趋势可以把握，对金融体系来说，理想中的市场应该是平等、自由、便捷、高效、信息不对称程度及交易成本大幅降低的，更加有效的金融市场，不论从理论上还是实际需求或者科技进步的发展方向上来说，这都是不可逆转的趋势，而互联网金融特别是 P2P 的运作方式更符合这个发展方向，这里我们借用美国科幻小说家威廉•吉布森的说法——“未来早已到来，只是还未普及”。

随着互联网技术的发展，P2P 会做得越来越大。P2P 的发展取决于信息技术的发展速度。未来随着移动互联网、第三方支付、信息积累和处理技术以及人工智能等科学技术的快速发展，互联网金融将迅速从低基数水平快速增长。

未来的 P2P 不只可以在“P”的内涵上扩大，交易产品也将更加丰富。P2P 不仅仅是一个小额网贷市场，类似网贷的派生业务未来将在 P2P 市场上慢慢变大，会派生出许多类似 P2P 的包罗万象的其他金融业务，例如在 P2P 基础上的非标资产交易、个人和个人的交易行为、类众筹业务等，任何金融产品的撮合都可以在 P2P 平台上达成。这时的市场更接近充分有效市场，一旦达到充分有效市场以后，P2P 对信贷的配置功能会越来越强大，资金运转更加有针对性，信者有其贷，金融的细分市场将做到极致，最终实现金融资源的优化配置，有效地支持实体经济发展。

在这种信息不对称程度极低的情况下，不同风险的市场均衡价格将会实现，由内幕消息等特权途径获得超额收益的机会将微乎其微，通过纯粹的资本运作一夜暴富终将变成神话，这更符合金融市场作为服务实体经济的基础功能性市场的定位，自由平等的大众化精神将得到充分体现。

届时每个人对金融产品的价格会有更一致的认识，金融产品不再是晦涩的结构复杂化产品。未来，挑选金融产品就像买卖日常用品一样方便，只需根据个人口味和风险偏好水平来挑选；金融专家的作用更多地体现在金融基础理论的研究上。这便是我们理解的 P2P 市场，而这只有依靠互联网才能做到。

课题主持人
中国投资有限责任公司副总经理
2015 年 1 月

# 第一章 CHAPTER 1

# 2014—2015 年
# 互联网金融的发展与新趋势
# New Trends in Internet Finance,2014-2015

纵观近些年来科学技术的发展，信息技术可谓在众多学科领域中异军突起，提前跨入未来信息时代，其大发展甚至掩盖了其他学科的驻足不前。尤其是互联网技术，虽然只是一门应用科学，近年来却对世界发展产生了最广泛而深刻的影响，而且这一进程还在加速，越来越多地渗透入生活的方方面面，极大改变了人的消费、社交等习惯。

互联网金融对传统金融的变革，主要体现在互联网技术带来的风险收益匹配的低成本和高效率上，金融参与各方直接交易，体现的是共享、平等、公开、透明、自由的精神，在这个正反馈的过程中，市场将更加有效，主体更加扁平化，金融管制给传统银行等机构带来的垄断优势将逐渐淡化，从而改变金融机构的组织运营方式，最终改变传统金融机构在资源配置中的核心主导定位。

2014—2015 年中国互联网金融主要的标志性事件有如下几项：

一是直销银行涌现。近一年来，为应对互联网金融的冲击，股份制银行和城商行纷纷设立直销银行业务，依托网络、手机、电话等渠道为客户提供金融产品和服务，包括北京银行、民生银行、兴业银行、浦发银行、华夏银行、上海银行、平安银行、珠海华润银行、重庆银行、包商银行、南京银行、江苏银行、恒丰银行等多家银行的直销银行在 2014 年上线。另据了解，四大国有商业银行中，工行、建行也正在紧锣密鼓地推出直销银行模式。

二是首家纯粹意义的互联网银行上线。2015 年 1 月 4 日，李克强总理视察前海微众银行，并寄语互联网金融银行以自己的方式倒逼传统金融机构改革。

三是阿里巴巴在互联网金融领域多线布局，凭借自身产业链在内的已有用户信息，创新大数据信贷。2014 年 10 月 16 日，阿里小微金融服务集团以蚂蚁金融服务集团的名义正式成立，旗下的业务包括支付宝、支付宝钱包、余额宝、招财宝、蚂蚁小贷和网商银行等。

四是大数据征信初现曙光。2015 年 1 月 5 日，人民银行印发《关于做好个人征信业务准备工作的通知》，要求腾讯等八家民营机构做好开展个人征信业务的准备工作。

五是 P2P 模式受到了国有企业的认可。众多国资甚至商业银行进军 P2P 网络借贷领域，包括上海国资委直属投资机构背景的“保必贷”、北京市海淀区国有企业背景的“海金仓”、招商银行的“小企业 e 家”、民生电商旗下的“民生易贷”等。

六是股权众筹得到了监管重视。据悉，证监会正在制定股权众筹融资的相关监管规则，以公开发行方式开展股权众筹融资的相关政策也正在研究中。

信息技术和互联网技术的普及近年来在社会的方方面面产生了极为深刻的影响，金融行业凭借其数字化的先天优势，与互联网的亲和力更高。不过，我们也需要看到互联网金融发展中的局限性：

一是事物发展的不确定性不会因为互联网技术的发展而改变，经济发展仍然不可避免会有周期波动，系统性风险始终存在。互联网金融的发展更需要重视金融安全、金融稳定等问题，错综复杂的互联网金融交易网络对系统性风险的管理能力要求更高。

二是人性不会因互联网技术的发展而变好。道德风险始终不能消除，这使得互联网金融现阶段更适合小贷，短期内还不能挑战传统金融机构的地位。

三是资源的稀缺性不会改变，金融专业分工依然至关重要。互联网金融加速了金融脱媒的趋势，信息更加充分、市场更接近均衡定价，获得 α 超额投资收益越来越难。在此情况下，金融人才的高层次专业能力更为重要。互联网金融改变了金融人才的需求层次，例如传统的点钞珠算人才将不再重要，取而代之的是大数据信息处理技术人才、掌握金融逻辑的风险定价人才、投资人才等。

互联网金融的优越性集中体现在海量信息处理和互通互联带来的高效率、低成本上，实现了存款、货币、投资一体化，冲击传统金融企业的核心地位，加速金融脱媒。我们应以开放的心态、创新的勇气拥抱互联网金融带来的变革。

本章整理了 2014—2015 年互联网金融的最新发展。

## 第一节　金融互联网化的发展与新趋势

### 一、发展现状

根据《互联网金融报告 2014》，金融互联网化分为五个方面，分别是网络银行和手机银行、网络证券公司、网络保险公司、网络金融交易平台、金融产品的网络销售。现实中，某家机构的互联网化可能同时涵盖以上五个方面，并且金融互联网化逐渐向 P2P、基于大数据的征信和网络贷款等领域拓展，互联网金融六大形态之间的界限越来越模糊。

网上银行和手机银行业务在中国起步较早，发展较好。根据易观智库数据估计，2014 年上半年手机银行客户交易规模达到 11.53 万亿元人民币，同比增长 117.3%。从市场份额上看，传统的工、农、中、建四大行在网络端和手机端份额均超过了 6 成，占据市场的主导地位。但从发展增速看，民生银行等股份制商业银行的手机端业务发展迅速，2013 年民生银行手机端交易突破万亿元人民币，其市场份额在 2014 年上半年已超过农业银行跃居市场三甲。

金融互联网化的其他各方面呈现出百花齐放的特点。如在网络保险方面，网购退货险、高温险、情人节意外怀孕险等一批基于互联网的保险产品组件涌现，同时基于网络大数据的保险定价模型也逐渐被引入保险行业中。网络证券方面，虽然目前证券互联网化还受到转户成本高、证券交易制度限制等方面的制约，但随着证券网上开户政策的放开，传统依靠柜台交易的经纪类业务生存的公司将面临巨大的经营压力，证券投资网络“低佣金”的时代正在逐步到来。网络交易平台和网络基金方面，随着其规模持续增长，投资者逐渐开始接受经由网络路径进行的投资理财交易。此外，一些其他的金融互联网化产品，如网络金融产品搜索引擎等也逐步进入了公众视线。

## 二、趋势展望

未来，金融互联网化将呈现出一些重要趋势：一是手机银行和网络银行将进一步便捷化，如手机银行与网络银行推出快捷支付；二是传统的金融业务将更加网络化，除了金融产品的网络销售外，部分金融机构开始发力 P2P、互联网众筹以及电商金融，甚至出现了没有物理网点的网络银行，比如微众银行（主要依托社交网络数据）；三是大数据在金融互联网化中的作用将会越来越大，小到个人的水、电、煤气费的网上银行支付，大到个人收支消费模型的建设等，大数据已经渗透到金融互联网化的每一个细胞之中。

随着信息技术的发展，金融机构将逐渐互联网化，互联网公司也将逐渐金融化，二者将呈现出融合的趋势，各个行业的边界可能会逐渐模糊。从现在的发展情况来看，一些传统银行、证券公司已经开始涉足电商等非金融行业；同时阿里、苹果等非金融行业企业也开始进入支付、贷款等金融领域。非互联网时代存在的行业壁垒正在逐渐被打破。在大融合的时代中，业务中各个环节的利益衍生效应逐渐加强[1]。

# 第二节 移动支付与第三方支付的发展与新趋势

## 一、发展现状

随着信息技术的发展，支付体系发生了巨大的变革，经历了实物支付、银行卡支付到移动支付等阶段，目前处于现金（实物支付）、银行卡支付以及移动支付并存的状态，其中，银行卡支付处于主导地位，移动支付则处于起步阶段。

截至 2014 年 12 月，中国已有 269 家机构获得支付牌照[2]，包括三大移动运营商、互联网企业、证券公司等，其中，国泰君安证券股份公司是唯一一家获得支付牌照的券商，保险公司也在积极申请支付牌照。从各家机构对支付牌照的争夺中，可以发现支付在未来金融业中的重要性。不仅是非银行金融机构希望获得支付牌照，各类电子商务公司对此也表现出极大的兴趣。各类机构对支付牌照的热衷，主要是因为移动支付与第三方支付是互联网金融的基础设施，没有了支付，其他业务也就无从谈起。

第三方支付帮助客户快速实现货币支付、资金结算等功能，因而受到市场欢迎，取得了飞速发展。来自艾瑞咨询的数据显示，截至 2014 年第三季度，中国第三方互联网支付市场交易规模达 20154.3 亿元，同比增速 41.9%，环比上升 9.5%。交易规模份额中，支付宝占比 49.2%，财付通占比 19.4%，银商占比 11.6%，快钱占比 6.9%，汇付天下占比 5.3%，易宝支付占比 3.2%，环讯支付占比 2.7%。

移动支付由于能够摆脱时空的限制，发展迅猛。截至 2014 年第三季度，第三方移动支付交易规模呈现稳中有升的态势，交易规模达到 14332.7 亿元，环比增长率为 7.8%，同比增长达 415.5%。其中，支付宝凭借阿里的电商生态，获得了 82.6% 的市场份额，市场占有率进一步提高，支付宝在移动支付领域中的霸主地位越来越稳固。财付通则通过微信支付和手机 QQ 支付，利用其在社交网络领域的优势，获得了 10.0% 的市场份额，位列第二。现实中，多数第三方支付都开通了移动支付功能，第三方支付、移动支付发展迅速，而

1 利益衍生效应主要是指整个产业链中，某一个环节点的快速发展将会对整个业务链条中的其他相关衍生行业产生正面效应。

2 中国人民银行官网，http://www.pbc.gov.cn/#.

银行推出的手机银行由于交易程序复杂，导致其发展速度较第三方支付、移动支付稍逊一筹。

在短期内，移动支付仍以移动互联网支付为主。来自艾瑞咨询的数据显示，2013 年远程移动互联网支付在整体移动支付中的占比达到 93.1%，近场移动支付占比为 0.8%。从中可以发现近场移动支付的占比还很低，未取得实质性突破，仍存在很大的发展空间。随着以二维码为代表的支付介质的兴起，以及个人账户的逐步集成，这一现状将逐步得到扭转。

## 二、趋势展望

移动支付与第三方支付在未来可能会取代现金与银行卡，成为主要的支付方式，并且移动支付与第三方支付将会逐渐融合。移动支付与第三方支付的优势在于交易成本低、方便快捷，并且移动支付与第三方支付还可以同时具有金融商品的属性，能够随时在作为支付手段的货币与金融商品之间进行转换，并且转换成本非常低，在某种程度上交易成本可以忽略不计。

此外，个人账户的集成也将推动移动支付与第三方支付的发展。随着互联网金融的兴起，个人的金融账户不再专属于传统金融机构，一些互联网公司也可以提供，如支付宝账户、QQ 账户等。并且个人账户也呈现出集成的趋势，比如支付宝逐渐向第三方应用开放账户体系（如丁丁优惠、iReader 等），此外，微信支付也逐渐向第三方应用开放。

在未来，移动支付与第三方支付将呈现出如下特点：一是支付介质多样化，如二维码、条形码、指纹、人脸、掌纹、光子、NFC、蓝牙、Wi-Fi 等；二是支付终端离散化，如手机、iPad、POS 机等；三是支付场景生活化，如购物、出租车、公交、水电气费、医院等与人们日常生活紧密相关的领域。

## 第三节　互联网货币的发展与新趋势

2014 年，互联网货币的发展可谓悲喜交加，一方面，曾经是全球最大的 bitcoin（比特币）交易网站 Mt.Gox 于 2014 年 2 月破产，严重打击了 bitcoin 等互联网货币持有者的信心，bitcoin 的价格 2014 年严重下滑，跌幅超过一半；另一方面，bitcoin 的兑换和交易量在 2014 年持续增加，比 2013 年增长了 50% 以上，bitcoin 创业公司获得 3 亿美元左右的风投，比 2013 年多了 2 亿多美元。其中，以 bitcoin 为代表的虚拟货币呈现出四个方面的新特征：

第一，商业化成为 bitcoin 等虚拟货币发展的重要推动力。我们注意到，越来越多的大企业，比如戴尔、微软等机构，已接受 bitcoin 支付。为了应对 bitcoin 价格波动的影响，出现了更多的新应用。有两个实例，一个是市场交易价格提示，另一个是实时货币转换服务。市场交易价格提示是，同时提供一般货币和 bitcoin 的商品价格，让消费者自行选择交易方式。实时货币转换服务是，消费者通过 bitcoin 完成商品支付，中间交易商会将 bitcoin 实时换算为一般货币支付给商家，bitcoin 的价格波动由中间交易商承担。

第二，bitcoin 等虚拟货币引领支付方式创新。正如全国人大常委、财经委副主任委员吴晓灵所指出的，在目前的情况下，算法货币怎样和现在的金融体系很好地结合，进一步改进支付体系的支付清算服务，是值得研讨的方向。Ripple 可以代表一种基于 bitcoin 原理的新的支付方式。XRP 是 Ripple 网络内部的交易媒介，但 Ripple 支付并不局限于特定货币。在设定支付网关和外汇市场充分有效的前提下，Ripple 还支持不同货币的自由支付。比如在跨国支付中，消费者可以在 Ripple 中使用本国货币，商家可以根据自身偏好选择接收美元、日元或者其他货币。

第三，bitcoin 等虚拟货币的合法化有了新进展。

对 bitcoin 交易征税的问题是一个焦点。由于缺乏有效的监管，目前 bitcoin 交易无须缴纳相应税费，这迫使监管当局考虑制定适应 bitcoin 等新型货币的税法。挪威、德国、新加坡等国家发布了相应税收的条款。值得一提的是，在美国，bitcoin 等虚拟货币的合法化进程取得了显著进展。2014 年 6 月底，加州州长 Jerry Brown 正式签署了 AB-129 法案，该法案呼吁废除《加州公司法典》第 107 节，即禁止公司和个人创建货币的非法定形式。这为 bitcoin 等虚拟货币在加州的合法化进程铺平道路。加州法案制定过程见图 2-1-1。

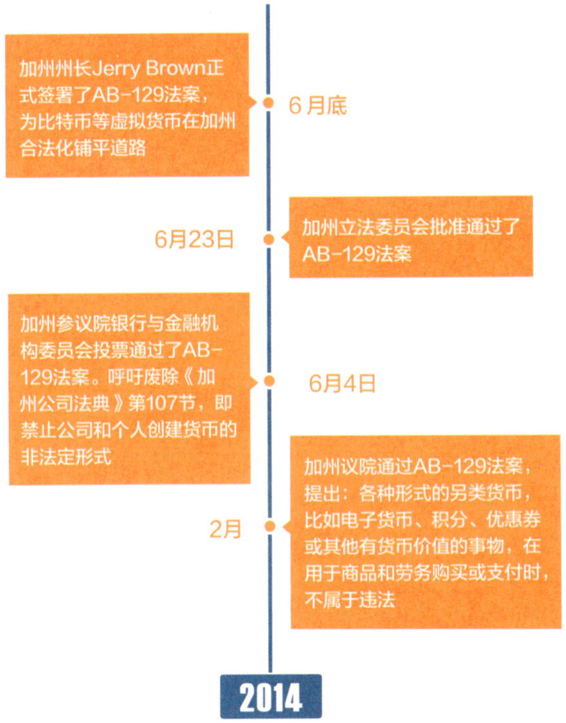


**图 2-1-1 加州虚拟货币合法化进程**

资料来源：课题组整理

第四，bitcoin 等虚拟货币的监管机制进一步完善。目前，虚拟货币被视为一种特殊商品，其监管性质主要是商业监管。但是，虚拟货币的发行、回收可能涉及非法集资和非法金融活动，其买卖过程可能用于洗钱。因此，虚拟货币的监管还涉及金融监管的问题。

2014 年颁布的纽约州虚拟货币监管框架（BitLicenses）是一个比较完整的针对虚拟货币的金融监管条例。框架包含了六方面内容：第一，关于虚拟货币的定义；第二，定义了虚拟货币商业行为，从事该行为的企业需要获取许可；第三，关于商业化应用中的流动性要求，即机构或个人需持有特定数量的虚拟货币以应对流动性风险；第四，关于反洗钱和客户身份识别；第五，关于消费者信息披露；第六，关于消费者遭遇欺诈后的损失补偿。普遍认为，制定虚拟货币监管条例，是虚拟货币正常化推广和普及的重要举措，但具体而言，判断纽约州虚拟货币监管框架是否有利于促进虚拟货币的发展，尚有待时日。

## 第四节 大数据在征信和网络贷款中的发展与新趋势

### 一、大数据在征信运用中的最新实践

#### （一）数据来源拓展

大数据使征信数据来源呈现多元化、多层化和非结构化的特点，能够更加全面和真实地反映信息主体的信用情况。征信机构从政府部门、金融机构等实体机构中采集信息，转向从互联网等虚拟世界中获取信息。数据采集的广度和深度不断拓展，征信数据量将包括证券数据、保险数据、商业信用数据、消费交易数据和公共事业缴费数据等。

大数据时代的到来为全民征信提供了可能性，此前的数据分散给不同的渠道和不同的人，而没有形成互通。大数据时代，数据的互通变成一种必然。当个人的诸多数据被归拢到一个平台上，运用数据的交叉

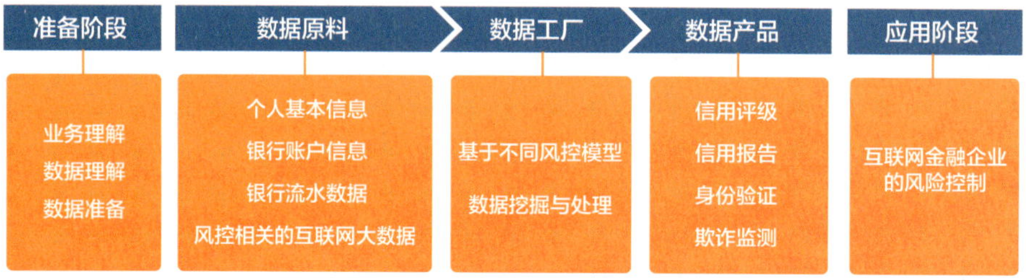


**图 2-1-2　大数据加工过程图解析**

资料来源：课题组整理

比对就能够真实地了解到个体户、小微企业的运营情况等信息，从而真正做到“点数成金”。

## （二）数据挖掘技术创新

大数据本质上是对数据的高效存取、分析。数据挖掘技术是利用大数据的重要手段，随着可获得的数据量呈几何倍数增加，征信机构通过深度挖掘和使用这些数据，就可以极大地拓展征信产品的种类，满足社会各界的需求。

征信产品按满足层次高低的不同，可以分为宏观、中观和微观三个层面：宏观层面，征信机构通过大数据分析可以对系统性、全局性的风险信息进行预测；中观层面，征信机构的海量数据包含大量时效性和政策含义都很强的信息，可以灵活多样地进行多维度组合分析。把这些信息整理和挖掘出来，建立对应的指数体系，有助于行业监管；微观层面，在信用主体（包括企业和个人）同意的前提下，征信机构可以提供每一个信用主体的信用报告、信用评分、身份验证、欺诈检测、风险预警、关联分析等多种数据服务。

## （三）几种新兴的基于大数据的信用评估模式

### 1. 宜信宜人贷利用社交活动所形成的数据分析

宜信宜人贷借助数据分析，实现征信的自动化、数据化，提炼用户的个人基本特征、消费行为特征等，利用社交活动所形成的数据分析来客观评价一个人的信用度，从而判断其还款能力和欺诈风险。通过采集借款人各个维度的数据判定其违约成本，并给出可以贷款的额度和相应的风险定价，从而实现纯线上的 P2P 模式，减少平台企业的运营成本。

### 2. 信而富的三维度信用评估

在征信数据采集的过程中，信而富公司对每个借款个体采集的数据项都超过 1500 个。通过这些数据，信而富试图回答三个问题：借款人的还款意愿、还款能力以及稳定性。

具体而言，公司的自动化授信决策引擎，主要有三个维度的依据：首先，借款人在给定时间内，还款的可能性是多少；第二，该申请从根本上来说，有多大可能性是假的；第三，这笔借款预测风险调整后的收益是多少，就是借款人借到钱后可以为出借人贡献多少收入。

在数据分析时，信而富会从大量的“细枝末节”中寻找线索。比如，在1500个数据项中，公司会关注申请人的邮政编码最近12个月是否变更过，关联的信用卡张数是否有变化，最近3个月、6个月的信用卡消费总额、交易类别与交易次数是否出现异常等。将这些数字进行各种各样的多维度汇总后，信而富可以完整地展现申请人在各个时间点的行为特征，并基于此为贷款申请自动打分。在此基础上，公司会根据不同的借款类型、地区和贷款用途等，组成一个网状的决策机制，最后采取相应的授信策略。

#### 3. 九次方的大数据挖掘技术

九次方大数据企业征信平台利用互联网大数据挖掘技术，采集互联网全部与企业相关的信用指标，比如企业违法违规信息、行政处罚信息、客户投诉信息等，并协助政府搭建当地的企业征信大数据平台。目前，九次方大数据平台已经汇集了40多个产业链、8000多个行业、40000多个细分市场、500多个城市的750万家企业。九次方为每家企业设立70多项指标，并能够交叉分析，从而产生更加客观的信用体系，减少了人为的信用判断，形成了独特的“大数据+金融互联网+企业征信大数据+产业链社交”企业综合信用征集和评价体系。

## 二、基于大数据征信的网贷风险控制

### （一）利用大数据征信进行风险定价的优势

网络贷款最直接的体现就是借款客户数量众多，

采用银行传统信审模式，在还款能力、还款意愿等难以统一量度的违约风险判断中，风控成本会高至业务模式难以承受的水平。

通过大数据分析，借助非线性逻辑回归、决策树分析、神经网络建模等方法建立数据风控模型和评分卡体系，并将其固化到风控审批的决策引擎和业务流程中来指导风控审批业务的开展，能降低依靠人工审核造成的高成本，解决人工实地审核和判断所带来的审核标准不一致的问题。

在国内，目前包括人人贷、鲁班贷、拍拍贷都在积极推动数据化风控模型的建设。美国专门从事信用小微贷业务的Capital One是最早利用大数据分析来判断个人借款还款概率的公司，在2008年金融危机中，Capital One公司也凭借其数据化风控能力得以存活并趁机壮大起来。

大数据风控必须符合两个特征：一是平台对用户有足够强的黏性，如阿里系的电商。阿里的体系相当于给电商提供了生存发展所需要的水、空气、养分，正因为这种生态圈，让阿里电商必须遵守阿里的游戏规则，使用阿里提供的各种产品和服务，这样的黏性让阿里风控达到最佳效果。二是大数据要做到即时更新，如阿里商家每一笔交易都在后台随时更新，任何一个卖家申请贷款，都可以根据当时及过往几年的数据做动态数据分析，从而让大数据风控更精确有效。

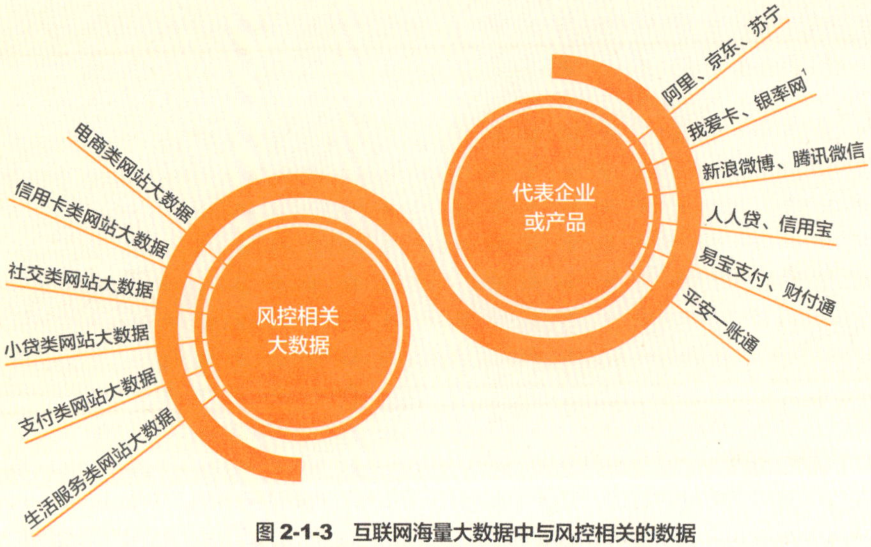


**图 2-1-3　互联网海量大数据中与风控相关的数据**

资料来源：课题组整理

## （二）大数据在网贷风险控制中的实例分析

### 1. 阿里的网贷风控体系

阿里通过电商平台阿里巴巴、淘宝、天猫、支付宝等积累了大量交易支付数据作为最基本的数据原料，再加上卖家自己提供的销售数据、银行流水、水电缴纳甚至结婚证等信息，作为辅助数据原料，汇总后输入网络行为评分模型，进行信用评级。阿里体系的商家如果需要贷款，则阿里的后台通过商家过去几年的经营流水，对商家做出风险定价，计算出额度，并给予贷款。2010 年，阿里巴巴针对平台上的卖家设立了小贷公司。在对商户的历史交易流水进行分析和定量后，阿里小贷的坏账率由 2010 年的 10% 下降到了 2013 年的 1% 左右，2014 年上半年虽冲破 1%，但仍远低于互联网金融行业 5%~6% 的坏账率水平。

### 2. 拍拍贷风控模型

拍拍贷建立了完整的风控流程，分为三个系统：反欺诈系统、信用评级系统模型和基于信用评级的风险定价模型。以信用评级为例，拍拍贷建立了 18 个非常详细、复杂的模型。根据借款人的基础信息，平台会选择一个适合的模型对其进行信用评估。拍拍贷信用风险识别模型除包括传统的衡量个人信用的基础信息，如社会关系、负债情况等七八十个维度外，还包括互联网上的各种数据，如社交网络数据等。

目前，拍拍贷评价用户违约成本的数据维度多达近 2000 个，平均下来每个人的参考因子有 400 多个。而且，拍拍贷根据不断扩大的客群和数据，还在进一

1 已于 2016 年 8 月 1 日起停业。

表 2-1-1 领英公司利用社交网络数据进行的信贷风险分类

| | % of total | | | index | | |
|---|---|---|---|---|---|---|
| Scoreband | Bad-% | Good-% | Tol-% | Bad-ind-% | Good-ind | Tol-ind |
| 10 | 4.07 | 95.93 | 100 | 11.4 | 149.3 | 100 |
| 9 | 13.82 | 86.18 | 100 | 38.7 | 134.1 | 100 |
| 8 | 16.26 | 83.74 | 100 | 45.5 | 130.3 | 100 |
| 7 | 26.02 | 73.98 | 100 | 72.8 | 115.1 | 100 |
| 6 | 28.23 | 71.77 | 100 | 79.0 | 111.7 | 100 |
| 5 | 33.33 | 66.67 | 100 | 93.3 | 103.8 | 100 |
| 4 | 36.59 | 63.41 | 100 | 102.4 | 98.7 | 100 |
| 3 | 56.91 | 43.09 | 100 | 159.2 | 67.1 | 100 |
| 2 | 60.98 | 39.02 | 100 | 170.6 | 60.7 | 100 |
| 1 | 81.30 | 18.70 | 100 | 227.5 | 29.1 | 100 |
| Total | 35.74 | 64.26 | 100 | 100.0 | 100.0 | 100.0 |

Bad-%-probability of such borrower ending up being more than 90 days overdue with a payment.Good-%-probability of such borrower paying back the loan in time.

资料来源：Facebookcannowbeyouronlysourceofcreditinformation,10 January 204 by Erki Kert.

步丰富和改进风险评估模型。

### 3. 领英公司的大数据风险定价

领英公司（LinkedIn）2012 年用社交媒体数据和支付数据完善了公司的消费者内部信贷评分模型。利用该模型，领英公司大幅提高了信贷质量，降低了信贷风险。表 2-1-1 为该公司运用该模型，完全利用 Facebook 社交数据对潜在借款者进行的分类。该模型将借款者根据预期违约率分为 10 类，违约率定义为超过还款期限 90 天以上。

## 三、大数据在征信及网络贷款运用中存在的问题

### （一）数据来源有待进一步规范

完善的大数据标准体系是推进数据共建共享的前提。目前，我国来自各行业、各渠道的数据标准存在差异，这成为阻碍数据开放和共享的关键瓶颈。建议尽快统一标准和格式，以便进行规范化的数据融合，提升大数据的整合能力，打破资源部门间的信息孤岛，从而完善信息共享机制。

### （二）大数据挖掘能力有待提高

大数据分析过程中算法和建模难度很大，大数据采集得越多，审核维度越多，风控流程越复杂，而由此带来的“数据噪音”也越多，模型越失真。而且不同数据维度间的逻辑关系也有可能产生冲突。目前既懂技术又懂业务，知道如何把数据转化为商业机会的人才稀缺，这是将大数据转化为实际应用面临的最大挑战。

## 四、大数据在征信及网贷中的发展趋势

### （一）大数据将推动征信创新

随着获取数据的方式越来越容易，大数据在个人征信中的权重，有可能会高过央行的金融行为准则。中国人民银行征信中心已向拥有大数据的阿里与腾讯抛出橄榄枝，欢迎它们加入征信领域。在 2014 年全国

社会信用体系建设工作会议上，央行副行长潘功胜公开表示，对大数据公司进入征信市场持开放态度。预计不久的未来，大数据公司将进入征信市场。

传统的征信技术导致以风险等级为特征的阶梯定价，在同一子级内，相同的借款承担相同的利息；而未来的大数据征信，则可能为每个人设定一个单独利率，可以更精确地定价风险。

### （二）大数据促进网贷行业业务细分

今后的P2P网贷行业，一部分工作人员可能更专注于销售和线下工作的完成，但同时业内也会分化出专注于数据分析和研判的工作人员，这种部门类似于大数据咨询机构。形成这两方面的细分，能够让专业的人做专业的事。大数据时代的到来，将会让P2P从业者把精力更多地从对人的管理转为对数据的分析研判，这也是对P2P网贷行业最大的挑战。

### （三）利用大数据对互联网金融进行监管

目前，美国证券交易委员会（SEC）已经把P2P行业纳入了监管的范畴，英国金融行为监管局（FCA）也称将在2014年完成对有众筹性质的P2P公司的监管。对“一行三会”来说，监管的成本、取证、平台信息监测都是难题。如果按照传统的监管方法对千家P2P公司进行监管，其结果是效率低下。如果采用大数据的方法进行监测和监管，管理成本将大大降低，监管效率将大幅提高。

## 第五节　P2P网络贷款的发展与新趋势

P2P相对传统金融规模较小，但发展迅速，根据网贷之家的数据，截至2014年底，P2P贷款余额已达1036亿元，得到了国内外市场的更多重视和认可。2014年12月12日，全球最大P2P借贷平台Lending Club成功登陆纽交所，市值达到90亿美元左右，与此同时，包括我国一些银行在内的大型金融机构及成熟资本，也对互联网金融进行了相关战略布局，监管层也积极释放明确信号，鼓励互联网金融健康发展。

虽然目前P2P网络借贷发展中存在一定的问题，但随着互联网等科学技术的加速发展，P2P将展示出其更广泛的适应性和强大活力，网贷行业规模将不断增大，并为更多投资者所认可。高盛预计，2024年，互联网金融企业所发放的信贷规模将达到人民币6.8万亿元，其中P2P总规模可以达到2万亿元，占社会融资存量（剔除股票/债券）的0.9%；互联网金融企业利润将增至400亿美元（年均复合增长率为41%），相当于估算的2024年银行整体盈利的8%。

### 一、当前P2P网络贷款行业存在的问题

### （一）信息不透明问题亟待解决

P2P发展初期信息不透明是一个十分棘手的问题。目前，关于P2P的数据，包括对投资者来说非常重要的坏账率、逾期率等，也均由P2P网贷平台自愿自觉披露，缺乏公信力，其真实性难以甄别。目前在P2P行业发展初期，平台诈骗、跑路事件层出不穷，这些乱象与行业的整体信息不透明有一定关系。

### （二）缺乏必要的监管，相关法律有待进一步完善

P2P作为一种金融创新模式，目前还未有相关金融监管，进入门槛低，导致P2P行业乱象丛生，甚至扰乱了整个行业的健康发展。目前，呼之欲出的行业监管细则几经推迟，可参考的监管原则也只停留在央行和银监会主要领导在非官方渠道发布的“三条红线”和“十不准”层面，国内P2P行业几乎处于无人监管

的自由发展状态。

监管的暂时缺失，一方面为初创的 P2P 行业提供了相对宽松的发展环境，另一方面也导致行业经营不规范，平台定位偏离，行业发展方向不清晰，潜在风险不断积聚。

互联网金融和 P2P 网络借贷行业是法律风险频发的区域。从业者的道德风险、借款人的违约风险、交易平台的网络安全风险、支付风险以及个人信用信息被滥用的风险等，都有可能引发法律问题。而目前的 P2P 网络借贷行业正处于探索和发展阶段，缺乏直接对应的法律法规，需要遵循的规则散布在上百个法律、规章、司法解释或政策之中。虽然近年我国加快了相关立法工作，但目前出台的法律、法规仍然过于原则化、抽象化，导致缺乏实际操作性，并存在规则范围狭窄、公民举证困难等不足。

### （三）征信体系不完善是 P2P 发展的主要障碍

我国目前的征信体系主要是人民银行基于各家银行上传的信用数据搭建而成，主要服务于银行同业，对于非银行金融服务机构尚未完全开放，对全社会的实际效用大打折扣。基于如此征信环境下的 P2P 平台只能自我积累征信数据，还未有与第三方机构共享或者合作的机制，征信体系的建立健全还需时日。

不健全的征信环境使得多数 P2P 平台不得不将更多的资源投入线下，通过人工审核弥补征信信息的不足，大大降低了 P2P 平台的运行效率，使得融资成本居高不下。

### （四）P2P 平台定位模糊，信息中介与信用中介并存

P2P 最早在英国出现，后在美国经历了快速发展，从这两个国家的运行机理看，P2P 平台只是提供真实充分的信息，借贷双方需根据自己的意愿进行交易，并自行承担违约风险，P2P 平台在此过程中只是发挥了信息平台的作用。2007 年，拍拍贷将国外成功模式引入中国后，一开始同样充当了信息中介的作用。但由于国内征信系统等金融基础设施远未像英美那么发达，加之国内投资人习惯了“刚性兑付”等原因，拍拍贷的发展一直受到投资人规模的限制。之后，随着大批承诺“保本保息”平台的上线，以拍拍贷为代表的纯信息平台的市场份额下降，国内 P2P 市场正演变为主要被信用中介所占据。

目前，上述两种经营模式均存在各自的问题。P2P 平台若定位为信息中介，国内不成熟的信用市场使得去隐性担保的平台缺乏吸引力和公信力；但若定位为信用中介，P2P 则需要具备较高的流动性管理、风险识别等经营管理能力，否则极易导致平台跑路甚至区域性行业风险。我们相信，随着将来数据的积累以及监管的完善，P2P 平台的定位会逐渐清晰。

### （五）风险控制水平较低，抗风险能力弱

大数据风控本应该是 P2P 网络借贷平台的创新风险管理手段，但在征信不健全、监管还未完善的情况下，P2P 网络借贷平台的风险管理手段仍显不足。大部分 P2P 平台需要依靠线下的风险管理团队，或者委托第三方进行尽职调查，引入担保等手段。目前有不少 P2P 平台是由原先的小贷公司或担保公司借助互联网金融的东风摇身一变而成立的。据网贷之家统计，截至 2014 年底，国内累计问题或“跑路”平台数量已达到 367 家，占到现存 P2P 平台数量的 23.3%，行业经营风险可见一斑。

## 二、市场发展趋势

资本在 P2P 网贷市场的“跑马圈地”行为加快了行业的升级发展，未来 P2P 行业的集中度将逐步提升，部分小而美的个性化平台也将出现。P2P 网络贷款市场

正逐步从“春秋时代”向“战国时代”过渡。

### （一）市场规模继续稳步扩大，涵盖范围更广

从 P2P 目前覆盖的小微金融贷市场来看，我国有巨大的市场需求，由于传统金融机构长久以来对该领域的忽视，小微市场的资金需求一直未得到满足，而 P2P 网络借贷的低成本、高效率优势正好适合小微贷市场的发展。目前除覆盖发达城市，P2P 营销已经逐步向中小城市延伸，本地化平台也逐步涌现。

### （二）资金价格逐步回归理性，呈现下降趋势

首先，随着人们对 P2P 模式的了解、接受程度的增加，大量新晋投资人进入 P2P 网贷市场，资金供给充沛，优质借款项目供不应求，一些主流平台的优质项目一经推出甚至在瞬间被一抢而空，借款利率自然随之下降。

其次，经过 P2P 网贷平台的无序混战阶段，大部分平台给出的回报率也渐渐趋于理性，不再一味以高收益吸引投资者。随着行业整体经营规模的扩大，很多平台运营成本降低，一些借款人在利率上获得了更大的议价权和选择权，而平台本身也拥有了降低服务费用的空间。

### （三）市场细分和整合并存，行业集中度上升

P2P“赢者通吃”的互联网特性会使行业集中度不断上升，最终平台的数量将稳定在较少的水平，同时细分市场“小而美”的 P2P 平台也将不断涌现，例如专注学生贷款的借贷平台等，这些专门为某一区域、行业或特征的人群提供借贷服务的平台，将利用其对细分人群的深入了解、信息积累和针对性的信贷技术，实现更高效的风控技术管理目标，从而立足 P2P 细分市场。

### （四）依托行业自律，以数据为基础进行行业监管

国内 P2P 网络借贷行业快速发展，业务创新、产品创新和经营模式创新层出不穷，然而监管政策迟迟未出台。我们认为，未来监管部门的行业监管重心应是“充分信息披露原则”下的信息监管、抓取不良信息的行为监管以及事后处罚。

2014 年 3 月，全国工商联向全国政协提交相关提案，建议建立 P2P 网贷行业协会共同基金以防范风险。未来预计将成立全国统一的 P2P 网贷协会，以更好地发挥行业自律的作用，并建立统一的透明数据共享平台，进行行业信息和数据的汇总与监控，进一步增强行业透明度。

当前国内 P2P 行业平台数量众多，经营管理水平参差不齐，行业标准并未建立，存在较大风险隐患，应建立行业准入门槛，规范经营，信息公开，以促进行业健康发展。

## 三、平台经营趋势

### （一）交易主体多样化

P2P 为“Peer-to-Peer”或者“Person-to-Person”的简称。在互联网时代，如果交易内容为普通商品，那么 P2P 可以理解为电商平台，交易的双方可以为个人或机构，在此基础上就有了 B2B、B2C 等多种电商模式。相应地，在金融领域，P2P 平台本质是金融产品在参与双方之间的交易，交易方可以为个人或公司。P 可以理解为 Person（个人），随着市场的发展，P 也可以拓展为 B，包括小贷公司、保理公司、融资租赁公司、理财机构等多种组织形式。P2P 可以有 P2P、P2B、B2P 等多种形式。

### （二）平台逐步去担保化，回归信息中介模式

由于目前国内的征信体系不完善，大部分平台还不能通过纯线上的风控方法解决网络贷款问题，纯信息中介模式较难适应目前的金融环境。目前大多数 P2P 平台进行了本土化创新，采用线上线下相结合的模式。但是就 P2P 的本质而言，大数据风控下的信息中介才是 P2P 的核心创新之处，是有别于银行等传统机构的金融创新模式。未来，随着国内征信系统等金融基础设施的不断完善，去担保化将是未来 P2P 行业的发展方向。

### （三）平台交易产品多元化

目前，P2P 平台主要交易的是债权，可以看作债权的众筹，广义来看，绕开传统金融机构的股权众筹也是 P2P 的一种形式，资产证券化以及其他类金融产品的众筹，原则上都是 P2P。P2P 平台可以发展成为一个内容丰富的非金融机构综合交易平台，不断满足金融市场的各种需求。

### （四）大数据风控技术创新

未来，随着信息在 P2P 网络中的沉淀和征信的放开，P2P 平台运营的优势将更加明显，目前已有 P2P 网络借贷平台积极筹建大数据风控团队。随着 P2P 网络借贷信息的沉淀超越一定的“关键规模”，平台将迅速扩张，大数据风控在 P2P 网络借贷中的生命力才能够充分显现出来。

### （五）行业规范及标准体系建设是重中之重

行业规范及标准体系建设是实现 P2P 网络借贷行业发展的基石，而行业自律性与监管严格性是一对相互影响、此消彼长的“欢喜冤家”，因此必须把握一个良好的“度”。从趋势看，2015 年是 P2P 行业的标准建设年，政府须重视行业协会的推动作用，监管思路应更为开放包容，应采取“负面清单”模式，只提出监管原则及基本准入要求；风控要求的重点应主要放在信息披露环节，鼓励采用外部审计监督的市场化风控与信息披露模式。2015 年，人民银行将加快推动 P2P 行业征信体系建设，充分采取市场化方式，鼓励行业协会发起具有自律性的征信体系，并将其纳入到全社会诚信体系建设之中，实现事半功倍的效果。

## 第六节 众筹融资的发展与新趋势

零壹数据监测显示，截至 2014 年底，国内已

有 128 家众筹平台，覆盖 17 个省（含直辖市、自治区，不含港台澳地区）。其中，商品众筹 78 家，占比 60.9%；股权众筹 32 家，占比 25%。股权和商品属性兼而有之的混合型众筹平台曾是一种趋势，仅在 8 月就上线 5 家，目前已有 14 家。值得关注的是，2014 年成立的众筹平台共有 84 家，其中，15 家主要商品众筹平台成功完成筹资的项目总数为 3014 个，成功筹款金额约为 2.7 亿元；股权众筹方面，可获取的数据显示成功项目有 261 个，筹资总额 5.8 亿元。

## 一、众筹融资模式发展

2013 年，国内一般认为众筹融资就是解决股权问题。实际上，国际上众筹融资主要有四种类型，分别是：捐赠式众筹、贷款式众筹、股权式众筹和产权式众筹。国内众筹模式也逐渐多样化，发展出各种众筹。

捐赠式众筹的发起不是为了股权资本金，而是为了项目的安全顺利销售，或者为了爱心活动。一般情况下，捐赠式众筹是为了支持一个早期阶段公司的建立或产品革新，条件是众筹出资者优先体验新的产品和服务。

贷款式众筹是项目管理者通过借贷的方式筹集债务资金，包括广为流传的 P2P。

股权式众筹是出资者通过投资收到股权凭证或利润分享安排。

产权式众筹是出资者通过出资获得信托，一单位信托产生一份收益，收益来源于公司的知识产权。

参考世界银行发展项目信息组的分析，归纳众筹融资类型为表 2-1-2，并绘制项目发展阶段的融资周期与众筹方式之间的关系如图 2-1-4 所示。

2014 年，国内市场出现几种新型的众筹模式：娱乐宝、房宝宝和百发有戏。

**表 2-1-2　众筹融资类型**

| 模式 | 细分模式 | 特征 | 风险 | 收益 |
|---|---|---|---|---|
| 捐赠式 | 基于捐赠的众筹 | 众筹出资者没有任何货币化补偿 | 无风险 | 捐赠者不获得任何安全收益。募集资本存在一定的失败风险 |
| | 基于回报的众筹 | 出资者可获得象征性的礼物，或者提前购买项目商品服务。这种模式包括通过提前销售获得大额资金 | 风险较低。主要是项目基本的执行风险和欺诈风险。无金融投资收益 | 基本收益很小。安全性较低，无问责机制。项目管理者如果没有商品销售，则筹集足够的资金具有较大困难 |
| 贷款式 | 基于贷款的众筹 | 出资者收到债务性投资凭证，可获得关于这一特定项目的固定利率收益 | 借贷双方提前约定收益率。债权持有者的收益安全性高于股权持有者，但存在项目破产的风险 | 从属于高级债权人。项目启动时，失败率较高，亏损风险和股权投资类似。项目如果已经产生现金收益流，此时基于贷款的众筹是一个可考虑的选择 |
| 股权式 | 基于股权的众筹 | 出资者收到股权凭证或利润分享安排 | 潜在的创业收益概率 | 潜在的投资损失。企业破产时股权持有者从属于债务持有者 |
| 产权式 | 基于产权的众筹 | 出资者的一单位信托产生一份收益，收益来源于公司的知识产权 | 潜在收益无具体限额。但收益率由双方参照利率决定 | 收益和风险高于债务工具，低于股权工具 |

资料来源：课题组整理

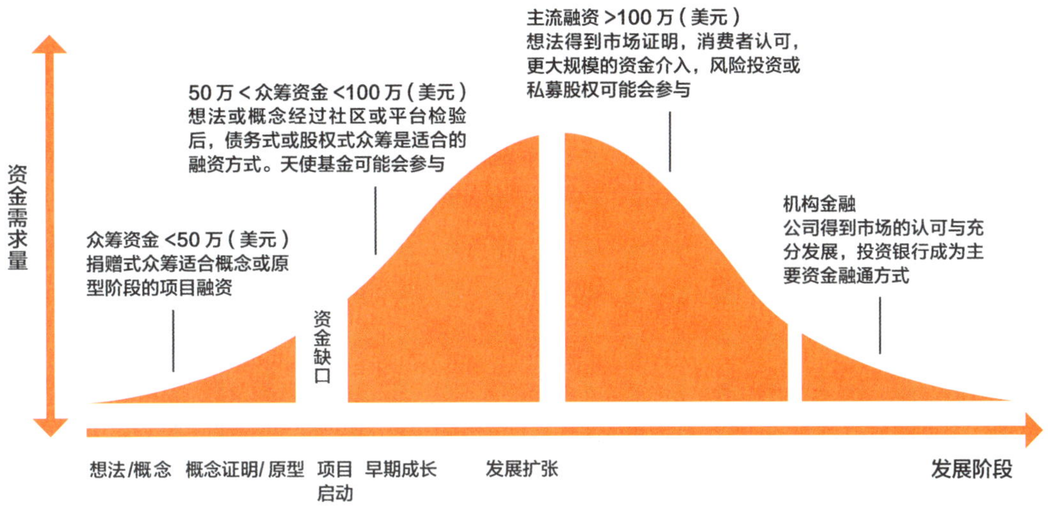


图 2-1-4　项目发展阶段的融资周期与众筹方式之间的关系

资料来源：课题组整理

案例 2-1-1

## 阿里巴巴“娱乐宝”

2014 年 3 月 26 日，阿里巴巴数字娱乐事业群联合金融机构打造“娱乐宝”增值服务平台，娱乐宝依附于淘宝移动端，通过向消费者发售产品进行融资。作为娱乐宝平台首期合作伙伴，国华人寿为其提供专业的保险理财产品，网民通过娱乐宝平台购买国华人寿的保险理财产品后，资金将采取合法合规的方式投向文化产业，获取投资收益。

网民出资 100 元即可投资热门影视剧作品，预期年化收益 7%，1 年内领取或退保收取 3% 的手续费，1 年后自动全部领取；每人最大购买额不得超 1000 元，首期募集资金约 7300 万元。

娱乐宝为粉丝们打造了从投资影视剧，到关注创作动态、与明星互动玩乐，再到上映购票观影，最终获得年化收益的全流程参与体验，提供了一种全新的娱乐生活方式。

对电影制作方而言，娱乐宝不仅可以带来资金保障，还可以帮助征集最真实的用户声音。用户“用钱投票”，评判对某个影视项目的导演、演员、剧本的喜好程度。这些第一手的用户数据，将成为影视娱乐行业新的风向标，从投资制作环节就开始对内容产生影响，实现真正的“大数据创作”。

案例 2-1-2

## 团贷网“房宝宝”

2014 年 6 月，团贷网首家推出房宝宝，以国内一线城市房源并精挑细选高端房产作为众筹产品。

目前，第一期房宝宝众筹的别墅已经成功售出，第二期已经进入银行批复阶段的尾声，第三、第四期已完成合同备案进入房产证出证阶段。

团贷网在财付通设立托管账户进行监管操作，产品正式推出之后，认购者可以通过团贷网平台进行众筹份额购入，资金会通过财付通托管账户直接汇入房产出售方（开发商或者二手房产卖家）指定的银行账户。资金全程定向流入流出，全程委托银行监管，并在网站更新流水明细。

据了解，美国房产众筹网站 Fundrise 成功运营 1 年，目前累计交易额 1500 万美元，获 3100 万美元融资（人人网领投），充分证明了房产众筹未来的巨大市场空间。

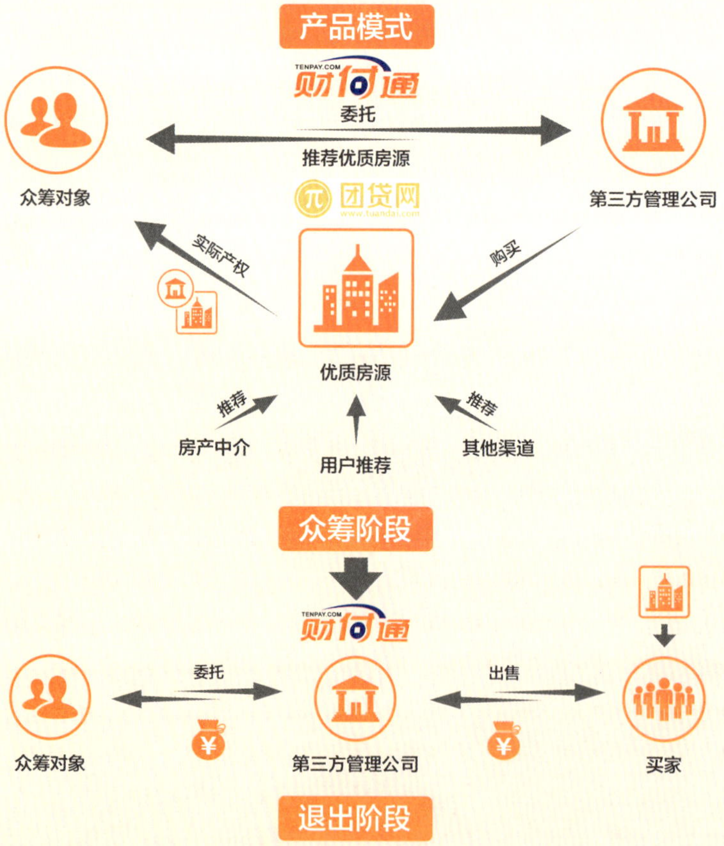


图 2-1-5 房宝宝运营流程图

资料来源：课题组整理

案例 2-1-3

### 百度“百发有戏”

“百发有戏”由百度金融中心与中信信托、中影股份、德恒律师事务所于 2014 年 9 月合作推出。“百发有戏”平台首期产品为《黄金时代》，产品期限 180 天，核心是消费、娱乐和消费者的权益保护，具有“消费 + 金融”的双重属性，即“边消费边赚钱”的产品。回报与电影票房直接相关，即票房越高，消费者潜在的回报越大。

“百发有戏”模式使大众网民可以更深度地参与到实体产业中来，与服务的生产者深度互动并成为其主人，C2B 定制个性化服务，同时还能在享受服务时实现现金回报。

“百发有戏”是影视娱乐与金融和互联网跨界融合的产物，是互联网金融在中国发展的又一里程碑事件，使互联网金融功能从“渠道功能”直接升华为“直接促进实体经济的发展”。

## 二、众筹融资与企业发展周期

在技术创新处于想法或概念设计的阶段，资金需求规模一般小于 50 万美元，捐赠式众筹可以解决此类项目的融资需求。

当创新理念通过论证并启动项目、生产出初期产品时，如果市场前景乐观，则需进一步扩大规模生产，此时融资规模在 50 万 ~100 万美元，债权式或股权式众筹可以解决此阶段项目的融资需求。

当生产规模继续扩大后，企业拥有了持续上升的销售收入、资产规模和良好的财务资本，传统的主流金融体系例如银行信贷等可解决此类融资需求。

## 三、众筹融资发展中的风险

根据我国法律体系和信用体系，国内发展众筹融资尚存在如下主要风险：

### （一）非法集资或非法发行股票风险

众筹融资平台项目一般都未经有关部门依法批准，项目管理者往往以债权或股权等方式进行筹资，筹集资金对象是不确定的社会公众，并且承诺在一定期限内给出资人还本付息或红利。

尽管形式上是互联网金融，但在国内实质上仍具有非法集资或非法发行股票的法律风险。

### （二）欺诈风险

这种情况是指众筹项目管理者发起项目的初始目的，就是欺诈出资者，获取诈骗收益。有资金需求的项目管理者通过虚构创新项目、设计融资方案、出资报酬计划、朋友前期注资等方法，使创新项目看似具有真实性，以获取众筹融资平台的信任（或者两者合谋），成功发布项目并筹集资金，待一定时间后宣布项目失败，获得诈骗收益。

### （三）项目失败风险

据国际比较典型的众筹融资平台项目有关数据统计，项目存在较大的失败风险。在平台发布的项目中，只有 20% 左右会被出资者选择；在前期有出资者选择的项目中，只有 60% 左右能达到预定的筹资目标；而在筹集够资金的项目中，又有一部分实施失败。所以，众筹融资项目存在较大的失败风险，这对投资经验欠缺、风险忍受程度低的社会公众形成了巨大的威胁。

### （四）平台运行风险

众筹融资运行严重依赖于众筹融资平台，而众筹融资平台的风险包括：平台方运行系统中断或崩溃的技术风险、平台方运作过程中的担保或付息违约风险、平台方与项目管理者的合谋欺诈风险，以及平台倒闭风险等。以著名的众筹平台 Kickstarter 为例，该平台就缺乏对融资者欺诈行为的有效约束机制，虽然该平台对融资项目进行评估，并通过互联网向公众展示，但仍然出现了一些融资者在创意项目中造假的情况。

另外，该平台的融资者可能会挪用资金或不按期给予投资者约定的回报。

### （五）信息泄露风险

众筹融资平台拥有了项目管理者和出资者的大量信息，在法律没有约束规范的情况下，容易造成个人信息、企业信息、专利信息等保密信息的泄露。

## 四、众筹融资的发展前景

近年来，全球众筹融资市场增长迅速。预计 2014 年，全球众筹融资交易规模将达到 614.5 亿元；2016 年，全球众筹融资规模将接近 2000 亿元，众筹融资平台数量将达到 1800 家。根据世界银行 2014 年《发展中国家众筹融资报告》，全球市场众筹融资潜在机会达 960 亿美元，并且中国众筹融资的潜在机会达 476 亿美元，几乎占世界众筹总规模的半壁江山。如图 2-1-6 所示。

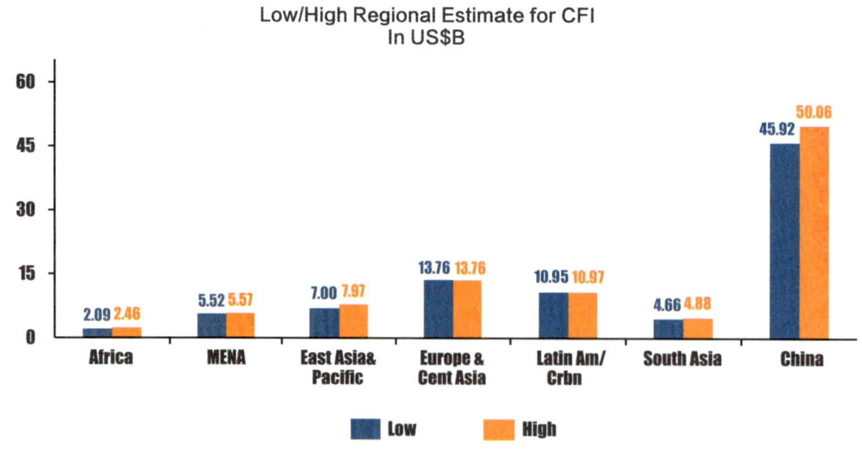


图 2-1-6 全球市场众筹融资潜在机会达 960 亿美元

资料来源：世界银行 . 发展中国家众筹融资报告 [R].2014.

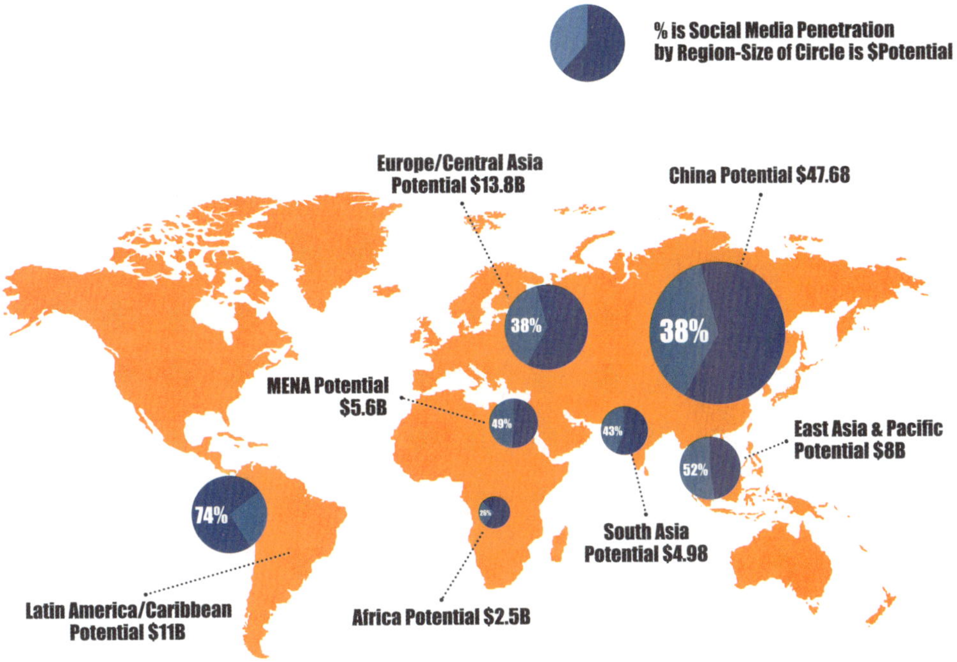


**图 2-1-7　不同地区的众筹融资市场潜力**

资料来源：世界银行．发展中国家众筹融资报告 [R].2014:43.

# 第二章 CHAPTER 2

# P2P 网络借贷的基础理论

# The Basic Theories Underpinning P2P Lending

## 一、P2P 网络借贷的功能不可替代

P2P 网络借贷在信贷市场中具有不可替代的作用，是人类历史上和传统金融市场中未曾有过的。在现有的技术框架下，P2P 网络借贷理论上可以逐步替代银行存贷款，但是还没有其他事物能替代 P2P 网络借贷。

P2P 网络借贷的优势主要体现在交易成本的降低上，P2P 网络借贷市场是一个自组织的自由市场，参与 P2P 网络借贷的用户行为可提供充分信息而完成自由借贷。信息正是借贷的核心，P2P 网络借贷的这种信息优势使得借贷成本大大降低，而重复博弈和实名信誉机制是其保障。

在个人和小微企业信贷市场中，资金供给和需求都很分散，面临匹配难题和交易成本约束，这是一个全球性的难题。尽管大银行和传统金融机构在这方面做了很多尝试，但都没有取得根本性突破。其根本原因是，个人和小微企业的很多信息属于软信息的范畴，比如一些难以量化的、仅在本地才可获得的信息。大银行和传统金融机构，要么在本地没有“触角”，难以收集软信息；要么受制于层级管理结构，本地分支掌握软信息但不具备信贷决策权，只能将软信息报送给有信贷决策权的上级，但这个过程伴随着信息失真以及信贷配置效率的降低。因此，在很多地方，民间金融在个人和小微企业信贷市场中扮演着重要角色。民间金融扎根地方，有助于收集软信息，而且内部决策层级简单，不像大银行和传统金融机构那样受制于委托代理问题。但民间金融不规范、不透明，而且规模扩大后参与者之间熟悉程度下降，一些在规模小时行之有效的风险控制机制会逐渐失效，从而容易造成风险事件。

理解 P2P 网络借贷的关键是把互联网本身看成一个能够促成储蓄存款人和借款人之间匹配的金融市场。互联网不仅是一个技术意义上的平台或者工具，而且是一个由众多 App 组成的生态系统，储蓄存款人和借款人在互联网上通过 App 来解决金额、期限、风险收益

上的匹配，每一个储蓄存款人可以同时向多个借款人发放贷款，每一个借款人也可以同时从多个储蓄存款人那里获得资金。这是分散原理的重要体现，既有助于控制风险，也能集众人之力、汇聚资金。

P2P 网络借贷可以突破交易成本的约束。在与互联网有关的领域中，普遍存在固定成本很高，但边际成本递减的规律，边际成本甚至能趋向零，P2P 网络借贷也不例外。P2P 平台有高速的寻找机制。比如，在 P2P 平台上，储蓄存款人可以通过 App、搜索引擎和大数据，在全国 10 多亿人中搜寻需要贷款的人，这个人也许在贵州的某个角落，也许有农业上的需要。P2P 平台能在很短时间内找到最符合储蓄存款人的风险收益偏好的借款人，并促成他们之间的匹配，而且相关交易成本非常低。相比而言，在线下，储蓄存款人即使在他所在的社区寻找合适的借款人，也要付出很大的搜寻成本，并且只有双方相互信任才有可能发生借贷交易。至于线下的跨区域的陌生人之间的借贷，交易成本更高。这说明，通过互联网技术，P2P 网络借贷可以快速解决个人小额贷款和跨区域贷款问题，可能成为信贷资源配置效率最高的市场。这就是 P2P 网络借贷的不可替代性。

随着互联网技术的发展，P2P 网络借贷会做得越来越大，对全国信贷配置的作用会越来越强大。这里面的经济学逻辑是网络效应或网络外部性，也就是网络参与者从网络中可能获得的效用与网络规模存在明显的相关性。这样，P2P 网络借贷只要能超越一定的“关键规模”（critical mass），就能快速发展。特别是在征信基础比较好的地方（如美国），P2P 网络借贷的生命力能够充分显现出来。

P2P 网络借贷的价值体现在以下四个方面：

第一，P2P 网络借贷市场份额趋向扩大。高华证券马宁在 2014 年 11 月 14 日的一份报告中预测，到 2024 年，中国 P2P 网络借贷余额将占剔除债券、股票之后的总社会融资存量的 0.9%。

第二，P2P 网络借贷公司的估值会越来越高。2014 年 12 月 12 日，美国 Lending Club 公司成功登陆纽交所，市值接近 90 亿美元。在我国私募股权基金行业，P2P 网络借贷公司的估值不断创出新高。

第三，传统银行也开始加速发展 P2P 网络借贷业务，主要是为了应对金融脱媒的压力。银行有优良的借款客户群体，有很高的风险控制能力，通过 P2P 网络借贷，能为储蓄存款人提供高于存款的收益。这方面，招商银行走在了我国银行业的前列。

第四，P2P 网络借贷将来还会派生出其他有 P2P 特点的很多金融业务。其实现在已经开始了，比如类众筹业务，再比如非标资产在个体和个体之间的交易。我们在 2014 年的报告中就提出，P2P 网络借贷的一个发展趋势是“P”的扩大。

P2P网络借贷目前主要是自然人对自然人的借贷，将来可以拓展到个人对机构、机构对机构的借贷，理论上交易可能性边界无限。实际上，我国已经出现了大量P2B（个人对企业）、P2G（个人对政府）网贷业务。当然，这里面的风险也不容忽视。最近，P2P网络借贷加速金融脱媒，推进利率市场化改革进程。金融脱媒是指资金供给方和需求方绕开银行等中介机构，直接开展筹融资交易，银行的净收入将逐步下降，回归到合理水平，美国20世纪60年代发生的金融脱媒主要是由利率管制造成的，银行作为基础金融服务机构不应该是暴利机构。

我国目前金融脱媒的趋势不可逆转，这是技术创新带来的交易成本下降的内在要求，P2P网络借贷的信息优势和成本优势将冲击商业银行的借贷业务。著名互联网预测家凯文•凯利(Kevin Kelly)预测，传统银行将在二十年后消失，说明他认识到了互联网金融强大的市场力量。

## 二、P2P网络借贷是最体现互联网精神的金融安排

金融危机后，全世界对金融的作用进行了深刻反思。总的看法是，金融应回归到为实体经济和大多数人民服务的核心作用上。金融体系最重要的功能，应是为实体经济服务以及提供为老百姓日常生活增加便利的基础金融产品（包括存款、贷款、支付、汇兑、投资、保险和信用卡等）。金融作为一项大众民生基础需求，应起到与水、电等类似的基础设施或公共产品的作用。金融服务应有公平性和普惠性，每一个人都应该获得最低程度的金融服务，从而促进社会公平。比如，耶鲁大学的罗伯特•希勒就认为，金融的存在是为了帮助实现其他社会目标而存在的，金融应当促进社会公平，不应当为了赚钱而赚钱。这种对金融的新认识与互联网精神——开放、共享、去中心化、平等、自由选择、普惠、民主——不谋而合。

P2P网络借贷是最体现互联网精神的金融安排。从这个意义上讲，P2P网络借贷在金融危机后兴起，不仅仅有技术方面的原因，也反映了社会心理的变化。

从实体经济的金融需求出发，可以看出P2P网络借贷的内在逻辑。一方面，个人和小微企业在消费、投资和生产中，有内生的贷款需求，以实现平滑消费、启动投资项目、补充流动资金等目标。很多贷款需求是合理的，是金融民主化的内在需要，属于正当的合法权利（我们称为“贷款权”）。特别是，从无罪推定出发，不能假设借款人都是骗子。另一方面，个人通过投资使财富保值增值，并自担风险，也属于合法权利（我们称为“投资权”）。贷款权和投资权的匹配，实现了资金融通，盘活了闲置资金，使资金供需双方各取所需、各偿所愿，对社会福利有帕累托改进效应。

然而，现实中，很多合理合法的贷款权和投资权无法通过传统金融进行匹配。比如，银行和证券公司向来是“嫌贫爱富”的，寻找的是高端客户。现在常说的“两多两难”问题（民间资本多投资难、中小企业多融资难），就形象地反映了传统金融存在的匹配失灵情况。

而P2P网络借贷弥补了传统金融的不足，体现了金融的民主化和普惠化。在P2P网络借贷中，很多借款人尽管具有偿债能力，但或者因为风险高于银行贷款利率能覆盖的水平，或者因为无法提供银行所需的抵押品，或者因为借款“短、小、频、急”使银行面临规模不经济问题，很难从银行获得贷款。另外，很多投资人希望通过P2P平台放贷，在承担一定风险的前提下，获得高于存款的收益，这是他们的权利。在某种程度上，P2P网络借贷推动了社会进步，尤其体现在解决跨地区的贷款问题方面。

当然，目前P2P网络借贷行业存在一些不容回避的问题，但是有两个内在机制保障了P2P网络借贷的持续健康发展：

第一，一些不守诚信的借款人在多个P2P平台之间恶意骗贷，提升了P2P网络借贷的风险溢价。但如果全国P2P平台实现联网，个人在不同平台之间“拆

东墙补西墙”套利或诈骗的现象就会减少。目前暴露出的一些问题还是因为重复博弈不够，当重复博弈足够多，交易成本自然就会下降。

第二，在大数据背景下，金融民主化、普惠化与数据积累之间有正向激励机制。一方面，P2P网络借贷越发展，参与者越多，积累的数据就越多，P2P网络借贷在金额匹配、期限匹配和风险定价上效率就越高；另一方面，P2P网络借贷的效率越高，积累的数据就越多，愿意参与的人也就越多。所以，要把这个市场放开，并且做好相关基础工作，使很多IT公司能够为P2P服务，这种正向激励会在互联网上自动形成。

## 三、中国P2P网络借贷存在的问题

我国P2P网络借贷发展的核心障碍是征信系统不健全、不开放。征信系统不发达直接制约了P2P网络借贷的信用评估、贷款定价和风险管理的效率。很多P2P平台开展线下的尽职调查，增加了交易成本，贷款利率也相应提高。但向P2P网络借贷行业开放人民银行的征信系统，需要很多条件，据悉，目前有一个跨部委的工作组在规划全国的社会征信信用体系。但总的趋势是，在大数据技术支持下，我国的征信系统会越来越健全，并与P2P网络借贷协调发展。

数据基础和外部监管都是P2P网络借贷健康发展的前提条件，两者之间是替代关系，并且数据基础更重要。数据基础不发达的时候，外部监管的变量参数就多一些；反之，数据基础越好，外部监管就越放松。为什么美国对P2P网络借贷的监管相对放松？主要是因为数据基础好。假如我国的大数据技术和搜索引擎能够在任何时点找到每个人的违约概率，外部监管的条件也会变得宽松。从未来趋势看，互联网技术将越来越先进，数据基础越来越好，对P2P的健康发展也越来越有利。这样，放松监管将成为大势所趋。

但也需要指出，互联网业务模式与金融安全稳健之间存在内在冲突。互联网行业特有的网络效应、“先行者优势”“赢家通吃”和边际成本递减等规律，要求P2P平台尽快扩张，争夺市场份额，并达到边界规模（critical mass）。在这种情况下，一些P2P平台出于内在的扩张动力，采取本金担保、风险保障金、“专业放贷人+债权转让”、对接理财“资金池”等方法，但这样做容易触及监管红线。所以，中国的P2P网络借贷发展参差不齐，有些公司已经做大做强，也有大量的P2P平台还处在瓶颈区间，并且个别P2P平台存在混水摸鱼的情况。

以上情况也是P2P网络借贷发展初期出现众多问题的主要原因，需要强调的是，P2P网络借贷虽然可以降低交易成本、提高借贷效率，但是并未改变人性弱点，不能根除道德风险问题，甚至在网络非熟人借贷的环境下会导致道德风险问题高发，这是P2P网络借贷在大额贷款方面的劣势。P2P网络借贷平台可以在短时间内吸收巨量资金，如果贷款者诈骗，而P2P网络借贷平台又采取了担保或者资金池的方式，必将导致一系列的跑路倒闭事件，因此大额借贷不宜在P2P网络借贷的初期发展太快。

## 四、中国P2P网络借贷的监管

第一，建立P2P网络借贷平台准入门槛，比如最低资本要求、必要的经营条件等基本条件，接近注册制；同时，对股东、董监事和管理层要有基本的诚信和专业资质要求（但要坚持无罪推定）。

第二，信息公开。P2P网络借贷监管的关键是信息监管，不是机构监管、流动性监管或资本充足率监管。P2P网络借贷监管要以数据为基础，相关背景信息要公开，使得任何投资者都可以在网上查询到相关信息。

第三，规范P2P网络借贷的运营。P2P平台定位于信息中介，不能直接参与借贷活动，不能承担信用风险或流动性风险。在征信不完善的情况下，为控制风险，要让投资者分散投资（在P2P网络借贷中，分散投资的交易成本不高），可以适当做强制性要求。

对 P2P 网络借贷的在途资金和投资者的资金要进行第三方托管。P2P 平台及关联方不能通过自己的平台借款，以防止利益冲突。这一点对我国尤其重要，不能让 P2P 平台成为平台及其关联方的“提款机”。在最近一年的很多 P2P 平台“跑路”案例中，很多平台的所有者或管理者从一开始就没有长期经营的打算，他们自设平台，编造各种虚假项目，实际是自己融资，融到钱后卷款走人，给投资者造成了不少损失，形同融资诈骗。

第四，P2P 网络借贷的交易信息要完整备份，作为事后处罚的依据。

P2P 网络借贷监管的理念和方式与传统金融机构（业务）监管不完全相同，与信息监管有类似之处。P2P 平台相当于自媒体网站，相对而言比较容易监管；借款人诈骗相当于不良信息，监管难度要大一些。因此，对借款人诈骗不能采取“人海监管”，应引入技术手段。比如，在 P2P 网络借贷的后台，坚持实名制；要建立不良借款人的“黑名单”；利用大数据技术发掘不良借款人（类似证监会抓内幕交易）；举报不良借款人可获得奖励，建立正向激励机制；建立对 P2P 平台的评价体系。互联网技术既然能让贷款更方便，也应该能让监管更方便。

总的来说，P2P 网络借贷监管原则包括以下几个方面：首先，重心是信息监管，类似直接融资（股票、债券）的充分信息披露原则；其次，发挥现代信息技术特别是搜索引擎的作用，部分监管任务可以外包给 IT 公司，比如百度曾制定过 P2P 平台“白名单”；再次，行为监管，比如通过一些软件抓取不良信息；最后，事后处罚，不在事前做有罪推论。

## 五、如何评估 P2P 网络借贷是否服务实体经济

目前我国 P2P 网络借贷鱼龙混杂，市场评价褒贬不一。特别是，监管当局、P2P 网络借贷从业人员和学术界站在各自立场上，各种观点莫衷一是，而且各说各话，没有特别有效的沟通平台。针对这种情况，我们提出一个评估 P2P 网络借贷是否服务实体经济的指标体系，目标是使用尽可能客观、可量化的指标，作为评价 P2P 网络借贷的“标尺”。

评价维度一：是否促进了资金融通？评价指标：P2P 平台促成的交易规模，但要扣除平台及关联方的“自融资”规模以及为活跃人气而进行的“资金空转”规模。

评价维度二：是否为投资者创造价值？评价指标：投资者的风险调整后收益（即已实现收益，而非预期收益），要扣除借款人违约和平台“跑路”造成的损失。

评价维度三：是否提高了贷款可获得性？评价指标：在 P2P 网络借贷的借款人中，有多大比例无法从正规金融机构获得贷款。

评价维度四：是否降低了融资成本？评价指标：对同一个借款人，P2P 网络借贷利率是否低于其边际贷款利率？理论上，P2P 网络借贷没有物理网点，交易成本低，能返利于借款人。

评价维度五：是否有效控制了借款人的信用风险？评价指标：P2P 网络借贷的不良贷款率。

第三章 CHAPTER 3

# 中国 P2P 网络借贷市场的发展现状

# A Look at China's Growing P2P Market

## 第一节 中国 P2P 网络借贷市场概况

### 一、总体概况

P2P 网络借贷诞生于英国，发展在美国，繁荣在中国。2005 年 3 月，英国人理查德•杜瓦、萨拉•马修斯、詹姆斯•亚历山大和戴维•尼克尔联合创建了网站平台——Zopa，为具有资金供求的个人和小企业提供信息交流的平台。该网站作为全球首家网络借贷网站，开创了 P2P 网络借贷这一新型经营业态。随后，在 2006 年和 2007 年，美国相继出现了提供类似服务的网站——Prosper Marketplace 和 Lending Club，两家公司占据了美国 P2P 网络借贷市场的绝大部分[1]。国内外 P2P 成立发展时间轴见图 2-3-1。

受 P2P 网络借贷平台在美国发展的影响，中国第一家 P2P 网络借贷平台——拍拍贷于 2007 年 6 月上线运营。随后，国内涌现出了红岭创投、人人贷、陆金所等一批规模和影响力较大的网贷平台，行业发展也步入了快车道。自 2012 年开始，中国 P2P 行业出现了爆发式增长，投资人、借款人、平台数量及成交量等主要规模指标均实现了成倍增长。

从收入构成看，P2P 网贷平台主要依赖借款管理费、利息管理费及其他增值服务费作为收入，其中借款管理费占比最大，约占平台营业收入的 7 成以上。虽然目前行业监管细则并未出台，但 P2P 公司定位于信息提供及撮合平台的功能已十分明确，严禁吸收公众存款、搞资金池。但在实际操作过程中，大多数平台并未公开其收入、成本情况以及资金使用流向等信息，而是采

1 截至 2013 年底，Prosper 和 Lending Club 的年度累计借款额约为 24 亿美元，其余平台的规模相对很小，可忽略不计。

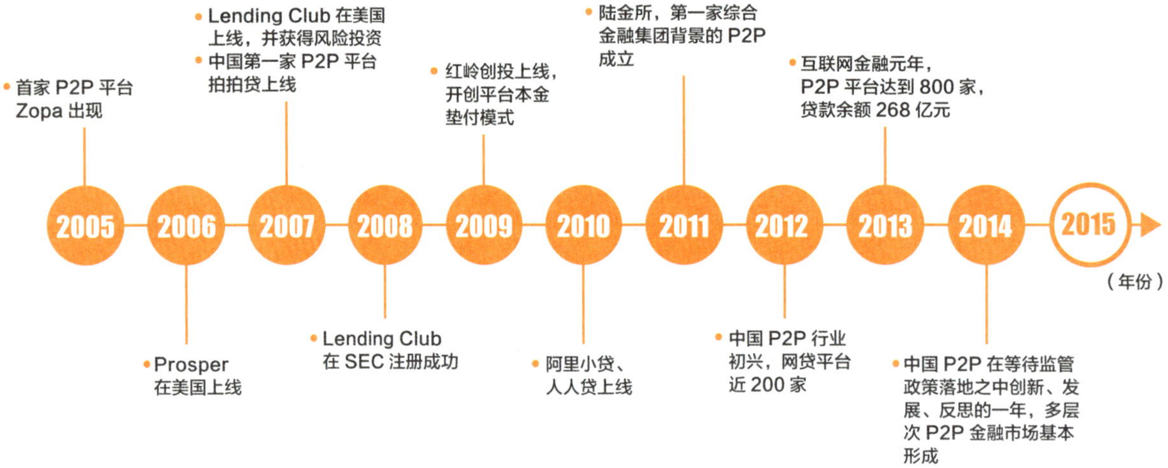


图 2-3-1　国内外 P2P 成立发展时间轴

资料来源：网贷之家 .2013 年中国网络借贷行业蓝皮书 [M]. 北京：知识产权出版社，2014.

表 2-3-1　国内 P2P 行业的爆发式增长

单位：万人、个、亿元

| 时间 | 投资人数 | 借款人数 | 平台数量 | 当年累计成交量 | 贷款余额 |
|---|---|---|---|---|---|
| 2012 年以前 | 2.8 | 0.8 | 60 | 31 | 13 |
| 2012 年 | 5.1 | 1.9 | 200 | 212 | 56 |
| 2013 年 | 25 | 15 | 800 | 1058 | 268 |
| 2014 年 | 116 | 63 | 1575 | 2528 | 1036 |

注：投资人、借款人角色可能重叠，存在重复计算的情况；平台数量统计截至 2014 年底数据。
资料来源：网贷之家

取一些隐蔽的方法变相赚取利差，在不考虑垫付资金用于偿还不良贷款的情况下，行业的毛利率十分可观，有时可能高达 20% 以上。

正因如此，该行业得到社会资本的竞相投入，小贷企业、担保公司、风投、上市公司、银行甚至地方政府均涉足该领域，国内平台数量呈现了爆发式增长。

虽然大多数平台都从事了“准银行”业务，但相对于传统银行，P2P 平台的风控水平相对较低，且由于内部管理上的漏洞和相关法律制度的不完善，使行业存在较大潜在风险。

据零壹财经统计，截至 2014 年底，国内“跑路”平台累计 344 家，占行业平台总数量的 20.3%。这些平台出现经营问题，对投资人的投资热情、行业的健康发展带来一定负面影响，已成为制约行业发展的最大隐患。

诚然，目前国内的 P2P 网络借贷行业存在较大风险，但应该看到其在解决中小企业融资难方面的有益尝试，在缓解企业融资瓶颈、推动金融创新、增强金融普惠等方面发挥了积极作用。因此，行业的健康发展以及规范运营，需要由政府部门或行业协会进行正确引导。

## 二、借款人概况

借款人作为网贷资金的使用者，其主体特点直接决定了投资的风险水平。因此，了解借款人的整体情况，对网贷平台的信用风险控制有着极其重要的现实意义。

在具体指标上，本报告主要选取了反映网贷市场活跃度的借款人数量和人均借款额、反映对实体经济有效性的借款用途、反映融资成本的平均借款利率、反映借款人信用状况的个体属性 5 项指标。

值得一提的是，随着 P2P 的发展，已经衍生出如 P2C（个人对企业）、P2B（个人对非金融机构）、P2N（个人对多家机构）、P2G（个人对政府项目）等诸多模式，但由于这些新模式中，前三种主要是现有借款人的细分群体，而最后一种 P2G 还处于发展初期，数据尚不足以进行有效分析，现阶段我们还是把重点放在成熟的个人对个人（Peer-to-Peer）的借款人研究上。

### （一）借款人数量

2013 年，网贷之家对 90 家平台成交数据的采集显示，当年累计借款人数为 14.93 万人，达到了 2012 年的 8 倍以上。这种迅猛发展的势头在 2014 年得以延续，网贷之家数据显示，截至 2014 年底，P2P 网贷行业整体累计借款人数达 63 万人，且在不断增长中，充分反映了这是一个飞速发展的行业，如图 2-3-2 所示。

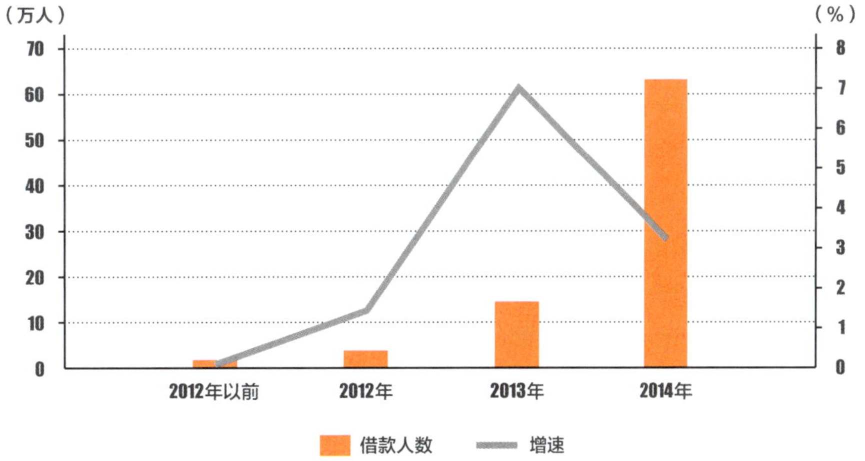


**图 2-3-2　P2P 网贷行业整体借款人数增长**

资料来源：网贷之家

## （二）人均借款金额

根据网贷之家数据统计，2014 年网贷人均借款金额（人均借款金额 = 总借款金额 / 借款人数）为 40.12 万元。本报告选取了国内成交量排名前 20 家平台截至 2015 年 1 月 14 日前 30 天的数据进行推算，人均借款额情况如表 2-3-2 所示。

从表 2-3-2 中我们可以看出，网贷平台不同，人均借款金额有着很大的差别，大部分平台的人均借款金额在 30 万元以下，少数如钱爸爸、温州贷、盛融在线等达到 100 万元以上，而钱爸爸更是达到了近 300 万元。这主要与各平台的业务模式不同有关。

以人人贷、陆金所等为代表的平台主要做无抵押 P2P，通过分散投资来控制风险；而一起好、合力贷等作为代表的平台，多做车辆抵押贷款，由于有抵押作为增信措施，其平均借款额也有明显提升；以合拍在线为代表的平台则主要做企业经营性融资，对资金的需求量明显高于个人，所以平均金额达到了百万元级。

**表 2-3-2 国内成交量前 20 家平台 2014 年 12 月 16 日至 2015 年 1 月 14 日期间人均借款金额**

单位：万元、人

| 序号 | 名称 | 成交量 | 借款人数 | 人均借款金额 |
|---|---|---|---|---|
| 1 | 红岭创投 | 300400.69 | 3944 | 76.17 |
| 2 | 陆金所 | 137249.75 | 24984 | 5.49 |
| 3 | PPmoney | 130908.54 | 5506 | 23.78 |
| 4 | 温州贷 | 85151.09 | 447 | 190.49 |
| 5 | 微贷网 | 83249.60 | 11550 | 7.21 |
| 6 | 鑫合汇 | 78056.20 | 1324 | 58.95 |
| 7 | 有利网 | 71966.11 | 2885 | 24.94 |
| 8 | 积木盒子 | 60602.99 | 5531 | 10.96 |
| 9 | 金信网 | 60392.72 | 3794 | 15.92 |
| 10 | 人人贷 | 56975.58 | 9280 | 6.14 |
| 11 | 盛融在线 | 54671.62 | 452 | 120.95 |
| 12 | 宜人贷 | 54640.19 | 11316 | 4.83 |
| 13 | 向上金服 | 46872.32 | 30497 | 1.54 |
| 14 | 易贷网 | 43080.07 | 1396 | 30.86 |
| 15 | 你我贷 | 40672.11 | 5385 | 7.55 |
| 16 | 投哪网 | 35977.14 | 2805 | 12.83 |
| 17 | 翼龙贷 | 34515.30 | 3610 | 9.56 |
| 18 | 钱爸爸 | 34406.00 | 115 | 299.18 |
| 19 | 爱投资 | 33481.97 | 2474 | 13.53 |
| 20 | 团贷网 | 32127.43 | 379 | 84.77 |

资料来源：网贷之家

## （三）借款用途

P2P 的迅猛发展体现了现有金融体系的不足，也帮助解决个人自身发展、提高生活质量以及小微企业经营的资金需求问题。对借款人的借款用途进行分析，可以了解 P2P 对实体经济的有效性，更好地把握网贷行业的发展前景。下面我们主要以人人贷为例进行分析，如图 2-3-3 所示。

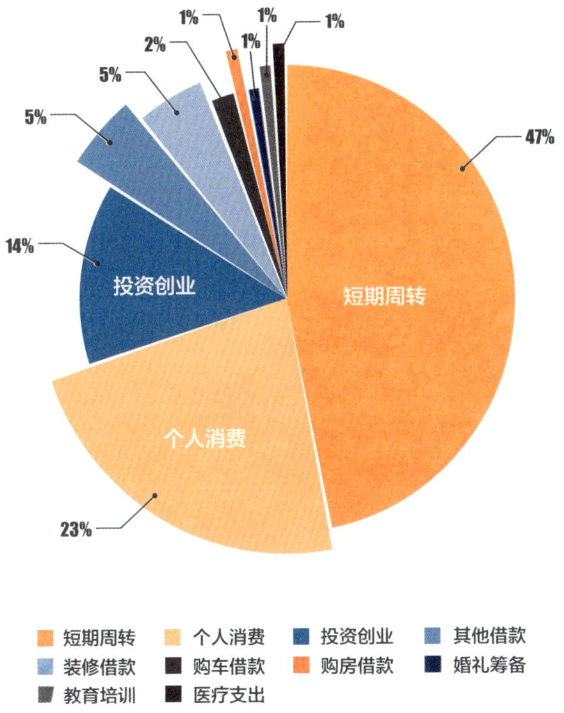


**图 2-3-3　人人贷借款用途分布**

资料来源：人人贷，网贷之家

从图中我们可以看出，短期周转和投资创业等促进经济发展的有效投入比重占到 61%，其他多为改善生活质量的用途。

## （四）借款利率

借款利率反映了借款人的融资成本，由于 P2P 的借款人信用等级和增信措施普遍弱于传统金融市场借款人，加上信息披露不够充分，所以利率明显高于银行贷款利率。网贷之家数据显示，2014 年国内主流网贷平台的加权借款利率[1]介于 15%~20%，行业平均加权借款利率为 17.86%，平均借款期限为 6~12 个月。为对比方便，我们粗糙地将网贷行业每月加权借款利率视为半年期债券产品，并与半年期贷款基准利率及 6 月期 Shibor 对比，如图 2-3-4 所示。

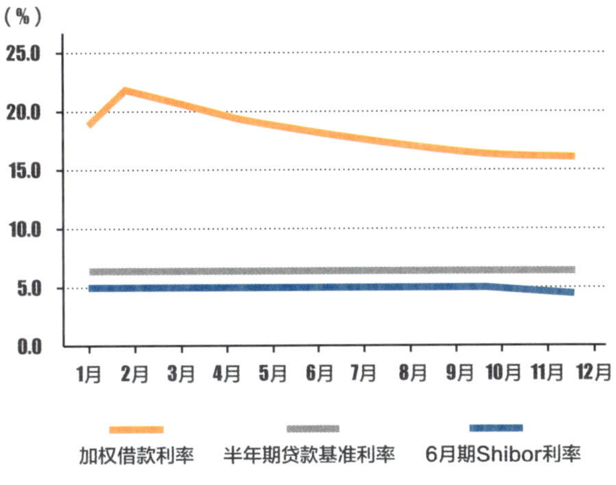


**图 2-3-4　2014 年网贷行业加权借款利率与同期贷款基准利率、Shibor 的走势图**

资料来源：网贷之家 .2014 年中国网络借贷行业年报 [R].2015.

1 加权借款利率：将不同借款标的借款利率按照成交量进行加权平均。

从图2-3-4中可以看出，2014年2月以来网贷行业利率水平呈现持续下降趋势，月均降速达到56个基点[1]，于12月底达到最低的16.08%。主要原因是随着"跑路"平台的增多，投资者的风险意识增强，不再单纯追求高利率，而是将投资转向利率适中但风控水平较好的老平台，同时伴随信息对称性不断提高和行业竞争性加强，加上宏观经济整体仍处于调整阶段，利率下降通道逐步打开，P2P平台的项目风险溢价水平也有所降低。

### （五）借款人属性

本报告对借款人属性维度的数据，包括性别、年龄、婚姻状况、学历水平及所在地等进行了统计，详细如下：

性别比例方面，据零壹财经统计，现阶段，男性借款人占了绝大部分，比例达到78%。

年龄分布上，据对11家平台[2]55264名借款人的分析，绝大多数借款人主要分布在20~49岁，这其中既包含创业中的年轻人，又覆盖大部分需要流转资金的企业主，同时这个年龄段也是最需要提高生活质量的人群，总体来说与借款用途可以有效对照起来。

婚姻状况方面，据零壹财经对11家平台[3]的51160名借款人的统计，已婚者占总借款人的71.82%。

学历水平的统计主要涵盖10家平台[4]50925人，本科及以上高学历人群在P2P借款人中的比例并不高，仅为24%。其原因是：一方面，高学历人群从传统金融渠道获取资金的可能性更高，特别是在改善生活消费领域；另一方面，中低学历人群在创业或自主经营上主动性更高。

地域分布方面，现阶段，中国网贷平台还是习惯以总部所在地为根据地进行业务拓展，因此，借款人分布与网贷平台的分布有明显的相关关系，主要以上海、山东、浙江、广东等沿海发达地区为主。

## 三、投资人概况

### （一）投资人数量

国内P2P网络借贷投资人规模自2012年开始出现快速增长。截至2014年底，行业投资人数约116万人，为2012年的22.7倍。考虑到多平台间可能出现重复计算情况，行业内实际投资人数保守估计在60万人左右。

### （二）人均投资额及其构成

据网贷之家统计，截至2014年底，全行业累计成交量约为3829亿元。其中，2014年全年累计成交量为2528亿元，是2012年的11.9倍。2014年投资人总计116万人，人均投资金额为21.79万元，低于2012年、2013年的41万元和42万元，说明小额投资人数快速增加。

从投资人的投资规模构成看，2014年单月、单平台投资金额在1万元以下的人数最多，占比达63.74%，且金额越高，人数越少。100万元以上的投资人占比仅为0.36%，且其中不乏机构投资者。

### （三）投资人属性

就投资人属性来看，根据网贷之家2014年进行的网络抽样调查，在参与网络借贷的人群中，男性占到了85%，女性只有15%。

根据网贷之家统计，从投资人年龄看，19岁以下的投资人占1.32%，20~29岁的占40.46%，30~39岁的占40.13%，40~49岁的占14.84%，50岁以上的占3.29%。

1 1个基点=0.01%。
2 具体为人人贷、人人聚财、融信财富、盛融在线、微贷网、温州贷、新新贷、工商贷、一起好、翼龙贷、有利网。
3 具体为365易贷、808信贷、红岭创投、人人贷、融信财富、盛融在线、新新贷、工商贷、一起好、翼龙贷、有利网。
4 具体为365易贷、808信贷、红岭创投、人人贷、融信财富、盛融在线、新新贷、一起好、翼龙贷、有利网。

可以看出，投资人中以 20~39 岁的青壮年居多，占比超过 80%。这一方面说明年轻人能够接受这种新兴的投资模式，另一方面也与青壮年的风险承受能力强有关。不过，最近的调查显示，50 岁以上的中老年群体也逐渐成为投资的中坚力量，他们收入稳定，投资经验丰富，在 P2P 市场成熟后被认为更偏好该投资渠道。[1]

从地域看，广东和浙江分别以 18% 和 11% 占据前两名，上海、江苏、北京的投资人占 8%~9%，而新疆、内蒙古、青海等地的投资人几乎为零。投资人的数量占比和当地的经济总量呈正相关态势，地区经济越发达，居民可以用来投资的资金也就越充足。

据网贷之家 2014 年数据，投资人的平均年收入约为 11 万元，其中年收入低于 5 万元的占 25%，5 万至 10 万元的占 35%，10 万至 20 万元的占 25%，三者总计占投资者总人数的近九成。

中低收入群体构成了网络投资人的主力军，这说明目前市场上低门槛高回报的投资渠道缺乏，P2P 平台为广大中低收入群体提供了便捷的投资理财渠道。

## 四、P2P 网络借贷平台现状

由于行业监管政策尚未出台，目前国内 P2P 网络借贷行业尚处于市场化自发演进时期。尽管网贷模式的问题不断出现、问题平台也层出不穷，但随着互联网技术的普及，尤其是民间借贷的强烈需求，该行业依旧保持着快速的发展态势。

与此同时，网贷平台的发展表现出一些典型特点：网贷平台在优胜劣汰、不断进入和退出中，年度增速正逐步趋于稳定；国内涌现出一批有一定规模和市场口碑的全国性网贷平台。

### （一）平台公司状况

从注册资本看，2013 年底全国网贷平台中注册资金在 5000 万元（含）以上的有 36 家[2]。截至 2014 年底，增加到 54 家[3]，其中 22 家于 2014 年内成立。注册资金最高的为陆金所，达到 8.3667 亿元[4]。

从资产管理规模看，截至 2014 年底，累计待还金额在 1 亿元以上的网贷平台达到 96 家，其中 5 亿元以上的 27 家、10 亿元以上的 13 家。位列前三甲的陆金所、红岭创投、人人贷的待还金额分别为 94.12 亿元、66.94 亿元和 41.86 亿元。在 96 家累计待还金额超过 1 亿元的平台中，27 家运营时间在 12 个月以内。在 27 家累计待还金额超过 5 亿元的平台中，仅金信网、鑫合汇、众信金融、金宝保 4 家平台运营时间在 12 个月以内。

从注册资金与待还金额杠杆比来看，截至 2014 年底，杠杆比达到 10 倍以上的网贷平台有 73 家，20 倍以上的有 42 家。资金杠杆比超过 100 倍的有 7 家，分别为：翼龙贷，2258 倍；爱投资，653 倍；向上金服，264 倍；你我贷，251 倍；宜人贷，235 倍；有利网，207 倍；红岭创投，144 倍。

巨大的市场空间促使各类型社会资本通过参股、控股、收购等方式加快涌入 P2P 行业。据不完全统计，截至 2014 年 10 月底，共有近 30 家 P2P 平台获得超过 30 亿元的投资。从 2013 年底软银中国资本入资有利网开始，近一年时间内仅公开的风投融资就令人目不暇接。挚信资本以 1.3 亿美元入主人人贷，红杉资本 5000 万美元入股拍拍贷，晨兴创投 5000 万美元投资有利网，成为金额最大的三项投资。

不仅风投公司，银行背景资本（简称银行系）、国资背景资本（简称国资系）、上市公司资本（不含前三

1 苗娜 .30~45 岁人士成 P2P 理财中坚力量 [N]. 城市快报，http://money.163.com/14/0920/15/A6JK58TN00254STD.html，2015-09-24.
2 王家卓，徐红伟，等 .2013 中国网络借贷行业蓝皮书 [M]. 北京：知识产权出版社，2014:22.
3 网贷之家，http://shuju.wangdaizhijia.com/indexs-8-0-7-0-0-8.html.
4 全国企业信用信息公示系统（上海），https://www.sgs.gov.cn/notice/notice/view?uuid=mrrCIHJ5f4TC5NSUQSvseLTsjlLdMKu3&tab=01.

类资本，简称上市公司系）和民营资本（不含前四类资本，简称民营系）也不断加快对网贷行业的布局。2014年初，银行系、国资系、上市公司系和风投系的平台数量仅为3家、1家、3家和6家，而到年底已增长到12家、17家、17家和29家，行业数量占比虽然只有0.8%、1.1%、1.1%和1.8%，但贷款余额行业占比已达到12.5%、2.8%、1.5%和18.2%，俨然成为市场重要的力量。

从平台的地域分布看，平台数量与地区的经济发展以及民间借贷活跃程度有直接关系。网贷之家数据显示，2014年底，全行业1575家平台中，广东省平台数量最多，为349家；其次依次为浙江省、北京市、山东省、上海市、江苏省等，分别为224家、180家、149家、117家和104家。

从问题平台情况看，据不完全统计，截至2014年底，历史累计问题平台数量达到367家，其中大部分在2013年和2014年出现，且蔓延、恶化趋势不容乐观。

从问题平台的地域分布看，广东、浙江、山东的问题平台数量较多，合计在全国占比为48.6%，略高于其正常运营平台的全国占比。网贷之家统计显示，山西、宁夏、黑龙江、新疆至今未出现问题平台。从问题平台的地区发生率看，云南、辽宁、北京的发生率最低，分别为7.1%、10%和10.2%；最高为甘肃和海南，发生率达到了50%以上。由于甘肃和海南的平台数量原本较少，因此发生率的统计存在一定偶然性。可以看到，湖南、湖北、安徽、山东、上海等市场规模较大的省份，其问题平台的发生概率均处于23%以上，湖南、湖北甚至达到36%以上，反映出当地的网贷行业市场环境较差，市场风险较大。

## （二）平台产品状况

从平台产品的产生原因看，网贷平台通常在统筹考虑其借款人群体实际诉求及个体信用状况、平台运行状况、地区利率水平等因素后，最终确定产品标的金额、利率、期限等要素。国内的网贷平台由于数量众多，经营差异化明显，平台产品的差别更是巨大，因此很难找到统一标准进行数据统计。

2014年以来，随着央行、银监会陆续明确网贷平台的信息中介定位，行业内的主流产品也随之规范至反映实际借贷关系的实物标范畴内。平台通常将通过其审核的实物标公布于网上，等待投资人投标。当投资金额达到借款标的时，该笔交易成功满标，借贷关

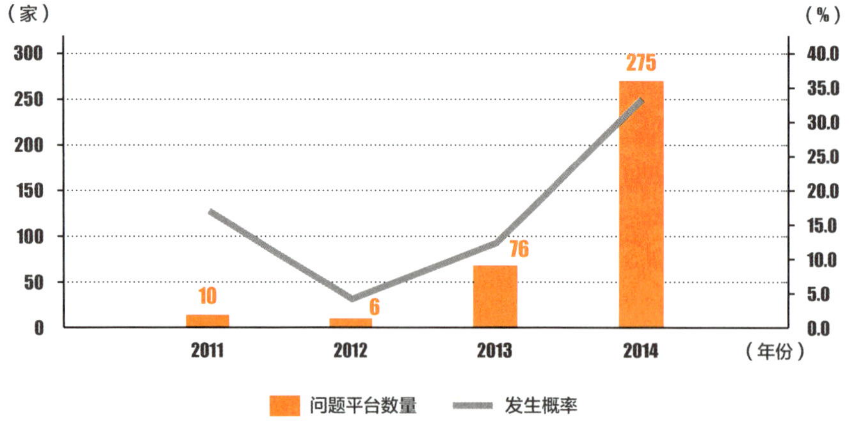


图 2-3-5　近年问题平台数量及发生概率

资料来源：课题组整理

系确立，合同开始生效；而在规定时间内未达到借款标的，则此单作废，合同无效，借贷双方另行申请其他操作。

此类操作容易导致飞标，也确实需要借贷双方随时关注标的进展，操作不便，因此，为解决借贷客户体验痛点，提高双边匹配效率，主流网贷平台推出了基于自动撮合的理财产品。此类产品与银行理财产品类似，任由投资人投资，满标即生息，大大提升了借贷双方匹配效率。不过如果操作不透明，则容易触碰“搞资金池”的政策红线。

同时，为增强平台产品和债权的流动性，部分网贷平台还设计了针对本平台产品的二级交易市场，持有未到期产品的投资人可将自己的剩余债权公开交易，以提前收回投资本息。在一些人气较高的网贷平台，一手产品标的往往供不应求，投资人在不容易抢到产品标的情况下，直接购买二手产品标，也成为行业内的普遍现象。

## （三）平台风险状况

### 1. 借款人风险

信用风险。我国的信用环境比较差，个人征信系统很不完善，借款人的违约成本很低，而催收比较困难。特别是 P2P 这种通过网络建立虚拟连接的借贷模式，一旦出现违约，出借人很难进行有效维权。

循环借贷风险。很多网贷平台，往往允许借款人利用其在平台上的债权进行抵押贷款，这实际上形成了一种类似银行存款准备金的财务杠杆模式。借款人可以将借款在平台上进行投资出借，并通过出借的债权进行抵押再申请一定额度的借款，如此反复，进行市场套利。杠杆的引入会逐步放大借款人的违约风险。

### 2. 平台风险

资金风险。当前大部分网贷平台采用充值和提现的经营模式处理投资人和借款人的资金，并没有建立有效的第三方托管模式。这就导致资金混用、挪用的可能，在很大程度上存在自融和假融风险。目前，只有少部分 P2P 平台已开始逐步尝试直接与银行合作，让投资人可以通过网银功能进行直接投资和撤资，不需要通过充值提现等方式与平台自有资金产生往来，如开鑫贷等。

信贷审核风险。很多 P2P 平台并不具备专业的风险控制和信贷审核团队，对于借款人的资质审核往往比较粗放，局限于传统的小额信贷模式，从而可能导致潜在的坏账率激增。

经营风险。为了将收益率和投资期限进行匹配以增加出借人的资金流动性，很多平台通过拆标的形式构建资金池，走在人民银行三条红线的边缘[1]。一旦短期流动资金跟不上，就会出现资金链断裂等情况，导致平台倒闭。很多网贷平台的注册资本相对于网贷平台借贷规模来说，杠杆率极高，一旦网贷平台利用资金错配进行拆标或者发生大额违约，面对投资者的挤兑，通常应对乏力，容易因资金链断裂而破产。

信息泄露风险。行业中部分 P2P 平台，尤其是多数的“跑路”平台，由于缺乏信息安全意识和相关的资金投入，往往从第三方公司直接购买“半成品”网站，网站源代码直接开放，甚至网站后台由第三方公司维护，公司和客户的信息处于暴露状态，一旦网站出现技术问题无法访问，往往对投资者造成心理冲击，在信息不对称情况下容易诱导造成挤兑风险。

1 拆标是指长期借款标的拆成短期，大额资金拆成小额，从而造成了期限和金额的错配。其中，标就是借款人的借款需要。比如，借款人申请贷款 120 万元，借款期限 12 个月，这样大额、长期的借款标发布后很难在短时间内筹集到足够的资金，因此平台常会将 120 万元拆分为 10 份甚至 100 份，期限缩短为 1 个月，滚动放标 12 次。具体请参考：http://www.wdzx.com/zt/cb/wdzx_cb.html。

## 第二节　营销管理分析

### 一、发展概况

民间金融在我国有较长的发展历史，中国移动互联领域随着 3G、4G 网络的逐步普及，使得移动互联网营销成为重要增长极，对市场带动明显，为 P2P 行业的迅速发展带来机遇，使民间借贷有了新的活力；而且，年轻人对新事物接受程度较快，具有较好的消费金融倾向，愿意选择尝试日新月异的互联网理财方式及网络融资渠道。例如，网贷之家数据显示，仅 2014 年“双 12”当天，全国 P2P 网贷成交量高达 24.08 亿元，较前一天增加 72.78%，当天综合收益率为 16.48%。

P2P 行业从初期的网络信贷逐步发展到当前的多样化金融资产转让交易，在营销模式上主要采用了线上投标、线下推广的交叉式管理机制。从营销手段来看，主要选择注册投标返现、发起秒标、短期高利率标等形式来吸引社会投资人。

从市场发展历程看，营销模式大致经历了三个阶段：一是 2006 至 2007 年，基本确立商业模式，如宜信的线下营销推广、拍拍贷的纯线上营销等；二是 2008 至 2011 年，形成初步推广，如 B2C 融资营销、垂直金融搜索引擎、陆金所大型平台等；三是 2012 年至今，行业大规模发展，如专业化渠道营销、大数据网络挖掘营销、金融市场交叉渗透营销等。

从当前及今后一段时期看，P2P 行业的营销模式将逐步突破同质化格局，逐步向精准式营销转变，提升对社会投资人和社会融资人（借款人）的双向交流服务，增强营销的售后服务能力，金融资产交易式的新型营销模式将逐步产生和推广。同时，众多的 P2P 公司也将经历大浪淘沙的过程，大部分“凑热闹”的公司将会被淘汰。

### 二、营销类型

为了更好地理解 P2P 行业的营销模式，我们主要从以下四种类型加以分析说明：

#### （一）线上营销

P2P 公司将社会投资人的出借资金或资产配置需求，通过互联网方式加以集中整合，与社会融资人的借入资金或资产出售需求进行配对，通过信息平台一体化服务，增强双向客户黏性。这一模式的创新主要体现在对用户心理的把握上，强调整体简便易用、需求分类导向、管理模块清晰、支付便捷安全、信息透明可信等。

具体而言，一方面，主要通过注册奖励、新手秒标、充值返现、公开投标、资产转让等方式吸引投资人，将具有市场竞争力的收益率及较好的风险管理业绩作为卖点；另一方面，通过相比民间借贷更为低廉的差异化风险定价、灵活还款机制、融资费率补贴等方式吸引融资人，将相对简便的融资审批手续及迅速反馈的融资流程作为卖点，吸引社会融资人（借款人）。

毋庸置疑，互联网金融在 P2P 行业的最主要体现就是线上营销的创新突破，将原来可能存在于点到点之间的资源配置效率大幅提高，大大增强了民间金融的市场活力，比较典型的平台有拍拍贷、点融网、人人贷等。

#### （二）线下营销

P2P 公司通过非互联网渠道将社会投资人及社会融资人（借款人）的资金供需及资产配置交易进行对接，并且将涉及融资行为的信息透明度和平台交易撮合的资产负债管理内容纳入这一环节。

应该说，绝大多数 P2P 公司都是采取线上营销为主的模式，但却不会排斥线下营销，这是因为相比互联网渠道，线下营销往往具有更为准确的到达率效果，市场渗透较好，当然所花费的营销成本也较大。越来越多的 P2P 公司认识到，O2O 模式对于提升市场影响力和营销服务水平，具有较好的客户体验度，能够迅速和较为持久地发掘新客户[1]。

因此，线下营销关键在于网络服务的到位性，模式上可以参考连锁经营方式，主要有自建网点、连锁加盟两种方法，其运作核心在于要及时掌握第一手信息，扩展合格社会投资人和优质社会融资人（借款人）。在具体营销手段上，则主要采用品牌广告、理财顾问、融资辅导等方式，比较典型的有宜信、证大财富、人人聚财等。

### （三）第三方合作

P2P 公司通过与互联网门户、小额信贷、担保公司等第三方机构合作开拓新兴获客渠道，增强业务捆绑度，在产业链上形成有效的合作分工。相比单纯的线上线下混合营销模式，采用第三方合作机制可以发挥 P2P 公司对合作渠道存量客户的鲶鱼效应，以相对透明的信息披露机制和较低成本的资金筹集方式提供贴身便捷的金融服务，挖掘双方合作的互补性需求，迅速积累起有参与兴趣的市场潜在社会投资人及社会融资人（借款人）。

在具体营销手段上，则主要采用国有信用担保、融资项目推荐、金融搜索引擎等方式，比较典型的有开鑫贷、有利网、91 金融等。

### （四）资源整合营销

P2P 公司通过整合集团体系内资源或者外围社会资源，形成跨界融合的营销网络，利用大数据挖掘及精准营销导向方法，将社会投资人与社会融资人（借款人）进行广泛有效的需求匹配。这一模式往往产生于具有多方金融服务销售渠道或者跨界消费服务平台的大型集团公司，其自身已经拥有一定的互联网基因，在既有的消费群体及市场获客渠道基础上加强内外部资源的整合，拓宽 P2P 的盈利模式和增长点。

相比一般常规营销模式，资源整合条件下的营销激励更具有市场影响力和社会鼓动性，可以迅速提升 P2P 公司对最终客户的服务深度，形成综合内容价值体验。应该说，国内 P2P 公司目前在资源整合营销方面还处于起步阶段，尚未形成足够成熟的商业模式，未来可能进一步实现跨界融合。

在具体营销手段上，则主要采用集成推广、理财对接、跨平台信用评估、定制化精准推送等方式，比较典型的有陆金所、蚂蚁金服、百度金融等。

此外，我们也看到，银行、保险、基金、券商也正在逐步加入这一营销网络，与部分 P2P 公司开展跨界合作，资本市场、风投公司都在选择合适的投资对象[2]。

## 三、基本特点

### （一）营销渠道多

为了主动把握难得的市场机遇，众多 P2P 公司“八

1 O2O 即 Online To Offline（在线离线 / 线上到线下），是指将线下的商务机会与互联网结合，让互联网成为线下交易的前台，这个概念最早来源于美国。O2O 的概念非常广泛，只要产业链中既可涉及线上，又可涉及线下，就可通称为 O2O。主流商业管理课程均对 O2O 这种新型的商业模式有所介绍及关注。2013 年 O2O 进入高速发展阶段，开始了本地化及与移动设备的整合，为 P2P 行业发展提供了新的契机。

2 2014 年以来，资本市场逐步成为 P2P 行业的主要角力点之一。其中，红杉资本、盛大资本、晨兴创投等“风投”成为 P2P 平台的战略投资人，如 WeLab、365 金融、有利网、点融网等。此外，嘉实基金开始进军 P2P 行业，民生加银与信融财富签署战略合作协议，博时基金与宜信联合推出“满盈宝”，等等。

仙过海、各显神通”，从各自擅长的资源积累和技术平台出发，建立了多元化的业务合作模式，将营销投入重点用于构建各种类型的差异化获客渠道建设上，如互联网门户网站、小额信贷公司、担保公司、媒体合作频道、第三方支付机构、大型电商平台等。

### （二）市场力量活

面对中小微企业融资的市场化机制障碍，市场急需创新发展多元融资渠道，这为 P2P 公司通过营销扩大市场活力提供了机遇。可以看到，各家公司都积极通过做好市场宣传、增强信用资源和扩大优质项目来源等手段，树立品牌优势，不断创新产品的范围、内涵和类别，提高需求匹配的针对性。

### （三）产品理财化

在利率市场化进程日益加快的大趋势下，老百姓对于相对高收益的理财产品，具有较大积极性，这使得 P2P 公司在吸引社会投资人方面，往往采用接近理财产品募集资金的方式，提供分类别的投资模块，细分客户需求；在借款端，则通过对消费金融及产业部门融资需求的分类专门解决方案，提供具有市场吸引力的资金。

### （四）服务网络化

伴随 4G 网络的商业应用，越来越多的移动互联网应用产生，在 P2P 行业领域也开始将营销平台扩展到这一领域，加强了对客户的服务网络化。同时，相比有形的互联网，部分 P2P 公司也将线下网络铺设到市场发展欠发达地区，这无疑将逐步缓解中西部地区中小微企业的资金供给，有利于形成高质量服务网络。

## 四、存在问题

### （一）营销模式同质化

绝大多数 P2P 公司仍然将营销模式的重点放在促销方面，关注首次注册量，客户后续黏性不强。在网站首页设置上，有不少公司热衷于将平均收益率放在显著位置，以吸引社会投资人，但其实这是一把双刃剑，会让社会投资人只关注收益率而忽视风险，也会让社会融资人（借款人）担心平台融资成本过高，产生逆向选择和道德风险[1]。

### （二）大数据使用不足

大多数 P2P 公司都将自身平台的大数据挖掘，作为一项核心技术能力加以培养，并将客户需求及风险特征加以分析，形成具有一定参考价值的营销策略和信用评判。但是，相对于目前各平台已经披露的信息数据而言，整个 P2P 行业对于客户的大数据挖掘、使用、分析和共享仍然做得不够，尤其在征信系统机制建设方面，而这恰恰是提升整个行业营销服务水平的重要保障。

### （三）偏向出借端，忽视借款端需求

在平台设立之初，大多数 P2P 公司关心的是如何筹集社会资金，通过有保障的收益率水平吸引社会投资人，因而将营销重点和成本投入主要放在出借端，

1 所谓逆向选择，是指优质的社会融资人（借款人）会担心融资成本过高，选择放弃这个平台，反而是一些高风险的社会融资人（借款人）会选择这个平台。所谓道德风险，是指一些已经在这个平台上获得资金的部分社会融资人（借款人）会由于平台融资成本过高而产生故意违约不偿还的内在动机。

但这样一来，往往会忽视借款端的有效需求，对于项目质量的要求，考虑到流量问题而有所放松。事实上，使 P2P 平台能够长久发展的营销基础，就在于源源不断的优质社会融资人（借款人），在这方面的营销投入可能更有价值。

### （四）恶性竞争时有发生

由于 P2P 网络借贷平台的门槛较低，我国涌入该行业的 P2P 公司已经发生一定的异化，恶性竞争、诈骗事件时有发生，这种泥沙俱下的情况使得 P2P 的营销环境不断恶化，急需加强行业自律行为导向。

# 第三节　信贷管理分析

## 一、发展概况

从目前看，P2P 行业仍然以信贷管理类金融服务为主。信贷管理模式的发展主要经历了两个阶段：一是初创模式阶段，确立了信贷管理的基本框架，对接中小微企业和消费领域的融资需求，形成一定的资金池，加以平滑投融资期限错配情况，但依然存在政策风险，表现为一系列的平台跑路现象。

二是向规范化发展阶段，形成比较完善的风控机制和策略，积累了一定的征信数据和社交化网络信息，在担保资源、产品定价、市场培育等方面加以明确标准，形成自律管理机制，引导监管政策方向。

从类别看，信贷管理的重点方向主要有小微信贷、消费信贷、行业信贷、金融产品分销、产业供应链融资、大单企业信贷等。

## 二、信贷管理模式

### （一）产品开发

为了加快项目周转率，P2P 公司在信贷产品开发上主要从三方面入手，分别是短期产品匹配、中期产品错配和证券化资产池。

首先，在短期产品上，主要围绕 1 年期以下的不同时间长度，设计相应的融资品种，解决资金来源期限相对较短的问题，如 1、3、6、9 个月，或者干脆让社会融资人（借款人）自己选定借款期限。

其次，针对 1 年期以上的中期融资需求，则基于期限匹配原则，在鼓励社会投资人提供中长期资金的前提下，允许适当范围内的期限错配产品开发，以促进资产规模增长。

最后，在确保期限匹配的条件下，从流动性需求出发，设计符合客户要求的第三方资产转让市场平台，构建初步具备证券化资产池机制的市场化利率交易渠道，为交易撮合提供基础性制度安排。

### （二）信用结构

为了管控融资风险，P2P 公司在信贷管理过程中逐步建立起一套满足不同类型客户需求的信用结构，主要包括完全信用、第三方担保、抵质押、本金保证担保、保险等。

首先，针对中短期消费融资需求，在符合一定资质的条件下，对社会融资人（借款人）采取完全信用或账户内自身应收账款质押等方式给予资金[1]，这极大

1 账户内自身应收账款质押，是指社会融资人（借款人）在 P2P 公司网站上也具有社会投资人角色，对平台提供放贷融资，因此，可以形成一定规模的应收账款，以此作为从平台获得融资的抵质押品，如拍拍贷等。

地便利了操作流程，激发市场融资需求。

其次，对于企业性质融资需求，则较多采用第三方担保、抵质押等信用结构方式给予资金，鼓励社会融资人（借款人）提供一定的反担保措施，以激励社会投资人提供相对大额的融资信用。

最后，在上述基础之上，平台公司还往往会提供一定额度、一定期限内的本金保证担保、保险等信用结构方式，对社会投资人在平台上提供的融资资金给予保障，提高其积极性。

## （三）市场定价

为了降低融资成本，P2P 公司在信贷资金定价上通常会采用信用等级定价、市场拍卖定价和资产池信用风险定价等方式给予融资安排。

首先，信用等级定价主要是根据社会融资人（借款人）的信用评估等级给予相应的融资利率区间限制，信用等级越高，则可以获得的融资利率下限越低，对于一些征信数据比较齐全的平台公司，往往会采用此种方式引导降低整个平台的资金成本。

其次，市场拍卖定价主要是由社会投资人共同参与社会融资人（借款人）的市场融资利率竞价，由出价低者得之，若在限定时间内融资项目标能够完成投标筹集，则借贷契约确立，这一模式主要在传统 P2P 平台公司中得到一定应用，有利于市场发现价格，引导双方资金供求平衡。

最后，资产池信用风险定价主要是针对整体融资项目的期限与利率架构，由平台公司出面以社会融资人（借款人）一定的资产池为质押基础，采用打包方式向社会投资人筹集分档次、分类别的资金理财计划，在某种程度上扮演具有市场信用评估功能的融资信息匹配中介角色。

## （四）担保资源

为了提高信用水平，P2P 公司在保障措施上会从外部合作、自身差额补足、市场化工具创设等方面提供多种资源，解决平台发展的信用瓶颈问题：

首先，平台公司会与外部担保方合作，由社会各类担保机构为平台上的互联网金融项目提供担保支持，包括部分具有担保资质的小额信贷公司。当前，为了充分挖掘蓝海市场，有些平台公司开始尝试面向大企业上下游的广大中小企业提供产业供应链融资，由这一大企业提供外部担保，利益共享，如正在筹备中的清果金服“小存折”等。

其次，针对部分外部担保资源比较缺乏的平台，平台公司会在有限范围内对信贷风险最终损失提供差额补偿资金，并且主要针对本金部分给予保障承诺，同时，向每个社会融资人（借款人）提取一定比例的风险损失准备金，构成准保证金性质的自身担保资源。

最后，金融创新方面，保险公司正积极尝试为 P2P 平台创设市场化信用工具，提供传统保险类、信用保险类和保单质押类产品，包括给投资人账户资金安全买保险、给借款人买人身意外险、给抵押物买保险、对贷款损失提供信用保险、允许保单质押融资等，如宜信与国寿财险合作信用保险、开鑫贷“保鑫汇”等。

## （五）贷款管理

为了优化信贷流程，P2P 公司在贷款管理机制上主要采取外包专业机构、自身专业管理、市场化自助管理等方式，加强贷款全流程优化管理。

首先，从提高平台运作效率和实现专业化分工角度出发，不少平台公司选择将贷前信息调查、贷后管理、贷款催收等工作外包给小额信贷公司、担保机构及专业贷后管理机构等，以实现利益捆绑与共享，同时降低自身管理成本。

其次，对于一些具有较大运营实力和技术风控能力的平台，则会选择在信贷策略、贷前调查、风控审核、贷款决策、贷后管理等环节，强化自身专业管理能力建设，通过大数据、高科技和专业化风控体系来降低运行成本，实现优化管理。

最后，在一些小额分散式互联网金融项目上，平台公司会采用更为市场化的自助管理模式，如消费金融领域往往采取类似信用卡透支还款的自助式贷前调查、贷后管理及自动偿还机制，尽可能提高融资对接效率。

## 三、基本特点

### （一）开发品种多

从产品开发角度看，目前P2P行业的创新能力很强，处于差异化发展竞争的初期阶段，利用互联网的网络正外部性[1]，将东部资金有效引导至中西部地区，加大地区间金融资源的优化配置，很多开发品种兼具多重功能。这些产品既要解决融资需求，也要能实现理财目标，加强系统性资源对接，提升综合服务功能，如消费金融、公司金融、农村金融、小微金融、票据金融、股权金融等。

### （二）管理基数广

从信贷管理模式看，目前P2P行业的参与范围很广，充分体现了信息中介的功能定位，按不同区域市场特征进行分级管理，将社会投资人及社会融资人（借款人）的双向需求都整合到平台服务上。对于一些以线下营销及外包贷后管理为主要合作模式的平台，则会涉及更多的管理层级，要求在信息甄别、信息对接、信息处理和信息挖掘等方面，建立高效便捷的系统机制，提升客户体验响应度。

### （三）需求多样性

从需求分析角度看，目前P2P行业的多样性特征明显，不仅限于传统的民间借贷阳光化，而是从节约时间价值和交易成本的内生动力出发，依托互联网（包括移动互联网）实现金融资源优化配置后的成果分享，破解传统体制约束下的金融抑制效应，如提供小额中期流动性资产配置、增加金融资产组合多样性、减少契约的信息交换与转移成本、实现利率市场化定价等需求。

### （四）产业纵深加大

从产业链价值创造看，目前P2P行业的产业纵深发展不断扩大，已经从单纯借贷模式逐步向信托、票据、保险、股权基金等资产领域扩展，如梧桐理财以信托资产再融资为主。这是基于“点到点”的本质特征，在分布式网络环境下形成的自然演进。

在横向范围扩大的同时，P2P行业的纵向产品价值链也在深化，对于交易产品的期限灵活性、打包类别、抵质押品、市场转让交易等加以进一步优化，形成差异化的产品解决方案，满足平台交易双方的资金匹配需求。

1 所谓网络正外部性，通俗理解就是随着网络中节点数量或者参与者的不断增加，市场边际成本不断降低，在一定条件和程度下会形成正反馈效应，实现帕累托效率改进。

## 四、存在问题

### （一）对实体经济支持作用有待加强

金融创新离不开对实体经济的内在实质支持，否则就是空中楼阁。当前，P2P 平台对于自身所服务的实体经济行业，在其内生发展趋势及市场走向等方面的分析仍相对较为浅显，不具备较好的前瞻性和风险可控性，对社会投资者引导性不强，资金成本短期内难以真正下降，加之管理机制相对比较粗放，使其对实体经济的支持作用不突出，导致全社会低估了这个行业的市场价值。

尽管 P2P 行业对于小微企业发展有明显的低成本优势，但出于吸引社会投资人的内在动因，会倾向于选择高收益项目，对形成低成本筹资能力的贡献仍不明显，相对于传统金融的既有模式，其真实效果还有待观察和跟踪披露。

就资金供需的匹配性而言，实体经济对资金效率及融资成本较为关注，但在行业导向上，P2P 公司偏向于消费金融和抵质押项目，信用融资则可能存在套利现象，没有真正做到有效支持实体经济发展。

### （二）资金使用透明度仍然较弱

从信贷管理全流程看，P2P 行业资金使用透明度问题主要表现在三个方面：

一是信息披露不到位，尽管有年报、季报提供，但还未形成具体项目的信息披露标准，对于社会投资人直接参与风险信息甄别的机制没有完全建立，不能对资金安全及交易透明度形成有效的引导和监督。

二是资金流向不清晰，在规范性要求下资金应该从社会投资人账户直接划到社会融资人（借款人）账户，但有机构仍变相采用资金池模式，难以跟踪资金流向，而且即便是到了社会融资人（借款人）账户，现在平台公司也还做不到持续跟踪资金流向。

三是还款来源不可查，尽管有部分平台公司有相关内容披露，但多数公司并没有严格建立社会融资人（借款人）还款来源的定期评估、跟踪及信息披露规范，社会投资人对其融资还款来源的可靠性缺乏直观、明确、可跟踪的了解途径和工具。

### （三）投融资双方需求分析引导不够

我们有必要对社会投融资双方的需求分析加以引导，这样才能有效实现最优化资源配置。目前来看，P2P 行业在投资人的本金收益保障及资金安全性需求等方面，战略性考虑仍有欠缺，在行业未来“去担保”的大趋势下，尚未真正建立起具有创新价值和可持续的产品保障体系，不能有效引导客户关注长远利益。

与此同时，平台公司对借款人控制融资成本的需求分析也不够，仅停留在以逾期坏账率为核心管控指标的风险定价决策层面，尚未从扩展市场化融资渠道及优化管理流程效率角度出发，着眼于切实降低社会融资人（借款人）成本，引导其形成良好的资金借、用、管、还等行为习惯。

# 第四节　风险管理分析

## 一、发展概况

从 2006 年至今，P2P 行业在不断取得突破性发展的同时，频频爆发的坏账、跑路等问题令人担忧，为行业蒙上了一层前途未卜的阴影。当一些前期发展较好、较为稳健的平台逐步获得资本市场的认可、拥有强大财力后盾的时候，一些小型 P2P 平台却由于经济结构性调整影响，尽量蓄力过冬。但总的来看，P2P 平台整体风险溢价水平在逐步下降，有利于市场风险控制。根据网贷之家数据，2014 年 2 月，社会投资者的收益率还在 21.63%，到了当年 11 月则只有 16.3%，基本上大半年时间下降了 5.33%，这是一个很正常的现象，表明 P2P 平台风控水平正在不断提高，得到社会资本的逐渐认可。

从发展阶段看，P2P 行业主要经历了两个时期的风险管理模式：一是早期阶段，主要依靠内外部担保资源为主的被动式风控模式；二是发展改进阶段，在上述基础上走向更为精细化的风险引擎策略，形成以管控审批通过率为主的自主式风控模式。应该说，这两个阶段的自然演进表现出互联网模式下，对于风控体系的超前性要求，即不能单纯依赖外部因素防控风险，而是要加强平台自身的全方位风险管理意识和技能培养。

着眼未来，可以看到，在今后一个时期，如何增强评级、征信、尽职调查、风险概率事件挖掘等环节的能力水平和技术覆盖率，将是决定风险管理质量的重要内容，不能再仅限于传统的风控思维和模式。

## 二、风险管理模式

### （一）评级方法

观察国际通行的 P2P 行业风险管理范式，我们可以看到，采用打分表方式进行信用评级是常见的市场化风控手段。不同机构采取各自略有差异的风险评级模型，具体评估因素包括社会融资人的个体信息、财务状况信息、公开及第三方征信记录、项目所属行业风险、社交网络行为信息、资金用途、还款意愿、信用结构、抵质押品、账户资金流情况等。

实际上，行业内尚未建立起真正适应未来社会投资者自主决策的风险评估模型，P2P 平台在担当信息和交易撮合中介的同时，往往还在扮演着风控管理决策者的角色，以整体平台项目融资审批通过率作为大的风控平衡尺度。为此，在大数据变革的环境下，如何能够尽早开发出适合社会投资人对 P2P 项目进行自主风险评估决策的开放式信用评级模型和数据库，将成为促进行业发展的重要推动力，如阳光宝利正在研发开放式的“实用个人 P2P 理财风险评估模型”。

有人或许认为 P2P 公司评级是最重要的，但这只是对信息服务中介综合实力的排名，并不是对每个具体融资项目的真正风险评估，平台公司并不承诺完全连带担保，即便是所谓 AAA 级的 P2P 公司也不能保证社会投资人的每笔投入资金都不会产生损失。因此，两者不能混为一谈。

### （二）大数法则

对于保险行业而言，大数法则并不是一个陌生术语，这是保险公司百年不倒的根本所在，但其对系统性风险，则依然束手无策。这一法则的通俗理解是指，对于风险发生的概率要以最小为原则进行交易或产品设计，只有这样才能使最终的损失得到有效控制，但前提是有数量足够大的交易对象或产品参与者。

那么，对 P2P 行业来说，这一法则难道就有那么重要吗？的确，这一点在行业内也并未形成共识，因此，有些平台公司会倾向于做大单融资项目，降低线下营销的风控成本。但是，从 P2P 行业自身“点到点”这一基本特质出发，只有真正实现了在广阔地理与行业范围内的风险有效分散，才能将互联网金融在交易、支付、信息和数据挖掘等方面的成本优势和监督优势发挥出来。

具体来讲，大数法则的作用和重要性体现在三个方面：

一是在项目端筛选足够多的合格社会融资人项目，降低单一大额融资项目的系统性风险，避免因单一大额项目的损失风险，导致 P2P 平台的瞬间崩溃。

二是在投资端通过小额分散投资模式，吸引足够多的合格社会投资人，将其投资资金通过“多对多”方式分散于平台各类项目中，形成组合式风控管理，降低筹资难度和融资成本。

三是基于大数据挖掘与信息匹配，使 P2P 项目在数量足够多时，在较短时间内实现比较有效的交易撮合，降低交易双方的时间价值成本，并且在一定程度上实现多元化风险监控。

## （三）信息挖掘

当前，我们都在关注大数据所带来的新时代、新方法和新机遇，P2P 行业尤其对信息数据挖掘较为关注，将此作为风险管理和市场营销的重要工具。那么，我们到底需要挖掘什么样的信息，来实现互联网金融时代的风险管控呢？

首先，信息挖掘不同于简单的数据集中、整理和分析，而主要是将社会融资者的行为和项目本身所涵盖的风险因素加以综合评价，从中发现和判断潜在的重大风险概率事件或虚假信息源，为融资决策提供依据。

其次，信息挖掘要寻找触发风险概率事件的规律性特征，为具体社会融资人的整体授信空间，做出前瞻性的预判，不至于导致超额授信的情况出现，这就必须加强与征信部门、行业协会、第三方机构等的合作，共享社会融资人的债务信用信息。

最后，信息挖掘不是简单的对存量数据加工处理，而是在更大程度上创造新的价值信息，为社会融资人的具体项目风险定价，提供可参考的判断依据，引导其采取有利于降低自身社会融资成本的行为模式，实现信息对称性的实质性提高，从而真正降低互联网金融的交易成本。

## （四）担保规则

毋庸置疑，国内 P2P 行业在近中期内还无法真正摆脱对担保资源的市场依赖，这是中国社会诚信体系建设过程中的阶段性特征。因此，我们有必要建立 P2P 项目风险管理中的担保规则：

首先，以市场化机制推进担保模式的专业化，不局限于平台向社会融资人收取的风险损失准备金（或称为保证金），鼓励社会各类机构参与提供适合互联网思维的担保资源或保障性工具。

其次，从外部采购担保资源，不能由 P2P 平台自身提供担保，将担保机构的担保范围、费率水平、内部流程、反担保措施、追债机制等纳入信息披露范畴。

最后，通过产品创新吸收更多担保资源，引入互联网信息中介，将传统的担保公司、小额信贷公司、保险公司、政策性担保基金等逐步对接到 P2P 行业的融资项目中，形成互联网金融的专业化担保合作网络。

应该说，这三大规则是促进行业加速发展的重要基石，有一些 P2P 平台已经在做这方面的尝试，如陆金所引入的平安融资担保公司、开鑫贷的大型担保公司和江苏小贷行业生态圈、有利网的小额信贷担保合作网络、财路通的国寿财险信用保险等。

## （五）信用增级

除了担保资源外，P2P 平台还通过三个方面来提供相应的信用增级服务：

首先，开发适合互联网金融模式的多样化增信手段，如社会融资人信用评级及其提供的抵质押物、投资人账户内应收账款质押（身份转换为融资人）、市场化资产转让平台、收益权质押、金融资产抵押、流动性风险准备金等。

其次，发挥行业协会组织优势提供合作共享的信用数据库，避免各家 P2P 公司相互恶性竞争，不能共享黑名单，反而增加了征信成本[1]，让赖账者有可乘之机，如上海市网络信贷服务业企业联盟正在搭建这一信息

1 据业内不完全统计，这部分成本投入（即征信成本）将占到 P2P 平台整体运营成本的 6% 左右。

共享平台。

最后，构建开放式的全社会互联网金融征信体系，相比传统人民银行征信体系仅包括信用卡及贷款融资信息，这一体系将包括个人及企业的社交网络信息、工商行政信息、互联网金融交易信息、消费行为不良记录、市场融资违约记录等，如隶属于人民银行征信系统的上海资信有限公司，正在搭建这一开放式平台——网络金融征信系统（NFCS）[1]，但在市场化运作效率及公平性等方面还有待进一步加强。

## 三、基本特点

### （一）仍然以担保为主

从风险管理的操作层面考虑，当前 P2P 行业对于担保资源的依赖仍然客观存在，这是规避行业起步阶段市场不确定性风险的有效工具，但也导致社会融资人（借款人）成本难以下降。面对众多的社会融资人（借款人），单一的抵质押品并不能让社会投资人完全信任其融资风险可控，而且从互联网金融交易的效率考虑，也无法对抵质押品做到及时、完整和有效的审查，而担保资源可以优化这一过程。

### （二）强调信息集中化

在收集、整理、分析和挖掘风险信息的过程中，为了加快业务响应及提升风险决策体系的整体效率，P2P 公司都比较强调信息集中化处理，构建内外部相结合的统一数据处理平台，将社会投资人和社会融资人（借款人）的双向交易行为都进行实时跟踪记录，建立风险策略搜索引擎和快速审核机制，基于风险评估模型及测算结果，对融资项目进行集中化信息交换匹配，实现资金交易撮合。

### （三）推进系统化评价

目前，社会舆论对于“P2P 跑路平台”的欺诈风险十分关注，这既引起了监管部门的重视，也使得 P2P 行业自身谋求能尽快建立起具有公信力的平台市场化评价机制。因此，从风险管理的框架体系考虑，加快推进 P2P 行业的系统化评价正成为一项重要工作，但又不能仅仅理解为一般的金融机构评级，而是基于平台信息中介服务效率、信息透明度、风控管理水平、市场化定价能力、信用增级手段和资本运营实力等综合因素的系统化评估，不能误解为资信评级。

### （四）需加强资源共享

从降低风险管理的全社会成本角度出发，P2P 行业在加强资源共享方面已经形成了一定的共识，包括共享黑名单、互相打开资产包、联合融资、交换信用信息等。实际上，目前在社会融资人（借款人）方面的信息共享还是相对充分的，主要反映在跨界的金融合作之中，但在社会投资人方面，则各方共享资源的积极性不够，更多表现为竞争性行为，这实际上并不利于行业的整体发展，对于优质合格社会投资人和社会融资人（借款人）的培育，要有一个漫长过程。

---

1 网络金融征信系统（NFCS）收集并整理了 P2P 平台借贷两端客户的个人基本信息、贷款申请信息、贷款开立信息、贷款还款信息和特殊交易信息，通过有效的信息共享，帮助 P2P 平台机构全面了解授信对象，防范借款人恶意欺诈、过度负债等信用风险。NFCS 系统可以帮助互联网金融企业解决如下核心问题：①放大互联网金融的违约成本；降低行业总体经营风险。②帮助互联网企业全面掌握融资主体的负债水平和历史交易表现；优化互联网企业信审流程，降低成本。③帮助投资人了解投资对象的真实信用水平，为互联网企业被迫超自身能力提供担保获取资金的局面解困。NFCS 系统的建设目标是实现网贷企业之间的信息共享，打通线上线下、新型金融与传统金融的信息壁垒，让网贷违约无处遁形。NFCS 系统是网络金融开展业务的必要基础设施，是央行征信系统的有效补充。

## 四、存在问题

### （一）信息资源薄弱，未形成大数据为主的风险管理体系

一是我国未形成具有公信力的征信体系。征信体系作为互联网金融发展的基石之一，无疑是促进 P2P 行业发展和实现有效风险管理的关键性金融基础设施。作为草根金融的发源地，民间借贷长期以来不能实现阳光化，就是因为缺乏统一开放和具有公信力的征信体系。应时而动，央行于 2015 年初发布《关于做好个人征信业务准备工作的通知》，要求腾讯征信、深圳前海征信等 8 家机构做好个人征信业务的准备工作，准备时间为 6 个月，正式开启个人征信业务的市场化时代。

二是 P2P 网贷平台的客户资料、交易信息、信用、流水记录还未完成初始积累，使得风险管理依然依靠线下风险管理团队，造成较大的管理成本，而且风险管理的效果依然取决于线下团队的规模和质量。

### （二）对社会投资人的保护不到位

央行副行长潘功胜此前在 2014 中国支付清算与互联网金融论坛上透露，目前，人民银行正在牵头制定促进互联网金融健康发展的指导意见。央行将按照“适度监管、分类监管、协同监管、创新监管”的原则，建立和完善互联网金融的监管框架。

这其中最重要的一条，就是要加强对社会投资人的消费者权益保护，单纯依靠担保抵押等传统风控措施，可能会产生一定的负面效应，使得刚性兑付成为制约 P2P 平台良性发展的制度性障碍。对社会投资人而言，最关键的是要在筛选项目时能够避免社会融资人（借款人）产生逆向选择行为，将风险在事前予以规避。

因此，在 P2P 领域，平台本身不得搞担保，不得归集资金搞资金池，不得非法集资和非法吸收公众存款，这些都已成为保护社会投资人的基本底线。

### （三）缺少切实有效的法律追债机制

由于中国并未将网络借贷行为纳入《贷款通则》范畴内，因此，对于 P2P 行业而言，一旦出现风险损失事件，社会投资人很难直接向社会融资人（借款人）进行法律追索，而且，平台项目资金匹配的大数法则作用，使得一个项目发生坏账，往往涉及数十个，乃至上百个债权人的维权问题。

为此，P2P 平台已经将违约后的个人信息披露，作为一个补偿性的制约机制，但对于如何能够整合所有项目损失债权人的利益，统一对社会融资人（借款人）进行法律追债，已经成为一个重要挑战；相应地，如何降低追索成本和建立互联网模式下的高效法律追债机制，也成为各家 P2P 公司在加强市场营销与形象宣传时，所面临的棘手问题。

直接透明、灵活高效、风险分散、门槛低、渠道成本低是 P2P 平台的特点，但如果不能找到一种切实有效的法律追债机制，没有大数据、征信报告和对借款端的控制，则前述这些好的特点都不值得一提。

### （四）期限错配风险仍然较大

目前，主流的 P2P 公司已经通过技术创新和与第三方支付平台的合作，逐步实现社会投资人与社会融资人（借款人）之间的资金账户直接划转。但是，相比银行类金融机构，P2P 公司由于自身风控能力有限、市场经验积累不足、监管政策不确定、宏观经济景气不佳、投资人认知度不深、社会资金成本不低等多方面因素，使得其自身在资金筹集上依然无法获得中长期的投资者来源。

然而，众多互联网金融项目的资金回款周期相对较长，多数采用按揭还款模式，这将导致 P2P 平台的资金流期限转换频繁，无形中加大了平台所面临的期限错配风险。

第四章 CHAPTER 4

# P2P 网络借贷的国际经验比较

## International Perspectives on P2P Lending

自从全球第一家 P2P 网络借贷平台 Zopa 于 2005 年在英国成立以来，这一创新型的个人对个人的网络贷款方式，以个性化的定价机制及高效便捷的操作方式，在世界范围内迅速发展并展示出了广阔前景。

国际上的 P2P 平台按照是否获利可以划分为营利性平台和非营利性平台，代表平台如表 2-4-1 所示。

如果按照行业周期理论将国际上营利性的 P2P 平台做一个划分，大致可以分为表 2-4-2 所示的三个时期。其中，英美 P2P 已经进入成熟期，德日处于成长期，其他国家由于自身社会环境和文化制度的不同，P2P 仍然处于发展期。

根据专业网站 P2P-Banking 披露的信息，截至 2014 年 10 月底，P2P 市场规模达到 17.4 亿美元，较之 2013 年增幅近 161%。2014 年全球最大的 P2P 网贷平台 Lending Club 成交量 47 亿美元，另一家平台 Prosper 将达到 13 亿美元，其他的平台将在 2.5 亿美元之内。

本章针对性地选取了各国目前规模较大、具有较大影响力和代表性的营利性 P2P 网络借贷平台，通过分析各国 P2P 平台的发展环境，得出一些可供我国 P2P 行业借鉴的发展经验。

**表 2-4-1　国际 P2P 平台类型划分**

| | 营利性平台 | 非营利性平台 |
|---|---|---|
| 美国 | Lending Club、Prosper | Kiva、SoFi 及 Zidisha |
| 英国 | Zopa | — |
| 德国 | Smava、Auxmoney | — |
| 日本 | Maneo、Aqush、SBI、Crowd Bank 及 Crowd Credit | Ready For、Campfire 及 Makuake |

资料来源：课题组整理

表 2-4-2　国际上营利性 P2P 平台的类型划分

| 周期类型 | 代表平台 |
| --- | --- |
| 成熟期 | 美国 Lending Club 和 Prosper；英国 Zopa |
| 成长期 | 德国 Smava 和 Auxmoney；日本 Maneo、Aqush、SBI、Crowd Bank 及 Crowd Credit |
| 发展期 | 澳大利亚 Societyone、南非 Lendico、冰岛 Uppspretta、巴西 Fairplace、西班牙 Comunitae、爱沙尼亚 Bondora（前身 IsePankur）、意大利 Prestiamoci、法国 Pretd' Union、韩国 Popfunding |

资料来源：课题组整理

## 第一节　美国 P2P 网络借贷发展状况

### 一、发展现状

美国 P2P 行业活跃度高、行业运行规范，一直被业界视为典范。美国 P2P 平台按照运营模式分为营利性平台和非营利性平台两大类。其中，营利性平台 Lending Club 占据了国内 75% 的市场份额，是截至 2014 年底美国第一大 P2P 平台。Lending Club 和 Prosper 两家目前共计占据美国 P2P 市场 96% 以上的份额。P2P 网络借贷已经成为美国增长最快的投资行业，每年增长率超过 100%，贷款利率介于 5.6%~35.8%，逾期率介于 1.5%~10%。本节重点讨论营利性平台——Lending Club 和 Prosper 的发展状况。

Lending Club 公司成立于 2007 年。该公司于 2014 年初获得谷歌 1.5 亿美元的投资，并已于 2014 年 12 月 12 日在美国纽交所上市，成为第一家在纽交所上市的 P2P 平台[1]，市值在 80 亿美元左右。根据 Lending Club 官网披露的数据，截至 2014 年 9 月底，平台累计贷

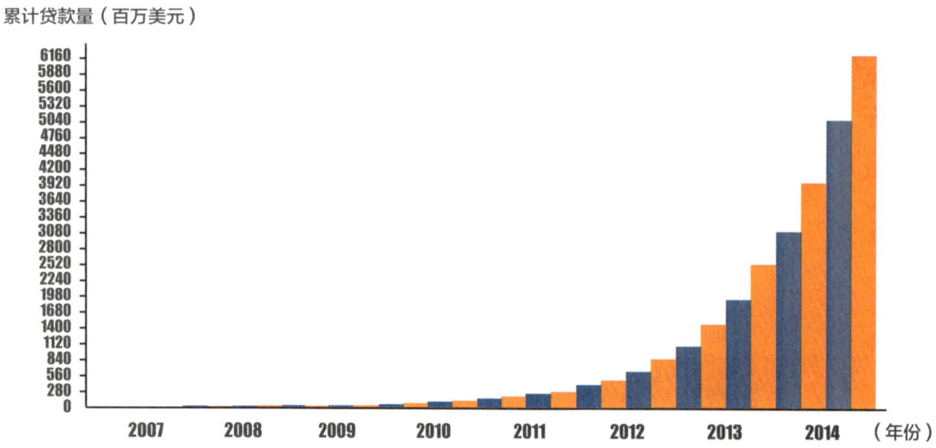


图 2-4-1　Lending Club 累计贷款量

资料来源：http://www.lendingclub.com/info/download-data.action.

1 2014 年 12 月 17 日，美国 P2P 平台 OnDeck 在纽交所上市，成为继 Lending Club 之后第二家在纽交所上市的 P2P 平台。

款量 62.05 亿美元，仅 2014 年第三季度贷款量就达到 11.65 亿美元，2013 年底累计贷款量超过 30 亿美元，平均逾期率 3.9%。2014 年第四季度平均投资收益率 3 年期为 12.07%，5 年期为 16.92%，综合平均投资收益率为 14.09%。

Prosper 成立于 2006 年 2 月，自成立以来先后得到了专业投资机构 Accel Partners、Benchmark Capital、Fidelity Ventures、Omidyar Network 及 Meritech Capital 共计超过 2000 万美元的风险投资。平台建立初期曾经因为经营模式存在争议于 2008 年被美国证券交易委员会(Securities and Exchange Commission，SEC)勒令关闭，后于 2009 年重新开始经营。根据 Prosper 官网披露的数据，截至 2014 年 10 月底，公司贷款量达 4.07 亿元，目前累计注册会员超过 150 万，平均逾期率 1%~2%。

## 二、运营模式

本章对运营模式的界定基于平台对借贷交易的直接或间接介入程度。每个平台由于自身的发展定位不同，在运营中选择的模式也不同。

Lending Club 属于“线上纯信息中介”的 P2P 网络借贷平台。虽然平台本身不负责担保投资人本金安全及垫付投资人的损失，但是平台旗下设立了全资子公司 LC Advisor，由该投资顾问子公司（类似基金管理人）专门负责保障投资人本金安全。

Prosper 属于“线上纯信息中介”性质的 P2P 网贷平台，是典型的市场化借贷中介平台，投资人和融资人完全是自主交易，平台仅仅是为借贷双方提供服务，最终撮合借贷双方达成交易的中介，不负责投资人本金安全。

## 三、贷款定价机制

Lending Club 根据借款人的信用等级制定差异化利率。Prosper 采取竞标方式确定利率。利率由借贷双方交易撮合形成，利率要求低的投资人相对容易取得标的。

## 四、产品盈利模式

以 Lending Club 和 Prosper 为代表的美国 P2P 平台收入来源主要有以下两部分：①向借贷双方收取的服务费收入，即平台公司按照贷款金额的一定比例分别向投资人和借款人收取的服务费；②交易费收入，即平台公司根据实际情况收取的借贷息差。

需要说明的是，对于有限合伙形式投资的机构投资者，平台公司要额外收取管理费。

## 五、违约风险控制措施

以 Lending Club 和 Prosper 为代表，美国 P2P 违约风险控制措施有以下几方面特点：

第一，对借款人交易准入资格的审查非常严格。借款人必须达到平台所要求的最低信用分数，Prosper 要求借款人信用评分不低于 640 分，Lending Club 要求借款人信用评分不低于 660 分。平台会根据征信局提供的借款人信用分数和信用记录判断借款人的信用等级，预计损失率。同时，平台也会使用信用评分模型（FICO）量化借款人信用分数，通过征信局提供的征信报告及自身的 FICO 模型有效降低信贷风险。

第二，对投资人有一些适当性的要求，比如需要投资人提供能够确认身份的基本信息以及达到州证券监管部门要求的最低收入或资产水平资料（如总收入 7 万美元以上、个人净资产 25 万美元以上），投资人不需要专门去做信用评估。投资人的资金存放在由联邦存款保险公司（FDIC）承保的金融机构的单独账户中，以确保投资人的资金和平台自有资金的分离。

第三，根据投资人的风险偏好设立差异化投资产品，减少操作风险。Lending Club 平台根据投资人的偏好设立差异化基金，比如专门投资低风险借款人的保守信贷基金 CCF 和专门投资中等风险借款人的信贷基金 BBF。

第四，借助社交网络平台减少风险。比如 Lending Club 的交易是基于包括 Facebook 应用平台在内的社交网络平台，社交网络降低了借贷双方的信息不对称性，减少了违约风险。

第五，风险处置措施健全。首先，与专业投资机构 Foliofn 合作，一旦发生逾期，投资人可以折价将债权转手卖给 Foliofn；其次，制定了破产后备计划。平台与第三方机构 ( 如 Prosper 创立的 Prosper Funding 公司 ) 合作，如果平台破产，第三方机构负责接管平台的运营，继续服务于投资人，保护所有投资人免受平台破产风险的波及。

## 六、监管模式

首先，美国 P2P 监管是基于道德约束和社会惩罚框架及现有的一套较为成熟的法律法规体系的监管，主要采取政府监管模式。美国政府对 P2P 网贷监管较之其他国家介入较早。美国的 P2P 平台的监管者主要有五大主体：州和联邦相应监管机构、政府问责办公室、消费者金融保护局（CFPB）、网络借贷维权委员会和美国证券交易委员会（SEC）。其中，SEC 是监管主体。SEC 要求所有 P2P 平台必须根据《证券法》（1993），把它们的服务注册为证券，P2P 平台必须获得 SEC 颁发的证券经纪交易商牌照。P2P 平台注册后每年必须向 SEC 报告贷款情况并在公司网站上披露。

其次，美国将 P2P 网络借贷纳入现有的法律框架中。美国法律中关于消费者保护及金融中介的立法已经相当完备，现有法律基本能够覆盖 P2P 网络借贷行业，不存在法律空白。具体如表 2-4-4 所示：

**表 2-4-3 美国 P2P 的监管模式**

| | 监管者 | 监管重点 |
|---|---|---|
| 政府监管 | SEC、州和联邦监管机构、政府问责办公室、消费者金融保护局、网络借贷维权委员会 | 保证投资人被公平对待<br>保护借款人隐私<br>关注借贷双方的教育背景 |

资料来源：课题组整理

**表 2-4-4 美国 P2P 法律框架**

| 法律条款 | 监管重点 |
|---|---|
| 《联邦贸易委员会法》（1914 年） | 保证投资人被公平对待；保护借款人隐私；关注借贷双方的教育背景 |
| 《证券交易法》（1914 年） | 发行人销售注册证券后，需要满足持续披露要求 |
| 《诚实借贷法》（1960 年） | 投资人必须为信贷条款提供统一的便于理解的披露文件；对信贷广告进行监管；赋予借款人更新有关信息披露和贷款余额处理的相关权利 |
| 《公平信用报告法案》（1970 年） | 在允许的情况下，可以获得消费者的信用报告；要求相关人士向信用局报告准确的信贷信息；要求投资人制定和实施身份盗用预防方案 |
| 《银行保密法案》（1970 年） | 要求金融机构实施反洗钱程序，并把联邦政府指定的、资产被冻结以及通常被要求禁止与其交易的国家与公司拉入黑名单 |
| 《平等信用机会法案》（1975 年） | 禁止投资人基于信贷申请人的以下信息进行歧视对待：种族、肤色、宗教、国籍、性别、婚姻状况、年龄、申请人的收入是否来自公共援助计划、申请人是否根据联邦消费者信用保护法或任何国家适用的法律真诚行使权利 |
| 《公平债务催收法案》（1977 年） | 为第三方债务追讨行为提供指引和限制；要求进行债务通知；禁止在债务追讨过程中实施威胁、骚扰等行为 |
| 《电子资金转账法案》（1980 年） | 为消费者提供从自己银行账户中划拨电子资金的权利 |
| 《证券法》（1993 年） | 除非有豁免，所有参与公开证券发行的发行人都必须向 SEC 注册证券 |
| 《金融服务现代化法案》（1999 年） | 限制金融机构向非关联第三方泄露消费者非公开个人信息；要求金融机构在对外披露共享消费者信息前需事先告知消费者，并告诉消费者有权拒绝自己的信息被某些非关联第三方共享 |
| 《全球及国内电子签名商业法案》（2000 年） | 授权建立使用具有法律约束力及可强制执行的协议；要求希望在消费交易中使用电子记录和签名的企业必须征得消费者的同意 |
| 《多德—弗兰克法案》（2010 年） | 在联邦储备委员会下设立新的消费者金融保护局，对提供信用卡、抵押贷款和其他贷款等消费者金融产品及服务的金融机构实施监管 |

资料来源：课题组整理

## 第二节 英国 P2P 网络借贷发展状况

### 一、发展现状

根据 Lend Academy 在 LendIt 2014 全球网贷行业峰会上发布的报告，英国目前有约 30 家 P2P 平台，RateSetter、Funding Circle 及 Zopa 三家平台共占英国 P2P 平台市场规模的 95%。根据英国 P2P 金融协会（P2PFA）披露的数据，2014 年上半年英国 P2P 市场网贷规模达到 5 亿英镑，逾期率不到 1%。2014 年 10 月英国财政部发布的秋季报告提出，投资人可以用 P2P 平台中取得的盈利抵销坏账、对 P2P 平台引入新的减免税收政策。可以预见，未来英国 P2P 的市场份额会进一步增加，行业发展速度会进一步提升。本节重点讨论 RateSetter、Funding Circle 及 Zopa 的发展现状。

RateSetter 成立于 2010 年 10 月，截至 2014 年 12 月注册会员 648536 个。该公司目前已成为全英最大的 P2P 平台。根据 RateSetter 官网披露的数据，截至 2014 年 12 月底，平台撮合成交规模 44573.06 万英镑。RateSetter2013 年成交规模增加 219%，同期整个行业增长了 107%。平台近几年的贷款逾期率如表 2-4-5 所示，逾期率明显改善。1 年期年化投资收益率 3.7%，3 年期投资收益率 5.7%，5 年期投资收益率 6.1%。

**表 2-4-5 RateSetter 近年逾期率**

| 年份 | 2010 | 2011 | 2012 | 2013 | 2014 |
|---|---|---|---|---|---|
| 逾期率（%） | 1.938 | 0.675 | 0.898 | 1.040 | 0.342 |

资料来源：https://www.ratesetter.com/aboutus/statistics

Funding Circle 成立于 2010 年。根据 Funding Circle 官网披露的数据，截至 2014 年 12 月底，平台成交量 20400 万英镑。2013 年成交量 12900 万英镑，平均投资年化收益率 6.4%。平台近几年逾期率如表 2-4-6 所示，2014 年 12 月逾期率 0.2%，远低于美国最大的 P2P 平台 Lending Club（3.9%）的逾期率。

**表 2-4-6 Funding Circle 近年逾期率**

| 年份 | 2010 | 2011 | 2012 | 2013 | 2014 |
|---|---|---|---|---|---|
| 逾期率（%） | 4.10 | 6.00 | 3.80 | 2.00 | 0.20 |
| 成交规模（万英镑） | 200 | 1700 | 4900 | 12900 | 20400 |

资料来源：https://www.fundingcircle.com/uk/statistics/

Zopa 成立于 2005 年 3 月，是全球首个 P2P 网贷平台。截至 2014 年底，Zopa 累计共有 70 万会员。从建立到现在，Zopa 公司得到了包括 Benchmark Capital、Bessemer Venture Partners、Wellington Partners Venture Capital、DFJ 合伙人 Tim Draper、罗兰家族及罗斯柴尔德家族等多家重要投资者累计 2000 万美元的注资，如今业务已扩至意大利、美国和日本。根据 Zopa 官网披露的数据，截至 2014 年第一季度，Zopa 平台撮合贷款成交量共计 7.12 亿美元，2013 年为 1.9 亿美元，2012 年为 1.26 亿美元；逾期率 0.2%；投资者平均年化收益率 5.1%。

### 二、运营模式

RateSetter 属于"线上＋偿债基金担保"的 P2P 网络借贷平台。平台建立了偿债基金，保证投资人本息安全。每个投资人可以基于自身的风险偏好选择投资对象，避免遭受损失。

Funding Circle 属于"线上＋借款人关联方"的 P2P 网络借贷平台。借款人的关联方如企业董事或者重要持股人提供连带责任担保或进行资产抵押，借款人无法还钱时，抵押物将会被变现，用来偿还投资者的本息，或重要关联方代为偿付本息。

Zopa 采取"线上＋安全基金担保"的 P2P 网络借贷模式。Zopa 建立安全保护基金，在贷款逾期时，基金有责任代为垫付投资人本息，并有向借款人追偿债务的权利。

## 三、贷款定价机制

Zopa为不同风险偏好的借款人匹配适合的投资人，而投资人以自身贷款利率参与竞标，利率低者胜出。Funding Circle 的利率制定更为复杂，主要分为两个阶段：Funding Circle 给投资者 7 天时间竞拍；在竞拍时间截止后，Funding Circle 给借款人 7 天（含节假日周末）时间来考虑是否接受投资人给出的利率，如果接受，则交易达成，利率就是所有竞拍成功的投资人提供的贷款利率的平均数。

## 四、产品盈利模式

英国 P2P 平台的盈利模式与美国的 P2P 平台没有太大差别，主要来自向借贷双方分别收取的服务费收入、借贷息差产生的交易费及管理费。

## 五、违约风险控制措施

英国有相当完善的个人信用评分制度，通过依靠个人信用评分系统与其他风险控制手段一同降低违约风险。主要体现在以下两个方面：

首先，对借款人的资质审查非常严格。Zopa 对借款人实行实名认证制度，根据各家信用评分机构的信息考察借款人信用评级。同时，平台会进一步调查借款人收入情况，确保其有偿还债务的能力。RateSetter 下设风险评级子公司，依据对借款人的评分筛选合格借款人。Funding Cricle 通过计量模型和人工评级筛选借款人，进行信用风险判断。相对前面两家平台，Funding Cricle 对借款人设置的准入门槛较低，并不要求其信用状况达到最高级别，只要有发展潜力且经营状况良好就有机会获得融资。

其次，加强投资者保护：①设立安全基金，防范借款人违约，保护投资者。安全基金的资金，来源于平台对借款人收取的一部分借款手续费。Zopa 设立的安全基金由非营利性的信托机构 P2PS 保管，Zopa 无权使用安全基金。RateSetter 设立预备基金，明确预备基金归平台投资者所共有，一旦出现逾期，由预备基金代为偿付投资人本息。②分散投资者风险。平台将投资者投资总额分成小份借出，使一笔贷款覆盖多个投资人。由于投资人风险足够分散，不会出现类似民间金融的内在不稳定性。③将投资人的资金与运营资金分开，存放于 Zopa 在苏格兰皇家银行单独的账户里，即使 Zopa 倒闭，投资者也可以安全收回本金。④平台负责坏账追讨。

## 六、监管模式

目前，英国的 P2P 行业监管采取“行业自律 + 政府监管”相结合的模式。在 P2P 行业发展的初期，行业自发成立了自律组织 P2PFA[1]（Peer-to-Peer Finance Association），并制定了 10 项法则，包括对 P2P 借贷平台财务数据的透明性、平台的规模、风险管理手段、网络平台建设等共十项规定。随着行业的发展壮大，英国政府将 P2P 借贷行业交与英国公平交易局 (Office of Fair Trading, OFT) 监管。随着《英格兰银行法》( 1998 ) 和《金融服务与市场法》（2000）的出台，金融信贷有了更为明确的规定与约束。2014 年 4 月起，金融行为监管局（FCA）正式监管 P2P 行业。

1 P2PFA 是在 2011 年由借贷平台 Zopa、RateSetter、Funding Circle 自行成立的行业自律协会。协会成立目的是：确保这种新兴的、快速发展的行业能维持高质量的发展，并保护个人消费者和企业消费者。

**表 2-4-7 英国 P2P 的监管模式**

| 监管主体 | | | 监管内容 |
| --- | --- | --- | --- |
| 行业自律 | 2011 年 8 月 15 日以后 | P2P 金融协会（P2PFA） | 对平台最低运营资本、客户资金与自营资金分离、高级管理层任职、平台信息披露、平台 IT 系统建设、客户投诉处理、信用风险管理、破产清收等方面做出了详细规定 |
| 政府监管 | 2008 年以前 | 英国公平交易局、英格兰银行、财务部和金融服务管理局 (FSA) | P2P 借贷公司必须按照规定从 OFT 获得《消费者信贷许可证》 |
| | 2008 年至 2014 年 4 月 | 除了具有审慎重要性的金融机构需要审慎监管局 (PRA) 和金融行为监管局（FCA）的双重监管外，其他金融机构将由金融行为监管局单独监管 | （1）对外披露借款者与投资者之间的借贷合同<br>（2）向投资者提供借款者的经济状况<br>（3）收集借款者还款协议<br>（4）提供信用信息服务 |
| | 2014 年 4 月以后 | 金融行为监管局 (FCA) | （1）公司维持运营的最小规模（风险准备金、盈利等）<br>（2）如果公司倒闭，将以何种破产结构确保已存在的贷款顺利偿还<br>（3）如何使投资者面临的风险最小<br>（4）借贷中涉诉问题的解决办法<br>（5）公司要向 FCA 披露以下信息：财务状况、持有客户资金、客户投诉、贷款计划等<br>（6）投资者资本净值参与公司运营的法规 |

资料来源：课题组整理

**表 2-4-8 英国 P2P 的法律框架**

| 法律条款 | 主要内容 |
| --- | --- |
| 《消费者信贷法》（1974） | P2P 网络借贷首先要在英国公平交易办公室办理信贷许可证，否则无法向消费者提供信贷、租赁、债务催收等服务 |
| 《P2P 小额信贷准则》（时间不详） | P2P 小额信贷的借款者不能获得来自“金融服务补偿计划”违约金补偿 |
| 《英格兰银行法》（1998） | 对金融信贷有明确规定与约束 |
| 《金融服务与市场法》（2000） | 授权英国金融服务管理局批准网络借贷平台业务 |
| 《消费者信贷法》(2012) | 对网络贷款制定严格的披露制度，对利率、期限等交易要素制定明确披露要求；业务准入方面采取“牌照”式管理，无最低资本金规模限制 |
| 《FCA 对互联网众筹与其他媒体对未实现证券化的促进监管办法》(2014) | |
| 《关于网络众筹和通过其他方式发行不易变现证券的监管规则》(2014) | 将众筹分为 P2P 借贷型和股权投资型两类，并制定了不同的监管标准，从事以上两类业务必须经过 FCA 授权 |

资料来源：课题组整理

## 第三节　其他国家 P2P 网络借贷发展状况

相较于英美两国 P2P 平台的快速发展，其他国家的 P2P 规模较小，大部分仍然处于成长期。

### 一、亚洲国家

亚洲国家中，日本的 P2P 平台发展比其他国家的更正规，且具备一定规模。截至 2014 年，日本国内有 5 个营利性 P2P 平台，分别是 Maneo、Aqush、SBI、Crowd Bank 及 Crowd Credit。日本的 P2P 有以下三个特点：

首先，相比英美国家 P2P 平台的快速发展，日本的 P2P 平台发展相对缓慢，主要原因在于，日本国内传统的金融体系，在贷款市场仍然占据垄断地位，借款人能较为方便地通过银行获得贷款，这与英美金融市场的发展差异较大。

其次，日本 P2P 平台的借款人和投资人不能直接接触，必须遵守放贷业务法案中要求的，禁止个人投资者直接借钱给借款人的相关规定。因此，日本投资者通常以私募的身份，通过投资 P2P 平台项目向借款人提供资金。

最后，与英美 P2P 的盈利模式相同，日本 P2P 的收入也是来自向借贷双方收取的管理费和服务费。

### 二、欧洲国家

欧洲国家的 P2P 市场发展以德国 Smava 与 Auxmoney 为代表。

#### （一）德国 Smava 与 Auxmoney

德国的 P2P 市场主要由 Smava 与 Auxmoney 两家垄断，它们均成立于 2007 年。德国 P2P 平台主要有以下几个特点：

第一，关于运营模式。Smava 和 Auxmoney 的运营模式属于“线上纯中介”平台，平台本身不承担信用风险及逾期风险，由投资人承担所有风险；平台在贷款合同中，约定按照借款期限和借款人级别，实行同级别投资人共同承担损失。

第二，关于盈利模式。德国 P2P 的收入来源与英美相同，也是来自按照贷款金额向借贷双方收取的管理费和服务费。

第三，关于违约风险控制措施。德国 P2P 公司对借款人的资质有一定的筛选门槛。Smava 委托德国信用评级公司 Schufa 对借款人评级，并根据评级将借款人分类。Auxmoney 对借款人评级不做强制要求，但要求借款人必须满足如下条件：德国居民、年龄介于 18 岁至 70 岁之间、拥有一个储蓄账户。借款人可自愿公开自己的其他信用信息，也可委托 Auxmoney 对其进行评估[1]。

第四，交易利率由竞拍达成。Auxmoney 规定了每笔交易的竞拍期。在竞拍期内，投资人认购贷款金额并提出利率报价。竞拍期满，借款人按照报价高低对投资人进行排序，直至筹足所有资金。

#### （二）爱沙尼亚 Bondora

Bondora 于 2009 年成立，前身是 IsePankur，总部位于爱沙尼亚，是第一家获得 FCA 经营许可的非英国 P2P 平台。截至 2014 年第三季度，平台贷款量已达到 2739.44 美元。Bondora 是纯中介模式的 P2P 平台，有一套专门的数据库和信用模型调查借款人信用级别，风控级别相对比较完善，能够在一定程度上确保投资人资金的安全。

### 三、其他国家

#### （一）澳大利亚

P2P 行业在澳大利亚处于起步阶段。成立于 2012 年 8 月的 SocietyOne 目前是澳大利亚最大的网贷平台。由于当地社会信用体系尚不完善，平台运营相对缓慢，所以平台以其创新性的技术加速贷款申请和转账。2014 年 3 月，平台吸引了西太平洋旗下创投公司 850 万美元的投资。

#### （二）南非

南非 P2P 平台的代表是 Lendico。Lendico 根据借款人的信用登记状况实行差异化利率，Lendico 收取一定的管理费和服务费作为收入来源。

## 第四节 国外 P2P 网络借贷发展状况比较

通过前面三节对国内外 P2P 平台发展环境的比较，可知国外 P2P 平台呈现出一定的特征和差异。

### 一、运营模式

通过前面的比较可知，P2P 平台运营模式的差异主要体现在平台对借贷交易的参与方式以及参与程度上。

#### （一）介入方式

##### 1. 平台介入贷后管理流程

以英国 Zopa 及美国 Lending Club 为例。英国 Zopa 及美国 Lending Club 本身不参与交易，不负责担保投资人本金安全，是纯信息中介性质的平台。但是，在贷后管理环节，负责贷款逾期的追讨工作。

##### 2. 平台的关联方介入交易

以美国 Lending Club 和英国 RateSetter、Funding Circle 及 Zopa 为例。Lending Club 设立了全资子公司，

1 李俊．德国互联网金融的经验及对中国的启示 [J]. 清华金融评论，2014（9）.

担保投资人本金安全。RateSetter 建立了偿债基金，保证投资人资金安全性。Funding Circle 要求借款人关联方提供担保或资产抵押，保证借款人违约时，有关联方代为偿还债务本息。Zopa 建立了安全保护基金，在贷款逾期时，基金有责任代为垫付投资人本息，并追偿债务。

### 3. 平台及其关联方介入程度较低

美国 Prosper 和德国 Smava 及 Auxmoney 介入交易较少，属于“纯信息中介”性质的 P2P 网贷平台。投资人和借款人完全是自主交易，平台及关联方不提供本金担保，由投资人自行承担投资风险。

需要说明的是，纯信息中介平台模式只适用于征信体系成熟的国家，因为健全的评分系统和完善的信用管理制度，能够最大程度减少借款人发生违约的可能性，增加借款人还款的安全程度，以及保障投资人的资金安全。在信用体系尚未完善国家采用此模式，会面临较大的信用风险和道德风险，投资人资金的安全性和收益性无法得到保障。

## （二）运行平台

国际上的 P2P 平台实行的是“线上”运行。线上运行适用于有成熟征信体系的国家。在以英美为代表的社会信用体系健全的国家，P2P 借助网络平台高传播性的线上交易，极大地降低了运营成本，在短时间内就能为投资人和借款人分别提供更高的收益率和更低的贷款成本。

## 二、贷款利率的设定

P2P 平台借贷交易利率的形成主要有两种：①由竞标（类似于拍卖）确定利率，以英国 Zopa、Funding Circle，美国 Prosper 及德国 Auxmoney 为代表；②按照借款人的不同信用等级，实行差异化利率，以美国 Lending Club 为代表。

## 三、盈利模式

国外 P2P 网贷收入来源基本是一致的，主要是以下几部分：交易费收入即借贷息差、向投资者和借款人分别收取的服务费收入，以及向以有限合伙形式投资的机构投资者收取的管理费。

## 四、风控模式

英国和美国的 P2P 网络借贷，较之我国之所以发展得有条不紊、风险可控，主要得益于国外高度发达的征信体系和成熟的客户金融行为带来的信息不对称程度的大幅度降低。

以美国 FICO 为代表的健全的评分系统和完善的征信数据，使得国外的 P2P 平台对借款人的风险定价非常科学。在法律允许的范围内，平台和投资者可以得到借款人详细的信用情况并预计损失率，从源头规避信用风险。虽然国外 P2P 平台也存在一定的风险，但总体风险水平仍处于可控的范围内。

## 五、监管模式

国外的 P2P 平台的监管主体主要是政府，国家有一套成熟的法律制度对 P2P 平台的运营进行约束和引导，不存在法律真空。明确的监管措施使得国外 P2P 网络借贷行业发展规范、信息较为透明，有一定的声誉。

第五章 CHAPTER 5

# 中国 P2P 网络借贷市场的主要商业模式

# Major Business Models Within the Chinese P2P Market

本章重点介绍了中国 P2P 市场商业模式的四个维度，即 P2P 的业务模式、营销模式、风险管理模式和定价模式。

## 第一节　P2P 网络借贷的主要业务模式

现阶段，中国 P2P 业务模式种类繁多，但归纳起来，无外乎信息中介模式、担保模式与信用中介模式三种，并且大部分 P2P 平台属于担保模式、信用中介模式，只有极少数 P2P 平台属于信息中介模式。中国 P2P 市场普遍提供担保，主要是由于中国征信体系不发达，已有的中国人民银行征信系统尚未向 P2P 平台开放，P2P 平台的信息未能录入央行征信系统，P2P 平台也不能直接查询征信系统收录的客户信息。

### 一、信息中介模式

信息中介模式是指 P2P 平台主要为借款人和投资人提供信息中介服务，而平台自身并不承担借贷风险，也不承担信用、期限转换等职能，借贷风险由投资人自己承担。目前，在中国完全属于信息中介模式的极少，具有代表性的是拍拍贷。

P2P 平台主要提供信息中介服务，借款人可以通过 P2P 平台提出贷款需求，递交贷款申请，并提交相关的贷款及个人信息，如贷款金额、用途、期限、利率、个人职业及收入稳定状况等方面的信息。P2P 平台对于借款人的相关信息会进行一定的审核，如身份证信息、户口簿、个人征信报告等（主要也是形式上的审核）。如果审核通过，则借款人的贷款需求会在 P2P 平台上公布，并推介给投资者。出借人（或称投资者）将根据 P2P 平台上对该笔贷款的相关信息来判断是否投资。

如果借款人的借款计划在限定的期限内有足够的投资人来投资，则借款计划撮合成功，否则，借款计划失败。

该种模式最大的特点是，P2P 平台仅提供借贷信息服务（类似于淘宝模式），不提供担保、资金池等信用中介服务。

图 2-5-1　信息中介模式

资料来源：课题组整理

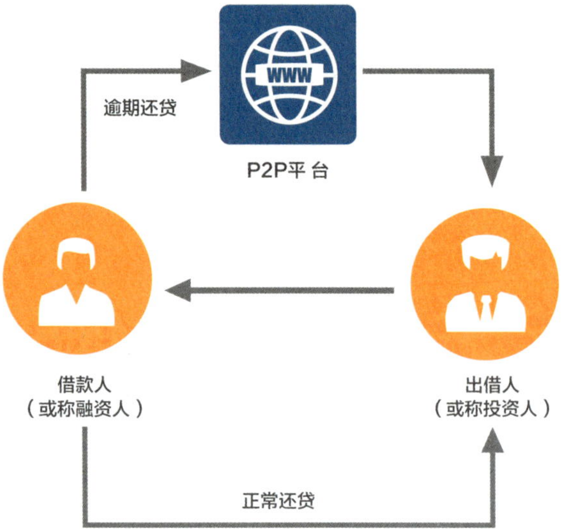


图 2-5-2　担保模式

资料来源：课题组整理

## 二、担保模式

担保模式是指 P2P 平台除了提供资金供需双方的相关信息外，还对投资人（或称出借人）的资金安全提供担保和承诺。这种模式下，P2P 平台主要通过线下对借款人的基本资料、资金用途、还款来源等进行审核，如通过审核，借款人的贷款需求会发布在 P2P 平台上，而平台通过与第三方担保公司或其他合作伙伴合作等方式[1]，为投资人的本息收益提供担保。借款人的还款出现逾期或逾期超过一定期限时，将由合作的担保公司对出借人提供投资本息兑付。

该种模式最大的特点是，P2P 平台除了提供信息服务外，还以担保或风险准备资金等形式来承担借贷风险。

## 三、信用中介模式

信用中介模式指 P2P 平台不仅提供信息中介功能，同时还具有“期限转换”和“金额转换”等功能。实际上，此类 P2P 平台已经演化为具有金融功能的网络平台公司（即异化为金融机构），不同之处在于其借贷行为披上了互联网的外衣。

信用中介模式蕴含了较大的法律风险。如资金池模式，实质上是实现了信用转换。此外，P2P 平台的秒标、净值标也属于这种模式。

目前，中国部分 P2P 平台变相成为了银行表外非标业务平台、债权打包及转包平台。如国内大部分 P2P 平台提供的债权转让服务，即放贷人以未偿还的贷款作为还款保障，获得一定比例的净值额度，并在平台上

1 一是融资性担保公司担保，二是小额贷款公司担保，三是平台自身担保。

进行再融资。此外，某些担保模式的 P2P 平台实质也是信用中介模式。如重庆的宜信、汇中，由 P2P 平台先行给借款人发放贷款，平台再对借款人的放款打包，设计成不同期限、回报率的“理财产品”卖给投资人，赚取息差。这可能涉嫌无照经营和非法从事金融业务，且用于保证的资本金严重不足，并虚构借款人及借款用途将资金划到自己关联公司名下（人民银行曾要求上述公司进行整顿）。

## 四、模式演变

P2P 本质上是一种个人之间的非标债权交易，其模式不断演变，从 P2P 演化出诸多模式，比如 B2C（或称P2B）、B2P2C 等。非标资产的全称为非标准债权资产，指没有标准化、没有公开上市交易的资产，其早期的存在形式有信托受益权、信托贷款、信贷资产等。

近年来非标资产的存在形式不断变化，中国银监会发布的《关于规范商业银行理财业务投资运作有关问题的通知》（银监发〔2013〕8 号）指出，非标资产包括但不限于信贷资产、信托贷款、委托债权、承兑汇票、信用证、应收账款、各类受（收）益权、带回购条款的股权性融资等未在银行间市场及证券交易所市场交易的债权性资产。而金融资产交易信息服务模式即为交易提供信息交换和咨询服务。

金融资产交易信息服务模式的典型代表是陆金所，其在金融资产交易相关的信息服务及咨询领域进行了尝试。陆金所的金融资产交易信息服务模式包括为信贷资产结构化创新、票据收益权转让、应收账款转让等提供定制化的信息咨询服务。下面，我们重点介绍陆金所在信贷资产结构化创新中提供的信息咨询服务。

在流动资金紧缺的背景下，银行等金融机构迫切需要利用信贷资产、租赁资产等信用良好的非标资产，为自身注入流动资金，结构化创新产品为利用这类非标资产进行融资提供了可能性。资产结构化创新的基础资产主要是银行零售信贷资产（信用卡、汽车分期贷款、小微贷、房贷）、租赁资产、小贷资产，其目的主要是实现发起方标的资产的转让，将缺乏流动性的资产提前变现，增强资产流动性，开拓新型融资渠道，提升自身资本充足性。

结构化创新符合中国银行业的现实需求。在《巴塞尔协议》的要求下，银行有了补充资本金的现实需求。通过信贷结构化创新业务，实现银行标的信贷资产的转让，减轻银行的资本金及存贷比压力，可以在负债不增加的前提下获得资金来源，加快其资金周转，提高资产流动性，降低其流动性风险。

结构化创新业务对投资人同样具有积极的意义，一方面拓宽了投资者的投资渠道，另一方面还可以为投资者“量身定做”，通过资产的灵活组合“创造”出投资者需要的特定投资品种，以此满足不同投资者对期限、风险和利率的不同偏好。

陆金所在结构化创新业务中承担财务顾问的角色，通过专业人才和金融产品结构化设计、咨询服务的优势，为包括信托公司、基金公司在内的金融机构提供定制化的信息咨询服务。这些服务主要包括：提供基础资产筛选模型、现金流分析、财务分析、风险建模、产品设计建议、专项业务培训等咨询服务。

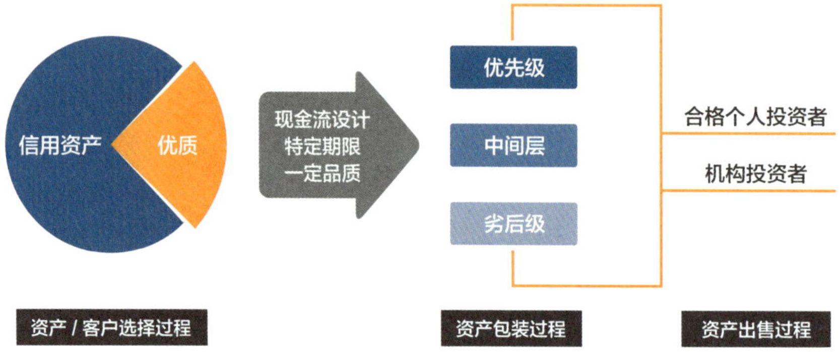


**图 2-5-3 陆金所金融资产交易信息服务模式**

资料来源：课题组整理

## 第二节 P2P 网络借贷的营销管理模式

P2P 平台无论采取哪种营销管理模式，目的都是为了挖掘优质客户，并增加客户黏性。目前，多数 P2P 平台既要主动寻找优质借款人，又要寻找投资人（或称出借人）。在借款人方面，多数 P2P 平台会通过线下方式进行，如启用非征信数据或“软性”数据来寻找优质借款人，并通过线上和线下相结合的方式大力推广其品牌，提高品牌知名度。在出借人方面，大多数 P2P 平台会通过线上门户网站、口碑宣传、业内评价等方式进行。

总体来看，中国 P2P 营销管理模式还较为粗放，在大数据运用、客户关系管理等方面还有待提高。目前，中国 P2P 平台的典型营销管理模式主要有：线上营销模式、线下营销模式、线上线下联动模式、第三方机构合作模式、口碑营销、资源整合营销，等等[1]。

### 一、线上营销模式

P2P 平台线上营销模式是指 P2P 平台仅作为单纯的信息中介存在，所有的借款人和出借人均通过互联网渠道获取相关信息，如门户网站、社交网络、第三方网站等。同时，P2P 平台也完全通过网络平台对客户进行登记、识别和管理，并通过网络平台等线上方式拓展客户。总之，这种模式所有环节均不涉及实质的线下行为。

纯线上营销模式的优势在于营销推广与管理成本较低，但也存在优质客户特别是借款人客户难觅、目标客户需求难以准确识别等缺点。目前，中国以纯线上营销模式来推广的 P2P 平台极少，主要是线上与线下联动的模式。

1 P2P 平台的营销管理模式不是非此即彼，可能会存在交叉，如第三方机构合作模式，既可能是线上模式，也可能是线下模式，抑或是兼而有之。

## 二、线下营销模式

P2P 平台线下推广模式是指 P2P 平台通过线下营销方式获取资源客户，如线下信贷业务员主动去寻觅、挖掘和筛选客户，并把线下搜集到的客户信息发布在 P2P 平台上。目前，中国多数 P2P 平台的借款项目来源于线下。这方面的典型代表是宜信，通过大量的线下“信贷员”去寻找客户。而某些开展供应链金融的 P2P 平台，主要通过为核心借款企业的上下游企业定制供应链金融产品的方式开展线下营销，包括提供会员管理、财务管理、供应链整体的信息管理，以及为上游企业提供应收账款融资和订单性融资、为下游企业进行经销商融资和商品质押融资。

这种营销模式的优势在于，通过线下方式，更能深入了解客户需求以及客户信息，有利于为客户定制产品，提高客户满意度。但不足之处在于可能会抬高 P2P 平台的借贷成本，增加 P2P 平台线下营销人员发生操作风险、道德风险的可能性。

## 三、线下 + 线上营销模式

线下营销管理具有客户目标明确、信息可识别性强等优势，而线上营销则具有不受时间和空间限制等优势，二者有机结合，形成了线下 + 线上的组合模式。这种模式主要是利用线上推广，锁定目标群体，再加上线下业务员撮合，最终达成对客户的营销。

目前，中国的 P2P 平台主要通过门户网站、网络论坛、社交网络等方式进行线上营销。同时，P2P 平台除通过 PC 端提供信息外，还通过智能手机等移动端为客户群体提供相关信息，快速推广产品和品牌，并通过互联网随时定位线下的“信贷员”，及时为客户提供上门咨询或下单服务。如好贷网开发了面向“信贷圈”（即信贷员群体）的 APP，通过发布移动 APP“信贷圈”，实现自主推广、获取客户、管理客户、彼此间甩单、社交等方面的功能。此外，好贷网还将推出一款面向借款用户的 APP“闪贷”，定位于“信贷圈的滴滴打车”，能直接搜索活动在周围的信贷员，然后直接连线或面谈。

该模式的优势在于结合了线上营销和线下营销各自的优势，难点在于加大了 P2P 平台内部对多渠道营销管理的难度。

## 四、第三方机构合作模式

第三方机构合作模式是指 P2P 平台主要通过第三方机构获取客户资源，如银行、小额贷款公司、融资性担保公司等。这种模式的典型代表有易通贷、礼德财富、开鑫贷、有利网、人人贷、贷帮等。合作方式如下：第三方机构对借款人进行遴选，将遴选出的客户推介给 P2P 平台，P2P 平台再对第三方机构推荐的客户进行风险评估，如有利网在线下与小额贷款公司合作，由小额贷款公司将筛选出的优质借款人推荐给有利网，并承担借款人的实地考察、征信、初步信用评估及贷后管理等工作。

此外，部分第三方合作机构（如小额贷款公司）除向 P2P 平台推介借款人外，还把自己持有的债权通过 P2P 平台转让给投资者。通过这种模式，小额贷款公司获得现金，投资者获得债权，如贷帮网的“债优选”产品。

该种模式充分利用了第三方机构在客户资源方面的优势，P2P 平台可以降低借款人客户营销方面的成本，并通过专业的第三方机构来完成事前部分风控环节，降低了 P2P 平台的管理成本。但劣势在于第三方机构完全掌握和控制了借款人客户资源，一旦第三方机构与出借人共谋，则骗贷风险加大，并且这种模式不利于 P2P 平台保持客户黏性。

## 五、口碑营销模式

口碑营销主要是指通过 P2P 平台，客户把成功体验传播给其他客户，如“老带新”等均属于口碑营销。

目前，中国大部分 P2P 平台在投资人（或称出借人）客户营销和推广方面，采用了口碑营销模式。比如，陆金所通过好友推荐返利的方式开展对投资人的口碑营销，营销策略主要有："推荐好友注册获 30 元现金""好友完成首次投资获 100 元陆金币""好友 30 天内多次投资获投资金额 0.1% 现金""推荐好友投资，享其投资金额的 0.1%"。再如"你我贷"推出的"你投我带"营销方案，老客户通过新浪微博、腾讯微博等推荐好友，好友到"你我贷"官网注册并在线投资交易成功后，老客户可得 1% 奖励，单笔奖励最高 5000 元。推荐的好友在注册后的 30 天内多次投资，老客户的奖励也会累计计算。如果以"你我贷"年化利率超 11% 的类理财产品计算，投资起点为 10 万元，推荐人可得 1000 元奖励。

该种模式的优势在于营销成本低，营销具有亲和力，并提升了营销产品的可信度。但不足之处在于口碑营销的传播范围有限，营销效果见效慢等。

### 六、资源整合营销

P2P 公司通过整合集团体系内资源或者外围社会资源，形成跨界融合的营销网络，利用大数据挖掘及精准营销导向方法，将出借人与借款人进行广泛有效的需求匹配。这一模式往往产生于具有多方金融服务销售渠道或者跨界消费服务平台的大型集团公司，其自身已经拥有一定的互联网基因，在既有的消费群体及市场获客渠道基础上加强内外部资源的整合，拓宽 P2P 的盈利模式和增长点。

相比一般常规营销模式，资源整合条件下的营销激励更具有市场影响力和社会鼓动性，可以迅速提升 P2P 公司对最终客户的服务深度，形成综合内容价值体验。应该说，国内 P2P 公司目前在资源整合营销方面还处于起步阶段，尚未形成足够成熟的商业模式，未来可能进一步实现跨界融合。

在具体营销手段上，则主要采用集成推广、理财对接、跨平台信用评估、定制化精准推送等方式，比较典型的有陆金所、阿里金融、百度金融等。

此外，我们也看到，银行、保险、基金、券商也正在逐步加入这一营销网络，与部分 P2P 公司开展跨界合作，资本市场、风投公司都在选择合适的投资对象[1]。

## 第三节 P2P 网络借贷的风险管理模式

对投资者而言，P2P 网络借贷主要存在如下风险：一是信用风险，即 P2P 平台上借贷项目到期不能还本付息，存在违约的可能性。二是欺诈风险，比如借款人冒用他人姓名申请贷款，再如部分 P2P 平台为了提高交易量，虚构交易标的，开展秒标和净值标。三是操作风险，比如 P2P 由于内部组织架构、管理体系缺陷等原因带来风险。再如，P2P 平台对信息科技依赖性高，存在信息科技风险。四是系统性风险，即当实体经济处于衰退周期或者发生经济危机时，P2P 网络贷款不能偿付的风险。这四个风险中，前三个风险投资者可以通过分散投资来实现，而系统性风险则需要政策来化解。

从现阶段我国发展情况来看，风险控制是 P2P 网络借贷平台能否长期健康发展的关键所在。只有具备

1 2014 年以来，资本市场逐步成为 P2P 行业的主要角力点之一。其中，红杉资本、盛大资本、晨兴创投等"风投"成为 P2P 平台的战略投资人，如 WeLab、365 金融、有利网、点融网等。此外，嘉实基金开始进军 P2P 行业，民生加银与信融财富签署战略合作协议，博时基金与宜信联合推出"满盈宝"，等等。

良好的风险控制，P2P 平台的交易才会活跃，也才能盈利，才能可持续。但是，在中国，为了增加交易活跃度，多数 P2P 平台不在项目本身的风险控制方面下功夫，而是借助于担保，主要是自身和第三方提供担保。行业发展初期是 P2P 平台自身提供担保，但由于自身能力有限，P2P 平台又转向通过第三方担保公司提供担保。而过度担保不利于 P2P 平台的长期发展，只能是昙花一现。所以，我们需要借助新型的手段，以此来做好 P2P 的风险控制，如与第三方进行信息共享（客户的基本信息、违约信息等）、提取风险准备金、专注小微、分散投资、第三方保险、利用大数据技术甄别客户和监控资金流向，等等。

而完全双边的 P2P 平台应该关注交易留痕，P2P 平台的责任主要是保留证据[1]，或者由第三方（监管部门）建立备案登记制度，强行要求 P2P 公司将相关数据进行备案登记。

## 一、担保抵押模式

中国多数 P2P 平台都提供担保，大致可分为如下三类：

一是平台自身担保。行业发展初期，中国多数的 P2P 平台通过自身来提供担保（后逐渐转向关联方担保，或者“隐性”担保）。这种模式存在较大的法律风险。银监会创新部主任王岩岫在多个公开场合明确表示，P2P 平台自身不能为投资者提供担保，不得承诺贷款本金的收益，不得承担信用风险和流动性风险等。

二是关联方担保。关联方担保是指发生于有关联的或间接关联企业之间的担保。另外，也有一部分融资性担保机构通过控股或参股 P2P 平台，进而对 P2P 平台进行担保。

三是第三方担保。主要是通过小额贷款公司和担保公司提供担保，如有利网、开鑫贷、宜人贷、爱投资等。这种模式受制于担保公司的资本实力，担保能力有限。此外，一些担保公司也要求 P2P 平台提供反担保。

此外，一些 P2P 平台通过发布商业银行股东背景来隐性提供“担保”，这种担保模式信号作用大于实质作用。

除了通过担保进行风险控制外，部分 P2P 平台还通过抵押来实现风险控制，目前抵押物主要是票据、应收账款等。票据方面的 P2P 平台，如招商银行的小企业 e 家、阿里的“招财宝”、新浪“票据宝”、民

**表 2-5-1　中国部分 P2P 平台担保情况**

| P2P 平台 | 担保机构 | 保项 |
| --- | --- | --- |
| 陆金所 | 平安融资担保公司 | 全额本息担保 |
| 宜人贷 | 风险备用金 | 本息担保 |
| 有利网 | 合作机构担保 | 本息担保 |
| 积木盒子 | 融资性担保公司、非融资性担保公司、风险准备金 | 本息保障 |
| 和信贷 | 风险准备金 | VIP 次日本息垫付，非 VIP 3日内本息垫付 |
| 信融财富 | 融资性担保公司 | 本息保障 |
| 礼德财富 | 小贷公司、融资性担保公司、非融资性担保公司、风险准备金 | 本息保障 |
| 付融宝 | 小贷公司、担保公司、资产管理公司等 | 本息保障 |
| 微金所 | 小贷公司、融资性担保公司、电商平台等 | 本息保障 |
| 融金所 | 担保公司、风险准备金等 | 视 VIP 等级而定 |
| PPmoney | 融资性担保公司 | 本息保障 |
| 你我贷 | 非融资性担保公司、风险准备金 | 本金保障 |

资料来源：各 P2P 网站（截至 2014 年 11 月）

1 因为完全双边的 P2P 实质是一种民间借贷行为。

生电商的“民生易贷”、金银猫等。票据抵押的难点在于票据的专业性太强，多数P2P平台根本没有实力来验证票据的真假，这种模式主要见于规模较大的P2P平台或者是具有商业银行背景的P2P平台。关于应收账款方面的P2P平台，典型代表是旺财谷，其他如礼德财富、众利网等也开始涉足该业务。同样，应收账款抵押的最大风险在于应收账款的真实性。

## 二、风险准备金模式

P2P平台提供担保不利于培养买者自负的投资理念，也不利于P2P平台风险定价机制的建立，监管部门也对平台自保持否定态度，因此，一些P2P平台开始转而设立风险准备金，以此来应对可能出现的风险。风险准备金资金主要来源于：平台自有资金、按项目提取的风险准备金、第三方机构按一定比例计提风险准备金等。这方面的典型代表如红岭创投、新新贷、人人贷、拍拍贷、点融网、有利网、易贷通等。为了防止平台挪用风险准备金，需要将自有资金与风险准备金分离，并交由银行等第三方托管。比如，人人贷在银行开立了“风险备用金账户”，由招商银行对人人贷风险备用金专户资金进行认真、独立的托管，并针对风险备用金专户资金的进出情况每月出具托管报告。

这种模式的主要缺陷在于：部分P2P平台风险准备金提取比例过低，不能形成有效的保障。

## 三、保险模式

为了分散风险，P2P平台开始引入保险，以此来吸引投资者，同时又能保证自身安全性。相比担保公司，保险公司的实力更强，平台借贷风险能够实现部分转移。典型代表是房金所（众安保险）、财路通（民安保险，人寿财产保险北京分公司）等。财路通与中国人寿财险合作，为客户的资金提供财产保险，具体运行机制如下：双方共同选定一款财付通平台的优质贷款产品，由财路通为借款人投保贷款保证保险，中国人寿财险作为保险人根据有关保险条款承担投资财产保险责任。

现实中，被保险人可能是平台、合作金融机构、投资人和借款人。比如，阿里巴巴系的招财宝就是由融资方向永安财险购买保险。此外，P2P平台第三方保险模式存在保平台还是保项目的争议，由于项目风险不一，直接保平台风险较大，并且也存在一些技术障碍，因此，P2P平台第三方保险更多的是保项目，但是，如果是对每个项目单独承保，技术上又太烦琐。

这种模式的难点主要在于，如果保险公司要求P2P平台等投保方提供担保抵质押手续，那么这种模式又与担保模式无异。

## 四、技术手段规避风险

除了以上几种传统风险保障机制以外，还可以依靠技术手段来规避风险，具体如下：

一是利用大数据技术来甄别客户，降低客户违约的风险，通过对用户消费习惯、身份特征、社交网络等信息进行分析，可以对用户信用重新进行认定，能够有效识别客户的还款意愿。

在国际通行的P2P行业风险管理范式中，采用大数据建立信用评级模型是常见的市场化风控手段。不同机构采取各自略有差异的风险评级模型，具体评估因素包括借款人的个体信息、财务状况信息、公开及第三方征信记录、项目所属行业风险、社交网络行为信息、资金用途、还款意愿、信用结构、抵质押品、账户资金流情况等。

实际上，行业内尚未建立起真正适应未来社会投资者自主决策的风险评估模型，P2P平台在担当信息和交易撮合中介的同时，往往还在扮演着风控管理决策者的角色，以整体平台项目融资审批通过率作为大的风控平衡尺度。

为此，在大数据变革的环境下，如何尽早开发出适合社会投资人对P2P项目进行自主风险评估决策的开放式信用评级模型和数据库，将成为促进行业发展的重要推动力，如阳光宝利正在研发开放式的“实用个人P2P理财风险评估模型”，拍拍贷通过网络社区、用户网上的朋友圈来衡量其信用等级系统，网站内圈中好友、会员好友越多，个人借入贷出次数越高，信用等级也就越高。需要说明的是，利用大数据技术来进行风险控制，其关键在于数据的生成、处理和应用。

二是与第三方机构合作，获取客户相关信息。比如，金信网与信和汇诚信用管理公司合作，利用后者庞大详尽的信用管理数据，对借款人的信息进行进一步筛查。再如，有利网与FICO合作，开发了针对中国小微贷款人群的评分卡，有4个类别（个人信息、财产信息、工作信息、征信信息）、22项评分要素，该评分卡能够较好地分析每个借款人的潜在信用风险。

三是“客户不良信用记录”网络系统。建立“客户不良信用记录”网络系统，以此来威慑不诚信的客户。比如红岭创投，网站有权将借款人的有关资料正式备案在“不良信用记录”，列入全国个人信用评级体系的黑名单（“不良信用记录”数据可能会与银行、电信、担保公司、人才中心等有关机构共享）。

四是每月还款制度。每月还款制度可以在一定程度上分散风险，规定借款人按月还本付息。这样每月还款的数额很小，还款压力也小，投资人也可以按月收到还款，比如拍拍贷等。

五是资金第三方托管。P2P资金需要由第三方托管，已成业内共识。资金第三方托管，可以防止资金被挪用，保障客户资金的安全。同时P2P公司也可以规避法律风险。资金第三方托管，主要分为银行托管和第三方支付机构托管，现实中，大多数P2P平台都与第三方支付机构合作，只有少数P2P平台与银行合作进行资金托管，如拍拍贷、开鑫贷、包商银行的小马bank等。

六是信息披露制度。在信息披露方面，易通贷建立了《北京易通贷网络科技有限公司信息披露制度》。如果没有信息披露，P2P平台的运作原理和项目信息，投资者无从知晓，这为P2P平台进行欺诈提供了便利；同时，这也不利于P2P平台自身健康发展，如果存在信息不对称，投资人可能会根据早期投资人“没有出现本息损失”的现象，而误认为平台实际上承诺了本息安全（实际上可能该平台并不承诺本息安全），一旦出现风险，投资人会“闹事”。

## 五、增信手段

除了担保资源外，P2P 平台还通过四个方面来提供相应的信用增级服务：

第一，开发适合互联网金融模式的多样化增信手段，如借款人信用评级及其提供的抵质押物、投资人账户内应收账款质押（身份转换为借款人）、市场化资产转让平台、收益权质押、金融资产抵押、流动性风险准备金等。

第二，发挥行业协会组织优势提供合作共享的信用数据库，避免各家 P2P 公司相互恶性竞争，不能共享黑名单，反而增加了征信成本[1]，让赖账者有了可乘之机，如上海市网络信贷服务业企业联盟正在搭建这一信息共享平台。

第三，构建开放式的全社会互联网金融征信体系，相比传统人民银行征信体系仅包括信用卡及贷款融资信息，这一体系将包括个人及企业的社交网络信息、工商行政信息、互联网金融交易信息、消费行为不良记录、市场融资违约记录等，如隶属于人民银行征信系统的上海资信有限公司，正在搭建这一开放式平台——网络金融征信系统（NFCS），但其在市场化运作效率及公平性等方面还有待进一步加强。

第四，鼓励第三方评级机构尽快规范 P2P 相关的信用评级，可适用于内部单个贷款项目评级，或整体 P2P 网贷平台的评级。

# 第四节 P2P 网络借贷的定价模式

目前，中国 P2P 的定价模式主要有风险定价、成本加成、竞标定价等模式，当然，现实中的P2P定价模式，可能是以上几种方式的结合[2]，同时也会考虑贷款迫切程度等其他因素。目前，中国 P2P 平台定价还没有完全找到一个市场化的定价方式，人为因素较为突出，随意性很强，一刀切的现象较为突出，例如有担保的一年期贷款一律 12% 的水平，三年期则为 14%，差异较小。

P2P 平台自身的收益来源如下：一是向投资人收取，二是向借款人收取，三是同时向投资人和借款人收取。

1 据业内不完全统计，这部分成本投入（征信成本）将占到 P2P 网络借贷平台整体运营成本的 6% 左右。

2 这里的分类只是为了讨论问题的方便。

实际操作中，P2P 平台为了提升人气，倾向于向借款人多收费，向投资人少收费或者免费，甚至是各种补贴（如赠送各种小礼品）。

## 一、风险定价模式

这种模式市场化水平较高，贷款利率主要依赖于内部评级，评级越低，贷款利率越高，如有利网、易贷通等。易贷通的产品没有固定的利率，利率根据项目风险确定，需要对借款人进行信用评估，信用等级越高，利率就越低。

风险定价有两个前提，一是信息充分完全，二是信息真实可靠。在中国现行的市场环境里，要做到上述两点困难很大。因此，目前中国 P2P 的风险定价方法可能需要结合成本加成定价和竞标定价来进行。

总之，风险定价方法对信息要求较高，表现为信息的搜集、分析和处理以及运用等方面，而这些需要社会征信体系的健全、大数据技术的运用等配合。

## 二、成本加成模式

实行成本加成定价模式的 P2P 平台，大多是信用中介平台，具有信用转换的功能。这种模式主要根据成本来制定贷款价格，贷款价格主要由贷款利率、现场考察费、借款管理费、投标管理费、担保费用等构成。而平台自身的收益主要是注册费用和交易费（现场考察费、借款管理费、投标管理费、担保费用等），有点类似两部收费法。成本加成定价方法可能更多的是资金供给方的一厢情愿，没有充分考虑到资金需求方的情况。

## 三、竞标定价模式

竞标定价模式能够较好地反映融资方的需求情况，它是纯粹信息中介型 P2P 平台的主要运营模式。运作原理如下：第一步，借款人发布借款金额、借款期限、最高年利率等相关信息；第二步，投资人查询相关信息，在最高利率范围内进行投标；第三步，期满后，如果投标资金总额超过借款人的融资金额，则利率最低的投资人中标（当然金额也必须满足借款人的要求）；期满后，如果投标资金总额小于借款人的融资金额，则流标；如果借贷交易成功，那么 P2P 平台会自动生成电子合同。

目前，竞标定价模式的典型代表是拍拍贷，借款人发布借款信息，把自己的借款原因、借款金额、预期年利率、借款期限一一列出并给出最高利率，投资人参与竞标，利率低者中标。

第六章 CHAPTER 6

# P2P 网络借贷评级体系研究

# A Practical Study of the P2P Lending Rating System

## 第一节 评级体系介绍

### 一、评级的内涵

评级一般指的是信用评级，作为一种基础金融中介服务，评级的目的在于揭示各个受评经济主体和金融工具的违约风险的大小，即经济主体按照合同约定如期履行债务或履行其他义务的能力和意愿，主要是对债务人偿债能力和偿债意愿的一种综合评价。根据评级主体的不同，信用评级一般分为主体评级和债项评级，其中主体评级揭示主体违约的可能性。信用评级还可分为内部评级和外部评级，例如在我国，银行内部评级是商业银行计量信用风险的主要方法。

### 二、评级的意义

信用评级有 100 多年的历史。作为提供给投资者的重要独立意见，评级在帮助投资者识别机遇和风险、降低市场信息不对称、规范行业发展方面，发挥了重要作用，一度被称为金融市场看门人 (gatekeeper)。虽然 2008 年金融危机后，对评级机构机械化的数量模型、收费模式以及实际评级结果的预警效果出现了各种质疑声，但评级作为金融行业的重要基础设施，有重要的意义：

一是评级可以减少信息不对称程度，有助于投资者了解借贷者的背景、资信水平、经营能力、资金用途、历史违约情况等信息，从而有效揭示借贷中存在的信用风险，以帮助投资者平衡其投资资金对安全性、收益性和风险的要求。

二是信用等级是债券发行定价的最主要依据，帮助金融机构提高风险管理水平、降低信贷风险、控制成本。

三是评级可以引导评级主体的自律管理，提高金融体系的抗风险能力。获得客观的信用等级，可以帮助评级主体树立经营稳健的形象，有利于其拓展业务、降低交易成本、提高市场竞争力，因此评级主体都会较重视评级的考量，并优化对应板块。

四是评级可以成为辅助金融监管的有力工具。例如为防范信用风险，我国债券市场监管方引入了信用评级机制，要求市场参与者使用外部评级，评级在债券发行审批及债券流通交易、准入等监管环节中被广泛使用。目前信用评级在我国债券市场、资本市场中发挥着积极的作用。

依托于互联网成长起来的 P2P 网络借贷还处在迅速发展的阶段。信用风险是 P2P 产品投资者关心的首要问题，因此评级可以作为辅助 P2P 健康发展的一个重要风险管理以及增信手段。

但对于依托于互联网成长起来的 P2P 平台，目前的盈利模式还未明确，现有信用评级的内容和范围，均不能够完全描述 P2P 发展的不确定性及其互联网金融属性所特有的风险，传统的评级理念与技术显然不是很适用：一是作为信用中介的 P2P 平台，其信用风险不仅体现在 P2P 的跑路上，还体现在 P2P 平台上分散的各个 P2P 产品的违约率和违约回收率上；二是对于一个纯信息中介来说，信用风险本身就不适合描述平台的风险情况，信息的质量和丰富度以及用户体验等带来的赢者通吃效应，使得一些 P2P 平台丧失先行优势，才是平台的主要风险。

## 第二节　P2P 网络借贷评级现状

虽然互联网金融的发展仍然处在初期阶段，但有关互联网金融机构的各种评级已层出不穷。

### 一、现有 P2P 网络借贷平台评级体系

#### （一）惠誉

随着 P2P 网络借贷在国内外的飞速发展，作为国际三大评级机构之一的惠誉评级公司加入 P2P 网贷评级的行列，成为 P2P 借贷行业评级的第一家主流评级公司。惠誉使用自身的信用评级模型，对 P2P 平台进行了信用评级，评级结果认为，P2P 作为一个收取手续费的信息中介，具有轻资本的性质；同时由于审慎监管的缺失，P2P 无最低资本金要求，考虑到 P2P 网络借贷公司有限的经营历史，惠誉目前对行业内的 P2P 网络借贷公司评级为投机级（below investment grade）。

#### （二）大公国际[1]

2014 年 8 月，大公国际资信评估有限公司公布大公互联网金融的评级结果，大公国际将互联网金融市场准入信用分为六级，分别是 AAAi、AAi、Ai、BBBi、BBi、Bi（i 代表互联网），其中 Bi 级别占比高达 90%，而偿债能力级别中 Bi（最低级）占比高达 93%，P2P 评级较低的根本原因是债务人的信息披露非常差，有的没有做信息披露，有的残缺不全。

创新之处在于，大公国际采用的评级模式为双向

1 大公国际，http://www.dgefcis.com/perspective/index.html.

参与和两类评级。双向参与是指互联网债券大众和大公共同参与对债务人的评级；两类评级指互联网金融市场准入评级和偿债能力评级，其中市场准入评级的任务是对债务人披露的有关偿债能力信息进行可靠性检验，为偿债能力评级做好数据分析准备；偿债能力评级的任务是依据市场准入评级的数据分析，进行专业化研究。

不过，在大公国际发布警示信息后，北京市网贷行业协会、上海网络信贷行业企业联盟等行业组织发声明称，“大公”主要依据平台的信息披露度和披露规范度进行相关评价，进而设定网贷平台“黑名单”和“预警名单”，其可行性和准确性值得商榷。

## （三）网贷之家[1]

作为比较成熟的 P2P 第三方信息平台，网贷之家依靠已掌握的 P2P 数据优势，推出了自己的网贷平台综合评级，但其对 P2P 的评级更接近一个综合评价排名，而非信用评级。网贷之家的网贷综合评级指标考虑了平台成交量、营业收入、人气、收益、杠杆、流动性、分散度、透明度以及品牌影响力 9 个方面的因素，采用权重积分的层次分析法，建立了一级和二级指标间隶属的树状层次结构，并赋予一定的权重，通过这种分组线性打分法得到一个综合指数，据此为 P2P 进行排名，旨在揭示 P2P 平台的综合影响力以及综合实力。

综合指数 = 成交积分 ×10%+ 营收积分 ×10%+ 人气积分 ×16%+ 收益积分 ×6%+ 杠杆积分 ×8%+ 流动性 ×5%+ 分散度 ×15%+ 透明度 ×12%+ 品牌 ×18%。

这种权重打分的方式也是目前已有评价体系中较流行的一种方式，新浪财经以及棕榈树均采用了类似的方式。

**表 2-6-1 网贷之家综合评级指标**

| 一级指标 | 二级指标 |
|---|---|
| 成交积分（10%） | 总成交量积分：平台月度总成交量<br>时间加权成交量积分：平台月度时间加权成交量<br>净值秒标成交量积分：平台月度净值秒标成交量 |
| 营收积分（10%） | 借款管理费积分：时间加权成交量近似估计<br>其他费用积分：VIP、充值提现费等<br>无垫付积分：平台是否垫付本息 |
| 人气积分（16%） | 借款人数积分：平台月度借款人数<br>投资人数积分：平台月度投资人数 |
| 收益积分（6%） | 收益率积分：平台月度平均收益率<br>风险收益比积分：$\frac{（\text{收益率}-3\%）}{\text{待收杠杆}}$<br>其他费用积分：利息管理费、VIP、充值提现费等<br>无垫付积分：平台是否垫付本息 |
| 杠杆积分（8%） | 待收杠杆积分：待收杠杆<br>$=\frac{\text{平台月末待收金额}}{（\text{注册资金}\times\text{做实程度}\times\text{风险准备金}\times\text{担保公司注册资金}\times 0.5\times\text{做实程度}）}$<br>地域杠杆积分：地域杠杆 = $\frac{\text{平台月末待收金额}}{\text{总部城市积分}}$<br>风投入股积分：风投时间、风投资金、风投公司等<br>无垫付积分：平台是否垫付本息<br>担保公司 10 倍杠杆积分：$\frac{\text{平台月末待收金额}}{\text{担保公司注册资金}}$ |
| 流动性（5%） | 久期积分：投资收回本金的平均时间<br>债权转让积分：平台债权转让程度、费用、时间等<br>活跃净值标积分：平台净值标程度、费用、时间等<br>提现情况积分：平台提现要求 |
| 分散度（15%） | 前十 / 最大借款人待还占比积分：$\frac{\text{平台月末前十最大借款人待还}}{\text{平台月末待收金额}}$<br>人均借款金额积分：平台月度人均借款金额<br>人均投资金额积分：平台月度人均投资金额<br>（1/ 借款人数）积分：平台月度借款人数倒数<br>借款集中度积分：$\frac{\text{投资人数}}{\text{借款人数}}$ |
| 透明度（12%） | 运营信息：日 / 月 / 季 / 年报、逾期率 / 黑名单、投资人见面会 / 考察、发标预告<br>基本信息：公司证照、法人 / 团队信息、办公环境、客服<br>业务信息：标信息易见 / 协议模板、借款描述 / 借款照片 / 借款人账户 / 借款人信用等级、逾期催收、风险揭示、资金托管 / 充值方式 |
| 品牌（18%） | 运营时间积分；总部城市积分；风投入股积分；媒体报道 / Alexa 排名积分；股东 / 团队背景积分；自主研发系统积分；负面事件积分 |

资料来源：网贷之家

1 网贷之家，http://www.wangdaizhijia.com/pingji.html.

### （四）中国社科院金融研究所等[1]

中国社会科学院金融研究所联合金牛理财网等于2014年10月首次发布“P2P网贷评价体系”，并公布20家P2P企业获评为A级以上P2P平台。该评级体系采取对数十家P2P网贷企业进行走访调研的形式，从基础指标、运营能力、风险管控、社会责任、信息披露等五方面对P2P平台进行了研究和评价，并运用了类似网贷之家的权重指标层次分析法。至2014年12月17日发布了2014年第三季度评级结果。

### （五）棕榈树[2]

深圳网贷中介机构棕榈树于2014年8月发布P2P平台评级系统。其评级方式主要以现场调研为主，结合非现场方式收集平台信息，并在此基础上进行全面评估。其评级系统从IT系统支持、客户体验、运营能力、重大事项等八个方面进行定量分析及定性判断，最终形成该平台风险状况的全面评估。不同项目有不同权重，其中风控能力所占权重最高，占比约为35%，实力背景和管理团队则各占20%和15%左右，根据得分情况不同，将平台分为AAA、AA、A、BBB、BB、B六个不同等级，用来显示P2P平台的诚信水平。

## 二、P2P网络借贷评级体系的问题

P2P评级对市场的理性发展有重要作用。目前各类第三方机构出台的P2P评级体系不断涌现，然而绝大多数的评级标准都难以获得广泛的认可。除惠誉的信用评级，目前我国相关评级机构多采取权重分层评分方式，具体评级指标都涉及监管方面、平台背景、资金实力、网络影响力、信息安全、风险控制等多个维度，可谓包罗万象。然而这些P2P评级都存在一些问题，在P2P数据基础不健全的情况下，评级机构经验不足、评级目的不明确、评级结果不一致，导致评级结果对投资者有一定的误导性。

P2P评级体系目前存在的主要问题有以下几个方面：

### （一）评级目的不明确

目前对P2P的评级已经脱离了一般意义上的信用评级范畴，众多的评级体系更像是建立在自己理解之上的对P2P网络借贷平台的综合实力或者综合影响力排名，即考察的是平台运营经验、注册资本水平、平台用户基础等。

### （二）评级的公信力有待建立

在中国，评级机构的设立需要到中国人民银行申请专业牌照，如果是评级机构的信息失误误导了投资者而造成损失的，还需要承担相应民事责任。目前的P2P评级机构很多还未申请到评级专业资质，一些新成立的评级机构面临着人手紧张、实地调研困难、缺乏相关领域的评级经验等问题，其评级方法和评级模型的专业性也有待市场进一步检验，其评级结果公信力还有待进一步提升。

### （三）数据基础薄弱

目前P2P处于发展的初期阶段，业务模式还未定型，仍处于高速迭代的时期，市场规模相对较小，数据几

1 中国社会科学院金融研究所等，http://www.jnlc.com/common-files/2014-P2P/.

2 棕榈树，http://www.zongls.cn/pinji/pinjiList.aspx.

乎无积累，缺少完整的交易记录，而且行业数据不透明，坏账率数据一数难求，在这种条件下，建立一个科学合理的 P2P 评级体系是有难度的。

### （四）评级结果实用性不强

目前 P2P 评级的实用性不强，主要是评级结果意义不明确。现行信用评级的评级结果是和违约概率一一对应的，例如 AAA 级别的主体对应 1 年期的违约概率为 0.0001%。而 P2P 的评级结果，既不能充分反映未来该平台网络借贷的综合违约概率，也不能和 P2P 平台本身跑路的概率相挂钩，更像是平台综合实力的一个全方位评价。

## 三、P2P 网络借贷评级体系改进方向

至今，监管部门虽已明确提出了 P2P 的发展红线，但行业标准还未统一。在此背景下，针对目前 P2P 评级中存在的各类问题，未来 P2P 评级可以从以下几个方面改进：

首先，建议建立针对单个网贷的内部评级，区分内部网贷评级和 P2P 平台评价及平台评级。目前市场上所谓的对 P2P 平台的评级较多，而对 P2P 单个网贷的信用评级较少。在 P2P 发展初期，做大而全的 P2P 平台综合评级，不如着手建立对单个网贷的内部评级实用意义更大。因为单个的内部网贷评级对投资者来说意义更明确、与投资决策更相关，同时可以为大数据风控的发展积累数据和手段。对单个网贷的评级，也可以采用委托第三方评级机构的形式。而作为一个服务型中介，对 P2P 网络借贷平台的信用评级应该至少做到两个方面其中之一：一是评级能够充分反映平台破产、跑路、诈骗的概率；二是评级能够反映 P2P 平台上所有的贷款标的平均违约率情况。

目前市场上的 P2P 网络平台评级，更多的是综合实力评价，综合实力评价对各方参与者也有较大的意义，而对平台综合实力的考察，可以采用大众点评的用户体验方式，采用信息充分披露的原则，包括对 P2P 的股东背景、资金实力、网络影响力、信息安全、风险控制手段等各类信息进行充分披露，由投资者自己来做决策选择哪个 P2P 平台，用脚投票。

其次，根据 P2P 的业务本质，对信用中介型的 P2P 可参照银行以及小额信贷的评级方法进行评级，而对信息中介的评级或者评价需要结合平台自身模式。

最后，在发展的同时注重评级规范。构建统一的评级标准以及有效的评价、检验及惩罚机制，进一步提高评级机构的技术水平、内控制度等。

# 第三节　P2P 网络借贷平台评级体系方法论

P2P 网络借贷平台评级体系建设可以借鉴金融机构或者一般公司的评级体系。但是由于目前 P2P 行业还处在迅猛发展的初级阶段，新的业务模式层出不穷，市场竞争激烈，因此相对于传统的、比较成熟的评级体系而言，P2P 网络借贷平台的评级体系有一些新的特点。下面主要从 P2P 网络借贷平台评级体系建设原则、方法论展开分析。

## 一、P2P 网络借贷平台评级体系建设原则

考虑建设 P2P 网络借贷平台的评级体系，首要的问题是明确评级的目标。在传统主体评级领域，评级主要是考查受评主体按合同如期履行特定或相关债务的信用能力，数量上可以用违约概率衡量。

不等同于受评主体业绩和市场价值的评估，对 P2P 平台的评级可以采取不同的评价目标。比如，从监管角度，主要考虑 P2P 平台的合法性、风险可控性，对涉嫌非法集资等违法行为进行管制，维护市场的有序竞争；或者从单个投资者角度，主要考虑投资的风险

和收益，除了考虑平台本身的稳定性以外，还需要考虑特定投资产品的违约概率和收益情况。因此，需要对 P2P 网络借贷平台评级体系设定一致的评级目标。

目前评级体系可以考虑主要评价 P2P 网络借贷平台的总体安全性，亦即平台的“跑路”风险，投资者收益情况不作为评估目标。

P2P 平台评级体系遵循的原则与传统评级体系建设的原则相同，包括客观性、重要性和及时性等。其中，客观性是指评价的依据来源于客观事实，真实反映平台的经营发展情况；重要性是指评价指标捕捉了主要的风险因素，并且对风险因素根据其重要性给予相应权重；及时性是指评价的结果反映了当前平台的实际情况，有一定参考意义。同时，还需要注意评级指标体系的科学性和可操作性。可以运用传统的层次分析法、专家判断法和其他分析技术建立和完善评级指标体系，在保障评级体系科学性的同时，加强其可操作性。

## 二、P2P 网络借贷平台评级体系方法论

P2P 平台评级体系可以借鉴传统评级的方法论。一般需要考虑三个步骤，分析、综合和评价。

分析是全过程的第一步，主要是通过采集数据、分析案例、专家访谈等多种形式，收集影响 P2P 平台信用的风险因素，发现典型事实。

综合是分析基础上的深加工，需要进一步分析哪些风险因素是主要的风险点，它来自平台本身还是属于外部环境；对采集的数据进行遴选，确保相应的数据真实可靠，并且具有一定的延续性。除了平台自身的分析和综合外，还可以通过平台之间数据的交叉比较，分析平台的行业主要竞争力。对于 P2P 平台分析而言，更重要的是通过综合各方面的数据和信息，了解目前 P2P 行业的发展阶段、面临的主要问题，以及短期和长期竞争优势，等等。需要认识到，将一个成熟行业的分析框架应用到 P2P 网络借贷行业是不适宜的。

评价要把综合起来的对平台的整体认识，按照一定标准，结合专家判断，对平台的风险状况进行评估，最终量化到一个特定的级别或分类。

对平台进行分析、综合和评价是一个不可分割的整体。一般而言，评级过程应该具有严肃性，确保结果的一致性。

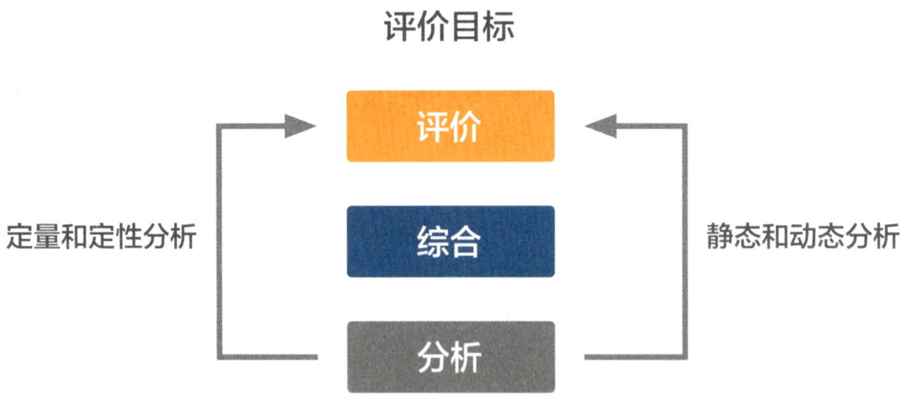


图 2-6-1 P2P 网络借贷评级方法论示意图

资料来源：课题组整理

建立 P2P 平台评级体系要注重定性和定量方法的结合。在传统评级方法论中，除了在财务分析和部分指标预测中采用定量分析外，评级中大量采用定性分析，考虑各种因素和不同专家意见得到最终评级结果，比较全面反映受评主体的风险构成。

财务分析中现金流量的分析和预测是传统评级分析中比较重要的定量分析方法。比如，穆迪公司的方法论认为清偿到期债务的能力大部分取决于企业的现金流量是否充足。因此在穆迪的定量分析中，将现金流量分析列为核心，其他财务比率均归结其中。在一般现金流量分析中考虑的方面有：正常经营产生的现金流量构成、流动资产来源和可变现资产价值、债务和权益构成等。

在风险因素中，有许多无法通过数量方法准确计量，因此需要定性分析方法。例如企业竞争力，包括领导能力、技术水平和管理水平等内容，它们都反映了企业竞争力的一个侧面。对于这些侧面很难用数量指标来表示，这就要通过调查了解，用文字加以描述，分析它们的好坏，评定它们的等级。

定量和定性的结合也是需要注意的。一般认为，利用数学模型对过去的财务数据进行分析，仅仅是评级的初步工作，需要在此基础上，对市场环境、竞争能力、经营者的经营素质等各种因素进行综合分析和调查，确保评级能得到正确的结论。一般认为未来的新因素越多，现有财务资料越没有分析价值。这一观点对于建立 P2P 平台评级体系很有参考意义。

P2P 平台评级要特别关注对 P2P 网络借贷平台的静态和动态分析。静态分析侧重依据过往或者现在受评主体的经营情况，对其未来偿债能力进行分析评估。由于社会环境的不断变化，企业的经营活动也在不断变动，不能单纯依靠过去几年的业绩就做出今后信用状况的判断。

事实上，信用评级就是对主体未来信用状况的一种预测。因此需要考虑未来的发展情况。我们必须进行动态分析，通过分析企业竞争能力、收益、市场等情况的动态变化，预测企业信用状况的发展趋势。P2P 行业还处在急速发展的阶段，对动态情况的分析至关重要。

第七章 CHAPTER 7

# P2P 网络借贷平台监管研究

# A Review of P2P Market Regulations and Legislation

## 第一节 P2P 网络借贷监管现状

P2P 网络借贷起源于民间金融借贷，至今已经有数百年历史。互联网的发展使得民间金融这种古老的融资模式迁移到线上，从而绽放出新的活力，同时对于目前的市场发展和经济增长亦具有一定的现实意义：一是作为传统信贷补充，其可以缓解中小企业和个人融资难问题；二是有利于分散融资风险，增强金融体系的弹性和稳定性。

但 P2P 网络借贷平台作为新兴行业，其成长过程中不可避免会出现泥沙俱下的局面，必然要经历一个大浪淘沙的过程。因此，加快 P2P 网络借贷平台的研究很有必要，需根据经营实质，运用信息监管原理，借鉴境外监管做法，明确相关监管措施。

### 一、主要境外国家 P2P 网络借贷平台监管实践

#### （一）美国 P2P 网络借贷的监管

以 Lending Club 和 Prosper 为例，由于投资人和借款人之间不存在直接债权债务关系，投资人购买的是 P2P 平台按美国证券法注册发行的票据（或收益权凭证），而给借款人的贷款则先由第三方商业银行提供，再转让给 P2P 平台，当借款人对贷款违约时，对应票据的持有人不会收到 P2P 平台的支付（即 P2P 平台不对投资人提供担保），但这不构成 P2P 平台自身违约。

由此，基于票据证券化的业务机制，美国证券交易委员会（SEC）是 P2P 网络贷款的主要监管者，然而 SEC 监管的重点是信息披露，而非 P2P 平台的运营情况。与此同时，P2P 网络借贷平台必须在发行说明书中不断更新每一笔票据的信息，包括对应贷款的条款、借款人的匿名信息等。

#### （二）英国 P2P 网络借贷的监管

自 2014 年 4 月，英国金融行为监管局（FCA）接替公平交易管理局（OFT）行使对 P2P 网络借贷的监管职能，并发布了《关于网络众筹和通过其他方式发行不易变现证券的监管规则》。在此规则中，FCA 将 P2P 网络借贷纳入借贷型众筹进行监管，提出了最低资本要求、客户资金保护规则、平台破产保护、客户撤销权、信息披露和争议解决与报告机制等监管要求。

### （三）德国 P2P 网络借贷的监管

德国目前没有具体的法律和机构监管 P2P 借贷。根据《德国银行法》的规定，任何吸收存款或进行放贷的机构，都必须向联邦金融管理局领取银行牌照。为规避监管，P2P 平台机构一般委托银行办理资金收取、支付及放贷。

其主要流程是：P2P 平台与银行合作，放贷人将资金首先存入银行，待贷款协议达成，银行将贷款人的资金划转至借款人账户。由于各业务环节都主要通过银行进行，德国监管者认为 P2P 网络借贷不会对金融稳定产生太大影响，没有必要为此专门调整监管法规。

### （四）日本 P2P 网络借贷的监管

日本监管当局的监管思路主要是通过“地下金融对策”系列法律（包括《贷金业法》《出资法》《利息限制法》和《资金清算法》）对 P2P 网络借贷进行监管。具体措施包括：市场准入的规定，净资产 5000 万日元以上；准入门槛的规定，由行业协会进行实质审查；贷款利息的规定，最高不得超过 20%；贷款总额的规定，为防止借款人过度借贷，如贷款总额超过借款人年收入 1/3，将不得再向其发放贷款等。

## 二、中国 P2P 网络借贷平台的监管实践

中国当前以 P2P 网络借贷平台为代表的互联网金融发展推进了实体经济的模式创新和运行效率，为小微企业和个人提供了便利，正在逐步成为传统金融领域的有益补充。同时，我国监管部门对 P2P 网络借贷平台等互联网金融业务的监管保持着开放包容、鼓励创新原则的态度，并拟结合互联网的特点进行差异化监管、适度监管、分类监管、协同监管。

根据中国当前 P2P 网络借贷平台业务实质，可以将其划分为信息中介和信用中介两个大类，这也是监管部门研究制定相应监管政策的重要分类标准。

### （一）作为信息中介的 P2P 网络借贷平台

该类 P2P 网络借贷平台主要定位于通过线上发布融资信息，线下协助对借款人资质审核，实现将资金供给方和需求方有效联通。对于信息中介类型的 P2P 平台，实质上提供的是信息服务，因此，监管的核心原则是信息披露监管，只要平台进行充分的信息披露，风险是可控的。

在具体的业务实质界定方面，根据 P2P 网络借贷平台为小额借贷双方提供信息服务的业务模式，要求 P2P 网络借贷平台不能实质参与资金经营和运作，不为投资者提供担保，应作为信息中介而非交易平台，同时相应的监管要以线上、线下一致原则为出发点，逐步完善对于信息中介 P2P 网络借贷平台的信息监管。

### （二）作为信用中介的 P2P 网络借贷平台

该类 P2P 网络借贷平台主要通过向客户投资募集资金，选定借款人放贷，其在业务运作机制上实现了期限转换和流动性转换。具体地，通过 P2P 网络借贷平台将期限相对较短、流动性相对较好的客户资金转换为期限相对较长、流动性相对较低的非标准化债权。

与传统银行的资金运作原理基本类似，但不同在于该类 P2P 网络借贷平台缺失明确的信用转换功能。由于 P2P 网络借贷平台主体本身不是银行业金融机构，其资本性质和股东构成存在差别，导致其信用水平也存在不同，使得在信用转换方面，可能会出现不同的隐性或显性担保情形，这就需要实施差异监管。

作为信用中介的 P2P 网络借贷平台在补充小额信贷市场有效需求的同时，也存在“自融资型”等监管套利的 P2P 网络借贷平台模式的突出问题。在该类模式下，企业主为了自身融资需求而开设的 P2P 网络借贷平台，通常涉及的企业大多无法通过正常渠道获得贷款资金，主要做法是通过集合公众资金投资大额和长期限的标的，甚至虚构融资需求，非法吸收、侵占和挪用公众资金，诈骗投资者资金。

回顾我国当前互联网金融监管框架，已初步搭建了金融监管协调机制，提出了“适度监管、分类监管、协同监管、创新监管”的基本原则，由人民银行牵头互联网金融监管，银监会和证监会分别具体负责对 P2P 网络借贷平台和众筹业务的监管。从目前的监管实施过程看，主要监管部门通过监管协作，将支付结算、合规销售、打击非法集资等多项内容纳入协同监管框架，旨在从资金募集、转移、清算和运作等各个方面建立全方位的审慎监管框架。

## 第二节 P2P 网络借贷平台监管建议

无论是对于作为信息中介还是信用中介的 P2P 网络借贷平台而言，其创新发展本质都是基于互联网大数据分析，实现对信用风险的有效管控。如在理想的线上完全闭合环境下，不存在线下信息泄露，大数据分析能够消灭信息不对称，从数据中提取信息，提前判断借款人的偿付能力，替代商业银行履行金融中介的监督借款人职能，从而降低社会成本。

由此，理想状态下 P2P 网络借贷平台与商业银行存在替代的关联性，在 P2P 网络借贷平台的监管理论上，可以借鉴商业银行，但与传统金融机构或业务监管不完全相同，却与信息监管有类似之处，类似于直接融资的充分信息披露原则。本节从信息监管出发，通过比较研究提出对 P2P 网络借贷平台的监管政策建议。

### 一、P2P 网络借贷平台相较于商业银行的突出特征

传统商业银行通过用利率和抵押物来过滤借款人，并通过寻求摩擦使得借款人和存款人配对，解决存款人和贷款人信息不对称问题。但同时也存在相应的问题，商业银行资产端作为其盈利来源，存在信用风险的脆弱性，使得商业银行存在选择性供给信贷。

针对企业和商业银行间的信息不对称性，商业银行可以利用利率和抵押来筛选客户，但由于贷款合同的特殊性，有可能会产生逆向选择，风险越高的企业越倾向于接受贷款合同。由此，商业银行出于自身的利益最大化考虑，会选择最优的利率水平，而不是最高的利率水平，然而在商业银行利润最大的利率水平下，企业的贷款需求可能高于贷款供给，导致了信贷市场上供给不足问题。

由此，在理想的线上完全闭合环境下，P2P 网络借贷平台的特殊性相较于商业银行具有以下突出特征：

一是 P2P 网络借贷平台能够解决线上投放实质信贷的逆向选择问题。基于互联网技术发展、数据处理能力的提升，在闭合环境下，即如不考虑借款人互联网线下经营活动、借贷行为，基于数据分析的信用分析，能够降低资金提供方和需求方的信息不对称性。

P2P 网络借贷平台通过借款人线上经营、消费等活动，合理评估其还款能力，降低借款人隐藏经营成果、逃避债务的可能性。

基于数据分析的信用分析体系，在一定程度上达到了当前建立在以央行征信系统对借款人信用水平分

析体系的效果。

二是P2P网络借贷平台能够降低融资主体的道德风险问题。在Holmstrom和Tirole1997年提出的传统商业银行借贷模型框架中，商业银行与存款人、借款人之间存在两两均衡，但商业银行自身也还面临着受资本约束时的利益最大化问题，会导致出现借款人选择差项目且存在私利的情况，商业银行在满足最低资本约束条件下，仍向不合格的借款人提供借贷资金，实质上是侵蚀了存款人利益。

但P2P网络借贷平台融资模式，实质上是将资金提供方和需求方直接对接，特别是对于作为信息中介的P2P网络借贷平台而言，仅存在融资方和借款方的单一均衡，在提供融资的客户能够风险自担的前提下，减少了融资环节、降低了道德风险。

三是P2P网络借贷平台提供了借贷便利，通过其利率水平调节，反映出了借款人的市场风险水平。近年来我国商业银行在受杠杆水平约束情况下，通过调配表内信贷和商业银行理财非标准化债权，就是反映风险偏好水平变化与债权融资形式的例证。Adrian和Shin于2010年提出的商业银行杠杆水平存在顺周期性观点，反映了其风险偏好，并体现在是以贷款还是以债券对企业融资的替代效应上。2012年，谢平、邹传伟提出互联网金融模式提高了信息处理能力和资源配置效率的理论，指出其在融资模式上属于既不同于商业银行间接融资，也不同于资本市场直接融资的第三种融资模式。

相较于传统商业银行，P2P网络借贷平台不局限于存贷款基准利率定价，如在负债端融资来源客户能够风险自担的前提下，由其投放非标准化债权资产等实质信贷的利率浮动，能够反映出负债端融资客户风险偏好和资产端借款人的风险溢价。

即便在当前P2P网络借贷平台机构主体还未实现统一管理，非标准化债权资产利率水平、期限还未实现统一报送的情况下，由于P2P网络借贷平台受业务范围、借款人特征不同等因素影响，还未形成完整P2P网络借贷平台融资利率曲线，但已初步作为对银行业金融机构的信贷补充品，所形成的资产在本质上类似于私募型债券，能够在一定程度上反映出不同风险溢价的利率水平和投融资方的风险偏好。

## 二、对P2P网络借贷平台实施分类监管的必要性

P2P网络借贷平台目前在我国采用信息中介模式的较少，大多数采用信用中介的模式。类比传统商业银行，具有信用中介功能的P2P网络借贷平台在机制设计和工作原理上与传统商业银行相同，目前许多P2P网络借贷平台甚至开办实体门户，类似于社区银行，其实都是将资金需求方和资金供给方有效结合，实现资金的融通。

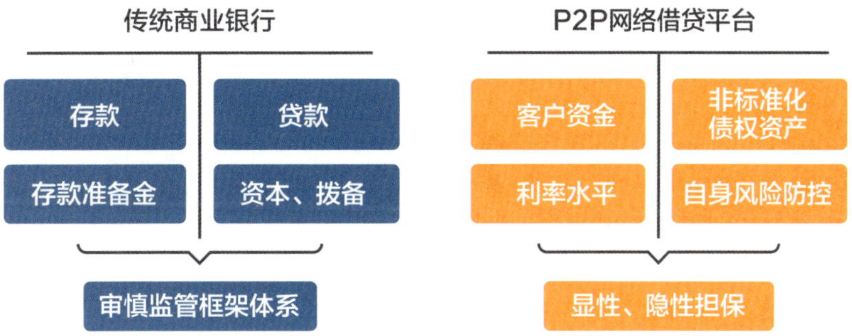


图 2-7-1　P2P 网络借贷平台和传统商业银行模式区别

资料来源：课题组整理

在其负债端通过以客户投资的形式，如理财产品或计划等方式募集资金，在其资产端则通过投放非标准化债权对接融资客户。但 P2P 网络借贷平台和传统商业银行模式区别如图 2-7-1 所示。

截至目前，具有信用中介功能的 P2P 网络借贷平台机构主体本身不受金融监管约束。主要表现为：在负债端，P2P 网络借贷平台不受央行约束且无须缴纳存款准备金，由此具有更强的信用创造能力；在资产端，P2P 网络借贷平台未对实质风险资产计提相应的资本和拨备，类比于银监会印发的《关于规范商业银行理财投资运作有关问题的通知》对非标准化债权的定义范围是，未在商业银行间市场及证券交易所市场交易的债权性资产，包括但不限于信贷资产、信托贷款、委托贷款、承兑汇票、信用证、应收账款、各类受（收）益权、带回购条款的股权性融资等。

可以认为，通过 P2P 网络借贷平台募集资金产生的债权融资，也属于非标准化债权资产范畴。参照银监会要求商业银行将非标准化债权资产类比传统信贷计提相应的资本和拨备的监管实践，可以要求 P2P 网络借贷平台对非标准化债权进行类似的信用风险防控。在现行业务实践中，部分 P2P 网络借贷平台已根据资产大小计提一定额度比例的风险缓释资本，并最终体现在客户融资成本上，以此滚动运作、建立自身的资本缓冲体系、抵御平台整体信用风险损失。

通过对比分析传统商业银行与在理想的线上完全闭合环境下 P2P 网络借贷平台的关联性，可以认为，理想状态下 P2P 网络借贷平台利用大数据分析特征，将部分事中、事后的信用风险防控前移，加强了信用风险预判和防控。但由于互联网传播的广泛性，不受区域经营限制、受众更广等现实特征，为维护公平的市场竞争秩序、维持金融稳定、引领金融发展和保护金融消费者利益，有必要将信用中介型 P2P 网络借贷平台纳入审慎框架实施监管。

而信息中介形式的 P2P 网络借贷贷款监管的理念和方式，与传统金融监管则应不完全相同，与信息监管有类似之处。

## 三、P2P 网络借贷平台监管目标和实现路径

从根本上讲，在理想的线上完全闭合环境下 P2P 网络借贷平台可以基于有效的大数据分析，首先，能极大限度地降低信息不对称产生的问题，也能有效地将传统商业银行存在的道德风险和借款人逆向选择问题降至最低，从而在信贷供给上消除风险歧视；其次，

通过风险溢价反映出资金供给方和需求方的风险偏好和收益特征，并能够在一定程度上引导构建起市场化的利率水平，逐步成为多层次利率市场的组成部分之一。

具体到监管政策的制定和执行上，首先，要明确监管 P2P 网络借贷平台所要实现的监管目标，充分考虑其对金融市场环境、金融体系稳定和金融机构主体的影响，有效平衡创新发展和风险防控；其次，要明确监管目标是通过加强政策引导、贯彻监管要求来规范和净化 P2P 网络借贷市场，促使 P2P 网络借贷行业长远稳健发展。

根据市场、行业、机构等三个维度，对 P2P 网络借贷平台的监管要实现以下三大目标：

## （一）引导建立并维护公平的市场化运作机制

### 1. 不设歧视性门槛

对于 P2P 网络借贷平台的股东资质、资金提供方和资金需求方，在满足基本门槛要求的前提下，不予区别对待，接近注册制。这是由于 P2P 网络借贷平台是基于互联网应运而生的。而正是由于互联网的开放性和包容性，对于涉及 P2P 网络借贷市场的参与者不得存在歧视性和垄断性的规范要求，这是建立公平的市场化运作规则的基础性和原则性条件。

具体到涉及各方而言：

一是在 P2P 网络借贷平台股东资质层面，在满足基本市场准入条件的前提下，不对发起设立或控股、参股的股东资质做额外的限制性要求。对 P2P 网络借贷平台的股东资本性质，不做差异化的市场准入制度安排，不管是民营资本还是国有资本，只要依法合规，符合市场准入的基本要求，就能发起设立并参与 P2P 网络借贷平台。

二是对于作为资金供给方的投资者，只要满足投资门槛金额要求，在风险自担的前提条件下，就可以充分参与 P2P 网络借贷平台产品投资。

三是对于资金需求方，在将非标准化债权资产纳入统一数据监测的前提下，不对资金需求方的利率和期限进行管制，以此满足不同类型、不同风险承担能力企业的债权融资需求。

但是对股东、董监事和管理层，在坚持无罪推定的情况下，有基本的诚信和专业资质要求。

### 2. 运用综合增信措施逐步替代担保

由于国内征信体系尚不完善，大部分平台还不能通过纯线上的风控方法解决网络贷款问题，纯信息中介模式较难适应目前的金融环境，不过随着国内征信系统等金融基础设施的不断完善，消除各类显性和隐性担保将是未来 P2P 行业的发展方向。从当前市场发展初期，就应该引导 P2P 网络借贷平台以实际市场风险变化为基准，建立风险自担的运营机制架构，通过加强自身风险管理、预防产品风险，依靠司法程序处置机构主体风险，减少对常规金融体系救助的依赖，降低对金融体系稳定性的影响。

一是在不同资本性质的股东进入 P2P 网络借贷平台的同时，根据是否存在显性或隐性担保，对不同性质股东开展的信用中介业务进行区别对待，并采取不同层级、不同方式的监管措施。

对于显性担保的信用中介业务，民营或国有资本都要求在产品创设过程中合理估算隐含的显性担保的风险成本和溢价，在信息披露时，要充分解释显性担保程度及损失承担范围，有效划分 P2P 网络借贷平台单一产品风险和股东连带损失责任。

二是对于隐性担保的信用中介业务，监管目标就是旨在消除隐性担保，让资产端利率浮动真实反映市场风险变化水平。对于存在隐性担保的业务行为，根据实质重于形式原则，按照审慎框架实施监管，特别是对存在国有资本的 P2P 网络借贷平台，根据担保性质和强弱可以分为：P2P 股东主体或平台主体为金融机构和非金融机构的国有资本两类。

毋庸置疑，国内 P2P 行业在近中期还无法真正摆脱对担保资源的市场依赖，这是中国社会征信体系建设过程中的阶段性特征。今后一个时期，如何增强评级、征信、尽职调查、风险概率事件挖掘等环节的能力水平和技术覆盖率，将是决定风险管理质量的重要内容。

在风险自担方面，一方面要求加强信息披露，对于 P2P 网络借贷平台股东性质做充分揭示；另一方面要求 P2P 网络借贷平台融资对象不得是股东主体或关联方，杜绝利益输送和违规关联交易行为，将隐性担保的传导影响降至最低。

## （二）维护金融稳定、引领金融发展

目前还可以认为 P2P 行业处于发展初期，还不能够对金融体系的整体稳定性产生实质性影响。主要是由于：在业务体量方面，根据第三方机构测算，目前 P2P 行业总资产规模相对于商业银行 170 多万亿元资产规模而言，还不具备实质影响能力；在业务结构方面，相较于传统商业银行的零售、对公和资金等三大板块业务而言，具有信用中介功能的 P2P 网络借贷平台也仅覆盖前两大业务板块，其不具备金融机构的信用资质，不能进入商业银行间市场，亦不能开展同业业务，因此还不具备通过银行间市场对金融体系进行风险传染的路径。

在对金融危机的反思中，很多文献都聚焦于商业银行信贷以外的金融体系，认为其作为传统商业银行等金融中介外的补充，一方面补充了信贷融资需求，拉升了社会融资规模，但另一方面也助长了金融泡沫，并且在缺乏有效监测的前提下，其作为传统商业银行体系的补充或替代部分，也受到由于货币政策变化引起风险偏好变动进而对资金供给所产生的影响，由此进一步地影响金融机构信贷供给，从而对金融稳定产生影响。

从 P2P 网络借贷行业长远发展看，有必要将 P2P 网络借贷平台纳入金融安全网范畴，防范对金融体系产生的各类不稳定因素影响，通过建立起 P2P 网络借贷平台资产信息的统一报送机制，在完善金融基础设施建设的同时，引导 P2P 网络借贷平台向促进金融稳定、引领金融发展的方向前进。

实现该监管目标具体应着力于以下方面：

### 1. 完善 P2P 网络借贷平台的机制设计

第一，明确 P2P 网络借贷平台的市场定位，明确其作为市场化融资或信息主体的业务范围和功能定位，以此确定其在当前多元化、多层级的金融体系中的位置，并据此制定相应的风险防控措施。

第二，P2P 借贷平台不得与商业银行有直接或间接关联。P2P 网络借贷平台的资产负债表项目不得与商业银行有交叉、重叠，旨在针对当前存在的各类金融交叉业务所涉及的各类金融风险，将 P2P 网络借贷平台的流动性和信用性风险显性化、市场化和独立化，降低金融风险传染程度。

第三，对于超越其业务定位的经营行为应按照现有金融监管法律，由相应监管机构实行准入和监管。同时，受监管的金融机构应按照法律法规许可的范围开展 P2P 网络借贷业务，不得利用互联网渠道超范围经营或规避监管。

### 2. 建立 P2P 网络借贷平台的信息报送机制，将相互割裂的平台有效关联起来

通过 P2P 网络借贷平台信息数据统计的基础设施建设，汇集各类资金利率、期限、违约概率和风险损失等基础数据，构建信用风险核心定价参数，建立起基于 P2P 网络借贷平台的市场化的基准定价体系。

这样一方面可以规范行业发展，在报送数据真实的情况下，可以利用市场化手段，将经营能力较差或存在违规行为的 P2P 网络借贷平台主体淘汰出局；另一方面是在当前贷款、债券、各类理财计划等多层次利率体系下，补充了以 P2P 网络借贷平台为基准的利率体系，完善了多层次利率体系，同时也加速了更多层次利率传导的相互作用。

这是因为在完全线上闭合的理想状态下，按照监管目标的机制设计，P2P 网络借贷平台反映的是由市场决定的利率水平，相较于贷款由中央银行定价基准决定的利率水平而言，P2P 网络借贷利率水平虽然不与金融市场直接关联，但却已一定程度上反作用于金融体系各层级利率水平变动。

### 3. 建立并完善监管、自律框架

第一，加强针对 P2P 网络借贷平台业务活动的法律法规制度建设。根据监管职责，按照分业经营、分业监管的原则，加强对 P2P 网络借贷平台跨业参与多类金融业务的监管，同时加强监管部门的统筹协调，以适应包括网络借贷等互联网金融业态的快速发展和迭代。

第二，推进行业自律，以市场化方式提高市场出清效率。组建行业自律组织，建立自律规范和约束惩戒机制，在经营资格、业务运转、信息披露、资金管理等方面制定明确行业自律规则，建立市场认可的机构信誉机制，接受公众监督。

## （三）加强 P2P 网络借贷平台规范化运作，保护金融消费者合法权益

目前 P2P 网络借贷平台不是金融机构，也未设立市场准入和持续监管要求，导致了 P2P 网络借贷平台市场“鱼龙混杂”，非法集资、违规销售等案件层出不穷。从一方面看是 P2P 网络借贷平台监管还不到位，有待持续完善；但从另一方面来看，虽然案件频发，但也并未对金融体系造成较大影响，反而通过市场自动出清，达到了将违法违规 P2P 网络借贷平台淘汰出局的效果。

但这两方面都说明了 P2P 金融产品消费者作为损失承担方需要保护，需要引起监管部门的重视，在监管目标设定上需要在监管目标一、二等机构监管的基

础上，补充以保护金融消费者合法权益的功能监管，从规范 P2P 网络借贷平台的机构主体从业准则、资金运作和信息披露等方面加强监管，引导 P2P 行业可持续发展。

### 1. 对于 P2P 网络借贷平台主体的监管

第一，制定行业准入标准，对 P2P 网络借贷平台的信息技术水平、业务流程、风险控制等方面设定准入要求；第二，要求引入第三方金融机构负责资金托管，代理 P2P 网络借贷平台在投资者账户、平台账户与发行人账户之间进行资金划转，保证资金的安全性；第三，平台的内部风险防控规范，要求 P2P 网络借贷平台在发行主体信息核实和募投资金监控方面承担责任；第四，对 P2P 网络借贷平台的业务范围做一定的限制，不得违规开展关联交易和利益输送，如不得参与发行人与投资者之间的交易等，杜绝“自融资”行为。

### 2. 对于融资主体的监管

第一，发行人的信息披露制度，要求发行人通过平台向投资者披露公司基本信息、财务状况、主营业务、治理情况等；第二，对发行项目的募资金额设立上限，把 P2P 与传统融资模式区分开来，具体金额应根据发行主体的行业、资产规模、营业收入的不同进行设定。

### 3. 对于信息披露的监管

应要求 P2P 网络借贷平台在向投资者介绍发行项目时，充分进行风险揭示，提示投资者参与 P2P 网络借贷平台业务面临的风险；同时重视个人隐私保护，强化平台作为数据掌握者和数据使用者在数据保护方面的责任，加强对投资者的教育和保护。

总体而言，监管 P2P 网络借贷平台的三大目标在主体层面涉及市场、行业、机构等三个方面，在目标效果方面有相互促进，也有冲突。比如引领金融发展与保护金融消费者利益是相互促进的，但在消除显性或隐性担保过程中，可能与金融稳定监管目标相冲突。

# 网贷中国（2013—2016）

**平台数量：886**家到**4261**家，**4.81**倍
**交易总额：1058**亿元到**14113**亿元，**13.34**倍
**用户数量：**出借人——**25**万人到**914**万人，**35.56**倍；借款人——**15**万人到**513**万人，**34.20**倍
**行业融资：4.6**亿元到**161.08**亿元，**35.02**倍

数据为凭，客观真实反映行业发展脉络；
总览全国，“热土”与“荒地”一目了然；
多维解读，直击从“疯长”到规范的行业变革。

## 2013—2016年全国网贷平台及问题平台总量

2015年新增网贷平台数量与新增问题平台数量之比接近2：1；2016年则比例反转，变成1：2，监管落地不仅遏制了行业的疯狂扩张，也暴露了其中众多问题平台。

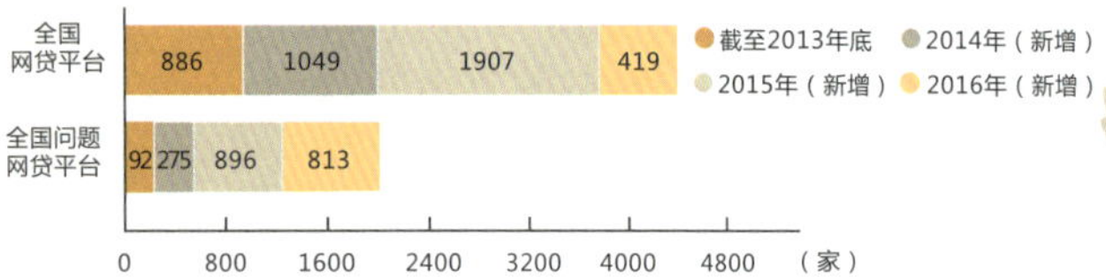


## 全国网贷平台交易概况

2016年的全国网贷平台交易总金额是2013年的13.34倍，交易数量是2013年的57.60倍。交易盛况最直接反映这一行业的繁荣。

## 全国网贷平台借贷双方人数

伴随网贷平台的蓬勃发展，参与网贷交易的人数急剧增长，2016年全国参与网贷的借贷双方人数之比约为1.8：1。网贷不仅是融资渠道，对于更多人而言更是理财渠道。

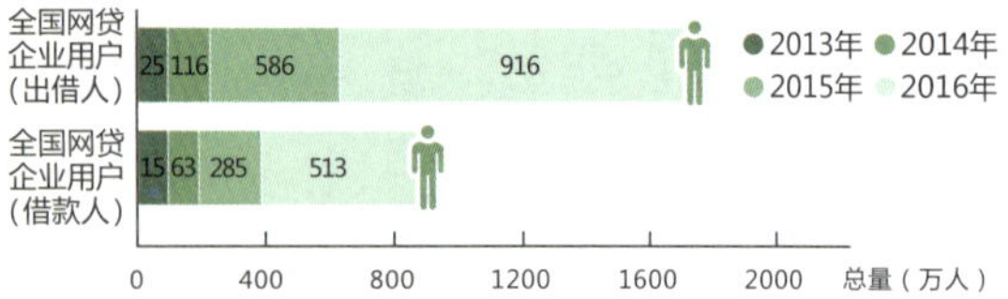


## 全国网贷平台融资情况

网贷吸引的融资金额从2013年的4.6亿元人民币到2016年的161.08亿元人民币，融资金额的飞跃式增长反映出中国网贷行业备受资本青睐。

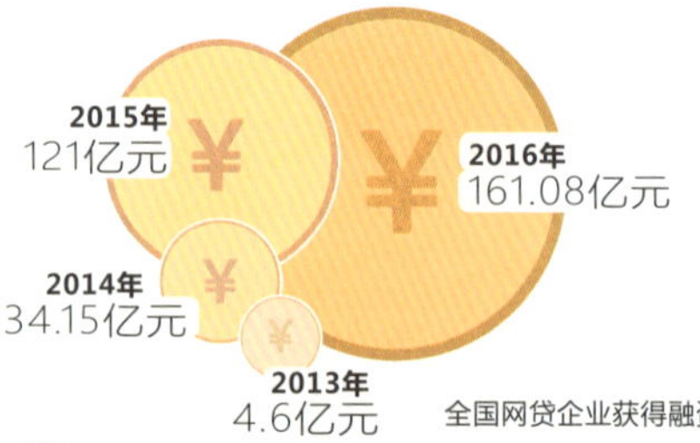


全国网贷企业获得融资总额

## 网贷争雄，百强榜里数英雄

P2P网贷平台发展指数评级百强榜由网贷之家发布，是行业内最早的评级体系。评级模型选取反映平台综合实力和发展潜力的9个维度——成交、营收、人气、技术、杠杆、流动性、分散度、透明度、品牌，根据客观可查的数据对9个维度超100项指标进行线性和分组评分计算，由网贷之家每月实时更新，一窥网贷行业龙头企业的运营现状。

（本报告节选2016年10月榜单TOP5的部分数据）

# 全国网贷平台及问题平台分布概览

- **热带雨林** 粤鲁浙，京沪苏，中国网贷数量TOP6省份，六省网贷平台数量占据全国总数的67.39%。
- **温带森林** 徽鄂川、冀湘闽、豫渝赣、陕滇桂构建的第二梯队，累计平台总数占据全国总数的26.31%。
- **半荒地** 津黔辽，晋吉黑，宁新蒙，琼与甘网贷平台累计数量占全国份额的6.29%，仅与TOP6最后一名省份数量相当。
- **无监测数据地区**

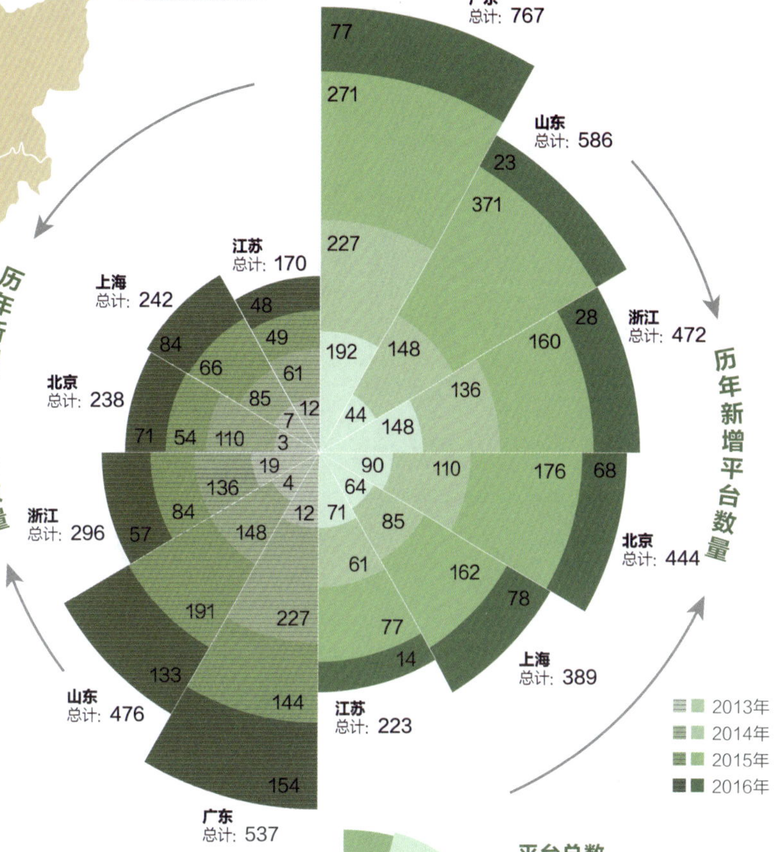


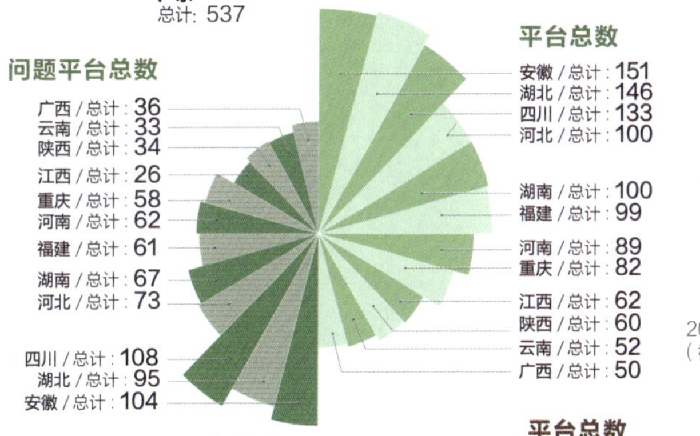


2016年数据（截至10月）

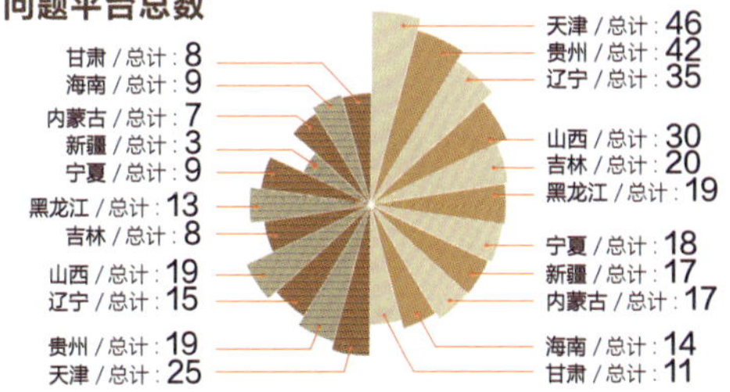


2016年数据（截至10月）

人均借款额：1.32（万元）
人均投资额：1.86（万元）

总额：352.18（亿元人民币）
量：267855（笔）
收益率：8.97（%）

9月人均借款额：0.33（万元）
9月人均投资额：4.04（万元）

交易总额：185.86（亿元人民币）
交 易 量：5388878（笔）
年均收益率：17.07（%）

- 用户（出借人）数量 （万人）
- 用户（借款人）数量 （万人）

**总注释：** 数据来源：网贷之家、盈灿咨询
报告所有数据截至2016年10月28日
数据新闻编辑：史晓晨　制图：宫燕　蒋将
（监测不包括中国香港、澳门和台湾地区，以及西藏自治区和青海省）

2016

# 第三篇

# 互联网金融新动力

## 传统金融的互联网化

**New Dynamic of Internet Finance:**

Internetization of Traditional Finance

# 导言一 Introduction I

2015 年，《关于促进互联网金融健康发展的指导意见》及《关于积极推进“互联网 +”行动的指导意见》相继出台。主管部门对基于互联网的金融创新在政策层面给予了肯定，有关文件奠定了互联网金融创新的长远发展基础。金融互联网化意义重大。

## 传统金融与新兴金融加速融合

历经近 40 年的改革开放，中国金融业有了突飞猛进的发展，然而仍难以满足各经济实体的金融需求。小微企业及农村市场的金融服务短缺，长期困扰着中国经济的发展。互联网的出现，以及其与传统金融业的结合，为突破时空限制、降低业务成本、拓展服务边界带来了一种新的可能。自 2012 年以来，互联网的金融服务不断涌现且创新频繁，逐渐渗入中国经济及民众的日常生活。近一年来，中国传统金融业加快了向互联网经营模式转型的步伐，与新兴互联网金融机构展开多重合作、良性竞争。

我们看到，传统银行积极布局线上直销银行业务，寻找资产证券化的多元化出口，扩大使用场景；传统保险公司开拓互联网服务，与互联网企业的双向渗透趋势加强；传统证券行业运用互联网技术，不断完善以资本市场为基础的综合金融服务能力。

基于中国金融互联网化的发展现状，博鳌亚洲论坛官方媒体博鳌观察与尼尔森、腾讯网•企鹅智酷联合研发了“中国金融互联网化指数”，旨在以金融消费者的视角，从可得、易得、得益三个维度衡量金融互联网化的影响，积极审视金融与互联网相结合所带来的变化。

随着互联网的不断发展和深入应用，新兴金融也在加速发展、锐意创新。P2P 网贷行业渐趋成熟和多元，众筹行业逐渐走向专业化，互联网消费金融正在成为新的风口。

未来，“互联网 +”将是新的经济形态，互联网经济时代近在咫尺。

## 征信、监管仍需加强

近年来，互联网金融在中国掀起了一波又一波研究、讨论、实践的浪潮。虽然中国互联网金融的发展速度和用户规模在世界上已首屈一指，但纵观其发展，仍存在诸多问题，尤其在征信体系建设及监管政策落实方面，亟须借鉴欧美等发达国家的经验。

金融的本质是充当资金融通的中介。为降低资金供需双方之间的信息不对称性，构建完善的征信体系尤为重要。目前，中国传统金融机构所依靠的中国人民银行征信系统尚未能全面覆盖个人信用数据，基于互联网的金融活动数据也不多。

对比之下，美国的个人征信已有逾百年历史，其征信行业完全由市场需求驱动，是市场主导模式的代表。历经多年的并购整合，美国征信业现以益百利（Experian）、艾奎法克斯（Equifax）、环联（TransUnion）三大信用局为主，基本垄断了全美个人资信数据。

再来看中国，随着央行在 2015 年向芝麻信用、腾讯征信等八家民间机构颁发个人征信牌照，民间征信渠道已开放。相信在未来，将形成以央行金融征信系统为主导，辅以市场化专业机构及个人征信机构的三方格局，为金融互联网化发展提供基础保障。

互联网金融实践近年来在中国迅速发展，然而由于其出现时间较短，在风险控制方面仍存在颇多问题。诸如 P2P 平台、众筹平台及第三方支付平台倒闭、“跑路”等事件屡屡发生，对现有的金融监管体系提出了巨大挑战。

反观国外，欧美等发达国家自 20 世纪 90 年代起即开始将互联网技术与传统金融业务相结合，在发展过程中不断完善其监管条例，规范行业标准，已形成较为成熟的监管体系。以第三方支付为例，美国将监管的重点放在交易过程，而非针对机构；英国等欧洲国家则重点监管支付机构，详细规定其经营资格及风险控制措施。

无论是金融市场环境、信用环境还是技术环境，中国与欧美发达国家仍存在较大差距。未来，随着各方指导意见的出台、中国新兴金融行业自律的不断强化，以及国际化合作布局的加强，中国的金融互联网化实践亦将走向规范化，并向全球创新的前沿迈进。

## “互联网＋金融”将有无限可能

互联网为金融带来了民主化和普惠化，有效拓展了传统金融市场的有限边界。中国金融的进一步改革开放将加快利率市场化与汇率市场化的变革进程，“互联网＋金融”业态也将呈现更为融合的发展趋势。

中国政府的“十三五”规划提出了“创新、协调、绿色、开放、共享”的发展理念，将创新放在国家发展战略的核心位置。习近平主席更是在第二届世界互联网大会上强调将大力实施网络强国战略、国家大数据战略，希望促进互联网和经济社会的融合发展。“互联网＋金融”的未来发展将机遇无限。

未来，传统金融与新兴金融将不断融合，形成日趋丰富的创新空间与市场机遇。从国家鼓励互联网金融创新发展的总体态度出发，监管部门与行业自律组织需共同努力，积极推动行业健康发展，并不断完善如征信体系、大数据管理等基础设施建设，支撑中国互联网金融不断快速、稳定发展。

传统金融机构与互联网公司需相辅相成，共同成长，与国际社会加强对话合作，构建和平、安全、开放、合作的网络空间。

未来，中国的互联网金融将成为全球舞台上竞争与合作的重要力量，并且随着国际国内合作的加强，其在中国金融资源的全球配置中将发挥更大作用。

目前，博鳌观察已连续三年就互联网金融课题成立专项研究组，开展深入研究，发布年度《互联网金融报告》。博鳌亚洲论坛亦愿意为推动互联网金融的健康发展尽到绵薄之力。

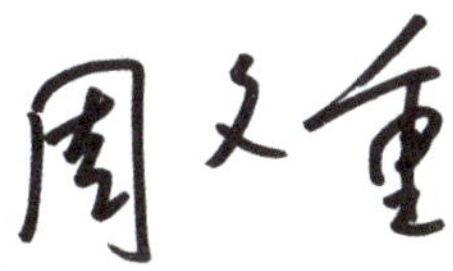

博鳌亚洲论坛秘书长
2016 年 1 月

# 导言二 Introduction II

传统金融与大数据、云计算、移动互联网等元素叠加后，迸发出了全新的活力。但金融互联网化在加快推进的同时，其业务模式、业务边界越来越模糊，而且愈发紧密地内嵌于人们的日常生活中，这给监管带来了很大的难度。

2015年是互联网金融监管的元年。中国人民银行等十部委联合发布了互联网金融监管的纲领性文件《关于促进互联网金融健康发展的指导意见》(以下简称《指导意见》)。《指导意见》肯定了互联网金融对促进小微企业发展和扩大就业所发挥的积极作用，也定下了互联网金融发展与监管的基调，即“鼓励创新、防范风险、趋利避害、健康发展”的总体要求。

## 互联网为金融行业带来巨大变革

互联网在金融行业中的作用，绝非仅仅是一个在金融活动中处于辅助地位的技术平台或工具那么简单。网络技术的革新打破了传统金融交易的壁垒，深刻地改变着金融行业的方方面面。

降低成本，优化效率。首先，互联网金融通过三个渠道降低交易成本：一是互联网替代传统金融中介和市场中的物理网点及人工服务；二是互联网促进运营优化；三是互联网金融的去中介化趋势缩短了资金融通链条。其次，在互联网金融中，大数据被广泛应用于信息处理（体现为各种算法，自动、高速、网络化运算），提高了风险定价和风险管理效率，降低了信息不对称。最后，由于交易成本和信息不对称的降低，互联网金融能提高金融资源配置效率。

挖掘数据，提升服务。互联网大数据为金融行业做出了卓越的贡献，在完善征信系统、挖掘客户、优化服务、提高运营效率、产品创新等方面起到了举足轻重的作用。首先，金融活动离不开完善的征信体系，而大数据成为构建征信体系的基础。其次，通过数据分析，金融机构既可以实现更有针对性的场景化营销，还可以洞悉客户的个性化需求，实现差异化服务并发掘客户潜在需求，为金融产品创新奠定基础。最后，金融机构将大数据运用到公司内部管理，也能提高公司的运营效率。

平等开放，普惠大众。传统金融在融合了互联网的平等、透明、开放、扁平等特点之后，其普惠特点愈发明显。原本传统金融机构由于成本和内部管理机制的限制，对“长尾客户”的重视不够。互联网使得金融机构以较低成本接触这些“长尾用户”，获知他们的需求并提供个性化的金融服务，大大拓展了传统金融市场的服务范围。在金融互联网化的进程中，越来越多的“长尾客户”将有机会享受到金融服务，这有助于提升社会公平，缩小收入差距，增加社会福利。

互联网金融对中国消费者也产生了深刻影响。传统的中国消费观念是“量入为出”，而互联网消费金融平台可以依托互联网的信息传播优势，引导消费者转变消费理念。此外，互联网消费金融平台还可以利用互联网的大数据优势分析需求，积极进行产品创新，激发消费者贷款消费的热情。

## 金融互联网化的风险与瓶颈

在金融互联网化进程加快的同时，风险也不可避免地随之而来。与传统金融行业相比，互联网金融所面临的风险更加多样，既包括金融相关风险，也包括技术相关风险。

互联网金融在大大优化传统金融效率的同时，并不能完全规避其原有风险，由于互联网自身的特点，反而可能会提升某些种类的风险，例如信用风险。互联网降低了从事金融活动的门槛，相当一部分新进入者没有通过相关的资格认定，也缺乏应有的风险管理能力和诚信水平。另外，由于互联网平台受到的杠杆限制较少，为了获得更高收益，很多平台在高杠杆比率下经营，这也加剧了信用风险。

互联网高速、快捷的特点大大缩短了交易时间，这也同时缩短了金融中介机构在面临集中提款时的应对时间，使其在面临挤提问题时，流动性风险提升。另外，不容忽视的是，目前国家针对互联网金融的法律体系还不够完善，金融互联化的诸多尝试还不能得到政府的明确认可，存在法律合规风险。虽然互联网技术日新月异，但技术相关风险仍无法避免，需要时刻警惕这类风险可能造成的巨大危害，例如信息安全风险和网络安全风险。当前金融业，各个机构都不遗余力地通过互联网争夺信息，但互联网金融从业者却没有为客户保护个人信息的足够动力，甚至有部分从业者为了获取不法收益，故意出售客户信息，导致客户信息泄露事件频发。目前，尚未有完善的计算机技术可以完全防范互联网给金融带来的网络安全隐患，黑客的非法活动和从业人员的误操作都会给目前仍比较薄弱的互联网安全技术带来巨大冲击。

金融互联网化在中国的发展历史不长，其成长环境也不够成熟，在发展的道路上仍面临一些瓶颈。

首先，中国的个人信用数据积累不够，专业的征信机构不多。很多金融机构的信用评估仍严重依赖中国人民银行开具的个人信用报告，信用数据来源单一，得出的评估结果自然不能满足日新月异的市场需求。

其次，互联网金融既带来了机遇，也带来了风险，原有的金融相关法规需要进一步补充完善，必要时还要及时出台新的法律法规。不完善的法律体系下，不仅无法有效控制潜在风险，还容易扼杀行业的合理创新，一定程度上阻碍了金融互联网化进程。

最后，人才储备不足。互联网金融的发展需要金融知识和互联网知识的完美融合，而同时具备这两种知识的专业人才少之又少，人才的缺乏给金融互联网化进程带来一定的拖累。

## 新金融要求监管创新

《指导意见》对互联网金融给出了明确定位，“互联网金融是传统金融机构与互联网企业利用互联网技术和信息通信技术实现资金融通、支付、投资和信息中介服务的新型金融业务模式”。新金融要求监管创新，既要有效防范风险，又不能抑制有益的创新，降低市场活跃度。

从法律制度角度看，政府监管部门应尽快完善与金融互联网化有关的法律法规，比如个人信息安全和征信方面的法律。通过法律明确划定非法与合法的界限，为行业发展提供官方引导。这需要监管部门不断审时度势、与时俱进、鼓励创新、识别风险。

从征信体系角度看，一是拓展官方征信机构的数据来源，使评估结果更加准确、全面；二是鼓励民营征信平台的发展，构建一套完整的个人征信体系，从而有效降低行业信用风险。

从安全技术角度看，监管部门不仅要为互联网金融行业制定统一的技术规范，同时也要借鉴发达国家的先进经验，增加科研投入，积极培养人才，为行业打造一个良好的技术发展环境。

从服务对象角度看，互联网金融需要更加重视对金融消费者和中小投资者的保护。他们在金融活动中处于弱势地位，保护他们的合法权益应成为监管工作的重中之重。

从监管框架看，很多互联网金融创新源于实体经济的金融需求，与日常生活之间存在紧密联系，在一定程度上可以视为“内生”或“自发”的。这一特征使得对互联网金融实施准入监管比较困难，负面清单管理模式更合适。另外，一些互联网金融活动天然具有混业特征，分业监管框架也很难适用。

“蓬生麻中，不扶而直；白沙在涅，与之俱黑。”中国互联网金融的健康发展，离不开科学有效的监管机制。一个公平、高效的互联网金融市场将会惠及更多民众，为中国经济发展注入新能量。

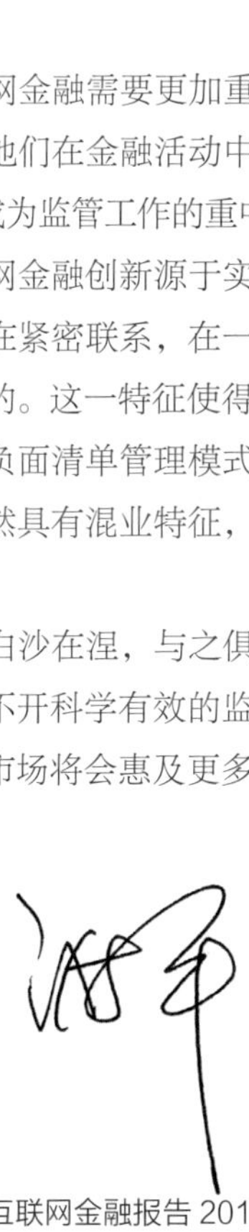

《互联网金融报告 2016》总顾问
清华大学五道口金融学院教授
2016 年 1 月

第一章 CHAPTER 1

# 2015—2016 年 互联网金融的发展、问题与新趋势

# Internet Finance 2015-2016: Developments,Problems and Trends

纵观互联网金融业态发展的历史脉络，我们不难发现，从 2015 年开始，中国传统金融业逐步进入到一个加速向互联网模式转型运营的阶段，出现了多种多样的互联网金融创新模式，与新兴互联网金融机构开展多元化合作与竞争，日益呈现出百花齐放的特征。

可以预见，未来一段时间，伴随中国金融改革开放步伐的进一步加快，利率市场化与汇率市场化变革进程的逐步推进，互联网金融业态将出现新一轮的融合发展趋势。中国金融互联网化的指标体系将日渐成熟，为促进中国经济金融在全球范围内的资源配置能力提供指引和动力，将有效促进互联网金融发挥市场力量作用，配合加快推动供给侧改革，支持高效率企业提供高质量供给。在监管体系逐步到位的条件下，将有可能使得互联网金融在整体上成为中国金融要素参与全球经济金融发展秩序建设的一个重要抓手和突破口。

## 第一节　2015—2016 年互联网金融发展状况

### 一、传统金融加快转型

### （一）银行、保险、证券业加速互联网化发展

#### 1. 传统银行探索互联网化转型模式

2015 年以来，中国传统银行业为了有效应对来自互联网金融等新兴业态的挑战，开始进入向互联网化转型的加速发展阶段。其中，比较有代表性的是直销银行模式。

直销银行模式是在互联网时代应运而生的一种新型银行运作模式，银行不通过营业网点开展业务，不发放实体银行卡，客户主要通过电脑、电子邮件、手机、

电话等远程渠道获取银行产品和服务。由于没有网点经营费用和管理费用，直销银行可以为客户提供更具竞争力的投融资产品及更低的手续费率。降低运营成本、回馈客户是直销银行的核心价值。

从历史上看，直销银行在全球范围内最早可以追溯到1965年在德国法兰克福成立的“储蓄与财富银行”（BSV）。该银行也是现在欧洲最大的“直销银行”——荷兰国际直销银行（ING-DiBa）的前身。直销银行不同于纯粹的互联网银行，未来，两者之间的区别将日益缩小。

据BR互联网金融研究院监测，截至2015年12月31日，全国已经有57家商业银行上线了直销银行，包括北京银行、民生银行、中国工商银行、兴业银行、恒丰银行、浦发银行、平安银行、上海银行、兰州银行、徽商银行、东莞农村商业银行等。可以看出，中国银行业在这方面投入了较大精力，寄希望于创造一个全新的商业模式，实现在金融脱媒和利率市场化加速条件下的改革创新。

2015年3月，中国工商银行作为首家发布互联网金融整体战略的大型商业银行，公布了e-ICBC战略。仅过了半年，其互联网金融又升级到2.0版，打造“三个平台、一个中心”[1]，重点是网络融资中心，争取5年后实现网络融资总额达3万亿元、客户3000万的目标，成为全球第一网络融资银行。

总体上看，中国银行业的互联网化仍然处于初级阶段，直销银行的整体水平仍然停留在存款、贷款、投资、交易产品的互联网搬迁上，还未升级到新产品的组合开发阶段，在很大程度上仍然承担信用中介的角色，与互联网金融的“去中心、分布式”内涵特征还有差别。

未来趋势将是更多传统银行要直面金融脱媒的挑战，着力降低资金成本，寻找资产证券化的多元化出口，加强与跨界行业的整合，共同探索直销银行的创新发展模式，扩大情景使用，增加客户黏性，摆脱单纯的利差盈利模式，如百度与中信银行联合组建百信银行，摩根大通与美国网贷平台OnDeck合作为小企业客户提供在线金融服务等。

## 2. 互联网保险双向渗透趋势加强

互联网保险是利用互联网技术和移动通信技术为客户提供保险服务的新型金融业务模式。2015年上半年，中国通过互联网渠道销售的保险累计保费收入816亿元，是上年同期的2.6倍，占行业总保费的4.7%，这一收入已逼近2014年互联网保险全年保费水平，对全行业保费增长的贡献率达到14%。其中，互联网财险保费收入占比44.51%，同比增长69%；互联网寿险保费收入占比55.49%，同比增长343.4%[2]。2015年7月22日，中国保监会印发《互联网保险业务监管暂行办法》，为互联网保险的发展提供了一个具有积极意义的制度框架。

一般情况下，互联网保险包含两层含义：一是传统保险企业进行互联网实践；二是互联网企业对传统保险业务的渗透。互联网保险的典型代表是众安保险，作为一家没有实体网点、完全互联网销售的新设立保险公司，其充分利用股东优势，集中推出了多笔业务和产品创新。2015年11月6日，众安保险与中国平安共同推出首个O2O合作共保模式的互联网车险——保

1 时任中国工商银行董事长姜建清指出，互联网金融升级发展的战略是，以金融为本、创新为魂、互联为器，构筑起以“三平台、一中心”为主体，覆盖和贯通金融服务、电子商务、社交生活的互联网金融整体架构，以大银行的新业态、新生态，为促进实体经济提质增效增添新动力，为推动自身经营转型提供新引擎。e-ICBC品牌中，E（Electronic）代表的是信息化、互联网化；I（Information）对应融e联平台，即信息流；C（Commerce）对应融e购平台，即商品流；B（Banking）对应融e行平台，即资金流；C（Credit）对应网络融资中心。

2 2015年8月17日，中国保险行业协会在京举行新闻发布会，独家发布了《2014互联网保险行业发展报告》及2015年上半年互联网保险的行业经营数据。

骉车险。该产品前端通过大数据对客户进行级别评定，级别越高，享受权益越充分；而后端出险理赔时，则通过平安多年累积的服务网络与专业流程进行跟进，提升客户服务体验。

2015 年 11 月 18 日，泰康在线财产保险股份有限公司正式挂牌成立，这既是行业内第二家正式开业的专业互联网保险公司，也是第一家由传统保险公司创立的互联网保险公司。相比众安保险，泰康在线财险的互联网基因还不强，但已经从寿险跨越到了财险，形成综合保险服务机制和能力，其专业化水平及独立运作机制将为互联网场景合作打开空间，具有一定的后发优势。

### 3. 互联网证券呈现多元化发展

2015年的股市经历了有史以来最严重的一次冲击，但互联网证券并没有因此而陷入低迷。相反，在互联网企业日益切入证券市场领域的压力之下，传统证券行业加快了向互联网金融战略的演进，尤其是第三季度以来，23 家上市券商中有 18 家券商均大力加码互联网证券业务，主要有以下三种方式。

一是与互联网企业合作，投资互联网金融机构，搭建自我互联网金融平台，比较突出的是海通证券，在与 91 金融加强整体合作的基础上，进一步完善 e 海通财的互联网金融平台，并投资参股布局麦子金服、积木盒子等互联网金融企业。

二是通过定向增发计划，或者已经开始布局投资建设互联网金融业务框架系统，如国元证券、东兴证券、长江证券等。

三是证券公司加强与互联网企业的跨界业务融合，形成具有新兴市场吸引力的引流功能，如方正证券与 e 袋洗、百度外卖、去哪儿网、滴滴出行 4 家 O2O 龙头企业展开合作，满足与用户联系最紧密的衣食住行等生活需求。

可见，互联网证券大力发展的前提是互联网技术的大幅提升，以及互联网应用场景的日益丰富。从发展动力看，则主要是以资本市场为基础的综合金融服务功能的不断完善。互联网模式降低了交易成本，扩展了投资管理模式和功能空间，有利于发挥证券公司的投研专业优势，通过手机远程开户、综合账户体系和“一人多户”功能的建设，提升了客户的财富管理体验，使证券业进入了一个全新发展阶段。

## （二）互联网基金、互联网信托、资产证券化创新发展

### 1. 互联网基金重点在产品上加强创新

从基金业的互联网化程度看，多数机构都已经开通了互联网直销模式，并进行了移动互联网的 APP 软

件布局。因此，互联网基金的发展重点主要在产品创新上，通过充分利用互联网大数据优势，构建新型投资理念和模式，深入挖掘基金团队的专业化管理潜力，形成精准投资能力。例如，2015 年 11 月嘉实基金与互联网巨头腾讯合作的一只大数据基金产品——嘉实腾讯自选股大数据策略股票基金，基于腾讯自选股 5000 多万用户的海量行为数据构建投资模型。

应该看到，互联网基金的发展趋势，将不仅限于股票市场二级投资领域，在资本市场加快发展和金融改革创新日益丰富的条件下，围绕新三板、战略新兴板等企业上市前股权融资领域，也将出现以资产管理为基本模式的股权众筹机制，对互联网基金的创新发展形成趋势性引导。

### 2. 互联网信托开始加快资产多元化布局

2015 年 7 月 18 日，央行牵头十部委联合发布的《关于促进互联网金融健康发展的指导意见》（以下简称《指导意见》）为互联网信托的快速发展提供了制度性的突破机遇。此前，由于《中华人民共和国信托法》的规定，在互联网销售信托及分拆收益权等方面存在一定的灰色地带，金融创新存在一定的政策风险。但是，《指导意见》的出台，明确了对互联网信托的支持态度，允许通过互联网渠道进行销售和开拓新业务，为进一步规范行业创新发展提供了监管导向。

目前来看，互联网信托主要有三种类型：一是信托直销模式，即信托公司直接开设互联网金融平台，如中融信托；二是信托公司与互联网金融平台对接，开展第三方销售合作，如陆金所，不过，截至 2015 年 12 月底，陆金所平台“信托直营”项下仍显示“暂无符合条件的项目”；三是在债权转让机制下的信托收益权拆分转让模式，如梧桐理财等。从具体品种看，互联网信托的基础资产也在逐步呈现多元化布局特征，不仅仅是过去的房地产、股权、证券，还有新三板等拟上市企业的股权投资基金等。

### 3. 资产证券化成为互联网金融的重要方向

我国资产证券化市场自 2012 年重启以来已取得突破性进展。2015 年 4 月，央行下发《信贷资产支持证券发行管理有关事宜》，标志信贷资产证券化发行实行注册制管理，明确符合一定条件的机构可申请一次注册、自主分期发行，大幅提高后续项目的发行效率。截至 2015 年 11 月，国内资产证券化产品当年发行总量已达约 3239 亿元，存量规模约 3367 亿元，是 2014 年市场规模的 1.15 倍。由于互联网金融的蓬勃发展，资产证券化正逐步成为其中的一个重要方向。无论是传统发行资产证券化的银行、券商等金融机构，还是 P2P 网络借贷平台、大型电商等介入这一领域的新兴发行主体，都对此表现出积极的兴趣。

传统金融机构或者类金融机构发行的资产证券化标的，往往基于项目融资、小贷、保理、融资租赁等资金需求而相应产生不同类型的信贷资产，而后将其根据现金流瀑布特征进行重新拆解、打包，通过交易所挂牌进行买断交易，最后由相关资产购买方将其放到互联网金融平台上进行销售，如陆金所等。互联网金融平台也开始瞄准这一业务领域，并开始推行资产证券化受益权转让模式，将不同类型的资产打包组合后，受益权出售给个人投资者，如百富网等。大型电商方面，2015 年 9 月京东商城对外披露了“京东白条资产证券化”发行方案，基础资产为“京东白条应收账款”债权，融资总额为 8 亿元，分为优先 1 级、优先 2 级、次级资产支持证券。

## （三）金融产品垂直搜索引擎呈现差异化发展态势

在金融产品垂直搜索引擎方面，随着利率市场化和金融混业的日趋深化，不同类型的金融产品的销售渠道及搜索成本逐步复杂化与加大，需要简洁明了的搜索引擎以降低信息成本、提高决策参考价值，并在市场条件允许的情况下进一步提供定制化产品服务信息。

91 金融和融 360 是金融产品搜索引擎市场的两大代表，在 2015 年，开始出现战略与服务模式上两种不同方向的分化。前者开始向金融产品设计上游开发延伸，逐步增加了定制化产品合作的内容模块，开始与传统金融机构共同发布自己的互联网金融产品，并为其提供互联网金融展示专区，如“民生加银资管 91 金融月月盈 1 号专项资产管理计划”、91 旺财、91 资管等；后者则进一步加强了搜索市场的专业化分工程度，细化对不同类型金融产品的搜索比较功能，上线理财产品频道，如对网贷投资平台、互联网理财平台、银行理财产品等分门别类进行信息陈列和排行比较。

从收入模式看，金融产品搜索引擎的营收模式目前主要有信息导航、佣金以及展示广告三种，未来则还会基于大数据及金融产品合作开发，获得更多基于互联网金融产品的利润分成空间。

### （四）互联网货币在区块链技术应用驱动下发展迅速

互联网货币，又称为虚拟货币、数字货币或者电子货币，这与我们在现实生活中使用的货币全然不同，但有一个共同基础，就是都要建立信任关系，确保等价交换与公平交易。从货币史角度看，一个具有商品交换经济功能的货币媒介，必须具备一般等价物的所有特征，才能真正成为货币，单纯用于收藏或交易的一般等价物不会成为最终的货币，它必须在交易、支付、贮藏、分配等各环节中具有高效、低成本、便于识别、防伪、不存在长期贬值趋势等特点。

在“互联网社会形态”里，人们根据自身需求成立或者参与社区，同一社区成员基于同种需求形成共同的信用价值观，在此基础上形成了“新型货币形态”——互联网货币。从发展趋势看，互联网货币关键是要能够实现快捷便利的支付流通，币值保持相对稳定，在去中心化机制下，有效防控风险，加强传输效率，提升公众认可意识，并处理好与传统国家货币的关系。

具体而言，互联网货币就是采用一系列经过加密的数字，在全球网络上传输的可以脱离银行实体而进行数字化交易的媒介物，主要形式为电子钱包、数字钱包、电子支票、电子信用卡、智能卡、在线货币、数字货币等。以比特币为例，2015 年 11 月，火币网作为国内最大的比特币交易平台，其人民币现货日成交量达 95 万个，交易金额达 20 亿元，再次创造了全球比特币交易平台的最高纪录，是目前全球交易量最大的比特币交易平台之一。截至 2015 年 11 月 4 日，火币网累计交易额已达 1400 多亿元。

与此同时，区块链技术作为比特币的重要技术支撑，也已经引起了传统金融界关注[1]。2015 年 9 月，13 家全球顶级银行，包括花旗银行、汇丰银行、德意志银行等，加入了一个由金融技术公司 R3 领导的组织，这表明银行之间对于如何将区块链技术应用于金融已经达成了初步共识。2015 年 10 月，首届全球区块链峰会“区块链——新经济蓝图”在上海举办。目前，中国万向控股公司设立了万向区块链实验室，并将设立一只 5000 万美元的区块链技术投资基金。总体而言，区块链技术的发展空间还很大，在未来可能对传统金融造成颠覆，具有变革意义，充分体现了去中心化的信用构建机制效应。

1 区块链（Blockchain）的定义是使用分布式集体运作的方法，实现一套不可篡改的、必然可信的数据库技术方案。该技术方案主要让系统中参与运作的任意多个节点，通过使用密码学方法相关联，产生一串数据集合（Block），每个数据集合中包含了一定时间内的全部信息交流数据，并且生成数据指纹，用于验证其信息的有效性和链接（Chain）下一个数据库块。区块链概念首次在中本聪（Satoshi Nakamoto）的论文《比特币：一种点对点的电子现金系统》（*Bitcoin:A Peer-to-Peer Electronic Cash System*）中提出。

## 二、新兴金融主动创新

### （一）P2P 网络借贷行业发展日趋成熟和多元化

#### 1. 行业发展持续快速，平台运营逐渐规范

在经历了多年突飞猛进式发展之后，2015 年 P2P 网络借贷行业发展势头依然不减。网贷之家和盈灿咨询发布的数据显示，2015 年全年网贷成交量达 9823.04 亿元，同比增长 288.57%，网贷行业总体贷款余额达 4394.61 亿元，同比增长 324%。与此同时，截至 2015 年 12 月底，全国正常运营的网贷平台有 2595 家，同比增长 65%，绝对增量再创历史新高；问题平台总量 896 家，是 2014 年的 3.26 倍。虽然从数量上看，问题平台数目再创新高，但从行业总体来看，问题平台涉及投资人数和贷款余额在行业内总体占比与 2014 年相比出现一定程度下降。

同时，随着《指导意见》的出台，更多平台对自身业务进行了重新定位，普遍与银行、第三方支付机构合作进行联合资金存管，明确自身的信息中介定位，对于风险控制日益重视，行业总体在向着更加健康的方向发展。尽管 12 月初爆发的“e 租宝”倒闭事件对于整个 P2P 网络借贷行业产生了极大震动，让人们对 P2P 行业未来发展产生忧虑，但是随着 12 月 28 日《网络借贷信息中介机构业务活动管理暂行办法（征求意见稿）》正式向社会发布，可以预见行业将走过“跑马圈地”式的发展阶段，更多平台的发展重点将开始从规模扩张转向内功修炼，未来 P2P 网络借贷行业的发展或将不再有“e 租宝”式一年扩张 10 倍的神话，而是有更多精耕细作、平稳发展的成熟企业。

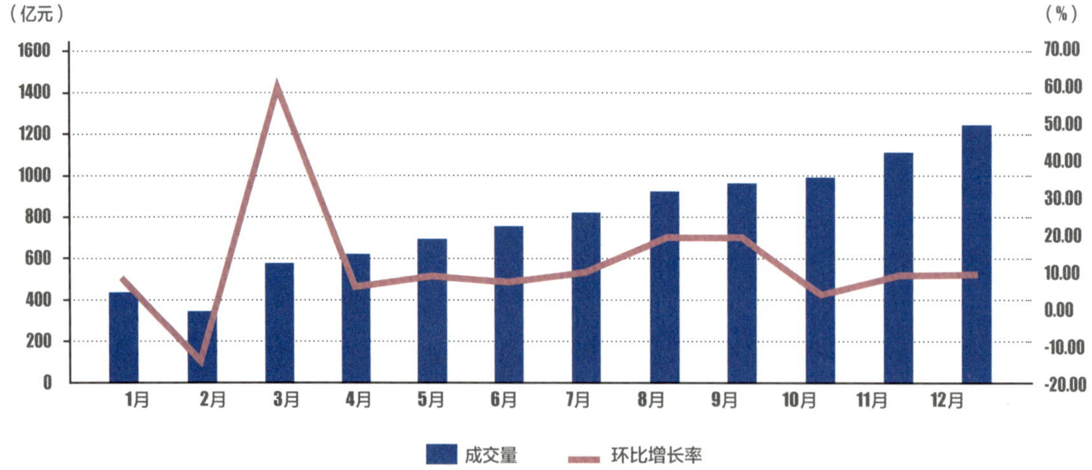


图 3-1-1　2015 年全国 P2P 网络借贷成交量及环比增长率

资料来源：网贷之家

### 2. 资金批发模式与专业模式成为发展主流

随着行业的发展，P2P网络借贷商业模式正逐渐呈现多样化趋势，但总体上仍以资金批发模式和专业化模式为主。资金批发模式可以显著降低平台的风控压力和优质借款人的获取成本，使平台得以保持轻资产模式运行并快速扩大规模，但如何获得并保持优质的合作方成为经营最大的难点，由于无法把控借款人资源而带来的核心竞争力缺失也成为该种模式发展的硬伤。

专业化模式是指P2P网络借贷平台通过深耕某一细分领域建立起完善的相关市场数据库，形成更有针对性和高效的风控体系及模式，这也将成为平台发展中最为宝贵的核心竞争力与差异化优势，但受制于细分行业的自身周期性规律及前期投入较大的特征，这类平台存在发展速度受限、错失发展机遇的风险。

### 3. 行业和地区集中度开始上升

据网贷之家数据显示，截至2015年11月，P2P网贷行业贷款余额已增至4005亿元。行业中前50家平台的总贷款余额占到整个行业的86%，前50家平台的总成交额占到整个行业的77%。与之前相比，网贷行业前十大平台在2014年末的总贷款余额为368亿元，占整个行业的35%，而到了2015年11月，前十大平台的总贷款余额则增长到2018亿元，占比上升到了50%。行业市场份额向大平台集中的同时，在地域上也呈现集中趋势。广东、北京、上海和浙江是目前网贷行业规模最大的四个省市区域。2015年10月，这四大区域的平台单月成交额占了全国整体成交额的86.58%。

### 4. 资产端多元化发展正在快速推进

2015年以来，P2P网络借贷行业资产端早已不限于传统的信贷资产，开始向融资租赁、票据、车贷、供应链金融、类资产证券化、消费分期业务甚至股票配资等多元的金融业务拓展，涉及的融资方也从单纯的个人向企业、金融机构进行拓展。P2P网络借贷行业本身也正从狭义的P2P（个人对个人）逐渐向P2B（个人对企业）拓展，部分先行者已经开始进入F2F（金融机构对金融机构）领域，如陆金所旗下金融资产交易服务平台（LU.com）。总体看，P2P网络借贷行业一些龙头企业正向着金融资产交易品平台逐步迈进，将P2P网络借贷作为自身综合金融业务板块中的一个部分。

### 5. 国际化合作发展布局开始初现端倪

2015年11月，蚂蚁金服宣布其联手韩国电信等20家股东共同发起设立的互联网银行——K Bank已经获得韩国政府批准筹建，将在韩国开展存款、贷款、信用卡、理财、外汇等所有银行业务，包括创新的互联网金融服务[1]。与此同时，互联网金融平台点融网也与韩国十大财团之一的韩华集团达成合作，建立合资公司在韩国发展互联网银行。此前，蚂蚁金服投资的印度领先的支付公司——PayTM（在印度市场已经拥有1.1亿用户）也获得了印度央行发放的全印度第一张Payment Bank（支付银行）牌照的筹建许可，将在印度市场开展支付、储蓄、汇款、转账等银行业务，为印度的中小企业、低收入家庭提供费率更低的在线金融服务。这意味着以蚂蚁金服为代表的中国互联网金融企业，已经逐步进入了在全球建立和输出影响力的全新阶段[2]。

1 这是1992年韩国政府发布“平和银行”牌照之后，23年来第一次颁发新的银行牌照，也是第一次颁发互联网专门银行牌照。

2 2015年10月，蚂蚁金服宣布将推出中国台湾市场跨境O2O业务，通过支付宝手机钱包扫码支付在台湾地区各大百货、连锁超市、夜市、商圈等进行消费付款，首批合作商家超过3500家，之前蚂蚁金服已在中国香港地区、韩国、新加坡等地区开展此类业务。

## （二）众筹行业发展逐渐走向专业化

### 1. 众筹行业快速发展，股权众筹异军突起

根据速途研究院和网贷之家相关数据显示，自2013年第三季度以来，中国众筹市场一直保持着两位数的爆发式增长态势。截至2015年，全国运营众筹平台总数高达238家，同比增长99.30%，众筹市场成功筹资114.23亿元，相比于2014年底的21.58亿元，同比增长超过5倍，这也显示出在中国市场，众筹这种模式正在被越来越多的投资者所接受。

目前中国市场上，虽然非股权类众筹在融资额上的占比依然最高，但股权类众筹的占比正在迅速扩大，已经占到众筹融资总额的35.7%。从平台数量上看，截至2015年10月底，全国各种类型的众筹平台218家，其中股权众筹平台最多，为106家；商品众筹平台62家；混合众筹46家；公益众筹仅有4家。可见，股权众筹正逐渐成为推动众筹行业发展的主要力量。

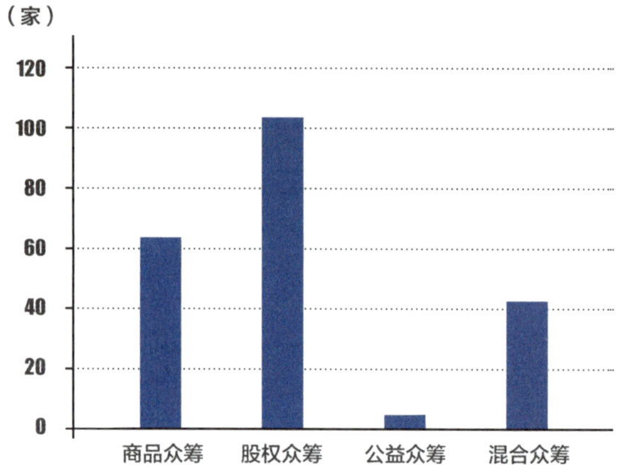


图3-1-2　2015年10月全国众筹平台类型分布

资料来源：盈灿咨询

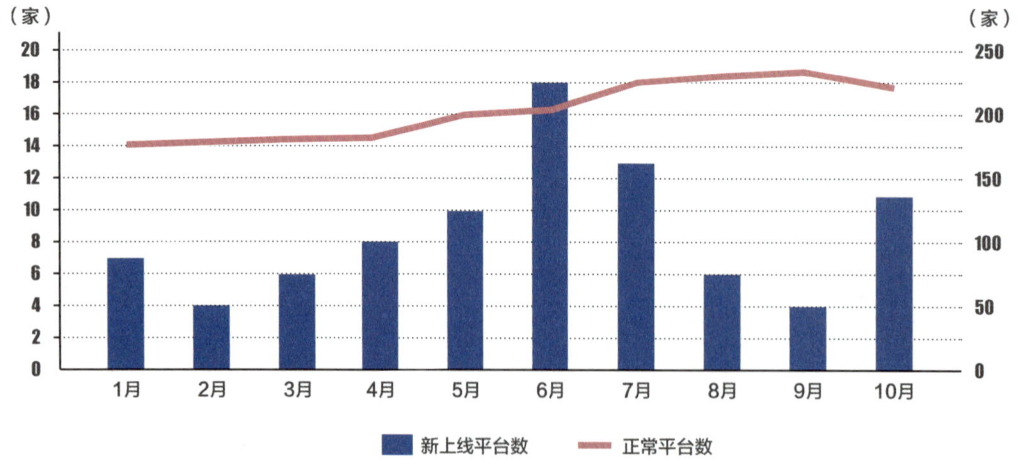


图3-1-3　2015年众筹行业新上线平台数与正常平台数

资料来源：盈灿咨询

### 2. 商品众筹逐步从初创融资走向营销功能

商品众筹是指为投资者提供具体实物作为回报的众筹方式。最初的商品众筹仅仅作为初创公司和早期项目的一种融资渠道，但是随着众筹参与者日渐增多、影响日益广泛，很多原本并不缺钱的公司也开始投身其中，商品众筹开始逐渐转变为一种预售和首发方式，营销属性渐渐凸显。例如，国内首家众筹网站“点名时间”就于 2014 年宣布转型为“智能新品限时预售平台”。

使用众筹进行新产品营销主要有以下两个优点：一是几乎所有众筹平台都提供发起人与投资人的互动功能，发起人可以根据消费者反馈对产品进行及时修正，并对市场需求进行预估，达到减少库存、迅速响应市场需求的目标；二是让投资者参与产品研发之中，有利于增加投资者的信息透明度和参与感，实现从消费者向粉丝的转化。使用这种强社交联系，取代传统广告宣传的弱联系，可以更为有效地吸引潜在消费者，降低营销成本。

### 3. 股权众筹“领投 + 跟投”模式方兴未艾

该模式一般由专业投资人或者专业投资机构担任领投人，负责项目筛选和投后管理，并作为众筹轮股东代表进入被投资企业董事会，而众多投资人组成的跟投人则主要负责出资和享有分红权利，并在项目获得收益后相应地将一定比例的投资收益转移给领投人作为报酬。在这种模式下，跟投人可以利用领投人的专业知识和经验，降低投资风险，提高投资收益；领投人也可以扩大自身资金管理规模，发挥杠杆效应；被投资企业既可获得资金和众多投资人的参与支持，也避免了直接与众多投资人打交道，从而降低了管理成本。众筹平台的盈利模式也逐渐从向融资额收费转向利益分成和增值服务收费，在进一步降低企业融资成本的同时，有助于激励平台更加关注投后管理和风控。

## （三）互联网消费金融正逐渐成为新的风口

### 1. 互联网消费金融正处于起步阶段

随着中国经济转型的进一步深化，消费逐步取代投资成为经济发展的主要拉动力量。在此大背景下，消费金融发展前景持续为人们所看好，将成为万亿级的市场空间。

目前，中国消费性贷款余额在总贷款余额中的占比只有 20% 左右，而在欧美国家这一比例高达 50%，随着人们消费观念以及能力的提升，加上消费金融牌照的放开，这一比例势必持续提升。易观智库数据显示，2015 年中国住户消费性贷款余额将达到 18.76 万亿元，扣除房地产和汽车消费后，个人一般性消费贷款余额达 4.2 万亿元，在这其中互联网消费贷款规模仅有 223.5 亿元，虽然环比增速高达 130.8%，但是占比尚不足 1%，未来发展空间巨大。

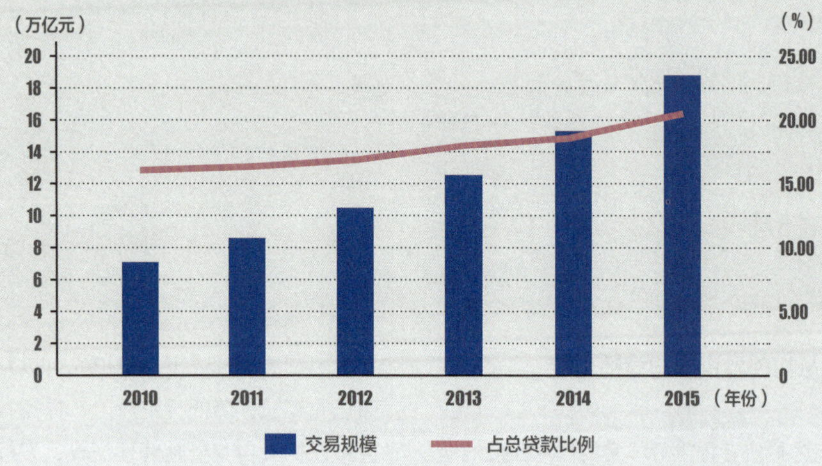


图 3-1-4 中国住户消费性贷款余额及占总贷款余额的比例

资料来源：易观智库

## 2. 电商系平台坐拥数据用户优势发展迅猛

2014 年是电商消费金融发展元年，仅仅两年时间电商系消费金融产品就已经显现出巨大的增长潜力。“京东白条” 2015 年交易额同比增加 600%，消费金融用户同比增加 700%。上线仅仅半年的蚂蚁 “花呗” 在 2015 年 “双十一” 开场半个小时内成交量即已经超过 45 亿元。

电商系消费金融的主要优势在于可以深度嵌入电商生态圈，有效利用电商平台所拥有的用户优势与数据优势，通过对电商企业掌握的现金流、物流、人流和信息流进行深度数据挖掘和分析，显著提高对金融风险的有效防控。反过来，电商系消费金融的发展又可以反哺电商平台自身，通过 “消费金融 + 商品零售” 一站式服务，提高客户黏性，提升交易额，增强平台竞争力。

目前，电商系消费金融已然成为互联网消费金融中最主要的力量。例如，2015 年 7 月，阿里巴巴旗下的蚂蚁 “花呗” 宣布走出淘宝体系，突破单一购物场景，扩展到更多线上消费领域，接入包括大众点评、当当网、亚马逊、小米等 40 多个外部平台，京东消费金融也与链家地产、远洋地产、爱旅行等开展合作。

## 3.P2P 网络借贷行业加快进军消费金融

P2P 网络借贷平台正在积极寻找新的业务点，逐步探索垂直化、专业化、精细化的商业情景，改变过去纯融资平台的经营模式。

根据拍拍贷发布的《2007—2014 年中国 P2P 个人无抵押小额信贷市场发展报告》显示，以个人消费为目的的借贷已经在各项借贷需求中居首位，占到业务总份额的 63.72%。目前，已有多家 P2P 公司推出了消费类贷款项目，主要集中于大学生消费分期、教育类贷款等领域，如拍拍贷、积木盒子、宜人贷等。

相较于电商平台，P2P 公司一般拥有强大的融资能力，同时，资金使用不仅限在某一电商内部，而可以拓展到更多消费场景。但是消费金融的低门槛和即时性特征，也对 P2P 网络借贷行业的风险控制机制以及流程便捷程度提出了更高要求，但当前中国个人征信业务尚不发达，这已成为 P2P 网络借贷进入消费金融领域的最大制约因素。

## 三、基础设施蓬勃发展

### （一）互联网支付加强监管规范

互联网支付，顾名思义，就是在网络上进行的支付行为。互联网支付主要有网关支付、银行卡收单、预付卡发行与受理三种形式。国内在互联网支付领域最大的支付工具是支付宝、财付通（含微信支付）和中国银联。2011年中国人民银行颁布《非金融机构支付服务管理办法》，第一章总则第二条中将支付分为：①网络支付；②预付卡的发行与受理；③银行卡收单；④中国人民银行确定的其他支付服务。从事互联网支付业务须向人民银行申请网络支付许可证。此外，中国人民银行授予的支付牌照还有预付卡的发行与受理、银行卡收单、其他支付服务三类支付许可。目前国内有270家持牌的第三方支付公司，其中大约仅有50家拥有网络支付许可证。

互联网支付监管的发展由松到严。2010年，中国人民银行发布《非金融机构支付服务管理办法》，正式将支付公司纳入监管。经过5年的发展，第三方支付企业的规模与日俱增，尤其支付宝、财付通等公司不仅交易规模庞大，沉淀备付金也与日俱增，涉及用户超过3亿人。以支付宝为例，用户已经接近3亿人，涉及面如此之广，中国人民银行出于风险考虑，对支付公司的监管逐渐收严。

2015年12月，中国人民银行发布《非银行支付机构网络支付业务管理办法》，其核心内容为：支付机构不得为金融机构，以及从事信贷、融资、理财、担保、信托、货币兑换等金融业务的其他机构开立支付账户；支付机构不得代替银行进行客户身份及交易验证；个人客户拥有Ⅲ类支付账户（可用于消费、转账和投资金融产品）的，余额付款交易年累计应不超过20万元；个人客户拥有Ⅱ类支付账户（可用于消费和转账）的，余额付款交易年累计应不超过10万元。该办法主要是为了让支付公司回归便民的小额支付，隔离支付公司与金融机构在账户上的合作，对用户开立支付账户提出了更高要求，并且对年支付金额提出了上限。

总而言之，一方面，互联网支付因为直接涉及用户的财产安全等切身利益，并且在第三方支付公司备付金账户中沉淀的庞大资金也可能造成被挪用的潜在风险，在宏观层面上还关系到国家金融体系的稳定，因此，政府监管肯定是必要的；另一方面，由于互联网支付是电子商务和互联网金融的基础，该办法落地执行将可能对客户体验和部分中小型支付公司、互联网金融平台造成一定冲击。

### （二）第三方存管加快模式创新

所谓第三方存管，指的是互联网金融企业的客户资金应该在第三方机构进行存管。在央行牵头十部委联合发布的《关于促进互联网金融健康发展的指导意见》（以下简称《指导意见》）中包含了几条重要信息：一是明确要求互联网金融要实现客户资金与从业机构自身资金分账管理；二是确定银行为互联网金融企业客户资金存管的主体，第三方支付不具备存管资质；三是并非所有银行都有资质做互联网金融企业客户的资金存管，未来银行资质要求将会逐渐明确；四是客户资金存管账户应接受独立审计并向客户公开审计结果；五是尽管强调的是存管而非托管，但是已经非常接近托管的要求。

关于互联网金融企业客户资金存管的问题，一直是业内的焦点。早在2012年下半年，P2P网络借贷平台行业内就有人提出“清结算分离”“资金托管”“去大账户、存小账户”等前瞻性观点。在《指导意见》出台前，大多数P2P网络借贷平台选择与第三方支付公司开展资金存管合作，投资者必须在第三方支付公司开立账户，客户资金在充值后进入第三方支付的备付金账户，与P2P平台的资金隔离，做到“清结算分离”和“客户资金第三方存管”。

2013年下半年开始，第三方支付公司开始全面切入P2P客户资金存管的服务，典型代表有汇付天下、富友支付、易宝支付三家。截至2015年9月，汇付天下拥有P2P存管客户约800家，富友支付约有600家，易宝支付约有500家，三家支付公司几乎瓜分了P2P资金存管的市场。但是，由于第三方支付公司本身不具备存管资质，且自身的备付金与P2P客户资金相融合，使得支付公司和P2P公司之间的风险无法相互隔离，故从监管角度考虑，银行才是客户资金存管的最佳选择。

2015年初，人民银行和银监会开始对市场上现有的存管方案做了调研。第三方支付企业也开始意识到如果要继续从事这一业务，必须选择与银行合作。同时，P2P网络借贷平台本身也有向银行寻求资金存管的需求和动机，而随着P2P平台成交量的逐年放大，也终于有银行切入这一市场。2015年3月，民生银行与积木盒子、人人贷等P2P网贷平台签订战略合作协议，通过民生银行直销银行的账户及通道，率先进行资金托管的试水，但是该项托管服务并不审核P2P网贷平台融资项目的真实性，不监控资金流向。

P2P网贷平台客户资金在银行存管有重要意义：首先，要对接银行存管，P2P网贷平台必须把借款人债权和投资人资金做到一一对应，原先资金池借新还旧的做法将不再有效；其次，资金存管是P2P网贷平台未来通过审计甚至并购、上市的前提；最后，开展银行资金存管的P2P网贷平台将呈现“马太效应”，表明具备一定交易规模、业务合规性得到了持牌金融机构的认可，这有利于提升该平台在投资者心目中的市场地位，更容易获得各方资源，提高行业门槛，避免劣币驱逐良币的现象。

2015年8月，富友支付率先提出与银行的“联合存管”方案。2015年9月，中国建设银行上海分行与信而富公司、富友支付正式签约，进行联合存管业务的试水。不久，汇付天下、易宝支付等也相继宣布与银行开发联合存管产品。

2015年12月28日，银监会通过国务院法制办网站发布《网络借贷信息中介机构业务活动管理暂行办法（征求意见稿）》，明确P2P网络借贷平台需要选择符合资质的银行进行客户资金的第三方存管，并没有要求银行做“托管”，这符合P2P网络借贷平台回归信息中介的要求。资金存管方应当按照网络借贷有关监管规定报送数据信息，并依法接受相关监督管理，不需要介入P2P平台融资项目的风控审核环节，但是要确保每一笔资金划拨都出于用户（投资者/借款人）的真实意愿，为P2P平台提供审计基础。

## （三）大数据管理重点在营销与风控上发力

大数据并非指数据量庞大，而是指非相关数据的关联性，通过数据分析达到预测的目的。在互联网金融领域，主要是利用客户非金融行为的数据去验证其自身的金融信用。大数据在互联网金融中的主要应用有三个方面：一是通过用户在互联网上的行为数据，对用户做分析，平台便于开展精准营销，目的在于获客，如蚂蚁金服、京东金融等拥有一定用户基数和庞大流量的公司；二是通过对用户在互联网上的数据和碎片化的行为进行分析，从而对用户进行授信或者风险控制，如蚂蚁微贷等；三是通过数据集中、挖掘、分析与策略匹配，加强对资产管理的交易撮合与社区建设，如通联数据、富友圈等。

在大数据风控上最典型的案例是蚂蚁金服的蚂蚁微贷。作为针对阿里巴巴、天猫、淘宝等电商平台上卖家的定制化贷款产品，蚂蚁微贷的原理是基于淘宝天猫的电商卖家大多使用支付宝这一事实，通过数据分析，刻画出卖家的经营行为，并结合其在电商行业体系内的其他行为，进行综合分析，从而实现对商家的精准授信。相比银行更看重抵押担保等授信方式，蚂蚁微贷可以做到在没有接入央行征信系统的情况下，通过分析电商卖家的经营数据，几秒钟内就完成一次放贷交易。

此外，许多 P2P 网络借贷平台也开始通过大数据做管理，如根据用户登录的 IP 地址与手机号、身份证上的户籍所在地等做交叉验证，评估用户是否有欺诈行为。

总体而言，非关联性大数据分析，在风控上目前仅能用于反欺诈，在整个风控过程中占比很小，对整个授信过程的辅助作用有限。未来，随着央行征信体系建设的不断完善，以及征信机构的市场化竞争，大数据管理将成为互联网金融企业进行风险防控的核心环节。

### （四）征信体系建设进入市场化良性发展新阶段

征信就是专业化的、独立的第三方机构为个人或企业建立信用档案，依法采集、客观记录其信用信息，并依法对外提供信用信息服务的一种活动，它为专业化的授信机构提供了一个信息共享的平台。按业务模式可分为企业征信和个人征信两类，既有单独从事个人征信或企业征信的机构，也有从事个人和企业两种征信业务类型的机构，一般都不加以限制，由征信机构根据实际情况自主决定。

美国的征信机构主要有三种业务模式：一是资本市场信用评估机构，其评估对象为股票、债券和大型基建项目；二是商业市场信用评估机构，也称企业征信服务公司，其评估对象为各类大中小企业；三是个人消费市场信用评估机构，其征信对象为消费者个人。在个人征信上，美国所有征信公司都对接三大征信管理机构——TransUnion（环联）、Experian（益百利）、Equifax（艾奎法克斯）的数据库，覆盖了国内 80% 的人口。

相比之下，中国最大的个人征信数据库由中国人民银行掌握。从接入机构看，征信系统已经覆盖大部分从事信贷业务的机构，接入机构包括各类银行、信用社、财务公司、信托投资公司、租赁公司、汽车金融公司、小额贷款公司、住房公积金中心、保险公司等。截至 2015 年 11 月，根据人民银行披露的数据，征信数据库覆盖了 9.2 亿人口，但是其中只有 3.7 亿人在银行有信贷交易记录，占国内总人口的 22%，也就是说，国内其实有 78% 的人未被征信覆盖，贷款难的问题可见一斑。因为征信覆盖面不充分，导致互联网金融企业需要通过大量线下人工的方式去完成风控，征信成本大幅增加。

对于互联网金融来说，另一个争论是 P2P 网络借贷的数据能否与人民银行征信中心数据库打通。按照征信条例的规定，所有放贷机构，而不是放贷金融机构，都应该接入征信系统。而《指导意见》指出，P2P 网络借贷平台“要明确信息中介性质，主要为借贷双方的直接借贷提供信息服务，不得提供增信服务，不得非法集资”。P2P 网络借贷机构被定义为信息中介，而不是放贷机构，因此，目前接入央行征信数据库还没有法律依据。

受制于征信系统不开放，P2P 网贷平台开始寻找折中的方案，如 2013 年上海资信的网络金融征信系统（NFCS）正式上线，P2P 网贷平台可以自愿向该系统上报信贷交易数据，如逾期黑名单数据等。目前，已经有数百家企业加入这一系统。

与此同时，征信体系市场化进程开始加快。2015 年 1 月央行下发通知，要求芝麻信用管理有限公司、腾讯征信有限公司、深圳前海征信中心股份有限公司、鹏元征信有限公司、中诚信征信有限公司、中智诚征信有限公司、拉卡拉信用管理有限公司、北京华道征信有限公司 8 家公司做好个人征信业务的筹备工作，这代表央行正式开放个人征信业务。不久，蚂蚁金服旗下芝麻信用分问世，依托于在淘宝、天猫和支付宝等平台上搜集到用户的多维度细微信息，形成独特的信用评分体系，许多P2P平台开始同芝麻信用寻求合作，解决平台借款人的征信问题。

中国支付清算协会也已于 2015 年的 7 月和 9 月分别建立了“支付行业风险信息共享系统”和“互联网金融风险信息共享系统”，宜人贷、开鑫贷、财付通、银联商务等一线机构都已加入，该系统对于强化互联网金融的信息对称性和解决单个机构面临的“信息孤岛”局面都有重要帮助，能够避免出现重复借款、一人多贷的情况。

## （五）金融资产交易平台成为另辟蹊径的突破口

一些互联网金融企业把自己定位为金融资产交易所，其实只是非标金融资产交易平台，并没有任何一家互联网金融企业已经取得交易所资质。

互联网金融资产交易平台比较类似 P2P 网络借贷中的通道模式，即平台方拥有网络流量和客户投资资金，所有资产均来自第三方，平台本身不介入资产的开发，仅对合作方进行筛选，由合作方或者其他公司作兑付，一般是刚性兑付。比较典型的是新浪微财富，其全部产品均来自外部机构，如基金、P2P 产品、货币基金、黄金产品等。但是这一类纯平台代销的模式也存在较大风险，合作伙伴提供的资产质量制约了平台的发展空间，如果合作伙伴在资产上存在道德风险，代销的渠道也会受到波及。

同样引人瞩目的还有陆金所联合前海征信 2015 年 8 月推出的 P2P 人民公社计划[1]。陆金所为其他 P2P 网络借贷平台提供流量和资金，符合目前市场现状。从数据上看，陆金所2015年交易额突破 1.6 万亿元人民币，注册用户超 1800 万，合作金融机构达到 350 家，包括银行、保险公司、基金公司、证券公司等。2014 年陆金所 P2P 服务的交易量达到 150 亿元；2015 年 1—7 月，P2P 交易量已突破 200 亿元，超过了 2014 年全年的交易量；预计 2015 年 P2P 服务交易量在 500 亿元左右，超过 2014 年 3 倍[2]。下一步，陆金所将逐步从 2.0 版本向 3.0 版本发展，即从一个综合性金融资产交易平台向多元化跨境投融资运营模式演进。

从国内互联网金融的发展来看，纯民间借贷的资产占比在逐渐降低，非标金融资产类的交易占比在提升，未来主流的互联网金融企业或将逐步发展成为基于互联网运营技术的多元化、综合性的金融资产管理与交易平台。

1 陆金所董事长计葵生指出，“人民公社”是一个大众熟知的概念，借用这个概念，是因为这个 P2P 开放平台就是希望助力 P2P 行业的参与者构筑一个团结互助、资源共享、专业分工的“人民公社”，在获客、增信、产品开发和设计能力、征信、系统、催收六方面为其他 P2P 平台提供基础服务，“通过这个开放平台，不仅帮助各家 P2P 平台、网贷行业健康发展，而且让更多的投资者和借款者获得更好的网络投融资服务，共同帮助小微企业，促进中国实体经济发展”。

2 谭冰梅 .P2P 的“人民公社”来了！ [N]. 南方日报，2015-08-21.

## 第二节 2015—2016 年互联网金融发展中存在的问题及建议

### 一、征信基础体系尚不牢固

#### （一）重要性认识

金融的本质是充当资金融通的中介。资金供需双方之所以需要金融机构充当中介，是因为存在信息不对称。为了降低资金融通中的风险，资金需求方会尽可能广泛地搜集信息，但信息不对称增加了信息搜集和甄别的难度与成本。由此产生的结果是，在传统金融业务中，金融机构要花费大量的时间与精力来调查个人、企业的信用情况和偿债能力。

互联网金融的发展使得传统“线下”金融活动，如支付、转账、借贷、融资等逐步向“线上”转移，即依靠虚拟的互联网平台完成一系列的金融活动，许多“陌生人”在互联网平台上完成交易，发生信息不真实、不透明、不对称情况的可能性增加。因此，征信工作在互联网金融的背景下显得更为重要。

#### （二）发展现状

传统金融主要依靠中国人民银行征信系统，但尚未能覆盖互联网金融活动，因此，市场上也在不断地涌现新的征信机构和组织，如有“官方”背景的专业机构、网贷平台联盟形成的征信平台、电商和网贷平台自行建立的征信体系等。

上海资信作为央行征信系统的补充，于 2013 年 7 月推出我国首个基于互联网的专业化信息系统——网络金融信息共享系统（NFCS），并开发了个人征信系统。深圳鹏元征信在深圳政府的大力扶持下，发展了深圳市个人和企业征信系统。大数据平台九次方也是通过和 20 多个省市政府合作，获得政府授权的信息，整合各方数据并经过处理之后，向银行、贷款公司、担保公司等提供信用分析。安融惠众开发了“小额信贷行业信贷信息共享服务平台”（MSP），采用封闭的会员制共享模式，为成为会员的小贷公司和担保公司提供信用信息共享，但存在一定的地域分割或行业分割情况。

2015 年，央行向芝麻信用、腾讯征信、华道征信等 8 家机构颁发了个人征信牌照，这也意味着央行放开了民间征信渠道，未来会有越来越多的个人征信机构。同年 9 月 14 日，由中国支付清算协会主导的互联网金融风险信息共享系统正式上线，首批有宜信、人人贷、红岭创投、开鑫贷等 13 家 P2P 网贷平台接入该系统，这一系统将有助于提升 P2P 网贷行业的整体风险控制能力。

### （三）存在问题

目前，我国已形成以中国人民银行金融信用信息基础数据库为主导，辅以市场化专业机构和个人征信机构的三方格局。这一格局正在飞速发展和不断完善，但仍存在以下问题：

第一，大中型企业的征信较为完善，而小微企业和个人的征信仍然比较薄弱。大中型企业在公开披露方面做得比较好，特别是上市公司，因而大中型企业的信用情况较容易采集；而小微企业和个人首先是不愿意把自己的信息过多透露给第三方，其次信用信息也比较零散，较难被采集和整理。

第二，存在行业和地域壁垒，信息不能整合和流动。比如央行对个人和企业的贷款情况、信用卡使用情况有齐全的数据和绝对的控制权，其他金融机构虽然也迫切想得到这些数据却无法获得。而支付宝、滴滴打车、猪猪分[1]这样的应用软件分别记录着个人和企业在商品交易、打车、租房等方面的信用情况，企业凭借自己积累的数据建模评级，彼此之间也没有交流合作。目前较为完整的上海市个人征信系统和深圳市个人征信系统，都是在当地政府的鼓励和支持下建立的，虽然对个人信用情况记录较为全面，但是都有地域限制，无法形成地区共享，受惠对象有限，即便要复制到其他地区，也可能存在一定的行政壁垒。

第三，大数据分析技术有待加强。目前大数据挖掘最大的难点来自数据，即有效数据的缺乏。一方面是数据不容易获取，比如说财务数据；另一方面是获取的数据噪音和干扰都太多，造成有效数据很难获取。目前，大数据挖掘才刚刚起步，远没有达到成熟的地步，从算法到整个的业务流程，包括数据的理解、数据的使用，还需要更多的研究。

第四，大数据挖掘过程中缺乏对公众隐私的有效保护。越来越多的信息在互联网上被获取、整合和分析，带来了一个重要的议题——隐私保护。各金融平台在搜集、记录个人和企业的行为及信用情况时，必须要

1 “猪猪分”是首批民营个人征信机构中的华道征信于 2015 年 6 月推出的首款个人征信产品。“猪猪分”专注于检验租房者的信用情况，用户可通过手机应用市场下载应用程序进行打分。

保证这些信息不被泄露或盗用，不给个人和企业带来困扰或损失。这不仅需要企业的道德意识、法律的有效约束，还需要技术上的有力支持。

第五，侧重金融征信，缺乏建设“信用档案”的足够意识。目前我国的征信工作主要侧重于金融征信，即是否按时还清贷款和信用卡，但对其他方面的征信较弱。其实，一个人或者一个企业综合的诚信意识和行为才是最有说服力的金融信用保障。虽然目前有些应用软件也在进行这方面的研究，比如支付宝能够了解其用户的消费习惯、购物时是否及时付款、是否按时缴纳水电气费、卖家是否虚假宣传、销售假冒伪劣商品等，但是覆盖面和覆盖人群还远远不够。同时，目前并不是所有应用软件都落实了实名制，没有落实实名制的信用评分就没有实际作用。

### （四）改进建议

目前，我国的征信基础体系还不牢固，只有从体系、技术、意识等方面加强和改进，让“线上”征信方便、快捷、透明，才能为互联网金融的发展提供基础保障。

首先，打破行业和地域壁垒，加快信息流动。这是最重要但也最困难的一环，主要是由于信用信息涉及人数多、范围广，我国征信工作还没有真正实现完全放开，仅有少数机构和部门有权限接触。人民银行征信中心掌握着全部商业银行的金融信用信息，但并没有对社会公众或互联网金融机构进行有效开放，也不掌握非金融方面的信用信息，尤其是与政府各部门体系运作中产生的信用信息不交叉共享。同时，其他无论是官方背景的征信机构，联盟式共享型的征信组织，还是自成体系的应用平台，都只能整合部分、地区性的、行业性的信息，再通过各自不同的算法得到信用评级。总体来说，信息流动缓慢，基本无法共享，评级结果具有局限性。因此，应该在完善相关法律法规的基础上，开放民间征信，促进信息流动，让广大互联网金融各方参与者都能方便地了解到企业和个人的信用情况。

其次，完善大数据挖掘技术。这有两个层面的含义：一是互联网金融企业要加强搜索、识别数据的能力，完善算法体系，增加信用评级的可靠性，尤其是对数据的真实性，必须实现有效鉴别；二是在挖掘数据的过程中，要加强安全保障，不能泄露任何个人和企业的私密信息，通过数据分析，将原始的隐私信息转换为可以对外公开或适合于商业运营的信用评价结果。

最后，建立健全个人信用档案。目前上海、深圳已经做了良好的示范，把个人基本信息、贷款和信用卡信息、交通信息、移动电话信息、公共事业缴费信息、行政部门对企业和个人提供公共服务所形成的信息等，纳入了信用评价体系，如上海市公共信用信息服务平台——“上海诚信网”、上海市信用中心等。但这些都还是局部的信用信息碎片，需要相关部门牵头组织建立健全全国范围内的信用档案，如此不仅可以真正服务到互联网金融交易，使得线上金融交易更安全，服务到“互联网 +”的发展模式，而且还可以规范个人和企业行为，推进中国加快全社会诚信体系建设。

## 二、监管政策落实未到位

### （一）发展现状

P2P 网贷平台、众筹平台及第三方支付平台倒闭、“跑路”、涉嫌非法集资、非法吸收公众存款的案例屡有发生。究其原因，还在于互联网金融在我国出现的时间短、发展速度快，而法律、政策监管没有及时跟上，一些存在诚信问题的平台利用监管漏洞或空白牟取暴利。

为此，《指导意见》指出，互联网支付由央行负责监管，网络借贷、互联网信托和互联网消费金融由银监会负责监管，股权众筹融资、互联网基金销售由证监会负责监管，互联网保险由保监会负责监管。同时，财政部负责互联网金融从业机构财务监管政策，电信主管部门负责网站的备案。从监管政策看，截至 2015 年 12 月 31 日，保监会已经出台了互联网保险监管政策，央行出台了《非银行支付机构网络支付业务管理办法》，银监会出台了《网络借贷信息中介机构业务活动管理暂行办法（征求意见稿）》。

### （二）存在问题

第一，互联网金融行业准入门槛低，没有清晰标准。2011年，人民银行发放第三方支付牌照，明确了可以经营第三方支付的资格，支付宝作为第三方支付的“领头羊”，改变了人们的生活方式和支付手段。但对于随后迅速发展起来的P2P网贷和众筹平台，我国并没有清晰的准入标准，使得许多互联网金融平台存在经营不规范的现象。在P2P网络贷款中，部分平台直接卷入资金链，没有做到将平台自身资金和客户资金相分离，极易发生资金链断裂或者平台“跑路”事件。尽管目前网络借贷已有负面清单的监管红线约束，但其他互联网金融领域还需加快明确有关准入规则和监管红线。

第二，监管导向仍需有效传递，监管原则与方式有待确认。尽管《指导意见》明确了鼓励发展和规范运营的基本监管导向，但在传递这些原则和信息方面还需要进一步细化，尤其是监管原则与方式需要充分适应市场发展需求，不能隔靴搔痒、监管滞后，要规范行业信息披露标准和外部审计原则。

例如，部分P2P网络借贷平台只关注到眼前利益，直接介入资金运营，没有定位于信息中介，存在期限错配或自融现象，忽略了本应关注的风险因素，导致融资项目不能及时偿付，资金链断裂，有些企业则在销售高风险产品时不清晰告知产品风险，借着金融创新名义，以高额收益率诱导消费者，这对没有风险识别能力的人群来说，极易造成巨额损失，进而引起社会情绪的强烈波动，如“e租宝”事件。

第三，监管协同机制尚不清晰，监管技术亟待完善。尽管《指导意见》明确了监管分工，但面对互联网金

融正在出现的“混业经营”趋势，正如清华大学五道口金融学院谢平教授指出的“很多企业恐怕不再适用于‘一家机构一个执照’的思路去监管”。

为了适应市场需求，互联网金融产品推陈出新、自我迭代速度较快，现有法律法规不能覆盖其经营范畴，新法规的制定也较难跟上创新的脚步，缺乏具有足够统筹效力的综合金融监管框架和协同机制。与此同时，还要看到互联网金融是基于互联网技术发展起来的金融行为，要真正对产品创新形成有效监管必须依赖于互联网技术。显然，我国在监管技术方面还有一定差距，不能很好地实时监督“线上”交易行为，尚未能有效保障金融消费者的资金账户安全和个人隐私权益。

### （三）改进建议

第一，适时加强立法建设，完善现有法律，建立健全专项法规。互联网金融在我国属于新兴领域，现有立法要逐步跟上市场需求，需尽快对现有法律法规进行完善，在条件允许的情况下加快推进一些基本性法律法规的更新，如《贷款通则》等，并制定专门的综合金融协调监管机制，结合国际金融竞争合作需求，有效防范潜在的系统性金融风险，以适应互联网金融发展趋势。

第二，注重综合管理，规范行业准入。目前互联网金融企业呈现混业经营的态势，很难界定其具体经营范畴，现有的银行、证券、保险相关法律又有适用的局限性，因此综合监管模式更为恰当。[1] 面对日益综合的互联网金融创新模式，要继续适时加强规范准入，在现有负面清单的基础上，进一步对企业的资本规模、经营杠杆、风险准备金比率、大数据技术水平等提出明确要求，不让风险过大、经营有漏洞、信息不公开、技术跟不上的企业进入市场，扰乱市场秩序。

第三，设定警戒“红线”，公开交易行为。监管部门应该鼓励互联网金融企业紧跟市场，加快创新，更好地为个人和小微企业服务，明确交易行为的红线，避免非法揽储、非法集资行为，在现有负面清单基础上进一步清晰界定适用法律法规，便于社会公众及时识别，加强信息披露规范性标准建设，要求互联网金融企业适当公开交易行为，明确投资者自身应该承担的风险边界，与收益相匹配。

第四，加强监管技术力量，侧重交易过程监管。必须不断提高互联网技术的应用水平，加强基于互联网技术的监管方法体系建设，对交易过程和行为监管形成相应的标准规范，争取早日实现实时监管互联网金融交易的过程。同时，保障互联网金融活动过程中的支付安全和信息安全，为互联网金融的消费者权益保护做好公共服务保障，并有效支撑实体经济转型升级。

## 三、行业规范自律待加强

### （一）发展现状

自 2013 年以来，国内已经陆续成立若干全国性、区域性的互联网金融行业协会，如中国互联网金融协会[2]、中国支付清算协会互联网金融专业委员会[3]、上海市互联网金融行业协会、中关村互联网金融行业协会、广东互联网金融协会、山东互联网金融行业协会、上海市网络信贷服务业企业联盟等。民间也

1 尽管银监会《网络借贷信息中介机构业务活动管理暂行办法（征求意见稿）》明确禁止 P2P 平台发售银行理财、券商资管、基金、保险或信托产品，但并不意味着禁止混业经营。实际上，互联网金融企业完全有可能通过防火墙机制设计，实现综合经营。

2 中国人民银行牵头组建的中国互联网金融协会已于 2014 年 4 月 3 日获得国务院批复。该协会由央行条法司牵头筹建，旨在对互联网金融行业进行自律管理。目前，该协会正上报民政部批筹。

3 互联网金融专业委员会由中国人民银行于 2013 年 12 月 3 日发起成立，隶属于中国支付清算协会。会员单位中从事 P2P 网络借贷业务的公司有 9 家（拍拍贷、翼龙贷、宜信、开鑫贷、红领创投、人人贷、陆金所、网信理财、合力贷）。

自发形成了一些自律组织，如互联网金融千人会等，纷纷发布各自的章程、自律公约，倡导互联网金融行业健康发展。

### （二）存在问题

自律协会或组织的自律程度和作用仍有一定局限性，主要有以下几点问题：

第一，目前我国的互联网金融协会一般以地区为单位组织形成，自律章程不一，自成体系，影响力仅限于所属地区内，地区间的交流合作比较少，缺乏黑名单共享机制。

第二，加入自律协会的公司还不够多，规范程度不够高，约束性还不强。目前，整体上看，能自觉加入自律组织的多为大中型企业，这些企业本身经营行为较为规范，有较好的自律意识，也是最希望整个市场规范有序发展的群体之一。反而是一些小型企业，贪图短期利益，常常伴随着不规范的经营行为，不愿意被自律章程约束，因而不愿意加入自律组织。

第三，行业自律的制度建设还有很多空白，尤其是在行业准入、监管要求、自律标准、消费者权益保护、外部信息披露机制等方面，还未能提出有影响力的规则建议，与行业监管部门之间尚未形成明确的分工定位。

### （三）改进建议

当前，要加快推进自律组织建设，形成全国范围内的行业协会管理标准，鼓励地方或行业性互联网金融协会进行自律创新机制建设，充分调动地方金融办等管理部门的积极性，做好统筹协调工作，适应金融混业发展趋势。

主要有三点：一是要积极推动互联网金融自律组织扩大规模，加强自我约束力，只有清晰的自律标准才能树立起足够的外部信心，使得监管环境相对保持宽松；二是要督促互联网金融企业自觉规范经营，加强责任意识，同时鼓励自律组织之间互相学习和监督，加强交流合作，增强组织影响力，吸收更多小微互联网金融企业加入，净化市场风气；三是要推动互联网金融行业的国际合作平台建设，充分利用国家“一带一路”和长江经济带战略，加强跨区域金融合作的跨界交流，促进金融创新与风险防控，推动金融消费者权益保护与专业化教育。

## 四、市场自我出清有风险

在经济学分析中，常常假定通过价格机制，在市场调节供给和需求的过程中，市场能够自动消除超额供给或超额需求，使得市场在短期内自发地趋于供给等于需求的平衡状态。但由于互联网金融的特殊性，其市场自我出清存在一些困难和风险。

互联网金融具有单笔额度小、周期短、风险分散、手续简便、收益较高、交易成本小的特点，因此受到个人和小微企业的欢迎和追捧。但随着互联网金融的规模越来越大，涉及人数越来越多，总体涉及金额较大，市场出清时就有一定难度。

当小部分群体发生赎回行为时，市场可以通过自我出清正常地让这一小部分资金退出。但是在互联网行为中，这一小部分的赎回行为可能会产生“跟风效应”，进而引发大规模挤兑现象。由于互联网金融的主要参与者是个人和小微企业，缺乏专业的金融知识，风险意识和风险承受能力也较差，受到较大损失时极易诱发社会不稳定因素。互联网金融平台尽管是信息中介，但本身也存在一定的高杠杆经营风险，如果运营行为不规范，面对大规模挤兑和受损群体的压力，有极高的破产风险，并且这种信任危机会在行业内蔓延，阻碍整个行业持续稳定发展。

同时，众多个体投资者的利益受到影响，会打击他们消费和投资的积极性，小微企业得不到资金融通，生产经营就会发生困难，进而使互联网金融危机影响到正常的投资、就业、消费、生产等各方面。

## 五、国际发展合作尚浅

欧美等发达国家的互联网金融发展较早，无论是征信体系还是监管手段都较为先进，有不少值得学习和借鉴的地方。

征信方面，英美模式属于市场主导型模式，又称民营模式。这种社会信用模式的特征是征信机构以盈利为目的，收集、加工个人和企业的信用信息，为信用信息的使用者提供独立的第三方服务。在社会信用体系中，政府的作用一方面是促进信用管理立法，另一方面是监督信用管理法律的贯彻执行。以美国“个人信用”为例，其内涵由品德（Character）、能力(Capability)、资本(Capital)、条件(Condition)、担保品(Collateral)、稳定性(Stability)定义。个人的支票、储蓄、证券、保险、驾驶、医疗、犯罪记录都被涵盖，甚至连种族、信仰、政治倾向都会被记录。欧洲模式属于政府主导型模式，又称公共模式。这种模式是以中央银行建立的“中央信贷登记系统”为主体，兼有私营征信机构的社会信用体系。在欧美的社会信用体系中，多维度的数据被纳入考虑，且违约成本非常高，所以个人和企业都将诚信视作基本的生活和工作准则。

监管方面，美国对第三方支付的监管重点在于交易的过程而非机构，对网络信贷的监管则参照证券监管，侧重市场准入和信息披露。英国和欧洲其他国家则将第三方支付的监管重点放在支付机构上，对其经营资格和安全保障做出详细规定。英国的网贷监管在2014 年以前主要靠行业自律，2014 年 4 月起金融行为监管局（FCA）将监管侧重于网贷平台的交易行为。其他欧盟国家则将重点放在消费者维权上。

同时，美国发达的经济金融环境，导致其金融业发展早已市场化、混业化，这符合互联网金融的发展趋势。而我国无论是金融市场环境、信用环境还是技术环境都还暂时达不到欧美标准。中美发展互联网金融的环境条件可以说是完全不同，环境的不同导致了产品的不同。通过对美国的 Lending Club 公司、Kickstarter 公司和 Prosper 公司的研究，我们可以发现，美国的互联网金融产品完全“线上化”，并且投资“票据化”，P2P 网贷平台只是纯粹的信息中介平台，与我国当前情况不一样。

我国的互联网金融发展模式是在法律法规不健全、投资者不完全理性，但社会有巨大融资需求的情况下发展起来的，很多平台不够科学，甚至存在隐患。总体看，我国与其他国家进行国际交流与合作的机会还不多，行业整体国际化发展水平相对较低。为了更好地发展我国互联网金融，促进国际间的平等交流与合作，我们必须先优化国内的互联网金融环境，特别是国内的征信体系和相关法律，改善监管方式，优化产品设计，培养专业人才，加强互联网金融基础知识教育，引导民众理性投资。

## 第三节 互联网金融的未来发展趋势

### 一、传统金融与新兴金融相互融合

传统金融与新兴金融相互融合是大势所趋，传统金融互联网化的过程在未来将进一步演化提升，形成日趋丰富的创新空间与市场机遇，如中国工商银行原行长杨凯生就指出互联网金融与传统金融最终将相互融合[1]。这种融合主要体现在业务模式、服务功能、市场渠道、产品特征、混业经营等方面。

第一，业务模式上，传统金融将更多地选择能够适应移动互联网特征的场景来开发新型业务，不再局限于在金融机构网点或业务场景中提供服务，需要新兴金融的综合运营平台和大数据风控技术支持，如直销银行将通过资源整合成为综合性金融信息中介服务平台，在现有银行金融产品直接销售的模式基础上，可能逐步发展成为“存 + 贷 + 汇 + 信息中介”的泛互联网金融平台模式。

第二，服务功能上，传统金融将为新兴金融提供更为多样化、定制型、高效率的配套工具和模式，以适应互联网金融消费需求特征，如资金存管、账户托管、资产配置、保险担保、风险管理、资产证券化交易等业务。

第三，市场渠道上，传统金融与新兴金融将直接形成具有爆发力的合作空间和机制，尽管彼此之间可能还会存在一定的顾虑，但谁先走出第一步，谁就更具有优势。可以想象，如果工商银行与蚂蚁金服联合开发基于芝麻信用的新型金融产品，将可能挖掘出更大的金融需求。

第四，产品特征上，新兴金融将相对更具有前瞻引领作用，将基于传统金融的基础资产加快拓展新的金融产品，尤其是在资产证券化领域，将使得传统金融的配置效率得到较大提高。

第五，互联网金融领域的混业经营趋势不会因为问题平台的出现就受到抑制，相反，互联网金融的未来消费需求会选择更具有创新性和较高风控水平的平台，基于传统金融产品和服务，嵌入到新兴金融运营场景和市场平台中去。尽管有监管限制，但市场需求将驱使互联网金融平台不断开拓新的合作模式[2]。

### 二、国际国内合作与竞争日益凸显

从发展趋势看，中国互联网金融将是能够在全球范围内参与国际竞争与合作的重要力量，不仅限于提供互联网技术服务与产品设计，还将在提升中国金融资源的全球配置能力中发挥积极作用。

具体来讲，互联网金融将在利率市场化、市场整合驱动、国际开拓发展、跨境资金运营、信用平台建设等方面开展国内外的竞争与合作。

第一，在利率市场化完全实现的背景下，金融抑制作用将得到极大缓解，继而衍生出巨大的潜在金融需求。这需要互联网金融的创新来提供发展空间，尤其是原先游离于传统金融之外的民间融资需求，融资成本将出现先升后降的趋势，并逐步走低。

第二，面对国内传统金融互联网化程度的不断提升，新兴金融也开始转变态度。从竞争走向合作，加强不同平台之间的差异化竞争，在既有获客渠道的基

1 2015 年 7 月 11 日，中国银监会特邀顾问、中国工商银行原行长杨凯生在“2015 互联网金融外滩峰会”上表示，互联网金融和传统金融并非你死我活的关系，而是能够通过正常竞争，既反映技术创新，又遵循金融运行基本原则，最终相互融合。他指出，工行每天 4 亿多笔业务量中，有 87% 以上是通过网上银行、手机银行等互联网渠道完成的，2014 年电子渠道实现的交易额为 456 万亿元，这一年完成的业务量相当于替代了 3 万个物理网点。

2 互联网金融不是传统金融产品的销售平台，如果这样就是过去的 91 金融模式。互联网金融的混业经营趋势在于股权、债权等资金供求关系的直接匹配，不是代理销售。

础上，将进一步加强对客户黏性较强的产品开发。互联网企业与传统行业龙头相联合，谋求更大范围、更深层次的市场整合，形成具有核心价值优势的驱动力。

第三，部分具有领先优势的互联网金融企业，将在周边国家及“一带一路”沿线国家（或地区）率先开拓国际发展空间，重点发挥中国互联网金融的资金集聚作用和低成本优势，支持中国与沿线国家的经贸投资合作，如蚂蚁金服等。

第四，随着中国自贸区金融改革创新步伐的进一步加快与放开，资本项下自由兑换机制将在一定范围内得以实现。这为互联网金融基于技术支持体系实现跨境资金运营提供了重要机遇，尤其是在货币兑换、跨境支付、境外融资、P2P 网贷平台、离岸资产证券化等方面具有潜在优势，上海国际金融中心将在这方面发挥重要作用。

第五，互联网金融的信用体系建设是支撑行业发展的关键性因素。随着国内征信体系市场化改革的逐步推进，以及与境外征信机构的跨境交流借鉴，未来在互联网金融信用平台建设上将可能出现更高层面的战略合作，尤其是利用区块链技术为金融创新与信用节点的搭建提供新手段。

## 三、市场整合与自我出清逐步加快

互联网金融的市场整合和自我出清过程，将随着利率市场化和“互联网 +”战略的推进，呈现日益加快的特征。具体来讲：

第一，《指导意见》的出台，将使得监管政策逐步到位，加快行业整合，促进市场力量与资源的重新配置。

第二，尽管问题平台仍然在不断增加，但在行业自律组织的不断规范和引导下，将逐步出现增速放缓的趋势，市场自我出清将逐步加快，特定领域市场已经从蓝海转为红海，如 P2P 网贷平台。

第三，互联网金融行业加速整合在未来一段时间将成为一个重要特征，很多传统金融机构将采取新设或并购等方式设立互联网金融平台，电商金融和消费金融将加快与传统行业机构的资源协同，深耕市场需求，争取扩大规模效应。

第四，互联网金融整体融资成本将在利率市场化的条件下，呈现逐步下降的趋势，投资者和融资者都将更加趋于理性，本金安全逐步成为首要因素。如强调为优质企业提供高效融资服务和具有相对低风险、略高收益特征的保本理念互联网金融平台陆金所、开鑫贷、“小存折”[1]等，很多原先依靠高回报收益率吸引投资者的平台将被市场抛弃，无法获得优质借款人，也不能持续吸引注重安全边际的合格投资人。

第五，国家战略引导下的互联网金融平台将成为具有先发优势的机构，在市场整合和自我出清过程中扮演关键角色，为整个行业发展提供好的模式和经验，增强金融创新的有效性与规范性。

## 四、监管政策与行业自律厘清边界

从国家鼓励互联网金融发展的整体态度出发，监管部门与行业自律组织之间将进一步加快厘清管理边界，形成合理分工，各守其责、互相补台，加快推动行业健康发展。

首先，监管政策重点将是管好市场准入和信息披露标准，增加监管透明度和信息对称性，形成对互联网金融整体情况的系统监测统计，中国人民银行已经牵头在加快此项工作，建立大数据监管基础。

1 作为 2015 年 5 月新设立的互联网金融平台，“小存折”致力于打造成为行业内领先且安全高效的保本理念互联网金融理财投资中心，详见 https://www.xiaocunzhe.com/index.

其次，各类行业协会将进一步通过明确行业自律标准规范，完善信息披露内容标准，扩大黑名单共享范围，增强跨区域交流合作，深化投资者金融普及教育，加强消费者权益保护，建立项目资产二级转让平台，提升国际合作交流水平等方面的工作，加快促进和规范行业自律行为，对监管形成有效支撑，创造一个良好宽松的监管环境。

最后，市场整体要形成足够的外部监督力量，重点将在行业监控、自律组织、市场培育、消费者权益保护、反欺诈和非法集资查处等方面形成制度安排，加强负面清单管理和事中事后监督，在遵循“谁审批、谁监管”原则基础上，充分发挥地方金融办等区域性监管机构的积极性，加强中央与地方的协同，进一步优化市场体系的自我完善、自我出清功能，推动行业自查自纠和清理整顿等。

## 五、互联网基础设施平台不断完善

互联网基础设施平台是支撑互联网金融发展的核心部件，未来在征信、支付、存管、大数据、资产交易等方面将继续不断加以完善。

第一，通过进一步增加公共服务投入，全国及地方性的征信体系将逐步实现完整的信息采集，各家征信机构将通过市场化竞争提供多元化服务，增强征信数据的价值内涵，社会诚信体系建设将成为互联网金融发展的重要支柱。

第二，支付体系将更加体现本源特色，集中在小额支付、跨境支付、移动支付等方面，避免直接参与到互联网金融的投融资活动中，继续为客户提供高效安全的支付服务体验。

第三，银行资金存管系统将成为重要的安全保障机制，互联网金融平台会在存管与托管之间做出自己的选择[1]，投资者则将会更看重银行对互联网金融平台的实质性风险管理能力，在此基础上再考虑支付服务的效率因素。

第四，互联网金融的风险管控平台将进一步依靠大数据体系支持，第三方支付将逐渐退出 P2P 网络借贷平台运营模式，开发基于支付大数据的风险管理模型，嵌入到互联网金融平台的增值服务中。

第五，互联网金融资产交易所将不会仅限于 1~2 家，但也不能过于泛滥，要形成一定的持牌经营或市场监管机制，关键在产品组合设计和二级转让市场建设上要形成创新突破，逐步培养合格机构和个人投资者。

1 存管指平台将交易资金或平台相关备付金、风险金等存放于第三方账户上，如银行账户或第三方支付公司账户。在这种模式下，第三方没有任何义务监督资金流向，平台可以随时从第三方提取这些资金。托管指的是全部借贷资金托管，投资人与借款人均在银行开设个人账户，银行按照指令做资金划转，提供包括对产品的资金清算、会计审核、风险管理、信息披露、绩效考核等多方面服务，平台绝无接触借贷资金的可能。

第二章 CHAPTER 2

# 传统金融互联网化模式分析

# Internetization in Different Modes of Traditional Finance

## 第一节　银行业的互联网化

### 一、网络银行、直销银行和手机银行

根据巴塞尔银行监管委员会于 1998 年发表的《电子银行与电子货币活动风险管理》报告，网络银行被定义为："通过电子渠道供应零售和小额金融产品与服务的银行。"[1] 其中金融产品与服务包括存款、账户管理、金融咨询、电子账单支付以及其他电子货币支付。美国货币监理署于 1999 年发表的《网络银行检查手册》中，提出了"网络银行是指一些系统，利用这些系统，银行客户通过个人电脑或者其他智能化装置进入银行账户，获得一般银行产品和服务信息"的定义[2]。"网络银行"一词中的"网络"的含义，并不是仅指局域网、互联网等开放电子网络，还包括各类银行内部网络、资金转移网络、支付清算网络，甚至电信网络。

尹龙提出，网络银行是在网络中拥有独立的网站，并为客户提供一定服务的银行（这里的网络指互联网），其涉及的远不止业务模式的演变，同时也标志着传统金融机构的互联网化。[3]

直销银行不需要实体形式的银行卡，用户可以通过网络注册开户，办理银行业务。客户主要通过电脑、电子邮件、手机、电话等渠道获取银行产品和服务。直销银行的一大优势是不需要物理网点，为银行节省了成本。也正因如此，直销银行可以为客户提供更有价格优势的产品。

手机银行也称为移动银行、移动金融服务，指利用手机、掌上电脑（Personal Digital Assistant，PDA）和其他移动设备等实现客户与金融机构的对接，是通过信息通信技术获取各种金融服务的新型金融模式。与传统的银行服务相比，手机银行把通信领域的技术优势和银行金融服务功能结合起来，极大地降低了成本，包括银行网点构建的成本、维持传递渠道的成本以及用户获取金融服务的时间和空间成本。对客户而言，利用手机随身携带和随时操作的特性，解决了方便性、及时性的问题。手机银行本身具有商业可持续性，其收入主要包括三个部分：手续费（包括办理汇款、转

1 BCBS.Risk Management for Electronic Banking and Electronic Money Activities[R].1998.
2 OCC.Internet Banking-Comptroller's Handbook[M].Comptroller of the Currency Administrator of National Banks,1999.
3 尹龙 . 网络银行与电子货币——网络金融理论初探 [D]. 西南财经大学，2002.

账等业务的手续费）、部分手机银行收取的基础服务费以及向移动运营商收取的流量费。

## （一）网络银行的主要模式

### 1. 运作模式

网络银行可以划分为网络支行和纯网络银行两种模式。网络支行是商业银行为了拓展业务，在传统银行的基础上建立起来的机构。网络支行充当对物理实体网点的补充，仍然是传统银行的一部分。另一类是完全与传统机构分离，仅仅以互联网作为交易媒介的银行机构，称为纯网络银行。

（1）网络支行。

网络支行是指现有的传统银行将内部封闭性银行网络系统与互联网相连，建立交易型网站，利用互联网作为新的服务渠道来提供一系列互联网服务的网络银行。网络支行大部分沿用了其现有银行的名称和品牌，是内设于传统银行的一个非独立部门，是传统银行的存贷业务在空间上的拓展，服务于其各个业务板块，充当对庞大实体结构的辅助和补充。从银行的角度看，为客户提供网络服务一方面可以拓展客户群，另一方面也通过展示其掌握先进技术的能力，从侧面提升了信誉[1]。

早期的网络支行，主要集中于资讯查询类与转账支付类业务，如信息发布、账户信息查询、网上转账、网上支付，等等。随着互联网技术、身份认证技术、网络通信安全技术的发展，网络银行业务广度拓宽，部分银行甚至已涉足住房抵押贷款、网上小额质押贷款等授信业务。网络支行是给客户提供网络服务的实体银行，被认为是比直销银行更有效的拓展客户群的途径[2]。现阶段，我国的商业银行几乎普遍已设立了各自的网上银行。传统银行业务支撑网络支行业务的快速展开，网络支行业务拉动传统银行业务的持续发展。

网络支行模式有以下特点：

网络支行可能成为传统银行的低成本试错平台[3]。第一，在开发新产品时，网络支行可以作为产品的发布和测试平台。传统银行向网络支行投入少量资金以引入模拟、试验及客户测试机制，待产品成功且成熟之后再大量推广，有助于降低试错成本。第二，产品营销可采用“定投”方式，降低成本。利用银行积累的大数据，进行云计算分析，对客户进行筛选、细分，根据客户偏好定向推送相应理财产品的信息，降低客户营销的成本。第三，拓宽信用数据来源渠道。以往的信贷审批数据往往局限于央行征信记录和抵质押物，而大数据技术的完善大大拓宽了信用数据来源的渠道，社会公共信息、家庭与职业财产信息、缴费账单、法律记录和社交行为等都被纳入了数据来源范围，由此，银行的风险控制流程简化、精确度提高。

以客户为中心的经营理念。商业银行从成立之初起，其自身就定位为政策的制定者而不是服务的提供者，在金融市场中处于绝对强势的地位，普遍不重视个人客户市场。而互联网金融时代到来后，一系列新型金融机构正在以低姿态进入市场，“以市场为导向，以客户为中心”的客户友好型定位，动摇了传统商业银行的客户基础，倒逼商业银行向“以客户为中心”转型。商业银行涉足网络银行领域后，需要转变其传统的产品至上观念，培养“开放、平等、创新”的互联网思维。在激烈的市场竞争中，网络支行应洞察客户需求，

1 Nath,Schrick & Parzinger.Banker's Perspectives on Internet Banking[J].e-Service Journal,2001(1).
2 Senior,Adriana.Branding,Money Concerns Halt a Web-Only Plan[J].American Banker,1999.
3 平安证券．微众银行将引领金融价值链重构 [R].2015.

提升客户交互，创新产品定价与服务，以客户为中心设计产品和服务流程，真正实现“以客户为中心”的经营模式转型。

平台开放性。在商业银行规划网络支行的过程中，平台覆盖、数据、风险管理是网络银行布局的三大要素。平台覆盖是获得市场掌控力的根本，是网络银行迅速抢占市场份额、获得掌控力的主要途径。数据是服务客户的关键资产，平台所收集的客户行为内部数据和来自独立数据提供商的外部数据是网络银行改善服务、提升风险管理的关键资源。培育一体化信用评级体系，有助于网络银行实现风险管理，对其实现可持续增长至关重要。

案例 3-2-1

## 招商银行

网上企业银行平台 U-BANK8 是招商银行专门为小企业推出的网上银行平台，该平台为小企业提供企业账户信息查询和维护、交易转账、投资理财、资产托管、融资租赁等服务。

U-BANK8 平台优势明显，具体来说有以下几点：

第一，降低成本。将传统的银行业务搬到互联网上，节省了企业员工往返银行的时间、费用，同时银行也可以省去大量网点人员，网上企业银行平台还可以减少在纸质资料、人工审核、交通运输等方面的成本。

第二，提高融资效率。利用互联网，企业融资时的信息对称性和投融资匹配度大大提高。不仅如此，依靠网上企业银行平台，企业融资过程中的审批也实现了自助化，缩短了企业融资的周期。互联网 7×24 小时实时服务的特点，可以随时随地满足企业的融资需求。招商银行的这一平台为小企业的融资拓展了可能性边界，提高了资金运转效率，进而促进了社会经济发展。

第三，提高客户识别能力和产品创新能力。通过网上企业银行平台，招商银行按照企业在供应链中所处的位置，设置个性化的行动方案，并在此基础上，设计出能更好地满足企业需求的新产品。招商银行的网上企业银行平台还致力于将服务拓展到客户的所有上下游企业，提供全流程、全方位的综合金融服务方案。

第四，降低授信风险。通过网上企业银行平台，招商银行可以获取企业的商流、物流、资金流、信息流等多种信息，实现招商银行对企业资金运转的全面掌控，保证企业所提供信息的真实性和及时性，从而大幅降低了银行授信的风险。通过这种形式的银企合作，也有利于提高企业对资金的科学管理能力和对风险的实时监控意识。

招商银行利用互联网的高效、低成本，减少了银行和小企业双方的人力、物力投入，提高了效率，增加了利润。特别是对于小企业来说，网上企业银行平台既基本满足了企业日常的金融服务需求，又改善了企业融资问题。R

（2）纯网络银行。

纯网络银行，也称互联网银行，依靠网络、通信、云计算和大数据等技术，将传统银行服务完全搬到互联网上，而不需要设置物理网点。

随着互联网的发展，人们对便捷的银行服务的需求越来越大,这为纯网络银行的产生提供了良好的“土壤”。与传统银行相比，纯网络银行具有以下几点优势：

第一，纯网络银行无须物理网点。正因为如此，纯网络银行将运营成本降到了非常低的水平，从而提高了利润，也使得设计高性价比产品、向消费者让利成为了可能；另外，由于纯网络银行的服务都是线上提供的，而互联网有随时随地的特点，所以，纯网络银行的经营范围突破了时空限制。这也使得客户可以在有网络和相应设备的任何地点和时间使用银行服务，大大节省了客户的时间和资金成本，也缩短了社会资金运转周期。

第二，纯网络银行提高了信息对称性。通过纯网络银行这一平台，资金需求者和资金提供者可以实时获得资金供需信息，实现了资金的高效运转，减少了资金供需双方以及银行获取信息所花费的时间和精力，节约了整个社会的成本。

第三，纯网络银行具有大数据优势。一般纯网络银行都有一些发展成熟的互联网企业作为依托。比如腾讯作为前海微众银行的发起人之一，运用其丰富的用户信息优势，在研发产品、发掘潜在客户、提供更个性化的服务、评定贷款者信用等级、及时获得用户反馈等方面，可以为微众银行提供大数据支撑。另外，这些互联网企业以其丰富的互联网平台建设经验，也保证了纯网络银行平台良好的用户体验。

但是，纯网络银行仍面临着发展困境。首先，由于纯网络银行不设物理网点，没有营业柜台，远程开户成为纯网络银行首先要解决的问题。根据央行的规定，要开立银行账户，客户都必须到银行网点进行面签，没有经过面签的账户不能进行支付，所以微众银行的业务范围被大大缩小了。其次，目前，纯网络银行过分依赖社交网络的数据为客户进行信用评价，可靠性还有待考证。最后，纯网络银行很大程度上依赖于网络的安全性，而目前互联网安全问题确实还没有完全得到解决，比如个人信息安全问题、账户资金安全问题等，因此，纯网络银行还没有被中国的普通老百姓普遍接受。纯网络银行没有实体银行作为保证，也使人们对其的不信任感增加。这些原因都导致纯网络银行发展缓慢，目前作为国内第一家纯网络银行的微众银行也只提供了解微众银行、下载微众银行客户端的二维码，网站仍在试运营阶段，并未对外开放。在中国，除微众银行之外，被批准筹建申请的纯网络银行还有5家，但暂时都未上线运营。

案例 3-2-2

### 前海微众银行——用“刷脸”技术应对开户难题

由于纯网络银行只提供线上服务，用户开户的面签环节成为一个问题，于是纯网络银行开始探索“刷脸”技术，解决开户难题。利用光电技术、微计算机技术、图像处理技术与模式识别等技术，“刷脸”技术应运而生。从理论上说，即使经过整容手术，计算机仍可以进行识别，所以这一技术有很大的优势。微众银行作为纯网络银行的代表之一，也试图发展“刷脸”技术。

2015 年 1 月，微众银行的首笔贷款诞生，一位卡车司机被批准贷款 3.5 万元。在这一次贷款业务中，微众银行就使用了“刷脸”技术，通过摄像头拍摄照片，与公安系统数据进行对比认证，同时结合社交网站的个人信息，微众银行就将贷款人的信用进行了评定，以此决定该贷款人的可贷金额。人像识别技术与大数据的结合一时间引起了很多人的关注。

但是看起来很美的“刷脸”其实并没有那么美好。首先，“刷脸”识别准确率不高，经常出现识别错误现象；其次，在微众银行绑定第一张银行卡时，需要短信验证码，并不需要刷脸验证，而刷脸技术只能提供绑定第二张银行卡时的人脸识别功能，实际上称不上是所谓的人脸识别开户。目前中国的纯网络银行处于起步阶段，除了面签难题，还有很多难题需要解决，客户服务、产品丰富度方面都差强人意，还有很大的发展空间。R

## 2. 业务模式

网络银行是一个开放的体系，可以借助互联网延伸金融业务和市场，争取潜在客户。网络银行的独有特征为其发展带来了新的理念和业务模式。根据阎庆民的研究，网络银行的业务模式拓展主要在于以下几个方面[1]：

第一，基于互联网的小微金融服务模式。在经济“新常态”下，小微金融服务创新是中国经济转型的要点之一。小微企业客户是商业银行的重要客户，如何适应互联网金融变革的浪潮，完善小微企业业务，是商业银行盈利模式的关键。

在传统信贷模式中，从提交申请、准备资料、贷前审核再到审批授信，传统信贷模式烦琐的流程使得小微信贷审批的最短时限以“天”计算。而互联网金融变革下，银行的互联网平台积累了产业链上下游企业生产、销售、财务等数据，包括小微企业的资金流动、

1 阎庆民 . 互联网时代银行业变革与监管研究 [R]. 中国金融四十人论坛，2012.

交易规模、订单数量、销售增长、仓储周转、投诉和退换货等信息。同时还深度挖掘企业与关联企业、企业与关联个人、个人与关联个人之间的关系，有效杜绝虚假信息。网络银行将信息导入专门的信贷评级体系，通过对数据的整合、排序、检索和分析，转换为小微企业的信用评价，以此为依据确定贷款额度和利率。

如今，整个贷款流程时间由以“天”计算变为以“分”计算。同时，大数据分析也允许对单个客户的信用违约情况进行分析，进一步掌控风险。

目前，国内许多商业银行已经开始运用大数据来驱动业务运营，如中信银行开创了POS贷商业模式，利用网络大数据提升小微贷款的发放效率；其信用卡中心还使用基于社交网络的大数据提供增值服务。光大银行建立了社交媒体信息数据库，制作出“云图”为业务部门拓展新的供应链。民生银行与IBM及巨杉数据库合作，充分整合客户数据，通过精准营销设计来降低客户流失率，提高忠诚度。商业银行可以进一步利用大数据的优势，构建出一套包含企业、消费者的借贷信息，关联水电、教育、公安等信息系统的动态信用信息，对借贷风险进行精确评估。

第二，基于互联网的数据服务模式。基于互联网的数据服务模式有两种。

第一种模式是金融产品营销。大数据在这种模式下的作用主要在客户画像、精准营销、风险管控、运营优化四个方面。客户画像是通过收集客户的信用卡消费数据、社交媒体行为数据、电商网站交易数据、企业产业链上下游数据等，全方位了解客户的消费能力及风险偏好。

精准营销是在客户画像的基础上进行的实时营销、交叉营销和个性化推荐，将客户所在地和生活状态变化视为营销机会，对客户群进行精准定位，分析潜在金融需求，进行异质业务或产品的交叉个性化推荐。

例如，腾讯公司作为前海微众银行的大股东，其微信活跃用户已达到5.49亿，其中一半以上的用户每天打开微信10次以上，QQ活跃用户为8.32亿，其中大部分用户每天使用产品和服务2小时以上[1]。基于如此庞大的客户群，前海微众银行的大数据系统已经汇集了40万亿条数据信息[2]，大大节省了调查信用、上门担保的服务成本。

风险管控指利用大数据提高征信水平，银行可以凭借大数据获取更为全面的用户信息，并对用户的信用水平进行科学评定，减小信用风险。另外，依靠大数据，银行还可以随时监测企业贷款者的运行情况和个人贷款者的资金运用情况，在事中不断控制风险。

运营优化指银行可以凭借大数据进行科学的决策分析、内部控制、战略规划等，银行因此提高了内部运营效率，优化了资源配置。

第二种模式是数据使用权分成。网络银行可以利用互联网平台积累的描述客户特征、市场趋势的多元数据，外包给其他数据业务开发者，组织他人进行数据分析，按比例提取分成，享受数据使用权带来的收入。如今银行对大数据有越来越大的需求，但是由于银行自有的客户数据并不丰富，只能获取本行客户的个人信息及其银行卡内的资金变动信息，对于本行客户的其他生活类数据以及非本行客户的信息掌握不足。而且银行在获取数据方面的经验不如专业的数据业务开发者，银行单靠自己进行数据挖掘的成本也较高。所以银行会选择将一部分数据开发业务外包给专业团队，减少在数据挖掘方面花费的精力和成本。

1 腾讯公司.2015年第一季度综合业绩报告[R].2015.
2 孙飞.微众银行亟待突破“隐形”障碍[N].经济参考报，2015-01-20.

第三，基于互联网的信息咨询服务模式。资本市场上有许多信用评级机构，如标准普尔、穆迪等，为投资者提供各方面的信息服务。网络银行在给客户提供日常专业化服务的过程中，也积累了一定数量的信息，包括宏观经济信息、专业市场信息、理财产品信息、商户信用信息等。网络银行可以在隐私保密的前提下，建立有偿使用权信息库，还可以收取附加在信息上的广告栏位费，形成全新而持续的表外收入来源。

### 3. 管理模式

第一，综合配套管理。网络银行提供的各项 3A（Anytime、Anywhere、Anyway）式业务，大多不需要人工介入和“反馈”回应过程，客户得到指令立即执行。为此，网络银行必须综合配套安排各个业务部门和各个流程环节，尤其是涉及资金收支确认等方面的内容。

第二，技术标准管理。网络银行技术标准管理大体可分为软件管理和硬件管理两大类。根据数据传输、加密、认定以及其他网络链接等技术协议标准，网络银行需要在说明、检测、升级更新、源代码修改权限以及保管等方面进行统一安排和管理，以确保网络银行高效、安全运营。

第三，个性化服务管理。传统银行大多从规模经济和范围经济的角度出发，实现“以量胜出”的“产品或市场核心主义”。网络银行的经营同样离不开规模经济和范围经济的理论基础，但更为重要的是实现“以质胜出”的“客户核心主义”。

如果说传统银行中存在规模不经济的现象，那么在网络银行业中，规模不同的大中小银行在理论上可以共存，大银行无法利用规模经济的优势来降低长期成本，从而无法达到把中小银行排挤出该行业的目的。这是因为在网络经济时代，从理论上讲，各类规模大小不同的网络银行在网络上均是平等的，均可通过运用数据仓库和数据挖掘等技术，为客户提供个性化服务管理。同时，随着网络技术的进步、市场的深化和信息透明度的提高，网络银行个性化服务管理的业务创新将会不断涌现。

## （二）网络银行的市场格局与竞争策略

### 1. 市场格局

（1）网络银行的业务受到冲击。

支付平台分流手续费，中间业务受到冲击。第三方支付公司在网上交易中充当了类似于现实交易中商业银行的角色，同时分流了网络支行的支付结算、银行卡、代理业务等手续费收入。如表 3-2-1 所示，银行损失的手续费收入与互联网公司支付的交易佣金相抵，还平均损失了 0.1%~0.6% 的手续费。

**表 3-2-1 互联网支付平台分流部分银行手续费收入**

| | 支付方式转变 | 商业银行模式 | 互联网支付模式 |
|---|---|---|---|
| 普通支付 | POS→第三方支付 | 银行获得 0.34%~1.12% 的手续费收入[1] | 银行获得 0.2%~0.4% 的交易佣金 |
| | 网银→第三方支付 | 银行直接收取 0.5%~1% 或 2~50 元 / 笔的线上商户交易佣金 | 银行获得 0.2%~0.4% 的交易佣金 |
| 转账还款（含信用卡还款） | 网银 / 柜台→第三方支付 | 银行收取 0~1% 的同行异地转账费或 0.2%~1% 的跨行转账费 | 银行获得 0.1%~0.4% 的交易佣金 |
| 公共事业费代扣代缴 | 网银 / 柜台→第三方支付 | 银行收取 1~3 元 / 笔的代扣代缴费 | 银行获得 0.1%~0.3% 的交易佣金 |
| 购买基金保险等 | 网银 / 柜台→第三方支付 | 银行获得 0.5%~1% 的基金代销、2%~3% 的保险代销手续费收入 | 银行获得 0.2%~0.4% 的交易佣金 |

资料来源：课题组整理

支付平台、网贷平台、理财平台、综合平台分流存款，存款业务受到冲击。第三方支付公司造成商业银行活期储蓄的转换、流动与流失；网络贷款由于监管真空和借款人低资信，收益率很高，对银行客户有一定吸引力，分流定期存款；第三方理财销售平台申赎费率低、流程简化，吸引了部分注重投资回报、风险偏好稍高的银行存款及理财客户；融合多功能金融创新产品的综合平台通过集成理财和支付服务，提供收益率高的货币基金和即存即取服务，实现对部分有网络购物习惯的年轻客户的分流。

（2）网络银行的竞争优势与格局。

通道业务。相较互联网支付企业，银行在零售客户、小额转账、费用代扣代缴等通道业务上均不具备优势，而在大额支付、企业支付等业务上优势仍存。面对第三方支付企业的挑战，银行主要采取了以下措施进行应对：一方面，不断加强对信息技术的投入，发展网络银行，扩展线上服务范围，满足客户需求、稳定现有客户；另一方面，寻求与电商平台及第三方支付企业的合作，扩大自身在支付结算上的覆盖领域，收取一定比例的交易佣金，获得享受网络经济发展的溢出效应。

融资业务。P2P 的个人贷款业务与银行个人消费及经营性贷款面向了不同类型的客户群体，银行贷款利率较低，适合资信较好、有中长期消费与投资需求的个人客户，而 P2P 贷款在金额、期限和审批程序上较为灵活，适合资信一般、缺乏担保、有短期资金周转需求的个人客户。虽然当前银行与网贷平台尚未形成直接竞争态势，但随着金融脱媒逐渐发展和利率市场化不断推进，银行势必将向收益更高的小贷领域倾斜。

1 发卡行与收单行合计。

投资业务。当前第三方基金、保险销售等理财平台相较于网络银行渠道存在一定优势。以基金销售为例，第三方平台在线申赎基金认购门槛低、申购费率低、赎回到账时间短，且在产品多样性、交易便捷性等方面均远优于银行渠道。从短期来看，银行的客户基础庞大，且客户消费习惯路径具有依赖性，银行的优势仍存。但长期来看，网络理财平台的众多优势将对银行代销业务形成冲击。竞争方面，银行已采取降低代销费率、自建综合理财网销平台等措施应对网络平台带来的冲击。合作方面，银行采取了加强与网络理财销售平台的支付合作、增加自有理财产品入平台比例等措施。

## 2. 网络银行的竞争策略

（1）价格行为。

价格行为是指企业通过价格竞争，来获得较高的市场份额或市场利润。中国银监会、国家发改委于2014年颁布的《商业银行服务价格管理办法》规定，根据服务的性质、特点和市场竞争状况，商业银行服务价格分别实行政府指导价、政府定价和市场调节价三种。其中，实行政府指导价或政府定价的项目包括转账汇款、异地取现的手续费，支票、本票、汇票的手续费，工本、挂失费等。除上述价格以外，商业银行的服务价格实行市场调节价。

我国网络银行市场属于寡头垄断市场，如图3-2-1所示，工行、农行、中行、建行四大商业银行在个人网银市场占有77%的市场份额。因此，当一家网上银行采取降价措施时，其他网上银行均会采取一定的降价行为，以保住自身企业的市场份额，或者借此机会获取利润最大化。

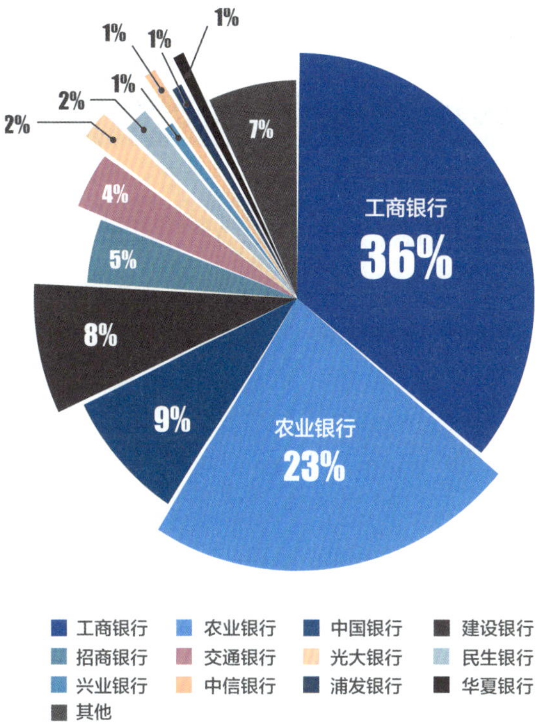


**图3-2-1 2013年商业银行个人网银交易规模市场份额**

资料来源：艾瑞咨询.2014年中国商业银行互联网化研究报告[R].2014.

以2009年网络银行的价格竞争为例[1]。4月，华夏银行实行网上银行同城转账五折的优惠活动，此后，多家银行纷纷加入价格战，开展网银服务促销活动。以同城跨行转账费率为例，如表3-2-2所示，华夏银行在两次降价后，从每笔1%，最高50元，降为了每笔0.3%，最高15元；光大银行和交通银行的费率也分别降至原来的1/3左右。工商银行、中国银行和建设银行也分别采取了一系列降价措施，工商银行取消了个人证书挂失、记账式国债开户服务费；中国银行推出年内转账5

1 靳邹灵.我国网上银行市场结构与市场行为研究——基于纵向产品差异化模型的分析[D].西南财经大学，2009.

**表 3-2-2 降价前后同城跨行转账费率的变化**

| | 降价前 | 降价后 |
|---|---|---|
| 华夏银行 | 每笔 1%，最低 1 元，最高 50 元 | 每笔 0.3%，最低 1 元，最高 15 元 |
| 光大银行 | 每笔 0.5%，最低 5 元，最高 50 元 | 每笔 0.15%，最低 5 元，最高 15 元 |
| 交通银行 | 每笔 0.7%，最低 5 元，最高 50 元 | 每笔 0.2%，最低 5 元，最高 20 元 |

资料来源：课题组整理

次内免手续费的优惠；建设银行也将网上银行转账手续费降为柜台办理的五折。

（2）非价格行为。

非价格竞争又称价值竞争，是指企业通过除降低价格外的其他策略性行为来巩固和增强自己的竞争优势，为消费者提供更好、更具特色、更适应各自需求的产品和服务，形成产品品质的差异化和消费者心中形象的差异化，从而提升产品效用的行为。非价格竞争行为的内涵在于进行品牌建设，主要包括创新行为、广告行为等。

创新行为。网上银行在消费者意愿的驱使下，通过增加科技创新投入来提高产品质量和提供优质服务，保持长期竞争力。

第一，网上银行系统的创新。网银系统的创新不仅是技术上的创新、业务品种的创新，也是其服务理念和质量的创新。例如，工商银行网上银行系统上线以来，经历了多次改版和升级，逐步丰富业务品种和业务处理模式，并在细分客户的基础上提供个性化服务。至今，工商银行网银系统具备功能齐全、操作方便的特点，银行也通过源源不断的创新巩固了其核心地位。

第二，安全系统的创新。商业银行应逐步建立银行信息系统安全应用平台，完成计算机病毒防范系统的建设，完成计算机安全系统漏洞扫描、入侵实时监测和报警系统的建设。安全系统的建设是一个循序渐进的过程，需要不断地自我完善和加强，才能形成一套合理有效的整体安全防护系统。

广告行为。在价格和产品质量不变的情况下，广告行为可以帮助网上银行树立品牌形象，提高其在客户和潜在客户中的知名度；对具有差异性的产品特征组合加以标识；借用品牌效应提升消费者对特定产品质量的信心。

广告行为的渠道主要有平面广告、车体广告和网络广告等。其中，网络营销已经成为主要的方式。随着互联网媒体和广告技术的发展，网络营销方式的多样性和有效性不断提升，银行业也逐渐参与到网络营销中来，且银行服务品牌网络广告投放以门户网站、新闻网站和财经网站为首选媒体。如表 3-2-3 所示，2015 年 10 月，银行服务品牌网络广告总投放费用达 5902 万元。其中，建设银行投放费用达 1036 万元，位居第一；交通银行投放费用达 1004 万元，位居第二；中国工商银行投放费用达 897 万元，位居第三。

表 3-2-3　2015 年 10 月银行服务品牌网络广告预估费用

| 排名 | 银行名称 | 投放预估费用（万元） |
|---|---|---|
| 1 | 建设银行 | 1036 |
| 2 | 交通银行 | 1004 |
| 3 | 中国工商银行 | 897 |
| 4 | 中国银行 | 669 |
| 5 | 光大银行 | 633 |
| 6 | 中国银联 | 588 |
| 7 | 民生银行 | 338 |
| 8 | 中国农业银行 | 270 |
| 9 | VISA 国际组织 | 268 |
| 10 | 人民银行 | 199 |

资料来源：艾瑞咨询通过 i AdTracker 即时网络媒体检测估算得到 .

## （三）直销银行的发展模式

直销银行是一种新型的银行运作模式，诞生于 20 世纪 90 年代末的北美及欧洲等发达国家，是网络支行模式的延伸、重组和突破。直销银行服务的客户以个人客户为主，具有机构少、人员精、成本低等特点，主要依赖互联网和共享其他银行的金融服务自助终端来提供金融服务，实现业务中心与客户终端的业务往来。直销银行可能存在物理柜台作为支持，如管理办公室或 ATM 机，但一定没有分支机构[1]。直销银行的盈利大部分来源于存贷利差，因此规模大小决定了它的利润。

我国的直销银行发展尚处于起步阶段。传统实体银行创立直销银行的动力来自四个方面：第一，创立独立于传统机构的直销银行，有助于完成由发展缓慢的传统内部结构向更具有创新特征的新型内部机构的转化；第二，与网络支行模式相比，直销银行模式给了自身更多自由发展的空间；第三，实行臭鼬管理法 (Skunk Works)，构建具有创新思维的小团队，激励员工个人的主动性[2]；第四，直销银行实现了传统实体银行的跨区域经营，把业务范围拓展到全国。

直销银行的系统构成主要由 CA 认证模块、管理信息模块、客户平台、安全认证模块、网银交易模块、业务处理主机系统，及 B to B、B to C、C to C 支付平

1 Rupa Rege Nitsure.E-Banking Challenges and Opportunities[J].Economic and Political Weekly,2004(38).
2 Ravi Nath,Paul Schrick and Monica Parzinger.Banker's Perspectives on Internet Banking[J].e-Service Journal,2001(1).

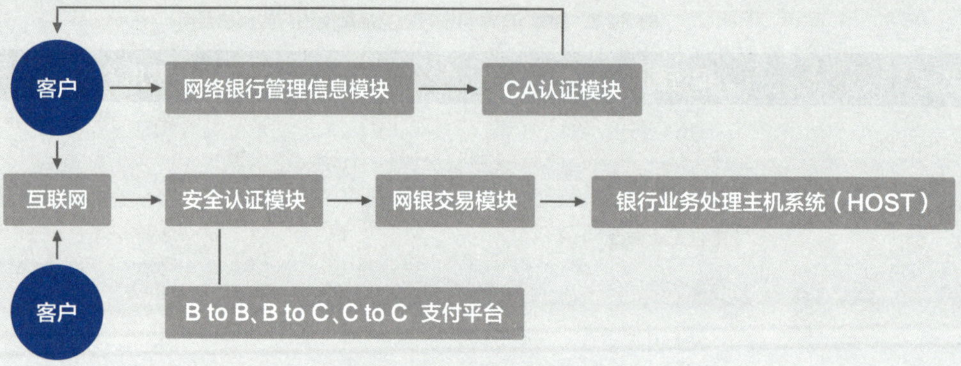


图 3-2-2 直销银行的系统构成

资料来源：奚振斐．电子银行学 [M]. 西安：西安电子科技大学出版社，2006.

台和 Internet 公共资源等组成，基本结构如图 3-2-2 所示。

直销银行具有以下发展模式：

全方位发展模式。以全方位发展为理念的网络银行，认为随着科技的发展和网络的进一步完善，物理网点的缺乏不会局限直销银行的发展。以对传统银行的替代效应为出发点，此类直销银行提供传统银行所提供的一切金融服务，此外，这些直销银行还致力于开发新的电子金融服务，以满足客户的多样化需要，从而吸引更多个人客户和中小企业。比如，民生银行的直销银行提供存款、汇款、信用卡还款、理财等多种银行服务，基本涵盖了物理网点的基本业务。

特色化发展模式。相比全面发展模式，持有这种观点的直销银行数量更多一些。他们认为，相比传统银行，直销银行具有局限性，无法提供传统银行所能提供的部分服务，例如，因为中国人民银行对Ⅱ、Ⅲ类银行账户支付的限制，直销银行的服务范围较小。[1] 另外，因为缺乏分支机构，直销银行无法为小企业提供现金管理服务，也不能为客户提供安全保管箱；直销银行也不适合销售过于复杂的金融产品。因此，若想在竞争中获得生存，直销银行必须提供特色化的服务。比如兴业银行的直销银行平台，只专注于销售银行理财产品和基金产品，并不提供其他银行服务，以“小而精”作为平台发展战略。

直销银行模式具有以下特点：

实现与母银行的差异化发展。直销银行虽然是拥有独立法人资格的机构，但在品牌上依附于母银行，容易在经营模式、客户资源、产品种类和服务渠道上与母银行重叠。然而，直销银行应该建立起自己独特的品牌和文化，实现自己独特的发展模式。如 First Direct 和 ING Direct 在组织文化上强调“非银行”化，组织结构上趋同于互联网企业，发展模式上为覆盖客户全生命周期的直销式银行服务。

通过品牌营销获取客户信任度。商业银行运营的

1 中国人民银行．关于改进个人银行账户服务加强账户管理的通知 [Z].2015-12-25.

关键点在于拥有大量且稳定的客户群。直销银行没有物理网点，无分支机构，在获取客户信任度上没有优势，因此，需要采用不计成本的营销策略来进行市场开拓，通过大幅增加广告支出、提供免费服务等渠道来提升品牌信誉度[1]。直销银行的客户多为价格敏感型，容易被优惠活动吸引，因此可通过提供礼品、礼金的方式吸引新客户，如在北京银行直销银行的首页上，便有给老客户提供礼券作为发展新客户的奖励的活动政策。同时，可以采取有方向性的广告营销策略，合理且精确定位目标客户群，将广告投放给特定的受众，制造差异化，减少费用以避免浪费。

简化产品设计。基于对目标客户的定位，直销银行应专注于提供简单易用、分类的自助银行产品。给客户提供有限的产品选择，尤其集中在储蓄产品和部分贷款产品上。例如，北京银行直销银行将业务分为更惠存、更慧赚、更会贷、更汇付四块，名称简洁明了，用户好感度和黏性提升。

最大化发挥成本优势。直销银行模式可以节约实体网店的建设、运营费用，由此，可以给客户提供更有竞争力的存贷款价格、更低的手续费；提供更宽松的服务条件，允许即存即取、无最低存款额度要求；申请流程全自动化，从而为特定客户群体提供高质量、高收益的金融产品和服务。

支付和汇兑受到限制。由于直销银行的开户是通过网络办理的，所以用户注册的账户并不是Ⅰ类银行账户。根据央行 2015 年 12 月 25 日的通知规定[2]，Ⅰ类银行账户以外的账户不得进行现金存取，因此，直销银行的业务受到很大的限制。

1 陈一稀．美国纯网络银行的兴衰对中国的借鉴 [J]. 互联网金融，2014(1).
2 中国人民银行．关于改进个人银行账户服务加强账户管理的通知 [Z].2015-12-25.

案例 3-2-3

## ING Direct

ING Direct 于 1997 年在加拿大首先设立，至今已在北美、欧洲、大洋洲等 9 个国家设立分行并获得成功，是互联网金融的先驱，也是直销银行的典范。主要通过施行“简单”的经营理念、“薄利多销”的策略获得利差收入。

精确定位目标客户群。ING Direct 将目标客户定位为 30~50 岁中等收入阶层，致力于满足被传统金融服务忽视的“长尾”群体的金融服务需求。此类客户重视存款利息、有网络消费习惯；他们不满意于传统银行柜台的繁杂手续，渴望便捷快速的金融服务。拓展和维护新老客户的成本低。在明确特定消费群体后，银行专注于以有限的资源提供精细化服务，使得用户量迅速增长，在营业后 6 个月超过 10 万人。根据 ING Direct USA 调查显示，40% 增量客户来自原有客户推荐，获取新客户的成本为传统银行的 1/3。

通过定位用户，将网络维护的成本降低。根据 ING Direct USA 对目标客户群体的网络消费习惯调查，单个客户在网上办理业务的平均时间为 16 分钟，远远低于传统银行用户的 60 分钟。线下咖啡馆提供金融顾问服务。ING Direct 在关键城市设立咖啡厅，打造现代、温暖、服务民众的品牌形象。为店员提供金融服务培训，将其培养成线下金融顾问和销售人员。消费者可以在咖啡厅获得免费的互联网接入，可以使用计算机终端登录账户；随时咨询店员有关产品信息，获得简洁生动、无术语的产品描述和建议；还可获得具有银行品牌标识的纪念品，作为低成本的广告渠道，提高品牌知名度。R

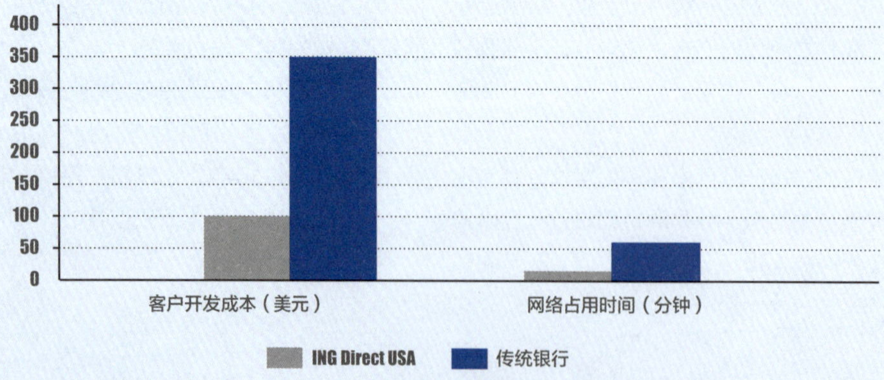


图 3-2-3 直销银行和传统银行的比较

资料来源：赵丽．国内外直销银行发展状况与商业模式分析 [J]. 中国信用卡，2015(6).

案例 3-2-4

## 民生银行

民生银行于 2013 年 9 月与阿里巴巴签订战略合作协议，约定在资金清算与结算、信用卡业务、理财业务、直销银行业务、互联网终端金融、IT 科技等方面进行合作，是互联网金融背景下的新型合作方式。其中，在直销银行业务方面，强调互联网、移动终端、第三方支付方面的合作。双方约定，民生银行为直销银行提供丰富、实用，且符合客户需求特点的金融产品，阿里巴巴则借助自己庞大的客户基础与电商经验，大力促进直销银行的发展。

通过合作建立直销银行，民生银行可以借力电商平台，实现三方面跨越：第一，通过在淘宝网开设直销银行店铺，能有效利用阿里巴巴的客户资源增加零售客户，大大拓展零售业务的覆盖面；第二，借助阿里旺旺软件，可为小微企业业务的买卖双方提供便捷的网上交流平台，促进小微企业发展；第三，直销银行的电子账户与支付宝账户进行关联，为民生银行与第三方支付公司深度合作的前景打造良好的基础。

民生银行提出了建立直销银行的八个关键点：独立银行运作；做网络渠道，不做有形渠道；无销售人员营销；提供少量设计简单的产品；利用新风险技术提前审批；数据运营；与电商合作共赢；以创新制胜。通过以上八点，明确了“为谁提供服务、提供什么服务、如何提供服务”几个问题，通过客户群体细分和产品设计简单化定义了自己的商业模式。R

案例 3-2-5

## 工商银行e-ICBC

2015 年 3 月，中国工商银行发布了“e-ICBC 2.0 版”。“e-ICBC 2.0 版”主要由提供商品流的“融 e 购”、提供信息流的“融 e 联”和提供资金流的“融 e 行”三大平台以及网络融资中心构成。三大平台将“三流”整合，全面覆盖了电商、社交、金融服务。

工商银行利用“融 e 购”增加用户，利用“融 e 联”获取丰富的客户资料，利用“融 e 行”帮助用户更便捷地获取银行服务。而网络融资中心利用大数据技术控制风险，为客户提供信贷服务。另外，工银 e 支付实现支付功能，工银 e 投资实现投资功能，个人逸贷提供融资功能，这些产品支持了三大平台的运行，组成了一个完整的“e-ICBC 2.0 版”。

“e-ICBC 2.0 版”涉及多个行业，展现了工商银行宏大的发展目标。但由于起步不久，发展空间还很大。“融 e 购”的产品种类不够丰富、价格优势不明显，物流、仓储配送、客户服务方面都与专业电商网站有差距，而且在支付时，还是需要工商银行的银行账户才可以实现。可以说“融 e 购”更主要是一个积分兑换商城，对并不是工行客户的消费者来说吸引力不大。“融 e 联”则处于通信软件和手机银行之间的尴尬境地，既不像通信软件那样用户数量庞大，也不像手机银行那样功能齐全。现有很多通信软件也有支付功能，所以“融 e 联”优势仍不明显。“融 e 行”使得客户只要通过互联网在线注册一个电子账户就可以获得银行服务，但是“融 e 行”的在售理财产品数量少，吸引力不足，而且由于中国人民银行对Ⅱ、Ⅲ类银行账户的限制，客户不能通过直销银行账户存取现金，必须绑定同名银行卡才能购买理财产品。[1] R

1 中国人民银行 . 关于改进个人银行账户服务加强账户管理的通知 [Z].2015-12-25.

# 直销银行监测报告

据 BR 互联网金融研究院监测，截至 2015 年 12 月 31 日，中国上线的直销银行总数为 57 家。用户主权时代来了，传统银行不得不加快“使用互联网与用户连接”的步伐，如今“大象也要去冲浪”。不过，对直销银行及其产品 180 天的监测发现，“宝宝”类产品同质化严重，而存贷款业务发展滞后。传统银行如何打造适合自身的互联网发展战略，是一个不断探索的过程。

自 2013 年 9 月北京银行与其境外战略合作伙伴荷兰 ING 集团联手推出中国第一家直销银行以来，直销银行在中国迅速发展起来。据 BR 互联网金融研究院监测，截至 2015 年 12 月 31 日，中国上线的直销银行总数为 57 家。

不过，直销银行虽发展迅速，但渗透率较低。从手机端的下载量看，除了民生银行直销银行拥有几十万次的下载量外，其他直销银行只有几千次或几万次的下载量，而传统银行的手机银行却能达到上亿次的下载量。

## 类余额宝产品同质化严重

类余额宝产品，加少量银行理财产品，是目前流行的直销银行产品配置模式。其中，类余额宝产品可以称为“标配”。

据 BR 互联网金融研究院监测，截至 2015 年 12 月 31 日，中国 57 家直销银行中的 41 家，拥有一个或多个类余额宝产品，类余额宝产品总数为 51 个。

从 2015 年 7 月 5 日开始至 2015 年 12 月 31 日，BR 互联网金融研究院对中国 39 家直销银行的 48 个类余额宝产品进行了 180 天的监测，并根据其 7 日年化收益率的均值进行排名。

榜单显示，“微众活期 +”以 3.837% 的 7 日年化收益率平均值位居榜首。“微众活期 +”自 2015 年 8 月 23 日开始至 9 月 30 日，7 日年化收益率一直保持在 4% 以上。兰州银行直销银行“百合银行”的“百合宝”以 3.641% 的 7 日年化收益率平均值位居第二，该产品从 9 月 8 日到 9 月 14 日持续保持了 9.0% 以上的收益率。而恒丰银行直销银行“一贯银行”的“一贯货币基金”以 1.604% 的 7 日年化收益率均值暂居最后一名，这款产品对接的基金与天弘余额宝货币基金来自同一家基金公司。

与余额宝相比，在 BR 互联网金融研究院监测的 48 个直销银行类余额宝产品中，7 日年化收益率均值高过余额宝的有 27 个，低于余额宝的有 21 个。余额宝 180 天的 7 日年化收益率均值为 3.068%。

根据 BR 互联网金融研究院 180 天的监测，含余额宝和“微众活期 +”在内的共 50 个产品，没有产品的 7 日年化收益率平均值超过 4.0%。平均值在 3.0% 以上的有 40 个产品，只有 10 个产品的平均值低于 3.0%，前 40 个产品的最高平均值与最低平均值之间的差值为0.833%。可见，无论是银行系“宝宝”还是第三方支付系“宝宝”，由于对接的都是货币基金，其收益率长期看相差都不会太大。

而“宝宝”类产品的用户黏性有很大一部分是看入口与客户的关联度，比如谁的支付环节离用户更近。第三方支付系的“宝宝”类产品均将支付简化并嵌入到社交、购物等刚需中，最大化地与用户生活对接，支付宝背后有淘宝，理财通背后有微信。可见，在用户连接方面，互联网企业具有天然优势。

此外，“标配”产品银行系“宝宝”同质化竞争严重，用户很容易被另外提供更高收益的“宝宝”类产品带走，用户黏性受到巨大考验。而直销银行的存贷款业务则一直发展滞后。直销银行的产品特点难以支撑其竞争力。

## 存贷业务发展滞后

类余额宝产品只是吸引客户的入门级产品，如果要通过直销银行来增加盈利，支撑大象们的互联网冲浪之梦，这也许是不够的。

就美国的直销银行而言，发展了十多年后，最终还是靠吸引存款和贷款来盈利，例如 Ally Bank、American Express Bank 等，都通过提供比传统银行更高的年化存款利率来吸引存款。而汇丰银行更是通过在美国成立直销银行汇丰 Direct 来挽救其发展滞后的存款规模。

同时，国外的直销银行也专注于贷款，例如，Ally Bank 一直专注于汽车行业的贷款，曾经风光一时的 CIT Bank 向 2000 多家零售商、共 30 万家门店提供贷款。著名的全球性直销银行 ING Direct，目前在加拿大的存款是 270 亿美元，是加拿大第七大存款银行和第六大贷款银行。

另外，在市场定位上差异化也能促进直销银行盈利，比如，巨头 ING Direct 严格将目标客户定位在 30~50 岁、对利率敏感且有网络购物习惯的中产阶层。Barclays Bank Delaware 以信用卡业务为主。但是，始终都没有脱离传统银行的本质——存贷业务。

值得注意的是，市场定位的差异化并不等于需要将理财产品过分差异化，比如针对每个不同的客户配置完全不同的理财产品。理财产品本身的过分差异化导致产品结构复杂化，使得直销银行成本激增，反而导致了美国部分直销银行的失败，比如 Wingspan Bank 等。

## 探索独特金融互联网化战略

与国外的大环境不同，国内的直销银行必须要充分考虑国内客户的特点，设计适合国内国情、客户体验好的模式。国内直销银行面临着利率市场化程度低、贷款需要面签、支付功能受限等暂时不能突破的限制，无法发展出完善的模式。

除大环境外，直销银行也面临定位不明确的问题。从国外直销银行的经验来看，想要摆脱同质化严重的问题，除了依靠利率市场化的政策外，如何准确定位客户的需求，找到适合该直销银行服务的细分市场，是一个缓解同质化的方法。

直销银行面临的柜台面签问题，需要通过提高风控能力来解决。目前互联网金融的风控模式还没有形成体系，出台互联网式金融管理细则、加强风控体系十分必要，需要时间积累。

就直销银行的独立性而言，业界呼吁，直销银行是跨界于金融与互联网之间的一种业态，需要在独立机构的前提下，从组织架构、用人机制、激励策略、商业模式、运营体系、文化建设等方面，借鉴互联网金融企业的成熟经验，通过有别于传统银行的、完全市场化的运作来获得市场的认可。

直销银行在国内的出现是用户主权时代来临的产物，并无标准的成功模式可以复制。传统银行如何根据国情和自身优势，打造出独特的互联网发展战略，实现差异化发展，是一个不断探索的过程。

**表 3-2-4 直销银行类余额宝产品监测**

| | 银行名称 | 直销银行名称 | 类余额宝产品 | 平均值（%） |
|---|---|---|---|---|
| 1 | | “微众活期 +” | | 3.837 |
| 2 | 兰州银行 | 百合银行 | 百合宝 | 3.641 |
| 3 | 浙商银行 | 浙商银行直销银行 | 增金宝 | 3.587 |
| 4 | 东莞农村商业银行 | e 莞通 | e 基金 | 3.461 |
| 5 | 上海银行 | 上行快线 | 快线宝 | 3.444 |
| 6 | 上海农商银行 | 上海农商银行直销银行 | 鑫 e 宝 | 3.444 |
| 7 | 徽商银行 | 徽常有财 | 聚宝盆（国寿） | 3.403 |
| 8 | 重庆农商行 | 江渝儿 | 江渝基金宝 | 3.383 |
| 9 | 广发银行 | 有米 | 慧存钱 | 3.381 |
| 10 | 郑州银行 | 鼎融易 | 薪添利 | 3.346 |
| 11 | 光大银行 | 阳光银行 | 阳光宝 | 3.342 |
| 12 | 晋城银行 | 小草银行 | 微袋宝 | 3.331 |
| 13 | 郑州银行 | 鼎融易 | 日添利 | 3.331 |
| 14 | 民生银行 | 民生银行直销银行 | 如意宝（民生加银） | 3.266 |
| 15 | 潍坊银行 | 风筝银行 | 筝飞 e 盈 | 3.259 |
| 16 | 攀枝花市商业银行 | 芒果银行 | 芒果宝 | 3.258 |
| 17 | 杭州银行 | 杭银直销 | 幸福添利 | 3.245 |
| 18 | 平安银行 | 平安橙子 | 平安盈（大华） | 3.237 |
| 19 | 徽商银行 | 徽常有财 | 聚宝盆（华安） | 3.237 |
| 20 | 华夏银行 | 华夏银行直销银行 | 普惠基金宝 2 号 | 3.237 |
| 21 | 长沙银行 | e 钱庄 | 添现宝 | 3.228 |
| 22 | 民生银行 | 民生银行直销银行 | 如意宝（汇添富） | 3.220 |
| 23 | 浦发银行 | 浦发银行直销银行 | 现金宝 | 3.214 |
| 24 | 晋商银行 | 晋商银行直销银行 | 晋财宝 | 3.122 |
| 25 | 广东南粤银行 | 南粤 e+ | 南粤 e 盈 | 3.087 |
| 26 | 浦发银行 | 浦发银行直销银行 | 普发宝 | 3.083 |
| 27 | 江苏银行 | 江苏银行直销银行 | 开鑫盈 | 3.074 |
| 28 | 上海银行 | 上行快线 | 上银基金慧财宝 | 3.072 |
| 29 | | 余额宝 | | 3.068 |
| 30 | 常熟农商银行 | 燕子银行 | 妙算 | 3.066 |
| 31 | 中国工商银行 | 工银融 e 行 | 工银瑞信薪金货币市场基金 | 3.061 |
| 32 | 江南农村商业银行 | 江南农村商业银行直销银行 | 江南盈 | 3.061 |
| 33 | 兴业银行 | 兴业银行直销银行 | 兴业宝（大成增利） | 3.043 |
| 34 | 兴业银行 | 兴业银行直销银行 | 兴业宝（华福货币） | 3.035 |
| 35 | 包商银行 | 有氧金融 | 氧气宝 | 3.026 |
| 36 | 河北银行 | 彩虹 bank | 日日添金 | 3.010 |
| 37 | 北京银行 | 北京银行直销银行 | 慧添宝 | 3.008 |
| 38 | 平安银行 | 平安橙子 | 平安盈（南方） | 3.004 |
| 39 | 重庆银行 | 重庆银行直销银行 | 聚利宝 | 3.004 |
| 40 | 西安银行 | 新思路 Bank | 丝路宝 | 3.004 |
| 41 | 北京农商行 | 凤凰直销 | 凤凰宝 | 2.966 |
| 42 | 南京银行 | 你好银行 | 鑫元宝 | 2.964 |
| 43 | 渤海银行 | 好 e 通 | 添金宝 | 2.959 |
| 44 | 珠海华润银行 | 华润直销银行 | 润日增 | 2.939 |
| 45 | 中国工商银行 | 工银融 e 行 | 工银瑞信添益快钱货币 | 2.937 |
| 46 | 齐鲁银行 | 齐鲁银行直销银行 | 齐鲁钱包 | 2.930 |
| 47 | 华夏银行 | 华夏银行直销银行 | 普惠基金宝 1 号 | 2.847 |
| 48 | 兴业银行 | 兴业银行直销银行 | 兴业宝（兴业货币） | 2.698 |
| 49 | 齐商银行 | 齐商银行直销银行 | 齐乐宝 | 2.678 |
| 50 | 恒丰银行 | 一贯 | 一贯货币基金 | 1.604 |
| 51 | 乐山商业银行 | 快乐银行 | 乐宝宝 | # |
| 52 | 成都农商行 | i 邦银行 | i 邦宝 | # |
| 53 | 海口联合农商银行 | 海口联合农商银行直销银行 | 快鱼宝 | # |

注：①据 BR 互联网金融研究院监测，截至 2015 年 12 月 31 日，中国上线的直销银行总数为 57 家。其中，41 家直销银行拥有一个或多个类余额宝产品，类余额宝产品总数为 51 个。②本榜单监测了自 2015 年 7 月 5 日以来 48 个直销银行类余额宝产品（来自 39 个直销银行），以及余额宝和“微众活期 +”（自 8 月 24 日）的 7 日年化收益率变动情况，按其均值进行排名。③ # 表示暂未监测。④暂无类余额宝产品的直销银行有：湖北银行“天空银行”、桂林银行“桂林银行直销银行”、沿海银行“沿海银行直销银行”、南昌银行“金 e 融”、广州农商行“赢家 e 站”、宁波通商银行“宁波通商银行直销银行”、南洋商业银行“智慧金平台”、尧都农商行“e 融九州”、台州银行“大唐 e 家”、江苏长江商业银行“长江直销银行”、襄垣农商银行“金斗云”、青岛银行“财富 e 屋”、鹿城农商银行“富民融通”、浙江稠州商业银行“浙江稠州商业银行直销银行”，共计 14 家。

## （四）手机银行的主要模式

根据最终业务主导的主体不同，将手机银行分为银行主导型和非银行主导型。

### 1. 银行主导型

银行 + 客户的模式。该模式指传统银行主导下的手机银行。传统商业银行利用自身在银行账户管理和支付领域的经验，进行业务（主要是非现金业务和不涉及实物单证的业务）延伸，是对已有客户的增值服务，可视为网上银行的手机化。银行主导型手机银行发展较早，占绝大多数，在发达国家比较普遍。在此类模式中，客户直接与银行签订合约，开设银行账户，并且将手机号码与银行账户绑定；移动运营商作为银行的代理商，只提供运营平台和技术支持，充当客户与银行之间的桥梁，收取一定的流量费和金融机构支付的专网使用和租赁费。在此类模式中，现金业务需要到网点办理，所以在网点密集的城市比较适合此类模式。

根据实现方式的不同，银行主导型手机银行可进一步细分为以下三种模式[1]：

基于 WAP 的模式。通过手机自带或内嵌的 WAP（Wireless Application Protocol）浏览器访问银行网站，即利用手机上网处理银行业务的在线服务。客户端无须安装软件，只需开通 WAP 服务。这种模式兼容性很高，但受制于手机上网速度，同时在满足客户体验方面缺乏吸引力。

基于客户端的模式。这种模式是将手机银行的客户端软件安装到客户手机界面，客户通过操作客户端软件访问手机银行。基于客户端的模式能够为客户提供银行特色服务，有效满足客户体验需求，但是需要银行不断开发新的客户端程序来适配不同款式的手机，运行成本较高。

基于短信的模式。短信模式是指银行按照客户通过手机短信发送的指令，为客户办理查询、转账、汇款、捐款、消费、缴费等业务，并将交易结果以短信方式通知客户的金融服务方式。短信方式门槛较低、操作简单，但是安全级别较低，抵抗风险的能力偏弱，并且功能有限，难以实现交互业务。

菲律宾的 SMART Money 是典型的银行主导型手机银行，由 BDO 银行与 SMART 手机运营商合作于 2000 年推出。客户与银行直接建立合约，但部分业务也外包给 SMART 公司，如产品营销、账户开立等。SMART Money 一方面可以进行转账、支付等业务，同时也可以通过其联合银行的 ATM 机存取款，此外，还提供了小额贷款、小额交易等微观金融项目。通过与万事达的合作，SMART Money 使得自身用户能够在海外获得移动理财业务，如海外汇款等。不可否认，移动运营商在其中起到了非常重要的作用，但是由于客户是与银行直接建立的合约关系，所以这种模式仍以银行为主导。

1 庾力，陈继民，王琪．中国手机银行发展：现状、问题及对策 [J]. 西部金融．

## 2. 非银行主导型

非银行机构 + 零售代理商 + 客户的模式。其中，非金融机构包括移动运营商、第三方支付公司等，但以移动运营商为主的模式目前发展最成熟，优势最明显。

移动运营商利用自身在通信技术、市场网络、销售渠道、客户资源、品牌知名度等方面的优势，将手机银行业务直接建立在现有基础设施上，直接利用现有移动通信业务的分销渠道。移动运营商直接与客户发生交易，其本身的零售代理商则可充当手机银行的零售代理商。移动运营商采用两种方式来管理账户，一种是将客户的移动支付账款直接记入移动话费账单；另一种是开设单独的虚拟交易账户用于储存电子货币。

零售代理商安装POS设备，通过电话线、无线网络、卫星技术与银行、运营商连接并交换信息。客户在代理商处向虚拟账户中存入现金之后，代理商从自身的银行账户 / 虚拟账户里扣除等量金额，以增加客户的虚拟账户的账户金额。通过这种渠道，客户即可轻松实现支付、转账、存取款等一系列功能，免去了频繁往返移动运营商的劳顿之苦。零售代理商需要频繁前往运营商，以平衡收支差额。商店经理承担了平衡社区净现金需求的烦琐任务，其主要收益由两部分构成：一是从商家获得每笔交易的服务费；二是从消费者获得的通信费，包括短信费、流量费等。

移动运营商主导的手机银行模式对于金融发展具有革命性意义，它使得那些没有享受到任何金融服务的人们能够通过手机实现与银行的对接，能够更好地满足金融包容的需要，因此在欠发达地区比较普遍。

由于非洲国家不完善的金融机构和人民对金融服务的基本需求，此类手机银行模式首先在非洲国家出现。肯尼亚的 M-PESA，由 Safaricom 于 2007 年推出。最初推出时仅仅提供手机转账业务，便于没有银行账户的小额贷款者用话费进行收款和还款；在后期扩张时以“把钱寄回家”为营销点，成为没有银行卡的手机卡用户的汇款工具，满足了肯尼亚大量从城市汇款到乡村的需求（此类汇款占肯尼亚国内汇款总额的 70%）。目前，M-PESA 已经成为全球接受度最高的手机支付系统，在肯尼亚的汇款业务已超过该国所有金融机构之和[1]。

M-PESA 主要针对没有银行账户的客户，通过将金融服务应用集成到手机 SIM 卡中，不仅能满足小额转账汇款、话费充值等非现金业务，还可满足存款、取现等现金业务。M-PESA 具有完善的树形网络营销代理系统，代理机构主要包括三类：一是分布在居住密集区的加油站、超市等小型店铺零售商；二是具有较多经营网点的品牌运营商；三是部分有较强合作意愿的银行和小微金融机构。同时，M-PESA 客户协议规定，Safaricom 不对代理商提供的服务做任何保障，不承担任何责任。

1 谢平．互联网金融报告 2014——通往理性繁荣 [R]. 博鳌观察，2014.

表 3-2-5　手机银行模式主要特征比较

| 特征 | 银行主导模式 | 非银行主导模式 |
|---|---|---|
| 监管主体 | 金融监管当局 | 移动运营商和金融监管当局 |
| 功能 | 附加服务 | 变革传统型服务 |
| 存款持有主体 | 银行 | 银行 |
| 现金交易点 | 银行 | 移动运营商等非银行机构 |
| 主导品牌 | 银行 | 移动运营商等非银行机构 |
| 服务对象 | 限于银行账户持有者 | 用户 / 普通接入 |
| 载体 / 网关 | 任意 | 电信运营商 |
| 客户拥有主体 | 银行 | 移动运营商等非银行机构 |
| 案例 | SMART Money（菲律宾）；MTN（南非）；SBI 与 ICICI（印度） | M-PESA（肯尼亚）；Celpay（赞比亚）；G-Cash（菲律宾） |

资料来源：课题组整理

## 二、银行电商

银行电商是银行以自身专业化金融服务为依托建设的电子商务平台，集资金流、信息流和物流为一体，为客户提供信息发布、在线交易、支付结算、分期付款、融资贷款等全方位的专业服务。目前，多家银行的电商平台已经上线，例如交通银行的“交博汇”，旨在通过商品馆、企业馆、生活馆、金融馆四馆的业务联动，覆盖企业及个人电子商务的综合需求。工商银行的“融 e 购”平台将自身定位为“集商贸信息撮合、商品在线交易、金融增值服务为一体的电子商务平台”，打造消费和采购平台、销售和推广平台、支付融资一体化的金融服务平台“三流合一”的数据管理平台。

### （一）主要模式

#### 1. 平台类型

根据银行电商平台侧重的营销类型，可将其分成以下三类：

“高大全”的综合型平台，将 B2B 与 B2C 交易相结合。B2B 企业商城面向企业客户，提供询价、比价、批发下单业务；B2C 个人商城服务面向个人客户，客户可以登录网上商城购买产品。综合型平台具有运营成本“高”、网站规模“大”、商品品类“全”的特点。此类平台同时具有线上资信评估和在线融资的功能，还提供在线理财、公共缴费、企业收款、行业资讯等全方位金融服务，其服务对象和金融产品种类呈多样化发展。

综合型平台以建设银行的善融商务为代表，其企业商城是同业中设计较为完善的，为平台商户提供全流程服务，包括行业资讯、专家咨询、专业市场推荐的咨询服务，询价、报价、比价下单的采购互动服务，以及在线贷款的融资服务。另外一个代表是工商银行的“融 e 购”，该平台在 2014 年 1 月正式上线，主要销售金融、家具装饰、箱包皮具、服装配饰、农资农具等将近 20 种商品类型，以积分抵现、可贷款购物、高品质、登录便捷作为优势，是一个比较成熟的银行电商平台。

“小而美”的导向性平台，侧重B2B商务模式。谋求双边平台的协同效应，目的在于促成交易并从中收取费用，为平台双方提供信息咨询、供应链管理、多渠道支付结算、云服务和营销平台等多方面综合信息服务。利用自身的客户资源和支付便利，切入某个细分领域，带动交易量提升，帮助第三方商户提升交易量，与此同时吸引客户消费，并带动周边金融产品的销售。

网上再造型平台，侧重针对本行客户的B2C模式。该模式是将传统银行的金融服务移至线上，以网上商城的形式为客户提供个人支付、信用卡服务等，一方面满足了客户网络金融服务的需求，另一方面能够从中挖掘新的网络渠道客户资源。不过其服务对象、业务产品和支付结算等较为单一。

## 2. 双边平台特征

电子商务平台在商务活动中扮演着交易中介的角色，具有典型的双边市场特征。银行电商平台一端连着大量入驻平台的商家，平台为他们提供网上零售的基础服务；另一端连着广大消费者，平台为他们提供商品展示的窗口，以及商品与商家搜索的接口。双边平台具有以下特征：

一是交叉网络外部性，即平台一边的用户从平台获得的效用取决于平台另一边用户的数量。首先，买家看重平台卖家的服务质量和商品数量，电子商务平台的卖家越多，就越容易形成公平竞争的氛围，平台上提供的产品就越丰富，买家就越能获得更优质的服务和更好的用户体验；其次，卖家也看重平台买家的数量，因为平台买家数量大可以直接帮助卖家提升销量。

二是非对称定价，双边平台的用户需求，不仅受到价格总水平的影响，还受到价格结构的影响。平台的非对称定价是指对获得网络效用较低的一方免费，对获得网络效用较高的一方收费。银行电商目前一般采用单边收费的价格模式，即对入驻平台的商家收取服务费，而对接入平台的客户（个人客户或企业客户）只需要注册就可以，不收取任何费用。这主要是基于商家和消费者对于平台服务价格的需求弹性的差异而采取的策略。商家对于平台服务价格的需求弹性较低，对价格不敏感；而顾客对于平台服务价格的需求弹性较高，对价格变动比较敏感。银行电商平台采取的卖家收费、买家免费的非对称定价策略，有利于平台交易规模的提升。

三是需求互补性。双边市场平台两边的用户之间存在着相互依赖性与互补性。平台的价值体现在建立了双边用户之间的匹配关系，利用平台每一边的用户都能找到有相互需求的另一方，但如果平台任何一边的用户不在了，那么另一边的用户也会由于找不到匹配的对象而自动离开，平台也就失去了意义。

## 3. 产业链

银行电商不是一个孤立的产业或系统，而是一个产业带动性强、辐射面广的产业链，其本质上是协同商务。银行打造的电子商务平台把客户和商家有机整

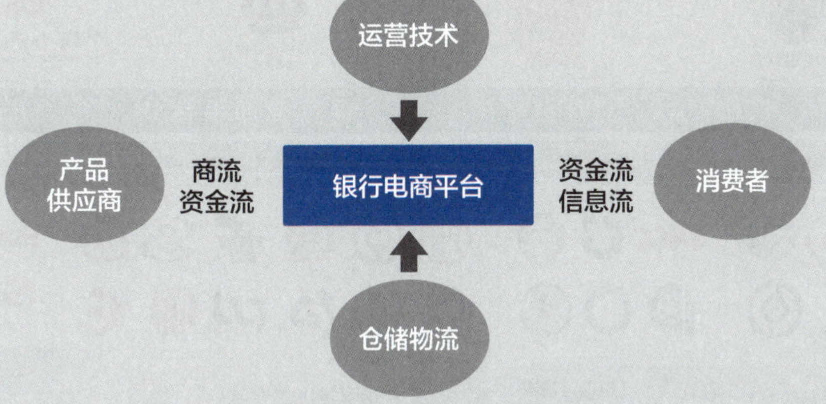

图 3-2-4 银行电商平台产业链

资料来源：课题组整理

合在一起，加强对产品质量的控制；电商平台自身为供应商、消费者提供网络支付和信用融资服务，将结算链条内化，有利于资金沉淀；将物流服务外包，与快递厂商结成合作联盟，实施模块化治理，最终实现了资金流、信息流和物流的有机统一。如图 3-2-4 所示，银行电商的产业链由产品供应商、银行电商平台、电商平台服务商、入口流量平台等组成。

产品供应商如线下的零售商、批发商或制造商，是整个电子商务活动的起点，商品的提供者。电商平台给产品供应商提供了很多机会，金融产品的供应商如基金公司、保险公司等，可以借此机会获得稳定的银行用户，增加销售渠道，提升整体销量；其他品牌商可以加深与银行在产业链金融领域的合作，获得相对稳定的融资机会，提升企业资金的运转效率。

银行电商平台是整个产业链的核心，是整个电子商务活动的领导者和协调者。银行电商负责管理入驻的商家，集成网络支付服务，与消费者进行商品信息、物流信息和支付信息的沟通，外包物流业务把商品送达消费者手中。在这个过程中，商业银行还可线上销售自有金融理财产品，获取收入；提供商户接入的入口，获取注册费、交易佣金；银行同时还是平台支付服务的提供商，收取手续费或融资利息。

比如，为达成企业供应链的高效协同，建设银行善融商务开发了善付通产品，目前有支付、融资、数据化决策、信息共享功能，解决核心企业与其上下游企业间交易与首付款环节分离造成的流程复杂等问题，帮助上下游企业进行业务互动、信息传递，降低管理成本。

电商平台服务商，包括运营平台、技术提供商和仓储物流服务商，提供一体化服务。运营平台如 99 无限、宝尊等帮助银行电商化平台建设及运营；技术提供商如 IBM 提供技术服务；如百思特提供营销推广、客户服务等服务；各大物流公司进行仓储物流周转，是电子商务活动得以实现的载体，其时效性影响着整个电子商务活动完成的速度，服务质量是评估整个电子商务服务质量的关键。

入口流量平台，包括搜索引擎、导航网站、社区生活网站如返利、比价网等，有助于提高银行电商平台曝光度，辅助消费者购买，提升银行电商平台交易量。图 3-2-5 列举了各大服务商品牌。

图 3-2-5 产业链环节中各大服务商品牌

资料来源：中国电子商务研究中心 .2015 年中国银行电子商务产业链趋势报告 [R].2015.

4. 银行动机

银行做电商平台的动力，一方面在于发展中间业务，进一步提升非利息收入，使其收入来源更加多元化；更重要的一方面是从客户源头抓起、从金融服务入手，打造闭环的金融生态环境，建立以自身为中心的电子商务价值链。

通过电商将结算的链条留在银行内，将线下金融服务渗透到交易全过程中。银行电商以客户资源和品牌资源为依托，让个人客户和企业客户在银行自身的平台上完成电子商务交易，所有的资金流动都在银行内部系统里完成，如此能够增加中间业务收入、扩大存款规模。

银行配套提供银行金融服务，其贷款业务渗透到产业链的每一个环节：为生产商提供贷款，为运输商提供贷款用以支付运费，为经销商提供贷款，为消费者提供贷款。例如，善融商务企业商城的融资中心提供“e联通”“e速通”“e贷款”“e点通”等产品，为入驻企业、客户提供融资服务。其中“e点通”是其与供应链上的核心企业合作，整合双方资源，通过受让核心企业上游供应商对核心企业供货/提供服务所产生的应收账款，为核心企业遍布全国的上游供应商提供“一点接入，全国共享”的全流程网络保理服务。交易的结算回笼资金在银行，转化为沉淀资金，能对银行负债业务产生拉动效应；通过提供贷款服务，银行能收到风险很小的贷款利息的收益，增加客户黏性。

通过平台积累的大量数据，开发并且推广针对个人和中小企业的金融产品。过去银行处在电商产业的最末端，支付交易手续费由第三方支付机构决定，并且，银行无法获得最重要的交易明细数据。例如，银行只知道自己的用户在支付宝花了 150 元，却不知道这 150 元是买了什么东西。银行通过电商平台，掌握第一手交易记录，能够更好地了解个人客户的消费习惯以及企业客户的营业状况，加深对其客户属性等相关信息的掌握，提升其客户的黏性、体验度和活跃度，并能更精确地锁定客户源。对内，经过分析处理的企业经营数据可提供给行内的相关业务部门进行更贴近市场的产品开发和服务；对外，向企业客户，甚至是同业提供金融产品及咨询服务。

通过和客户在支付结算和传统银行业务结算的信息对接，掌握客户信息，实现实时线上授信。电商平台是一种低成本、大规模和高效率获取客户信息的渠道，在此基础上，实现平台在信息汇聚与架构设计上的完善优化，分析信息进而把握需求，才能有针对性地创新金融产品和提供金融服务，实现线上交易与线下金融的对接融合。

通过引入入驻商户，为银行金融服务拓展目标客户。以往，营销企业成为银行金融服务客户较难，但借助银行电商品牌，可以抢先攻占市场，先行挖掘具有电商信贷需求的企业客户，用优质的电商信贷服务增加客户黏性，进而推广传统金融服务。例如，工商银行的电商平台“融 e 购”，据悉，其入驻商户中超过 20%是首次在工商银行开设对公结算账户的新增企业用户。

## （二）竞争策略

### 1. 定价策略

电商平台的定价模式可分为注册费与交易费两种。前者是指用户加入平台所需一次性支付的固定费用，用来调节该边用户的规模；后者是指双边用户在平台上进行交易时按交易量支付的抽成，可用来调节平台的交易量。接入费与交易费的结合即为二部定价。银行电商对接入的商家收取一次性注册费，且按交易额收取交易佣金，就属于二部定价法。

这种定价法充分利用了平台在促成交易上的优势，有助于完成平台价值和利润最大化。对于银行电商而言，能在提高用户黏性的同时提升买卖双方的匹配效率，进而提高交易转化率；对于商家而言，所支付的费用由注册费加上与收入成比例收取的交易佣金构成，费用与投资额的关系更确定，因此营销投资回报率更确定。由于银行电商的双边平台特征，银行采用了非对称定价策略，在消费者一边通过制定低价来吸引客户，而在商家一边则通过收取费用获取主要利润。

## 2. 价格竞争

价格行为是指企业提供有竞争力的价格，或者改变自有商品价格来灵活应对竞争对手的价格变化，从而获得较高的市场份额或市场利润。现如今，银行电商的用户基数不稳定，竞争格局未成形，价格竞争是现有格局下吸引流量的重要手段。

商户端方面，入驻商家服务费分为注册费和提成佣金两部分，根据多家银行电商的在线客服介绍，入驻服务费用根据各分行规定的不同而有较大差异，而佣金则根据销售类别的不同为 3%~12% 不等，不同银行电商平台的佣金水平也存在差异。

## 3. 差异化服务

银行电商的收益模式类似，收益主要由入驻商家服务费、广告费以及融资服务的金融收益三部分构成。由于平台间的品牌知名度和服务质量受到商业银行品牌知名度以及平台规范程度的影响，所以作为银行电商，需要扩大宣传，提升服务质量，打造品牌知名度，但同时，银行电商平台也可以借助金融平台的用户优势，增强电商平台的用户匹配率，实现更个性化的服务，提升平台整体的网络效应。以 B2B 交易平台为例，一些银行电商致力于打造集信息在线展示、交易在线撮合、资金在线结算为一体的综合性平台，根据企业的经营管理特征设计流程化金融服务方案，以提供差异化服务。

## 4. 前景分析

国内银行电商在近几年发展迅猛，用户也在逐年增长。但是银行电商与专业的电商网站相比，仍有一定差距，这也体现了银行电商发展面临的瓶颈。主要表现在以下几点：

第一，售前服务不够人性化。银行系电商大多数仅提供交易平台，不提供自营服务，因此未对各个商铺的客服服务进行统一、规范化管理。以工商银行“融 e 购”为例，其网上列示的客服电话为各个商铺的名称、公司名称和服务电话，未按首字母或产品将商铺分类，想要寻找到一家特定的商铺极其困难；每个商铺的客服服务质量也良莠不齐，容易出现客服服务不到位的现象。而专业的电商网站，由于采取对商铺规范化的信誉评价体系，客服服务一般更为热情、主动，处理问题的效率也较高。

第二，售后服务差强人意。售后服务包括退换货、退换货费用、售后态度及效率，等等。比如工商银行的“融 e 购”和建设银行的“善融商务”均表示不接受无理由退货，相比部分专业电商网站的“七天内无理由退货”、提供运费险等服务，银行系电商平台的售后服务仍有很大的改进空间。

第三，付款方式较为局限。一般银行电商的付款方式仅支持本银行网银支付，比较烦琐，而且将客户限制在银行已有客户范围内，因此，与专业电商网站快捷多样的支付方式相比有一定差距。

此外，银行电商在网站性能、产品丰富度、物流速度、信息通知、与客户联系的主动性方面都与专业的电商网站有一定差距。

随着银行电商的发展，银行电商模式已经被越来越多的消费者，特别是银行客户认可，银行电商平台也越发专业、成熟。银行电商网站的优势：首先，银行的品牌优势使得用户对电商平台产品质量的信任感较强；其次，有银行的专业技术作为支撑，在银行电商网站购物，资金安全可以在很大程度上得到保障；再次，银行电商有丰富的客户资源，大大减少了营销成本；最后，用户可以用已有的个人网银、手机银行、银行账号直接登录，实现了账号的整合。

未来，银行电商可以销售一些优势产品。比如，可以提供金融产品，避免与一般电商平台同质化；提高服务质量，以客户为中心，以客户消费更便捷、更省心为目标，为平台用户提供更为人性化、更贴心的服务，提升用户体验，增强客户黏度；实现一条龙服务，使购物、支付、社交等服务的互相支撑与无缝对接；充分利用银行现有信息资源，加强客户信息的收集与分析能力，使得大数据为客户挖掘、客户维护、产品创新、企业运营而服务。银行电商如果能够扬长避短，发展前景仍然比较广阔。

## 第二节 证券业的互联网化

### 一、互联网证券的主要模式

网络证券分为狭义和广义两个层次。狭义的网络证券指证券交易电子化；广义的网络证券是在证券交易电子化的基础上延伸和扩展出来的证券商业网络化，其最终目的是通过互联网和移动互联网建立一套完整的线上商业模式，实现客户开发和维护、营销、交易、清算结算等所有商业活动的完全在线化[1]。

本节所要研究的网络证券是广义的网络证券——证券商业网络化。

#### （一）国外模式

根据利用互联网深度的不同，可以将国外网络证券的模式分为以下三种：E*Trade 模式、嘉信模式和美林模式。

#### 1.E*Trade 模式

E*Trade 公司于 1982 年成立，为金融企业提供信息服务。在为证券公司提供服务的时候，开始熟悉证券业务流程。在获得证券牌照之后，公司开始为投资者提供经纪和投资咨询服务。

E*Trade 公司的优点是交易成本低，其佣金费率属于同服务水平中佣金费率最低的证券公司之一，平均每笔佣金仅约 10 美元。主要原因是 E*Trade 公司有较强的技术开发能力、便捷的网上交易通道，同时未设立实体营业网点，客户可以在线上提供需求和订单，由 E*Trade 公司根据订单提供服务。目前，E*Trade 网站已经成为全球最大的个人在线投资服务站点，客户已经遍及全球 100 多个国家。而 E*Trade 公司的缺点在于提供的投资咨询服务也较为简单，缺乏长期积累的投资顾问和客户群体。

#### 2. 嘉信模式

嘉信理财于 1971 年成立，主营证券经纪业务。1975 年，美国证监会（SEC）开始在证券交易中实行议价佣金制，嘉信理财抓住机会，把自己定位成为客户提供低价服务的折扣经纪商，获得了初期的发展。1979 年，

1 林采宜，杨超 . 互联网如何改变证券业的商业模式 [R]. 中国金融四十人论坛，2015.

公司意识到计算机电子化的交易系统将成为业界主流，因此投资建立了自动化交易和客户记录保持系统。20世纪90年代中期，嘉信理财推出基于互联网的在线理财服务，但嘉信理财和E-Trade公司不同，不是纯粹的网络证券公司，嘉信理财还通过店面为投资者提供服务。

嘉信模式的典型特点是中等服务和中端收费，目标客户群主要集中在中小客户，尤其是有成为高净值潜力的中小客户。针对这一类客户的价格敏感度和风险偏好，嘉信理财推出佣金费率更低、用户体验和品质较好的投资者咨询服务。通过将专业理财咨询服务的优势与低廉的交易佣金率相结合，嘉信理财迅速在市场竞争中脱颖而出，曾一度成为全美第一大证券公司。

### 3. 美林模式

美银美林集团是全球规模最大的金融机构之一，2008年9月由美国银行收购美林证券合并而成。在证券业务方面，该公司聚焦于高净值客户和机构，通过强大的投资研究和产品开发能力并结合市场需求为客户提供多项高收益服务，利用自身完善的营销渠道、强大的产品服务平台和资源持续投入来保持差异化竞争优势，并最终实现利润创造。从2000年开始，美林不再接受10万美元以下的客户开户，并逐步将开户标准提高到25万美元，后提升至50万美元。依据服务内容的不同，美林向客户收取不同的费用，一般平均每笔交易收取费用高达100~400美元。

虽然美银美林利用互联网的程度不及E*Trade公司和嘉信理财，但它的网络经纪业务有很多客户，主要原因是基础实力雄厚，能够为客户提供高收益服务。

国外网络证券模式对比，见表3-2-6。

**表 3-2-6 国外网络证券模式对比**

| | E*Trade 模式 | 嘉信模式 | 美林模式 |
|---|---|---|---|
| 经纪业务模式 | 折扣经纪商 | 折扣经纪商 | 全方位经纪商 |
| 目标客户群 | 中小客户为主 | 中小客户为主兼顾大客户 | 大客户为主 |
| 交易方式 | 网上交易为主 | 实体营业部与网上交易并重 | 实体营业部 |
| 佣金标准 | 低 | 中 | 高 |
| 信息咨询 | 广泛合作，提供网上财经咨询 | 较丰富的投资咨询信息 | 丰富的投资咨询信息 |
| 信息来源 | 外部研究 | 内部研究和外部研究 | 内部研究 |
| 核心优势 | 丰富的金融信息，便捷的网站设计，低成本、低佣金 | 线上线下综合发展，较低佣金 | 强大的研究咨询力量与众多经验丰富的投资顾问 |
| 客户拥有主体 | 先进的IT技术、较高的网络普及率、丰富的品种和信息来源、成熟的资本市场和相对宽松的监管模式 | 具有一定数量的有形网点、先进的IT技术、较高的网络普及率、成熟的资本市场和相对宽松的监管模式 | 众多经验丰富的投资顾问、强大的研究咨询能力、成熟的资产市场 |

资料来源：课题组整理

## （二）国内模式

### 1. 自建电商平台模式

自建电商平台是提供全方位、多渠道、个性化的全面服务的技术平台。该平台是集交易、理财、服务、管理于一体的金融服务平台，可以优化服务流程、整合服务资源、统一产品发布，实现对渠道、客户、服务产品、营销服务活动、过程控制的全面管理，深度挖掘客户行为数据实现精准营销。该模式投入产出较高，并且先发优势容易转化为品牌效应。其缺点是：如果该电商平台缺少流量支撑，则效用无从谈起。在互联网上，要卖出东西首先要有用户，但是对于一个新平台来说，前期可能需要投入较多营销费，用以发展客户和提高流量。

目前，中信证券、国泰君安、广发证券等证券公司已相继建成电商平台。下面以广发证券推出的易淘金平台为例，介绍自建电商平台模式。

“易淘金”平台是广发证券旗下专为零售客户打造的线上综合服务平台，是广发证券完全自主开发的电商平台。网站推出的主要功能包含网上理财、网上业务办理、网上开户、网上咨询等服务，为客户提供全方位购物体验。“易淘金”已实现逾1000个公募基金产品、29个广发资管产品、46款服务资讯产品的在线展示、导购、支付及结算，便于客户进行一站式购买；所有产品都提供了极尽细致的产品信息描述，帮助客户多维度、多层次地深入了解产品并进行投资决策；而关键字检索、代码检索、分类筛选等多样化的产品检索方式，以及基金比较、财富管理计算器等一系列线上淘金工具，则可以帮助客户进行专业理财规划。“易淘金”采用完全自主设计、自主开发的模式，为平台后续发展升级提供保障。

### 2. 进驻第三方电商平台模式

证券公司做互联网金融面临的主要问题是客户流量有限，品牌认知度比较低，进驻第三方电商平台，可以利用电商平台庞大的用户群，吸引更多的投资者关注、了解公司优质的产品和服务，提升网上销售业务能力。此外，进驻第三方电商平台可以拓宽证券公司营销渠道，加速互联网与金融融合，全面打造金融超市一站式服务，进一步在产品、服务和客户渠道方面得到有效扩展和改善。但类似淘宝、腾讯等第三方电商的客户群体与证券公司的目标客户存在比较大的差异。证券公司金融产品的目标客户是有理财需求的较富裕人群，与一般的零售客户群体存在差异。

2013年3月，方正证券正式宣布其天猫商城“泉友会旗舰店”开始营业，这是首家登陆第三方B2C电商网站的证券公司。其主要定位为业务展示及服务产品销售，推出的主要是服务产品，也就是整合公司优势资源为客户提供的收费增值服务，包含独家资讯、投资顾问服务以及自主研发、独具特色的泉友量化投资决策系列软件等。与传统的业务相比，“泉友会旗舰店”具备不限人群、不限时间地点、线上购买和线下跟踪服务等特点，有效地提升了证券公司的服务品质。在购买方式上，可通过阿里旺旺咨询店内产品，若有更深层次的理财需求，还可以通过在线客服人员预约方正证券专家级理财顾问，量身定做理财规划，或要求临近营业网点的工作人员上门服务，以期全方位、多角度地满足客户的不同需求。

### 3. 独立第三方网站模式

独立第三方网站模式是指网上服务公司、资讯公司和软件系统开发商等负责开设网络站点，为客户提供资讯服务，证券公司则在后台为客户提供网上证券交易服务。目前国内典型的第三方网站有同花顺、大智慧、东方财富等。同花顺和多家证券公司之间建立合作，客户可以通过“股票开户”功能完成开户，但其本身没有经营经纪业务的资格。如果需要证券交易，可以通过“添加新的券商”这一功能来实现。与同花顺不同，大智慧和东方财富通过收购证券公司获得全部证券业务的经营资格，本身具有经营经纪业务的资格。

这种模式的优点在于技术优势和信息优势。缺点在于，证券服务的内容和专业水平要得到客户的认同需要一段时间；此外，类似同花顺的第三方网站，由于没有证券经营业务的资格，很容易被认作非法经营证券业务。

## 二、互联网基金

互联网基金将互联网技术与传统基金销售相结合，改变了基金交易过程。互联网减少了信息不对称性，提高了基金销售的效率，降低了基金销售的成本。同时，互联网也降低了购买基金的门槛[1]。

### （一）主要模式

互联网基金销售主要有以下四种模式：

#### 1. 第三方支付平台模式

在第三方支付平台模式中，第三方支付平台与基金管理公司合作，共同推出基金产品，典型代表有支付宝、财付通、汇付天下、快钱等。根据 2012 年年底证监会发布的《基金销售机构通过第三方电子商务平台销售基金开展证券投资基金销售业务指引（试行）》规定，第三方电子商务平台必须保证本平台上的基金投资人账户已通过实名制验证。因此，在第三方支付平台购买理财产品首先需要实名认证，未实名认证的客户须通过银行卡认证。

基金公司与第三方支付平台合作有明显优势。基金公司可利用第三方支付平台的数据积累，降低客户挖掘的费用，实现精准化产品推介，同时，对流动性风险的预测可以帮助基金公司在减小风险的前提下，尽可能实现最高收益。此外，第三方支付平台在支付安全方面的成熟技术将帮助基金公司降低基金销售时的信息技术风险。

然而，该模式在基金公司和基金投资者之间增加了第三方支付平台这一中间方，使得基金公司不得不额外缴纳一定的中介费用。另外，基金公司对于第三方支付平台的过度依赖，也不利于其自身的品牌形象宣传。第三方支付平台甚至可能给基金公司的直销渠道带来一定冲击。

#### 2. 基金超市模式

基金超市模式是第三方中介平台将大量基金产品进行罗列，供消费者对比、选购的一种运营模式。第三方中介平台上的基金产品一般来源于多个基金公司。这种模式的典型代表有淘宝理财、天天基金网、和讯基金等。第三方中介平台通过向基金公司收取一定的中介费用盈利。在基金超市平台购买理财产品的客户同样需要通过实名认证。

互联网基金超市模式的优势在于：第一，提供各式各样的产品，给予客户较大的选择空间；第二，提供多种基金增值服务，如投资咨询、基金资讯、基金论坛、

1 邱勋 . 互联网基金对商业银行的挑战及其应对策略——以余额宝为例 [J]. 上海金融学院学报 ,2013（4）:75-83.

投资工具等。

然而，入驻基金超市平台虽然在一定程度上提高了销售量，但是平台上的销售主体众多、产品价格透明，基金公司之间的竞争非常激烈，甚至有通过提高基金收益率来抢夺客户的情况。此外，基金超市平台收取的中介费用也提高了销售成本。因此，销售量的增加并不一定意味着基金公司的利润也会相应增加。

#### 3. 网上银行销售模式

在网上银行销售模式下，基金公司委托银行在其网上银行销售基金，银行从中收取一定比例的中介费用，一般还需要客户开通该银行的银行账户。

这种模式的优点在于银行丰富的客户数据为基金公司挖掘潜在客户提供了支持。另外，银行的大品牌效应、专业的投资理财经验、成熟的支付技术可以提升客户的信任感，丰富的基金产品也为客户提供了较大的选择余地。

在网上银行销售模式下，基金公司面临的问题与第三方支付平台模式类似，基金公司同样难以树立自身的品牌形象，也需要向银行支付一定的中介费用。

#### 4. 基金公司网上直销模式

基金公司网上直销模式是四种销售模式中唯一不需要中介代销的模式，基金公司通过自建网站或者移动客户端，进行基金的展示和销售。其收入来源与线下的基金公司大致一样，包括散户买卖基金手续费、管理费、基金盈利分红、专户理财收入等。

该种模式减少了中介环节、缩短了销售流程、免去了中介费用、降低了销售成本。官网的建立也有利于树立品牌形象，提高公司品牌地位；基金公司专业的理财知识使得客户能享受到更加专业的服务。

然而，在该种模式下，基金公司需要增加一定的成本，比如客户挖掘的成本、平台建设及维护的成本、平台安全防护的成本等。此外，直销平台上只销售本基金公司产品，在产品丰富度方面不具有优势。

### （二）市场格局与竞争策略

#### 1. 市场格局

互联网基金市场具有以下特点：

第一，从互联网基金各模式的市场占比来看，拥有广泛客户基础的第三方支付平台模式和网上银行销售模式的规模领先，随后是基金公司直销平台。根据艾瑞咨询的统计数据，2014 年第三方支付平台的用户使用率是 46%，网上银行为 45.6%，基金公司直销平台为 28.7%[1]。

第二，从各模式的发展趋势来看，2014 年基金公司网上直销模式发展迅速，市场占比同比上升 21%，而网上银行和第三方支付平台的比例却有所下降。随着基金公司在客户挖掘方面投入更多的精力，基金公司的网站设计和客户服务也更加人性化，越来越多的投资者选择直接在基金公司直销平台上购买产品，减少中间环节。此举亦可帮助基金公司提高基金交易效率、减少中介费用，从而为消费者提供更高收益的基金产品。

第三，从互联网基金种类的销量来看，货币型基金销售规模最大，股票型基金销量有所上升。这是因为货币型基金起点低、流动性高，更加适合在互联网上进行销售。随着人们对互联网基金接受度的提高，高收益股票型基金也开始吸引更多的风险偏好型投资者。

1 艾瑞咨询 .2015 中国互联网基金行业研究报告 [R].2015.

## 2. 竞争策略

互联网基金平台的数量越来越多，竞争也愈发激烈。平台纷纷制定了各种竞争战略以应对竞争，具体如下：

第一，提高产品性价比。从表 3-2-7 余额宝与掌柜钱包的对比中可见，互联网基金销售平台为了增加市场份额，一般会放宽基金转入、转出和赎回的限制，提高产品的收益率，缩短申购与赎回时间，并在手续费、管理费、托管费等方面给予投资者一定的优惠。

第二，优化服务质量，提供增值服务。除了向客户提供性价比更高的产品之外，互联网基金平台还推出各种各样的增值服务，比如发放优惠券、提供投资指导等，从而吸引更多新客户，提高客户黏度。依托互联网大数据，平台还可以精准分析客户需求，实现场景化营销，有针对性地研发并推介产品，进一步提高客户满意度。此外，平台也会从提高用户购买基金时的便捷性方面下功夫，从表 3-2-7 中可见，余额宝和掌柜钱包的操作入口均包含 PC 端和移动端，支付方式也较为简单，特别是余额宝推出了小额免密支付功能，大大缩短了消费者购买基金时花费的时间。

第三，重视长尾客户。先进的技术使得互联网基金销售平台有余力重视起原本被忽视的长尾客户。在过去，长尾客户差异化的需求较难满足，产品无法形成规模效应，服务成本颇高。随着互联网技术的应用，平台获取长尾客户的需求以及为他们提供服务的成本大幅度降低了，这既拓展了基金交易的可能性边界，也增加了社会福利。

**表 3-2-7 余额宝与掌柜钱包对比**

| | 余额宝 | 掌柜钱包 |
|---|---|---|
| 依托基金 | 天弘余额宝货币基金 | 兴全添利宝货币市场基金 |
| 万份收益 | 0.7359 元 | 0.8433 元 |
| 七日年化收益率 | 2.8000% | 3.2110% |
| 转入限制 | 转入资金最低为 1 元，每日购买无限额 | 转入资金最低为 0.01 元，申购无限制，当日最高存额 3000 万元 |
| 支付方式 | 输入 6 位数字密码，有小额免密支付功能 | 输入 6 位数字密码 |
| 转出方式 | 有转出到余额和银行卡两种方式 | 有转出到理财账户和银行卡两种方式 |
| 操作入口 | PC 端和移动端 | PC 端和移动端 |
| 赎回限制 | 转出到支付宝账户单日 / 单笔 / 单月 100 万元。转出到银行卡单日单笔额度，以及每日累计赎回额度都是 100 万元，赎回次数单日上限为 3 次 | 单日单笔额度，以及每日累计赎回额度都是 3000 万元，赎回次数单日上限为 3 次 |
| 赎回规则 | 转出到支付宝余额为实时到账。转到银行卡分三种情况：①已开通卡通功能的银行卡可实时到账；②将 5 万元以下的金额转出至工行等 9 家指定银行的银行卡，在银行服务时间内转出资金可在 2 小时内到账；③其他情况下则只能在工作日转出，工作日到账，并且到账时间为 1~2 个工作日 | 可以实时转出到对应的理财账户中。理财账户可以实时转出到兴业或合作银行卡银行账户上，但转出到银联卡一般是发起资金转账后的 1~2 个工作日内 |
| 应用场景 | 余额宝内资金可直接用于转账、还款、缴费、购物、爱心捐赠等 | 掌柜钱包资金除非转出到银行卡，否则不能用于消费、购物 |

资料来源：余额宝官网、掌柜钱包官网

## 第三节 保险业的互联网化

### 一、互联网保险

《互联网保险业务监管暂行办法》对互联网保险给出的定义是："互联网保险是指保险机构依托互联网和移动通信等技术，通过自营网络平台、第三方网络平台等订立保险合同、提供保险服务的业务。"简言之，就是将传统的保险业务和网络技术结合起来。互联网保险有随时随地、低成本、高效率、信息对称、普惠等特征[1]。

#### （一）主要模式

根据网络平台性质的不同，可以将中国的互联网保险分为四种模式[2]。

##### 1. 官网直销模式

官网直销模式指保险公司通过建立官方网站，进行产品直销、提供保险服务。比如康泰在线、太平洋保险在线商城等。官网直销模式相对于其他模式的优势是专业，保险公司前期积累了丰富的保险知识和销售经验，因此在为消费者进行产品推荐和产品介绍时有很大的优势；保险公司也可以借助官方网站树立品牌形象，增加与消费者的互动交流，提高消费者黏性，降低对第三方网络平台的依赖程度；官网直销还减少了交易环节，在一定程度上降低了成本。

但是，一般只有比较大的保险公司才能建立起完善的官方网站。建立一个功能齐全的保险公司官方网站，需要配备大量软件和硬件设施，也要着重提高安全技术以保证客户的资金和信息安全。另外，保险公司自建的网站产品数量不及第三方平台，用户选择范围较小，加上保险产品本来就不是"渴求型"产品，所以提高流量是保险公司建立直销网站时必须考虑的问题。为此，保险公司必须增加广告、提高搜索引擎排行等，后期保险公司也需要不停地对网站进行维护。所以，官网直销模式使得保险公司不得不支出很大一笔费用。

##### 2. 专业的第三方保险销售网站模式

专业的第三方保险销售网站将多个保险公司的产品汇聚在一个平台上展示，如优保网、慧择网等。一般这种网站的收入来源主要是广告收入和交易佣金。

专业的第三方保险销售网站产品种类丰富，使得消费者可以对多个保险公司的产品进行比较，而且专业的第三方保险网站还会提供很多增值服务。比如在客户申请理赔时，第三方平台会协助用户向保险公司报案、准备资料、提供法律援助，消费者将享受优先立案的权利等，这些对消费者具有很大的吸引力。

不过，对于保险公司来说，过分依赖第三方保险销售网站并不是一件好事。第三方保险销售网站的比价功能容易引起价格竞争，还会提高销售成本，从而减少了保险公司单个产品的利润；对于消费者来说，由于第三方保险销售网站不负责保险的关键环节，只能提供辅助服务，所以消费者对这种模式的信赖程度不如对官网高。

##### 3. 众安在线模式

众安在线由蚂蚁金服、腾讯、中国平安等发起设立，

1 李琼，吴兴刚 . 我国互联网保险发展与监管研究 [J]. 武汉金融 ,2015(4).
2 郭金龙 . 互联网保险发展新阶段 [J]. 中国金融 ,2015(16).

是国内第一家完全没有物理网点的纯互联网保险公司，完全通过互联网进行销售和理赔。这种模式的优势是互联网企业本身拥有丰富的平台建设经验，而且它们已经拥有大量的客户资料，在分析客户需求、客户信用水平时有很大的竞争优势。

但是由于起步较晚，加之法律对该模式的限制，众安在线的经营范围有限，产品创新能力被压制[1]，在产品介绍和客户服务等方面也都不如其他几种模式专业。

保监会 2015 年 7 月批准建立易安财产保险股份有限公司、安心财产保险有限责任公司、泰康在线财产保险股份有限公司三家互联网保险公司，说明政府对该模式的重视。纯互联网保险是未来互联网保险发展的一大趋势，纯互联网保险的大数据优势使得产品更有针对性，更具价格优势；纯线上发展模式的成本优势也是实体保险公司难以企及的；投保理赔流程全部在线上完成，也给客户带来了极大的便利；最后加上我国政府对该模式的大力扶持，中国的纯互联网保险前景是比较广阔的。

#### 4. 电子商务平台模式

电子商务平台模式指保险公司利用电子商务网站销售保险产品。比如淘宝网、京东网、苏宁易购都提供了保险销售平台。这一模式的利润来源主要是交易佣金、提供增值服务的收费、广告费等。

电子商务平台销售的保险产品非常丰富，比如淘宝保险中的意外险分类下，就有 500 多款产品，消费者的选择范围很大；另外，电子商务平台流量大，客户黏性较高；利用电商平台对客户信息的记录，也便于保险公司了解客户需求。

但是与第三方保险销售网站一样，淘宝保险只提供一个产品展示的平台，不能负责保险的关键环节，而且淘宝提供的辅助服务不如第三方保险销售网站多，所以，对于消费者来说，淘宝保险店铺的可信度不高，消费者需要额外花时间去了解提供产品的保险公司的信誉状况、公司规模等信息，这不利于该模式的长期发展。

### （二）市场格局与竞争策略

#### 1. 市场格局

第一，中国互联网保险的市场结构并不均衡。首先，购买保险的消费观念在中国还没普及，保险产品并不是生活必需品，很多中国消费者并没有意识到购买保险的重要性；其次，熟悉互联网消费的是年轻一代，而对保险产品有更多需求的是有一定经济实力的中年群体，由此产生年龄段错位的现象，影响到互联网保险产品的销售量。所以在中国，互联网保险市场属于买方市场，呈现出供过于求的态势。正因如此，保险公司需要投入大量的营销成本。互联网与保险的结合在一定程度上缓解了这一问题，在互联网保险平台上购买产品的消费者更为主动，减少了保险公司的推介成本，也改善了保险公司的形象。

第二，从产品结构来看，我国互联网保险中的财险占比很大，在 2011 年，财产险占互联网保险的比重达到 98.6%，可以说当时销售的互联网保险几乎就是财险，这是因为财险更容易标准化，适合在互联网上销售。财险中的车险，由于属于强制保险种类，所以在财险中比重很大。中国互联网保险产品结构呈现失衡现象，但是随着时间的推移，我们可以看到这一现象正在好转，2014 年财产险占互联网保险的比重下降到 58.9%，健康险等险种增速较快，产品结构有了很大的改善。

1 平安证券．互联网保险方兴未艾，渠道之争衍生模式之变 [R].2015.

第三，中国人保和平安财险两家龙头企业的市场份额占据半壁江山。经营互联网保险对资金和知名度的要求较高，而规模较小的互联网保险公司在竞争中明显处于不利地位，这样的不平衡结构，不利于市场公平竞争和互联网保险的健康发展。

第四，购买群体的年龄集中度很高，以年轻人为主，他们接触互联网时间长，积累了丰富的互联网消费经验，所以成为购买互联网保险产品的主力军。

第五，由于互联网保险需要计算机、网络等软硬件设施，所以在经济较发达的东部地区发展较快，市场份额也明显大于中西部地区[1]。

## 2. 竞争策略

价格竞争。由于保险产品市场供大于求的现状，加上互联网保险产品简单标准化的特点，保险公司很难提高价格，保险第三方平台又使得不同保险公司的保险产品之间可以相互对比，产品价格透明度较高，保险公司会尽量压低产品售价以提高销售数量和网站流量，所以很容易造成价格竞争。比如淘宝保险的大部分产品定价都较低，甚至推出 1 分钱意外险和 1 元钱理财险，这都证明了互联网保险激烈的价格竞争。

锁定“长尾市场”。“长尾客户”的需求聚集起来，将是一个非常庞大的数字。重视“长尾效应”既可以为保险公司带来更多利润，也能更好地为客户提供差异化服务。互联网的大数据特征，为保险公司掌握“长尾客户”的个性化需求提供了可能，目前一些网站开始推出比较小众的保险产品，比如众安在线的“安心飞”，为多轴飞行器提供保险业务，是互联网保险公司注重“长尾效应”的一个典型代表[2]。

---

1 国金证券 . 互联网保险风起云涌，渠道和数据优势决定未来发展空间 [R]. 互联网金融行业 2015 年日常报告，2015.

2 郑祖军，金日超 . 互联网保险新业态下的保险产品开发 [J]. 金融经济，2015(8).

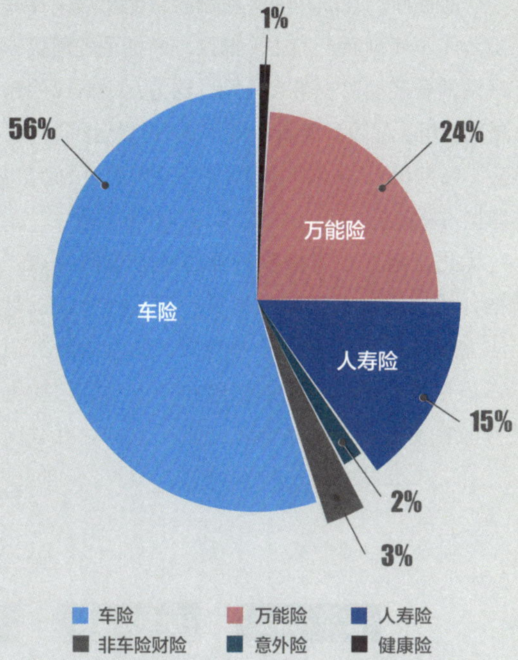


**图 3-2-6　2014 年互联网保险产品结构及占比**

资料来源：国金证券研究所 .2014 互联网保险行业发展形势分析 [R].2014.

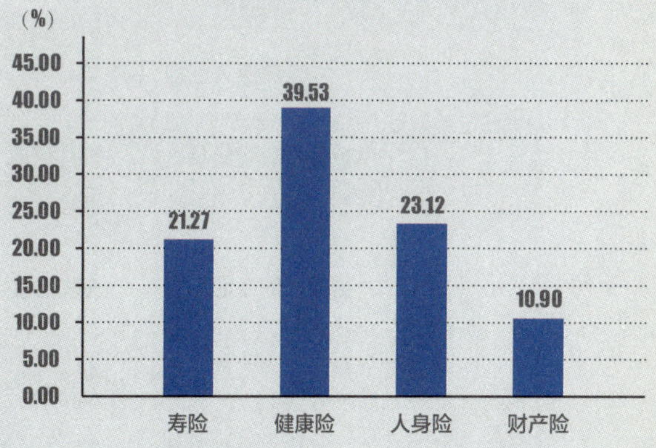


**图 3-2-7　2015 年 6 月各险种保费同比增速**

资料来源：华融证券 . 互联网保险监管办法首先落地 [N]. 保险业周报，2015-07-27.

产品创新。互联网保险的创新永无止境，互联网保险公司不断创新产品才能满足不断涌现的新需求。互联网的普及同时也带来风险，这为互联网保险带来了新的商机，保险公司顺势推出如“退货运费险”“参聚险”“e购保”“众乐宝”等保护互联网用户的新产品，不断抢占新商机。

优化服务。由于保险行业的买方市场特点，传统的保险需要大量营销人员进行产品推介，但是具有丰富保险知识的专业人才有限，所以保险公司不得不雇用大量素质较低的保险推销人员，这使得保险行业在消费者心中的形象一直不太好。互联网营销模式可以实现“一对多”的服务模式，大大减少了营销人员的数量。少而精的保险团队有利于保险公司在消费者心中重塑服务形象。另外，互联网保险可以为客户提供7×24小时随时随地的服务，大大方便了消费者的购买。互联网保险公司还推出各种增值服务，以提高客户的满意度，比如太平洋保险的保险需求小测试，3分钟就可以由系统自动产生一份私人定制方案，为客户推荐合适的保险产品（如图3-2-8所示）。另外，慧择网还提供一些保险相关资讯、保险知识学堂、网上商城等，这些都有助于增加网站流量与客户黏度。

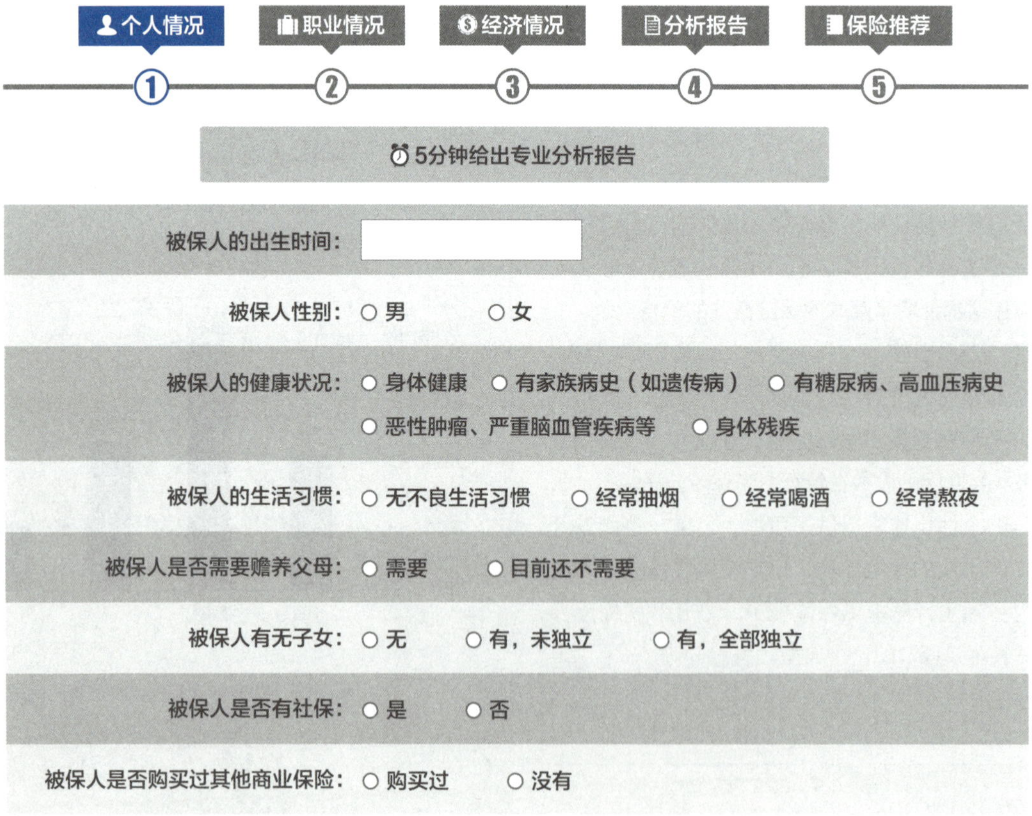


图3-2-8 太平洋保险需求小测试

在互联网浪潮下，互联网保险公司纷纷“以客户为中心”[1]，加强服务团队建设，优化服务质量，以达到提高客户黏性、抢占市场的目的。

广告宣传。目前，中国消费者对互联网保险模式还不够熟悉。互联网保险公司想要提高市场份额，必须加大广告投入力度，通过多种广告形式宣传产品、树立品牌形象。互联网保险公司常用的广告形式主要有在门户网站、官网、第三方保险平台等网站投放广告，支付一定费用提高搜索引擎排行，等等。

充分利用大数据。充分利用大数据，可以全面了解客户，从而为产品合理定价，更好地掌握消费者的需求，提高服务水平，发掘潜在客户[2]。当今，谁掌握了更多信息，谁就掌握了先机，互联网保险公司通过各种途径获取数据并对数据进行精算，可以显著提高销售额。

完善安全措施。互联网的虚拟性使得不少消费者对互联网保险望而却步，资金安全和信息安全是互联网保险发展的一个瓶颈。互联网保险公司应积极提高安全技术，完善安全措施，保障客户的权利，提高客户对网站的信任度，从而提升竞争优势。

## 二、相互保险

相互保险是个体间进行互助的保险组织，一般这些个体的风险程度类似[3]，其主要运作形式是每个个体缴纳一定的会费或者保费来防范风险。

我国相互保险的一个典型代表是“抗癌公社”。该公社成立于2011年，针对的保险标的物是癌症。加入或退出该组织都不会产生任何费用，只有公社成员罹患癌症时，才需要对患者进行捐助。由于公社规定筹集的费用不超过30万元，所以每个会员交纳的捐款以小额为主，这更容易被人们接受。

为增强该模式的可行性和防范风险，申请加入公社的成员都需要经过一年的考察期。为了防止骗保等现象，一旦有成员申请被捐助之后，都需要提供充分的资料以证明病情的真实性。抗癌公社是一个非营利性组织，不会对捐款进行抽成，为了该公社能够持续运营下去，未来可能会提供一些医疗咨询等增值服务来获取收益[4]。

抗癌公社的发展有一定的现实基础。环境污染、心理压力等问题使得癌症在中国的发生率大大提高，而现有的医保一般都不足以支付医疗费用。这使得人们对癌症方面的相互保险需求较大。抗癌公社减少了保险公司的中介环节，大大减少了社会成本，提高了社会福利。

但是抗癌公社的前期发展并不是很顺利。首先，在中国，人们对保险产品并不“渴求”，而相互保险的概念更是鲜为人知，这方面的学术研究也少，所以抗癌公社模式的推广还有一段很长的路要走；其次，抗癌公社采用非赢利模式，作为相互保险组织，也无法通过发行股票和债券来募集资金，这给其持续运营带来了很大的经济压力。

随着社会的发展和观念的进步，相互保险给社会带来的好处会被更多人了解。首先，相互保险使得保险人和被保险人合二为一，避免了两者间的利益冲突；其次，相互保险一般对本组织的情况比较了解，减小了信息不对称性和道德风险[5]。可以预见，抗癌公社之类的相互保险组织有比较广阔的发展前景。

1 罗艳君．互联网保险的发展与监管 [J]. 中国金融，2013（24）．
2 刘士恒．大数据在保险业中的应用——以众安财产保险公司为例 [J]. 辽宁经济，2015（7）．
3 辜晓丹．对引入相互保险公司制度问题的若干思考 [J]. 时代金融，2014（5）．
4 韩璐．抗癌“乌托邦” [J].21 世纪商业评论，2014（14）．
5 包莹．相互保险公司简介及其在我国的发展前景 [J]. 时代金融，2013（30）．

## 第四节 互联网信托和互联网消费金融

### 一、互联网信托的主要模式

互联网信托是将信托活动进行互联网化，即在网上运作信托业务，比如通过网络签订合同、查询信托信息、转让信托产品等[1]。

信托与互联网的结合为信托业带来了新的机遇，但是由于信托业的自身特征，信托“触网”目前还是以产品推介为主[2]。互联网信托仍处于萌芽期，有很大的发展潜力。

目前可以将互联网信托划分为两种类型：一是信托直销模式；二是在债权转让机制下的信托受益权拆分转让模式。

#### （一）信托直销模式

互联网信托直销模式下的网络平台由信托公司直接开设，信托直销平台将信托公司线下销售的产品搬到互联网上，产品种类和线下产品类似，而且投资起点也一般在 100 万元以上，门槛较高，适合高净值客户投资。

2014 年，银监会出台的《关于信托公司风险监管的指导意见》（银监办发〔2014〕99 号）明确禁止了信托公司通过第三方非金融机构进行产品推介。因此，很多信托公司都开始尝试发展直销模式。而 2015 年 7 月《关于促进互联网金融健康发展的指导意见》的出台，又对信托的互联网形式给予了支持，所以信托公司建立自己的互联网直销平台成为未来的一个趋势。

互联网信托直销模式优势明显。第一，通过互联网直销模式，信托公司免去了中介机构的中介费用，而且一旦互联网直销平台建立起来之后，其运营成本也比线下销售低很多；第二，法律对信托公司异地推介产品的规定比较严格，而网上直销模式突破了时空限制，方便了信托公司进行产品跨区域销售；第三，通过互联网平台，信托公司可以宣传自己的产品，树立良好的品牌形象；第四，互联网信托直销平台由于只销售本信托公司的产品，所以相比其他中介机构，直销平台的营销人员对产品更为了解；第五，借助互联网的海量信息，信托公司可以快速锁定目标客户，也可以得到客户的实时反馈，从而实现个性化服务，提高客户的满意度。

然而，从零开始建立起一个完善的互联网信托直销平台，对信托公司的技术和资金水平要求较高，一般只有实力雄厚的信托公司才能筹建互联网信托直销平台。由于信托产品比较复杂，一些信息也不能在网上公开，所以仍需要信托公司的工作人员与投资者进行面对面沟通。而且，信托公司在销售信托产品时，一般需要客户当面签订合同，并提供身份证明，所以网上直销平台的作用有限，目前主要仍以产品推介为主[3]。

信托中介机构的客户基础大、销售范围广，而信托公司如果选择互联网信托直销模式，就必须自己进行产品推广、客户挖掘；由于信托直销平台只销售本公司的产品，供消费者选择的余地较少，在产品丰富度方面吸引力不强；不仅如此，伴随互联网而来的风险，比如信息风险、支付风险等，都是信托公司在建立互联网直销平台时需要面对的难题。

作为信托直销模式代表之一的中融信托，全名中

1 谭明月 . 我国互联网信托发展现状分析 [J]. 商场现代化，2014（20）.
2 孙晓兵 . 信托业该如何触网 [J]. 新财经，2014（4）.
3 刘伟 . 起底信托直销利益链 [N]. 时代周报，2015-06-23.

融国际信托有限公司，其前身为哈尔滨国际信托投资公司。中融信托通过在互联网上建立直销平台，提高了销售量，提升了公司知名度。为了解决在线客户认证问题，2015 年 12 月初，中融信托开通了首个视频开户和视频面签系统，使得所有产品都可以在线上完成。互联网信托直销模式正越来越成熟。

## （二）债权转让机制下信托受益权拆分转让模式

这种模式的代表有“信托 100”和“梧桐理财”等。这些互联网信托平台以“团购信托”“小额信托”等形式将信托产品进行拆分，降低了信托的门槛，但是这些平台增加了信托业的风险，给监管带来了诸多挑战。

### 1.“信托 100”

“信托 100”作为互联网信托的开创者，是由财商通投资运营的，国付宝对“信托 100”投资者的资金暂为保管。“信托 100”为投资者提供信托产品搜索、比价、购买、转让等服务，也为信托从业者提供互相交流、信息发布、挖掘客户等服务。用户如需购买“信托 100”的产品，需要与平台签署委托认购协议，财付通作为委托人，与信托公司签订合同。

“信托 100”的产品主要有“如意存”“随心转”“展业通”，分别提供理财计划认购、受益权转让、优质信托产品的推介和预约抢购服务。其最大的特点就是门槛低，比如“如意存”，投资额度为 100 元每份，极大地扩展了信托投资者的范围；第二个特点是转让简便，利用“随心转”服务，消费者可以将产品拆分成每份 1 万元，转让给其他投资者，提高了信托产品的变现能力；第三个特点是预期年化收益率高，预期平均收益率可以接近 10%，而且投资者在购买产品当天就能获得收益，因此“信托 100”的产品回报率较高；另外，“信托 100”的投资项目种类繁多，扩大了消费者的选择范围。

但是，“信托 100”的产品形式面临很多法律问题。首先，“信托 100”的产品明显违反了对信托产品单笔不低于 100 万元、委托合同不得超过 200 份的规定；其次，财付通并不具备信托许可资格，“信托 100”平台上的产品也有一部分没有得到信托公司的授权[1]；最后，因为直接代理不合法，“信托 100”采取了间接代理的方法，但是由于信托公司明显知道代理事实，所以将“信托 100”定义为间接代理比较牵强，而且“信托 100”作为资金筹措平台，在向信托公司进行客户信息披露时也遇到了很多问题。

### 2.“梧桐理财”

“梧桐理财”在 2014 年 6 月上线，A 轮的投资方有九鼎投资、同信证券直投和信天创投。“梧桐理财”采用非标金融资产的质押融资模式。“梧桐理财”网站以居间人的身份帮助借款方向投资方借贷，双方通过“梧桐理财”平台签署电子借贷协议，明确债务与债权关系。借款人以信托计划份额质押的形式保证还款，如果借款人不按期还款，“梧桐理财”有追索义务。

“梧桐理财”的“凤凰智选”提供三种期限的产品，分别为随买随卖、日买月卖、日买季卖产品；“随心投”提供当日计息、每日付息的产品；“随意转”则提供灵活转让产品的途径，这实际上并不属于信托受益权的转让，更接近债权转让。另外，“梧桐理财”

1 叶文辉. 互联网金融理财业务风险的监管与防范——以“信托 100”百元团购信托产品为例 [J]. 银行业经营管理，2014（9）.

还为新手开辟了新手专区和适合高端客户的"梧桐荟"。"梧桐理财"产品除了有"信托100"的一些特点以外，还具有固定收益的特点。另外，"梧桐理财"通过全方位评估融资人还款能力和信用风险，利用担保和严苛的风控流程来保证产品的安全，凭借银行监管账户、三方支付、准备金等制度实现了交易流程管控，在安全保障方面做的工作较好。

实际上，"梧桐理财"平台的借款人只是用信托计划份额作为质押借款而已，而"梧桐理财"平台对借款资金用途是没有限制的，从这一点来看，"梧桐理财"模式更像是一种有担保的网络贷款，投资者只能享受固定的利息，而不能获得信托计划的收益[1]；另外，"梧桐理财"网站规定借款人质押的信托受益权可以向网站指定的自然人变更，这就提供了信托受益权的转移方式。

虽然"梧桐理财"的大部分业务看起来更像是借贷行为，但是仍然面临着许多法律问题。首先，法律对信托受益权的质押并没有明确认可；其次，"梧桐理财"网站没有公示信托受益权转入方的信息，转入方接受受益权的资质令人怀疑，所以"梧桐理财"转移信托受益权的操作并没有法律基础；最后，"梧桐理财"虽然声称在安全保障方面做了大量工作，但是对融资者和担保机构的信息披露不够，这可能会产生较大的信用风险。

## 二、互联网消费金融的主要模式

互联网消费金融是指消费者通过网络借款，购买最终商品和服务[2]。互联网消费金融将互联网和消费金融相结合，极大地促进了消费金融的发展。

### （一）基于电子商务交易平台的互联网消费金融

#### 1. 业务模式

该模式指消费者向电子商务平台贷款，在该电子商务平台上进行消费的模式。贷款资金来源一般是该平台自建的小额担保公司或者其他第三方公司[3]。

用户申请借款时，电子商务利用用户在本平台上的交易记录等，判断该用户的还款能力，为客户确定贷款额度。电子商务公司从消费者交纳的贷款利息和逾期费中盈利。

1 张曜．互联网金融背景下信托投资模式的法律分析 [J]. 北方金融，2015(5).
2 叶湘榕．互联网金融背景下消费金融发展新趋势分析 [J]. 征信，2015(6).
3 刘玉．我国互联网消费金融的现状和趋势研究 [J]. 中国集体经济，2015(24).

### 2. 主要产品

该模式的产品代表为京东的“京东白条”、阿里的蚂蚁“花呗”、苏宁的“任性付”、百度的“百度有钱”，等等。

以“京东白条”为例，“京东白条”面向在京东购买商品的客户，为其提供最高1.5万元的个人贷款。如果客户选择30天延期付款，则不需要交纳任何利息，如果选择了分期付款，那么需要每期按贷款额0.5%交纳利息费用，这个利率远远低于银行贷款利率，这是吸引消费者使用“京东白条”的一个很大的原因。

## （二）互联网消费金融公司

### 1. 业务模式

该模式采用线上线下结合的方式。客户挖掘通过线下实现，品牌推广则通过线上实现。互联网消费金融公司根据用户提供的信用证明，确定客户的授信额度和借款利息，用户每次按期还款都可以提高自己的信用额度。对于互联网消费金融公司平台来说，其资金来源主要是股东企业存款、同业拆借、资产证券化等，其利润来源是利息和违约金。

### 2. 主要产品

2015年1月7日，马上消费金融股份有限公司成立，它是由重庆百货、阳光保险、重庆银行等发起设立的。至此，国内首个互联网消费金融公司平台诞生。其主要产品是“马上贷”，主要面向有还款能力、信用较好，又有短期消费贷款需求的人群，客户在上传资信材料，通过审核之后，就可以获得贷款，随后客户每个月按时还款即可，其最高申请额度为20万元。

从“马上贷”与“京东白条”两个产品的对比（见表3-2-8）中，可以看到基于电子商务交易平台的互联网消费金融和互联网消费金融公司两种模式的差别。

第一，“马上贷”在发放贷款之前，要求用户提供个人资料证明自己的还款能力，并会对其进行信用评级。“马上贷”根据该信用评级，对用户实行差异化的利息，信用评级高的用户利率更低，以此来为客户提供更为个性化的服务。而京东则不要求用户提供证明资料，只要在京东上注册一个账号。京东根据该用户在京东上的消费记录，判断其信用等级及授信额度。京东向用户制定的贷款利率都是一样的。

**表3-2-8 “马上贷”与“京东白条”对比**

| | 马上贷 | 京东白条 |
|---|---|---|
| 是否需要证明材料 | 是 | 否 |
| 利率 | 差异化 | 固定 |
| 借款额度 | 高，最高20万元 | 低，最高1.5万元 |
| 贷款资金使用范围 | 可以用于其他个人消费用途 | 只能用于购买京东电商平台的商品 |

第二，电子商务平台的大部分客户数据，都是通过收集消费者在该平台的消费记录得到的，方便快捷，大大节约了成本。而互联网消费金融公司则需要审核客户提交的资料，运营成本相对要高。

第三，对于用户在获得贷款后的资金使用范围要求，两种模式也是不一样的。消费者在电子商务公司得到的消费贷款，一般只能用于该电子商务平台的消费，但是互联网消费金融公司对资金使用范围的要求则相对宽松。正是由于对资金使用范围的要求不同、面向的客户有所不同等原因，两个产品对最高借款额度的限制也不一样，“马上贷”的借款额度相对较高。

同时，通过对比也可发现，两种模式有其共同特征，比如都无须抵押、担保，审批快速，随时随地申请贷款，这都体现了互联网与消费金融结合，使得消费金融的“普惠金融”作用更为突出。

案例 3-2-6

## 蚂蚁“花呗”

蚂蚁“花呗”是由蚂蚁金服旗下蚂蚁微贷推出的一款产品，类似于电子形式的信用卡，但是它只能用于天猫、淘宝等一部分电商平台。

蚂蚁“花呗”可以使得消费者提前预支下个月的资金来消费，下月 10 日之前还款即可享受免利息优惠。如果在到期日用户的支付宝有足够资金，那么支付宝将会自动还款。消费者如果逾期还款或者选择“花呗”分期购，就需要承担一定的费用。

蚂蚁“花呗”的消费额度主要是通过芝麻信用管理有限公司提供的“芝麻信用分”确定的。芝麻信用提供征信服务，通过分析用户的学历、职业、消费记录、消费行为偏好、人脉关系、还款记录等信息，芝麻信用可以对用户进行信用评级，帮助蚂蚁“花呗”确定消费者的消费额度。消费者可以通过补充真实的个人信息、按时还款等方式来提高自己的信用评级，从而提高消费额度。同时这个消费额度也被天猫分期、淘宝先用后付等服务共享。

2015 年是蚂蚁“花呗”第一次参加“双十一”活动，仅在活动开始的前半个小时，蚂蚁“花呗”的支付交易额就达到了 45 亿元，前一个小时，蚂蚁“花呗”就成功交易 2288 万笔。“双十一”一整天，蚂蚁“花呗”成功交易 6048 万笔，支付的成功率达到 99.99%。

从蚂蚁“花呗”在“双十一”的战绩可见其发展潜力，它缓解了消费者的短期消费资金短缺，而且具有借还款快捷、门槛低、优惠力度大等特点，吸引了众多忠实的使用者。同时，蚂蚁“花呗”也完全有能力为越来越多的用户服务。有阿里巴巴在互联网支付、大数据、云计算方面的成熟经验作为支撑，蚂蚁“花呗”可以快速为每位用户制定出具有针对性的借款政策，做到效率与准确性并重。R

# 第三章 CHAPTER 3

# 传统金融互联网化的国际比较
International Comparisons

自 20 世纪 90 年代中期以来，随着信息化技术的不断发展，发达国家和地区开始对传统金融的经营模式和业务方式进行“信息化”升级，出现了以网络银行、网络证券和网络保险为代表的全方位、多元化的互联网化金融服务。

网络金融在欧美发达国家主要呈现出以下三个特点：

第一，起步较早，运作成熟。互联网技术最早诞生于美国，从 20 世纪 90 年代就开始逐渐与传统金融业务相互融合，成为金融业不可或缺的一部分。随着网络技术的发展，欧美国家不断推陈出新，频繁创新，网络金融迅速发展。目前，以美国为代表的欧美国家网络金融市场已相对成熟、完善。

第二，多样化的参与主体，竞争激烈，与传统金融业务相兼容。由于混业经营的获准，发达国家网络金融的服务内容集成度很高，一些大型金融集团的业务从基本的存贷款服务到信用卡结算、从保险到证券投资，无所不包。另外，网络金融业务的参与主体十分多样化，例如在网络银行业中，不仅有传统大型商业银行，还有信用卡公司、大型金融集团，并于 20 世纪 90 年代出现了纯网络银行这一新兴发展模式。网络金融业之间竞争激烈，差异明显，客户可自由选择适合自己的产品及服务。从欧美网络金融的发展情况来看，网络金融的出现对传统金融业务起到了促进其资金供求调配、弥补传统金融业务短板的积极作用。

第三，立法明确，监管有力，促进网络金融积极健康发展。国外成熟市场对于各金融业务的监管相对完善，基本不存在空白地带。此外，发达的资本市场和信用评级体系也为国外网络金融提供了良好的市场发展环境。作为互联网技术的起源地，美国一直引领着全球网络金融的创新发展。无论在企业规模、创新还是互联网技术的应用上，美国很多企业和机构的经验都值得借鉴。本章将以美国的案例为主，介绍国外网络金融实践。

## 第一节 网络银行的国际发展经验

20 世纪 90 年代，随着网络经济的兴起，催生了网络银行的诞生与迅速发展。1995 年 5 月，美国富国银行率先开始通过网络渠道为客户提供银行服务。同年，全球首家纯网络银行“安全第一网络银行”(Security First Network Bank, SFNB) 正式上线，开创了一种新的银行运营模式。

欧美发达国家网络银行的发展可分为三个阶段[1]：

第一阶段：基础业务展示阶段（20 世纪 90 年代初）。传统银行开始建立网站进行产品宣传，提供账户查询

1 秦成德 . 网络金融 [M]. 北京：电子工业出版社，2012.

服务，纯网络银行尚未出现。

第二阶段：提供交易阶段（20世纪90年代末）。传统银行的网络银行陆续推出转账、支付、贷款、信用卡服务、投资理财等功能。纯网络银行陆续出现。根据美国联邦存款保险局（FDIC）的统计，1996—1998年，美国传统银行的资产年递增率为8%，而同期美国网络银行的资产年递增率为53%，标志着网络银行的飞速发展。

第三阶段：功能整合阶段（21世纪开始至今）。传统银行的网络银行开始推出账户综合服务（Account Aggregation），客户可以一站式统一管理自己的信用卡账户、纳税账户、投资账户等。部分纯网络银行随着20世纪末互联网泡沫的破裂而破产倒闭或被收购，其他纯网络银行开始转型，谋求新出路。

亚洲方面，日本首家网络银行Japan Net Bank诞生于2001年。随着经济泡沫的破灭，日本银行业的不良贷款在1993—2000年呈整体增长趋势，并于2001年3月创下32.5万亿日元的历史新高。日本政府在此背景下进行了一系列改革，例如，修订《银行法》，放宽对银行业务的限制，允许外资企业和其他行业的企业参与银行业务，以激发金融业的活力。日本网络银行应运而生。

目前，欧美国家的网络银行业务较为先进、完善。相比较而言，亚洲地区的网络银行起步较晚，发展速度较慢，主要集中在网络技术较为发达的国家和地区，如日本、新加坡等地。

按照网络银行业务的经营组织形式，提供网络银行服务的机构可分为两种：纯网络银行模式和依附于传统银行的网络银行模式。本节将分别介绍这两种模式。

## 一、纯网络银行模式

纯网络银行始于20世纪90年代的美国。全球首家纯网络银行“安全第一网络银行”(SFNB)于1995年10月上线，拉开了该种模式的发展序幕。

纯网络银行虽然在降低运营成本、便捷客户服务、拓展细分领域等方面颇具优势，但是缺乏线下服务渠道，无法提供现金类基础金融服务和大额资金融通等复杂的金融服务。随着20世纪末互联网泡沫的破裂，大部分纯网络银行破产倒闭或被传统银行收购。其他纯网络银行也纷纷开始向以下三方面转型，以谋求新出路。

第一，向线下延伸。为弥补线下资源和渠道的缺失，不少纯网络银行开始向线下布局，并通过与线下代理机构展开合作的方式促进发展。例如，ING Direct USA将咖啡馆作为主要线下服务场所，将咖啡馆的店员培训为金融顾问，为客户提供咨询服务。日本的Japan Net Bank通过与便利店、地方银行、邮储机构等线下网点合作，拓宽销售渠道。

第二，特色化发展。该部分银行认为，纯网络银行开展业务的渠道较为单一，需推出具有核心优势的特色化服务，以便与传统银行竞争。例如，日本的eBank和索尼银行分别定位为专业小额支付银行和专业资产管理银行，主要以专业化的服务，低成本、低收费来吸引特定的客户群。

第三，全能化转型。该部分银行认为，纯网络银行在服务的时间和空间上不具局限性，随着互联网技术的发展，有能力覆盖传统银行所有的金融服务。例如，印第安纳州第一网络银行（FIBI）推出了“中小企业贷款服务”，开创性地为企业提供在线贷款服务[1]。

随着互联网不断地渗透到人们的日常生活当中，普通大众对于网络银行的接受度也不断提高。根据埃森哲2014年的调查，在18~34岁的客户群中，有39%的人表示愿意在纯网络银行开设其主要银行账户。

---

1 郭正书．国外网络银行发展模式分析及对我国网络银行发展的启示[J]. 改革与开放，2012（6）.

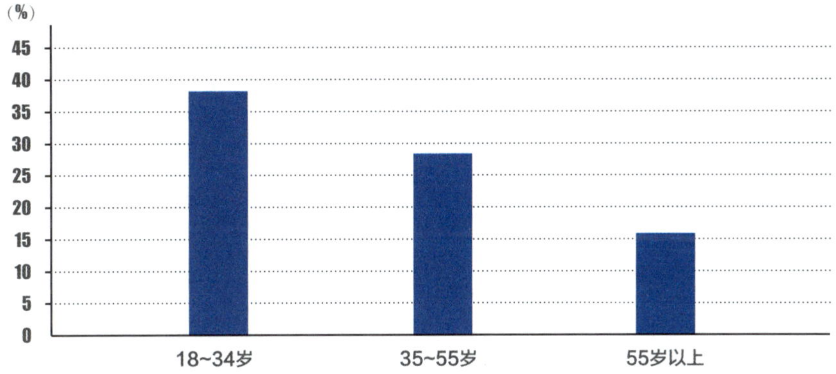


**图 3-3-1 不同年龄段愿意在纯网络银行开设主要银行账户的占比**

资料来源：The Digital Disruption in Banking

案例 3-3-1

## 美国安全第一网络银行

安全第一网络银行（SFNB）是全球首家通过互联网处理其所有业务的开放式银行。SFNB 经由美国联邦银行批准，于 1995 年 10 月正式在网上开业，短短几个月，网站即吸引了近千万人次的浏览，标志着西方网络银行的开端。

SFNB 通过网络为客户提供多种银行服务，包括电子支票业务、利息支票业务、货币市场、基本储蓄业务、信用卡及 CDS 等。为了确保其业务可以安全可靠地在互联网上运行，SFNB 不仅设立了自己的软件开发公司，收购了有一定研究基础的互联网软件开发公司 Five Paces，还与专业的安全解决方案开发公司 Secure Ware 合并组成了安全第一技术公司，为客户安全和便捷的服务体验提供保障。

SFNB 的营销策略及主要优势在于：第一，专职客服。客服人员为客户提供 7 × 24 小时的在线支持，随时解答客户问题，以弥补其线下网点的缺失。第二，免费业务。SFNB 为客户提供免费的基本支票账户，吸引更多客户尝试并使用网络银行服务，迅速扩张。第三，多渠道沟通。SFNB 设立了网站专栏及电子邮件，与客户保持良好的沟通联系，为其提供产品咨询及个性化服务，积极听取客户的意见和建议。第四，让客户定价。与传统银行相比，网络银行的经营成本更低，其金融产品也颇具价格优势。为此，SFNB 通过对潜在客户进行调研，让客户为服务定价，进一步与客户建立良好关系。

总结起来，SFNB 早期成功的关键在于其充分运用了网络技术，率先推出纯网络银行服务，在市场上占有先发优势。其对互联网的应用既降低了自身成本，又可以不受时间和物理空间的限制，让客户随时随地享受网络银行服务，吸引众多客户。成立 4 个月内，SFNB 的客户数已达 4000 人，遍布美国 50 个州，每个账户的平均交易额高达 25000 美元 [1]。

1 秦成德 . 网络金融 [M]. 北京：电子工业出版社，2012.

然而，随着互联网泡沫的破裂和电子商务低谷的到来，SFNB 在经历了初期的快速发展后逐渐陷入经营困境，于 1998 年被加拿大皇家银行以 2000 万美元收购。此时，SFNB 已拥有过万客户，吸收存款逾 4 亿美元。

SFNB 失败的主要原因在于：

第一，盈利能力单薄。作为纯网络银行，SFNB 只能通过较为有限的渠道进行资金运作，无法灵活地运用金融市场上的各种金融工具。其核心竞争力在于便捷性和相对高的储蓄利率，而非传统银行所能提供的专业金融服务。因此客户黏性不足，盈利能力单薄。

第二，市场接受度较弱。在 20 世纪 90 年代，纯网络银行仍是一种新型业态，需要时间来提升其品牌信任度。现金流较大的客户往往更信任传统银行。

第三，市场环境尚未完善。SFNB 的业务发展完全依赖于网络，由于网络技术及纯网络银行发展时间较短，与其密切相关的网络安全、网络交易的法律监管、网民结构等不确定因素较多，普通大众对其安全性仍存在顾虑，持观望态度，纯网络渠道揽客较难。此外，SFNB 采用纯网络运营，无法保证客户开户时信息的真实性，为监管及其业务带来一定风险。R

案例 3-3-2

## 美国 Bank of Internet USA

Bank of Internet USA（BofI）是美国一家纯网络银行，成立于 1999 年，是全球最早成立的网络银行之一。其自成立以来未设立任何物理网点，坚持通过网络为客户提供银行业务服务。BofI 于 2005 年在纳斯达克上市；2011 年 10 月更名为 BofI Federal Bank。截至 2015 年 7 月，BofI 资产规模为 58.2 亿美元，全职员工 467 人，公司市值超过 20 亿美元[1]。

BofI 的愿景十分简单，希望通过提供比竞争对

**表 3-3-1 BofI 的财务结构数据**

| 2015 年 12 月财务结构数据 | BofI（总资产占比，%） | 总资产在 10 亿 ~100 亿美元的银行（总资产占比，%） |
|---|---|---|
| 息差收入 | 4.10 | 3.54 |
| 工资和福利 | 0.70 | 1.48 |
| 办公与设备 | 0.12 | 0.34 |
| 其他非利息支出 | 0.50 | 1.15 |
| 总体非利息支出 | 1.32 | 2.97 |
| 核心业务毛利率 | 2.78 | 0.57 |

资料来源：InvestorPresentation[EB/OL].BofI 官网，https://www.snl.com/Cache/1500078343.PDF?O=PDF&T=&Y=&D=&FID=1500078343&iid=4055785，2015.

1 BofI 官方报告。

表 3-3-2 BofI 与业界的对比

| 2015 年 12 月财务指标数据 | BofI（%） | 业界（%） | 对比 |
|---|---|---|---|
| 总资产收益率 | 1.75 | 0.82 | 高于 91% 的同行 |
| 净资产收益率 | 19.82 | 7.00 | 高于 95% 的同行 |
| 效益比率（费用 / 收入） | 29.38 | 67.58 | 低于 98% 的同行 |

资料来源：InvestorPresentation[EB/OL].BofI 官网，https://www.snl.com/Cache/1500078343.PDF?O=PDF&T=&Y=&D=&FID=1500078343&iid=4055785，2015.

手更出色的产品和服务成为美国最具创新力的无网点网络银行。BofI 的财务结构显示，与业界总资产在 10 亿 ~100 亿美元的银行相比，其息差收入并不具明显优势，但基于网络渠道的运营，其在工资和福利、办公与设备及其他非利息支出方面明显低于业界水平。因此，BofI 的核心财务指标与同行相比呈现出极大的优势。BofI 2015 年 12 月的数据显示，其核心业务毛利率为 2.78%，是业界平均水平 0.57% 的近 5 倍；其净资产收益率高于 95% 的业界同行；效益比率低于 98% 的业界同行。

在存款负债端，BofI 采取线上线下相结合的方式开展业务。在线上，BofI 根据不同客户群体的特征为其提供有针对性的产品，以有竞争力的利率、收费少的项目吸引目标客户。例如，BofI 推出了“Bank X”品牌，专门针对 X 一代（出生在 1978—1994 年）以及 Y 一代（出生在 1965—1977 年）的技术人群[1]。在线下，BofI 与包括连锁超市在内的实体机构结成合作伙伴，通过提供便捷的支付方式吸引客户。从存款结构来看，BofI 的定期存款占 50% 左右，仅 2015 财年第四季度，BofI 就吸收了 14.1 亿美元的存款，较 2014 财年同期增长 46.4%[2]。此外，BofI 与 Sigma、Sammons 等金融类企业以及 Audubon 等环保组织建立了战略合作伙伴关系，共同进行产品的直销。

在贷款资产端，BofI 从风险较低的住房抵押贷款开始，在保持风险可控的前提下，逐渐将业务拓展至汽车消费贷款、中小企业贷款等领域。作为一家纯网络银行，BofI 主要通过零售、批发和第三方代理来寻找优质客户[3]。零售方面，客户可以直接通过 BofI 的网站了解贷款条款并在线申请，BofI 也会通过呼叫中心对现有客户进行交叉销售。批发方面，BofI 与独立的抵押贷款公司和贷款经纪人建立了合作关系，通过对方销售贷款。第三方代理方面，BofI 会从第三方独立抵押贷款公司购买已完成的贷款。目前，住房抵押贷款依然是其最主要的资产运作方式，为其提供安全、稳定的利息收入和服务费。R

1 廖理 .Ally Bank，ING Direct，BofI 三家直营银行的创立发展和启示 [J]. 清华金融评论，2015（1）.
2 BofI 官网。
3 廖理 .Ally Bank，ING Direct，BofI 三家直营银行的创立发展和启示 [J]. 清华金融评论，2015（1）.

## 二、传统银行的网络银行模式

20 世纪 90 年代以来，金融市场竞争越来越激烈，国外传统银行在做好原有业务的同时，开始努力创新，建立网络银行成为谋求发展的主要出路之一。网络银行在传统银行业务的基础上，运用网络技术作为新的服务手段对柜台业务进行延伸，并非独立的银行。该种模式主要通过银行自建和并购实现。

网络银行的出现改变了传统银行的业务处理模式。1995 年，美国富国银行率先开始通过网络渠道为客户提供银行服务。1998 年底，全球可进行交易的金融网站达 1300 个。

案例 3-3-3

### 美国富国银行

美国富国银行成立于 1852 年，是全球最早将互联网技术应用到业务运营中的银行之一，1995 年 5 月开始为客户提供 Web 通道以办理银行业务。富国银行从一家区域性小银行起步，期间不断地调整自身业务，凭借独特的发展战略和业务模式，目前已成为全球市值最高的银行。富国银行的成功与其长期以来对互联网技术的重视和应用密不可分。

作为全美物理网点最多的银行，富国银行还拥有全美最为发达的电子银行服务系统，其中包括网络银行、客户服务中心和门户网站，三者构成统一的、业务功能完善的服务平台。网络银行支持在线办理业务，主要定位于客户账户和资产管理服务；客户服务中心支持包括语音交互、电话、电子邮件和信件等在内的多渠道访问，提供跨时间、跨地域服务；门户网站则是富国银行互联网营销和服务的集中渠道。

富国银行以方便客户并提升其体验为目标，搭建了多层次的网络服务渠道，注重客户的个人定制化需求和互动性。富国银行 ATM 的显示内容、手机银行和网络银行的页面皆可根据客户需求进行定制，极大地提升了客户体验，提高了客户黏性及忠诚度。

此外，富国银行更是充分运用各类网站，拉近与细分客户群体之间的关系。例如，富国银行在 Facebook、Twitter、Youtube 等社交网站上与客户互动，使其成为客户生活的一部分。2006 年推出学生贷款博客，2010 年底推出针对基金客户的博客，为特定客户群提供财务指导与分析，强化了客户体验[1]。

富国银行的网络银行系统不仅为其节省了运营成本，更带来了新增收入和客户。其取得成功的主要因素可归结为以下几点：

第一，极早地开发并运用网络技术。富国银行早在 1994 年即开始对网络银行进行投资，随后不断扩大其网络银行的业务范围，提升服务水平，有效占据了市场。

第二，多层次网络服务渠道。富国银行认为渠道是商业银行进行市场营销、客户服务的载体和核心竞争力。通过对金融商店、ATM、电话银行、网络银行、手机银行等渠道的系统性整合，富国银行为客户搭建了便捷的综合性服务网络，极大地提高了自身的竞争力和盈利能力。

第三，业务品种广泛。富国银行网络银行所提供的服务涵盖了账户管理、投资理财、保险、贷款等领域，为客户提供多元化选择。

第四，良好的客户关系体系。富国银行充分利用各类网络渠道，为细分客户群体提供有针对性的服务，并通过对客户群的严格划分，为极少数贵宾级客户提供特别的关注和服务。R

1 辛本胜，张兴荣 . 从社区银行到全球金融巨擘——解读美国富国银行本土市场“蝶变”之道 [J]. 国际金融，2012(12).

案例 3-3-4

### 加拿大皇家银行

加拿大皇家银行（Royal Bank of Canada，RBC）成立于1864年，是加拿大规模最大的银行，目前在全球40个国家拥有1600万客户和7.8万名员工，网络银行和手机银行活跃客户超过450万。2015年全年净收入100亿加拿大元[1]。

作为一家提供多元化金融服务的世界级大银行，RBC在1899年进入美国市场后的近一个世纪中仅从事金融批发业务。为了扩大其在美国地区的市场份额，RBC于1998年以2000万美元的价格收购了当时业务已出现停滞迹象的安全第一网络银行（SFNB），实现了双重战略目的：其一，RBC利用SFNB已有的市场地位顺利进入了美国金融零售业务市场，实现了其在美国地区的有效扩张；其二，RBC通过此次收购将业务拓展至极具创新意义且飞速发展的网络银行领域，获得了市场的广泛关注。

收购之后，RBC采取了两方面的市场营销策略，以吸引更多客户，维持长期发展。第一，提高了网络银行支票账户的存款利息，利用价格优势吸引客户。第二，购置了超级服务器，提供技术保障，方便客户随时查询账户情况。R

## 第二节 国外手机银行的主要模式

1998年5月，捷克的Expandia Bank与移动运营商Radiomobile共同推出了全球首款手机银行系统。此后，手机银行凭借其低成本、便捷、高效等优势迅速赢得了金融机构和客户的青睐，开始在全球普及。

欧美国家的手机银行起步较早，目前已建立了较为完善的手机银行系统。1999年1月，美国花旗银行与法国Gemplus公司、美国M1公司联手推出了手机银行，客户可通过手机了解其账户余额和流水，并可向银行发送文本信息执行交易。2009年，美国电信业巨头AT&T联合四家银行引入了美国最大的手机银行业务。通过该项业务，AT&T的客户可以使用手机免费享受基本的银行服务，例如核算收支平衡、交易明细等。然而，由于发达国家的物理银行网点和网络银行都颇为发达，客户可通过多种途径随时办理银行业务，加上手机银行在线下的使用场景不足，且客户对其安全性存在顾虑，发达国家客户对于手机银行的需求并不强烈，其应用率甚至不如肯尼亚等欠发达国家。

亚洲国家中，手机银行在日本和韩国发展迅速，

1 加拿大皇家银行官方数据，http://www.rbc.com/investorrelations/pdf/ar_2015_e.pdf.

已成为主流的支付方式之一。日本的移动通信运营商NTT DOCOMO在该过程中起到了推动性的作用。NTT DOCOMO是日本三大移动运营商之一，它的所有3G手机都配备了支持移动支付的红外线装置。同时NTT Data创建了数据中心，帮助小型银行降低其手机银行服务成本。韩国在2002年12月即有18家银行提供手机银行服务，目前韩国所有零售银行皆可提供手机银行服务，另有几万家商户拥有能从手机红外线装置读取信用卡信息的终端，避免了客户刷卡的麻烦，增加了手机银行的应用场景和使用频率。

在肯尼亚、南非等非洲国家和地区，出现了大量手机银行创新，这些创新大多由移动运营商、第三方支付公司等非银行机构推出，以满足无法享受传统银行服务的人群的基本金融需求。

根据世界银行扶贫协商小组（CGAP）的划分，手机银行有银行主导和非银行主导两种主要模式。其中，银行主导模式是手机银行最早的发展模式，在发达国家较为常见。然而，在手机银行较为普及的非洲等欠发达国家和地区，由移动运营商主导的非银行主导模式最为常见，本节将着重对其进行介绍。

手机银行两种模式的主要特征对比见表3-3-3。

## 一、移动运营商主导模式

在移动运营商主导模式下，客户不直接与银行联系，而是使用现有手机话费进行日常交易或将资金存入由运营商开立的资金账户，账户信息由运营商持有。移动运营商在手机银行产业链中占据主导地位，而银行、商户及其他第三方公司为手机银行提供基本支持服务。非洲国家的手机银行大多以该模式为主。

**表3-3-3 手机银行两种模式主要特征的对比**

| | 银行主导模式 | 非银行主导模式 |
|---|---|---|
| 监管主体 | 金融监管当局 | 电信运营商 / 金融监管当局 |
| 存款持有主体 | 银行 | 银行 |
| 现金交易点 | 银行 | 电信运营商 / 非银行机构 |
| 服务对象 | 限于银行账户持有者 | 任何注册 / 非注册客户 |
| 客户拥有主体 | 银行 | 电信运营商 / 非银行机构 |
| 交易信息存储主体 | 银行 | 电信运营商 / 非银行机构 |

资料来源：课题组整理

案例 3-3-5

## 肯尼亚 M-PESA

M-PESA 由肯尼亚移动运营商 Safaricom 于 2007 年正式推出，是一项由移动运营商独立开发、运作，传统银行未参与业务运营的新型业务。

M-PESA 业务的开展依赖于其所构建的代理商网络，客户在各代理商网点录入个人基本信息后即可免费注册，过程极为方便快捷。除了帮助客户完成注册，代理商网点还为客户介绍 M-PESA 的各种信息及收费情况，提高注册后的业务使用率。M-PESA 自推出后迅速发展，2007 年 8 月每天注册人数超过 5000 人，当年 10 月日均注册人数超过 1 万人[1]。M-PESA 的优势在于，客户可以通过代理商网点随时存取现金，也可通过手机短信向其他客户或商户进行转账。本质上，在银行网点极其匮乏的肯尼亚，M-PESA 为客户提供了基本的银行服务，客户无须持有银行账户或前往银行网点。

推出 M-PESA 的初衷主要是为了满足肯尼亚居民与亲戚朋友间频繁的汇款需求，并让小额借款人可以通过 Safaricom 通话网络更为方便地接收和偿还贷款，降低小额信贷公司的成本，便于其为客户提供更低的贷款利率。与此同时，客户也更容易追踪自己的财务状况。

随着 M-PESA 的不断发展，其业务已覆盖转账、汇款、取现、话费充值、付账、发放工资和偿还贷款等多个领域。2011 年，M-PESA 推出了国际预付费 Visa 卡服务，支持客户通过 M-PESA 账户向该卡直接转账。M-PESA 与西联汇款的合作意味着客户可以接收来自 45 个国家和地区的国际汇款，包括美国、英国、加拿大等发达国家。2012 年，M-PESA 与银行展开合作，客户可以直接在合作银行的 ATM 机上操作取款。

M-PESA 在肯尼亚地区的迅速发展，为当地穷人、妇女等被传统金融机构所忽略的长尾客户带来了享受金融服务的机会。根据世界银行公布的《2014 全球金融包容性指数》报告，肯尼亚 58% 的成年人拥有手机银行账户。目前，M-PESA 已经可以在 89 个国家运行，并且不断扩张。

M-PESA 在肯尼亚成功的主要原因在于：

第一，准确的市场定位。肯尼亚银行网点的覆盖率极低，只有少部分人持有银行账户，肯尼亚居民对于金融服务的需求普遍无法得到满足。M-PESA 的目标客户正是这些无法享受传统金融服务的肯尼亚居民。在其未推出前，38% 的肯尼亚居民从未使用过任何金融服务[2]。M-PESA 将手机作为金融服务终端，不设月租费及账户最低余额，为客户提供使用方便且价格低廉的金融服务，从而迅速获得了目标客户的青睐。

第二，完善的基础设施。M-PESA 适用于任何可以收发短信的手机，非智能手机亦可。肯尼亚的

1 李耀东，李钧 . 互联网金融框架与实践 [M]. 北京：电子工业出版社，2014.

2 尹洋，廖渊，刘伟煜 . 肯尼亚 M-PESA 手机银行介绍及启示 [J]. 金融电子化，2012(7).

手机普及率在50%以上，远高于银行账户的普及率，这为M-PESA提供了充分的业务空间。此外，Safaricom是肯尼亚最大的移动运营商，占据近80%的市场份额，其获客成本极低，这也有利于其业务的推广。

第三，M-PESA搭建了颇为完善的代理商网络。其代理机构可分为三类：第一类是具有一个及以上实体经营网点的授权经销商；第二类是具有实体网点的零售商，如加油站、超市、药店等；第三类是部分银行和小微金融机构。M-PESA选取主代理机构为其分管其他代理商，并负责小范围网点内的资金流动和佣金结算。通过该种分层管理架构，Safaricom实现了对几万网点的有效管理，平衡了代理商之间的现金流失衡问题[1]。

第四，设计收费标准以促进网络效应。M-PESA的收费标准公开、透明且十分明确。为了避免乱收费，所有费用将从账户中直接扣除，不会由代理商网点代为收取。M-PESA主要根据汇款和取现的金额采取分段收费政策，且对注册客户和非注册客户收取不同的费用。Safaricom发现，付款人通常是汇款交易中较为强势的一方。因此，付款人向非注册客户汇款时需支付三倍于向注册客户汇款的费用，M-PESA通过该种收费方式实现网络效应，使付款人为了降低自身费用而推动收款人成为注册客户。

M-PESA最大的价值在于其为肯尼亚等发展中国家带来了普惠效应。M-PESA定位准确，充分发掘目标客户的需求，有针对性地设计并推出产品，搭建完善的代理商网络发展业务，解决客户痛点。对比同在发展中地区的南非手机银行Wizzit，哈佛商学院认为Wizzit不如M-PESA成功的原因在于，Wizzit未能把握客户的真实需求。Wizzit仅通过手机为客户提供传统的银行服务；而M-PESA则清晰地认识到客户最大的痛点在于缺少操作简易的安全汇款方式，因此其产品设计和定位更准确。

肯尼亚金融监管当局对M-PESA采取了较为宽容的态度。M-PESA的虚拟账户运作模式在肯尼亚并不属于银行活动，监管当局除了要求M-PESA将客户资金存入多家银行外，并没有其他严格的监管。普惠金融的发展不仅依赖金融行业的创新，监管当局的鼓励及宽容态度也尤为重要。R

## 二、银行主导模式

在银行主导模式下，客户直接与银行发生资金往来，银行在手机银行产业链中占据主导地位，移动运营商负责提供并维护运营平台，地位较为被动。客户资金将存储在银行账户内，其在交易过程中产生的手续费归银行所有，运营商收取数据流量费。

随着移动支付线上线下应用场景的不断发展，手

1 尹洋，廖渊，刘伟煜．肯尼亚M-PESA手机银行介绍及启示[J].金融电子化，2012（7）.

机支付在发达国家和地区逐渐成为主流。据 Gartner 的估计，2015 年，全球移动支付的市场价值将会超过 1 万亿美元。[1] 支付方式上，基于网络连接的远程支付、近场支付、手机刷卡器支付、手机扫码支付等层出不穷。例如，荷兰网络银行 ING DIRECT 于 2011 年推出移动支付应用，在客户输入其个人账户信息并提交支付或收款信息后，双方设备互相碰撞即可完成支付。巴克莱银行在 2012 年推出了点对点支付，装有移动支付应用“PINGIT”的手机可以在麦当劳、星巴克、玛莎百货等地直接完成支付，无须使用实体银行卡。

随着手机银行功能的愈加丰富，手机银行愈发渗透到客户的日常生活中，包括衣食住行、财务管理、社交购物等都能在手机银行终端上得到满足。例如，摩根大通、富国银行推出了支票识别应用，通过智能手机对支票拍照并发送照片即可将支票存入账户。

## 第三节 网络证券的国际发展及经验借鉴

国外的网络证券交易始于 20 世纪 90 年代的美国，后随着互联网技术的发展，向世界其他国家和地区迅速蔓延。除了网络技术的发展和普及，美国证券市场的改革也进一步促进了其网络证券的发展。例如，美国证监会于 1975 年取消了证券交易的固定佣金制度，证券经纪商的佣金利润不断减少，加上分业经营限制的解除，促进了折扣证券经纪商的蓬勃发展。

美国网络证券的主要特点在于：第一，佣金费率低廉。提供网络证券交易的经纪商繁多，相互之间竞争激烈，网络证券交易的佣金费率不断下调。第二，多元化服务。在佣金费率价格战之下，证券经纪商只有通过提供更为优质且全面的服务来凸显自己。目前，美国证券业的一个明显趋势是，传统证券经纪公司纷纷开展网络业务，而新兴的网络证券经纪公司则开始尝试提供线下及其他金融服务。

亚洲方面，日本最为突出的是纯网络证券经纪公司。日本的网络证券服务始于 1996 年，经过近 20 年的发展，历经大量网络证券经纪公司的退出、倒闭和并购，目前整个行业的集中度极高。个人投资者通过网络渠道交易的股票占 90% 以上。其中，80% 的交易量集中在五大网络证券经纪公司，即 SBI 证券、Monex 证券、乐天证券、松井证券和 Kabu.com 证券。

依据对互联网的应用程度，国外网络证券的业务模式可分为三种：第一，传统证券经纪公司开展网络证券业务，如美林证券。第二，综合型证券经纪公司开展网络证券业务，如嘉信理财、Fidelity。第三，纯网络证券公司，如 E*Trade。迄今为止，美国是网络证券交易最为发达的国家，本节将着重介绍美国案例。

### 一、传统证券经纪公司模式

传统证券经纪公司一般以服务高端大客户为主，提供定制化服务，对互联网的应用程度不高。

传统证券经纪公司可分为两种：全能型证券经纪公司和专注型证券经纪公司。全能型证券经纪公司注重开拓业务范围，完善业务能力，全方面发展。典型如美林证券、摩根斯坦利、高盛集团。其中，美林证券于 2010 年推出面向普通投资者的低门槛网络证券服务 Merrill Edge，进军网络证券市场。专注型证券经纪公司实行差异化策略，专注于细分市场或特定客户群。典型如美国的爱德华•琼斯公司，以社区为主，专注个人客户。

1 中国支付清算协会 . 中国支付清算行业运行报告 [M]. 北京：中国金融出版社，2015.

案例 3-3-6

## 美国美林证券

美林证券（Merrill Lynch）成立于 1885 年，是全球领先的财务管理和顾问公司之一。2008 年 9 月，美国银行以约 440 亿美元收购美林证券，美林证券更名为美银美林，成为美国银行的附属公司。

2010 年之前，美林证券主要为可投资资产在 25 万美元以上的高端客户提供面对面、全方位的资产投资咨询和财富管理服务。美林证券虽拥有全球一流的投资研究和资产组合咨询能力，但由于定位高端，其客户群体存在局限性。此外，高端客户大多需要个性化服务，导致美林证券对互联网的应用深度尚不及综合型证券经纪公司和纯网络证券经纪公司。

2010 年 6 月，Merrill Edge 上线。这是美林证券推出的网络证券经纪服务，主要面向投资额在 25 万美元以下的客户，分为自主直接投资（Self-directed Online Investing）和顾问中心（Merrill Edge Advisory Center）两部分。前者面向自主投资客户，不设最低资金要求，主要提供证券经纪、现金管理、托管账户、个人及企业退休账户、教育基金账户等服务，客户可根据自己的需要自行在线选择并购买产品。后者面向有意进行 2 万~25 万美元较大额投资的客户，有专业的金融顾问提供定制服务。

对比嘉信理财等综合型证券经纪公司和 E*Trade 等纯网络证券经纪公司，美林证券旗下的 Merrill Edge 颇具优势。第一，在服务方面，美林证券历史悠久，拥有一流的投资研究和顾问团队。第二，在产品方面，Merrill Edge 提供包括股票、期权、ETF、共同基金、年金等在内的多元化投资品种供客户选择。第三，在佣金费率方面，Merrill Edge 远低于嘉信理财及 E*Trade，单笔交易的佣金仅为 6.95 美元。另外，如果客户在美国银行的存款账户或在 Merrill Edge 的投资账户内持有超过 2.5 万美元的资金，则其享有每月 30 次免费交易的机会。目前，Merrill Edge 仅接受美国公民或持有美国永久居留权的投资者开户。

**表 3-3-4 Merrill Edge 与嘉信理财、E*Trade 的比较**

单位：美元

| | 嘉信理财 | E*Trade | Merrill Edge |
|---|---|---|---|
| 证券、ETF 单笔费率 | 8.95 | 9.99 | 6.95 |
| 期权交易 | 0.75/ 合约 | 0.75/ 合约 | 0.75/ 合约 |
| 最低账户资金要求 | 1000 | 500 | 0 |

资料来源：Merrill Edge 官网

截至 2014 年，Merrill Edge 已服务于全美 140 万户家庭，管理客户资产 1140 亿美元[1]。2015 年，美国财经杂志《巴伦周刊》（*Barron's*）将其评为“最佳在线证券经纪商”之一，总体排名高于嘉信理财及 E*Trade。[2] R

1 Merrill Edge 官网，https://www.merrilledge.com/about.

2 Barron's 2015 Best Online Broker Ranking [EB/OL]. Barron's 官网. http://webreprints.djreprints.com/50485.html，2015-03-07.

## 二、综合型证券经纪公司模式

综合型证券经纪公司一般从线下起步，自20世纪90年代开始拓展网络证券经纪业务。其特点是以中小客户为主，兼顾大客户，采取线上线下渠道相结合的运营模式，为客户提供多元化金融服务。

案例 3-3-7

### 美国嘉信理财

嘉信理财由创始人 Charles R. Schwab 创建于 1971 年，最早为折扣证券经纪商，其成立的初衷是为客户提供更为便宜的交易方式。在经历了多次转型后，其业务如今已覆盖证券经纪、资产管理、基金销售与管理、银行、咨询服务、人寿保险等多重领域，成为一家综合型证券经纪公司。

截至 2014 年底，嘉信理财共服务于 939 万客户，管理的客户资产达 2.46 万亿美元。2014 年全年，嘉信理财实现净营业收入 60.6 亿美元，净利润 12.6 亿美元，公司总资产 1546.4 亿美元，净资产 118 亿美元。截至 2015 年 11 月，总市值超 430 亿美元[1]。

嘉信理财的发展历史可分为五个阶段：

第一阶段（1971—1982 年），折扣证券经纪商，吸引流量。美国证监会于 1975 年取消了证券交易的固定佣金制度，促进了折扣证券经纪商的蓬勃发展。嘉信理财迅速为中小投资者推出低佣金的证券交易服务，以低佣金策略吸引客户，至 1982 年已拥有 37 万客户。

第二阶段（1983—1994 年），独立理财机构，统一账户。嘉信理财的快速发展引起了金融巨头的注意，于 1983 年被美国银行收购。1984 年，嘉信理财推出首家不设附加费和交易费的共同基金超市，允许客户自行在众多共同基金中挑选合适的产品。越来越多的客户开始通过综合型证券经纪公司购买基金产品，不再直接与基金公司对接，行业格局由此颠覆。随后，嘉信理财于 1987 年从美国银行回购股票并在纽交所上市，开始独立发展。嘉信理财搭建了专业的投资顾问开放平台，并引入独立的注册投资顾问（RIA）为客户提供服务。其向注册投资顾问收取其顾问费的 20%~30% 作为平台使用费，但不直接对客户收费。投资顾问会向客户收取其资产的 1% 作为理财顾问费。

第三阶段（1995—2001 年），向互联网转型。自 1995 年起，随着互联网技术的发展和应用，新兴的纯网络证券经纪公司如 E*Trade 开始出现，

1 嘉信理财 2014 年年报，https://www.aboutschwab.com/investor-relations/annual-report.

带动了行业交易佣金费率不断下调。虽然嘉信理财从 1995 年即开始推出互联网交易服务，但由于行业交易佣金的变化，其所面临的转型压力越来越大。1997 年，嘉信理财推出了独立的互联网经纪机构 E-Schwab，从线下营业部、网络交易、电话交易三个渠道，展开线上线下相结合的运营方式。虽然嘉信理财的交易佣金仍高于 E*Trade 等纯网络证券经纪公司，但由于长期以来与客户建立了稳固的关系，嘉信理财依然不断发展。1998 年底，其账户数达 600 万户，客户资产更是 E*Trade 的 10 倍以上。

第四阶段（2002—2008 年），全面金融服务商。随着互联网泡沫的破灭，嘉信理财重新聚焦于客户理财服务，不断扩展其业务领域。2000 年，嘉信理财以 27.3 亿美元收购了美国信托，以满足高端客户的私人理财需求。2003 年，嘉信银行成立，为客户提供全面的投资、现金管理和个人信贷服务。至此，嘉信理财有能力为客户提供包括证券经纪、基金销售、投资顾问、资产管理、现金管理、住房按揭等在内的一站式服务，增强了客户黏性。

第五阶段（2009 年至今），技术创新，不断发展。嘉信理财在 2008 年金融危机后更加注重技术创新，在产品设计上主打简单型低价被动投资。嘉信理财于 2009 年推出了 ETF 基金交易平台，并于 2010 年推出了手机 APP“Schwab Mobile”，不断创新。

嘉信理财从一家小型证券经纪公司起步，后来发展成为全球著名的金融服务公司，其成功要素可归结为以下几点：

第一，明确的公司战略。嘉信理财贯彻了细分市场集成的公司战略。其主营业务集中，有利于最大限度地运用资源，发展核心能力，为客户提供个性化服务，打造良好的专业品牌。此外，其各细分业务间具有高度的内在关联性，有利于基础技术平台的统一搭建，业务创新亦可在各领域被复制。

第二，善于发掘客户需求，提供优质的服务。嘉信理财将客户分为起步投资者、活跃投资者、富裕投资者和策划退休人士，针对不同类型的客户设计了不同的理财规划方案。例如，针对起步投资者，其服务的重点在于让每位投资新人可以更轻松地开始投资；对于富裕投资者，其提供的服务主要是财务顾问资料库、投资组合咨询和贵宾服务等。此外，嘉信理财秉持了以客户为中心的理念，有专人负责分析客户资料，了解客户需求，推出有针对性的全方位优质服务。

第三，关注技术创新，灵活应用。嘉信理财很早便意识到运用先进的技术手段能够积极促进其业务发展，其致力于将新技术应用到产品创新中，成为拥有领先技术的行业领导者。1979 年，嘉信理财率先建立了自动化交易和客户记录系统，并于 20 世纪 90 年代率先投资网络在线交易系统，实现对中小零散客户的大规模收编集成，成为美国最大的网络证券经纪商之一。除网络渠道外，嘉信理财还推出电话销售服务和呼叫中心业务，并与传统营业网点的人工服务相结合，为客户提供全方位服务，同时也降低了交易成本。

第四，持续的创新能力。嘉信理财在成立之初便以低佣金策略颠覆了传统经纪业的规则，从而脱颖而出，此后更是不断创新。嘉信理财是美国首家实现室内交易自动化并推出工作日 24 小时报价服务的折扣经纪商，其“嘉信单一账户”和“共同基金账户”引领了行业创新。1997 年其推出的“E-Schwab”标志着嘉信理财正式进入网络证券领域。嘉信理财持续不断的创新能力为其赢得了客户，使其快速成长，在行业中保持领先地位。

## 三、纯网络证券经纪公司模式

纯网络证券经纪公司始于线上，基本不设线下营业网点，主要通过网络渠道发展证券经纪业务，辅以产品销售和咨询服务。纯网络证券经纪公司模式在三种模式中运用互联网的程度最高。

案例 3-3-8

### 美国E*Trade

E*Trade 是一家纯粹的网络证券经纪公司，成立之初便通过 American Online 和 CompuServe 等网站销售证券理财产品。1994 年，其收入已达 1100 万美元，1996 年在纳斯达克上市。目前，E*Trade 已成为全球最大的个人在线投资服务站点之一，客户遍及全球 100 多个国家。E*Trade 的优势体现在以下几点：

第一，低佣金费率是其核心竞争力。20 世纪 90 年代，传统证券经纪公司的单笔股票交易佣金平均在 50 美元以上，而 E*Trade 低至 15 美元的费用大大降低了客户的交易成本，受到活跃投资者的广泛欢迎。随着市场竞争的加剧，E*Trade 的佣金费率不断下调，目前，其股票和 ETF 的单笔交易佣金最低可至 6.99 美元。此外，E*Trade 并不收取账户管理费，甚至还推出了免佣金的共同基金及 ETF。凭借网络销售的低成本所带来的价格优势，E*Trade 吸引了众多客户，在 21 世纪初即有效占据了市场，2003 年，E*Trade 客户数达 237 万位，客户资产为 1879 亿美元[1]。

第二，通过多样化的投资品种满足客户需求。E*Trade 所覆盖的投资品种非常广泛，包括股票、ETF、共同基金、债券、期权、期货、外汇等多个类别，每个类别下可供选择的品种也很丰富。例如，E*Trade 可供选择的共同基金超过 8000 只，其中 1300 余只免收交易费。客户可方便地通过电脑或手机进行在线投资。此外，E*Trade 的基金筛选工具亦

**表 3-3-5　E*Trade 大事件**

| 年份 | 事件 |
|---|---|
| 1991 | E*Trade Securities 公司成立 |
| 1994 | E*Trade 集团成立，E*Trade Securities 成为其子公司 |
| 1996 | E*Trade 集团在纳斯达克上市 |
| 2001 | E*Trade 以 5000 万美元收购 Web Street Securities 公司 |
| 2005 | E*Trade 以 7 亿美元收购了网络折扣经纪公司 Harris Direct，并以 16 亿美元收购了 JP Morgan 的子公司 Brown & Company |
| 2007 | E*Trade 以 8 亿美元的价格向 Citadel LLC 出售了面值 30 亿美元的 ABS 资产；同时，Citadel LLC 向 E*Trade 注资 16 亿美元，获得了其 12.5% 的优先级无抵押债券和 19.9% 的股权 |
| 2007 | E*Trade 关闭了其在日本的业务，并将其在澳大利亚的业务以 4.3 亿美元的价格出售给了 ANZ 银行 |
| 2008 | E*Trade 将其在加拿大的业务出售给了 Scotiabank |

1 E*Trade 官方资料。不过此后 E*Trade 客户数增长缓慢，2014 年末仅达到 314 万户，远不及嘉信理财和 TD Ameritrade 的客户数。

可根据客户所设定的理财目标和风险偏好，为其推荐符合需求的产品。

第三，为客户提供多元化服务。在客户开户时，E*Trade 会为客户进行投资行为测评，以确定其风险偏好和行为特征，并根据其投资需求，提供资产配置方面的建议。此外，E*Trade 还提供专业的投资顾问服务，以解决客户的个性化需求，包括投资品种推荐、代客管理资产组合、养老计划建议等，但目前尚未实现通过计算机算法自动为客户提供投资策略及资产配置方面的建议。对于偏好风险的客户群体，E*Trade 也提供融资融券服务，客户只需交纳一定的保证金即可。另外，E*Trade 也对个股、ETF 等投资品种进行研究分析，提供具体的投资建议。

第四，开展多方面业务，增加客户黏性及盈利途径。除证券经纪业务外，E*Trade Group 还推出了面向个人和小企业的资产管理服务及银行业务，为客户提供多种金融服务，增加客户黏性及自身营收。

然而，目前 E*Trade 所面临的最大挑战是其自身的可持续发展问题。随着越来越多低佣金互联网证券交易平台的涌现，传统证券经纪公司也纷纷大幅下调佣金费率并推出更多的免费服务，行业佣金水平不断下降，E*Trade 的低价优势也随之减弱。另外，相比较而言，传统证券经纪公司在专业咨询及研究、品牌形象、客户关系等方面具有较大优势，其通过营业网点、电话、网络等多渠道服务客户，并在基于个性化需求的顾问服务方面与高净值客户建立了长期稳固的关系，业务持续增长；而 E*Trade 的客户数在 2003 年步入 230 万后进入了缓慢增长期，到 2014 年末仅为 314 万户 [1]，远低于嘉信理财的 939 万户和 TD Ameritrade 的 630 万户。随着其客户数增速放缓，以及市场佣金费率的不断下调，E*Trade 在佣金收入方面持续下降，对其盈利能力带来了巨大考验。R

## 第四节 网络保险的国际经验比较

20 世纪 90 年代以来，随着互联网技术的日新月异，网络保险应运而生。

美国是保险大国，在互联网客户数量、互联网技术创新和信用体系建设等领域具有优越的基础条件，为其网络保险的快速健康发展提供了方便。美国国民第一证券银行率先推出了网络渠道的保险销售模式，随后其他保险公司陆续跟进，专业的网络保险网站和以 InsWeb 为代表的保险超市型网站开始涌现，着重于发展在线投保业务。目前，美国网络保险所覆盖的业务环节十分全面，包括产品信息咨询、询价议价、在线投保、争议解决、赔付等。保险产品方面，越来越多的新险种陆续加入网络保险市场，丰富了客户的选择。

欧洲的网络保险也在不断发展。早在 2004 年，英国就以 41% 和 26% 的车险和财产险网销占比成为颇具前瞻性的网络保险市场。据 2012 年 Mintel 的报告显示，英国 61% 的消费者表示会使用网络作为其第一信息渠道 [2]。英国的保险公司为了鼓励客户通过网络渠道购买车险，更是采用了差异化承保定价模式。通过网络渠道购买车险的保费远低于通过电话销售和线下代理人

1 E*Trade2014 年年报，https://about.etrade.com/corporate-reports.cfm.

2 中国保险行业协会 . 互联网保险行业发展报告 [M]. 北京：中国财政经济出版社，2014.

渠道。目前，英国的网络保险产品包括车险及人身意外伤害、家庭财产、健康等个人保险产品。

亚洲方面，日本首家通过互联网销售保险产品的公司名为 aflacdirect.com，1997 年 7 月由总部位于美国的 AFLAC 公司和日本电信共同推出。2008 年 5 月，Life Net 保险与印度国家银行安盛人寿保险展开合作，开始通过网络销售寿险产品。韩国的网络保险处于成长阶段，韩华人寿是首家提供网络保险服务的大型人寿保险公司。网络保险在韩国寿险市场的贡献率约为 10%。韩国在 2001 年开始销售网络车险，目前网络渠道的保费收入约占全部车险保费收入的 25% 以上[1]。

国外网络保险较为常见的业务模式有两种：保险公司网站模式和第三方网络保险超市模式，本节将重点予以介绍。

## 一、保险公司网站模式

在该种模式下，保险公司通过建立网站向客户展示保险产品，扩展销售渠道。该种模式的优点在于：第一，宣传公司及产品；第二，方便客户在线购买，扩展产品销售渠道；第三，可以对客户资料进行系统性管理并提供增值服务。其缺点在于，网站所能展示的保险产品信息量有限，且对保险公司的网络技术水平有较高要求。

案例 3-3-9

### 英国英杰华保险集团

英杰华集团（Aviva Plc）是英国最大的保险集团，由 3 家历史悠久、实力雄厚的英国保险巨头合并而成。1998 年，具有百年历史的综合性保险公司 Commercial Union 和 General Accident 合并成为 CGU 公司。2002 年，CGU 与当时英国最大的寿险公司 Norwich Union 合并，并于 2008 年正式更名为英杰华集团。

Norwich Union 曾是英国最大的寿险公司，早在 2002 年与 CGU 合并之前便拥有自己的保险公司网站，支持客户通过网络进行询价并购买如个人保险、健康险等产品，开展寿险直销业务。2009 年全球经济低迷期间，英杰华集团开始重视低成本的网络直销渠道，并初见成效。2010 年英杰华集团年报显示，其网络直销业务为该年整体业绩增长做出了重要贡献。

英杰华集团主要的网络直销市场分布在英国、欧洲、亚洲、加拿大等国家和地区，支持在线询价并购买的保险产品包括非寿险、健康险、长期医疗养老保险等。截至 2014 年年底，英杰华集团共为其 2900 万客户提供了 16 种类型的业务。2014 年全年利润为 17.38 亿英镑[2]。英杰华集团发展网络保险业务尤为重视三点：第一，品牌宣传。英杰华集团注重公司品牌和信誉的宣传，并不断尝试提高其网站知名度，吸引高净值客户。第二，客户至上。英杰华集团强调与客户的充分沟通和接触，并通过加强对客户资料的完整收集和分析来进一步了解客户需求，推出合适的产品，增加客户投保、续保意愿。第三，信息技术建设。随着互联网技术的不断发展，英杰华集团对信息技术的投入和建设力度越来越大，以此保证客户信息、交易及各方面的安全。R

1 中国保险行业协会 . 互联网保险行业发展报告 [M]. 北京：中国财政经济出版社，2014.

2 英杰华集团 2014 年年报，http://www.aviva.com/investor-relations/.

案例 3-3-10

## 日本生命保险株式会社

日本的人口老龄化程度居全球首位，且呈现老龄化加剧态势。预计到2050年，日本65岁以上的老龄人口占比将高达39.6%，该比例将是美国的1.9倍、德国的1.3倍[1]。随着日本保险行业的不断转型创新，加之1996年全面修订的保险业法规带来的监管政策放宽，专业的网络保险公司开始涌现。生命保险株式会社（Life Net）于2008年5月与印度国家银行安盛人寿保险展开合作，开始通过网络渠道销售人寿保险产品。

Life Net的特点及优势可归结为以下三点：

第一，简洁化的产品。Life Net所开发销售的保险产品责任单一，条款简明易懂，避免了结构复杂并附有各种各样约束条款的产品，方便客户自主在线选择并购买。其官网的网页设计和流程系统清晰明了，并配以声音和动画向客户全面阐述保险产品的内容及条款。对于任何不懂的问题，客户亦可随时向客服中心咨询。

第二，秉持客户至上。Life Net秉持以每位客户的利益和便利性为最优先考虑项。虽然其采取纯网络运营，但为客户提供了免费的电话和电子邮件咨询服务，随时为客户解答问题。客户亦可通过手机、移动端购买保险产品。此外，Life Net还在其官网上设立了学习平台，为客户普及寿险相关知识，让客户在充分了解保险的基础上购买符合自身需求的产品。

第三，信息透明化。为减少与客户间的信息不对称性，Life Net在其官网上对外公开了包括保险产品信息、公司运营状况、工作场所等在内的各种信息，方便客户随时了解其业务状况和运营情况，与客户建立诚实互信的良好关系。此外，Life Net更是严格遵守保护客户个人信息的承诺。

Life Net 2014财年（2014年4月至2015年3月）保费收入为85亿日元，投资收入为1.24亿日元。截至2015年5月，公司资本120亿日元[2]。

Life Net可供借鉴的经验如下：

第一，网络保险产品的设计需简洁清晰。通过网络渠道销售保险产品的不足在于缺乏专业人员为客户进行面对面解析，简洁清晰的产品设计容易让客户了解该保险产品的内容及条款，增加投保、续保的可能性。

第二，明确的市场定位。Life Net的目标客户为20~50岁终身价值较高的中青年客户，该部分人群的保障需求较高，且对网络保险的接受度较高，可建立中长期业务关系。此外，Life Net的寿险产品完全由公司自行开发并通过网络进行销售，免去了可能收取额外费用的中间环节，从而将保费控制在最小范围内。

第三，把握客户需求。Life Net为客户提供网络、电话、电子邮件等多种了解保险产品及咨询业务的渠道，方便客户随时联系，为客户带来了良好的体验。此外，Life Net在其官网公开诸多信息，以此拉近与客户的距离及与客户建立互信关系。R

1 中国保险行业协会．互联网保险行业发展报告[M]. 北京：中国财政经济出版社，2014.
2 Life Net 2014年年报及官网数据。

## 二、网络保险超市模式

在该模式下，第三方公司建立网络平台，为客户提供多家保险公司的产品报价和信息，方便客户根据自身实际需求自主比较并选择合适的保险产品。该模式可细分为三种类型：连接保险公司型、连接代理人型以及第三方管理型。

连接保险公司型平台一般为客户提供网络询价服务，将客户与保险公司连接起来，但平台本身并不直接销售保险产品。保险公司需在收到客户连接后向平台支付一定的费用，典型如早期的美国 InsWeb 平台。

连接代理人型平台与前一种类似，但其连接客户与保险代理人，平台本身不销售保险产品，典型如美国的 NetQuote 网站。

第三方管理型平台则是运用其数据库，根据客户需求自动寻找合适的保险产品，为客户推荐最为匹配的保险公司及产品，典型如美国的 Insure.com。

案例 3-3-11

### 美国 InsWeb

InsWeb 于 1995 年成立于美国加州，是全球著名的第三方保险网站。其业务范围非常广泛，涵盖了车险、家庭财产保险、医疗保险、人寿保险、宠物保险等领域，曾于 2007 年被福布斯评为“最佳网络站点”（Best of the Web）。由于发展瓶颈难以突破，InsWeb 在 2011 年被 Bankrate 收购。从发展过程看，InsWeb 早期成功的原因如下：

第一，构建了强大的互联网保险网络。InsWeb 与全球 50 多家大型保险公司签订了业务协议，建立了紧密的长期合作关系；同时，InsWeb 还与其他 180 多个遍布全球的网站建立了合作，以吸引源源不断的新客户流量。基于互联网的规模效应，其获客成本越来越低。InsWeb 所构建的强大的互联网保险网络是其多年迅速发展的原动力。

第二，以客户为中心。InsWeb 官网设计简洁清晰、功能完善，秉承了一切以客户为中心的理念。客户通过 InsWeb 提交其保险需求及相关资料后，InsWeb 会根据客户的需求，自动在与其合作的保险公司中选取多个产品进行对比和分析，为客户找出最为匹配的产品。InsWeb 在将大量客户介绍给保险公司和保险代理人的同时，也把最合适的保险公司和产品介绍给客户，通过互联网渠道连接供求双方，为双方带来显著的利益，实现共赢。此外，InsWeb 还开辟了学习专区，为个人客户解答常见问题。

第三，同时为保险公司和保险代理人提供服务。InsWeb 在成立之初只为保险企业匹配客户需求并收取介绍费。随着其业务的不断发展，InsWeb 于 2005 年启用了 AgentInsider 信息系统，开始为保险代理人提供客户线索。当客户通过 InsWeb 提交保险需求和个人信息后，InsWeb 会将匹配的信息转交给保险代理人，并向其收取介绍费。

从 InsWeb 早期的成功经验中不难发现，成功的第三方网络保险超市需要：第一，构建强大的互联网保险网络，形成规模效益；第二，充分发挥第三方网站公正、客观的优势，使供求双方实现共赢；第三，不断尝试拓展业务范围，促进盈利。

然而，大多数保险产品较为复杂，存在差异化条款及定价问题，往往需要保险销售人员面对面讲解，客户难以通过网络全面了解产品性质，这导致大多数保险产品难以通过互联网渠道进行大规模销售。InsWeb 主要销售的还是车险和意外险，规模难以持续扩张，最终于 2011 年被 Bankrate 收购。被收购前，InsWeb 最后一次公布的财报显示，前三季度总收入仅为 3900 万美元，在美国万亿美元的保险市场保费中几乎可以忽略不计。

第四章 CHAPTER 4

# 互联网金融的监管与创新

# Regulatory Rules and Innovation

## 第一节 传统金融互联网化的风险与监管

### 一、网络银行

风险是金融业的孪生姐妹，具有复杂性和多样性。控制风险，保障银行业的安全运转，是网络银行监管的最高宗旨。网络银行是建立在虚拟、开放互联网上的传统银行的延伸，具有传统银行的一切风险，如信用风险、流动性风险、利率风险、价格风险、外汇风险等；更有自身独特的风险，如基于信息技术投资的系统风险和基于虚拟金融服务品种的业务风险。本部分将结合银行业风险发展的新趋势，对网络银行特有的风险进行分析，并提出风险防范的建议。

#### （一）风险分析

网络银行具有两类特有的风险：

第一类，基于信息技术投资的系统风险。

首先，技术基础设施风险，包括因黑客入侵、信息泄露和系统漏洞等造成的系统失效、数据窃取和篡改等风险。网络银行的基础设施是整个网络银行的硬件构架，关系着网络银行能否流畅运营。网络银行的技术基础设施风险有两个特点：一是跨行业性，其风险独立于经济增长速度和金融市场的价格波动，不具备传统意义上金融风险的特点，而是取决于技术配置和技术设备的可靠程度；二是外部性，网络银行对自身技术基础设施风险的掌控管理能力，更多地取决于整个网络系统安全技术的先进程度及其选择的开发商、供应商、咨询或评估公司的水平，而不仅仅由自身管理水平和内控能力所决定。

其次，网络安全风险，即网络银行系统的安全漏洞带来的风险，包括系统内运行风险和系统外运行风险，其对网络银行带来的危害是致命的。系统内运行风险由计算机系统内部组件故障造成，如计算机硬件设备故障导致的系统停机、业务中止，系统运行物理温度太高、线路布线不规范引起的故障和数据破坏等。系统外运行风险由外部人为因素造成，如虚假网银系统、木马程序、网络钓鱼等。

第二类，基于虚拟金融服务品种的业务风险。

首先，操作风险，即由不完善或有问题的内部操作过程、人员、系统或外部事件所引发的风险。操作风险可能由客户风险防范意识的缺乏及不良操作习惯造成，如对自身网银密码管理不善、在公共场所登录网络银行账户等；还可能由网银安全系统及其产品设计缺陷造成。

其次，法律风险，即由我国网络银行立法的滞后所导致的风险。网络银行面临三方面的法律风险：一是网上开户问题。根据央行的规定[1]，客户通过柜面申请银行账户开户的，或者通过自助机具申请开户并经过银行工作人员现场核验身份信息的，才能享受银行的完整业务服务。在网络银行上开通的电子账户为Ⅱ类户或Ⅲ类户，不能享受存取现金服务。二是各国法律差异问题。各国网络银行的发展程度不同，国情也不同，而互联网的无边界特征必然会使网络银行出现跨国业务，这就产生了国家间在法律问题上的冲突。三是用户的知情权问题。很多网络银行的业务都是客户自助完成的，并没有与银行员工进行面对面的交流，加上客户的计算机操作能力参差不齐，所以客户是否已经完全阅读并理解与银行签订的合同条款，签订的合同是否是客户的真实意思表达等，很难辨别。

## （二）监管建议

我们对网络银行提出以下监管建议：

第一，建立风险防范的法律法规，明确监管标准。

在网络银行发展的进程中，很多发达国家相继出台了规范网络银行的相关法律条文。如美国 1978 年制定了《联邦电子资金移动法》，以保护消费者利益；法国 1985 年制定了有关信用卡支付的法律；日本 1994 年制定了有关网络银行资金移动的各项规定。而我国在网络银行方面的法律建设上明显滞后，也缺乏相应的网络消费者权益保护管理规则。2006 年开始施行的《电子银行业务管理办法》，对网络银行的申请与变更、风险管理、数据交换与转移、业务外包、跨境业务等方面做出要求，但缺乏可供操作的细节性规定。

在公平电子交易和业务操作规程方面，仅有商业银行以企业名义制定的电子银行交易规则，并无来自银监会的统一规定，这样的附和性规则无法有效保障消费者权益；银行与客户的关系方面，虽然《商业银行法》规定了双方的权利和义务，但考虑到网络银行的特殊性，现行法律只适用于传统的金融业务形式，仍需有专门的法律来明确业务各方当事人之间的关系；网上交易权责方面，在各商业银行制定的网上银行服务协议中，在网上不可抗力的认定与责任承担（如黑客、病毒侵袭）方面，往往做出有利于减轻自身责任的规定，无疑对处于弱势地位的消费者的权益造成威胁。这些领域中的问题，在现有法律体系中难以找到相关规定，常常处于无法可依、无规可循的状态，影响着网络银行业务的发展。

针对目前网络银行运作中出现的问题，我国应该借鉴其他国家的经验，建立相关法律以规范网络银行相关各方的行为。首先，要解决网络银行系统中电子交易的合法性问题，如怎样取用交易的电子证据，法律是否认可这样的证据。此外，还要建立电子货币、网络银行的行为规范，解决跨国银行的法律问题。其次，

1 中国人民银行．关于改进个人银行账户服务加强账户管理的通知 [Z].2015-12-25.

对网络银行系统的安全性也必须有法律保障，对计算机犯罪、泄密、窃取商业和金融机密等行为要有相应的法律制裁，以逐步形成有法律许可、法律保障和法律约束的网络银行运营环境。

第二，建立业务管理及内控体系，提高管理效率和决策科学程度。

网络银行内部控制系统具有复杂化、外延化的特点，其制度建设须紧跟网络技术的发展，具有很大的难度。网络银行一方面要突出内审作用，另一方面要加强管理人员对风险的认识。网络银行应在数据集中的基础上，健全支付清算、综合业务处理、资金营运、利率管理等业务系统，确保支付清算和业务处理系统的高可用性和可靠性。在控制信贷风险、提升资产质量方面，必须建立健全一整套风险控制的规章制度和操作规范。

第三，完善风险防范的管理制度，保障网络银行的可靠运转。

管理制度是风险防范的保障，只有建立健全了安全管理制度，才能及时发现问题和解决问题。首先，完善信息保密制度，建立针对各级工作人员的保密制度、针对各种资源的保密制度、针对各项工作流程的保密制度等；其次，完善系统维护制度，包括硬件系统的维护制度、软件系统的维护制度以及病毒防范制度等；最后，建立数据备份制度，防止系统、数据的丢失。

## 二、手机银行

手机银行作为一种新型的金融模式，具有独特的风险，如技术风险、代理风险、电子货币风险等[1]，其安全性需要法律、担保及监管的保障。

### （一）风险分析

第一，技术风险。包括身份认证、智能手机客户端管理、网络传输环境安全等方面的风险。在身份认证方面，手机银行普遍采用短信认证、预约码验证以及预留信息验证等方式，存在因客户安全意识薄弱、频繁的人际互动造成密码被破解或被盗的风险。智能手机客户端管理方面，在用户下载新的手机软件时，由于涉及客户隐私，不会要求客户对新安装软件的安全性进行全面检测，在一定程度上对手机银行造成了安全隐患。而网络传输环境安全问题，即通过钓鱼 Wi-Fi 站点、通信截取等手段窃取客户资料，在手机银行同样存在。运营商网络链路的稳定性和可靠性已然成为影响客户资金安全及运营商声誉的重要因素。

第二，代理风险。在手机银行的两类模式中[2]，均有零售代理商作为中介直接与客户进行接触。可能存在代理商操作错误、现金被盗、身份盗用、代理商欺诈等事件，为手机银行带来安全风险。

第三，电子货币风险。电子货币面临信誉风险，一旦数字加密系统被非法破解，虚假的电子货币就会充斥互联网市场，人们对电子货币的信任度将会大大降低，因此电子货币可能面临信誉危机。电子货币还会影响央行对货币发行量的控制能力，从而影响货币政策的实施。另外，电子货币还存在流动性风险，如移动运营商等非银行主体挪用客户资金进行高风险投资，导致流动性不足，客户利益受损。

世界各国关于电子货币风险作出了一系列规定。若电子货币是由银行发行的，则监管机构需要对与储值相对应的资金或未支付资金进行监测，这属于银行审慎监管的一项重要内容。然而，在非银行主导的模式下，

1 刘海二 . 手机银行、技术推进与金融形态 [D]. 西南财经大学，2013.

2 手机银行分为银行主导型和非银行主导型两种模式。

移动运营商为客户开立虚拟账户，客户与移动运营商之间直接建立契约关系，在这种情况下，电子货币受到较少的监管。即使监管机构要求供应商将客户预先储值的资金存入银行，也不能完全保护客户的资金安全。一旦发生风险，客户可以向供应商索赔，但不能向银行索赔。

### （二）监管建议

针对上述问题，有关部门需要专门为手机银行制定监管措施。

第一，监管部门应对手机银行的安全技术制定明确标准，比如对手机银行的身份认证、转账支付、数字加密等技术进行规定，明确手机银行必须达到的安全标准。

第二，加强政府监管部门之间的合作。面对手机银行跨业发展的趋势，银监会、人民银行、工信部、公安等部门应该加强合作，共同进行管理，避免出现“无人监管”的尴尬境地。对通过手机银行犯罪的不法分子，公安部门应该加强追踪技术。同时，法律也应该明确此类犯罪的定罪标准，实现违法必究。

第三，要加强对手机银行用户的风险教育，提高手机银行用户的风险识别能力，减少用户在使用手机银行软件时的不安全行为。

第四，对代理商制定准入规则和行为标准。基于代理风险，不同国家制定了不同的监管办法。如巴西中央银行规定，银行应对代理的行为负责，可办理开户或处理存款取款的代理商必须得到中央银行的批准，规定代理的作用只能是银行的中介，中央银行可以直接通过代理商提取关于代理的一切数据，银行与代理商必须在48小时之内清算所有交易，这些监管经验也值得我国借鉴。

第五，保证手机银行供应商有足够的资金来应对客户的索赔，确保客户具有优先索赔权，减少流动性风险。

## 三、银行电商

目前，银行纷纷致力于给客户提供更多的生活服务，从而提高客户的满意度和忠诚度。银行涉足电商行业，使得消费者可以在同一平台完成购物、支付或者消费贷款等一系列环节。这一模式优势明显，但风险也不容忽视。

### （一）风险分析

第一，消费者的权益保障问题。目前大部分银行电商平台只是一个商品展示中介，在对进驻商户的资质审核、行为约束方面都做得不够到位，导致商户良莠不齐。而且，不少银行电商平台的免责申明表示，平台并不对商户的个人行为负责。因此，一旦商家出现违约现象或者产品出现质量问题，消费者很难维护自己的合法权利。

第二，信息泄露风险。银行电商平台不仅给银行带来了更多中间业务收入，更重要的是，也给银行提供了大量的客户数据，这也是越来越多银行筹建银行电商平台的原因。但是由于银行电商平台上的经营主体比较复杂，受到的约束却较少，并没有保护客户信息的动力。而且相比网络银行，银行对电商平台数据的安全性关注度不够，银行电商平台上的支付数据都是客户的敏感信息，一旦泄露后果比较严重。

### （二）监管建议

针对银行电商，本报告给出以下建议：

第一，完善电商平台经营的立法规则。自国务院办公厅发布《关于加快电子商务发展的若干意见》以来，国家发展和改革委员会、商务部和国家工商行政管理总局等部门针对电子商务，陆续出台了有关指导意见或规范性文件。但是目前的各项规定立法层级偏低、内容多有重复，且未对相关交易参与者的民事归责问题，即确认责任归属必须依据的法律准则作出安排。对银行电商此类新兴的电子商务平台，更缺乏相关规定。因此，应尽快完善立法，统一电商平台经营规范，明确经营主体之间的权责关系。

第二，落实客户纠纷责任承担机制。《关于促进互联网金融健康发展的指导意见》明确提出保护消费者权益，构建在线争议解决、现场接待受理、监管部门受理投诉、第三方调解以及仲裁、诉讼等多元化纠纷解决机制。

银行经营电商平台面临的首要风险是客户基于交易纠纷直接向银行主张权利。当发生纠纷时，仅仅当电商平台采用自营或者与商家合营的方式经营时，消费者才有合法依据要求电商平台承担责任。然而，现有的银行电商平台大多不是商品的提供者，仅仅是交易场所和技术支持的提供者，不需要就交易纠纷向客户承担责任。在银行电商平台经营者的法律地位不明确的情形下，消费者权益很容易受到侵害。

在此情形下，商业银行应当更注重消费者保护等法律理念，基于自身角色积极维护客户权益：一是在商户入驻环节认真审查其经营资质，并在商户合作期间对商户进行必要监督；二是与商户就客户纠纷处理机制达成一致，要求商户提供必要金额的保证金，并委托银行在特定情形基于公正判断开展客户损失赔付工作。而商户也应当向商业银行承诺，对因交易引起的客户损失承担法律责任[1]。

第三，在经营电商平台过程中，银行将负责归集、保存有关客户资料和交易信息，并可能分析客户信息以便用于开展融资业务，因此将承担较大的客户信息安全责任。为避免因自身过错导致客户信息泄露并造成侵权，商业银行应当从技术保障、机制完善和合同安排等方面落实客户信息保护工作。除提高技术保障水平之外，商业银行应当就使用客户信息获得明确授权，加强内部在使用客户信息方面的管理，并在与入驻商户等主体的合同关系中，充分考虑并有效处理客户信息经由对接端口泄露的问题。此外，银行应当通过合同等手段对商户使用客户信息的行为依法进行约束[2]。

## 四、互联网证券

### （一）风险分析

目前互联网证券面临的风险主要有以下几点：

第一，技术风险。采用互联网渠道销售证券，不得不面对互联网特有的网络安全风险问题。线路繁忙、网络故障、交易数据篡改、股票盗买盗卖等都会给互联网证券的交易安全和信息安全带来极大隐患[3]。

第二，法律风险。我国的互联网证券起步较晚，现存的与互联网证券相关的法律法规还不健全，对互联网证券的经营活动的合法性边界定义还不够清晰，对法律纠纷的权责关系也不够明确，对行业内的上市公司的网站信息披露更是没有系统性要求[4]。

第三，网络诈骗。在互联网上进行证券交易，用户需要辨别证券公司网站的真伪。一些犯罪分子模仿证券公司官网，诱骗用户在其冒牌网站上进行交易，从而获得用户的个人信息、账户信息，损害用户的资金安全[5]。

1 刘泽华，李江鸿．银行电商平台法律风险 [J]. 中国金融，2013（24）.
2 刘泽华，李江鸿．银行电商平台法律风险 [J]. 中国金融，2013（24）.
3 罗澍．网上证券交易风险及其法律归属 [J]. 株洲师范高等专科学校学报，2002（6）.
4 王军．网上证券交易风险监管研究 [J]. 商，2013（14）.
5 崔聪聪．网络证券交易风险承担问题研究 [D]. 广西大学，2005.

## （二）监管建议

互联网证券的发展给市场监管提出了更高的要求。

首先，需要监管部门尽快完善相关法律。我国互联网证券现有的法律有2000年中国证监会出台的《网上证券委托暂行管理办法》、2008年国务院通过的《证券公司监督管理条例》、2015年证监会下发的《关于加强证券公司信息系统外部接入管理的通知》等，这些文件已经对互联网证券经营者的资质、客户的开户、信息系统的外部接入等做了初步规定，保证了互联网证券健康发展的大环境。但是由于证券业互联网化形式越来越多，相关法律需不断与时俱进、因势而变，才能为互联网证券的持续发展保驾护航。

其次，监管部门需要对互联网证券公司的安全技术制定一套标准，提高技术准入门槛，防止网络技术安全不到位的互联网证券平台进入市场，扰乱市场秩序。

再次，监管部门对互联网证券网络诈骗行为的惩罚措施要统一标准，对互联网犯罪行为的责任划分要做到有法可依、有法必依。

最后，监管部门需要明确分工，同时加强合作。互联网证券的经营主体越来越复杂，产品也开始突破证券业的边界。在这样的形势下，各部门要通力合作，避免监管缺失的现象，共同应对日新月异的互联网证券产品。

案例 3-4-1

### HOMS金融投资云平台

HOMS 金融投资云平台（以下简称“HOMS系统”）于2012年5月正式上线，是恒生电子股份有限公司研发的一款以投资交易为核心，兼具资产管理、风险控制等相关功能的投资管理平台，是针对私募等中小型机构定制的轻量级资产管理实现方案。HOMS 系统有两个独特的功能：第一，可以将私募基金管理的资产分开，交由不同的交易员管理；第二，灵活分仓。这两个功能成功地解决了私募基金交易员不足和分仓的问题。

HOMS 系统具有的这两个功能也使场外配资和伞形信托活动更为便利。针对场外配资和伞形信托等活动，2015年4月16日中国证券业协会召开证券公司融资融券业务情况通报会，提到不得以任何形式参与场外股票配资、伞形信托等活动，不得为场外股票配资、伞形信托提供数据端口等服务或便利。2015年6月13日，证监会在《关于加强证券公司信息系统外部接入管理的通知》中重申，各证券公司不得通过网上证券交易接口为任何机构和个人开展场外配资活动、非法证券业务提供便利。

2015年9月7日，证监会认定 HOMS 系统具有的开立证券交易子账户、接受证券交易委托、查询证券交易信息、进行证券和资金的交易结算清算功能具有证券业务属性，且投资者通过该系统不在证券公司开户即可进行证券交易，属于非法经营证券业务的行为，决定对恒生网络及相关责任人员依法做出如下行政处罚：没收恒生网络违法所得1.3亿元，并处以3.99亿元罚款；对恒生网络董事长和总经理给予警告，并分别处以30万元罚款。R

## 五、互联网基金

### （一）风险分析

余额宝等互联网基金平台在近几年发展迅猛，引发了基金理财热。但是互联网基金低门槛、高收益的背后也隐藏了巨大风险，其比较突出的风险有以下几点：

第一，法律风险。目前法律对第三方平台的基金购买资格、存贷比、存款准备金等没有做出限制。一旦法律对互联网基金平台制定出更为严格的规定，那么这些平台想要维持经营将变得困难[1]。

第二，流动性风险。流动性风险是互联网基金面临的一个比较突出的问题。货币基金是互联网基金产品的主力军，占据了很大的市场份额。这些产品一般都以 T+0 实时到账制度吸引投资者，然而基金公司与银行签订的协议存款一般都是有期限的，这就产生了期限错配问题。互联网基金平台很难应对消费者的大规模赎回行为，互联网的实时性放大了基金行业的流动性风险[2]。

第三，市场化风险。目前中国的利率没有完全市场化，这就是互联网基金能获得高收益、抢夺银行客户的一个重要原因。但是利率市场化是一个必然趋势，一旦利率市场化改革完成，互联网基金的套利空间就难以保持。

### （二）监管建议

完善互联网基金的相关法律是当务之急，只有制定一套统一的标准，明确各主体的责任义务，才能减少行业乱象和违法行为。这套标准应该包含以下内容：

第一，完善的信息披露制度。基金作为一种理财产品，存在投资风险，互联网基金平台必须对产品的风险充分披露，保证投资者的知情权。

第二，有效保护信息和资金安全的技术标准。互联网基金平台要达到必要的技术标准，保证支付环节和客户信息的安全性。

第三，降低流动性风险的标准。监管部门需要对互联网基金平台的流动性进行监控，可以要求平台留存一定比例的备付金[3]，对基金产品，特别是 T+0 货币基金的投资范围要进行一定的限制，减少期限错配现象。

在监管过程中，银监会、证监会与人民银行等监管部门应加强合作，互联网基金的销售已经出现跨地域、跨账户、跨机构的特点，单靠一个监管部门必然会出现监管真空地带，所以需要各监管部门合作，共同维护行业发展。

---

1 吕佳，周静涛．传统银行存款与互联网基金比较 [J]. 经济师，2014（9）.

2 柴用栋，曹剑飞．互联网货币基金收益率与商业银行理财产品收益率、SHIBOR 利率的关系研究 [J]. 学术论坛，2014（10）.

3 陈宝卫．互联网基金发展现状、影响及监管对策 [J]. 金融会计，2014（6）.

案例 3-4-2

## 余额宝风险分析

余额宝是中国互联网基金的一个典型代表，其面临的风险有以下几点：

第一，流动性风险。流动性风险主要源于期限错配问题。余额宝支持用户随时赎回自己的基金份额，但余额宝货币基金投资的有价证券却具有一定期限（见表 3-4-1）。如果余额宝用户大面积地进行赎回，会对天弘基金造成流动性冲击，一旦这种情况出现，天弘基金可能被迫提前支取协议存款，而提前支取协议存款要进行罚息，会进一步降低收益，造成恶性循环。此外，天弘基金提前支取存款，还会对存款银行造成流动性冲击，产生连锁反应。

**表 3-4-1 投资组合平均剩余期限分布比例**

| 平均剩余期限 | 各期限资产占基金资产净值的比例（%） |
|---|---|
| 30 天以内 | 19.09 |
| 30(含)~60 天 | 17.65 |
| 60(含)~90 天 | 21.92 |
| 90(含)~180 天 | 31.03 |
| 180(含)~397 天（含） | 10.26 |
| 合计 | 99.95 |

资料来源：课题组整理

第二，市场化风险。因为市场化没有完全实现，行业内还存在较大的存贷款利差，这为余额宝提供了生存的空间，余额宝可以以高于银行活期存款的利率吸收资金，并把资金投入到回报更高的产品当中。利率市场化完全放开，意味着存款上限放开，存款为了吸收更多的资金，会提高存款利率，余额宝的生存空间会大大地减小。

2011 年，城投债危机引发货币基金流动性紧张之后，监管部门放开了货币基金投资协议存款 30% 的投资上限，并且允许货币基金提前支取存款而不罚息，根据天弘基金公布的资料[1]，余额宝的资产组合中有 71.69% 是属于银行的协议存款，提前支取存款而不罚息使得余额宝能够既保证收益又拥有流动性。

2014 年 3 月央行公布的互联网金融监管应遵循的五大原则指出，不允许存在提前支取存款或提前终止服务而仍按原约定期限利率计息或收费标准收费等不合理的合同条款[2]。2014 年 6 月，货币基金提前支取存款不罚息的优惠政策被取消，这意味余额宝的流动性将大大地降低，余额宝为维持 T+0 赎回规则将需花费较高成本。

此外，余额宝具有较高收益的一个重要的原因是协议存款具有较高的利率。余额宝中的大量资产

1 天弘基金管理有限公司 . 天弘余额宝货币市场基金 2015 年第二季度报告 [R].2015.

2 中国人民银行 . 中国人民银行关于存款口径调整后存款准备金政策和利率管理政策有关事项的通知（银发〔2014〕387 号）[Z].

投入银行的协议存款中，协议存款收取存款准备金，会对它的利率造成较大影响，从而对余额宝的收益造成影响。2014 年 12 月 27 日晚间，央行正式下发文件，将原属于同业存款项下的存款纳入各项存款范围，这意味着以余额宝为代表的货币基金吸收的存款将缴纳存款准备金。虽然文件同时规定协议存款适用存款准备金率暂时为零，但将其纳入存款范围意味着将要对协议存款收取准备金，那么余额宝的巨大资金派生能力和货币供给创造能力就会被大大地削弱。R

案例 3-4-3

## 美国版“余额宝”的兴盛与衰败

PayPal 是美国最大的支付公司，拥有上亿用户，用户在交易过程中会产生大量沉淀资金。1999 年，为了解决 PayPal 用户沉淀资金收益的问题，PayPal 成立了一个基金，叫作 PayPal Money Market Fund（以下简称 PMMF）。PMMF 主要投资美国资本市场上高质量的美元币值类短期货币基金。但 PMMF 并不直接投资资本市场，而是投资于一家叫作 Money Market Master Portifolio 的投资管理公司，用户的收益直接与这家投资管理公司的业绩正相关。

在产品设计上，PMMF 用户无须将资金转入另外一个账户，可直接在支付账户中享受货币市场基金的投资收益。当需要转账或支付时，对应的基金份额会自动赎回，无须用户手动干预，用户从体验上不会感到货币市场基金与支付账户现金的区别，从而提升用户体验。此外，借助互联网在节约成本方面的显著优势，PMMF 更容易维持高收益率。借助货币市场基金的迅猛发展，以及便利的申购赎回机制和较高的收益率，PMMF 的规模也快速壮大，在 2007 年达到 10 亿美元的峰值。

但好景不长，2008 年次贷风暴导致全球流动性危机。美联储开始了连续两轮的量化宽松政策，导致联邦基金实际利率不断下跌。根据公开数据显示，PMMF 的管理成本是 0.75%。此外，PMMF 还要为承诺给用户的最低利率进行补贴。这导致 PayPal 公司每年承受数百万美元的亏损。最终，在资金规模锐减和市场零利率的双重挤压下，PayPal 公司主动终结该产品。

余额宝和 PMMF 相对比，虽然国家政策背景不同，使得两者在产品设计上存在微小的区别，但是总体上两者的模式是相似的。目前，国内利率尚未完全市场化，余额宝尚有足够的生存空间。但随着金融改革的不断深化，利率市场化是必然的趋势，随着经济的不断全球化，全球性金融危机爆发的可能性也是存在的。面对利率市场化给货币基金带来的冲击以及金融危机带来的大面积赎回和利率波动，余额宝必须采取新的措施吸引新客户，减少老客户流失，比如改善客户体验、提供增值服务、增加优惠力度等。R

案例 3-4-4

## “双十一”的风险控制

“双十一”是指每年 11 月 11 日，以天猫、京东、苏宁易购为代表的大型电子商务网站进行的打折促销活动。“双十一”是中国互联网上最大规模的商业促销活动，当天余额宝中大量的资金会被用于消费，使余额宝赎回频繁，造成巨大的流动性风险。

到目前为止，余额宝已经历三次“双十一”，并成功地经受住考验，为了应对“双十一”带来的流动性风险，余额宝主要采取以下措施进行风险控制：为了保障资金当天的流动性，天弘基金会在半年前开始为“双十一”做准备，改变资产配置结构，安排资金在“双十一”前大数据中心借助交易数据以及运营活动的执行情况，精准地计算出申购赎回数额，做好充分预案，并超额准备部分资金以防止突发情况；活动当日，天弘基金投资团队和阿里电商部、大数据中心保持密切的沟通机制，及时沟通反馈影响投资的各种重要信息；推出充值返红包活动，鼓励大家提前充值，有些消费者为了抢红包，会进行反复充值，造成支付宝账户内的资金量大涨，从而为余额宝准备了大量的流动资金；天弘基金方面也表示，即使出现了大面积赎回现象，他们也可以通过回购、卖债或者提前支取存款等方式，缓解流动性压力。

天弘基金还称，目前余额宝内的资金仍以短期协议存款为主，辅以少量短融及超短融产品，期限错配问题并不严重。此外，天弘基金还与银行合作，签订“提前支取不损失利息、到期自动续投”等条款，以减少流动性风险。R

## 六、互联网保险

### （一）风险分析

互联网保险目前面临的风险主要有：

第一，法律风险。目前互联网保险的相关法律法规还不完善，因此互联网保险新产品的研发，虽然更好地满足了新的保险需求，但也可能面临着法律风险。

第二，信息披露不足。部分互联网保险平台上的风险提示并没有放置在网页的显著位置供用户查阅，甚至一些平台根本没有披露必要的信息，这损害了消费者的知情权。

第三，售后服务问题。理赔难一直是消费者对传统保险业望而却步的一个原因，而将保险业务搬到互联网上之后，理赔流程更为简便还是更加困难，也是决定消费者是否接受互联网保险的一个重要因素。如果理赔服务没有“落地”，那么互联网保险就很难发展起来。

第四，欺诈风险。我国现在的信用体系还没有完全搭建起来，互联网保险公司难以对客户的信用水平进行甄别，因此，网上审核投保人资格以及理赔申请甚至比线下更为困难。即使可以甄别也需要互联网保险公司付出较大成本，导致互联网保险行业面临着较大的欺诈风险。

第五，产品单一化问题。互联网保险平台上只能提供标准化的产品，这是进一步扩大保险需求的瓶颈。投保人的个人实际情况千差万别，目前在互联网保险平台上的单一化产品很难满足消费者的需求。

此外，大数据给保险行业带来了巨大变革，但是由于保险公司在应用大数据时还不够成熟，也容易产生一些风险。

首先，保险行业使用大数据的过程中存在隐私泄露问题。保险公司利用其他公司分享的数据锁定客户，但这存在信息安全问题，如果在没有征得用户同意的前提下，各企业间互相交换信息会侵犯客户的权益，给保险的监管带来挑战。也正是由于信息安全问题，虽然保险公司已经开始利用智能可穿戴设备记录客户信息，但客户不一定愿意接受这些先进的数据记录技术，而这又在客观上阻碍了保险行业的发展。

其次，大数据可能会加剧恶性竞争。掌握更多数据的互联网企业相比保险公司更有信息优势，当其进入互联网行业后，将会使得保险行业的竞争更加激烈，保险公司不得不压低产品价格，甚至会引发“价格战”。比如淘宝、腾讯、京东等都纷纷进军保险行业，给传统保险公司带来了巨大的压力；同时，由于大数据使得信息更加对称，相互保险在未来将会被越来越多的人所接受，保险公司的中介作用将被大大削弱。

最后，保险公司在建立数据库时可能面临较大的成本压力。建立数据库是一个漫长的过程[1]，而且企业在获取、分析、维护、转移数据以及人才培养等方面需要花费大量资金，特别是在初期，这无疑会给企业带来很大的经营压力。

## （二）监管建议

互联网为保险行业带来机遇的同时，也给监管带来了挑战。目前中国对互联网保险的监管存在很多空白，监管的速度明显跟不上日新月异的互联网保险的发展速度。缺乏有针对性的监管措施，给理赔和用户安全等方面带来很大隐患，因此，应尽快完善现有的法律法规[2]，以鼓励创新、防范风险和保护消费者权益为基本思路[3]，为互联网保险的持续健康发展奠定基础。

第一，鼓励创新。互联网保险方兴未艾，监管部门制定监管措施时不能阻碍创新。对于监管而言，如何区分创新和风险是一大难题，这需要监管部门研究人员深入学习互联网保险相关知识，找到风险点，坚持底线原则，在保证安全的范围内最大限度地鼓励创新。

第二，重点保护互联网保险消费者的合法权益。保险消费者对产品的了解程度不如销售者，往往处于信息弱势地位。因此要提高产品信息透明度，保障消费者的知情权和选择权。为此，监管部门要建立一整套完善的产品信息披露制度，禁止隐瞒重要信息或误导消费者；网上交易过程中要对业务流程、在线服务方面等进行规范，保证消费者享受应有的服务[4]；交易完成后要保证有完善的法律制度为互联网保险纠纷提供明确的责任认定和惩罚制度[5]；交易全过程要保证消费者的资金安全和个人信息安全。监管部门需要为互联网保险网站制定明确的安全技术规范以保证支付安全和个人信息安全，对保险公司的保费运用进行监督以确保资金安全，完善互联网保险公司的准入制度以维护互联网保险行业的健康环境。

第三，保险公司及时上报经营状况。这有利于监管部门更好地掌握保险公司的动态，了解保险公司的产品和服务，便于制定有针对性的政策措施。

1 邬维奇 . 大数据在保险营销中的应用 [J]. 改革与开放，2013（13）.
2 谭明月 . 我国互联网信托发展现状分析 [J]. 商场现代化，2014（20）.
3 邱勋 ."互联网信托"P2B 网络借贷模式探析 [J]. 互联网金融，2014（3）.
4 叶文辉 . 互联网金融理财业务风险的监管与防范——以"信托 100"百元团购信托产品为例 [J]. 银行业经营管理，2014（9）.
5 叶文辉 . 互联网金融理财业务风险的监管与防范——以"信托 100"百元团购信托产品为例 [J]. 银行业经营管理，2014（9）.

第四，充分利用大数据。首先，利用大数据完善征信体系。征信体系的完善对互联网保险有着不容小觑的作用，征信体系既可以使互联网保险公司准确判断客户风险，也可以为监管部门的监管措施提供有力支撑。因此政府应该鼓励构建个人征信平台，为监管做好铺垫。其次，监管部门在鼓励保险行业积极共享数据的同时，也要注意方式方法。保险公司一定要遵循征信业管理条例，在客户自愿的情况下获取信息。比如用户在旅游网站上留下个人信息之后，旅游网站应询问客户是否愿意分享自己的信息给保险公司以获取保险产品推荐。企业间擅自交换客户信息不仅侵犯法律，还容易影响企业形象，得不偿失。

## 七、互联网信托

信托由于自身的特点，其互联网化程度远远不及网络银行、互联网证券、互联网保险等互联网金融模式。首先，信托有私募性质，产品差异化程度高、门槛高，交易手续复杂，交易额大，对安全支付的要求也高，这些特征都不利于其向互联网模式发展[1]；其次，互联网信托需要大量既具备信托知识，又具备互联网知识的复合型人才，对数据分析人员的需求量也较大，但是目前中国在这方面的专业人员数量稀缺，这也阻碍了互联网信托的发展。

### （一）风险分析

互联网信托作为一个新兴事物，有不成熟的一面，其产生带来了机遇，也带来了风险，使监管面临巨大挑战。

第一，法律风险。目前，中国的信托行业法律仍不完善，针对互联网信托方面的法律法规更是存在着诸多空白，法律对互联网信托尚无明确定位。为了规避法律监管，互联网信托平台利用法律空白设计出很多新产品，但是这些产品容易造成金融风险，虽然监管部门针对这些新产品不断完善法律，但是仍处于防守阶段，较为被动；另外，互联网信托也缺乏有效监管，政府监管机构对互联网信托的监管责任划分不明确，也缺乏行业自律组织对该行业进行调节[2]，所以互联网信托的规范还有很长的一段路要走。

第二，信用风险。互联网信托平台的信息披露制度很不完善，借款人、平台经营者的违约可能性很大。保本甚至保本保息已经成了信托的一个不成文规定，互联网信托平台也不例外。目前法律对互联网信托的担保杠杆没有明确限制，过高的杠杆很可能最终导致担保公司无力偿还本息，产生信用风险。

### （二）监管建议

对于互联网信托的发展，政府应该采取肯定的态度。目前的互联网信托模式虽然有规避监管的嫌疑，但它们都在一定程度上促进了社会融资，服务了实体经济，政府应该对其进行适当引导，而不是一味禁止。

第一，要完善相关法律法规，填补法律空白，化被动为主动，从源头上减小互联网信托给经济带来的风险。

第二，建立监督管理体制。要促进行业自律组织的成立和发展，同时要促进各监管部门之间、监管部门和自律组织之间的协调合作[3]。

第三，完善征信系统。完善征信系统始终是互联

1 谭明月 . 我国互联网信托发展现状分析 [J]. 商场现代化，2014（20）.
2 邱勋 . “互联网信托”P2B 网络借贷模式探析 [J]. 互联网金融，2014（3）.
3 叶文辉 . 互联网金融理财业务风险的监管与防范——以“信托 100”百元团购信托产品为例 [J]. 银行业经营管理，2014（9）.

网金融各模式发展中绕不开的问题。完善的征信系统可以帮助互联网信托平台更好地识别融资方的信用水平和还款能力，保证资金安全，既保护了投资者的利益，也可以使有关部门更好地管理互联网信托平台，管控风险。

第四，加强互联网信托投资者权益的保护。监管部门制定政策时，都应以保护投资者的权益为出发点，为此可以专门设立互联网信托投资者权益保护的相关法律、机构。另外，监管部门还可以承担对投资者进行风险教育的义务，提高投资者的自我保护意识。

作为互联网信托平台，可以充分利用大数据，挖掘需求、提升服务质量，在法律法规允许的条件下，进行产品创新；互联网信托平台还应该培养相关专业人才，提高自身竞争力。但是在追求快速发展的同时要完善信息披露制度[1]，保护投资者的知情权，在遵守法律法规的前提下进行创新，努力降低风险，营造一个有利于行业长期健康发展的环境。

## 八、互联网消费金融

虽然提前消费的观念开始被越来越多的人接受，但是中国的传统观念仍然根深蒂固[2]，互联网消费金融平台可以依托互联网的信息传播优势，引导消费者转变消费理念。另外，互联网消费金融平台还可以利用互联网的大数据优势分析需求，积极产品创新，激发消费者贷款消费的热情。

### （一）风险分析

由于行业发展不够成熟，相关法律不够完善，互联网消费金融还是面临着很多风险。

第一，法律风险。虽然银监会已经出台了关于消费金融的管理办法[3]，但是并没有专门针对互联网模式下消费金融的法律法规，监管部门也没有对互联网消费金融的主体、行为进行全面规范，因此，互联网消费金融的创新行为很可能会涉嫌违法。

第二，信用风险。中国的信用体系还没有完善，贷款人在互联网消费金融平台上贷款又是无须抵押担保的，所以互联网消费金融公司需要面对个人违约的风险。

第三，需求不足。由于提前消费的观念还没有被中国百姓完全接受，而且人们对互联网的安全性存在诸多疑问，所以目前对互联网消费金融的需求度还不高。

第四，技术风险。互联网消费金融与其他互联网金融模式一样，需要面对技术风险。黑客攻击、数据篡改、网络瘫痪等网络特有的安全隐患是互联网消费金融公司必须重视的问题。

### （二）监管建议

互联网消费金融作为一个新兴事物，给法律监管带来了巨大挑战，相关部门应该实行功能化和差异化监管，减少重复监管，提高监管的针对性。首先，要完善法律法规，为互联网消费金融量身定制管理办法；其次，建立完善的信用体系，保障互联网消费金融健康发展；再次，监管部门需要对互联网消费金融公司的安全技术制定标准，减少客户信息和资金的安全隐患，增加消费者对互联网金融的信任感；最后，监管部门也可以引导消费者树立正确的消费观念，增加消费金融市场的需求。

1 叶文辉 . 互联网金融理财业务风险的监管与防范——以“信托 100”百元团购信托产品为例 [J]. 银行业经营管理，2014(9).
2 钱海利 . 互联网巨头发力消费金融 [J]. 互联网观察，2014(10).
3 银监会 . 消费金融公司试点管理办法 [Z].2013.

## 第二节　互联网金融政策解读

### 一、对《关于促进互联网金融健康发展指导意见》的分析

2015年7月18日，中国人民银行等十部委联合发布了《关于促进互联网金融健康发展的指导意见》（银发〔2015〕221号）（以下简称《指导意见》），这是互联网金融监管的纲领性文件，本报告对《指导意见》有如下解读：

第一，文件层次高。十部委联合发布之前，《指导意见》获得了党中央、国务院的同意，这在经济政策类文件中是不多见的。

第二，《指导意见》对互联网金融给出了明确定位。《指导意见》指出："互联网金融是传统金融机构与互联网企业利用互联网技术和信息通信技术实现资金融通、支付、投资和信息中介服务的新型金融业务模式。"

学术界对互联网金融一直有争议。一种观点可以称为"模式论"，认为互联网金融是一种新的金融模式和运行结构，能够大幅提高金融运行效率。另一种观点可以称为"工具论"，认为互联网金融是通过互联网来运作的金融业务，互联网只是一种技术手段。

**表3-4-2　互联网金融监管的分工**

| 互联网金融业务类型 | 监管部门 |
|---|---|
| 互联网支付 | 人民银行 |
| 网络借贷、互联网信托和互联网消费金融 | 银监会 |
| 股权众筹融资、互联网基金销售 | 证监会 |
| 互联网保险 | 保监会 |

资料来源：课题组整理

**表3-4-3　互联网金融监管中的共性问题及分工**

<table>
<tr><th>互联网金融监管中的共性问题</th><th>监管部门</th></tr>
<tr><td>互联网金融行业自律</td><td>人民银行</td></tr>
<tr><td>反洗钱</td><td>人民银行</td></tr>
<tr><td>客户资金第三方存管制度</td><td>人民银行牵头</td></tr>
<tr><td>互联网金融数据统计监测体系</td><td>人民银行牵头</td></tr>
<tr><td>互联网金融从业机构财务监管政策</td><td>财政部</td></tr>
<tr><td>互联网金融涉及的电信业务</td><td>工信部</td></tr>
<tr><td>金融信息服务、互联网信息内容</td><td>网信办</td></tr>
<tr><td>打击互联网金融犯罪</td><td>公安部</td></tr>
<tr><td>信息披露、风险提示和合格投资者制度</td><td rowspan="2">按职责分工各司其职</td></tr>
<tr><td>消费者权益保护</td></tr>
</table>

资料来源：课题组整理

《指导意见》的“新型金融业务模式”实际上是一种折中的提法，认为互联网金融仍属于金融，但在银行、证券、保险之外会出现“互联网金融类机构”。《指导意见》肯定了互联网金融的正面意义，认为互联网金融对促进小微企业发展和扩大就业发挥了现有金融机构难以替代的积极作用。《指导意见》还定下了互联网金融发展与监管的基调，即“鼓励创新、防范风险、趋利避害、健康发展”的总体要求。

第三，《指导意见》体现了机构监管与功能监管相结合的原则（见表 3-4-2）。《指导意见》明确界定了互联网支付、网络借贷、股权众筹融资、互联网基金销售、互联网保险、互联网信托和互联网消费金融等互联网金融的主要类型，并规定了它们的监管部门，这主要体现了机构监管逻辑。同时，《指导意见》从互联网金融机构的具体形态中提炼出互联网金融监管中的若干共性问题，厘清了相关监管责任，也体现了功能监管逻辑（见表 3-4-3）。

第四，“平台论”。《指导意见》提出“鼓励互联网金融平台、产品和服务创新”，隐含着互联网金融机构的两类来源，特别是鼓励非金融机构从事互联网金融业务。第一类可以称为“传统金融机构+互联网”，是金融机构基于互联网技术开发的新产品和新服务建设的创新型互联网平台。第二类是互联网企业设立互联网支付机构、网络借贷平台、股权众筹融资平台、网络金融产品销售平台，以及电商企业自建和完善线上金融服务体系。

“平台论”突破了机构监管思路。因为互联网金融生态环境和产业链上的每一种业务都可以衍生为独立机构，在网上有效整合，所以平台型机构在信息、数据、产品、服务、渠道等方面可以对接多种金融业务，很难适用针对单一执照的监管。

第五，“生态论”和“互补论”。《指导意见》鼓励从业机构相互合作，优势互补，建立互联网金融生态环境和产业链（见表 3-4-4）。从目前情况看，非金融机构做互联网金融业务更有创新力。

第六，融资渠道和税收政策。《指导意见》提出为从业机构提供多层次融资渠道，包括互联网金融产业投资基金，在境内主板、创业板等上市融资，以及银行业金融机构对初创期从业机构的支持。《指导意见》规定从业机构在税收政策上视同一般企业，特别是小规模、初创期从业机构享受小微企业税收优惠政策，新技术、新产品研发费用税前加计扣除。

第七，《指导意见》非常重视互联网金融基础设施建设。首先，建立互联网金融研究机构和信息交流平台。中国人民银行金融研究所已建立互联网金融研究中心。其次，强调信用基础设施，包括：技术层面的大数据存储、网络与信息安全维护；信用信息共享平台；接入金融信用信息基础数据库；允许有条件的从业机构依法申请征信业务许可；互联网企业信用评级；会计、审计、法律、咨询等中介服务。

**表 3-4-4　金融机构与互联网企业的合作目标**

| | 与互联网企业的合作目标 |
|---|---|
| 银行业金融机构 | 为第三方支付机构和网络贷款平台等提供资金存管、支付清算等配套服务 |
| 小微金融服务机构 | 实现商业模式创新 |
| 证券、基金、信托、消费金融、期货机构 | 拓宽金融产品销售渠道，创新财富管理模式 |
| 保险公司 | 提升互联网金融企业风险抵御能力 |

资料来源：课题组整理

## 二、互联网金融发展与监管中的10个开放问题

### 问题1：互联网金融是优于还是劣于传统金融体系

首先，互联网金融通过三个渠道降低交易成本：一是互联网替代传统金融中介和市场中的物理网点和人工服务；二是互联网促进运营优化；三是互联网金融的去中介化趋势缩短了资金融通链条。

其次，在互联网金融中，大数据被广泛应用于信息处理（体现为各种算法，自动、高速、网络化运算），提高了风险定价和风险管理效率，降低了信息不对称。

最后，因为交易成本和信息不对称的降低，互联网金融能提高金融资源配置效率。

互联网对金融的影响将是深远的，不能简单地把互联网视为一个在金融活动中仅处于辅助地位的技术平台或工具。

### 问题2：互联网金融对系统性风险有什么影响

这是一个非常复杂的问题，可以从不同角度讨论。

一方面，以支付宝和微信支付为代表的互联网支付平台已经成为金融基础设施的一部分，拥有亿级数量用户，尽管单个用户的交易金额不大，但在社会影响上已经具有了系统重要性特征。2015年5月27日，支付宝故障对全国网络消费的影响，就说明它可能产生的系统性风险。

另一方面，互联网金融体现出来的去中心化趋势可以降低系统性风险。比如，真正的P2P网络贷款市场是分布式的，产生的风险是局部性的，一般情况下不会有全局性的影响。但因为征信系统的不完善以及2015年以来优质借款人的缺乏，“一人多贷”、跨平台套利等情况越来越普遍。这些跨平台套利的人就变成平台之间风险传导的渠道，也就是国际金融危机后金融监管者强调的“相互关联性”概念。跨平台套利如果大规模发生，会产生系统性风险。

### 问题3：如何对互联网金融实施准入监管

很多互联网金融创新源于实体经济的金融需求，与日常生活之间存在紧密联系，在一定程度上可以视为“内生”[1]的或“自发”[2]的。比如，阿里巴巴、京东等实体经济企业积累了大量数据和风险控制工具，可以用于金融活动。电子商务、共享经济与互联网金融有天然的紧密联系。它们既为互联网金融提供了应用场景，也为互联网金融打下了数据和客户基础，而互联网金融对它们也有促进作用，从而形成一个良性循环。

再如，互联网金融的很多创新产品与衣食住行、社交联系在一起，经常内嵌在应用程序中，产品实用化、软件化，自适应生成，强调行为数据的应用，在一定程度上体现了共享原则。目前的典型案例包括：一是余额宝类基金产品，实现了支付、货币、存款和投资的一体化；二是“京东白条”，本质是“免息赊购+商品价格溢价”，给消费者一定的信用额度，不计利息，但能从商品价格中得到补偿；三是微信红包，颠覆了传统的红包概念，体现了互联网金融在社交中的应用。

鉴于互联网金融所具有的“内生”或“自发”特征，对其实施准入监管是比较困难的，实行负面清单管理模式更合适。

### 问题4：分业监管框架对互联网金融是否适用

一些互联网金融活动天然就具有混业特征。比如，在金融产品的网络销售中，银行理财产品、证券投资产品、基金产品、保险产品和信托产品完全可以通过

1 王国刚. 从互联网金融看我国金融体系改革新趋势[J]. 红旗文稿，2014(8).

2 吴晓灵. 自金融——互联网时代的蓝海[Z]. 在2015南湖互联网金融峰会的讲稿，2015.

同一个网络平台销售。又如，P2P 网络贷款就涉及银行、证券和保险三个领域。从功能上，P2P 网络贷款是替代银行存贷款。P2P 网络贷款还可以视为通过互联网进行的直接债权融资，美国主要就是证监会（SEC）监管 P2P 网络贷款。从保险角度，P2P 网络贷款的投资人相当于购买信用保险产品。

因此，分业监管框架很难适用于互联网金融。值得关注的是，2015 年 6 月“股灾”充分显示了分业监管框架存在的问题。“十三五”规划提出“加强统筹协调，改革并完善适应现代金融市场发展的金融监管框架”。可以预见的是，目前的分业监管框架将被调整，这对互联网金融监管将产生深刻影响。

### 问题 5：中央和地方政府在互联网金融监管上如何做好分工协调

目前的局面是，互联网金融机构大量涌现，规模小而分散，业务模式层出不穷，统一的中央金融监管可能“鞭长莫及”。所以，互联网金融机构的牌照管理、负面清单、日常监管和风险处置责任，除了在不同政府部门之间如何分担外，在中央与地方政府之间如何分担，也是非常复杂的问题。

目前，各地方政府都设立了金融办，增强了金融办的职能。然而，金融办普遍缺乏金融执法权，只能在金融风险显露后才能介入，并且缺乏金融监管人才，客观上还难以做好地方金融监管。将来，应考虑赋予地方金融监管部门以处罚权。

### 问题 6：互联网金融既提高了金融普惠性，也提高了金融风险涉众性，在监管上如何平衡利弊

互联网降低了交易成本和信息不对称，拓展了金融交易可能性集合，使得原来不可能的交易成为可能。互联网金融所具有的边际成本递减和网络效应等特征，也有助于扩大金融交易可能性集合。在宏观层面上，这就体现为金融深化，或者金融普惠性提高。

但凡事有利必有弊。交易可能性集合扩大也伴随着“长尾”风险。互联网金融服务人群的金融知识、风险识别和承担能力相对欠缺。这些人的投资往往小而分散，“搭便车”问题突出，针对互联网金融的市场纪律容易失效。个体非理性和集体非理性更容易出现。因此，金融风险涉众性也提高了。要做到“趋利避害”，前提是精准的监管制度设计。

### 问题 7：边际成本递减和网络效应驱动的互联网金融行业竞争，与从业机构安全稳健之间如何平衡

在与互联网有关的领域中，普遍存在以下两个特征[1]，互联网金融也不例外。第一，固定成本很高，但边际成本递减。第二，网络效应，即网络参与者从网络中可能获得的效用与网络规模存在明显的相关性。在这种情况下，互联网金融的很多模式只要能超越一定的“关键规模”（Critical Mass），就能快速发展，从而取得竞争上的优势[2]；反之，在竞争上就会处于劣势。

这种“先行者优势”对互联网金融行业的竞争产生了很大影响。比如，移动支付领域就存在明显的网络效应[3]。又如，在我国 P2P 网络贷款行业，“先行者优势”要求 P2P 网络贷款平台尽快扩张规模，行业中大量存在的本息担保、理财“资金池”对接债权转让等做法即根源于此。

2015 年以来，随着优质借款需求变少，很多 P2P 网络贷款平台走向综合理财平台，部分 P2P 网络贷款平台涉足非标准化债权的在线转让、拆分包装和“类

---

1 Economides N.and C.Himmelberg.Critical Mass and Network Evolution in Telecommunications[R].Working Paper,1994.

2 Varian,Hal R.Economics of Information Technology[R].Working Paper,2003.

3 谢平，刘海二 .ICT、移动支付与电子货币 [J]. 金融研究，2013（10）.

证券化”业务。

然而，金融机构要安全稳健，必须审慎地控制增长速度。短时期快速增长，往往意味着金融机构或者承担了不熟悉的风险，进入了陌生的业务领域；或者人力资本、系统能力等跟不上业务增长的速度；或者突破了投资者适当性要求，向没有相应风险识别和承担能力的投资者销售了高风险金融产品，很可能积累风险。因此，边际成本递减、网络效应与金融安全稳健之间，并不是天然兼容的。

### 问题 8：对规模较大、风险管理水平较高的互联网金融机构，应该按正向激励原则给予更大业务空间，还是按系统重要性原则引入更严格监管

以互联网支付为例讨论这个问题。十部委《关于促进互联网金融健康发展的指导意见》规定：“互联网支付应始终坚持服务电子商务发展和为社会提供小额、快捷、便民小微支付服务的宗旨。”但如果互联网支付机构在支付安全、反洗钱和反欺诈等方面做得足够好，是否依然只能从事小额而非大额支付，能否服务电子商务之外的更多实体经济活动？如果始终将互联网支付局限在服务电子商务和“小额、快捷、便民小微支付”等领域，互联网支付机构有多大的动力来改进技术，推动行业进步？

因此，按照正向激励原则，对规模较大、风险管理水平较高的互联网支付机构，应该给予更大的业务空间。

但前面已指出，互联网支付机构如果涉众程度足够高，就具有系统重要性；按国际金融危机后的监管理念，就应该受到更严格监管。从国际情况看，高盛、摩根大通、苹果和谷歌等都在研究银行之外的支付体系。

### 问题 9：如何看待 P2P 网络借贷中的增信问题

在我国 P2P 网络贷款行业，通过担保（第三方担保、关联方担保甚至“自担保”）、风险准备金以及与保险公司合作等方式为投资者提供本息保障，是非常普遍的现象。这种现象主要源自我国金融业普遍存在的刚性兑付。

我国理财产品、信托计划、企业债券等普遍存在或明或暗的刚性兑付，而且市场规模比 P2P 网络借贷大得多。如果这些金融产品在风险发生后都能以各种方式兑付，投资者就会将其视同于无风险产品，从而产生对风险的漠视。在这种大环境下，P2P 网络贷款平台如果不做增信，不对投资者提供一定程度的本息保障，是很难吸引投资者的。

因此，P2P 网络贷款行业在刚性兑付上遭遇“囚徒困境”——尽管从业机构都知道刚性兑付会对行业发展产生负面影响，难以长期坚持，但谁首先打破刚性兑付，谁就会遭受市场份额和客户方面的损失。实际上，平稳有序地打破刚性兑付是我国金融领域面临的共同任务，需要通盘考虑。P2P 网络贷款行业不一定适合成为打破刚性兑付的“突破口”。

### 问题 10：互联网金融监管如何考虑技术进步的影响

在互联网金融监管中，技术进步与监管演变之间的互动将是一个永恒问题。技术与监管总是相互推进的。现在有效和必要的监管措施，在技术取得突破后，就不一定是有效或必要的，仍以对互联网支付的监管来说明这一点。

中国人民银行 2015 年 7 月 31 日发布了《非银行支付机构网络支付业务管理办法（征求意见稿）》，提出客户身份认证方式与支付账户类型、交易限额挂钩，以及快捷支付由银行验明交易身份，在业界引起了较大反响。但我们需要考虑如下问题：随着技术的发展，客户身份认证是否总要强调面对面方式？账户实名制是否必须依靠银行系统？本报告认为不一定，新技术的发展通常会超乎想象。

第五章 CHAPTER 5

# 中国金融互联网化指数

# China Financial Internetization Index

## 第一节 设计思路

互联网与金融的结合早已不是一朝一夕。

2013年被普遍认同为是我国的"互联网金融元年"，以余额宝的爆发为代表，金融披上互联网的外衣后，被以一种前所未有的亲民姿态推至公众视野。与此同时，同年年中各大银行照例披露的半年报显示，四大行的电子银行柜面替代率在彼时均已超过70%，民生银行、招商银行等更是达到90%以上。换言之，在"互联网金融元年"这个起点上，中国的传统金融机构不仅早就与互联网技术紧密结合，而且在金融消费者中的普及程度也已相当可观。

2015年7月，在央行等十部委联合发布的《关于促进互联网金融健康发展的指导意见》（以下简称《指导意见》）中，首次将互联网金融明确定义为"传统金融机构与互联网企业利用互联网技术和信息通信技术实现资金融通、支付、投资和信息中介服务的新型金融业务模式"，并对互联网金融的主要业态提出了相关规范。

互联网作为使用金融服务的一种途径，对人们来说并不新奇。但金融互联网化却不仅仅局限于金融服务渠道的线上化。

"互联网＋金融"带来怎样的影响？

博鳌亚洲论坛官方媒体博鳌观察、尼尔森、腾讯网•企鹅智酷联合发布"中国金融互联网化指数"，站在金融消费者的角度，描述金融的互联网化发展对金融消费者产生的影响。

### 一、互联网对金融的影响

互联网对金融是否产生了颠覆性的影响，在业界一直存在争论。但不可否认的是，金融的核心本质并不会随着互联网的加入而发生改变。正如《指导意见》所指出的，它仍是关于"资金融通、支付和投资"的金融业务模式。金融的核心功能包括投融资和支付，而支持这些金融功能的要素是金融机构的渠道能力、数据能力和技术能力，互联网正是从这三方面对金融产生影响。

在渠道能力方面，金融依托互联网，在较大程度上摆脱了物理网点的束缚，使金融成为随时随地可触达的移动互联服务，并由此衍生出金融场景化。

在数据能力方面，数据对金融信贷的风险甄别、定价和控制起着至关重要的作用，而互联网大数据在数据的广度、深度、可连接性和实时性上的优势大大提升了金融效率，甚至使秒批的信贷模式成为可能。

在技术能力方面，互联网化促使金融机构的封闭自建系统向开放的云计算平台转变，技术成本得以降低，系统更为稳定，未来可扩展性更强。

## 二、金融互联网化指数的研究角度

无论互联网化对金融渠道能力、数据能力或技术能力产生何种影响，最终的效果体现，都会通过直接或间接的方式传递到每一个金融消费者身上。因此，我们从金融消费者的角度，去衡量金融互联网化的影响。

我们期望看到通过金融互联网化，使更多金融消费者能获得金融资源、能更容易地获得金融资源、能更便宜地获得金融资源，为实现金融的“普惠”，为支持“大众创业、万众创新”发挥积极的作用。

在金融互联网化对金融消费者的影响中，我们用较为贴近日常金融行为的举例来展示金融互联网化对金融消费者的整体影响，如图 3-5-1 所示。对于需要投资的资金盈余者、需要融资的资金短缺者，以及需要发生支付行为的所有金融活动参与者而言，金融互联网化的积极影响都会从可得（金融资源能够获得）、易得（能容易地获得）和得益（能便宜地获得）方面为他们带来不同的益处。

因此，完整的金融互联网化指数框架，将包含投资、融资、支付三大金融模块，每一模块均会从“可得”“易得”“得益”三个维度进行衡量，全面评估金融互联网化对金融消费者的影响。

## 三、从融资维度切入

作为中国金融互联网化指数的首次试水，本年度将选取三大模块中最为核心的“融资”模块作为首个切入点，研究并发布融资借贷维度的 2016 年中国金融

| | 投资 | 融资 | 支付 |
|---|---|---|---|
| 金融消费者 | 资金盈余者 | 资金短缺者 | 所有金融活动参与者 |
| 可得 | 可投资的产品更丰富<br>可选择的方式更多样 | 更多人能获得融资 | 支付方式更多样 |
| 易得 | 不用跑柜台办理<br>投资时效性提升 | 手续更简便<br>渠道更快捷 | 支付渠道更快捷 |
| 得益 | 投资收益提升<br>投资体验提升 | 融资的成本更低 | 支付体验更好<br>转账等手续费更低 |

**图 3-5-1 金融互联网化对金融消费者的影响**

互联网化指数。在融资借贷维度上，并不是所有金融消费者都会受到融资的金融互联网化的影响。一方面，并非所有金融消费者都有融资需求；另一方面，具有融资需求的金融消费者（含企业）在拥有良好资信基础的前提下，可以从银行等传统金融机构获得成本较低的贷款。

从国内整体融资情况看，银行传统信贷仍然是融资贡献的主体，互联网化借贷对社会整体融资的贡献占比小。但对于传统金融模式下融资难的人而言，金融互联网化的发展为这一部分人提高融资可得性和降低融资成本带来了积极的影响。因此，在衡量融资借贷维度的金融互联网化影响时，我们将更关注存在融资难问题的资金短缺者。

融资借贷维度的金融互联网化指数，仍将从可得、易得、得益三个维度去评估，衡量金融互联网化在帮助更多资金短缺者获得贷款、简化贷款流程、降低贷款成本等方面发挥的作用。同时，我们将长期追踪该指数的变化趋势，指数的发展走向将揭示金融互联网化在解决融资问题上发挥的作用，走势的高低将表明影响力的增强与减弱。

## 第二节 融资维度的金融互联网化指数构架

### 一、研究界定

中国金融互联网化指数是站在金融消费者角度，描述金融的互联网化发展对金融消费者产生的影响。首次指数选取金融的核心活动——融资借贷，作为切入点进行研究。以下，从几个方面对研究内容进行界定：

对象界定：由于指数是站在受金融活动影响的金融消费者角度，因此本次研究中所有数据均来自针对融资借贷需求者发起的贷款相关内容调研，即所有数据均来自具有融资借贷需求的受访者的主观反馈，而非行业客观大数据。

机构界定：本次研究将融资借贷类金融服务机构分为银行类借贷金融服务机构和非银行类借贷金融服务机构，前者以银行为代表，后者包括 P2P 网络借贷、小贷公司、互联网金融公司等，并会在分析中对这两类机构的融资借贷互联网化表现进行比较。

贷款界定：提起互联网和贷款，人们会很容易想到 P2P 网贷，但我们所研究的融资借贷互联网化活动具有更广泛的内涵，囊括了各种参与融资借贷活动的金融机构的互联网化行为。因此为做区分，我们将融资借贷的互联网化成果限定为全流程在线办理业务的网络贷款，此类贷款最为充分发挥互联网的渠道、数据、技术作用。与之对应的是传统的线下贷款，即贷款全流程均在线下进行，此类贷款几乎不受到互联网化的影响。此外，无论银行类或非银行类借贷金融服务机构，也都存在大量“半网贷”业务，在贷款办理全过程中仍需要线下服务介入，例如线下签约、线下审核等，介于网络贷款和线下贷款之间，不作为本次研究的重点。指数的建立和分析，都将依托于线下贷款与网络贷款的对标。

### 二、指数构架与计算方法

首次中国金融互联网化指数将衡量融资借贷需求者通过互联网化贷款业务，即网络贷款，在获取贷款资源的可得、易得和得益三方面所受到的影响，由此评估网络贷款所发挥的作用。因此融资借贷维度的互联网指数是一个综合指数，由上述三方面的细项指数组成。每个细项指数由1~3个相关数据进行计算，每个数据都是网络贷款和线下贷款在该项上的调研结果的比值，并换算为百分制的形式。例如（此处为虚拟数据，非本次调研数据），网络贷款申请成功率为50%，线下贷款申请成功率为100%，则两者的比值为0.5，换算为百分制形式为50，50将作为“A. 贷款申请成功率的比值”数据，用于可得指数的计算。计算细项指数时，会对其下的各个数据取对数并进行平均，再重新转化为百分制。

可得指数由“贷款申请成功率的比值”和“融资借贷申请者数量的比值”2个数据计算；易得指数由“申请贷款到获贷速度的比值”“贷款速度快慢评价的比值”以及“贷款申请过程简便性评价的比值”3个数据进行计算；得益指数由“贷款年利率的比值”进行计算。

由于调研包含个人融资借贷者和企业融资借贷者的数据，在计算指数时，会先根据个人数据和企业数据按照上述步骤分别计算每个维度的个人和企业指数，再通过两者的平均数整合成为当前呈现的每个维度单一指数的形式。

## 第三节 融资维度的金融互联网化指数：108.5

假设金融没有与互联网化相结合，那么融资借贷需求者都需要通过传统线下贷款的方式获取贷款资源。因此我们将线下贷款对融资借贷需求者在可得、易得、得益三方面的表现设为基准，通过将网络贷款的表现与之进行对比，来衡量网络贷款发挥的作用。

当指数等于100时，表示融资借贷的金融互联网化与未互联网化达成的效果一样，即网络贷款与线下

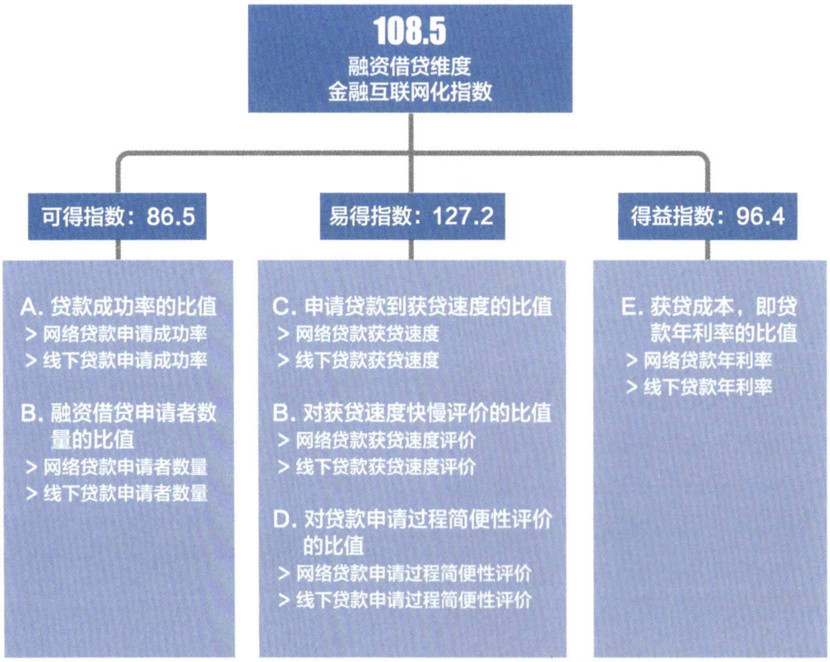


图 3-5-2 融资借贷维度的金融互联网化指数构架

贷款的表现相同。当指数大于100时，则表示网络贷款给融资借贷者带来了更胜于线下贷款的积极影响；当指数低于100时，则表示网络贷款的表现不及线下贷款的表现。

2015年12月，博鳌观察、尼尔森和腾讯网•企鹅智酷联合开展调研，通过在线调查的方式，了解过去一年个人和企业的贷款行为。调研覆盖中国各省份（除中国香港、中国澳门和中国台湾），总计回收6478份有效问卷，其中包括4267份个人问卷和2211份企业问卷。统计学处理后，样本的人口统计背景符合中国网民的背景情况。报告结论均基于加权数据进行分析，报告中所呈现的样本量（“基数”），均为未加权时的实际样本量。

首次指数研究的结果，融资借贷维度的金融互联网化指数为108.5[1]，高于100，表明现阶段网络贷款已经给融资借贷需求者带来了更为积极的影响，金融互联网化的成效已初步体现。

但从三个细项指数各自的表现来看，目前只有易得指数（127.2）是高于100的，表明金融互联网化最突出的贡献在于使融资借贷需求者能够更容易、更便利、更简单地获得贷款资源。不仅是渠道上的便利，互联网发展带来的大数据征信，也使贷款审批在手续、抵押物等方面有了较大的精简，甚至使贷款申请“秒批”成为可能。

其次是得益指数（96.4），尽管低于100，表明从整体上看，网络贷款需要付出的贷款成本仍高于线下贷款，也符合我们对网贷行业高息的印象。但在对该指数进一步的深入分析中会发现，互联网化的发展，使非银借贷的网络贷款相比线下贷款在利率水平上出现了明显下降，这一点对于从银行难以借到款的融资借贷者而言至关重要。

可得指数（86.5）是三个细项指数中最低的，表明与线下贷款相比，网络贷款在贷款资源的提供上仍然不是主力，更多人、更多的贷款资源，仍然是通过线下贷款的方式获取的。但是与得益指数类似，尽管从整体上看，网络贷款的可得性还不如线下贷款，但对于融资难这样的特定群体，从本次研究中我们已经观察到了，网络贷款为他们带来了过去仅依靠线下贷款无法获取到的贷款资源。从这一点上来说，网络贷款的可得性，在融资难群体身上是高于线下贷款的。

从金融服务机构角度来看，非银行类借贷金融服务机构在三大方面的互联网化程度和带来的积极影响都优于银行。特别是在得益方面，融资借贷者从银行获取的线下贷款和网络贷款的贷款利率几乎没有差别。而非银类机构，则借助互联网的力量，为其融资借贷者提供了更可得、更易得和更加得益的贷款资源。然而银行等传统金融机构，始终是融资借贷市场上的主力军，我们期待在今后的持续监测中，看到“互联网＋银行”的组合，能发挥更有力的作用。

最后，再把目光聚焦到融资难群体。在针对本次课题展开调研前，我们曾提出金融互联网化主要会对过去在传统金融模式下无法满足融资借贷需求的人群带来较大影响，即融资难群体。从国内整体融资情况看，银行传统贷款仍然是融资贡献最大的主体，网络贷款（含银行和非银行类借贷金融服务机构的网络贷款）对社会整体融资的贡献占比小。但对于传统金融下融资难的人群，银行无法解决需求，民间借贷成本过高风险过大，金融互联网化的发展为这一部分人提高融资可得性和降低融资成本将带来积极影响，如图3-5-3所示。经过本次调研，我们可以为以上假设给出具体量化的评估，了解金融互联网化的发展对融资难群体的贡献，这也正是我们乐于看到的普惠金融的成果。

1 报告中所有数据均保留到小数点后一位，因四舍五入，呈现的结果可能存在0.1%的误差。

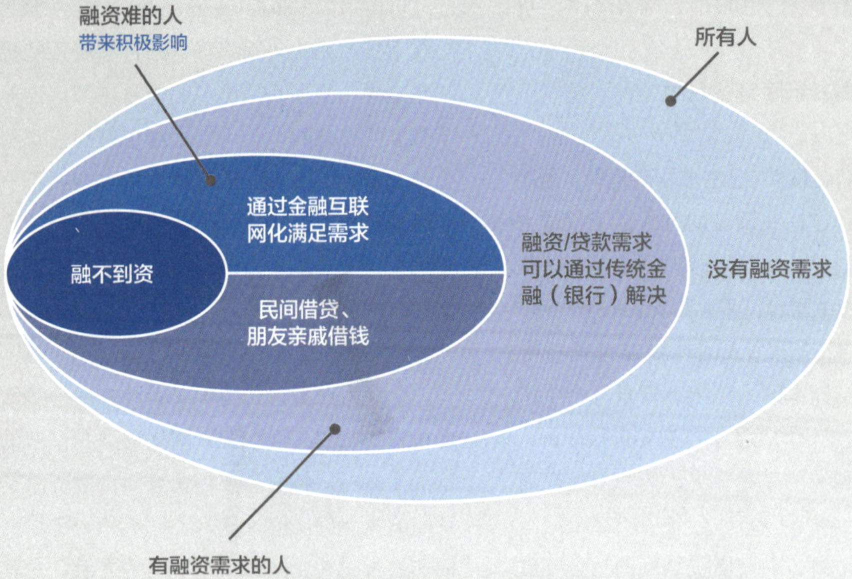


**图 3-5-3　金融互联网化为解决融资难带来的积极影响**

## 一、可得指数：86.5

在本次调查中，51% 的受访者有过贷款申请经历。这部分申请过贷款的受访者中，43.9% 申请的是线下贷款，即贷款全流程均在线下操作办理。30.2% 申请的是网络贷款，即贷款全流程均在线操作办理，包括银行和非银行类借贷金融服务机构的网络贷款。

融资借贷的金融互联网化可得指数低于 100，表明网络贷款在可得性上仍不及传统线下贷款，主要体现在两个方面：一是融资借贷需求者在申请贷款时，仍以线下贷款为主，申请网络贷款的人比申请线下贷款的人占比少 13.7%；二是贷款申请的成功率，线下贷款为 69.6%，高于网络贷款 59.3%。两点结合在一起，则从整体上看，最终能通过网络贷款获得贷款资源的融资需求者仍有限，少于通过线下贷款获得贷款资源的人。如图 3-5-4 所示。

### （一）金融服务机构分析

从金融服务机构角度分析，如图 3-5-5 所示，最近一年向银行申请过贷款的人中，以线下贷款为主流，占比达 62.1%；全流程在线办理的网络贷款仅占比 16%，另有 21.9% 为半网贷，即部分贷款步骤在线上操作，部分步骤线下完成，以线上申请、线下签约的模式居多。根据银行官方资料显示，中国主要的上市银行基本都已推出各自的网贷类业务，但多数仍只是将互联网作为供申请者了解信息和提交申请的入口，从材料手续的收集、资质的审核到签约仍维持传统线下贷款的运作模式。

与银行相对的，则是以小贷公司、P2P 等为代表的非银行类借贷金融服务机构，此类机构的网络贷款申请占比达 45.9%，比银行高 30 个百分点，而线下贷款仅占 21.7%。两类机构在贷款的互联网化业务发展上侧重明显不同。从网络贷款的渗透率上来看，非银行类借贷金融服务机构与“互联网 +”的结合更为紧密。

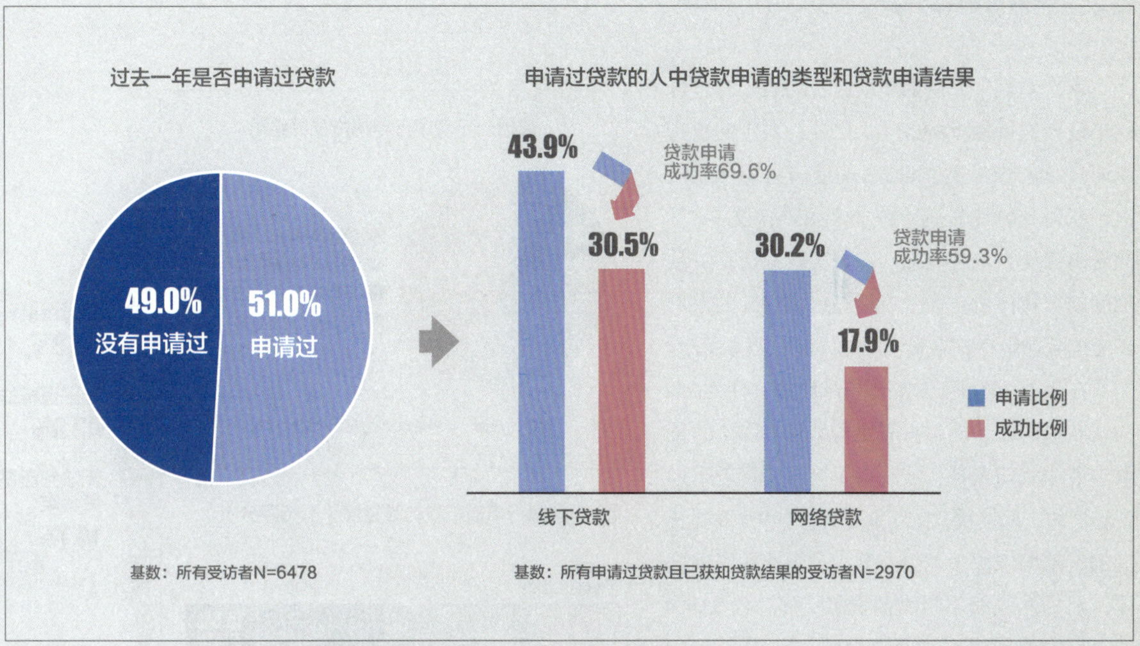


图 3-5-4　过去一年申请贷款的情况

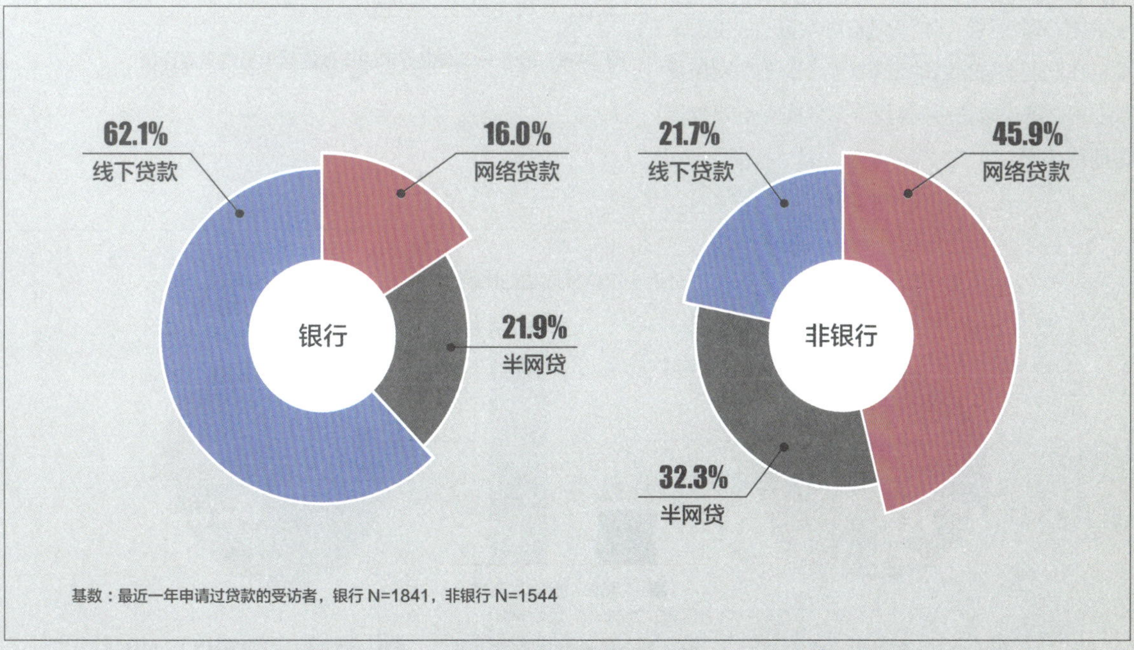


图 3-5-5　银行和非银行类借贷金融服务机构网络贷款、线下贷款的申请比例

## （二）融资难群体分析

本次调查中，近四成受访者均表示有过贷款申请被银行拒批的经历。此外，对于向银行申请贷款的难易度，44.2% 的受访者均认为从银行获得贷款比较困难或非常困难，仅 13.2% 的受访者认为难度较低。综合实际经历及贷款难度的自我评价，大致判断有约 42.9% 的人群在传统金融中存在融资难问题。如图 3-5-6 所示。

在最近一次贷款中，融资难群体只有 23.7% 的贷款成功率，而非融资难群体中 95.4% 的贷款申请均成功获批，成功率相差悬殊。对于融资难群体，网络贷款的帮助更大，41.9% 成功获批的贷款均来源于网络贷款。对于非融资难群体，则仍然以线下贷款的贡献更多，仅 25.4% 的来源是网络贷款。如图 3-5-7 所示。

可见尽管从整体上来看，网络贷款在提供贷款资源的可得性上仍不及线下贷款，但对于融资难群体，网络贷款已成为获取贷款资源的主力来源。在发展普惠金融的政策鼓励下，相信网络贷款在帮助解决融资难问题上的未来前景会更加值得期待。

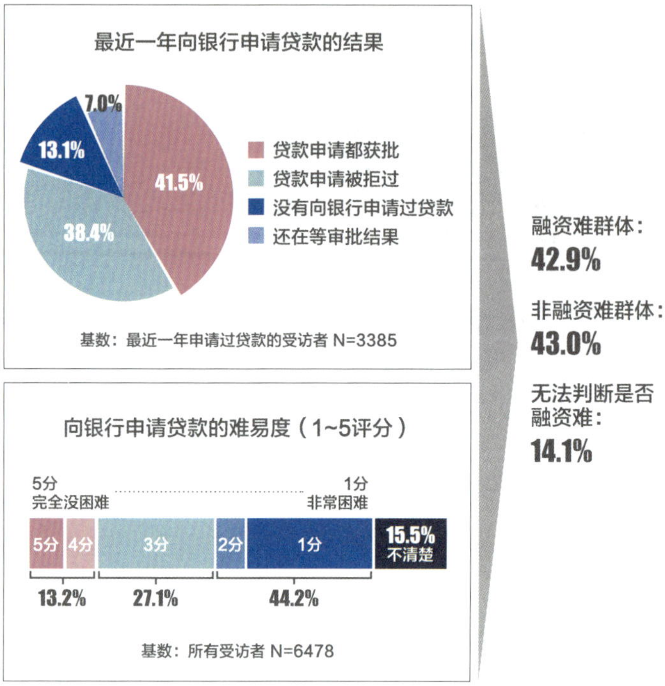


图 3-5-6 最近一年向银行申请贷款的结果及难易度评价

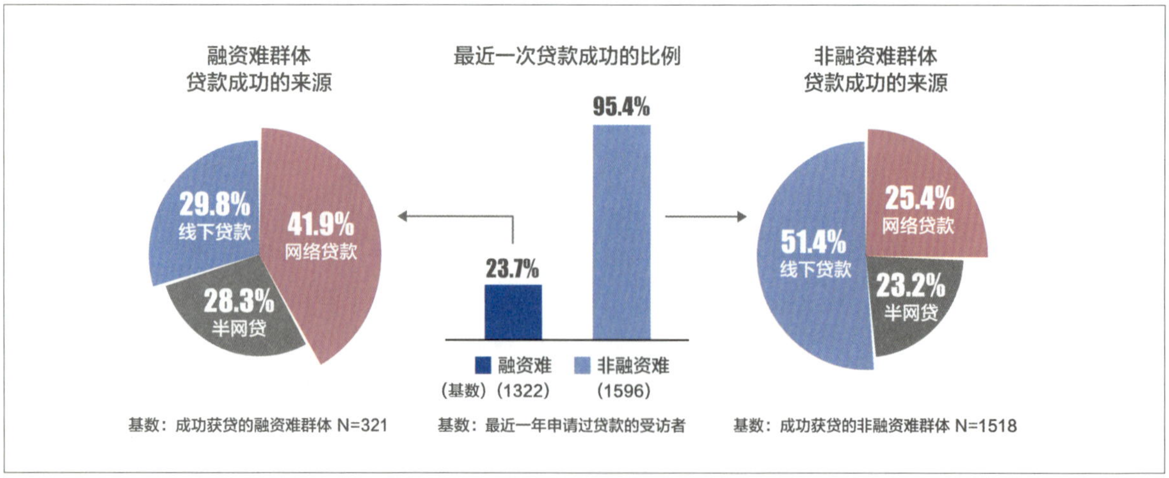


图 3-5-7 最近一次贷款成功的比例

## 二、易得指数：127.2

金融互联网化的易得指数为127.2，表明网络贷款在让融资借贷需求者能够“更容易地获得贷款”方面，相较线下贷款，能够提供更快捷、便利的贷款服务。

主要体现在两个方面：一是从申请到获得贷款的放款时长上，网络贷款明显快于线下贷款，75.1%的网络贷款都在申请3天以内能够获得贷款，而线下贷款这一比例仅为26%；二是从融资借贷者的感知体验上来看，对网络贷款带来的便利性认可度更高。

在获贷速度方面，75.4%的网络贷款申请者认为速度非常快或比较快，线下贷款则为49.4%。

在“申请过程简便”方面，网络贷款的优势更为突出，认为网络贷款的申请过程非常简便或比较简便的比例为72.7%，线下贷款则仅为37%。可见，通过金融互联网化在数据、渠道和技术上的创新，网络贷款使融资借贷者能更快获得贷款，让融资借贷者切实感受到了便利性，有效降低了申请过程的烦琐程度。

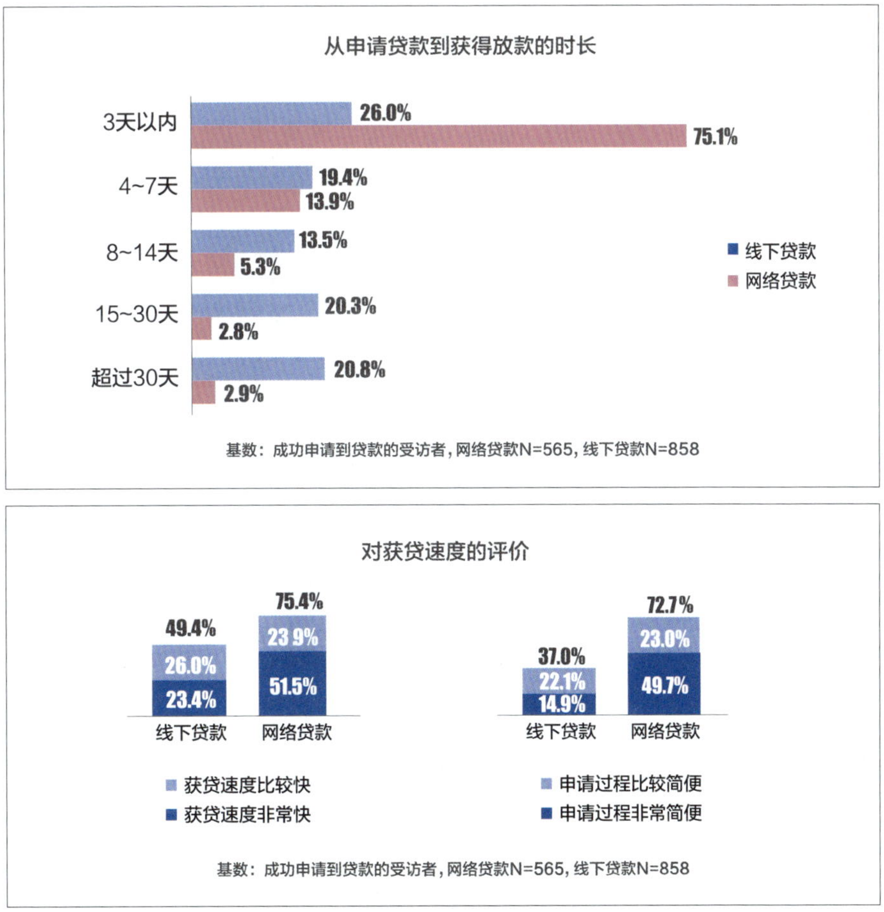


图3-5-8　线下贷款和网络贷款放款速度及评价的对比

## 金融服务机构分析

在金融互联网化的易得性上，银行的表现仍不及非银行类借贷金融服务机构。非银网络贷款的放款速度较银行网络贷款更短，根据调查中的受访者反馈，近一半的受访者所申请的非银网络贷款能在申请当天获款，银行网络贷款能达到该速度的比例则为 30%。此外，从融资借贷者的评价上看，无论是获贷速度或申请贷款的简便性，银行网络贷款的评价都低于非银。特别是简便性上差距较大，非银网络贷款的申请过程有 77.1% 的受访者都认为是非常或比较简便的，银行在该项上的认同度则要低 18%。如图 3-5-9 所示。

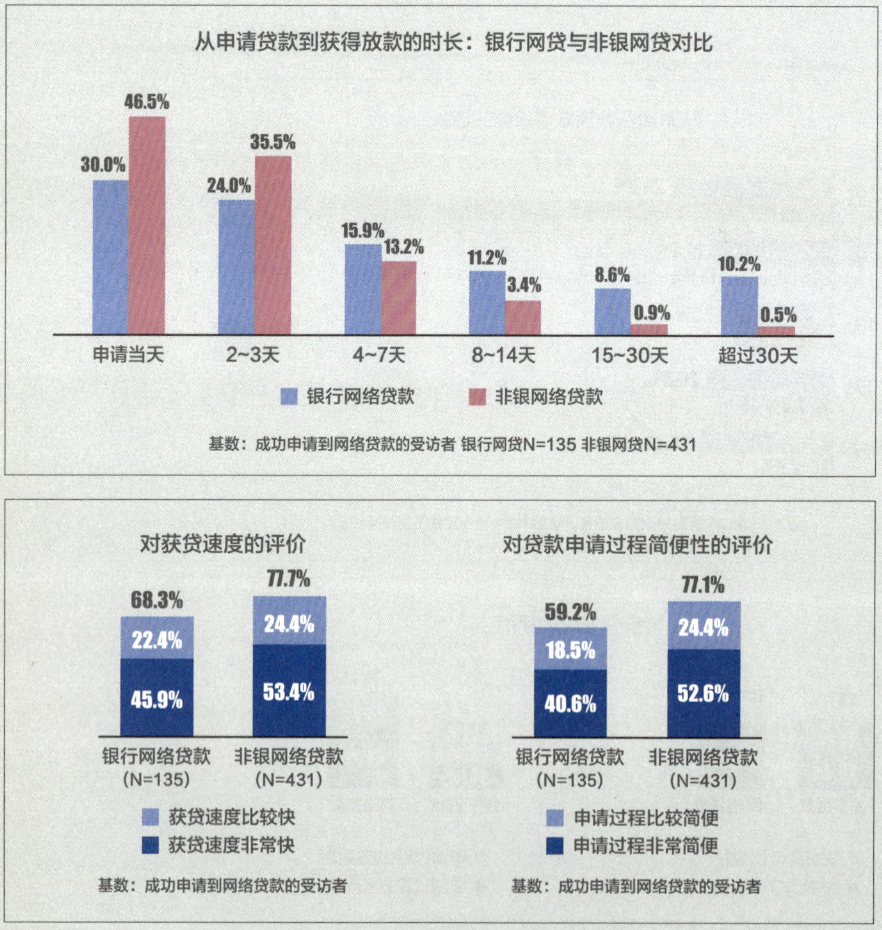


图 3-5-9　银行网贷与非银网贷放款速度及评价的对比

## 三、得益指数：96.4

金融互联网化的得益指数为 96.4，表明网络贷款的成本仍高于线下贷款。根据本次调查显示，在年利率的分布上，线下贷款在低息区（年利率 10% 以内）的占比更高，77% 线下贷款的成本均在此范围，而网络贷款该比例则为 68.7%。

线下贷款和网络贷款均有 7%~8% 的比例在年利率 20% 以上，其中有 1% 的线下贷款和 1.6% 的网络贷款年利率超过 36%，已然越过了最高法定下的年利率红线。此外，请注意，调查中获得的贷款利率区间来自受访者的反馈，根据与 P2P 网贷行业专家了解的结果，目前呈现的利率结果存在被低估的可能性，融资借贷者有可能部分忽视了贷款的服务费、手续费等潜在成本。

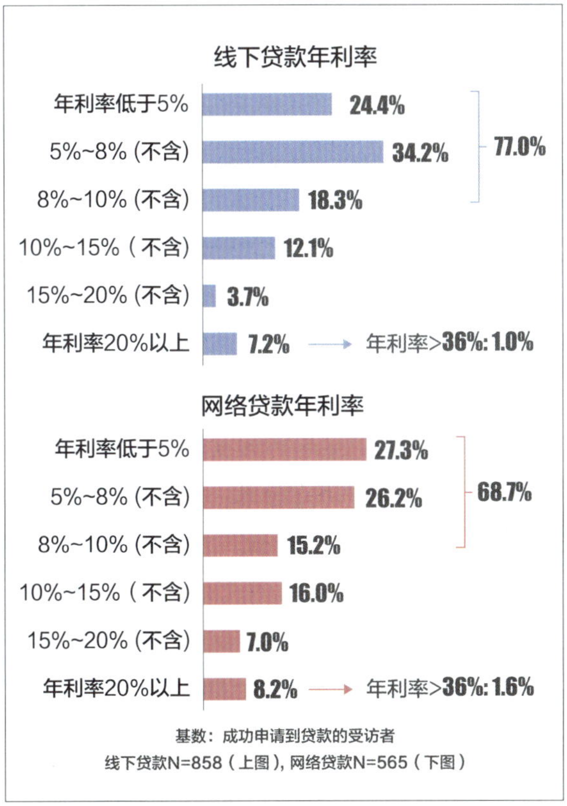


**图 3-5-10　线下贷款年利率与网络贷款年利率对比**

从贷款期限上看，超七成网络贷款均为 1 年以内的短期贷款，线下贷款则相对侧重于期限更长的贷款，其中包括 24.7% 的 3 年期以上贷款，而网络贷款 3 年期以上的比例仅为 4.5%。按不同贷款期限的利率水平来看，线下贷款和网络贷款的差异主要体现在 6 个月以内的短期贷款利率水平以及 3 年以上的长期贷款利率水平上，短期贷款以线下贷款利率更高，长期贷款则以网络贷款利率更高。如图 3-5-11 所示。

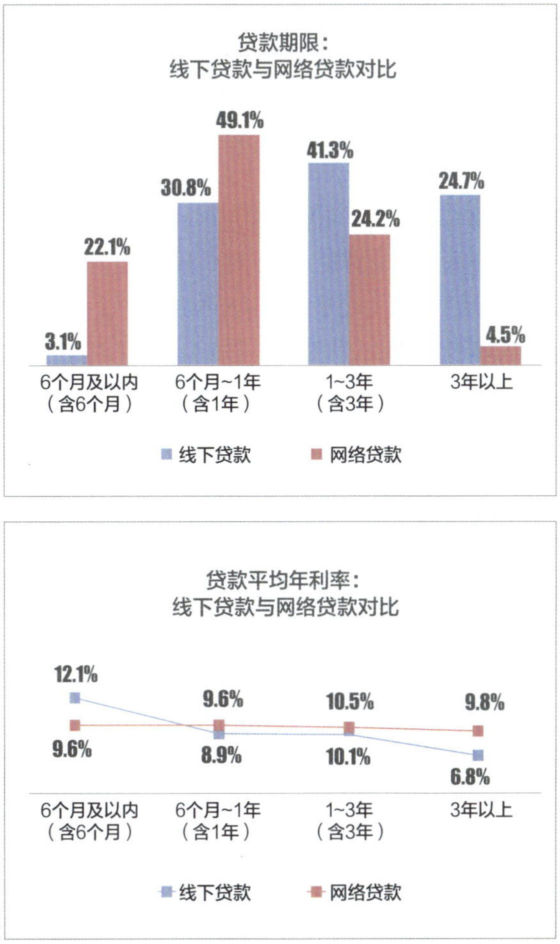


**图 3-5-11　线下贷款与网络贷款不同期限贷款平均年利率对比**

## （一）金融服务机构分析

金融互联网化对于借贷成本的影响在非银行类借贷金融服务机构上有较为突出的体现。从非银行类借贷金融服务机构进行线下贷款和网络贷款有明显的利率差异，金融互联网化使非银行类借贷金融服务机构的融资借贷者获得的网络贷款利率相比线下贷款有大幅降低，一方面体现在贷款年化利率 10% 以内的占比，从线下贷款的 45.2% 提升到网络贷款的 63.1%，另一方面体现在高息贷款（年化利率 20% 以上）占比由线下贷款的 31% 下降为网络贷款的 9.7%。

对于银行而言，金融互联网化对贷款利率的影响则较为有限，年化利率 10% 以内的贷款在银行的线下贷款和网络贷款中占比几乎没有变化，均为 85% 左右。

通过贷款利率分析和对比不难看出，金融互联网化使需要从非银行类借贷金融服务机构借贷的融资借贷者所付出的贷款成本有效降低，如图 3-5-12 所示。尽管利率水平仍高于银行提供的低息贷款，但对于难以从银行获取贷款的融资需求者而言，金融互联网化的发展无疑将使他们的融资成本受益。

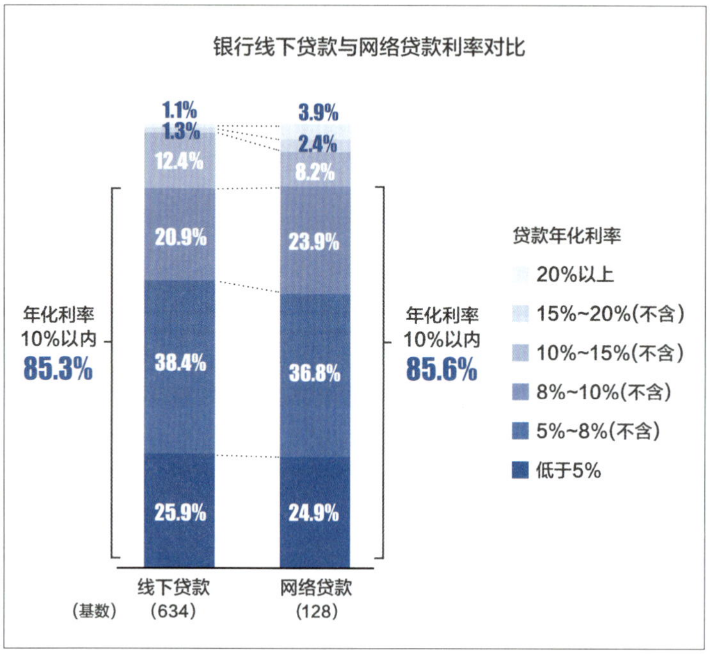


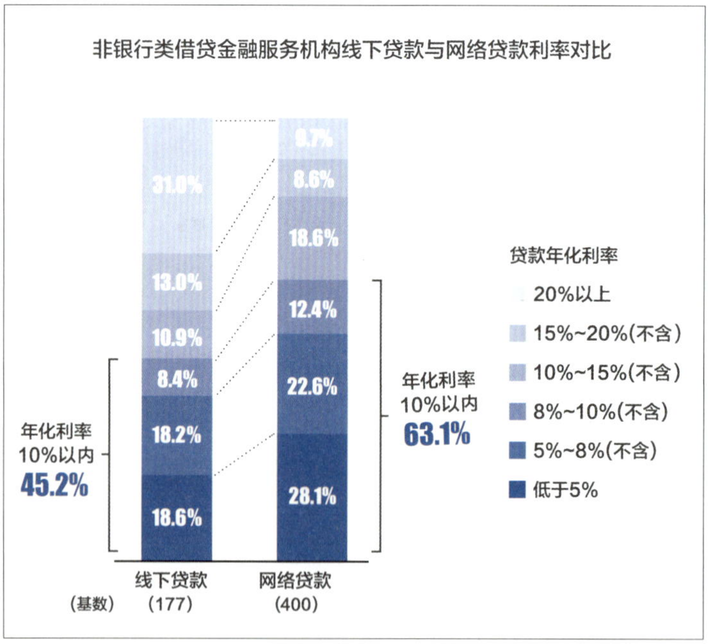


**图 3-5-12　银行与非银行类借贷金融服务机构线下贷款与网络贷款利率对比**

## （二）融资难群体分析

进一步分析融资难群体的贷款利率水平也印证了金融互联网化有助于帮助这部分人群降低融资借贷成本的假设。

当融资难群体从线下贷款获取贷款资源时，利率水平与非融资难群体有非常大的差异。其中31.7%的融资难申请者最终需要负担年利率20%以上的贷款，而只有3.7%的非融资难群体需要承担这样的高息。

但对于网络贷款，两类群体贷款成本的差距则明显缩小，尽管相比非融资难群体，仍然是更多融资难群体需要承担年利率10%以上的贷款成本，但已不像线下贷款的差距那么悬殊。特别是低息区间，申请网络贷款的融资难群体中，46.9%的受访者可以享受到年利率8%以内的贷款，而只有21.5%的线下贷款融资难申请者能获得同样的利率水平，如图3-5-13所示。

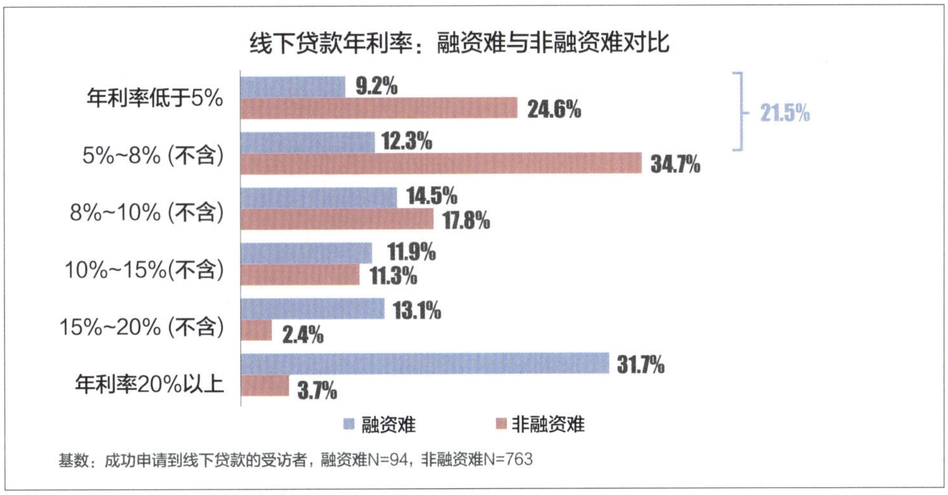


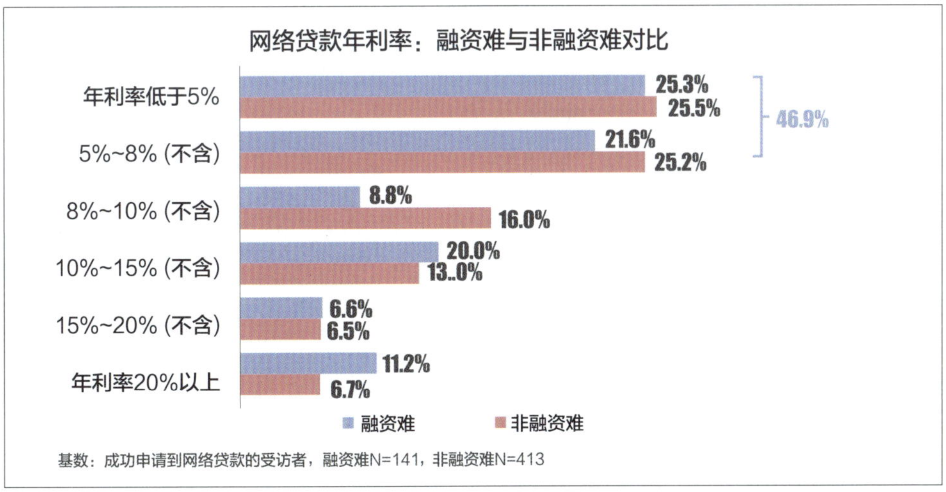


注：图中未展示不愿透露贷款年利率的受访者占比，因此图中数据加总不为100%

**图3-5-13　线下贷款与网络贷款利率的融资难与非融资难对比**

## 四、存在借贷需求的资金短缺者贷款障碍分析

在本次调查中，49% 的受访者未申请过贷款，但不等于他们没有任何借款需求。这部分人群中，仅 26.5% 的个人受访者和 22.1% 的企业受访者没有遇到过任何资金短缺的情况，其余超七成的受访者尽管没有申请贷款，却也是融资借贷需求者。其中，个人受访者因个人急用资金周转、创业和购房购车产生的资金短缺情况较多，企业受访者则以购买原材料、进货而产生资金需求的比例最突出。如图 3-5-14 所示。

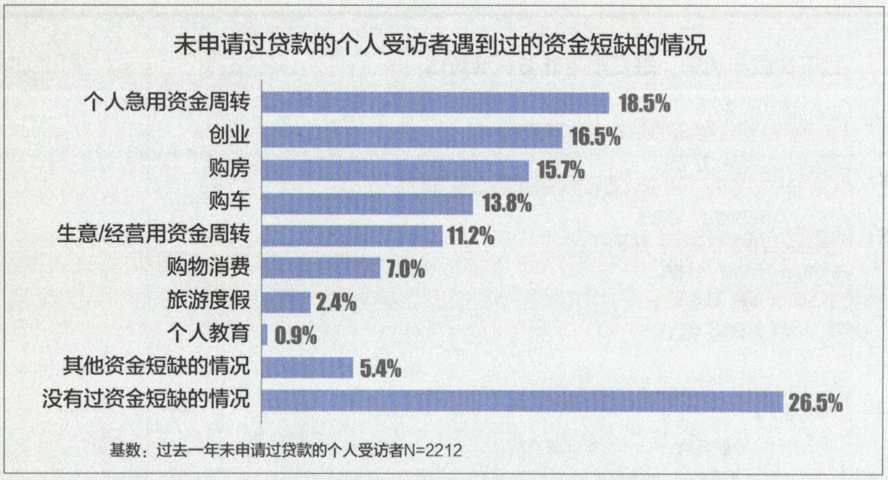


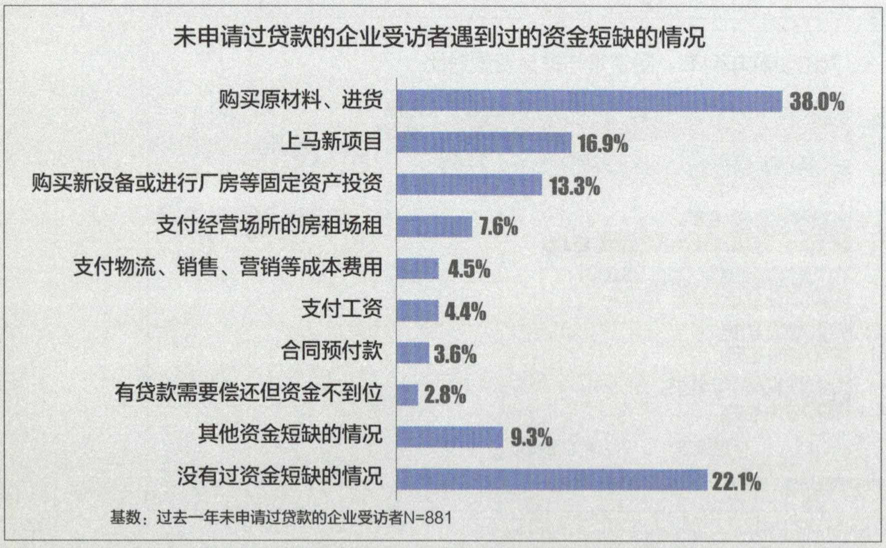


图 3-5-14 未申请过贷款的个人和企业受访者遇到过的资金短缺情况

在这些有资金缺口的受访者中，无论个人或企业，导致他们没有申请贷款的首要原因都是认为“贷不到款”，融资难问题再次凸显。此外，“不知道贷款该怎么申请”是困扰资金短缺者的另一个重要因素。如图 3-5-15 所示。

随着金融互联网化的发展，除了进一步提高贷款资源的可得性，在满足风控条件的前提下，使更多融资难群体能获得贷款资源，为实体经济提供支持之外，互联网也十分适宜承载普及金融知识、贷款常识的重任，通过互联网上通俗易懂的宣传与传播，提高大众对金融的了解程度，才能真正助力“万众创新”。

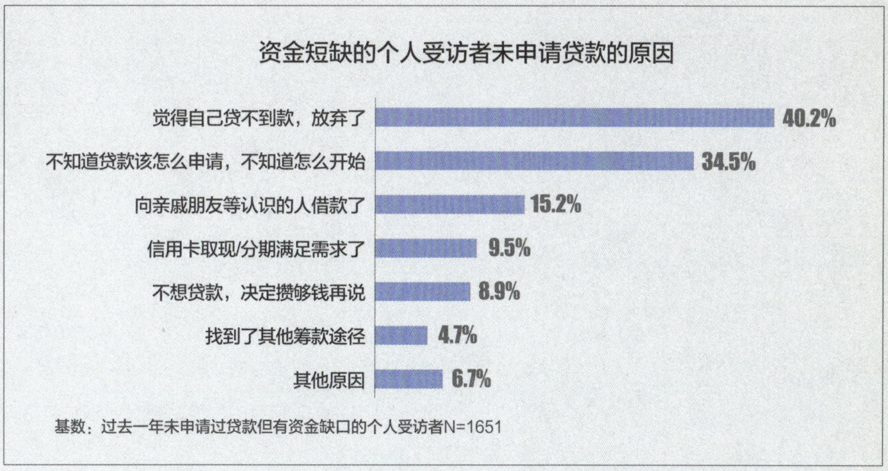


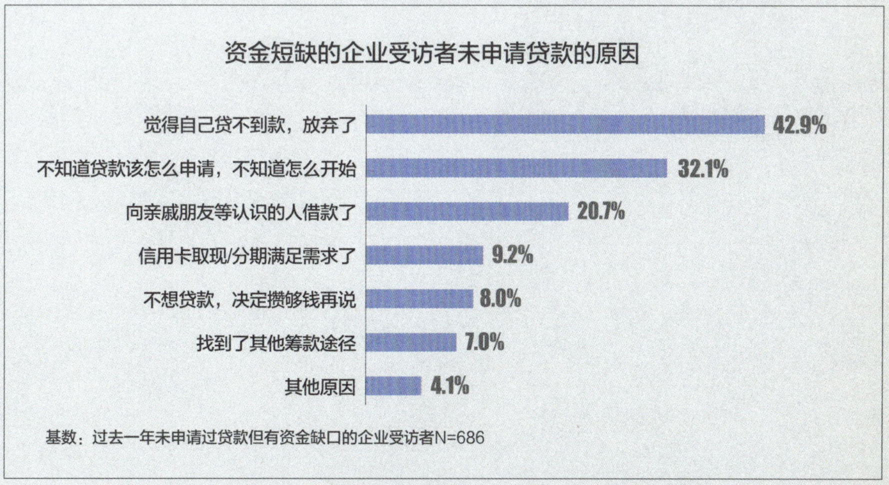


图 3-5-15　资金短缺的个人和企业受访者未申请贷款的原因

# 第四篇
# 博鳌对话互联网金融
（2014—2016）

**Boao Dialogues on Internet Finance**

主持人　谢平
清华大学五道口金融学院教授，
时任中国投资有限责任公司副总经理

# 互联网金融：通往理性繁荣

2014年4月9日上午，在博鳌亚洲论坛“互联网金融：通往理性繁荣”分论坛上，谢平与陈龙、计葵生、胡祖六、马蔚华就互联网金融的发展优势、监管应采取的态度等话题展开讨论，主要观点摘编如下：

相较于银行、证券、保险等传统金融领域，互联网金融有其独特的发展优势。互联网金融的三大支柱是支付、信息处理和资源配置。基于此，简单、实用的创新型金融产品不断涌现，越发内嵌于人们的日常生活中。“余额宝”“比特币”“娱乐宝”均是其中的典型代表，例如，“余额宝”将金融产品货币化，实现了高流动性和高收益率的统一。货币、支付、存款、投资一体化，正是互联网金融发展的想象力所在。

同时，互联网金融的普惠性有助于克服长期存在的中小企业融资难问题。中国P2P网络借贷平台的投融资成本低、平台流动性强，促使民间借贷发展为超越地区壁垒的全国性市场。互联网金融对于大众存款的吸引力也有望加快利率市场化的改革进程。未来，在互联网金融领域的竞争中，有两种企业能够胜出：一种是自身具备大数据基础的公司；另一种则是具备专业定价能力的机构。

互联网金融也具有外部性，需要监管。放眼全球，有美国模式和英国模式两种典型的监管方法。目前，中国尚未出台系统性监管。监管对互联网金融要采取“呵护”的态度，但是互联网金融不能触碰两个底线：一是非法吸收公众存款，二是非法集资。R

金融体系的不发达和技术革命为互联网公司从事金融业务提供了极好的契机。

金融机构终归卖的是产品，渠道给它带来的冲击不会比电商之于传统零售业小。然而，金融产品固有的不确定性带来了交易双方信息的不对称，进而带来逆向选择和道德风险。因此，金融机构面临着诸多行业中最严厉的监管。

简单的创新往往能带来更好的效果。例如，P2P模式通过网络平台把借贷双方联系起来，成功地通过渠道创新降低了成本，从而对传统金融造成一定的冲击。而余额宝在渠道上对接支付宝，让货币基金卖得更快，同时成本更低。余额宝既能支付，又能提供利息，这两项正是银行最基本的功能，自然会对银行造成直接冲击。

---

互联网金融改变了传统金融学原理，打破了金融与非金融的界限，使得原本不可能的交易变成可能，让资源可跨时空配置，大幅提高了人类经

济活动的效率。

互联网精神崇尚开放、民主、去中介化，为金融带来了民主化和普惠化，开拓了传统金融市场的有限边界。理论上，互联网金融的交易边界是无限的。

陈龙
时任长江商学院副院长，现任蚂蚁金融服务集团首席战略官

更重要的是，互联网金融将理财、投资、支付、保险等金融产品统统嵌入用户的旅行、购物、吃饭、打车、看电影等行为之中。比如，腾讯联手大众点评，阿里推出娱乐宝，这是互联网金融给人类生活带来的颠覆性改变。

胡祖六
春华资本集团主席

在中国的金融体系下，大部分资产都流向了国有大企业，而中小企业和普通百姓很少能得到信贷服务。长期以来金融体系的不健全和低效，给予了互联网金融巨大的市场机会。

互联网金融的崛起为中国金融体系带来了效率，提升了金融业的多元化，有望扭转中国普惠金融严重不发达的局面，推动中国金融现代化的进程。

事实上，以余额宝为代表的互联网金融进入的都是增量市场，并没有分割传统金融的蛋糕。在传统金融机构做得不够好的地方，互联网金融成为很好的补充。

未来，互联网金融与传统金融不应是死对头，而应相辅相成，相得益彰，合力把整个金融的蛋糕做大，促进中国金融业更好的发展。

计葵生
时任陆家嘴国际金融资产交易市场股份有限公司董事长，现任陆家嘴国际金融资产交易市场股份有限公司联席董事长兼 CEO

低成本、高流动性、高效资源配置是互联网金融在投融资方面的三个显著特点。

互联网金融的交易成本只有银行的 1/5，成本的大幅降低，不仅可以覆盖更大的市场，还可以为投资者提供更高回报，吸引更多投资者进入。互联网金融的平台模式使所有客户既可以借钱，又可以投资；平台模式激活了流动性，降低了融资成本和系统风险。此外，借助互联网平台，资金打破了传统金融的区域限制，大大提高了投融资效率。

如果能在技术、需求、监管之间权衡好利弊，中国互联网金融尤其是 P2P 网络借贷的发展有望引领全球。

马蔚华
时任永隆银行有限公司董事长

由于资源的限制，银行大多专注于大客户，忽视中小客户，互联网金融由此应运而生，积极推动了金融的民主化和普惠化。虽然以余额宝为代表的“宝宝类”产品分流了传统银行的活期存款，但利率管制才是活期存款流失的根本原因。互联网金融会倒逼银行进行改革，推进利率市场化。

在监管方面，应对互联网金融采取“呵护”的态度，同时观察其发展。对于 P2P 网络借贷、平台自动交易等业务完全可以放开，但是平台要搞资金池、担保公司，就会触碰“红线”，因此监管必须介入。互联网金融机构须守住两条底线：不非法吸收公众存款，不非法集资。

# 大数据与云计算

2014年4月10日下午，在博鳌亚洲论坛“大数据与云计算”分论坛上，张亚勤与Ahmed Baladi、Martha Bejar、刘积仁、Steve Milligan、任克英、Vaughan Smith就大数据与云计算的应用及未来发展等话题展开讨论，主要观点摘编如下：

大数据是搜集海量数据并加以运用的机制，其核心并非数据本身，而是基于数据所获取的洞察。随着智能手机的普及和互联网技术的发展，大数据应用也出现了新的趋势：一是智能手机的普及创造了大量新的数据流；二是在电子商务领域，消费者行为模式正在发生变化；三是视频、音频等文件拓展了大数据类型；四是移动数据的重要性增加；五是云计算让大数据的利用率和分析能力得到提升。

大数据的应用也存在风险和挑战。首先，获取数据信息的成本开始上升。随着消费者心态的日益成熟，企业需要提供更多的免费服务来换取消费者数据。消费者也开始注重知情权，对于自己信息被采集后的用途尤为关注。其次，监管体系日趋完善。监管机构对大数据相关知识的了解越来越深入，如果企业机构在隐私权方面没有做到合法合规，将会受到相应的惩罚。最后，权利滥用问题需引起重视。大数据的应用带来极大的经济利益，对于大数据使用权和所有权的界限尚未有定论，存在权利滥用的可能。

中国互联网用户和智能手机用户全球最多、产生的数据规模庞大、计算能力强，在技术创新和市场创新方面具备一定优势。然而，中国缺乏相应的能源来支撑如此海量的数据存储和分析，在促进电信业、电子商务与互联网技术的发展道路上仍需不断探索。

主持人　张亚勤
时任微软公司全球资深副总裁
现任百度总裁

大数据已成为社会的一个主旋律，不论是大企业、小企业，还是初创企业，不论是政府还是媒体，都在讨论大数据。数据是动态的、不断学习的；大数据给我们带来了很多希望，例如，现在可以用数据挖掘、数据分析对未来进行预测。其中一个应用是在医疗方面，在对一个人现在的身体健康状况进行充分了解后，计算他未来可能会患什么病，以及患病的概率。金融服务也是大数据的一个潜力巨大的应用领域。

现在大数据面临的挑战，一个是能源，另一个是隐私。随着数据变得越来越有价值，就像货币一样，很多人开始不愿意与他人分享。

大数据的概念跟风险、机遇相关。不同的区域、不同的管辖区有着自己的体制和监管框架，在谈论大数据的时候，个人数据的隐私权保护问题无法回避。很多公司通过对用户隐私保护的承诺，逐渐将其变成自己的竞争优势。

在个人数据保护领域，每个国家都需要做到以下几点：第一，企业要增加透明度，明示个人数据的获取途径和使用途径；第二，企业要向个人数据生产者提供数据的保护方案；第三，赋予个人数据生产者删除权和修改权，确保其在任何时候都有权利从互联网上对个人信息进行删除和修改。这虽然看起来难以实现，但该技术已经存在。

Ahmed Baladi
Allen & Overy 合伙人

此外，出台一套适用性强的相关规则是很有必要的，包括透明度、同意权、遗忘权和修改权等规则，以消除数据隐患。

大数据是非常真实的，它无处不在。我们应该关注的是大数据所释放出来的真正的信号，去聆听客户，聆听智能设备的一些声音，然后在大数据分析的基础上做出决策，来帮助企业更好地发展。

我们每天所创造的数据量是惊人的，光是手机所传输的数据就超过了以往的总和，因此，确保大数据基础设施能够很好地运输并储存数据是至关重要的。中国的很多厂商都具有带宽优势，中国很有可能成为大数据基础设施方面的国家。

Martha Bejar
美国 Mobile Flow 科技有限公司
首席执行官

云计算方面，金融服务业需要一个混合云的解决方案。私密性高、需要隐私保护的业务可以放在私有云上，其他部分可采用公有云。

刘积仁
东软集团董事长兼 CEO

对于大数据定义的理解是，能够通过数据来准确、深刻地标示出人或事物行为的本质，并通过这些数据服务于商业目的。

由于技术创新，越来越多的数据信息正在产生。例如，现在的手机不仅可以通话、上网，还能照相、导航。随着技术创新，更多的功能将被开发出来。功能增加也将使得更多数据信息被制造出来，特别是在拥有全球最多互联网用户的中国。隐私数据也终将变成有交换价值的资产，但斯诺登事件也给信息安全敲响了警钟。

数据是一种非常难以掌握和使用的复杂产品，但复杂中蕴含着巨大机会，困难背后机会更多。在大数据时代，拥有全球最大数据量的中国有机会成为领导者。

---

大数据的概念本身并不是全新的。我们每天都在生产越来越多的数据，这是推动大数据概念走到前台的一个重要因素。

数据可分为非结构性数据和结构性数据两种。非结构性数据包括图片、音频等，而结构性数据则是可以放在数据库里的那些。

Steve Milligan
西部数据总裁兼首席执行官

存储数据需要消耗大量的能源，到 2020 年，存储数据所消耗的能源将比 2008 年 IT 所有行业所消耗的能源还要多。大数据行业必须对数据存储进行创新设计，比如浸入式降温、潮湿环境降温等手段，使其更加高效，以减少平均能源消耗。在未来，随着数据量越来越多，这个问题更需要引起重视。

---

任克英
美银美林中国区主席暨行政总裁

金融业已成为最早应用大数据的行业之一，投行和很多金融机构正在使用大数据来寻找投资机会。科技的进步使企业可以方便地追踪顾客买了什么东西，同时使用机器学习工具来制定新的营销战略，并根据顾客的使用情况做出相应的调整。

云计算的出现为大数据提供了更好的支撑，使其更具意义和价值。云计算的部署增加了大数据的利用率，增强了数据分析能力。云计算的成本也非常便宜，具有经济吸引力。

能源、数据中心的能效问题需引起关注。我们认为太阳能行业在未来的发展前景很好，是一个清洁的可替代能源，我们在太阳发电方面已有一些计划。其他的可替代能源，如风能、水力等都有自身局限性。

---

Vaughan Smith
Facebook 副总裁

大数据是经济增长的新边疆。以 Facebook 为例，Facebook 拥有 5 亿多每日登录的用户，每天会增加 100 亿条各种各样的信息，包括照片、消息、状态等。公司会对用户的数据信息进行分析，了解用户的使用习惯和偏好，然后根据用户各自的情况在很短的时间内为全世界数以亿计的用户提供定制页面，以增强用户黏性。而这仅是大数据为我们提供经济增长新边疆的一个例子。

另外，还必须注意两个问题：一是要确保数据的安全；二是要为消费者创造的数据带来价值，而这方面的工作才刚刚开始。

主持人　谢平

清华大学五道口金融学院教授，时任中国投资有限责任公司副总经理

# 互联网金融：自律与监管

2015年3月26日下午，在博鳌亚洲论坛“互联网金融：自律与监管”分论坛上，谢平与陈超美、计葵生、毛振华、张伟、朱云来就P2P网络借贷的发展、未来前景及监管政策等话题展开讨论，主要观点摘编如下：

新科技带来了新的可能性。新兴金融机构的诞生对传统金融业务造成了一定影响，然而不管是新兴机构还是传统金融机构，都需要积极了解市场变化，提升效率，提高服务。

2015年，李克强总理在政府工作报告中第二次提到了互联网金融。互联网金融是很好的探索，在一定程度上解决了中小企业融资难、融资贵的问题，但各机构需加强风险管控，有效保护消费者利益。

P2P网络借贷是最能代表互联网金融的一种新型金融组织形式。互联网连接一切、高速匹配、海量信息以及边际成本趋向零的特征，使得P2P网络借贷具备任何一种传统金融形式所不能比拟的优势。P2P网络借贷极大地扩展了金融交易边界，有效降低了金融活动的交易成本，体现了互联网金融自由、开放、平等、共享的精神，更促进了金融市场化进程，加快了金融脱媒的趋势。

P2P网络借贷的一个核心是大数据法则，即对成千上万条数据进行动态管理，进而对趋势形成判断，有效控制风险。目前陆金所采用的数据分为三种：一是客户所提供的一手数据；二是从中国人民银行征信中心获取的数据；三是其他第三方所提供的数据。在未来，大数据将迸发更大的价值。R

P2P网络借贷作为最能体现互联网金融特征的新型金融组织形式，越来越受到国内外市场的关注和认可。中国的P2P网络借贷规模在全球首屈一指，但其在中国社会融资总量中占比很小，甚至低于1%。

目前我国P2P网络借贷的本质更接近互联网小微贷，是我国金融市场的一个重要补充。截至2015年3月，国家对于互联网金融监管的分工为：中国人民银行负责监管第三方支付、银监会负责监管P2P网络借贷、证监会负责监管众筹、保监会负责监管互联网保险。截至目前，国家尚未出台对于P2P网络借贷的明确监管政策，监管框架仍需完善。

中国P2P网络借贷的一大特色在于投资者几乎都是散户，因此风控的核心在于“大数据法则”，即分散投资者和借款人的资金，进而分散风险。同时，互联网金融在发展过程中所积累的大量数据，将成为未来“大数据风控”的基础，逐渐凸显出它的价值。

计葵生
时任陆家嘴国际金融资产交易市场股份有限公司董事长，现任陆家嘴国际金融资产交易市场股份有限公司联席董事长兼 CEO

中国市场现今最大的风险并不是信用风险，而是欺诈风险。互联网金融企业需特别留意信息的真实性和准确性，利用技术优势做好信息披露，将保护消费者利益放在第一位。

互联网金融是很好的探索，但不能低估其风险。对于投资者，尤其很多非金融体系的投资者，一定要小心谨慎。

朱云来
金融专业人士

互联网的迅速发展，扩大了信息传递的范围，提升了个体间互动的效率。互联网的一大特点是迅速收集信息，然而对信息的有效甄别却颇为困难。

P2P 网络借贷的核心在于风险管控。如果市场参与者能够理解产品的风险并愿意承担，可以大胆地进行尝试；但若投资者盲目地承担风险，导致最后颗粒无收却又难以接受，这才是最坏的情况。

张伟
中科创董事长

在管控互联网金融风险方面，如果互联网金融仅仅是单一的借贷关系，确实存在很大风险，而潜在的风险可以通过两个方面予以降低：第一，可以通过增加互联网金融的附加值来管控风险，比如对于贷款的企业，可以增加例如“继续跟投”等增值服务；第二，需避免贷款费率过高，因为过高的费率意味着需要融资的企业质量欠佳。

征信行业一直追随着技术基础设施的发展而发展，而互联网正是当下颇为核心的技术工具，其本身亦是数据的来源。互联网给征信行业带来了极大的变化，在互联网上完成的征信改变了过去征信的业态，互联网金融也正逐渐成为征信的核心。

在借鉴传统金融收集数据、计算

毛振华
中诚信董事长

风险、风险评分等一整套方法和流程的基础上，互联网金融的征信有两个问题需要注意：一是收集信息的合法性，二是后续的信息更新、整理以及评分。

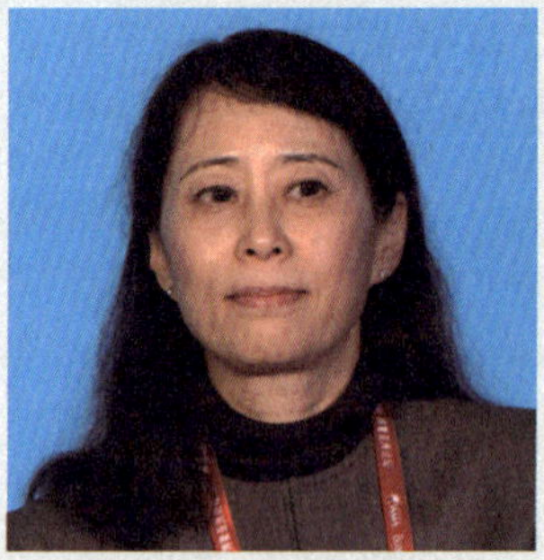

陈超美
时任 Lending Club 首席风险官

Lending Club 最大的成功在于其在发展初期得到了美国证券交易委员会（SEC）的许可。在 Lending Club 成立初期，美国的互联网金融发展状况与中国目前十分相似，都缺乏有效的行业规范和监管措施。Lending Club 在行业监管混乱之时，主动联系了监管部门，积极与美国证券交易委员会合作，通过了合规认证，并与其共同制定了行业规范，这一系列事件对于 Lending Club 来说都具有里程碑式的意义。

# 互联网金融：痛并成长着

随着互联网金融行业的高速发展，监管体系的建立和完善迫在眉睫。2016年3月22日，谢平、朱云来与以“80后”为主的青年互联网金融企业家们就行业现状、潜在风险与风控模式以及监管的底线等热点话题，展开了讨论，主要观点摘编如下：

互联网金融行业在中国的迅速发展，得益于大量传统金融机构所忽视的长尾客户群体，这一客户群体数量庞大且对金融服务的需求与日俱增，互联网金融行业应势而起。

但与行业的迅猛发展相比，监管机制的建立则明显落后，使得互联网金融行业在经历爆发式扩张后暴露出种种问题，负面案例屡屡曝光，对真正想要在行业内有所建树的优质企业产生了不良影响。

互联网金融企业的发展与互联网底层技术的进步密不可分，风险控制与其背后的大数据技术是当前互联网金融企业关注的重点。与此同时，技术的不断改进也左右着互联网金融产品的特点，比如互联网金融企业的服务群体较为年轻，对产品的客户体验要求也更高。此外，互联网金融企业对于金融底层技术的掌握，也有助于互联网金融企业打开与传统金融机构合作的大门，获取更加广阔的发展空间。

目前，国内互联网金融市场尚有巨大的发展空间，长尾客户的巨大潜力仍未发掘。因此，短期的市场发展重点仍以中国本土为主。对于海外市场，还需进行全面考察，法律问题尤需慎重。R

主持人　谢平
清华大学五道口金融学院教授，时任中国投资有限责任公司副总经理

目前对于互联网金融的负面评价主要集中在风控。有人把“e租宝”事件等同于互联网金融风险，其实它属于非法集资在网上的扩大效应，只是利用了互联网作为工具而已，二者不能混为一谈。

真正的网贷没有系统性风险。第一，它不吸收任何存款，网贷在金融学是非存款类机构；第二，它不参加同业市场，这两个硬条件约束了它，就算倒掉也是小机构，不会有系统性风险。

互联网金融通过大数据、分散化、网络技术控制风险，与传统金融机构的风险管理模式不同，对互联网金融新型风控模式的理解确实有一个过程。

外界对互联网金融风险的认识不够到位：一是不应把互联网化的非法集资纳入互联网金融风险的范畴；二是传统金融存在的风险在互联网金融领域依然存在。

第一类风险在业内人士看来是一个很严肃的问题，因为这类风险的出现就不是合规经营企业的初衷。第二类风险应是投资人可承受的，因为任何投资回报都有一个过程。

张适时
人人贷创始合伙人、总裁

监管机制的建立为行业确立了运作底线，有利于行业的健康发展。在底线之外的范围，适度依靠行业自律可以保持行业的整体活力。

龙沛智
我来贷创办人及首席执行官

香港有发达的传统金融体系，互联网金融行业的发展不及内地，但也有许多创业公司涉足互联网金融，向更有针对性的客户群体提供金融服务。作为全球金融中心之一，香港本地互金行业依然有较大发展空间。

提供金融底层技术可以成为未来互联网金融公司发展的方向之一，比如互联网金融产品更加注重用户体验，为此研发的新技术就可以提供给传统银行使用。通过互联网金融技术的提升，整个金融行业变得更有效率。技术创新和商业模式创新决定了互联网金融公司的未来发展方向。

吴逸然
有利网 CEO

政府工作报告对互联网金融的表述从“促进”转变成“监管”，这其实是好事。“促进”，说明这个行业没有发展起来，现在这个行业已经有一定体量了，所以要“监管”。

监管部门应该严厉打击产生危害、产生恶劣后果的互联网金融的违法行为。就像证监会，无法监管每个上市公司的董事会，但是如果发生内幕交易，发生虚假的信息披露，或者信息披露不到位的情况，证监会就会对其严肃地整顿。互联网金融也应该是这样，监管的资源其实是有限的，不可能对每个交易或者每次董事会都进行监管，但是一旦发现了各种各样虚假行为，造成了各种各样恶劣的影响，一定要有非常严厉的惩处手段，来震慑以及避免后续的跟风行为。

秦洪涛
恒昌总裁

互联网金融的定位要明确：一是互联网金融是传统金融服务的补充，包括客户群体和资金数量；二是互联网金融是对传统金融科技创新的补充。互联网金融行业可能会在某些业务的具体操作上与传统金融存在竞争，但总体而言，二者并不存在尖锐的矛盾。

互联网金融行业监管细则出台以后还需及时更新，以便于更加有效地规范行业发展，杜绝有恶劣影响的案例再度发生。

董骏
积木盒子 CEO

互联网金融监管机制的建立可以有效避免“劣币驱除良币”的现象。

大数据的使用和相关技术的革新，

使得金融交易成本存在较大的下降空间。如果能在技术上做深度挖掘和创新，互联网金融的风控其实是一个可以解决的问题，而且世界上已有成功的先例。互联网金融企业也可以在风控方面与传统金融机构开展深度合作。

此外，技术的革新使得原本只有传统金融机构才能提供的私人银行服务成本大幅降低，客户群体更加广泛，更好地体现了互联网金融的普惠性。

杨帆
爱钱进 CEO

2015 年末，网络借贷行业监管细则征求意见稿出台，原先鱼龙混杂、炙手可热的网络借贷开始降温，并成为了行业洗牌的“分水岭”。从市场理性的角度看，这未尝不是优胜劣汰的好途径，其实现的“渐进式洗牌”也会在最大程度上缓解淘汰过程给市场、舆论、投资者信心造成的影响。

2016 年是网络借贷行业名副其实的“监管年”。网贷行业的规范化调整必定会是今后一段时期内互联网金融领域最重要的话题之一，对整个领域的健康发展也将起到示范作用。

真正的互联网金融必定是通过技术的手段，比如云计算、大数据分析等技术，更好地识别某类特定人群的风险，并基于对于风险的精准识别和定价，提供更好的服务。如果只是简单地把传统线下的金融业务在互联网上复制，让互联网变成了新型的门店或柜台，那么还不能触及互联网金融的本质。技术改变金融、改变风控才是关键，从风险角度讲，基于互联网技术的风控会比传统模式更好地识别风险。

朱云来
金融专业人士

金融服务领域进入“自动驾驶”阶段为时尚早，依然需要人工监控，并且核实数据的过程会消耗大量时间。系统的数据挖掘一定会有助于行业发展，但仅依靠这种信息挖掘是不够的。某些所谓“小而精”的市场，有的可能是大规模系统性的，而大数据对信用的处理依然不够完善。

国内互联网金融企业进军海外市场时，也要跟其他行业一样，对国外的法律制度和商业习俗有充分的前期调研。中国互联网金融行业的发展能够如此迅速，与国内金融市场的特点有密切关联，与其盲目进军海外，不如对国内市场深耕细作，积累更加丰富的行业经验。

张俊
拍拍贷 CEO

P2P 网络借贷作为交易方式是资金的需求者和供给者之间的直接交易，平台只是撮合的中介，像买房子一样，信息中介不能成为信用中介，也不能做非法集资。所有出事的平台本质都是非法集资，可能它原来就是非法集资，搬到互联网上扩大影响，使得集资的规模超过原来线下做的时候。P2P 到目前为止还没有出事，出事的都不是 P2P。

新一代人群，尤其是“85 后”“90 后”，他们的消费习惯发生很大的变化，“70 后”量入为出，但“85 后”“90 后”现在付不起钱，愿意借钱消费，甚至愿意承担更大的成本。这类群体是“长尾客户”的主要组成部分，他们有限的经济水平也是互联网金融产品保持“小额”的主要原因。

利用大数据实现个人信用判断的技术在不断进步，行业已经积累了丰富经验。虽然目前还存在一定技术障碍，例如，采集个体数据宽度相对不足。假如未来某一天，个体所有的数据都能被采集，那么就能精准测算个体信用，放出的贷款从理论上讲是零风险的。

主持人 艾诚

艾问传媒创始人、独立双语主持人

Ahsan IQBAL

巴基斯坦计划与发展部长

# 无所不包的众筹

据世界银行预测，2025年全球众筹市场规模将达到3000亿美元，从农业、餐饮到影视、住房，从捐赠、购买到股权、债权，众筹已成为互联网金融的新一波热潮。2016年3月22日下午，巴基斯坦计划与发展部长Ahsan IQBAL、京东金融副总裁金麟、京北众筹总裁罗明雄、众筹网CEO孙宏生、中国人民大学金融与证券研究所所长吴晓求在博鳌亚洲论坛“无所不包的众筹”分论坛上就众筹的发展状况、监管机制等进行了讨论，本场主持人是艾问传媒创始人艾诚，嘉宾主要观点摘编如下：

众筹的形式有股权众筹、奖励众筹、捐赠众筹、债券众筹等，可谓无所不包。众筹的出现不仅方便了参与者的生活，也为发起者提供了资金来源，为创业者带来了无限可能。但与此同时，低门槛、规模小等特点也容易让众筹陷入潜在陷阱。众筹平台良莠不齐，小部分发起者也是心怀不轨，给众筹市场的发展蒙上阴影。由于当前众筹极大依托于互联网，监管机制的缺失也让蒙受损失的参与者感到维权无力。

但是对众筹的监管也不能完全“一刀切”，当前年轻群体的消费偏好为众筹这种商业模式提供了生存空间，良好的营销手段和坚实的监管机制可以让众筹萌发更强大的商业活力。

众筹在巴基斯坦发展迅速，尤其在社区发展和慈善事业领域，发挥了维护弱势群体利益的作用。通过众筹渠道，让全世界看到世界上哪些地方有哪些人亟待帮助，提升了慈善工作的效率。对于年轻人口比例较高的国家，众筹也为年轻人创业提供了一种资金来源的渠道。

众筹这一行业非常年轻，需要监管，同时也应避免监管过严打击企业家的创新精神。为优质的众筹平台提供发展空间，可以让投资者和发起人各取所需，促进国家经济的发展。

孙宏生
众筹网、原始会 CEO

众筹服务企业盈利主要靠两点：一是获取足够多的优秀项目标的，与优质资产端进行合作；二是提供服务获取佣金，这需要让项目投资者获得真实的财富收益，众筹平台才能够有利可图。

长期来看，一方面，还有大量高净值投资人缺少投资机会，另一方面，绝大部分创业者得不到 VC 垂青，一些创业者得不到扶持，所以众筹市场有足够大的发展空间。

金麟
时任京东金融副总裁

目前众筹在中国整体渗透率不高，这是由客群的性质所决定的。众筹产品本身相比主流消费品存在局限，需要一段时间才能拿到回报，甚至可能还要冒跳票、产品退货的风险。

不过，随着“90 后”的崛起，市场对于一些有设计感的产品、智能硬件等的需求在上升。未来的众筹市场不必悲观，因为年轻人更愿意看到一些差异化的体验，尝试一些新奇好玩的产品和东西，以及更加有情怀的东西，比如为别人的梦想买单。

众筹能够为创业企业带来什么？第一，更多更早地获得资金；第二，更多粉丝、更多拥趸；第三，“情怀”营销。众筹是一件有情怀的事情，投资者应更多地了解众筹的意义，而不只把它当作一个购买渠道。

吴晓求
中国人民大学金融与证券研究所所长

对于众筹平台来说，应从以下两点进行自我改进：第一，应有足够的数据体系和技术支持；第二，对融资方应尽可能加强信息披露。

从监管方面来说，规则的制定者需了解众筹对社会是不是有进步意义。如其对金融体系有改革意义，对社会有创新作用，那么对它的容忍度就应增加，而不应把所有金融创新都看成非法集资。应把互联网金融公司看成一个科技型企业，不需要有牌照的限制，牌照会阻碍众筹的发展。

但是众筹本身具有小微金融的特点，想要做大比较困难，在监管不足的条件下也有可能爆发“e 租宝”式的问题。众筹具有强烈的个人兴趣特点，如果把众筹当作财富管理手段则会引来意想不到的麻烦。

罗明雄
京北众筹总裁

众筹“火”的一个原因是大家愿意在一起出钱、出力，一起做事，这与“大众创业、万众创新”所倡导的精神一致；另一个原因是中国有一批人想要创业，也有一批人想要投资，而众筹成为了创业者和投资者的桥梁。

众筹的核心竞争力是要有资产、项目、资金，还有信任。需要注意的是，股权众筹、股权投资跟 P2P 网络借贷不尽相同，P2P 网络借贷的投资人都是需要刚性兑付的，而股权众筹的失败率是非常高的，因此这种众筹项目会以 A 轮前后、新三板前后为主，这是未来必然的趋势。美国已经证明这个趋势，并且股权众筹的规模已经超过了天使投资的规模。

偏中等规模、成长期的企业更适合于股权众筹。预计未来 3~5 年，市值过百亿元、极具发展规模和影响力的众筹企业会在各地资本市场上市。

# 互联网的未来

可穿戴设备、人工智能、区块链等技术与互联网息息相关，这些技术的发展折射出互联网带给世界的巨大改变。2016年3月25日上午，aNewDomain.net 联合创始人 Gina SMITH 与威盛集团董事长兼首席执行官陈文琦、澳大利亚 NextDC 有限公司董事长 Douglas FLYNN、Aidyia 首席科学家 Ben GOERTZEL、携程旅行网董事局主席兼首席执行官梁建章、以色列科技创业之父 Yossi VARDI、美国国家科学院院士张首晟、百度公司总裁张亚勤在博鳌亚洲论坛“互联网的未来”分论坛上就互联网带给世界的喜与忧以及互联网的未来发展趋势进行了讨论，主要观点摘编如下：

互联网正在改变着我们，有的令人惊喜，有的令人担忧。互联网技术的革新速度要远远超出人们的预期，一些在当时看来根本不可能实现的技术应用在短短几年之后就会有所突破，甚至步入大规模应用的阶段。

互联网的未来有三大发展趋势：第一，虚拟化世界重新转化为物理世界；第二，分享经济；第三，互联网技术上的突破。

随着互联网的发展，人工智能技术日新月异，很多行业都开始逐渐引入人工智能来降低成本，提高效率。但是，互联网始终只是释放人脑巨大潜力的工具，想要把人脑的运作模式完全转化为数学模式并且植入互联网，这在相当长的一段时间内恐怕难以实现。

值得注意的是，在全球范围内，互联网的普及和使用程度相差悬殊，在经济稳定发展、基础设施建设完善的地区，人们对于互联网的需求日益增加，在这些地区互联网的成长速度是惊人的；而在欠发达地区，依然存在互联网的“真空地带”，严格来说，互联网并没有真正地把“全世界”联系在一起。R

主持人 Gina SMITH
美国畅销书作者、aNewDomain.net 联合创始人

Yossi VARDI
以色列科技创业之父

互联网的好处非常多，其中一大好处是任何人只要有网络就能以低成本获取世界上其他地方的资源，得到更多创新的机会。人类的大脑非常强大，而互联网可以把这种强大的能力释放出来。人脑所具备的许多创造性的功能目前无法进行数学建模，因此，尚且不必担心机器人征服世界的问题。

互联网的未来就是人类的未来。互联网就像全球大脑，大家都可以参与。这里面也会有风险，其中之一就是互联网的大脑最终只有几个人可以成为创新者。如在以色列这个小国家，技术带来了很多益处，但也使有产者和无产者之间的差异扩大。这不光是政府的责任，也是公民社会应该合作解决的问题。

Douglas FLYNN
澳大利亚 NextDC 有限公司董事长、慕亚集团董事长

100 年前，特斯拉先生说能够把地球变成智慧的大脑，如今，可穿戴设备、智能手机等已经把他的部分想法变成可能。数据的产生和交互也越来越多。以数据中心为例，到 2020 年，数据中心会有一个极大规模的发展，这并不意味着绝大部分的公司都不需要再去管理自己的数据库了，而意味着这些公司能够在很安全、放心的条件下，把他们的数据存储到云数据库中，这也将是一次深远的社会变革。

人们真正应该担心的是，互联网技术向集中化发展还是向分散化发展，这些技术会不会被一些动机不纯的人或专制政府所掌握，以及这些技术会破坏稳定还是可被有效控制。

陈文琦
威盛集团董事长兼首席执行官

未来会出现很多与互联网相关的技术。技术的创新是人类发展的一个推动力，它可以带来一个全新的世界。特别是虚拟现实技术，这是一个具有颠覆性的技术，打开了世界另一个维度。实际上人们将获得更大的自由分享空间。一些文化、宗教、心理的问题，也可以通过虚拟世界来解决。

随着互联网的发展，未来对于能源的需求也大大增加，目前来看，研究新一代的核能技术十分必要，为庞大的互联网体系提供清洁、安全、高效的能源。

互联网相关技术的发展使机器更加智能，而机器减少了工作中的体力劳动，使女性在社会上可做出的贡献越来越大。然而，随着女性越来越多地将生活重心转向工作，她们的生育意愿就随之减小，人口结构随之恶化。更智能的机器取代了人类越来越多的

梁建章
携程旅行网董事局主席兼首席执行官

工作，未来很多人就有可能面临失业的威胁。另外，一些技术可能改变人类的价值观，人们可能会因此失去工作、生活的动力，失去对很多事物的兴趣。

中国目前的互联网市场非常繁盛，市场创新、应用创新和技术创新层出不穷。中国庞大的互联网市场体量令世界瞩目，这是一个最佳的创新时代。

机器的智能可能会代替人的智能，“人工智能之父”图林就说过类似的话。但是，人们模仿鸟制造了飞机，并不意味着照搬鸟的飞行方式，人工智能亦然。

区块链对互联网的未来意义重大。人类在工业社会时代形成了集中的生产方式，包括金融和政治制度都是中心化的，但是在互联网时代，去中心化才是趋势，比如可以不用依靠政府信用发行货币而完全信赖算法。区块链技术可以帮助人们与陌生人交易，以更分散的方式组织金融交易。同时，区块链技术加快了去中心化的

张首晟
美国国家科学院院士、中国科学院外籍院士、斯坦福大学终身教授

进程，促进了共享经济的实现。区块链技术带来的智慧合约也会改变法律体系的集中化特点。

Ben GOERTZEL
Aidyia 首席科学家、人工智能学会主席

人工智能可为人类带来很多好处。比如，可穿戴设备可实时监控我们的健康，担负起小型医疗监控器械的作用，延长人类寿命。

目前的人工智能仅仅是特定的人工智能，虽然 AlphaGo 在围棋上战胜了人类的大师，但是 AlphaGo 能下的只有围棋，如果换成其他棋类就需要重新编写一套代码。这种情况对于自动驾驶、AI 等其他行业亦然，通用型的人工智能尚未出现。互联网有可能将会是通用人工智能的诞生地。当生物、金融、制造、虚拟现实、物联网，所有这一切结合在人工智能互联网中，就可以产生更加通用化的人工智能。

张亚勤
百度公司总裁

互联网的发展有三大趋势：一是在过去，物理世界向虚拟化、数字化发展，而在未来，应当推动虚拟化世界重新转化为物理世界，这涉及物联网、万维网和区块链技术的发展；二是共享经济，这种趋势已经在网上订餐、订票、打车、挂号等方面得到体现；三是互联网技术上的突破，比如人工智能、深度数据挖掘技术、机器人深度学习技术等。

人工智能的发展需要关注三个方面：一是人工智能是否会对人类产生伤害；二是该技术的普及是否会动摇现有社会结构；三是该技术是否会导致人类本身智能水平的退化。

# 博鳌观察
# 新金融

# 新经济呼唤新金融

文｜周文重

互联网浪潮带来的创新不可阻挡，中国金融业亦不例外。“互联网金融”的繁荣在中国已经持续了好些年，深刻地改变着金融业态。2015 年，随着中国政府出台互联网金融相关指导意见和监管细则，“互联网金融 2.0 时代”已经来临。

出使美国时，我经历了次贷危机引发的金融危机。当时，危机蔓延全球，众多国家的金融业和整体经济蒙受巨大损失，其负面影响至今仍未完全消除。如今全球经济缓慢复苏，包括中国在内的发展中国家面临转型挑战，地区性交流与经济融合方兴未艾。同时，包括互联网在内的科技创新深刻改变了世界的面貌。这些变化给各国金融业提供了机遇，也带来了挑战。而对中国金融业来说，则是挑战大于机遇。

## 金融创新的时代需求

对于中国、亚洲乃至全球来说，接下来的几年都将是寻找新动力的关键时期。各大机构近期的经济预测不约而同地认为，尽管全球经济会有些许改善，但 2016 年仍将是不容乐观的一年。几年来，为促进经济复苏，全球机构和各国政府不断寻找解决方案，但世界经济的结构性矛盾正在阻碍复苏，诸多现象表明，世界经济有落入低增长陷阱的风险，而世界领导者们尚未找到真正能够激活全球经济的有效方案，包括通过何种货币政策和金融秩序更好地改善现状。

在此背景下，区域合作成为大部分国家的选择。其中，中国提出了“一带一路”战略，目标是从东至西带动沿线地区和国家的经济发展，形成互利共赢的经济带。其中，金融互联将成为“一带一路”战略中非常重要的基础设施。在此大背景下，亚洲基础设施开发银行应运而生，给地区和全球经济带来了新的希望。如何高水准地发挥投资促进作用，是亚投行需谋划并解决好的问题。有理由相信，亚投行在未来将在亚洲及世界经济复苏进程中发挥重要作用。

鉴于中国在世界体系中发挥着重要作

本文为博鳌亚洲论坛秘书长周文重为《博鳌观察》2016 年壹月号（总第 15 期）撰稿。

**周文重**
博鳌亚洲论坛秘书长

用，中国经济自身转型发展的影响自然举足轻重。中国政府“十三五”规划提出“创新、协调、绿色、开放、共享”的发展理念，其中创新被摆在国家发展全局的核心位置。这对中国金融业提出了必须要攻克的课题，即如何更好地为创新与实体经济服务，更好地促进中国经济从投资型向消费型转型。作为现代经济之“血液”，如何满足更广阔市场的金融需求，如何有效支持企业的创新发展，如何培育市场多元主体形成互补，如何在创新与风险之间找到平衡点，都是中国金融体系应当解决的问题。为实现这一目标，创新应成为金融业的核心。

创新的重要驱动力是科技。在中国，互联网技术带来了翻天覆地的变化，阿里巴巴、百度、腾讯等世界闻名的企业异军突起，随之而来的是电子商务、O2O、共享经济等模式的兴起，它们正改变着中国乃至世界的商业面貌。这种互联网浪潮带来的创新不可阻挡，中国金融业亦不例外。“互联网金融”的繁荣在中国已经持续了好些年，深刻地改变着金融业态。2015 年，互联网金融在金融体系及国民经济中的作用得到肯定，《关于积极推进“互联网 +”行动的指导意见》及《关于促进互联网金融健康发展的指导意见》两大文件相继出台。互联网金融前途远大。

## 金融创新促进经济发展

经过 30 余年的改革开放，中国金融业有了很大发展，但仍存在资源配置效率低、融资结构扭曲、直接融资结构失调等问题，还难以满足各层级实体经济的金融需求，包括农村市场、小微企业在内的金融服务的短缺是长期困扰中国经济发展的问题。互联网的出现，为金融业突破时空限制、降低业务成本、拓展服务边界提供了新的工具。

20 世纪 90 年代互联网向公众开放后，世界各国各地区的金融机构开始利用互联网开展一系列金融实践，包括在线支付、网络银行、网络保险、在线融资等业务。在中国，包括银行、证券公司、保险公司、基金公司等在内的各类金融机构也广泛利用互联网展开了在线业务，形成新的营销渠道和服务平台。最常见的是，各大银行推出的网络银行与手机银行。依托互联网展开金融业务正在中国金融业发展过程中自然出现并不断演进。

随着互联网不断渗入中国经济与民众日常生活，在传统金融机构的互联网实践基础上，出现了包括第三方支付、互联网银行、人人贷 (Peer-to-Peer)、众筹融资 (Crowd Financing) 等依托于互联网的新兴金融机构和业务。这一时期的互联网金融从市场实际金融需求出发，运用大数据、云计算等信息技术，在便利性和交互性上具备了独特的优势，并打破了传统金融业务在时空上所受到的限制，正深刻改变着中国金融业生态，并为中国经济注入新的动力。

首先，大部分新兴的互联网金融出现在传统金融业务难以覆盖的领域，包括小微企业融资、农村金融市场、大众理财以及消费金融等。其中，最典型的便是余额宝引发的大众理财热潮。中国经济正由投资驱动型转向消费驱动型，如何挖掘亿万消费者的潜力是必须解决好的难题，在这方面，第三方支付与消费金融起到了不可忽视的作用。此外，小微企业融资难以及农村金融服务匮乏也是制约中国经济转型的障碍，包括微众银行、网商银行等在内的互联网银行，以及 P2P 与众筹等新资金平台可利用互联网优势，有效改善这两大市场的金融服务现状。从这个角度说，互联网金融是对原有金融体系非常有益的补充。

其次，以支付宝、余额宝、微众银行、众安保险等为代表的互联网金融，基本是由阿里巴巴、腾讯等国内领先的互联网企业推出的。随着行业发展，包括百度、京东、苏宁等互联网企业也纷纷推出相关金融业务，出现了一批与传统金融机构不同的新兴、小型和多样化的金融机构。互联网带来的金融产品的创新与业务范围的拓展，给民间资本带来了良好的发展机遇。这与推动民间资本进入金融行业，实现金融市场主体多元化的改革趋势一脉相承。

最后，尽管互联网金融给中国金融体系带来了冲击，但金融市场上最重要的主体仍是传统金融机构，这体现在市场份额上，也体现在资金存管量上。新兴机构与新兴业务正激励传统金融机构与互联网加速相互渗透，从传统的网络银行、网络保险到直销银行、银行系电商等新模式，传统金融机构正快速进入互联网领域，并给后者带来令人耳目一新的变化。金融机构对金融产品的理解和认识、风控与声誉的优势，互联网企业很难企及；另外，互联网企业的技术、文化优势又很难被金融机构取代。随着行业竞争加剧、人员流动性增强、产品创新需求加大，传统金融机构与互联网企业之间的合作、联姻将不断增多，融合发展为一种“互联网 + 金融”态势。

传统金融机构、第三方支付机构、电子商务企业、运营商、设备制造商、清算机构等，正争相挤入互联网金融生态圈，已形成一个引人瞩目的产业集群。随着中国政府出台互联网金融相关指导意见和监管细则，“互联网金融 2.0 时代”已经来临。

## 鼓励新金融健康发展

中国互联网金融的发展速度和用户规模，均已超过其他国家，在世界上首屈一指。

这跟中国转型发展激发的旺盛的金融需求有关，也跟中国对外关系的不断深化和发展有关。这将给“互联网+金融”提供肥沃的成长土壤，新的金融生态、多元金融机构以及新兴金融业务都将获得巨大成长。

我们仍要看到，金融业不同于其他产业，风险控制是顺利开展此项业务的核心。客观来说，目前互联网金融在风险控制方面仍存在巨大漏洞，最典型的例子莫过于P2P平台跑路的消息不绝于耳，这对有关行业的未来发展是致命的威胁，也是障碍。同时，包括传统与新兴金融机构在内，产品研发、用户管理、商业模式等环节仍然或多或少存在问题，与国外领先机构相比，国内机构还处于“以量”而非“以质”取胜的阶段。此外，对监管者来说，一方面，层出不穷、相互交织的金融业态给原有监管体系带来了巨大挑战；另一方面，经济转型与市场需求对有效的金融供给提出了更高要求。中国互联网金融行业距离成熟还有相当长的一段距离。

如何促进“互联网+金融”健康发展，为世界经济复苏以及中国经济转型提供源源不断的新动力？

第一，要重视互联网带来的新变化。互联网给金融带来的冲击大致分为两个层面：一是技术层面，诸如大数据、云计算等技术支持金融产品和业务不断创新；二是理念层面，互联网具有去中介化、去中心化的特点，互联网金融更多以“用户”为核心，产品与服务呈现多样化、定制化、便利化的特点。这与传统金融机构开展业务的方式有着根本不同。如何利用互联网实现真正的金融创新，是“互联网+金融”的核心与内涵。

第二，要以普惠金融为新增长点。普惠金融服务虽然缘于小额信贷，但实际上是一种多元化、综合性的金融服务，不仅为客户提供小额信用贷款，还提供包括存款、理财、基金、保险、汇款、资金转账、代理、养老金等全功能的服务。政府鼓励互联网金融为中国普惠金融发展做出贡献，激活并满足小微企业、广阔农村、亿万消费者的金融需求。这在前互联网时代是无法想象的。

第三，要在风控与创新之间寻找平衡。鉴于金融行业的特殊性质，强化互联网金融监管有利于防范和化解系统性风险。2015年有关指导意见出台，标志着互联网金融进入有序发展阶段。合理、有效的监管框架能够促进互联网金融健康发展，推动中国金融改革稳步向前，并为中国经济转型提供源源不断的动力。下一步，如何在此基础上使中国互联网金融目前具备的规模优势扩展为战略优势，是我们应该思考的问题。

# 促进互联网金融市场健康发展

文｜吴晓灵

互联网浪潮带来的创新不可阻挡，中国金融业亦不例外。“互联网金融”的繁荣在中国已经持续了好些年，深刻地改变着金融业态。2015 年，随着中国政府出台互联网金融相关指导意见和监管细则，“互联网金融 2.0 时代”已经来临。

近年来互联网企业频繁介入金融服务行业，给社会大众带来了更好的体验、更多的选择，也促进了传统金融机构的变革，增进了社会的整体福利。与此同时，也出现了一些乱象：一些人借用互联网金融和金融创新的名义冲破监管红线，扰乱金融市场秩序，给投资人带来了不应有的损失。

为什么会出现这些问题？

一是许多人没有认识到互联网技术运用于金融业并没有改变金融的本质，对各类金融产品的本质属性缺乏准确的了解，对金融的法律红线缺乏敬畏之心。

二是现有的金融产品设计未能满足不同风险承受能力投资人的需求，因而出现了一些有市场但不合规的产品，运作不当给市场带来风险。

三是金融监管跟不上市场发展，缺乏应有的引导和警示。因而，必须加大金融改革的力度，适应社会需求，维护市场秩序，保护投资人权益。

## 当前两大乱象解析

当前，互联网金融中风险暴露最多的有两个领域，一是 P2P，二是互联网理财。由于社会对相关产品的法律性质认识不清，以致难以有效防范和控制风险。因此，要正确引导社会对金融产品的属性认识，遵守法律红线，维护社会秩序。

P2P 是点对点的直接融资，因而不能有资金池，这是监管红线。私设资金池就是变相吸收存款。作为一种直接借贷形式，P2P 借贷双方必须直签合同。如果标的分拆，那么最大分拆额是 30 份，额度最多 20 万元；

---

本文为全国人大常委会委员、中国人民银行原副行长吴晓灵为《博鳌观察》2016 年肆月号（总第 16 期）撰稿。

吴晓灵
全国人大常委会委员、中国人民银行原副行长

如果标的不分拆，则不受额度限制，即使额度达到1个亿也只需双方直接签订合同即可，这是借贷者的自主权。

P2P业务如何防止建立资金池？最好的措施就是资金通过银行直接从借贷双方走账。目前，有些P2P平台声称其资金委托在银行，但并未明确开户人身份问题。这种情况下，如果账户是P2P平台本身的账户，资金仍通过该账户走账，这种情况依然属于私设资金池，属于变相吸收存款。

对于P2P平台来说，建立直接融资的银行托管账户，实际操作步骤应该是：P2P平台向银行发出指令，把甲客户出借的钱直接转到乙客户的账上，不经过平台的账户。目前，监管当局要求P2P平台找银行建立托管账户，然而很多银行却没有开发这样的技术产品，这也成为P2P平台实现银行资金托管需要突破的技术障碍。

从资产端方面来分析当前P2P业务乱象。一是资产端没有坚持小额融资，由于金额很大，势必导致标的分拆；二是资产端的标的复杂，许多标的实行等额分，实质就与证券无异，比如对小微企业的贷款、融资租赁以及资产管理的产品等。由于资产端产品复杂、金额大，因而分拆标的是普遍现象，违规也成为普遍现象。

从资金端方面来看，乱象来自资金的金额错配和期限的错配。资产端金额大，资金端金额小，因此会分拆标的；另外，当资产端借贷期限比较长的时候，如果资金端不能够提供长期资金，很多参与P2P的投资人便希望短期获得高利，因而产生了期限的错配。

作为大众参与较多的互联网理财领域，乱象亦是十分严重。

互联网理财有三种形式。一是提供金融信息服务，介绍各类金融产品，分析、比较、推荐，不介入交易。二是销售金融机构的产品，这需要该类金融产品的销售许可，私募产品不可以公开销售。三是集合客户资金帮助客户投资，这个时候平台承担了资产管理的责任，其实质是在发行集合投资计划。

理财、投资是一种行为，不是产品，完成理财行为需借助金融工具，因此，金融工具的属性和法律关系必须明确。金融工具可以为客户提供咨询，也可以向客户销售产品，但这些金融产品都拥有其特定的属性，应该将这些属性界定清楚，并在实际操作中向客户明确告知。

目前，大量的理财产品其实就是集合投资计划。何为集合投资计划？份额化地集合资金并由第三方管理的投资产品都是集合投资计划。集合投资计划的法律关系是信托，其金融的属性是投资基金，是证券。因此，这种类型的理财须严格遵守相关法律。如果是私募发行则必须少于200份，且必须面向合格投资人。依据现在监管当局掌握的数据，合格投资人的起点是净资产不低于1000万元的单位、个人金融资产不低于300万元或者最近三年个人年均收入不低于50万元、投资的单只私募基金的金额不低于100万元人民币的个人。如果是公募，则可以大于200份，但是由于其产品属性是基金，则必须注册发行。

## 金融创新的三个方向

股票投资和基金投资已形成投资者风险自担的文化，应沿此路径创新公募基金产品，发展股权众筹，满足不同层次投资人的需求。

首先，应创新公募基金产品，满足中间层次投资者需求。

公募基金投资标的范围过窄，私募基金投资门槛过高，是当前难以满足中间层次投资者需求的主要矛盾。私募基金的投资范围由合同约定，它的收益高，但是风险大。

从理论上说，私募基金可以投资所有标的，包括已上市和未上市的证券，另类投资，古玩、字画、红酒等。整个投资过程是由合同来约定的，收益高，但是风险也相对很高。

与之相对，公募基金的投资范围在当前监管框架中相对偏窄，收益率偏低。法律规定的公募基金投资范围，一是上市交易的股票、债券，二是国务院证券监督管理机构规定的其他证券及其衍生品。因此，金融创新应包含扩展公募基金的投资范围，进而提高公募基金的收益。

除拓展投资范围外，也应创新公募基金品种，允许在一定份额比例内投资未上市的证券，同时还需提高投资人门槛。比如现在除了已经上市的股票和债券之外，还可以增加一些股权，或私募债，甚至可以加入一些其他的投资计划。

但是，需将其控制在一定的比例，而且，一旦扩大了投资范围，投资人承担风险的能力也需加强，因而必须提高投资人的门槛。例如，对于一般的只投资于上市的股票和债券的基金，在扩大投资范围后，可以将其投资门槛从1元钱提高到几万元钱。也就是说，当资产端开放资产范围和比例的时候，同时要提高客户端的要求。

此外，还应简化公募基金注册程序，允许同一投资结构的基金一次注册、多次发行，实行数量储架发行制。如果一个基金管理公司管理的同一类型的基金，其投资风格是相同的，投资的结构大体也是一致的，则允许做一次注册、多次发行。这是创新公募基金品种，解决从1元钱认购公募产品到100万元认购私募产品区间内的中间投资的需求问题。

其次，发展股权众筹，让一般投资人参与企业创业。

众筹是互联网时代大众参与投资的好形式，其种类很多，包括捐赠型、产品型、股权型、公益型。股权型众筹是小微企业发起设立的重要创新形式。根据《中华人民共和国公司法》规定，非上市公司的股东人数不能超过200人，允许2人以上200人以下发起设立股份制公司。另根据我国证券法规定，“未经依法核准，任何单位和个人不得公开发行证券”，并将未经核准“向不特定对象发行证券”“向特定对象发行证券累计超过200人”等情形均纳入违规公开发行的范畴。因此，股权众筹不能突破《公司法》和《证券法》所规定的200人的上限。而且在现存的法律框架内，如果是债券私募发行，则有合格投资人的要求；如果是股权型众筹，200人以下没有合格投资人的要求，任何一个人都可以去发起、参与。

那么，互联网公司发起股权融资项目，如何把关、控制风险？第一类是平台尽职调查，客户自主选择，这是大多数的互联网股权众筹平台当前的做法。第二类是在众筹平台采取领投人+跟投人的形式。第三类是利用孵化器推荐，但需注意孵化器的不同标准。这是在项目选择方面做好把关、控制风险的可行之举。

对于投资人来说，尽管所有人都可以参加众筹，但是为了保证参与者不至于承担过大风险，应该设置最高投资金额限额，以及参与项目的数额限制。这些措施可以控制客户的风险，一旦某个项目失败，不至于影响客户的生计和生活，从而做到从投资端控制投资人的风险。

现在网上比较合规的众筹平台，一般都自觉将人数控制在200人以内，最低投资额多控制在50万元以上，没有做到上文所说的大众参与。今后真正发展的股权众筹实际上是在股权众筹平台上公募发起公司，这才是股权众筹的创新所在。如果不突破200份，不打破合格投资人的限制，仍是私募，而不是真正的股权众筹。只有打破200份的限制，降低投资人的门槛，才是真正的股权众筹。这样的股权众筹可以为小额投资人提供参与创业投资的机会。当然，这就需要立法给予确认。而在现存法律框架内，由于法律尚未修改，突破关于份额和合格投资人的限制均属违法行为。以美国为例，美国的股权众筹标的总额控制的是100万美元，我个人建议中国能够发起设立的公司控制在300万元。对投资人，可限制其最高投资额度或投资占其可支配资产的比例，同时对一定时间内投资项目的数目进行限制。

最后，应开放大额存款市场，给投资人提供投资高息存款的合法途径。

保本保息是中国投资人的偏好，但债券不适合向个人投资者发行。中国有许多经营债权的机构，苦于资金来源受限，比如个人消费金融公司、融资租赁公司、汽车金融公司、住房信贷，等等。如果能够开放大额存款市场，允许一些非银行存款类金融机构吸收公众存款，成为有限牌照银行，那么对于提供更多的投资产品将大有益处。

## 六方面创新监管

创新是市场发展的动力，是市场主体适应市场需求的行为，个别风险的暴露是市场发展中必然伴随的现象，而监管的责任就是关注创新的市场基础，防范风险，同时释放金融活力。对于监管主体来说，要创新监管，解除压抑，促进经济社会健康发展；要拓展证券定义，实行功能监管。

具体来说，可有以下六个方面：一是克服监管当局的地盘意识，按实质重于形式的原则，明确产品法律关系和功能属性，实行功能监管。让银行理财产品归位公募基金，用数量储架方式进行发行。

二是完善中央地方双层金融监管体制。吸收存款、公开发行证券、办理保险的金融机构和信托公司归中央监管，不吸收公众存款的一些金融服务机构可以归地方金融监管局监管，中央银行负责对地方金融监管机构的协调指导。

三是规范金融产品名称，所有金融产品无论线上线下在销售时都必须表明产品的金融属性，存款、贷款、基金、债券、股票、集合投资计划、资产产品计划等所有的产品必须明示产品的名称。没有金融牌照的互联网平台销售金融产品，必须持有销售许可证。

四是严格管理公司的名称，凡含有金融、理财、投资、投资咨询、财务、担保、财富管理、资产管理、融资租赁等字样的公司，需先到地方金融办备案再到工商局注册。我建议，国务院出台一个特殊的国务院令，或者是人大出台一个决定，来明确这一要求。名称导致的误导层出不穷，这也是当前金融混乱最重要的原因之一。

地方金融办应成为地方金融监管局，对上述类型公司进行负面清单监管，即不得非法集资，不得非法公开发行证券，不得办理超出200个合格投资人范围的资产管理业务，不得无许可销售金融产品，不得从事投资咨询顾问服务。以上行为都是拥有金融牌照的机构的专属权利。

五是加大违法行为的处罚力度，建立有奖举报非法金融活动的激励机制。

六是打破刚性兑付，树立风险自担的意识。以维护稳定的名义迁就投资人，由政府负责部分偿付责任，只能助长非法集资活动。

# 普惠金融的互联网革命

文｜黄益平

发展普惠金融是中国金融改革的重要任务之一。互联网企业的金融创新有可能改变普惠金融发展的格局，而中国普惠金融庞大的潜在市场，也为互联网金融创新提供了广阔的空间。

黄益平
北京大学国家发展研究院副院长、经济学教授

发展普惠金融是中国金融改革的重要任务之一。所谓普惠金融，是指立足机会平等要求和商业可持续原则，以可负担的成本为有金融服务需求的社会各阶层和群体提供适当、有效的金融服务。1978 年改革开始的时候，中国只有一家金融机构，即中国人民银行。经过三十几年的改革与发展，中国已经建立起一个庞大的金融体系，不但金融机构的种类相当齐全，金融市场的规模也非常庞大。与此同时，抑制性金融政策仍然相当普遍，监管当局仍然日常性地干预利率、汇率、资金配置和资本流动。庞大的正规金融体系只为高盈利企业与高财富家庭提供服务，超过 70% 的中小企业、农户和城市低收入家庭并没有享受到较好的金融服务。如何为这些潜在的客户群体提供更好的金融服务，是发展普惠金融的基本任务。

近年来政府出台了一系列政策，试图缓解“融资难”“融资贵”等问题，包括强制性地要求商业银行为中小企业提供更多的贷款、规范金融部门收费行为、定向增加为小微企业和涉农企业提供融资服务的金融机构的流动性供给、建立更多的中小金融机构如民营银行等。这些政策虽然取得了一定的成效，但融资困难的问题并没有得到根本性的缓解。以 2015 年挂牌的 5 家民营银行为例，

本文为北京大学国家发展研究院副院长、经济学教授黄益平为《博鳌观察》2016 年肆月号（总第 16 期）撰稿。

根据银监会的监管要求，除了2家互联网银行尚未解决远程开户的问题，剩下3家各自只能设立一家分行，它们真正能够服务的客户数量非常有限。

## 互联网打开普惠金融发展格局

互联网金融（internet finance）的兴起有可能改变普惠金融发展的格局。自2013年6月阿里巴巴推出余额宝以来，中国的互联网金融经历了许多奇迹般的变化。管理余额宝投资的天弘基金的资产规模在1年之内上升到5000亿元，从业内的无名之辈一跃成为龙头老大。而原先稳坐第一把交椅的华夏基金则花了16年的时间才将管理的资产扩大到这个规模。2015年，支付宝（AliPay）和微信支付（WeChatPay）的活跃客户数量已经分别超过了2.7亿和2亿。倘若没有互联网技术的支持，这样的增长速度与市场规模都是无法想象的。

互联网金融有广义和狭义两种定义。广义的互联网金融既包括互联网公司提供金融服务，也包括传统金融公司运用互联网技术处理金融交易。不过本文所使用的主要是狭义的定义，也就是特指互联网公司的金融服务。即便是这个狭义的定义也涵盖非常广泛的领域，包括支付、贷款、基金销售、股权众筹、保险、银行和货币等领域。显然，这个定义比国外常用的“金融技术”（FinTech）或者“另类金融”（alternative finance）等更为广泛，也更加丰富。

目前国内已经涌现出大批活跃的互联网金融机构。在移动支付领域典型的有支付宝和微信支付；网络借贷包括以宜信（Creditease）为代表的个体网络借贷平台（P2P），还有以蚂蚁小贷为代表的小额贷款公司。宜信的宜人贷已经于2015年年底在纽约上市，当年全国P2P贷款总额超过了1万亿元。众筹网有天使汇（Angel Crunch）和点名时间（DemoHour）。最具影响力的基金销售平台当属余额宝，从2014年起余额宝回报率显著下降，蚂蚁金服又推出了主要用于销售理财产品的招财宝，目前全国各种“宝宝”类产品的总量也已经超过1万亿元。另外，两家互联网银行即微众银行（WEBank）和网商银行（MYBank）都于2015年挂牌。

可以说，互联网金融天生就具有普惠金融的基因。传统金融机构不愿意为中小企业和普通百姓服务，其实是基于成本收益分析的理性选择。评估普惠金融典型客户的信用本来就很困难，在一个征信系统不发达、诚信缺失的市场则尤其如此。同时，普惠金融客户的金融交易规模都比较小，收益覆盖成本比较难，尤其在国内常规性地干预融资成本水平，金融机构很难做合理的风险定价。互联网公司提供普惠金融服务，有一些天然的优势：一是规避了监管当局对利率的干预；二是互联网技术的固定投资成本很高，边际成本却很低。也就是说，平台一旦建成，成本就不再是主要约束，增加新客户并不显著增加运行成本。

## 互联网金融创新前景广阔

中国的互联网金融正在以令人震惊的速度扩张。根据北京大学互联网金融研究中心研制的“北京大学互联网金融发展指数”，在 2014 年 1 月到 2015 年 9 月间，中国的互联网金融每月的环比增长速度达到 5.9%，也即每年翻一番（见图 1）。其中，投资和保险两个分行业的增长速度比相对成熟的货币基金与支付服务的增长速度要更快一些。同时，互联网金融的发展也显现出明显的区域性差异，最为发达的是沿海地区的江苏、浙江、福建和广东，而发展水平最低的是甘肃、青海、西藏、云南和贵州（见图 2）。另外，参与互联网金融交易最活跃的是“80 后”和“90 后”两个群体（见图 3）。

尽管如此，关于互联网金融前途的争论一直没有停止过。乐观的专家认为互联网金融开启了一个金融创新的新时代，作为直接融资与间接融资之外的第三种金融业态，已经开始改写金融业的版图，甚至在一定程度上打破了金融与非金融行业之间的界限。而悲观的专家则认为在当今中国繁荣兴旺的互联网金融只不过是一个监管套利的临时性产物，一旦未来中国的金融监管开始收紧，互联网金融的各种业务就可能萎缩，甚至烟消云散。显然，互联网金融到底是一种真正的创新还是一个虚假的泡沫，取决于互联网技

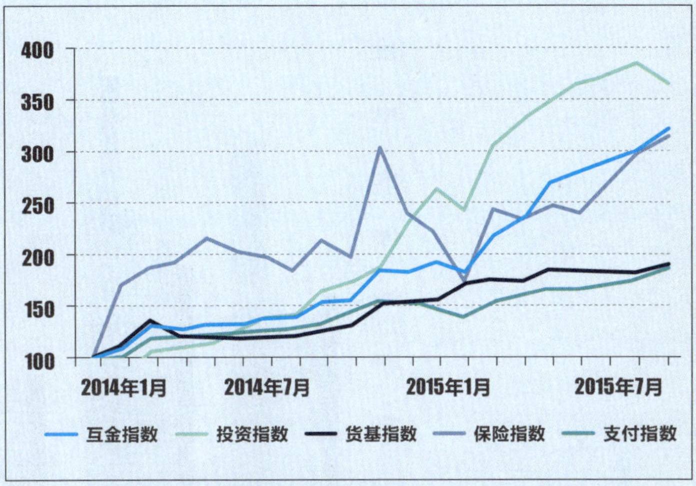


**图 1　中国互联网金融发展指数（2014 年 1 月 =100）**

资料来源：郭峰，孔涛，王靖一，程志云，阮方圆，邵根富，王芳，杨静 . 北京大学互联网金融发展指数 [Z]. 北京大学互联网金融研究中心，2015-12-20.

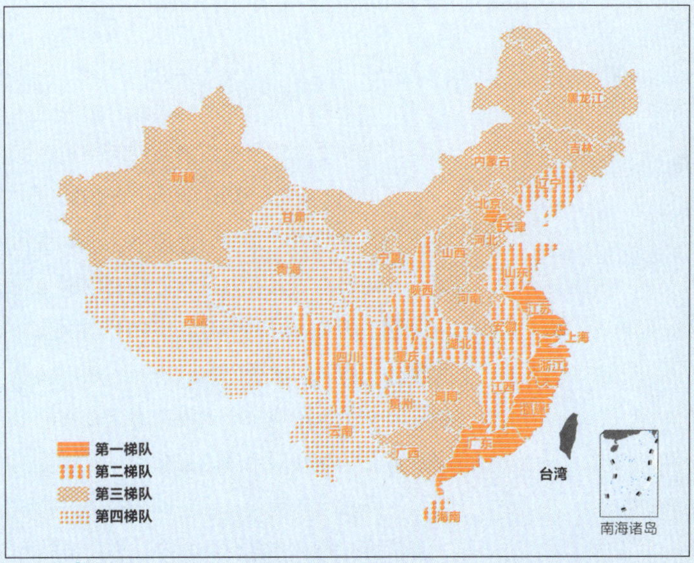


**图 2　中国互联网金融发展的区域分布（2014 年 1 月 =100）**

资料来源：郭峰，孔涛，王靖一，程志云，阮方圆，邵根富，王芳，杨静 . 北京大学互联网金融发展指数 [Z]. 北京大学互联网金融研究中心，2015-12-20.

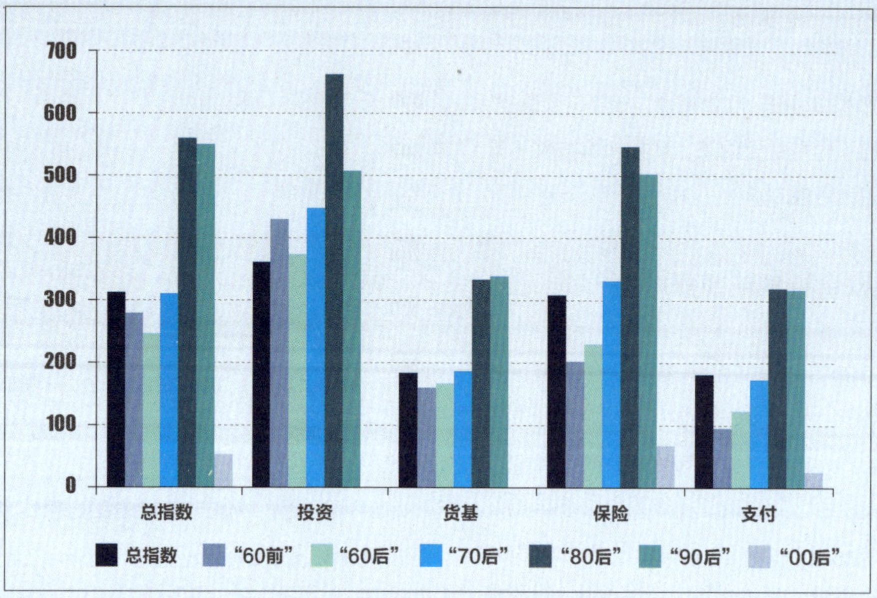


**图 3　中国互联网金融发展的年龄分布（2014 年 1 月 =100）**

资料来源：郭峰，孔涛，王靖一，程志云，阮方圆，邵根富，王芳，杨静．北京大学互联网金融发展指数 [Z]. 北京大学互联网金融研究中心，2015-12-20.

术在多大程度上能够有效地帮助风险定价。

互联网金融在中国的兴起，是由制度、市场与技术三重因素共同促成的。从制度角度看，监管当局确实对这个行业的创新与发展采取了相对容忍的态度，比如互联网或者贸易公司可以领取金融执业牌照。从市场角度看，一大批企业与个人没有得到较好的金融服务，为互联网金融的兴起提供了重要的土壤。从技术角度看，互联网公司通过超过 7 亿部的智能手机将大量的潜在客户链接起来，而大数据与云计算则为在传统金融业中主要靠人工完成的尽职调查和风险评估提供了一种新的可能。

以蚂蚁微贷（蚂蚁小贷）为例，阿里巴巴的电商平台上已经有上百万的网店和数亿的消费者。蚂蚁金服就可以通过对网店和个人的销售与消费行为数据进行细致的分析，判断其信用并预批贷款额度。如果网店或个人有融资需求，可以直接激活蚂蚁金服发出的贷款邀请，从申请、批准到资金到支付宝账户，通常不超过三分钟（见图 4）。蚂蚁微贷只是通过分析数据在网上提供贷款，并不与客户见面，既降低了成本又控制了风险，说明互联网是可以有效帮助金融决策的。

截至 2015 年 6 月末，蚂蚁微贷累计发放贷款 4642 亿元，贷款余额 298 亿元，对应客户 73 万户，户均余额约 4.1 万元，年化利率为 6%~20%。同样，由腾讯等公司发

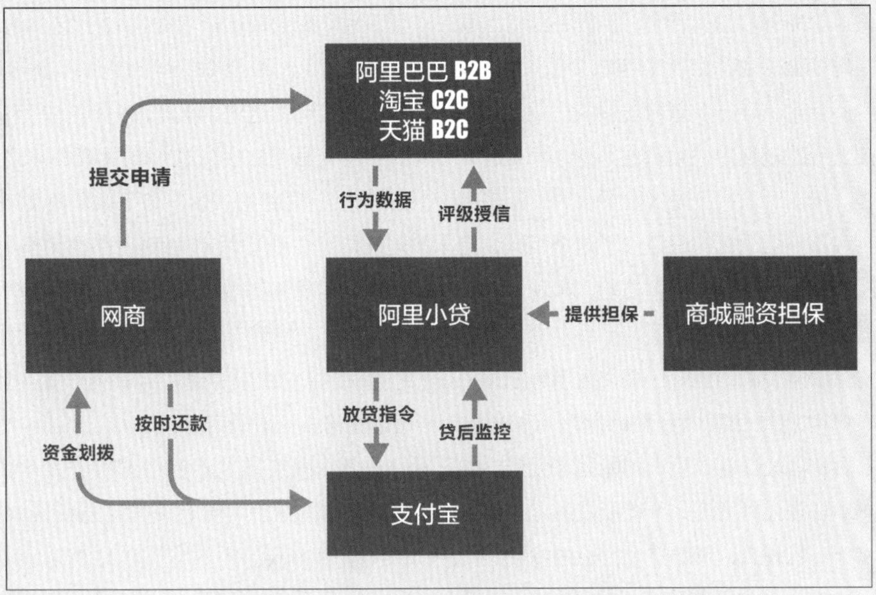


**图4　阿里小贷（蚂蚁微贷）的业务流程**

资料来源：谢平．互联网金融的基础理论（互联网金融讲座课）[Z]．北京大学互联网金融研究中心，2015-11.

起的微众银行，基于自己的风险评级模型，利用腾讯社交和数据并结合人民银行的征信数据，推出了“微粒贷”，额度在3万元左右，一般期限为2~3个月，年化利率为7%~18%。截至2015年6月末，“微粒贷”余额达到5.85亿元。

如果互联网技术能够有效地解决信息不对称的问题，找到交易对手同时帮助风险定价，互联网金融的各个行业也可以像移动支付和网络微贷一样有生命力。中国普惠金融庞大的潜在市场，也为互联网金融创新提供了广阔的空间。起码在金融消费行为等领域，阿里和腾讯的大数据分析能力可能已经领先国际上的一些竞争对手。前哈佛大学教授雷蒙德•弗农（Raymond Vernon）曾经提出产品生命周期理论，即一个产品都会经历从研发、投产到成熟、淘汰的过程。过去中国所生产的大部分产品，都是在发达国家技术成熟之后接手过来的，但互联网金融提供了一个让中国一步迈到产品生命周期开端的历史机会，引领全球互联网金融的发展。事实上，蚂蚁金服的业务已经开始扩展到韩国、印度和澳大利亚等国际市场。

## 互联网金融创新风险犹存

不过，到目前为止，互联网金融基本上还处于“野蛮生长”阶段，尚未形成一套完整的监管框架。总体看来，监管部门对互联网金融创新采取了比较宽容的态度，不然今天也不会有这样一个蓬勃发展的行业。但在快速发展的过程中，问题也不少，而且越来越多。基于互联网金融的发展潜力，很多专业的和不专业的机构都涌入了这个领域，造成了严重的泡沫。更严重的是，出现了不少具有明显诈骗嫌疑的公司与平台。因此，加强对互联网金融的监管已经成为当务之急，尤其是考虑到互联网金融的跨区域性以及投、融资者较低的风险识别能力等因素。如果再不加强监管力度，很可能发生“劣币驱逐良币”的现象，影响整个行业的发展。

我们以个体网络借贷平台（P2P）为例做一个分析。2013年以来，P2P行业迎来了高速发展期，到2015年平台总数已经接近4000家，贷款规模超过了1万亿元，相当于当年商业银行新增贷款12万亿元的8%（见表1）。截至2015年11月，参与P2P平台的投资者达到240万，融资者57万家。

**表1　2012—2015年P2P平台与贷款规模**

| | 平台数量（家） | 贷款规模（10亿元） | 贷款余额（10亿元） |
|---|---|---|---|
| 2012年 | 200 | 21.2 | 5.6 |
| 2013年 | 800 | 105.8 | 26.8 |
| 2014年 | 1575 | 252.8 | 103.6 |
| 2015年 | 3769 | 848.6 | 400.5 |
| 2012—2015年增长率（%） | 1784.5 | 3902.8 | 7051.8 |

注：2015年数据截至当年11月。
资料来源：黄益平，沈艳，王靖一．哪类个体网络借贷平台容易出问题——对3439家平台特征的分析与对监管框架的思考[Z]. 北京大学国家发展研究院与北京大学互联网金融研究中心，2015-12.

投资利率在经过初期的大幅震荡之后，已经大致稳定在10%，与平常的理财产品大致持平。我们没有融资利率的系统性数据，个案调查获得的信息表明借贷利率大致在30%，这应该与民间借贷利率大致相当。毫无疑问，P2P就是通过互联网形式实现的普惠金融的一种特殊形式。

个体网络借贷不是中国首先发明的，国外著名的P2P平台有美国的Lending Club和英国的Zopa，不过它们的融资功能更简单一些，更多的是解决一些个人的短期资金需求如偿还信用卡欠债等。中国的P2P平台更复杂一些，从运作形式看起码存在四种不同的模式：一是将债权从投资者个人转移到平台，如宜信。二是单纯地从事信息中介，如拍拍贷。三是引入第三方担保机构，如人人贷。四是为小额贷款公司提供一个平台，如有利网。监管当局的最新思路是将P2P平台定位为信息中介，不许增信，更不许非法集资。

可惜的是，近来P2P风险频发，已经成为金融与社会不稳定的一个重要因素。我们从公开信息渠道搜集到3439家平台信息，其中1073家已成问题平台，即出现过终止运营、提现困难、平台诈骗、平台失联、跑路、警方介入等六类问题中任意一种或者多种。也就是说，在每三家平台中，就有一家是问题平台。我们通过对3000多家平台横截面数据分析发现，凡是平台上各种信息缺失严重、建立日期较近、利率和产品种类比较单

一、利率出现极端水平（低于 8% 或者高于 20%）、主动提供 VIP 保本保息服务以及注册资本尤其是实缴资本比较少的平台，发生风险的概率就大，预期寿命也短。

尤其值得关注的是，80% 的问题平台生存期不超过一年，18% 的平台只存活不到三个月，最严重甚至出现上午上线、下午跑路的现象。这说明相当一批平台从一开始就有明显的诈骗嫌疑，而且愈演愈烈，因此加强对 P2P 行业的监管已经成为当务之急。有的专家提出，既然 P2P 是以直接借贷为主，不一定需要监管部门的深度介入，问题平台的发生可以作为投资者教育的一个过程，即投资者需要自我判断并承担投资决策风险。问题是金融交易是需要监管的，这与支持创新并不矛盾。而且 P2P 的一个特征是跨区域性，这一点与常规的小贷公司完全不一样，风险传递可能更广、更快。另一个特征是投资者通常都以小额为主，他们识别与承担风险的能力比较低。

2015 年 12 月 28 日，银监会发布了《网络借贷信息中介机构业务活动管理暂行办法（征求意见稿）》，提出三个核心的监管原则：一是对 P2P 定位为信息中介，二是不设门槛的备案制，三是由地方金融办协调监管。该暂行办法引发了诸多争议，定位信息中介的动机容易理解，但如何落实却不清楚。目前 90% 以上的平台并非单纯的信息中介，这与目前信用体系不发达、诚信缺失的现状高度相关。在庞氏骗局普遍发生的情况下，不设进入门槛是否是最好的选择，也值得进一步讨论。最后，地方金融办可能无法处置跨区域的风险问题，现在已经看到金融相对发达、监管能力较强的地区如上海、重庆和深圳已经暂停了新平台的建立，而其他一些地区却还在增长。

总之，互联网金融还是一个新生事物，其业态还在变化过程中，但对于普惠金融的革命性意义已经一目了然。互联网不但轻而易举地将数以亿计的客户链接到一个平台上，还通过大数据分析的应用，降低了风险定价的成本，同时较好地控制了风险。换句话说，互联网克服了传统金融机构从事普惠金融的主要障碍，中国在这方面的实践是具有世界性意义的。但互联网金融要成为可持续的普惠金融的模式，还需要一系列的条件。一个完善的征信系统至关重要，对大数据的获得和分享也需要更加明确的规则，在效率和隐私之间求得一个平衡。而建立有效的监管体系对于控制风险、保障行业健康发展同样重要。

# 传统银行如何“拥抱”互联网

文 | 杨涛

未来，全球经济波动、中国利率市场化改革、民营银行放开、互联网金融对银行的脱媒等情况，都将对中国银行业带来现实的影响和冲击。在缺乏增长亮点的情况下，互联网金融被看作中国银行业的转型契机和“救命稻草”。

“十三五”即将来临，中国银行业的发展开始面临重要的转折点。由于中国银行业还没有真正经历一次深刻的经济周期波动，体会长期经济下滑的冲击，可持续盈利能力还难以让人信服。一方面，伴随人民币国际化带来的国内外经济金融联动性提升，未来中国银行业的发展不仅受到国内经济周期影响，而且与全球经济波动的联系越来越紧密；另一方面，利率市场化改革、民营银行的放开、互联网金融对银行的脱媒等情况，都将为银行业竞争带来现实影响和冲击。

## “新常态”下银行加快布局互联网

曾经，日本大银行的发展成绩令世界瞩目。然而1988年，曾排名世界前6位的日本第一劝业银行、住友银行、富士银行、三菱银行、三和银行及日本兴业银行，在国内危机与全球银行业变迁中黯然退场。截至2010年，排名世界前20位的银行中，日本只剩下三菱日联银行勉强居于第11位。这一历史值得中国大型银行的警惕——即使许多指标在全球居于前列，但是银行面临的巨大风险仍不容忽视。

2015年第三季度之前，中国各家银行均开始面临业绩下滑和不良率上升的挑战。目前，中国各家银行的互联网金融创新举措不断。人们一方面对银行业绩伴随经济周期的下滑感到担忧，另一方面又被“眼花缭乱”的互联网金融创新所吸引。在缺乏增长亮点的情况下，互联网金融被许多银行看作转型

本文为中国社会科学院金融所所长助理、研究员杨涛为《博鳌观察》2016年壹月号（总第15期）撰稿。

契机和“救命稻草”。

例如，作为大银行的代表，工行推出“融e购”电商平台、“融e联”即时通信平台和“融e行”直销银行平台“三大平台”；作为股份制银行的佼佼者，平安银行构建了橙e网、口袋银行、平安橙子；更激进者，如浦发银行推出“spdb+”浦银在线互联网金融服务平台。

在互联网信息技术的冲击下，全球各国银行都比以往更加重视其中的机遇和挑战。数据显示，华尔街六大银行五年里裁员8万，其中各银行裁员人数最多的为固定利率、汇率和期货部门。而研究发现，银行技术和风险管理、合规部门反而会增加雇员。这充分体现了大银行对于新技术、新风险的“未雨绸缪”。

在监管层面，目前中国银行业的互联网创新政策支持环境更加良好。就现有监管思路来看，实际上是致力于推动同业业务监管的一致性。这意味着：未来监管将更多从产品功能和业务本身出发，对P2P网贷等新兴业态从宽松逐渐趋严，银行监管则会相对有所放松，在理论上对银行发展互联网金融形成利好。

总体看来，中国银行业的互联网创新重点主要有以下几个方面：一是渠道替代，即通过发展电子银行、移动银行、直销银行等，对原有的业务流程与组织架构进行渠道优化与变革；二是依托新的产品或业务，着力推动零售业务拓展与强化个人客户获取能力；三是积极介入电商，通过大力拓展业务场景来增加客户黏性；四是尝试把原有的融资类业务搬到网上，如互联网供应链金融的尝试；五是布局以移动支付为代表的新兴电子支付业务，以及基于互联网的中间业务；六是直接介入互联网金融新业态，或与P2P网贷、第三方支付等机构间接合作。

杨涛
中国社会科学院金融所所长助理、研究员

目前，中国银行的互联网金融创新仍然面临诸多挑战，主要有以下几个方面：一是业务范畴与边界不清晰，各家银行的互联网金融业务根本无法进行横向比较。各银行究竟希望通过发展互联网金融业务，成为大而全的“超市”还是“精品店”，大多没有清晰的“顶层设计”。在明确业务边界的基础上，各银行要对最终目标和路径有更加清晰和准确的认识，不只是“跑马圈地”。二是银行互联网金融业务与传统业务板块之间的协调矛盾突出，往往体现在财富管理类产品、渠道、人员、激励约束机制等方面。三是开放性还不够，部分银行致力于打造自己的O2O闭环生态圈，但从长远来看，互联网金融的真正优势体现为开放型的平台，以多平台共赢为目的，而非独家通吃。四是增长点是否可持续，某些互联网金融创新究竟是提升上市银行投资价值的“噱头”，还是真正有利于发掘新的、可持续的业务增长点，还需进一步观察。五是抓“痛点”的能力和意愿不足，传统金融的“短板”在于小微金融、居民消费金融和财富管理，互联网金融创新应弥补这些不足。是否有能力并且愿意抓住这些“痛点”，仍然是银行面临的挑战。

客观来看，中国银行业的互联网金融创新逐渐体现出“大资本驱动”的特点，小银行做互联网金融的优势并不明显。未来将呈现三大主线：一是工行等“巨头”由于拥有资本优势，因此容易进行大规模布局，可以实现互联网金融的“简单粗暴”式发展，但要真正实现以“客户体验”为中心还缺乏迫在眉睫的动力；二是平安银行等依托于各类准金融控股集团的银行，如果能够依托集团资源，有效实现互联网金融板块之间、互联网金融与传统业务之间的综合功能协调，则有较大的发展前景；三是新兴互联网企业发起的民营银行。

对于中国银行业来说，要想真正在激烈的银行业竞争中，杀出一条独有的“互联网银行”发展道路，仍然困难重重。

## 银行业如何积极“拥抱”互联网创新？

当前，中国“互联网+”的国家战略，带来了产业结构优化的新方向。无论是传统产业的“触网”，还是以“大数据、云计算、平台经济和移动支付”为代表的互联网新业态，都需要在产业整合中，由大企业引领规模经济的方式来实现。这一发展方向也为商业银行拓展了新的市场范围。

在这一重大变革期，除了经济环境和监管政策影响之外，银行自身的发展战略、经营策略及管理文化往往会起到决定性作用。中国银行业如何积极拥抱互联网创新？

一方面，从银行自身的转型来看，要高度重视互联网金融的挑战，打造开放性、综合化的金融平台，传统商业银行才能获得新的发展潜力。

20世纪末期以来，国际银行业发展体现了一个明显趋势：涵盖各种金融业务品种和服务方式的“一站式”金融机构日益增多。企业客户往往更加重视综合性的功能服务。在中国仍存在诸多混业限制之时，互联网金融带来了产品和服务层面的功能融合，需求导向型的创新变得更加迫切。在信息技术飞速发展时代，传统金融产品与服务的边界逐渐被打破，金融创新逐渐呈现出跨界性。这就要求银行着力构建综合性金融服务平台。

（1）打造金融功能服务“产业链”。金融机构可完成的功能包括：资金配置、支付清算、风险管理、信息管理。过去银行主要着眼于债权性资金的配置，要打造新型“金融超市”，商业银行应该进一步发掘对于支付清算渠道的利用，同时给予客户更多的风险管理、信息管理服务，才能打造金融功能服务的“产业链”。

（2）探索推动新型的产融结合。当前的金融改革和互联网金融热潮，也反映金融回归“实体”的趋势。未来的产融结合形式，将从过去偏重产业与金融之间的股权、债权融合，逐渐变为双向的智力与战略融合。因为在互联网时代，数据信息成为最重要的生产要素之一，金融服务呈现突出的跨界融合特征，产业与金融之间的谈判能力更加平衡，并非金融部门占据绝对优势，合作共赢将逐渐成为主流。

（3）依托互联网渠道与产品，不断推动非信贷业务创新。20世纪90年代中后期以来，成功的国际银行纷纷调整发展重心，由批发银行转移到零售银行，并加大对非信贷业务的开拓。对于许多不“缺钱”的大企业来说，恰恰需要更多的非融资服务。

另一方面，从服务对象来看，银行还需要深入挖掘互联网金融的“蓝海”。随着工业4.0时代来临，原有银行体系更适应工业化发展的需求，互联网金融给银行提供了一条转型之路。但无论国外还是国内，互联网金融还难以对银行业起到颠覆性影响。

目前，银行应当积极瞄准现有金融体系功能亟须完善的领域。一是居民金融，即如何更好地通过降低门槛、提高便利性来满足居民金融需求，包括消费金融和财富管理。其中，经济发展动力调整与国内消费需求提升相关，而现有消费金融创新的低水平对此形成严重制约。面向不同阶层的财富管理创新，不仅有助于老百姓增加财产性收入，而且有助于促使中高层次收入者培育稳健的投资理念。

二是小企业金融，这里包括对小微企业的资金支持、风险管理支持、财富管理支持，还有对小企业信用环境与文化建设的帮助。应该看到，作为解决就业等诸多社会矛盾的着眼点，小微企业金融现有的“行业细分”已经难以解决矛盾问题，需要不断拓展服务边界和内容。

三是跨境金融服务，伴随着人民币国际化和金融市场开放的快速发展，中国金融服务“走出去”和“引进来”都变得更加迫切，而互联网金融技术手段有助于推动跨境金融服务能力的提升。

## 商业银行如何化风险为机遇

互联网金融的兴起不仅给银行带来金融脱媒风险，且直接改变了银行的业务架构和流程，并带来新的风险因素。如何在互联网金融中进行更好的全面风险管理，是银行业互联网创新的重点和难点。

银行互联网创新的风险来源于何处？具体来看，一方面是传统金融风险在互联网金融中的体现。

一是流动性风险。许多银行已经开始介

入 P2P 网贷等互联网金融活动，这些平台的资产与负债期限不匹配，同样可能出现流动性风险。伴随利率市场化的推进，在利率上下限进一步开放的情况下，若银行通过上调存款利率使收益水平达到或超过互联网相关投资理财的收益水平，将吸引大量资金从互联网融资平台回流至银行，由此可能会引发流动性风险。

又如目前“卡族”用信用卡套现投资网贷现象。投资人偏好投资期限较短的投资标的，为了应对拆标可能带来的流动性风险，交易平台需要足够的资金应对投资人的提现需求。在现实操作中，往往平台拆开的标到期，而真实借款却尚未到期，导致投资人提现出现问题，投资人挤兑导致流动性危机最终爆发，平台加速倒闭。

二是信用风险。为了进一步应对竞争，银行开始注重缺乏信用基础的客户，或者依托与第三方机构的合作而开展 P2P 网贷等业务。在商业信用体系建设刚起步的情况下，由于缺乏结构性数据信息的信用支撑，这些业务同样可能积累潜在的信用风险。

三是技术操作风险。银行在依靠软件、网络等特殊介质开展金融业务时，软硬件配置、技术设备的可靠性及操作人员的专业技能和道德风险，都将成为技术操作风险的主要衡量标准。

四是法律风险。互联网金融在我国尚处于探索发展阶段，缺少相关的法律法规约束和明确的监管主体。如银行远程开户、新兴支付工具、虚拟信用卡等业务。在许多互联网金融模式的背后，实际上还是民间融资活动的网络化，其中可能会触及高利贷或非法集资的风险。

如今，互联网金融活动中普遍使用电子合同及电子签名，虽然更加方便快捷，但是在法律上同样存在一些瑕疵。如不加以规范，可能会陷入直接或间接损害消费者利益的法律困局。

另一方面，来源于互联网金融的特殊风险及其表现形式。

一是信息科技风险。互联网金融建立在大数据、云计算基础之上，随着商业银行机构与业务的互联网化发展，其网络系统更可能遭到技术性外部攻击。互联网金融集中数据处理的方式，可以使信息不对称情况得到部分缓解，提供个性化、针对性的金融产品和服务。但由于集中了庞大的客户数据，一旦信息遭到人为泄露、篡改，将对客户的权益、隐私甚至人身安全构成严重威胁。目前如病毒感染、黑客攻击、支付不安全、网络金融诈骗、金融钓鱼网站、客户资料泄露、身份非法盗用篡改等风险十分突出。

二是“长尾”风险。银行为了应对互联网新兴企业的竞争，正积极服务“长尾”人群。由于这类人群金融知识、风险识别和承担能力相对欠缺，风险承受能力将更加脆弱。一旦业务出问题更容易给银行的品牌和信誉带来“连带影响”。

总体而言，只有抓住当前主要的互联网金融风险要素，找到化“风险挑战”为“发展机遇”的路径，我国商业银行才能在日益变革的环境下，获得新的增长基础。

# 大数据的价值在于“小模式”

文｜卢西亚诺·弗洛里迪

> 小模式之所以关键，是因为从科学到商业，从治理到社会政策，它们都代表着竞争的新前沿。大数据之所以对一家公司价值极大，正是因为缺乏小模式。

最近，关于大数据的各种讨论不绝于耳。所有人都在谈论这种近乎神奇的新资源，它理应改变和提高商业生命周期的各个方面。定义一个接着一个，各类学者试图对大数据理论、模型、分析、解决方案等提出自己的见解。所有这些可能造成困惑，但有两点是清晰的。

## 正确理解大数据

首先，关于大数据最常见，且最佳的定义是由道格拉斯·兰尼 (Douglas Laney) 于 2001 年提出的。在为 META Group 撰写的一篇研究报告中，兰尼将大数据称为规模庞大的数据集合 (volume)、高速 (velocity) 的累积和变化，以及广泛 (variety) 的来源种类。这就是我们如今仍在使用的经典的 3V 定义。虽然后来有人加入了更多的特性，尤其是“真实性”，但这其实是一种分类错误，因为它谈的是人们从大数据中提取出的信息的性质，而不是数据之所以大的数量规格（度量）。

其次，2012 年世界经济论坛 (World Economic Forum) 增加了第四个 V：价值 (value)，将大数据划分为一种新的经济资产。这没有改变大数据的定义，而是表明，无论大数据是什么，它都具有非常重要的价值。同一年，IBM 现任董事长、总裁兼首席执行官罗睿兰 (Ginni Rometty) 在其年度董事长信函中写到，“大数据不亚于一种新的自然资源。数据对我们当今时代的角色就像是蒸汽、电磁和化石燃料对之前时代的角色一样。它有潜力让繁荣和社会进步更上层楼”。

现在没有人怀疑，大数据是一种非常真

本文为牛津互联网研究院研究总监、教授卢西亚诺·弗洛里迪（Luciano Floridi）为《博鳌观察》2016 年肆月号（总第 16 期）撰稿。

卢西亚诺·弗洛里迪 (Luciano Floridi)
牛津互联网研究院研究总监、教授

实的现象，对任何组织来说都是非常宝贵的资产。正如那句被用滥的比喻，许多重要特征让大数据成为新的石油。其中 5 个特征非常重要。为了让它们好记，我用 5 个 R 开头的单词来表示。它们并非按照重要性排列。

与其他许多无形资产一样，大数据是非竞争性（non-Rival）的。它可以被许多消费者同时使用和重复使用，这与一桶石油不同。更确切地说，这意味着向个人提供大数据的边际成本是零。与包括石油在内的其他资源不同的是，大数据还呈现指数级增长（Rising）。易安信 (EMC Corporation) 的数据显示，在 2013 年之前的所有历史时期内，人类积累了 4.4ZB 的数据（1ZB 是 1000EB，1EB 是 1000PB，1PB 是 100 万 GB），但到 2020 年，我们将拥有 44ZB（44 万亿 GB）的数据。90% 的数据产生于过去两年，而在 2015 年产生的数据超过了过去 5000 年的总和。此外，这种增长的唯一限制是物理学、人工智能和内存支持。现在这种资源的利用率只有 1%，部分原因在于一些往往被大数据支持者遗忘或者忽略的成本。此类成本涉及获取和存储、可用性和处理模式、防护和安全、可及性、分析以及法律费用。然而，值得注意的是，得益于信息革命，人类成功发明了以极低成本产生巨量数据的技术。这些海量数据很容易处理和精练（Renabl）——精练是大数据的第三个“R”特征。这意味着，在某些情况下，大数据可能是反竞争的：一家公司越使用大数据，它的质量和价值就越高。大数据还是可再生的（Renewable），与太阳能一样。

最后，大数据是可延展和转变用途的（Repurposable）。这是大数据伟大但也令人沮丧的一个特征：出于某一目的收集的大型数据库可能被用于完全不同的另一个目的，只要你有这样做的正确的远见。数据转变用途的一个典型例子是不起眼的邮政编码。邮政编码是美国邮政局最初为了改善普通邮件投递而设计的，但现在它已成为处理无穷无尽的商业和社交应用的主力，与信封和邮票毫无关系。另一个更近一些的例子是，Trip Advisor 拥有巨量的网络数据，结果却被诸如旅行社等机构用来评估某地饭店的健康和安全标准。然而，正是因为无法预见大数据有哪些新的应用，因此很难完全明白你应该如何处理获得的数据财富。实际上，一开始你很难规划应该记录和处理何种大数据。

## 大数据的商业价值

作为一种资源，大数据是非竞争性、不断增长、可精练、可再生以及可转变用途的。这 5 个 R 让大数据在至少 6 个对任何企业都非常关键的主要应用领域成为一项伟大的资产。大数据可以被用于：

（1）改善服务、产品或者流程（比如公司后勤），因为大数据可以帮助找到低效的地方。

（2）为用户或客户量身打造或定制产品或服务，因为大数据让公司更了解他们。

（3）预测趋势发展方向，因为大数据可以表明历史如何塑造未来。

（4）激发可能的战略，比如新产品的设计和发行、时间、方式、目标人口等，因为大数据能够让公司用电脑模拟实验，看到在“如果”出现虚拟场景的情况下会发生什么。

（5）规划并决定替代计划，因为大数据支持实证选择。

（6）对产品或服务进行创新或者革新，因为大数据可以帮助公司预测或者只是找出新的、未被发现或者以其他方式无法察觉的需要、愿望和需求。

显然大数据的价值极大。问题在于，当人们谈论大数据的实际价值的时候，事情变得混乱起来。让我们先从市场价值、市场价格或者经济价值的标准差别说起。这种差别非常重要。

假设一幅画在 eBay 上拍卖，没有任何底价或者“一口价”选项。爱丽丝是一位专家，她知道这幅画真正的基本价值应该是 1000 美元。这是它的市场价值，也是她准备支付的价格。鲍勃不知道市场价值，但他查看了同一画家其他作品的估价，估计这幅画当前售价通常会达到 1500 美元。这是其市场价格，也是鲍勃的最高出价。卡罗尔不知道这幅画的市场价值或价格。她所知道的是，自己只愿意为这幅画最高出价 800 美元。对她来说，这是这幅画的经济价值。注意，3 个人的估值可能完全不同：比如，爱丽丝可能出价 500 美元，表明这是她所认为的这幅画的经济估值，即便她知道实际价值高出一倍。她可能想捡个大便宜。正如你看到的那样，它与爱丽丝的知识、鲍勃的理性分析以及卡罗尔的需要或愿望都有点关系。一旦他们确定价格以后，不相关但有联系的是这 3 个估值之间的比率。在这个例子里，鲍勃的市场价格高估 500 美元，而卡罗尔的经济价值低估 200 美元。

这些之所以重要，是因为很难确定无形资产的市场价值和市场价格，比如品牌认知度、专利、商标、版权、商业模式甚至商誉（即良好的客户基础、良好的客户关系、良好的员工关系，等等）。尽管根据 Ocean Tomo 发布的年度研究报告，2015 年标普 500 指数中逾 84% 的价值由无形资产组成。我们不知道这种价值有多少依赖公司所有的大数据，我们只知道确定此类无形资产的市场估值实际上是不可能的。这并非因为缺乏度量工具。例如，就市场营销而言，人们可以努力使用客户终身价值 (CLV) 来预测与客户的未来关系带来的净利润。这是因为人们不可能对一家公司的大数据的价值本身给出一个合理的近似值，除非他明确知道大数据的用途以及如何成功运用。因此合理的方法是谈论大数据的经济价值，并在公司自己准备为从大数据中获取的信息付费时采用这种做法。这种新古典主义方法有助于我们聚焦于大数据的真正用途，也就是人们准备付费的东西：小模式。

## 小模式为何关键

仔细想想看。如果可以轻易发现一种模式或者趋势，你就不需要大数据了。正如 NSA 曾经说过的那样，你需要在大海里捞针。只有当模式或趋势很小的时候，你才需要海量的数据来发现它。因此大数据就像是一个显微镜：一个分析企业中细小但非常重要的特征的伟大工具，只要你知道自己在找什么。由于如此多的数据现在可以如此迅速而低成本地产生和处理，而且几乎产生于所有事情，因此无论是亚马逊 (Amazon)、Facebook 或者谷歌 (Google) 等数据新贵，还是银行、石油公司或者超市等老牌数据巨头，它们的压力是在庞大的数据库里找到具有真正附加值的新模式，以及如何才能最大程度利用这些模式创造财富。

小模式之所以关键，是因为从科学到商业，从治理到社会政策，它们都代表着竞争的新前沿。在一个竞争和开放的思想市场，如果其他人能够比你更快、更成功地利用它们，你可能很快就会破产，就像柯达 (Kodak) 一样；或者错过利用根本性的创新，就像施乐帕克实验室 (Xerox PARC Lab) 错过鼠标和图形用户界面 (GUI) 解决方案一样——而史蒂夫·乔布斯 (Steve Jobs) 则将这种技术转化为商业上的成功。

当然，小模式也可能有风险，因为它们突破了可预测的极限。它们可能让一家公司预测并操纵人们的行为。这不仅是一个法律问题，而且还是一个道德问题。第一个著名案例出现在 2012 年（没错，上文提到的世界经济论坛和 IBM 也是在这一年），主角是美国零售商 Target。当时 Target 依赖对 25 种产品的购买模式的分析，为每位顾客分配了“怀孕预测”指数，估计她们的预产期，并在其妊娠阶段及时寄送优惠广告信息。在一起引起轰动的新闻事件里，Target 制造了一些大麻烦——它寄送的优惠广告让某位蒙在鼓里的家长发现他们还在读高中的女儿怀孕了。

至此，从大数据中获取价值似乎只需要有一个合理的战略，从而能够捕获对你的企业产生积极影响的小模式。遗憾的是，事情并非这么简单。小模式只有在做到以下几点的基础上才有意义：正确汇总，比如就会员卡和购物建议而言；进行比较，比如当一家银行可以使用大数据打击欺诈的时候；以及及时处理，比如在金融市场。由于信息在匮乏的时候也有指示作用，因此可怕的消息是，大数据之所以对一家公司价值极大，正是因为缺乏小模式。如果你认为这似乎有些矛盾——某事怎么能因其匮乏而有价值呢？——想想福尔摩斯 (Sherlock Holmes) 正是因为发现本应狂叫的狗没有叫才最终侦破的某个著名案件吧。如果大数据在本应“叫”的时候而没有“叫”，显然事出有因。困难就在于理解本应发生而没有发生的事情。

## 利用数据科学

日益扩大的大数据海洋中有价值的“潜流”越来越多，但对于没有计算机能力的人来说是看不到的，因此更多更好的技能和技术将会有极大的帮助。当 IT 部门要求更多资金的时候，它可能有非常好的理由。然而，仅靠其一己之力，再多的数字技术和解决方案也依然不够用。从大数据中自动获取不了经济价值（即虽然小却非常重要的模式）。如果你认为可以等待更好更强大的软硬件的发展，你最好还是三思。单纯地存储数据没什么用。自 2007 年以来，世界产生的数据超过了可用存储容量。我们已经从思考“存储什么”转向了“清除什么”。某些东西必须清除，而且从一开始就不应该记录。想想你的智能手机由于存储了过多的图片而变得空间不足，这已经成为一个全球问题。信息界多年前就清空了存储空间以转存其数据。这并不像看起来那么坏。改写一句广告俗语：一半的数据是垃圾，只是我们不知道是哪一半。

一家公司需要的是前瞻性地深入理解哪些数据值得首先存储和处理。这就得明白现在或未来哪些问题会引起关注，从而找出相关的小模式。大数据只提供答案，但它们对该问的问题保持缄默。这些问题来自负责人的智慧。也就是说，由于大数据的价值是小模式，最终获胜的将是那些“知道如何问答问题的”人，正如柏拉图 (Plato)2500 年前在其某部作品中写得那样(Cratylus,390c)。只有那些知道怎样问正确问题的人才知道，哪些数据可能对回答问题有用和相关，从而值得收集和处理，目的是开发它们的宝贵模式。我们需要更多更好的技能和技术来发现大数据中的小数据模式，但我们更需要更多更好的思路来筛选有价值的模式。

大数据将会不断地增长。应对它的唯一方式是知道自己是什么人或者正在寻找什么。就目前而言，此类技巧由被称为分析学或数据科学的“妖术”教授和运用。不完全是你在大学的标准课程。这种情况将很快改变，因为对此类技术的需求逐步增长。而且因为我们如此多的业务、创新和福利都取决于数据科学，现在是时候对数据方法论展开系统性的研究了。

# 创新技术
# 引领中国传统银行未来

文丨陈文辉

全球领先银行已经意识到，方兴未艾的创新金融技术在促进业务增长和推动数字化转型方面的潜能。他们不再把技术创新公司看成打破平静的“闯入者”，而是希望能充分利用创新技术，从根本上重新定义自身的业务和运营模式。这些经验对中国传统银行业有着重要的参考价值。

2015年，中国人民银行等十部委发布了《关于促进互联网金融健康发展的指导意见》，鼓励创新并支持互联网金融的稳步发展。随着中国金融行业不断走向开放，行业准入门槛进一步下降，以微众银行、网商银行为代表的数字银行业态蓬勃兴起。它们在给中国金融业带来活力的同时，也给渐已失去垄断地位的传统银行带来一定的冲击。

同时，中国消费者的行为方式也正发生转变。埃森哲预计，在2010至2017年间，中国消费者网上支付交易量的复合年增长率将达51%，移动支付的增长率更是高达114%。消费者越来越期待随时随地获得银行服务，然而目前在这方面，传统银行尚无法满足客户的需求。而支付宝、微信等嗅觉灵敏的互联网巨头们却已趁势而入。它们凭借对消费者的精准洞察和创新技术，不断加深与客户之间的互动，开始提供无缝化的银行服务。预计到2020年，银行业超过30%的收入将被这些新生的数字竞争者和全新业务模式收入囊中。

互联网金融服务日益获得消费者的青睐，而目前在中国市场中，这些服务却大多由高科技巨头们来提供。这无疑将中国传统银行带到十字路口：要么沦为纯粹的交易处理服务提供商，眼看着自己的市场份额被逐渐蚕食；要么拥抱新兴的创新金融技术，开启数字化转型之路，构建一个完善的数字生态系统，从而打造与客户无缝衔接的数字化体验。

事实上，全球领先银行已经意识到，方兴未艾的创新金融技术在促进业务增长和推

本文为埃森哲大中华区金融服务事业部总裁陈文辉为《博鳌观察》2016年壹月号（总第15期）撰稿。

动数字化转型方面的潜能。他们不再把技术创新公司看成打破平静的“闯入者”，而是希望能充分利用创新技术，从根本上重新定义自身的业务和运营模式。他山之石，可以攻玉。埃森哲通过与全球25家创新银行企业的访谈，总结了他们在利用创新技术进行数字化转型中的三条宝贵经验，为想要在数字时代打造全新竞争力的中国传统银行提供参考。

陈文辉
埃森哲大中华区金融服务事业部总裁

## 推动技术开放式创新

以开放的心态，推动开放式创新将是银行企业启动数字化转型的起点。对于大型银行而言，这意味着他们可以在创新过程的早期阶段就与外部的技术解决方案、知识资本和资源展开互动。通常情况下，银行企业需要向其他创新者开放自己的知识产权（IP）、资产和专业知识，以此催生创新的理念，识别和吸收最新技能，并且发现新的增长领域。

目前，开放式创新已融入在众多全球领先银行的运作当中。例如，德国Fidor银行建立了一个带有开放式应用编程接口（API）的中间件——FidorOS，通过连接至现有的核心银行业务平台来提供一系列新型服务，包括借钱给朋友、通过社交媒体推特（Twitter）汇款，以及申请24小时紧急贷款等。这一开放式应用编程接口还允许第三方访问银行系统的所有部分、将相关业务加以分拆，并且建立基于银行平台的新服务，由此显著促进了创新。

法国农业信贷银行则早在2012年就推出了开放式应用编程接口，支持开发者在自身服务之上构建应用程序。如今，这类应用多种多样，为客户提供着开支管理、社交支付和财务分析等一系列工具。西班牙对外银行也紧随其后举办了名为“Innova Challenge”的创新挑战赛，吸引软件开发人员基于来自银行的匿名客户数据，打造新型平台和应用程序。

眼下，开放式创新的最大机遇很可能潜藏在区块链技术当中，这种通信协议支撑着比特币的分布式架构。目前，各种电子加密货币仍处于发展初期，尽管它将会给金融服务业带来哪些长期影响尚不可知，但是显然，如果传统银行机构希望从这一革命性的金融技术中有所斩获，就必须在远超以往的范围内，与本企业之外的技术专家和开发者展开合作。

## 跨机构共同创新

在金融服务和科技行业中，“共同创新”变得日益重要。埃森哲的调查显示，3/5 的受访银行高管都支持对未来情境进行“数字化重新构想”，通过不同参与方之间形成的互补联盟，来拓展金融服务的目标市场。

事实上，金融服务企业与业内其他机构一直以来就保持着良好的合作关系，比如分享“非核心”的流程或服务，这有助于所有协作方削减成本并创造新的市场机遇。在资本市场和零售银行业务中曾出现过许多此类合作案例。例如，一批银行于 1966 年联合创立了万事达卡组织，旨在支持消费者进行跨行的卡片支付。

尽管这些协作由来已久，但其仍需要在未来更进一步。要想在当今变革的时代保持和推动价值增长，传统银行机构应当想方设法与其他行业机构建立更为紧密的协作关系，分享彼此的动产，进而明确创造价值的新方法。

与初创企业的协作将帮助传统银行获得创新的活力，从而在未来打造新的业务高地。埃森哲在全球各地发起“金融技术创新实验室”，将多家领先银行召集在一起，共同为初创企业提供指导，帮助它们开展业务。无独有偶，2015 年 2 月，澳大利亚多家银行出资 200 万澳元，在悉尼成立了一所非营利性的初创企业中心，为新注册的金融科技企业提供支持。

同时，跨行业协作对于企业未来的价值创造也至关重要。通过结合数字技术和金融两大行业的优势资产，孕育更具吸引力的产品与服务，无疑将引领银行企业茁壮成长。例如，德国商业银行集团和波兰第四大数字通信企业 Orange Polska 去年共同组建了 mBank，开始联手针对手机和平板电脑提供白标银行服务。mBank 正着力推广一款移动银行应用，通过智能手机和 PIN 码实现全面的在线银行功能。

## 投资创新技术企业

当前，传统金融服务企业正以从未有过的力度，通过积极投资创新技术企业，驱动业务创新。在埃森哲针对全球银行高管的调研中，1/3 的受访者表示已使用了企业风险投资工具，另有 1/3 的银行机构将在未来两年中计划开展此类行动。

美国运通、西班牙对外银行、汇丰银行、桑坦德银行和俄罗斯联邦储蓄银行都已在过去四年中开发了企业风险投资工具，而且每家机构的投资额至少为 1 亿美元。2015 年 2 月，保险与投资管理机构——法国安盛成立了规模达 2 亿欧元的基金，在自身的各个业务领域内为初创企业提供资金支持。

事实情况是，锐意进取的初创企业具有很高的创新能量，但需要资金支持；而历史悠久的传统银行企业拥有大量资金，却亟待提高自身的创新能力。面对这一局面，我们不难理解，为何当前各方对金融技术公司的投资热情如此高涨，并一直有持续发展之势。这些投资项目最终是否能反哺出资方，目前仍有待验证。

对于有计划进行金融技术投资的银行企业而言，区块链、云计算和网络安全技术应成为它们的关注重点。区块链是一种支持加密电子货币和加密金融资产交易的分布式分类账技术。作为一项独立技术，区块链可以帮助银行、信用卡公司和清算机构通力协作，减少对手方风险和交易延迟，创建更安全快捷的记账方式，并且优化资本使用效率。

而随着云技术应用的普及，各银行开始分析，哪些数据可存储在公有云上，哪些则应当存储在私有云上。银行可以将敏感的客户数据存储在私有云上，以满足监管要求，同时充分利用云技术优势，提高效率、增强灵活性并降低成本，发展随需应变的能力。这也为金融技术初创企业创造契机，使其围绕云技术开发全新服务。同时，由于近期大规模数据泄露事件引起了媒体的广泛关注和消费者的忧虑，网络安全技术的投资也有望在来年大幅攀升。

正如肯尼迪总统所说：如不接受和平变革，就必然导致暴力革命。当数字颠覆者们以迅雷之势开启门类众多的互联网金融服务时，中国的传统银行可以选择继续传统的运营和业务模式，眼看着自己的市场份额不断缩小；也可以选择以开放的姿态开启转型之路，与更广泛领域的各类机构合作，积极吸纳创新技术，为客户打造全新的产品和服务以及无缝化的数字化体验。

# 助力经济转型升级 消费金融大有可为

文 | 王文、程阳

消费经济时代已至，中国消费金融市场已成为各方掘金的“蓝海”，初步形成了由商业银行、消费金融公司、互联网金融公司等多元主体参与的消费金融模式，分别占据资金成本优势、数据优势、场景交易优势。未来，完善消费金融体系建设，做好风险防控无疑具有重要的经济社会意义。

经济转型升级是人类经济发展面临的永恒课题。对于中国而言，改革开放38年来，经济的腾飞与民生的大幅改善，均受益于宏伟的经济转型。从1979年到2015年，中国经济年均增速高达9.4%，人均GDP从419美元增至8000美元。这一时期，全球贸易空前繁荣，带动了资源的全球配置，形成了亚洲生产、美欧消费、中东拉美提供原材料的全球价值链体系。在这一体系下，中国多年来扮演了“世界工厂”的角色，通过投资和外贸驱动实现了经济的持续快速增长。然而，2008年金融危机爆发，经济增长动力结构出现变化，传统增长模式难以为继，经济结构转型升级迫在眉睫。

在此背景下，十八大以来中国经济总体形势忧喜参半：忧的是中国经济增长从高速向中高速换挡成为新常态；喜的是居民收入增长连续三年跑赢GDP增速、经济结构转型成效显著。抛开“速度情结”和“换挡焦虑”的包袱，中国正逐渐从“生产型国家”向“消费型国家”过渡，消费经济时代悄然而至。如何把握消费升级的大趋势，把消费既作为当前稳增长的现实路径，又作为推进经济结构转型的持久动力？在消费经济时代，发展消费金融已成为助力我国经济结构调整和转型升级的战略举措。

## 消费金融的时代内涵

相较于发达国家成熟的消费金融市场，中国消费金融方兴未艾。2009年，我国宣布在北京、天津、上海、成都启动消费金融公司试点审批程序。次年，银监会相继批准北银、中银、四川锦程和捷信四家消费金融公司挂牌成立。2013年，消费金融公司准入门槛放宽，试点范围进一步扩大。2014年京东白条和天猫分期的推出标志着大型电商平台开始介入消费金融领域。此外，互联网金融平台也在加快布局消费金融领域，成为消费金融服务的新兴力量。2015年6

本文为中国人民大学重阳金融研究院执行院长王文、助理研究员程阳为《博鳌观察》2016年柒月号（总第17期）撰稿。

月，国务院召开常务会议，决定将消费金融公司试点扩大至全国，消费金融政策实现破冰。国家放开市场准入，鼓励设立消费金融公司，希望借此能够有效释放消费潜力、助力消费升级，增强消费对经济增长的拉动作用。随着政策红利的释放，2015 年我国消费金融市场规模已经超过了 9 万亿元，预计到 2020 年消费信贷规模将超过 50 万亿元。

王文

中国人民大学重阳金融研究院执行院长、中国金融学会绿色金融专业委员会秘书长

消费金融的快速崛起，除了受到政府政策红利的驱动外，背后既有强大消费动力做支撑，又有庞大的消费信贷需求为预期，尤其是我国经济结构和消费人群结构的良性变动，撬动了消费金融这片万亿元级新蓝海市场的蓬勃发展。

首先，在拉动经济增长的“三驾马车”中，消费占比正在日益提升。2015 年，消费对中国经济增长的贡献率达到 66.4%，成为结构调整和转型升级背景下经济增长名副其实的“稳定器”和“主引擎”。然而，与美欧发达国家 85% 以上的贡献率相比，消费的潜能还有待进一步释放。

其次，随着中国进入消费经济时代，居民消费结构逐渐从生存型消费向发展型消费升级，从物质型消费向服务型消费升级。大众需求、平民消费是其突出特点，依托我国 13 亿人口的庞大基数，形成促进我国经济转型升级的强大推力；同时，国民收入和就业的稳定增长带动了中国中产阶层的崛起，使得消费群体不断扩容。根据国务院发展研究中心估算，2015 年中国中产阶层人口为 1.09 亿，到 2026 年，这一数量将达到 6 亿，成为消费金融的新金矿。此外，“80 后”“90 后”也逐渐成长为主要的消费群体，尤其是正在步入社会的 1.74 亿“90 后”人口，其消费观念与发达国家接近，借贷消费被普遍接受，对金融服务产生强烈需求。从他们身上可以看到消费促进中国经济结构转型与保持中高速增长的信心。

最后，中国当前的消费信贷在信贷结构中占比仅为 20% 上下，相对于发达国家 60% 以上的占比仍存在数量级的差距。换句话说，以中国的人口基数，消费信贷规模将会呈现几何增长趋势，市场对消费信贷有强烈的需求预期。可以预测，随着国民经济实力和消费观念的进步，个人消费的潜力将不断得到释放，消费金融市场规模也将随着信贷规模一同增长。

程阳
中国人民大学重阳金融研究院助理研究员

## 消费金融模式探索面临的挑战

消费金融从试点推向全国，经历了五年多的探索与创新过程。目前，中国消费金融市场已经成为各方掘金的“蓝海”，初步形成了由商业银行、消费金融公司、互联网金融公司等多元主体参与的消费金融模式，三者分别占据资金成本优势、数据优势、场景交易优势。

传统商业银行主要通过信用卡和消费贷款两大产品为消费者提供消费金融服务；消费金融公司主要向无法从银行取得贷款的商户、中低收入人群提供小额化、大众化的无抵押消费贷款，与商业银行的目标客户群体形成错位竞争关系；BAT等互联网公司则以互联网消费金融为主，依托自身技术优势和庞大的资本积累，以大数据作为支撑开始布局消费金融市场，百度成立金融服务事业群组、阿里巴巴组建蚂蚁金服进军信贷领域、腾讯成立微众银行，推出了微粒贷小额信贷产品。

需要强调的是，“互联网+”的兴起，为消费金融服务模式的创新插上了“翅膀”。一方面，互联网金融的发展催生出新的符合消费金融市场需求的场景，“互联网+消费金融”的服务模式，很好地阐释了金融服务于实体经济、服务于消费经济的普惠理念；另一方面，透过互联网大数据分析，消费金融机构能够积累和挖掘消费者的身份、消费偏好等数据，为线上金融服务与线下客户需求的精确匹配提供了保障。

不过，在实践当中，消费金融市场的发展也面临诸多挑战。

一是我国征信体系不够健全。推动征信体系的建设和完善是促进消费金融持续健康发展的重要环节。目前我国央行征信系统的覆盖面约为9亿人口，而其中与商业银行有实际信贷关系的不足4亿人，因此仅仅依靠央行的征信报告无法准确判断客户的信用情况。作为消费金融的主要服务对象，中低收入人群、在校大学生等基数庞大，但由于个人征信信息记录的缺失，不仅加大了这类人群获取消费金融支持的难度，也增加了消费金融机构为其提供消费信贷的风险成本。实际上，自2009年开展消费金融公司试点以来，消费信贷的不良贷款率为2.85%，信用风险高于银行客户。因此，风险防控是关系到消费金融业务能否长期顺利开展的最核心环节。

二是社会保障体系不够完备。在居民收

入持续稳定增长的情况下，目前我国的储蓄率达到了接近50%的高水平，从侧面反映了国人不愿消费、不敢消费的现实，是国内消费金融发展遇到的一大瓶颈。但是从近年来海外消费的情况来看，国人海外消费的热潮可以说让世界艳羡，因此并非国人没钱消费，而可能是国内的消费需求始终处于被抑制的状态。对此，可以考虑从消费的供给端发力，顺应我国经济结构转型、居民消费升级大趋势，通过财政、税收等方面的政策扶持，加快住房保障、教育培训、医疗保健等新兴行业的发展步伐，为国人消费创造良好的内部环境。

三是消费者权益保障力度有待加强。互联网消费金融的蓬勃发展往往会暴露出监管体系的滞后性，容易导致信贷欺诈、支付安全、信息泄露等风险的发生，消费者的合法权益更需要得到保障。要求消费金融机构必须完善身份认证、信息保密、产品风险揭示等一系列惯例手段。

## 完善消费金融体系建设，助力经济转型升级

应当看到，消费金融的发展与我国经济结构转型升级的趋势高度一致。在当前的宏观经济形势下，依靠投资和出口的增量已经不足以支撑经济的持续健康发展，增长模式向消费驱动转型是必然选择。

事实上，通过消费金融刺激消费需求，推动普惠金融服务，可以形成对经济发展稳定而持久的内需支撑。从个体消费者来看，通过大力发展消费金融服务，可以大大改善中低收入人群的生活质量，提升人民的幸福指数；从经济社会运行来看，则可以促进总供给和总需求的动态匹配，扩大内需，助推经济增长方式转型升级，增进社会公平与和谐。

有鉴于我国消费金融发展中遇到的挑战，做好风险防控无疑是消费金融体系建设需要着手解决的问题。包括：

第一，加快征信体系建设。不仅要继续健全和完善央行征信体系，还应支持民营信用机构的发展，借助大数据和云计算等技术手段，积累有效的居民个人信用评价数据库。比如，2015年被称为我国的征信元年，央行于2015年10月结束对第一批民营征信机构的二次验收工作。此外，百度、京东等互联网金融公司为实现业务转型升级，也在积极谋划与征信机构的合作。

第二，推动消费金融机构建立风险评估部门。负责强化对消费金融相关业务的管理，专门研究和完善消费信贷风险防控措施。

第三，引入保险和担保支持。保险和担保能够为消费金融机构提供专业化、定制化的风险防控服务，有效分散风险。比如当前的助学贷款信用担保保险、小额信贷担保保险等，都是经过实践检验的可行路径。

此外，作为保障机制，还有必要继续从国家政策层面不断优化消费金融发展环境。

首先，考虑构建包括财税、金融政策支持在内的支撑体系；其次，完善消费金融监管机制，既要防范消费金融过度、过快扩张的潜在风险，又要切实践行普惠原则，加强对消费者权益的保护；最后，鼓励传统商业银行和消费金融公司加快拓展消费金融业务领域，更重要的，还应重视传统消费金融互联网化的大趋势，把“互联网+消费金融”的模式创新作为促进消费金融大发展、助力我国经济结构转型升级的探索方向。

# 普惠金融时代的“时”与“舟”

文｜何珊

真正有意义的创新，要能够降低金融风险，提高金融服务效率，并提升对小微实体企业的服务水平，从而实现普惠的价值。

金融是人类生活不可或缺的部分，对整个社会发展有举足轻重的影响。任何时代的金融发展及金融创新，都具有鲜明的时代特征。把握时代特点，建造符合时代需求的金融之“舟”，是理顺当下金融创新及金融监管的重要问题。

## 普惠金融的时代特点

社会发展的需要。在当下的中国，金融承载着巨大使命，既是国家改革开放和稳定发展的重要依托，也是普通人实现富裕的希望。享受基本金融服务，更是现代人不可或缺的基本权利之一。普惠金融旨在立足机会平等及商业可持续的原则，以可负担的成本为社会所有阶层与群体提供适当、有效的金融服务。普惠金融的发展，将极大地促进全球脱贫的发展目标，并在更大程度上实现社会公平正义，并增强经济增长的韧性与可持续性。

移动互联提供实现可能。普惠金融不仅要服务小微企业、偏远地区居民、农民、城镇低收入人群以及残疾人、老年人等弱势群体，也要借助信息通信技术的进步，让更广泛的城市人群从新型的金融服务中获益。

在传统金融体系下，普惠金融难以摆脱成本高、效率低、商业可持续难度大的制约，因此普惠金融的发展面临明显的瓶颈，普惠金融成为传统金融体系的薄弱环节。

近年来，随着互联网技术及通信信息技术不断取得突破，正在推动互联网与金融的快速融合，为普惠金融的发展提供了技术支撑，也为普惠金融的商业可持续提供了可行的路径。

## “时”与“舟”的平衡：建设和谐的移动互联金融之“舟”

把握移动互联的机遇。我们看到，移动互联带来的红利，是多层次、分阶段的，第一阶段是智能终端及使用习惯的普及，第二阶段是在第一阶段基础上各个行业焕发的新机。这种新机，包括人群的新机、内容的新机及市场的新机。

以传统的个人信用卡业务为例，目前，中国智能手机用户约为6.7亿人，而中国的信用卡活跃用户不到1.4亿人。在智能手机服务能触及的用户与信用卡用户之间存在巨大的金融服务缺口。网络通信技术的发展及智能手机的普及，就使得满足这部分人群的服务需求变得可能与现实。

而消费金融又是普惠金融中随着智能互联技术的普及，涌现出的新兴金融服务业态与板块。

真创新与伪创新。真正有意义的金融创新，要能够降低金融风险，提高金融效率，并提升对小微领域的服务，从而实现普惠的价值。

纵观历史，人类社会的进步得益于金融创新。但是，也并非所有的金融创新都是对社会有好处的。近年来，中国的互联网金融在加快创新，但快速发展的过程伴随着不少问题与风险隐患，有的“创新”甚至沦为非法集资、经营诈骗、违法犯罪活动，偏离了正确的创新方向。

由于金融创新的两面性以及动机的复杂性，需要适度的金融监管，警惕虚假的金融创新和不负责任的、唯利是图的金融创新带来的危害。

## “鱼”与“水”的平衡：监管的定位与目标

在金融创新的过程中，要把握好金融的普惠性、商业可持续性与安全性之间的平衡。要把握好这个平衡，就需要金融监管的助力。

2016 年无疑是中国的互联网金融规范年。开展互联网金融风险的专项整治活动，能够规范和优化互联网金融业态，净化市场竞争环境，维护金融稳定，进而配合经济转型和产业升级的需要。

金融创新不仅仅是金融产品的创新。在金融监管上，创新也是大有可为的。通过创新监管方式方法，可以实现在监管上实质重于形式的原则，强化消费者权益保护。

何珊

北京清果金融信息服务有限公司董事长

目前，全国范围内的互联网金融风险专项整治正在稳步推进。有关部门已经连续出台了多项文件来建立和巩固对个体网络借贷（P2P）等行业的监管框架。监管的加强会推动中国的互联网金融行业走向更为健康的和可持续发展的轨道。整个行业的发展前景正进一步清晰。

作为中国互联网金融协会的首批会员单位之一，北京清果金融信息服务有限公司以传统金融为起点，以金融科技及金融大数据为导向。始终不忘初心，紧跟新技术和行业发展新动向，同时，坚持对金融规律和风险管控的敬畏与谨守。愿以终为始，再接再厉，为中国普惠金融的发展做出更大贡献，为更多的普通人造福。

# 互联网银行，农村普惠金融探索者

文 | 俞胜法

作为现有五家民营银行之一，浙江网商银行以纯互联网银行模式，展开了中国农村金融变革的探索。

“普惠金融”概念最早在世界银行的报告中被提及。世界银行对其的描述为：让每一个人在有金融需求时都能以合适的价格，享受到及时的、有尊严的、方便的、高质量的金融服务。普惠金融面向小微企业、城市低收入者以及农村客户群体，提供包括贷款、储蓄、保险、汇款、理财以及养老在内的一揽子金融服务。2013 年，中国正式提出“发展普惠金融，鼓励金融创新，丰富金融市场层次和产品”。2015 年，国务院印发《关于积极推动“互联网 +”行动的指导意见》，“互联网 +”普惠金融被提升到了中国国家战略高度。

网商银行作为一家纯互联网银行，本着成为“网商首选的金融服务商”“互联网银行的探索者”以及“普惠金融的实践者”的宗旨，在中国农村普惠金融领域迈出了探索性的一步。

## 农村普惠金融变革恰逢其时

现今，中国自身经济已经发生了很大的变化，体现在几个层面：一是经济增长的模式发生了变化。过去，中国基本属于投资或者是出口拉动型的经济，金融主要服务于企业，因此企业金融比较多。二是出口本身也发生变化。之前出口主要集中在沿海地区，现在向中部转移的比较多一些。

在被称为“经济新常态”的情况下，中国经济已经从传统经济模式逐步转变为消费驱动型的经济模式。所谓消费驱动型经济，意味着需要更多的消费。这里所指的消费，不仅包括城市地区的五六亿人口的消费，也包括农村地区的消费。而且消费最大的增量来自农村，尤其是那些相对来说并不富裕的地区和人群，他们的消费边际效果才是最大的。如果将这一部分的人群消费调动起来，

本文为时任蚂蚁金融服务集团副总裁、浙江网商银行行长俞胜法为《博鳌观察》2016 年壹月号（总第 15 期）撰稿。2016 年 12 月 17 日，蚂蚁金服宣布任命俞胜法担任蚂蚁金服首席风险官，负责整个蚂蚁的风险管理。

能够驱动中国经济继续增长。在上述经济环境下，网商银行以互联网银行模式在农村推动普惠金融发展是恰逢其时的。

## 农村普惠金融难点犹存

即便如此，目前普惠金融在中国还是任重道远的。正如央行副行长潘公胜 2015 年在《普惠金融助力实体经济转型发展》论坛上提到的，要完善中国普惠金融的体系，应以发挥市场作用为主，走保本微利的可持续道路。他提到的“可持续”的内涵是什么？我们的理解是，做普惠金融不仅是做公益，而且要在商业上具有可持续性，让普惠金融业务能够在市场上持续下去。

蚂蚁金服研究院最近有一个简要结论：关于全球的农村普惠金融探索，至今尚未出现一个可以在大范围内进行推广的成功的模式。因为农村人口众多、情况复杂，单靠一类机构是无法胜任全部的金融需求的；另外，在技术发展不够或者缺乏技术革新的情况下，单靠传统金融的模式也难以满足复杂的农村需求。

普惠金融需要以合理的价格提供金融服务，维持金融服务机构财务上的可持续性，金融服务机构在商业性和公益性之间要找到完美的平衡点。要达到这个平衡点，传统金融机构仍然有诸多困难需要克服：

第一，运营成本高。传统金融机构拓展服务网络，往往通过增设物理网点来实现，涉及的硬件、人员运营成本非常高，而农村地区受到其自身经济发展的制约，单笔贷款的授信金额普遍不高，即便不计算风险成本，小额授信的成本往往也难以被收益覆盖。

俞胜法
时任蚂蚁金融服务集团副总裁、浙江网商银行行长
现任蚂蚁金服首席风险官

第二，信息不对称。由于历史原因，覆盖农村的渠道和网络不完善，农村居民普遍缺乏信贷渠道，城镇和农村的信贷档案建立的量的比例大致是4:1，农村信用档案缺失可见一斑，金融机构信贷服务缺乏开展的底层基础。

第三，收入难核实。农民的主要收入来自农业生产等活动，不稳定，不同年份之间的波动性非常大，确认农村客户的收入情况，需要高度的专业性和大量的经验积累。

第四，教育成本高。农村金融的普及覆盖不高，让农村客户熟悉信贷的流程本身就需要一个过程，复杂的金融术语与要求让一般农村用户理解，无疑需要付出较高的教育成本，整个教育过程也会相对漫长。

## 网商银行农村普惠金融经验

网商银行是民营银行，也是纯互联网银行，主要采取“小存小贷”业务模式，利用互联网的技术与数据能力，着眼于解决长尾的金融需求，重点服务于广大的小微网商、个人创业者和普通消费者，特别是农村消费群体。

2015年开始，网商银行陆续试点推出“旺农贷”系列产品——面向农村客户的纯信用贷款，期限最长可达24个月，贷款额度最高50万元，平均授信额度5万元。目前该业务已覆盖河北、山东、黑龙江、云南、甘肃等17个省份65个县域下辖的村点，为农资农具下乡、农产品上行注入金融活水。这是网商银行首个针对农村客户推出的信贷类金融产品，也是网商银行这家纯互联网银行针对普惠金融的诸多难点所进行的探索与尝试。

在此之前，网商银行联合支付宝、第三方农业保险公司推出了全国第一个互联网气象指数保险——风力指数保险，为遭受台风“杜鹃”袭扰的农作物进行了及时赔付，成为2015年10月1日互联网保险新规施行以来首批进行理赔的互联网保险产品。截至2015年11月17日，风力指数保险线上投保人数约5万，已经为约3000名投保人进行了赔付，切实保证了投保人的利益，减少了天气灾害给客户带来的损失。

网商银行在探索互联网普惠金融的过程中，也逐渐总结出了一些经验与心得，希望在未来与更多合作伙伴携手服务长尾客户提供借鉴：

首先，“互联网+”有效降低运营成本，减少教育成本。无论是互联网纯信用线上贷款实现客户纯线上申请、线上授信、线上签约，还是互联网农业保险，都是由客户通过手机无线端，动动手指就实现了金融服务的激活与使用，让地域不再成为金融渗透到农村的障碍，最大程度降低运营成本。同时，产品内容简单明了，傻瓜式的介绍与应用也大大降低了金融服务的门槛，减少了客户的教育成本。

其次，本地化场景线下渠道，解决信息不对称。相比传统金融机构以及传统小额信贷的“走出去”寻找陌生客户，本地场景化线下渠道在贷前、贷中以及贷后都会对风险控制有很大的作用。举个例子来说，传统金融机构在农村获客渠道更多是线下陌拜。这种模式在贷前极有可能会因为缺乏对客户的了解，无法判断实际贷款用途，导致对其还款能力与还款意愿的误判，发放了一笔高风险贷款；贷中和贷后由于离客户有一定距离，无法第一时间发现预警信号，最后导致贷款无法收回。

与之相比，旺农贷的本地化场景在农村淘宝上的体现就是：合伙人是当地人，对当地村民的口碑和家庭状况知根知底；贷款需求更多发生在“村淘点”的农资、农具、农机的购买，贷款到账直接线上下单购买，有效控制贷款用途；合伙人与借款人的触点不仅仅发生在每月还款日，还包括每一次物流送达村点的时候，这些都是非场景化渠道无法比拟的。在选择合作伙伴的时候，也会看重他在本地化场景化线下渠道方面的能力。例如，我们和中国扶贫基金会下属的中和农信建立了良好的合作关系，其业务覆盖全国17个省份147个县，81%为国家级或省级贫困县。网商银行未来将采用多种合作模式，携手更多的农村各类金融机构，打造服务农村客户的金融平台。

最后，大数据线上风控模型，交叉验证判定还款能力。网商银行基于大数据已经建立了一套行之有效的风控模型，让在淘宝、天猫、1688以及阿里巴巴国际站上的小微企业主享受互联网金融带来的“310”体验（3分钟申请、1秒钟到账、全流程0人工干预）。在过去几年中，已经为约60万家县域及乡镇农村小微企业提供了互联网化的经营性贷款，累计放贷1333多亿元。

这些数据和经验都将成为我们探索农村普惠金融的重要数据模型。例如，前期我们在县域、村点的选择上，就会基于各地风险表现、电商平台虚假交易水平等数据模型进行筛选，开放优秀及信誉良好地区的农村业务；审批方面，村民在农村淘宝上购买的农资、消费品、关系圈等都可能成为我们授信依据，包括未来农产品上行之后，相信我们的授信依据将更加精准与有效；贷后我们也会通过一系列系统监控手段来进行系统自动化监控。

## 针对农村金融业务的政策建议

2015年，“互联网+”普惠金融被提升到了中国国家战略高度。2015年7月4日，国务院印发《关于积极推动“互联网+”行动的指导意见》，提出了11个具体行动。普惠金融被纳入位于11项行动之列，希望探索推进互联网金融云服务平台建设，鼓励金融机构利用互联网拓宽服务覆盖面。

在推进农村普惠金融业务过程中，我们非常期待相关监管机构能够对网商银行从事的农村金融服务给予差异化存款准备金率、利率补贴等支持政策，由此能够进一步降低客户的成本，让互联网农村金融这个新生事物更加惠于民；同时，我们也希望与各职能部门一道，实现农村、农业相关政府数据对接或共享，并利用我们的大数据、云计算能力共建基于互联网的农村小额授信模型，加快民生服务的普惠化；试点网商银行或支付宝作为农村补贴发放的途径与渠道之一，从而提升政府办事效能，提升服务的透明化、数据的可追踪化。

# 互联网金融：支付创新驱动力不可忽视

文｜章政华

互联网为金融插上了翅膀，能够让金融发展的更快、更好。移动互联网时代，互联网和金融的协同发展是大势所趋，而支付成为串联互联网和金融的最佳通道和桥梁。

在互联网金融发展如此之快的今天，银行这位“高富帅”需要更彻底的“互联网+”。互联网金融正进入一个新的发展阶段，互联网和金融的融合式创新，才刚刚开始。

随着监管政策的不断完善，互联网的成本、效率优势，以及金融的产品优势，将协同发挥作用，形成互联网金融的全新业态，而移动支付无疑将成为新业态中的关键环节。值得思考的是：金融为什么会互联网化？互联网金融带来了什么？未来应该如何满足用户更多互联网化的金融服务需求？

## 互联网金融带来了什么？

回顾2013年以来互联网金融的发展，这种新金融业态的形成，给大众最直观的印象是金融用户群体的急速扩大，还有金融服务效率的极限提升和服务成本的无限减少。

基于成本和效率带来的可能性，互联网金融在用户来源上更加广泛。互联网渠道把更多普通用户拓展成金融用户，这一点对比传统金融显而易见。互联网金融降低了门槛，让金融面向更多普普罗大众。

以贷款业务为例，传统金融向企业或个人用户提供贷款，需要基于企业和个人的征信记录以及企业的资产抵押等。但是，并非所有企业和个人都具有完整的征信和符合抵押要求的实物。在以前，这些企业和个人很难享受到金融贷款服务。但是如今，互联网使其变得可能。互联网金融正在利用自己的优势，快速帮助企业和用户从更多维度完善其征信。

互联网为金融插上了翅膀，能够让金融发展得更快、更好，最典型的例子就是互联

本文为百度百付宝公司总经理章政华为《博鳌观察》2016年柒月号（总第17期）撰稿。

网理财的兴起。以BAT等公司推出的余额理财类产品为例，其本质仍然是货币型基金，是传统基金的一种。但是经过方式的“改造、整形”后，却可以让几乎所有的互联网用户都能够利用手机进行余额、零钱理财。对于用户的触达，可以不再必须通过实体金融机构进行。这种通过互联网渠道带来的改变，让传统的金融业务得到了几何倍数的扩张。

互联网的强大渗透力，让金融服务深入到生活的方方面面。我们已经离不开互联网，它不仅仅拥有渠道优势，还提供如LBS服务、O2O服务、支付服务、云服务等多样化服务。而且，这些服务本身相互交叉。比如用户在百度上搜索美甲，不仅可以看到美甲店的介绍，还可以看到周边有多少同类竞争者，用户评价如何，有哪些好的美甲师，并可以直接预约，并通过百度钱包支付进行消费和评价，最后用户数据得以沉淀，描绘成用户的大数据画像，方便商户为其提供更精准的营销。这是从信息获取到消费评价的完整体系，而这整个过程为金融服务的提供创造了进一步的机会和支持。其中，入口可以让金融服务触达用户的周期更短，方式更多。LBS服务可以将传统金融机构的线下网点串联起来，支付可以进一步激活用户账户，对用户的画像则可以更加精准地提供金融服务。

尽管金融互联网化已经是一个不言而喻的命题，但是互联网金融的本质仍是金融。在移动互联网时代，用户是移动互联网化的，生活方式也是移动互联网化的。在这样的背景下，金融的发展也应符合时代环境，为当代人寻求更好的服务方式。因此，互联网和金融的协同发展是大势所趋。

章政华
百度百付宝公司总经理

## 支付成为串联互联网和金融的最佳通道

移动支付在互联网金融领域占据着举足轻重的地位，并且成为互联网和金融之间连接的最佳通道和桥梁。

进入2016年，互联网金融的扩张越来越依赖于第三方支付工具的连接作用。今天，第三方支付的普及已达到了非常广泛的程度，并成为了天然的聚合平台。正是通过这个平台，普通用户获取金融服务的意愿和能力都在大幅度地增长，金融交易也在不断

地互联网化沉淀。

支付工具的便捷性，让互联网金融在用户触达上更高效。金融涉及资金管理，这一点不仅对于金融机构十分重要，对于用户也不可或缺。发达的移动支付工具，可以帮助用户完成更多的工作。自然地演变下，移动支付工具将越来越像“个人金融机构”，用户可以免费使用它，不管是一般的消费支付，还是较复杂的投资理财，甚至是更为复杂的个人财务管理，移动支付工具都表现得越来越出色。

同时，移动支付在技术上的不断推陈出新，也让互联网金融在安全和体验上相比传统金融更具优势。以百度钱包为例，依托人工智能、大数据风控技术，百度钱包已经能够提供 7×24 小时的实时风险管控和安全服务输出，最大程度保证支付安全。而在支付体验提升方面，通过中文语音识别技术，用户可实现语音下单、声纹支付。这些，都是相比传统金融而言的优势所在，也是真正的“互联网＋金融”。

第三方支付快速发展，背后是各类应用场景的不断完善和大批优质用户的累积，而金融正在成为未来最为重要的应用场景之一。通过一个支付工具，互联网、金融服务、用户三者之间达成了最完美的串联。

## “互联网＋金融”为用户提供全方位金融管家服务

当下已经成为社会主干力量的“80 后”，以及即将在不远的将来成为社会主流的“90 后”，他们需要的金融服务更简单、更透明、更自主。只有拥有互联网的效率优势和金融的成熟基因，才能成为新一代用户的选择。所以，互联网金融的实质是互联网和金融的共同促进。

在应用场景上，金融对互联网消费是一种有力的补充。金融本身就是一个重应用场景，可以大幅度提升用户黏性。再结合普遍的互联网消费行为，将会延伸出独具互联网特色的金融服务，给用户更多选择和更好体验。

在产品上，互联网思维让传统金融进一步升华。互联网是一个数据的世界，当用户徜徉其中，即被数据化了，这一点对于提升金融服务的质量尤为重要。众所周知，在传统的环境里，如何向非专业的用户提供专业的金融服务，依靠的是专业人才。而在互联网金融的环境里，通过技术实现金融的定制化服务变得简单，在互联网的平台上，每一个用户都可以享受到专业的金融服务，这是互联网对金融的提升。

互联网和金融相互促进，一个新的业态就形成了。例如，百度钱包在泛出行场景上，不仅连接了百度地图、Uber、去哪儿等，集合了出行的导航、用车、票务等需求，还可以让用户完成订餐、购物等服务。在这个过程中，用户通过支付享受到了复合消费服务，而在整个消费体系中，用户还可以获得金融收益，这就是所谓的“边消费边赚钱”，是一种新的互联网消费金融模式。

事实上，这种新的互联网消费金融的模式也获得了国家政策层面的大力支持，2015年6月，在李克强总理主持召开的国务院商务会议上，就决定将消费金融公司试点扩至全国。2016年3月，“两会”政府工作报告指出，“在全国开展消费金融公司试点，鼓励金融机构创新消费信贷产品”。政策的放宽与试点的扩大无疑都将进一步利于消费金融业务的整体扩容和发展。根据相关行业数据显示，2014年中国消费信贷规模达到15.4万亿元。据艾瑞咨询预计，2014—2019年中国消费信贷规模依然将维持19.5%的复合增长率，预计2019年将达到37.4万亿元，是2010年的5倍。而来自中国人民银行的数据显示，截至2014年，仅有25.1%的个人通过传统金融机构完成过贷款，并在人民银行个人信用信息基础数据库中留下个人贷款记录。

政策的支持，市场的成长，用户的教育，这些无疑构成了互联网消费金融这一新的业务模式最好的外部环境。那么，最为适合承载这一新业态的内部形式就是以支付为基础建立的“个人金融管家”。在可预见的未来，普通用户和金融用户将被大量聚集在以电子钱包为载体的支付平台之上，电子钱包或将成为中国互联网用户的个人金融管家，互联网金融业态也将因此而变。

对比传统金融，可以更直观地理解个人金融管家为什么会成为未来的大趋势。以理财为例，银行大量的理财产品虽然在任何开放的市场都能购买，但门槛较高的私人银行为用户提供的服务体验将会更好，因为私人银行在为用户做出更好的服务组合前，已经提前把需要用户自己判断和选择的过程过滤，同时定制化地提供专属产品。以支付为核心的个人金融管家将这一点延伸至普通大众用户，这就是互联网金融的魅力。

总的来说，互联网金融未来将往更多细分、更广覆盖的方向发展。产品上，根据不同人群、不同消费场景定制的互联网消费金融产品将分化得越来越细；服务上，互联网消费金融不仅覆盖到生活消费的各个场景，还能覆盖到更多的中低端用户群体，包括农民工等传统金融低频用户群体。这种情况下，大众需要一个连接平台，以便享受到便捷的消费金融服务，而这类平台也将促进消费金融服务深入到用户消费的方方面面。以目前的情况看来，最受用户欢迎的，就是第三方支付平台。事实上，如何利用支付所积累的数据，让每个人都可以拥有自己的私人银行，获得更好的互联网金融服务，这不仅是百度的努力方向，也是互联网金融新业态下，银行业必须思考的命题。

# 股权众筹的美国经验与本土之路

文｜王啸、马妍妍

2015 年 10 月，在美国股权众筹取得历史性进展之时，中国市场也翘首企盼、静待破局。

2015年10月，美国证券交易委员会（U.S. Securities and Exchange Commission）投票通过了《创业企业促进法案》（*Jumpstart Our Business Startups*，JOBS 法案），即 Title Ⅲ 之实施细则。在JOBS 法案颁布三年半之后，股权众筹的靴子终于落地——等待的时间虽然漫长，但终于迎来曙光。这意味着美国监管部门对于股权众筹这一新生金融事物的谨慎和保守考量，更意味着在过去三年半中，经多方充分探索及论证，股权众筹的价值终获肯定。该法案的落地，是美国金融投资界的重磅利好，更是美国创业企业早期融资的历史性时刻。

## JOBS 法案——股权众筹领域的里程碑

JOBS 法案是美国国会参、众两院于 2012 年审议通过的一部法律，该法律旨在对《1933年证券法》及《1934年证券交易法》[1]进行增补，为众多创业型企业提供更便捷的融资渠道。

在 JOBS 法案施行之前，美国沿用一套成熟而严格的证券发行制度，该制度虽然可确保融资企业信息披露的准确性和真实性，有利于投资者保护，但其低效率和高门槛的缺陷也饱受诟病。如图 1 所示，美国企业整个 IPO 的平均费用为 250 万美元，IPO 之后的年平均维持费用为 150 万美元[2]。高额的融资成本导致初创企业和资本市场对接严重受阻，引发了小企业存活率低、社会创新力下降、经济增长缺少持续性等一系列问题。

为突破该瓶颈，奥巴马政府于 2012 年颁布了 JOBS 法案，其中最具革命性的条款是：降低创业企业与资本市场对接的门槛，提高 IPO 注册效率；降低创业企业 IPO 信息披露义务及成本；解除创业企业不得以

本文为平安集团深圳前海普惠众筹交易股份有限公司总经理王啸、法律合规总监马妍妍为《博鳌观察》2016 年壹月号（总第 15 期）撰稿。

1.《1933 年证券法》和《1934 年证券交易法》是美国联邦证券法体系的两大基石，是世界现代证券法体制的经典蓝本，充分、公正的信息披露及投资人保护，是贯穿这两部法典的精髓性原则。

2. 数据来源：Rebuilding the IPO On-Ramp[Z]. issued by the IPO Task Force, 2011-10-20；图表来源：鲁公路，等. 美国新股发行改革：JOBS 法案的主要内容 [EB/OL]. http://news.xinhuanet.com/finance/2013-03/18/c_124467085.htm.

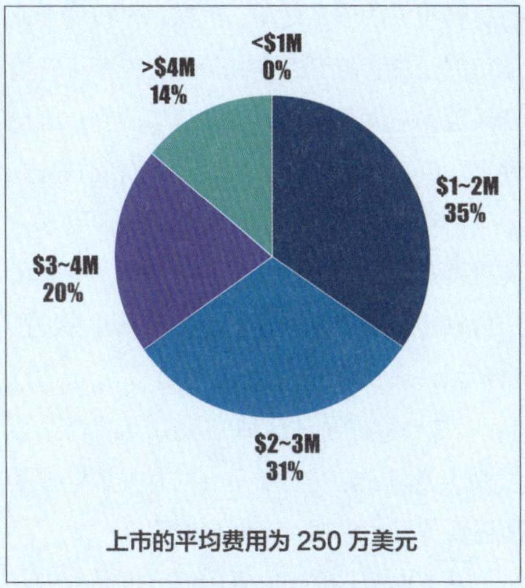


图 1　美国公司 IPO 过程付出的费用

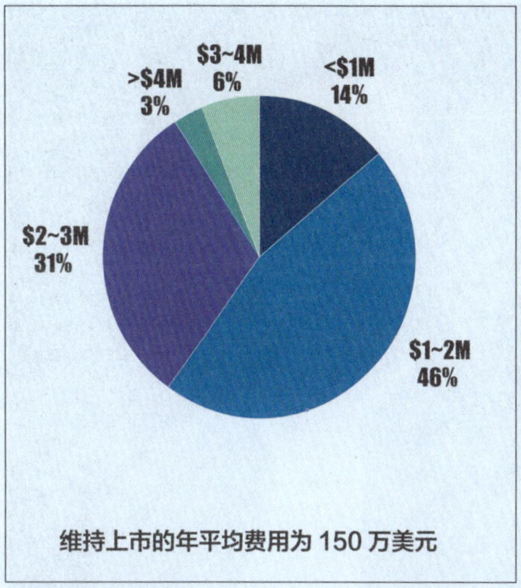


图 2　美国公司 IPO 之后每年付出的合规和信息披露费用

"一般性劝诱或者广告"方式进行非公开证券销售的限制；允许创业公司通过"小额、公开、公众融资"（股权众筹）的方式来筹集资金，众筹参与者获得融资企业资本所有权；开发网上小额众筹融资的注册程序，降低中介机构参与交易的门槛，减少了融资企业的融资成本和交易成本。

## JOBS 法案 Title Ⅲ——初创企业早期融资的重磅利好

此次针对 JOBS 法案 Title Ⅲ实施细则的决议案，正是在 JOBS 法案确定的股权众筹整体监管思路的基础上，对投资细节的明确，其中最大突破在于：

（1）股权众筹融资投资者不仅局限于经认证的合格投资者(Accredited Investors)，也扩大至非认证合格投资者 (Non-Accredited Investors)。

（2）发行人出售给所有投资人的总额应不超过 100 万美元，包括该交易发生前 12 个月内依照相关规定累计出售的所有金额。

（3）规定了个体投资者在连续 12 个月内对全部发行人的累计投资上限：

①如果个体投资者年收入或者资产净值不超过 10 万美元，则投资上限为 2000 美元，或该投资者年收入或资产净值的 5%，两项中的较大值；

②如果个体投资者年收入或者资产净值达到或者超过 10 万美元，则投资上限为该投资者年收入或资产净值的 10%，最多不超过 10 万美元。

（4）股权众筹融资必须通过股权众筹中介，即在美国证券交易委员会及行业自律组织登记注册的交易经纪商或集资门户（股权众筹平台）。

（5）股权众筹中介应当按照监管机构要求，提供包括与投资风险和其他投资者教

王啸
平安集团深圳前海普惠众筹交易股份有限公司总经理

育材料相关的信息披露，确保每位投资者能够审阅投资者教育的相关信息，充分了解投资风险；对发行人进行相关尽职调查；维持独立、客观的中介地位，禁止任何利益输送。

（6）发行人应当按照监管机构要求，向投资者及中介定期披露相关信息，并禁止广告宣传、利益输送等行为，以充分保护投资者和公众利益。

（7）所有通过这种方法融资的企业必须按照美国证券交易委员会的有关规定披露所需要信息，对投资人保持透明。

从JOBS法案Title Ⅲ的细节可以看出，对于股权众筹这棵稚嫩青苗，美国监管部门始终未放松对其监管，而是采取了收放结合的方式：一方面降低创业公司进入资本市场的门槛。另一方面对融资企业融资总量上限进行控制，包括对单一投资者在一定期限内融资累计量上限进行控制；对融资企业信息披露、禁止利益输送等义务进行明确；强调必须通过中介平台进行网络公众募集；详细规定股权众筹中介机构的权利义务范围，并将部分监管职能转移给中介机构；对公众募集所获证券进行流通限制。从而对股权众筹进行限制，强化对公众利益和投资者的保护。[1]

最新通过的股权众筹实施细则将在《联邦公报》（*Federal Register*）进行发布，进入为期180天的公示期，公示期届满即生效。

1 JOBS法案SEC 302(a)及(b)。

## 本土股权众筹期待破局

在美国股权众筹取得历史性进展之时，中国市场也翘首企盼、静待破局。目前中国的经济环境，发展股权众筹具有重大意义：

首先，股权众筹可缓解小微企业融资难困境。股权众筹的服务对象定位为小微企业，小微企业是国民经济基本细胞，也是国家政策重点扶持对象。[1] 但是，中国小微企业同样面临着融资“三高”之痛：IPO门槛高，大型金融机构融资门槛高，民间机构融资成本高。股权众筹通过互联网进行公众筹集，为创业者提供了门槛较低的融资渠道，是对风险投资、私募股权投资等传统投资方式的补充。

其次，股权众筹拓宽了民间资本的投资渠道。截至2014年底，中国个人可投资资产1000万元人民币以上的高净值人群规模已超过100万人，个人总体持有的可投资资产规模达到112万亿元人民币，预计2015年中国私人财富市场规模增速维持在16%，总体规模达到129万亿元人民币[2]。急剧增长的民间资本对财富管理提出了新要求，具备高收益且操作便捷的股权众筹，受到高净值投资人青睐。

最后，股权众筹提高了直接融资占比，是“大众创业、万众创新”大时代的推动剂。健全的金融市场分为间接融资和直接融资两大类。直接融资有利于发挥市场筛选作用，分散银行金融风险，提高金融支持实体经济的能力，引导资源合理分配。尤其在目前创业热潮中，股权众筹打通了民间资本与创业企业之间的通路，满足了企业融资的客观需要，有利于营造全民扶持创业、全民支持创新的社会氛围。

正是在迫切的市场需求下，股权众筹这一新鲜事物于2011年引入中国后，迅速形成井喷之势。根据不完全统计，2014年，国内13家主要的众筹平台共发生融资事件8002起，募集总金额14.11亿元人民币，其中股权类众筹事件3096起，募集金额11.06亿元人民币；2014年，这13家众筹平台预期募资规模38.44亿元人民币，其中股权类众筹预期募资规模35.63亿元人民币，占拟募资规模的92.7%。[3] 据世界银行预测，到2025年，中国的众筹融资额有望达到460亿~500亿美元，其中约70%~80%的融资额将以股权众筹的方式实现。[4]

然而，和任何一个新生金融事物相似，股权众筹在中国蓬勃发展的同时，也面临着诸多问题，主要体现在以下几个方面：

（1）监管滞后，行业呈现无序生长状态。与其他投资产品相比，股权投资虽然具有高收益，但也具有高风险，尤其对于缺乏专业投资经验、抗风险能力较弱的大众投资者而言。监管缺失导致这一行业长期处于无准入门槛、无行业标准、无监管机构的“三无”状态。这种鱼龙混杂、无序成长的乱象不利

1 中国共产党十八大报告：《坚定不移沿着中国特色社会主义道路前进为全面建成小康社会而奋斗》。
2 招商银行及贝恩管理顾问公司：《2015年中国私人财富报告》，2015年5月。
3 清科研究中心：《2015年中国众筹市场发展报告》，2015年7月。
4 The World Bank: Crowdfunding's Potentialfor the Developing World，资料来源：http://www.infodev.org/infodev-files/wb_crowdfundingreport-vl2.pdf。

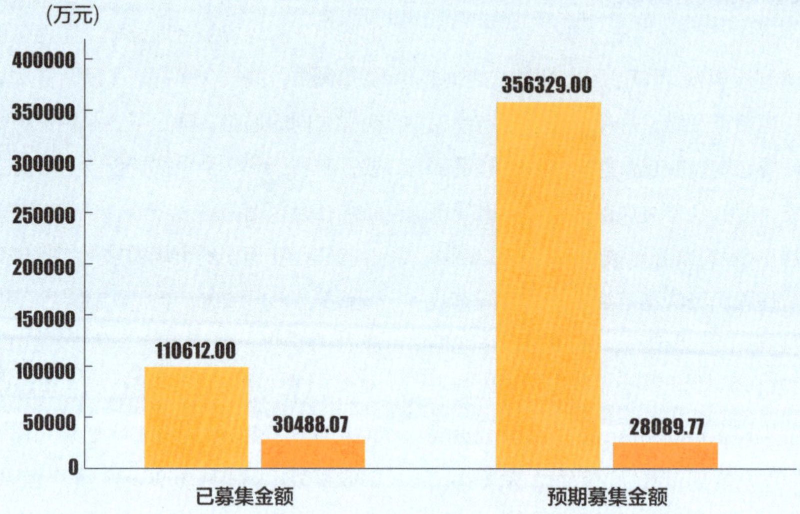


图 3 2014 年中国主流众筹平台已募集金额及融资金额对比情况 [1]

于一个风险行业健康、良性的发展，也会干扰国家金融秩序。

（2）法律灰色地带与法律红线交叉密布。股权众筹通过互联网平台面向大众进行融资，核心特征是小额、公众，即通过降低融资额度，达到汇聚大额资金之目的，其本质是公开发行股份。《中华人民共和国证券法》（以下简称《证券法》）明确规定，“公开发行证券，必须符合法律、行政法规规定的条件，并依法报经国务院证券监督管理机构或者国务院授权的部门核准；未经依法核准，任何单位和个人不得公开发行证券”，并将未经核准“向不特定对象发行证券”等情形均纳入违规公开发行的范畴。此外，《中华人民共和国刑法》（以下简称《刑法》）和《最高人民法院关于审理非法集资刑事案件具体应用法律若干问题的解释》将违规发行证券行为纳入“擅自发行股票、公司、企业债券罪”范畴进行处罚。囿于法律的严格规定，股权众筹业务发展“顾虑重重、缩手缩脚”。目前各股权众筹平台均严格控制投资人数量，这虽然在一定程度上可以降低合规风险，避免触及法律红线，但却严重降低了业务运作效率，违背了股权众筹之“众筹”初衷，无法充分发挥互联网金融“聚沙成‘金’”的实质优势。

（3）行政配套程序效率低下。受限于公开发行的禁止性规定，大部分股权众筹平

1 清科研究中心 . 2015 年中国众筹市场发展报告 [R].2015-07 .

台不得不采取线上与线下相结合的方式，即领投人（作为普通合伙人）与跟投人（作为有限合伙人）设立合伙企业，以合伙企业的名义进行投资。故合伙企业的设立是整个众筹程序中的关键一环，但在实践中，工商部门完成合伙企业注册登记的时间较长，且程序烦琐，一家合伙企业从申请到完成注册，通常需要耗费一到两个月的时间，远远无法满足项目快速融资需求。

（4）股权众筹平台定位模糊，各主体权利义务不清晰。股权众筹平台是众筹融资门户，也是连接投资人与融资人的关键纽带。各国法律对于股权众筹平台的权利义务均有明确规定，并以平台角色为核心确定其他主体的权利与义务。但目前实践中，关于股权众筹平台的性质和定位无法统一，各平台做法差别较大，譬如，有些平台将自身定位为居间服务中介，有些平台将自身定位为纯粹信息中介，有些平台甚至作为领投人直接参与投资……各主体之间法律关系缺少指引性依据，一旦产生纠纷，司法判决千差万别，不利于对用户的利益保护，也不利于整个行业在起步期的平稳发展。

（5）投资者保护机制的缺失。股权众筹将传统的线下投资转移到互联网端，且相当一部分股权众筹是通过设立有限合伙企业的方式进行，投资者与融资企业无直接接触，投资者对于融资企业的了解及投后管理大部分依赖于互联网平台及管理合伙人。如何能确保融资人充分、及时、客观地向投资人进行信息披露，避免引发欺诈等恶性事件，是投资者保护机制的重要内容。但目前大部分平台将重点放在项目投前，投后管理及投资者保护机制严重缺失。

马妍妍
平安集团深圳前海普惠众筹交易股份有限公司
法律合规总监

## 期盼中国 JOBS 法案

如何解决上述发展难题，突破发展瓶颈，平衡鼓励创新与投资者利益保护之间的关系，是中国监管部门亟待解决的一个难题。

2014 年 11 月，李克强总理在国务院常务会议首次提出“开展股权众筹融资试点”；2015 年 3 月，国务院印发了《关于发展众创空间推进大众创新创业的指导意见》，明确提出“开展互联网股权众筹融资试点，增强众筹对大众创新创业的服务能力”，并将

“开展股权众筹融资试点”写入《政府工作报告》。2015年7月18日，人民银行等十部委联合发布了《关于促进互联网金融健康发展的指导意见》，首次以书面形式明确了股权众筹的基本概念与要素。

2015年8月，证监会发布了《关于对通过互联网开展股权融资活动的机构进行专项检查的通知》，明确了股权众筹“小额、公开、大众”的性质及公募众筹与私募众筹并存的监管思路。

2015年9月，《国务院关于加快构建大众创业万众创新支撑平台的指导意见》再次提出“稳步推进股权众筹融资试点，鼓励小微企业和创业者通过股权众筹融资方式募集早期股本”。

上述部门规章及文件透露出几点重要信息：首先，中国股权众筹立法已经提上日程，箭在弦上，呼之欲出；其次，中国股权众筹立法的雏形蓝图，与美国JOBS法案有相通之处，具体体现如下：

在政策制定初衷上，同样定位于小微企业，尤其是小型创新企业，确定了“小额、公开、大众”的基本原则。

同样确定了融资门户网站（股权众筹融资中介机构平台）在股权众筹融资中的核心地位和作用：①所有的股权众筹融资必须通过融资门户网站进行；②赋予中介机构平台一定的监管功能和创新探索功能。

同样以投资者保护为核心，并重点强化信息披露制度，融资企业通过中介平台如实、及时披露运营关键信息，禁止误导或欺诈。

同样将证券监管部门明确为股权众筹监管机构，将股权众筹纳入多层次资本市场，成为其有机组成部分。

可以看出，中国监管部门在立法探索中，充分借鉴了美国的股权众筹法律制度，尤其是在股权众筹的目标、性质、中介平台定位、投资者保护、信息披露等基本监管和思路原则方面，吸收了世界上股权众筹立法最发达国家的精华。对于即将出台的相关立法，我们满怀期待。

股权众筹是中国多层次资本市场体系不可或缺的部分，也是“十三五”规划关于互联网金融布局的关键一环。产业界及金融投资界，都拭目以待中国股权众筹法律的早日出台。可以预料的是，中国“乔布斯法案”的出台之日，必是深蕴潜力的股权众筹蓝海焕发光彩之时。

# 区块链，下一代互联网金融革新技术

文｜王永利

区块链技术是使用全新的加密认证技术和去中心化的机制，维护一个完整的分布式的不可篡改的连续账本数据库，能够让区块链中的参与者在无须相互认知和建立信任关系的前提下，通过一个统一的账本系统确保资金和信息安全。这对金融机构和金融创新来说具有极其重大的意义。

宽带技术的突破、移动互联的发展，云计算、大数据的应用，推动互联网进入新时代。分布式、区块链技术正在引起高度关注，互联网的发展方兴未艾，对人类社会的影响不断增强。万事万物相联，随时随地相联，网上社交和交易快速发展，网上（虚拟）世界不断延伸并与现实世界交互，互联网已从一项技术（工具）发展为一个产业，进而成为人类社会和经济发展的基础生态环境，正在推动人类社会从工业化时代（工业社会）迈向互联网时代（信息社会）。

## 互联网金融亟须技术革新

互联网时代，人们的交易活动越来越多地通过互联网进行，而互联网交易，即广义的“P2P”，是指信息的直接交互，而非交易双方直接面对面进行，双方相互了解不够，存在严重的信任障碍。这就对交易双方身份记录与验证、交易的确认与记录、交易信息真实性与完整性、第三方的监督和当事人征信等提出了很高的要求。

互联网交易所谓的“去中介”，指的是去除不必要的中介。由于交易双方相互之间不见面、不了解，互联网交易并不是完全的去中介，相反，更需要规范的中介和严格的规则，只是这种中介和规则更多地为网络平台或网络协议所取代。

互联网时代广泛连接、海量信息、海量交易，对金融的安全、高效提出了极高的要

本文为乐视控股（北京）高级副总裁、乐视金融 CEO 王永利为《博鳌观察》2016 年肆月号（总第 16 期）撰稿。

王永利
乐视控股（北京）高级副总裁、乐视金融 CEO

求。传统的线下金融模式，以及与之相适应的法律法规、监管体系等，难以适应。不加以改革，直接应用于互联网金融上，很可能阻碍互联网新金融的发展。这其中最大的焦点在于如何有效满足身份验证、交易确认，资金流动的可追索，以及反洗钱、反恐怖等监管要求。

现在，人们在身份验证方面，除了绑定线下银行存款账户信息外，也在探索多种生物加密方法，如脸谱识别、虹膜识别、指纹识别、静脉识别以及多种方式组合识别，但仍不能有效满足安全和效率的综合理想需求。这也使目前国家促进互联网金融健康发展指导意见出台后，更多的是鼓励传统金融机构发展互联网金融，而对非金融机构从事互联网金融则提出了若干约束条款，以求控制可能的风险，但这样难免会束缚互联网金融的创新。

实际上，互联网时代发展的潮流不可阻挡，互联网新金融的发展必须跟上。因此，必须研发有效的技术，解决人们担心的身份验证、资金监控等方面的问题。

## 区块链技术崛起

现在，一种新的技术正在引起越来越广泛的关注——区块链技术。

区块链技术是种将传统加密技术和互联网分布式技术相结合形成的一种全新的网络应用技术，重点是用于对各个设定区块成员的身份验证，以及他们资产和交易的确认，以及对不同区块之间成员的资产交易进行跨区块连续不断的认证和记录，由此形成区块之间相互勾连的区块链，确

保交易真实性和记录完整性，严防人为的干预和弄虚作假。

区块链最早是因为支持比特币的形成和流通而推出，并为人们所认知。但是，与备受争议的比特币不同的是，区块链技术的推出适应了互联网发展进入移动互联、万物互联、随时互联的新时代之后，大量的网上交易急需进行当事人身份验证和交易确认、极大提高交易结算和清算的效率、确保资金和信息安全等方面的迫切需求，因此，区块链技术受到日益广泛的关注和重视，并吸引越来越多的人进行探索、创新和应用。

到 2015 年底，已经有超过 20 家全球顶级的金融机构开始继续探索在金融层面应用区块链技术。2016 年 1 月 19 日，英国政府发布了一份关于区块链技术的重要报告——《分布式账本技术：超越区块链》。这份长达 88 页的报告中提到，英国联邦政府和政府首席科学家 Mark Walport 将会投资区块链技术，来分析区块链应用于传统金融行业的潜力。同时，报告囊括了英国政府的诸多观点和监管思路，比如“中心化”区块链。这份报告表明区块链技术在英国国家战略层面的重要意义。

## 区块链技术对金融业意义重大

越来越多的人认为，区块链技术是使用全新的加密认证技术和去中心化的机制，维护一个完整的分布式的不可篡改的连续账本数据库，能够让区块链中的参与者在无须相互认知和建立信任关系的前提下，通过一个统一的账本系统确保资金和信息安全。这对金融机构和金融创新来说具有极其重大的意义。

第一，区块链技术能够降低信任风险。区块链技术具有开源、透明的特性，系统的参与者能够知晓系统的运行规则。在区块链技术下，由于每个数据节点都可以验证账本内容和账本构造历史的真实性和完整性，确保交易历史是可靠的、没有被篡改的，相当于提高了系统的可追责性，降低了系统的信任风险。

第二，在区块链上，交易被确认的过程就是清算、结算和审计的过程，这相对于金融机构的传统运作模式来说能够节省大量的人力和物力。对优化金融机构业务流程、提高金融机构的竞争力具有相当重要的意义。

第三，区块链能够驱动新型商业模式的

诞生。区块链技术的特点让它能够实现一些在中心化模式下难以实现的商业模式。比如在物联网产业，已经有机构提出要使用区块链技术管理上百亿个物联网设备的身份、支付和维护任务。利用区块链技术，物联网设备生产商能够极大地延长产品的生命周期和降低物联网维护的成本。

第四，区块链技术具有灵活的架构。根据不同的应用场景和用户需求，区块链技术可以划分为公有链、私有链和联盟链几大类型，可根据机构的实际用途进行选择。

第五，区块链技术是实现共享金融的有利工具。共享金融的本质是通过减少金融信息的不对称性，从而实现金融资源优化配置的目的，并通过严格的第三方认证和监督机制，保证交易双方权益的落实，促成交易达成。通过使用区块链技术，金融信息和金融价值能够得到更加严格的保护，能够实现更加高效、更低成本的流动，从而实现价值和信息的共享。

第六，区块链技术的开放性鼓励创新和协作。通过源代码的开放和协作，区块链技术能够促进不同开发人员、研究人员以及机构间的协作，相互取长补短，从而实现更高效、更安全的解决方案。近年来，已有不少海外金融机构和商业机构尝试用区块链技术进行商业模式的改进。在中国，尽管这一技术尚未得到广泛的认知和应用，但是已经开始引起越来越广泛的重视，其影响力正在快速增强。现在区块链技术已经被视为下一代全球信用认证和价值互联网的基础协议之一，区块链技术对我国金融产业和金融体系的重要性同样不容忽视。

当然，区块链技术的发展在全球范围内尚处在早期阶段，各种技术方案、应用场景和商业模式等还需要进一步探索和完善。特别是在我国，区块链作为一个全新的概念和理论，人们的认知、研究和实践刚刚起步，要想在这一领域弯道超车，赶超先进，引领世界，还需要足够的重视、更多的投入，需要理论研究者、网络技术者、金融从业者，以及政府监管部门的积极投入和良性互动，勇于探索和创新。

依托互联网互联互通的特质，金融将更多地融入实体经济运行之中共生发展，互联网新金融将在网络支付（场景化、移动化支付工具创新以及网上开立账户等）、网络平台（金融产品分销和交易平台，包括相应的财经咨询服务等，形成金融产品电商平台和以金融产品为媒体的 P2P 式直接融资）、网络资管（不受分业经营束缚的大资管，金融从业机构不再区分银行、保险、证券、基金等）方面实现重大突破，推动金融实现重大变革，呈现互联网新时代金融运作的新业态！

# 稳中求新，探索 P2P 网贷新模式

文 | 周世平

红岭创投作为成立时间最早的 P2P 网贷平台之一，近 7 年来不断探索和发展 P2P 网贷在国内推广和普及的全新可能。逐渐形成了以传统金融模式为基础，小范围创新、择优发展的运营思路，获得了市场与投资人的广泛认可。

作为中国成立最早的 P2P 网贷平台之一，红岭创投于 2009 年 3 月正式上线运营，并在不断的创新与摸索中寻求突破和转型。目前，红岭创投在全国设立了 60 余家省级分支机构，网站累计交易总额已超过 1200 亿元，为投资者带来收益超过 30 亿元，成为国内线上交易规模最大的 P2P 网络借贷平台之一。

## 以投资人的利益为先

7 年来，红岭创投始终将投资人利益置于首位，严把风控关，至今未让一位投资者蒙受损失。用户的良好口碑，为红岭创投赢得了一批敢于尝试，且投资占比较大的投资人。这些投资人的信任与相对较优的经济实力，是红岭创投最大的竞争力之一。

由于国内的征信体系尚不完善，红岭创投从保护投资者根本利益出发，首创了“本金先行垫付”模式，并不断创新交易模式。本金先行垫付模式其实是把双刃剑，交易规模扩张的同时，红岭创投的效益并没有得到同步增长，因为网站依靠有限的交易管理费提取风险保证金，同时承担着逾期先行垫付的巨大压力，这对红岭创投公司本身的实力及风控措施提出了严峻挑战。

红岭创投是本金先行垫付模式的开创者，同时对该模式的优缺点也有着很清醒的认识。该模式的设计思路首先立足于保护投资者利益，其次是提高行业竞争门槛，靠内部的完善风控以及不断创新的交易模式保持合理的利润空间。

周世平
红岭创投电子商务股份有限公司董事长

红岭创投在主动保护投资者的前提下，也有意识地加强投资者自身风险识别和自我保护的意识和能力。加强信息披露、尽量公开透明，让投资者享有知情权；重大规则制度的改变，事先公开并征求投资者意见；另外设计不同的产品，让不同风险偏好的投资者有选择地进行参与。

## 多种风控手段并行，保障投资安全

互联网金融的本质是金融，金融的核心是风险控制，但P2P网贷在中国是新生事物，尚无可借鉴的成熟经验和模式。

红岭创投在2009年刚上线时为控制交易风险不敢做大额的对公项目。但事实证明，小额和分散的零售项目并不能降低逾期风险，且审查小额项目相对大额项目付出的精力是一样的，甚至更多。

随着经验的积累、风控能力的提升和风控流程的不断完善，从2014年起，公司开始涉足大额项目。相对小额纯信用贷款的高风险，大额项目绝大多数都必须有足额抵押物，降低风险的同时提升了公司的审查效率，并能给公司带来稳定的收益。一部分小额贷款项目主要是为了支持小微企业，即使不赚钱，也会继续做下去，以此实现良好的经济效益和社会效益。

此外，红岭创投还分别针对大额对公业务和小额零售业务实行了两条风险审查体系，有针对性地提高项目审查的准确性，提高风险控制能力。

对于大额对公业务，红岭创投作为一家互联网金融企业，习惯性地向金融行业学习，特别是学习传统金融行业的管理及风控。这种学习不是简单地模仿，而是希望学习借鉴并超越。如今，红岭创投引进了有近 40 年银行从业经历的资深风险管理专业人士，建立了 5 道严谨的风险控制体系：

第一，借款方业务申请。企业可通过自主申请或介绍人推荐，向红岭创投申请借贷。分公司进行初步筛选，排除不符合法律法规的借款行为，并审查借款企业按要求提供的各项材料，如法人资料及企业、项目资料。

第二，分公司项目初审。分公司客户经理在收到资料后，会第一时间赴企业或项目现场进行调查了解；同时，会邀请评估公司对借款企业的抵押物进行评估。分公司客户经理根据评估报告及现场调查情况，出具调查报告。报告通过内部审议后，经过分公司各级领导审批，再上报总公司。

第三，总公司现场尽调。总公司综合分析室，将再度查验资料的真实性，并安排双人进行现场尽调。通过双人审查，规避道德风险。通过员工访谈、资产调查、盈利判断等多方面调查，出具审查报告。

第四，总部项目复审。调查报告经过分管副总裁复审、副总裁预审后，上报审贷会。审贷会与会成员由非固定 7 人组成，通过投票决议，超过 4 票以上的项目可获得通过。审贷会上会形成方案， 如贷与不贷、贷多贷少、期限长短等。方案交由 4 位决策层领导签字，其中每位均有一票否决权。

第五，抵押出账手续。复审通过后，由风险管理部接档，通知企业实际负责人进行面谈，告知该笔借款的社会责任，并办理合同、抵押物双审。在发布标的、满标以后，还要负责贷后管理， 如监管资金的实际用途、定期走访、督促还本付息等。

值得一提的是，红岭创投目前大额对公项目均有充足抵押，即使发生逾期，也不会有终极风险。

而对于小额零售业务，红岭创投主要通过大数据技术进行风控，通过运用大数据构建模型的方法对借款人进行风险控制和风险提示。红岭创投是首批接入央行互联网金融征信系统的 13 家 P2P 平台之一，该系统将各个 P2P 网贷机构零散的数据有机地整合起来，降低 P2P 机构与借款人之间的信息不对称，将有助于提升 P2P 网贷行业的整体风险控制能力。

此外，红岭创投还与同盾反欺诈云系统建立合作。这一技术，以同盾科技的海量失信数据和定制化风控模型为基础，利用跨平台数据优势，帮助信贷理财企业预防贷前、贷中、贷后等场景的欺诈风险，减少潜在的资金和信用损失。

## 为互联网金融行业打造人才基石

人才是发展的基石，但互联网金融是一个新兴行业，同时具备互联网与金融专业知识的复合型人才少之又少。为此，公司不断引进金融院校大学生和高级专业人才充实队伍，同时也在加速内生人才。

2014 年，红岭创投成立了中国第一所互联网金融学院，2015 年还上线了随意学培训系统，开展线上线下培训，形成了较为完善的培训体系。学院高薪聘请优秀的高校专家教授及有丰富实战经验的企业高管为学员培训，通过对实际案例的讲解，提高了全员的知识技能和综合素质，为公司风控、市场、运营等各岗位储备和输送了人才，更好地支撑了公司各项业务的发展。在满足红岭创投自身员工培训的基础上，学院今后还将面向社会招生，为同行业培训和输送互联网金融人才，实现更大的社会价值。

为帮助公司解决自身经营和行业生态发展中需要探索和实践的各类问题，红岭创投设立了互联网金融研究所，通过提供各项研究报告和红岭指数，为公司的发展提供数据参考和智力支持。研究所还积极参与外界的学术交流，并与高校教授开展合作研究，通过学习和交流，不断获取新鲜养分，使企业永葆创新活力。此外，研究所还创办了《互联网金融研究》杂志，力求成为行业改革发展决策的“智库”和“创新源”。

## 专注技术革新，提升用户体验

P2P 平台的稳定性至关重要，金融的核心是风险控制，而互联网的核心就是安全，这两者都是平台的生命线。为让平台网站适应日益增长的业务需求，更好地保障平台数据安全，红岭创投携手阿里云，共同重写红岭创投的 IT 架构。目前，项目二期已经上线。在项目二期中，红岭创投将使用阿里云的中间件：企业级分布式应用服务 EDAS。使用 EDAS 后，系统在理论上可以无限扩展，只要不超过目前阿里的并发量。技术的革新将带来业务模式的变化。有了阿里金融云的支持，红岭创投能够在“双十一”大促和周年庆等活动中从容应对，更好地支持红岭投资者的用户体验。

作为老牌 P2P 网贷平台，红岭创投在平台运营上积累了许多经验，对于投资人的常见问题与需求相对了解。为了做到及时响应，红岭创投为每一位投资者配备专属客服，长期跟进。由于事先已经对该用户的投资行为与历史咨询有所了解，客服在接到用户电话时，能够在第一时间对其开展服务，减少了客户说明问题的时间，也能让投资者感觉亲切。

随着移动互联网时代的到来，信息不对称现象将逐渐减少，人们选择的多样性和自主性将不断凸显。红岭创投将始终坚持服务导向，以保护投资者利益为先，安全合规经营，积极推进普惠金融的发展，探索利率市场化实践；顺应时代发展，稳中求新，不断探索 P2P 网贷发展新模式。

# 不忘初心，做好行业深耕者

文｜杨一夫

> 从200亿元到1万亿元，网贷行业交易量仅仅用了两年就完成了如此量级的增长。然而过于宽松的成长环境也让行业陷入了升级的瓶颈。监管政策的落地，让“合规化”成为业内企业的头等大事。野蛮的烧钱扩张已经成为过去，网贷行业勿忘自身普惠金融的实质，在金融市场里找准定位，深耕细作才是企业长久发展之道。

自从互联网诞生以来，人类生活的各个方面都在不断被颠覆。网络借贷正是这一时代巨变的一部分，它将无数有资金需求的个体通过互联网技术与有理财需求的个体连接起来，形成共赢。2013年被认为是互联网金融元年，也正是在这个时间，网贷行业开始加速发展。

## 网贷崛起：长尾客户的呼唤

网贷行业之所以能够在2013—2015年爆发式增长，表面上看源于民营资本利用技术红利对相对封闭的金融行业大举侵入，但其本质上却是市场空白倒逼形成的需求产业。作为一种行之有效的模式创新，网贷平台借助于互联网技术的高效性和边际成本优势，迅速占领了传统金融机构一直以来难以切入的中低收入人群市场。传统金融机构受限于高昂的人力成本和延续已久的从业方式，只能以二八法则来服务高净值人群及大企业，很难做到更大范围地覆盖中低收入人群及小微企业经营者。随着国内生活水平的普遍提高，消费升级带来的内需动力，在征信水平还远远不成熟的环境中，网络借贷成为了成长性人群信用的初期挖掘者，并迅速成为个人金融服务领域有效的组成部分。

然而，在平台数量和成交金额急剧上升的同时，问题平台数量的快速增长也暴露着部分从业者的贪婪和短视。从网贷之家提供的数据看，2012年整个行业只有不到10家问题平台，这一数字在2015年底达到了近900家，增长了90倍。2016年还会更高。

## “先扩大后洗白”不是一条捷径

一个行业在诞生之初总要经历利益驱动所导致的非良性发展阵痛。在互联网创业思维的影响下，不少平台开始陷入烧钱竞争的恶性循环。融资的目的仅仅是为了弥补愈发高涨的获客成本，以及使平台规模迅速扩大。延续着其他领域的经验，这些平台期望在迅速占领市场之后再进一步优化平台的风控体系和金融专业。在我们看到的真实案例中，很多企业的确在走“先出名，再洗白”

的路，但大多数倒在了“洗白”的途中。

做金融核心业务一定要赚钱，以亏钱的方式去做大并不是这个特殊行业可以承受的。类比目前以烧钱抢占市场的大部分O2O服务提供商或电商平台，即便有一天烧不动了退出这个行业，公司倒闭，也并不会给用户造成太大的利益影响。但诸如网络借贷等互联网金融平台，当企业批量性地出现问题时，一定会给投资人或者普通老百姓带来非常大的损失，由此可以看出这个行业明显的风险外溢性。从此意义出发，网络借贷天生的行业属性决定了其在互联网经济飞速发展过程中的特殊节奏，合规性一定有着更高的优先级。

## 合规发展，是压力也是动力

2016年8月，关于银行资金存管的具体文件《网络借贷资金存管业务指引》特别对银行方面针对网贷平台的存管责任进行了规定。仅仅几天后，正式的《网络借贷信息服务中介机构业务活动管理暂行办法》（以下简称《暂行办法》）公布。

《暂行办法》发布后，在监管部门就该文件做出的问题解答中，网贷行业的定位被再次明确为“信息中介、小额分散的普惠金融”。回想人人贷刚创业时，网络借贷对于中国来说还是新鲜事物，秉承着服务于小微，以普惠为核心目的的价值观。不过这种定位在个体和个体之间通过互联网实现的直接借贷模式，随着参与的企业越来越多以及监管缺失下的无序生长，逐渐脱离了它的本源。我们可以看到各种融资租赁的项目，大型企业的借贷，以及包括票据、工业设备，甚至是艺术品等形形色色的非个体大额非标资产的抵押。从相关行业报告的数据看，在网贷领域上千家的企业中，真正把小额信贷作为主营业务的仅2%~3%。而在小额分散方面，我们6年来与监管的思路不谋而合。目前人人贷总体贷款余额（资产规模）已达110亿元，所有的资产几乎都来自小额信贷。公司发展走在一条正确的道路上，并抢占了细分市场的优势。

## 风控：互联网金融的核心竞争力

传统金融体系中，银行在既有经济体系中的地位决定了它依然是相对最好的应对大额借贷逾期风险的选择。民间金融机构进入不擅长的大额借贷领域，风险集中被放大的概率会更高。新兴互联网金融机构的致命短板依旧是风控。虽然互联网金融企业凭借着技术优势提高了信息获取和数据处理的效率，但数据来源的不确定性以及非权威性，使风控能力依旧成为最大挑战。一个重要的原因是我国并不存在完善的个人征信体系，已有的信用信息也没有实现有效的商业化。平台不得不自寻方式获取更多维度的数据来填补自己的风控模型。

人人贷从信贷产品设计环节到贷款审批，再到贷中管理，到最后催收，除了使用技术手段提高效率，也网罗了来自多家传统金融机构风控体系的精英人才，始终坚持着100%由有多年经验的审批官做最终人工复核。

## 银行存管：透明的金钟罩

在《暂行办法》的具体条款中，以资金

的银行存管为代表的一系列高要求正是对用户资金安全重视的体现。由银行负责监督账户内的资金流转，所有资金流转全部由银行进行单独簿记，可以说是最严格也最有效的存管方案，客户的资金被置于透明的“金钟罩”之下，与平台资金不再混为一体。这也是人人贷目前采用的方案。

首先，这种直接银行存管模式将用户资金与平台自有资金进行有效隔离。用户的资金自交易之初就在银行体系内运转。这种隔离避免了平台自建资金池的可能性，消除了平台擅自挪用资金的隐患，从而在根源上保障了用户资金安全。

其次，银行会对用户账户进行独立管理。银行为用户设立独立的银行存管子账户，并对所有用户的交易与资金流水进行簿记，避免平台挪用，使平台用户的资金交易全程都真实在银行端完成。

此外，《暂行办法》中明确强调了对于用户自主投资意愿的安全保障。用户设置的交易密码由银行管理，平台无法触碰。这不仅有效确保每一笔交易的真实性，同时也防止平台在未经用户授权的情况下对用户资金进行违规操作。

## 告别混战，行业迎来最好的时代

监管已经落地，行业最好的时代也即将到来，整体市场环境在出清，资金成本在下降。金融的本质即是对资金流动过程中风险的管理，在互联网金融领域，这种风险不仅仅是指信用风险，还包括系统风险、政策风险、经营风险、道德风险等。企业需要对风险足够敬畏，以安全合规为首要业务出发点。

杨一夫
人人贷联合创始人

这既是人人贷固有的价值观，同时也是审慎观察行业后确定下的重要战略布局。无论是小额的借贷原则，还是行业首推季度业绩报告提高公开透明性，抑或耗时耗力上线资金存管，都体现了人人贷对于合规经营的一贯原则。

在新的格局中，由于人人贷所积累的合规价值以及行业地位，给即将到来的跨越式发展奠定了稳固的基础。在可预见的未来，人人贷将在资产结构、资产流量以及资金来源的多元化上更进一步，在2020年将整体资产规模做到1000亿元。这不仅仅是对实力的自信，也是对我们一贯坚守的价值观的自信。

# 互联网金融亟须解决的法律问题

文 | 彭冰

互联网金融的相关法律问题主要涉及两个层面：私法层面的问题，核心是传统的民商法如何适应电子数据时代。公法层面的问题包括两类：一是在原有的金融监管体制下，互联网金融作为一种新生业态，是否需要获得许可，即互联网金融的合法性问题；二是在许可后，如何监管其规范发展，防止其风险外溢及保护投资者。互联网金融亟须解决的法律问题重点在第二个层面。

2016 年，互联网金融在中国突飞猛进的发展势头受到了遏制。

在规则之外野蛮生长的互联网金融，随着 2015 年“e 租宝”事件的爆发，其中蕴含的风险终于为监管者所认识。2016 年 4 月，在国务院组织下，各部委和地方政府展开了对互联网金融风险的整治活动，预计将用一年时间完成任务。

整治是因为风险，金融活动一向因为其风险外溢性而受到严格监管。互联网金融的相关法律问题主要可以分为两个层面：

第一，金融交易涉及的各种基础关系，需要法律支持和保护。例如，通过网络缔结的合同是否有效？多人出借资金，能否委托一个代理人登记或者持有担保财产？这些问题主要涉及私法层面，核心是传统的民商法如何适应电子数据时代。

第二，主要涉及对互联网金融的监管，这属于公法层面，涉及两方面的问题：一是在原有的金融监管体制下，互联网金融作为一种新生业态，是否需要获得许可，即互联网金融的合法性问题；二是在许可后，如何监管其规范发展，防止其风险外溢及保护投资者。

下文我们将从这两个层面来讨论互联网金融相关法律面临的问题，重点在第二个层面。

## 互联网金融的私法层面：数据产权的相关法律制度待建立

在私法层面，中国传统民商法对电子数据时代的适应性调整已经非常迅速。

立法上，1999 年的《合同法》就已经承认了数据电文合同的效力；《物权法》颁布之后，我国正在国务院的强力推进下，努力建立统一的不动产登记制度。相信在统一的不动产登记制度建立后，与金融相关的担保制度也会有很大的改善。

同时，我国正在制定统一的民法典，原先已经颁布的单行《合同法》《物权法》和《侵权责任法》都面临整合问题。这是一个机会，可以在整合过程中，趁机调整原有立法中与电子数据和网络交易不相适应的地方。这方面还需要民法学者更多关注互联网时代的实践。

目前立法方面最大的问题是数据产权和信息产权的制度缺失。传统物权法考虑的是有体物，随着经济的发展，对创新和信誉的保护需求已经促进了知识产权制度的形成与迅速发展。然而，进入信息技术时代后，现有法律对信息产权和数据产权却一直失语，比如，哪些数据可以收集，哪些不可以？原始数据和衍生数据各自的产权归属如何确定？这些问题目前在传统隐私权保护体系下可以得到一定处理，但形成于19世纪的个人隐私权保护制度与互联网时代的数据产权并不协调，因此不能适应互联网时代，尤其是互联网金融方面大数据业务的需求。

我国应当尽快研究和建立数据产权的相关法律制度。

彭冰
北京大学法学院

## 互联网金融的监管法律：有所进展但远未完善

金融具有风险外溢性，需要监管和规范，各国因此都建立了金融特许制度，要求从事金融业务者应当获得不同层次的业务许可，未经许可从事金融业务即构成非法。同时，金融机构在获得市场准入之后，从事金融业务还要遵守监管要求，符合业务规范。

互联网金融的兴起是因为互联网及相关技术降低了信息处理成本，创造了新的金融业态。一些传统上不可行或者不可想象的金融业务模式现在变得可行与便捷，典型的如支付宝和余额宝。支付宝使得小额移动支付变得简单易行，余额宝使得一般公众也可享受基金管理公司的理财服务。但互联网金融也同时带来了监管难题：传统的金融监管体制如何容纳互联网金融？如果将互联网金融简单纳入传统金融监管体制，很现实的一个问题就是互联网金融的成本优势可能丧失；但如果放任不管，又极可能诱发金融风险——2016年互联网金融风险整治工作的开展，显然就是因为此前我们对互联网金融的监管不足。

因此，可行的办法只能是设计一套专门的能够有效针对互联网金融的监管制度。在这方面，我们目前已经在不同互联网金融领域有所进展，但其有效性还有待进一步观察，例如互联网支付和P2P网贷；在另一些领域还基本缺失，如股权众筹等。下面按照互联网金融的不同领域来具体讨论。

按照国务院多个部委联合发布的《关于促进互联网金融健康发展的指导意见》，互联网金融被划分为7个领域，但其中多个领域，例如互联网基金销售和互联网保险等，本质属性都是金融产品的网络销售。基于监管机构的不同予以区分，在政策上有其必要性，但从学理上看，意义并不很大。因此，我们基于业务的性质不同，只将互联网金融区分为三大领域：支付、互联网金融产品销售和互联网融资，以方便对问题的认识。当然，这只是基于目前中国互联网金融的现实发展做出的初步划分。我们相信，随着技术的进步，互联网金融还可能创造出更多的金融业态，需要届时再进行研究。

### 领域一 互联网支付

随着支付宝的创立，中国第三方支付机构的发展较为迅速。这也最先引发了监管者的关注。互联网支付的合法性问题最早得到了解决：2010年，中国人民银行发布《非金融机构支付管理办法》，宣布所有第三方支付机构必须取得支付许可证，才可合法从事支付业务。目前，中国人民银行已经颁发了近100张互联网支付牌照。

同时，监管者也建立了第三方支付业务监管规范，其核心是禁止支付机构挪用客户的备付金，保护备付金安全。

支付服务需要通过为客户开设账户实现，基于反洗钱法的规定，支付机构需要对客户身份进行验证和审查。传统的面对面服务在这方面有严格要求，但在网络时代，反洗钱中“认识你客户”原则（Know Your Customers, KYC）变成了严苛的限制。面部识别、指纹识别等身份验证手段还没有得到监管机构的完全认可。目前的支付监管规则，基于身份认证的可靠性，将支付账户划分为不同的等级，限定了不同账户的功能（例如是否能够提现）和金额（额度限制）。

从目前来看，对备付金和账户功能等业务监管规则的要求可能过于严格。例如，按照最新整治方案的要求，第三方支付机构存取在银行的备付金账户将不能获取银行利息，第三方支付机构不能在多个银行开户、必须利用统一的跨行结算系统等，都大大增加了第三方支付机构的运营成本，但在合理性上却并无充分论证。

所以，在互联网支付方面，未来需要努力的是调整监管规则，根据风险监管的要求，不断适应实践的需求。

### 领域二 互联网金融产品销售

互联网金融产品销售包括两部分：一是许可金融产品的销售，二是未经许可的金融产品销售。

许可金融产品的销售，是指利用网络销售由许可金融机构提供的许可金融产品。这其中涉及的是金融产品的销售问题。现行法律对某些金融产品的销售或者有资质要求，或者有销售规范。例如，基金管理公司的公募基金产品，必须获得证监会的批准才能发行，同时，基金销售机构需要获得证监会的许可，在基金销售的过程中，销售者需要遵守投资者适当性原则，要向投资者进行信息披露和风险揭示。

这些关于金融产品销售的监管要求，是否符合互联网销售的特性，值得讨论。例如，传统的信息披露和风险揭示，能否适合网络销售特性？通过单独链接或者跳出相关页面提示，能否达到信息披露和风险揭示的效果？

目前这一领域最主要的法律问题是如何设计符合互联网特性的销售监管规范，以更好实现保护投资者的目的。

未经许可的金融产品销售，则面临合法性难题。未经许可的金融产品销售已经不是销售是否合规的问题，而是构成非法集资，这可以放到互联网融资中去讨论。

### 领域三　互联网融资

未经许可的金融产品通过网络向公众销售，是典型的非法集资，除了下面提到的私募和小额融资豁免外，并没有合法存在的空间。

互联网融资目前主要可以分为债权类融资（约定还本付息）和股权类融资（不约定还本付息），前者又被称为 P2P 网贷，后者的典型代表是股权众筹。

#### 1. P2P 网贷

因为监管体系的不同，P2P 网贷在中国得到了迅猛发展。在风险整治活动开展之后，2016 年 8 月，银监会终于颁布了《网络借贷信息中介机构业务活动管理暂行办法》（以下简称《办法》），建立了针对 P2P 网贷的监管制度。

《办法》以小额豁免为基础，确立了 P2P 网贷的合法性——只要遵守借贷限额和业务规范，网贷就可以免于被认定为非法集资。同时，《办法》也对 P2P 网贷业务提出了诸多规范，例如网贷平台应当担任信息中介功能，应当遵守 13 项业务禁令等。

但因为《办法》刚刚颁布，还有一年的调整期，相关配套规则还在陆续出台，所以目前的业务规范效果如何，还有待观察。随着网贷业务的不断创新发展，监管规则也需要及时予以调整。

#### 2. 股权众筹

股权众筹涉及向公众直接融资，为我国《证券法》所严格禁止，因此，在我国股权众筹并无合法空间。目前唯一可以从事的类似股权众筹活动，必须以私募融资的方式开展。

但股权众筹作为一种随着技术进步而出现的创新融资模式，为降低融资成本、解决中小企业融资难题提供了一种新的可能性。以美国为首的各国立法者，都纷纷修改法律，允许在风险可控的情况下，开展股权众筹活动。从各国股权众筹立法的经验来看，通过限制融资额度和投资额度以及强调众筹平台的监管职责，达到投资者保护和企业融资便利之间的平衡，是风险可控的主要手段。

因此，我们呼吁各方加快《证券法》修改进程，为股权众筹的合法化提供法律依据。

# 互联网金融法律风险与预防

文 | 李岩

时至今日，规范化发展成为互联网金融发展的指导方向。作为金融创新的互联网金融，在促进我国经济、金融体系的战略性升级的过程中，不可避免地面临纷繁复杂的法律风险，如何识别并分类互联网金融法律风险则成为万里长征的第一步。

2014 年至 2016 年是中国互联网金融行业突飞猛进的发展期，互联网 P2P 网络借贷平台呈井喷式发展，互联网股权众筹融资项目逐步落地，互联网第三方支付机构以及运作方式成熟化，互联网保险以及互联网银行的资质相继获批。但伴随着“e 租宝”“中晋合伙人”事件的曝光以及多家 P2P 公司跑路，互联网金融行业频发的法律风险已造成严重的负面影响。2016 年我国的政府工作报告明确提出规范化发展将是互联网金融发展的必然趋势。因此，互联网金融行业应将防范、控制和处置法律风险放在首位。

## 互联网金融行业涉及的法律风险

互联网金融行业可能涉及的法律风险主要包括刑事、民事、行政三个方面，具体如下：

### 风险一　刑事责任风险

依据刑事风险在互联网金融企业运营过程所导致的因素不同，将犯罪划分为三个风险类别：

类别一　互联网金融企业的主体瑕疵引起的刑事风险。涉嫌的罪名包括：擅自设立金融机构罪、非法经营罪、非法吸收公众存款罪。

类别二　互联网金融企业的运营模式瑕疵引起的刑事风险。涉嫌的罪名包括：集资诈骗罪、非法吸收公众存款罪、非法擅自公开发行股票、公司及企业债券罪、虚开增值税专用发票罪。

类别三　互联网金融企业的风控机制

本文作者李岩为北京市京翰律师事务所互联网金融法律研究中心主任。该中心成立于 2016 年，致力于帮助互联网金融企业预防、识别及转移风险，实现企业理性平稳可持续发展，目前中心成员有周厚兴律师、李岩律师、李巍律师、张文玲律师、吴献律师。

瑕疵引起的刑事风险。涉嫌罪名包括：洗钱罪、虚假广告罪、侵犯公民个人信息罪。

**风险二　行政责任风险**

互联网金融行业的行政责任风险，是指互联网金融企业在正常运营的过程中，因违反国家权力机关制定的行业规范但未构成犯罪而引起行政处罚等责任。[1]

**风险三　民事责任风险**

互联网金融企业的民事责任风险，是指互联网金融企业在与目标客户的交易过程中由于双方或单方的违约行为或侵权行为而造成的民事赔偿责任。因此，依据产生风险的来源不同，将其划分为互联网企业的民事责任风险和目标客户的民事责任风险两大类：

类别一　互联网金融企业引起的民事责任风险。

互联网金融企业的民事责任风险，主要集中在发布虚假金融信息的侵权责任、挪用客户资金的侵权责任、泄露客户信息的侵权责任、金融产品兑付的违约责任、第三方支付的担保以及错误支付的违约责任等6类。

类别二　目标客户引起的民事责任风险。

目标客户引起的民事责任风险，是指通过金融交易平台获取资金的企业或自然人，主要包括：①利用现有征信系统的不完善虚假借贷风险；②利用电子认证技术的瑕疵逃避兑付的风险；③信息披露不实的违约风险。

## 互联网金融企业如何防范法律风险

随着互联网金融业务的创新及互联网金融市场参与主体范围不断扩大，对于互联网金融企业来讲，法律风险防范尤为重要，结合以上法律风险分析，对于互联网金融企业提出如下建议：

首先，互联网金融企业应明确自身的法律地位，从而明确自身的业务范围。2016年8月17日，《网络借贷信息中介机构业务活动管理暂行办法》明确互联网金融企业在网络借贷的业务过程中承担中介组织的法律地位，并且不得提供增信服务，不得直接或间接归集资金，不得非法集资。

其次，互联网金融企业收集、使用、保护客户信息应合法、合规。

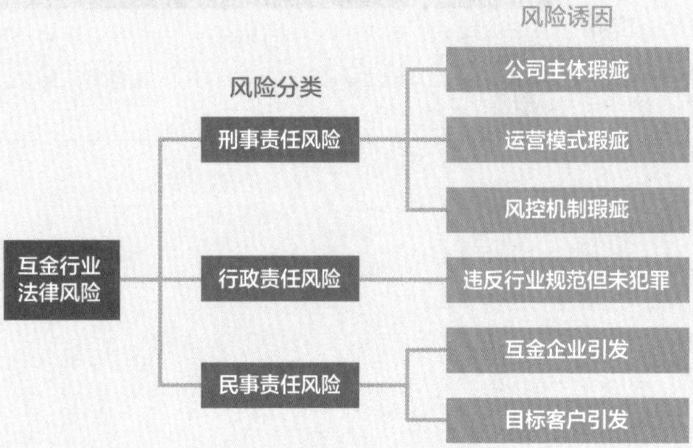


互联网金融行业法律风险分类

1 2016年5月13日人民银行上海分行官网发布的行政处罚信息公示表显示，上海汇付数据服务有限公司因违反反洗钱规定，被处以罚款35万元。

李岩
北京市京翰律师事务所互联网金融法律研究中心主任

第一，互联网金融企业应建立收集客户信息的合法渠道，即采集客户自愿并真实披露的信息。对此，建议互联网企业在专业律师及法务的指导下，建立完整的客户信息登记制度文件体系，在客户信息登记体系文件中用醒目的字体标出，充分提示参与金融市场的风险性，由客户自愿选择是否参与，从而避免因披露不充分而导致赔偿或补偿责任。

第二，互联网金融企业应合法使用客户信息，为做好资信评估等工作，互联网金融企业会全面收集客户信息加以使用。而目前，互联网金融成为信息泄露的重灾区，特别注意，客户向互联网金融企业提供信息应限于客户参与项目中，因信息产权制度在我国现有法律体制下并未建立，现行法律禁止互联网金融企业将客户信息作为资产定价予以转让或使用于其他商业用途。

第三，互联网金融企业应建立客户信息的保护机制，作为向广大客户提供服务的平台，应符合国家规定的安全标准，从而避免或者减轻责任，实践中互联网金融企业应向营业地当地公安机关申请备案，获得公安机关出具《信息安全等级保护备案证明》，从而达到平台安全标准。

第四，互联网金融企业应建立合法、合规的新型交易模式及评测体系，对金融流动性风险进行实时监测评估。笔者以互联网借贷企业为例，分析近期互联网金融企业跑路事件，发现上述事件的原因与现有互联网借贷企业的交易模式是密切相关的，现有互联网借贷企业在连接借贷双方时采取的交易模式是“多出借人对单或少借贷人”，一旦单或少借贷人发生信用风险，则会造成互联网借贷企业遭受“蝴蝶效应”的挤兑风险，因此，互联网借贷企业可以尝试将现有交易模式改变为“多出借人对多借贷人”模式，即出借人的出借总额被划分为若干份，避免单一主体不良事件产生重大影响。另外，互联网借贷企业可以选择单一或较少的业务领域挖掘借贷人并组建或合建风险评估专家组，从而避免因多个借贷人从事业务方向差异性太大，从而难以判断行业信用风险。

第五，互联网金融企业应制定应对大规模挤兑的金融风险应急预案。当今信息技术高速发展，一旦互联网金融企业自身或者参与项目出现不良事件，危害性比以往更迅猛并短时间难以消除，因此，互联网金融企业制定应急预案是重中之重。笔者认为应急预案中首要是保证金融参与人能够兑付，保险制度则给金融参与人提供可以选择的途径，因此，互联网金融企业应建立“互联网+保险”制度作为应急预案。

## 监管如何控制互联网金融法律风险

首先，互联网金融监管应及时出台法规、政策为互联网金融企业的创新业务范围提供明确政策指导和依据。近年来股权众筹越来越受到金融参与人的追捧，而现有我国司法体制下,对于股权众筹只允许私募进行，从而不仅限制金融参与人的投资渠道，而且也变相催生以“股权众筹”的名义进行的集资诈骗。因此建议金融监管机关可以在一定条件下（如设定金融参与人投入的最高额度等）允许互联网金融企业及金融参与人开展股权众筹业务。

其次，互联网金融监管机关加强事中事后监管。互联网金融企业的设立规制已形成初步的完整体系（如互联网借贷企业），为指导互联网金融企业能够健康发展业务，金融监管机关应及时加强技术手段（监控互联网金融企业交易平台，落实金融监管机关协作机制等），从而达到及早发现，查出，警示,从而避免或减轻对社会产生的不良影响。

# 互联网金融纪事（2011—2016年）

● 行业　● 政策

## 2011

**5月**

● 央行开始发放首批第三方支付牌照，支付宝、快钱、拉卡拉等27家公司获批。此举标志了互联网与金融相结合的开端。

**8月**

● 《中国银监会办公厅关于人人贷有关风险提示的通知》发布，首次提出对P2P网络借贷平台的风险与监管要求，引发多方关注。

## 2012

**4月**

● 时任中国投资公司副总经理谢平在“中国金融四十人论坛”年会上首次提出互联网金融的概念、理念和理论。同年，《互联网金融模式研究》报告发布，奠定了互联网金融发展的理论基础。

## 2014

**1月**

● 微信5.2上线，“抢红包”使腾讯、阿里移动支付争夺战正式打响。

**3月**

● 《中国人民银行关于手机支付业务发展的指导意见》《中国人民银行支付结算司关于暂停支付宝公司线下条码（二维码）支付等业务意见的函》出台，规范了移动支付业务。央行副行长潘功胜称央行正在牵头制定促进互联网金融健康发展的指导意见。

● 互联网金融首次被写入政府工作报告。国务院总理李克强在十二届全国人民代表大会第二次会议上所做的政府工作报告中提出：“促进互联网金融健康发展，完善金融监管协调机制。”

● 央行紧急叫停腾讯、支付宝旗下的虚拟信用卡产品、条码（二维码）支付等面对面支付服务。央行下发文件对10家第三方支付公司进行了处罚。

**4月**

● 央行与银监会联合下发《关于加强商业银行与第三方支付机构合作业务管理的通知》，进一步明确了商业银行和第三方支付机构的风险责任。

● 央行发布了《中国金融稳定报告（2014）》，报告谈及中国互联网金融的发展及监管，并提出中国互联网金融监管应遵循的五大原则。

**7月**

● 前海微众银行、天津金城银行、温州民商银行三家民营银行正式获批筹建。

**9月**

● 浙江网商银行、上海华瑞银行两家民营银行正式获批筹建。

# 2013

**3月**

- 央行行长周小川在十二届全国人大一次会议新闻中心“货币政策与金融改革”记者会上，对以科技促进金融业发展表示支持，并表示央行应支持当前互联网金融的探索。
- 证监会发布《证券投资基金销售机构通过第三方电子商务平台开展业务管理暂行规定》，明确了监管要求，并规定了平台的资质条件和业务边界，标志着基金销售机构电子商务技术应用进入新阶段。

**4月**

- 根据国务院应对国际金融危机小组的决定，“互联网金融发展与监管”成为国家层面在金融领域最为重要的19个金融研究课题之一，由央行负责牵头制定相关研究计划。

**6月**

- 支付宝联手天弘基金上线“余额宝”，极大地满足了普通居民对于小额、低风险、高流动性理财的需求，为提升普通居民的理财观念发挥了重要的启蒙作用。余额宝上线3个月后，规模就达556.53亿元。

**7月**

- 京东商城CEO刘强东在京东平台合作伙伴大会上宣布，京东已经成立金融集团，正式进军互联网金融。

**8月**

- 国内第一家银行电商——民生电商成立。
- 中关村互联网金融行业协会成立。首批会员单位33家，包括京东商城、拉卡拉、融360、人人贷等。该协会旨在整合互联网金融行业发展资源，实现协会成员优势互补、合作共赢、协同创新、规范自律。
- 国务院发布《关于金融支持小微企业发展的实施意见》，提出“充分利用互联网等新技术、新工具，不断创新网络金融服务模式”。
- 国务院发布《关于促进信息消费扩大内需的若干意见》，提出“推动互联网金融创新，规范互联网金融服务”。

**10月**

- 北京市海淀区人民政府举行“互联网金融中心”“互联网金融产业园”“互联网金融基地”揭牌仪式，京东金融集团、百度小贷等6家互联网金融机构签约入驻。同时，海淀区政府发布了《关于促进互联网金融创新发展的意见》，提出多项互联网金融机构优惠政策。
- 百度金融宣布理财计划“百发”将上线，百度正式进军互联网金融。

**11月**

- 十八届三中全会通过《中共中央关于全面深化改革若干重大问题的决定》，正式提出“发展普惠金融”，释放支持互联网金融信号。
- 中国第一家互联网保险公司——众安在线财产保险股份有限公司获批成立。

**12月**

- 由中国支付清算协会牵头发起成立了“互联网金融专业委员会”，包括银行、证券、支付机构、P2P等在内的75家机构共同参与并审议通过了《互联网金融专业委员会章程》《互联网金融自律公约》。
- 包括央行在内的五部委联合印发了《关于防范比特币风险的通知》，禁止中国的银行和支付系统开展比特币业务，禁止比特币作为货币流通。
- 网易宣布推出在线理财平台“网易理财”，正式进军互联网金融。
- 杭州数米基金因销售基金违规，互联网金融收到首张罚单。

**10月**

“蚂蚁金融服务集团”正式宣告成立，旗下业务包括支付宝、支付宝钱包、余额宝、招财宝、蚂蚁小贷和网商银行。

**11月**

第一届世界互联网大会在浙江乌镇举办，以“互联互通 · 共享共治”为主题。

**12月**

前海微众银行成为首家上线的互联网银行，其PC端一枚二维码标志了无网点、无门店的重度移动互联网基因。

2014年12月18日，证监会发布《私募股权众筹融资管理办法（试行）（征求意见稿）》，标志了首份互联网金融官方文件的落地。文件对股权众筹融资的性质、投资者、融资者、投资者保护、自律管理等内容进行了规定。

## 2015

**1月**

央行发布《关于做好个人征信业务准备工作的通知》，要求芝麻信用管理有限公司、腾讯征信有限公司等八家机构做好个人征信业务的准备工作，开放了民间征信渠道。

银监会进行了成立近12年来的首次组织架构改革，设立普惠金融部，首次明确了P2P行业监管工作由普惠金融部负责。互联网金融行业监管从此因时而变，在组织建设上跟上互联网金融的创新步伐。

**3月**

互联网金融第二次被写入政府工作报告。国务院总理李克强在十二届全国人民代表大会第三次会议上赞誉互联网金融为“异军突起”，并提出“互联网+”行动计划。

中国工商银行发布“e-ICBC”，成为国内首家发布互联网金融品牌的商业银行。

**4月**

教育部办公厅和银监会办公厅联合发布《关于加强校园不良网络借贷风险防范和教育引导工作的通知》，提出加强校园不良网络借贷平台的监管和整治，教育和引导学生树立正确的消费观念。

**5月**

证监会叫停上市公司跨界定增，涉及互联网金融、游戏、影视、VR四个行业。

**6月**

中国互联网金融协会成立区块链工作组，深入研究区块链在金融领域的应用。

**7月**

山东省率先推出首部省级地方性金融监管法规《山东省地方金融条例》，提出“支持金融与互联网等信息技术的融合，促进金融机构、地方金融组织开拓互联网金融业务，规范发展第三方支付、网络借贷等新兴业态，发挥互联网金融的资金融通、支付、投资和信息中介等功能作用”。

**8月**

银监会、工信部、公安部、国家互联网信息办公室联合发布《网络借贷信息中介机构业务活动管理暂行办法》，对备案管理、业务规则与风险管理、信息披露、监督管理、法律责任等进行了详细规定。并做出了12个月过渡期的安排。

国务院发布《“十三五”国家科技创新规划》，规划中明确提出促进科技金融产品和服务创新，建设国家科技金融创新中心等，使得金融科技产业正式成为国家政策引导方向。

**10/11月**

10月，国务院办公厅正式发布了已于同年4月12日成文的《互联网金融风险专项整治工作实施方案》，对包括P2P、股权众筹、第三方支付等在内的互联网金融行业提出了明确整治方案。

10月，中国互联网金融协会正式发布《互联网金融信息披露个体网络借贷》标准（T/NIFA1—2016）和《中国互联网金融协会信息披露自律管理规范》。标准与配套自律制度的正式出台，将有效规范互联网金融行业的信息披露行为，为建立互联网金融风险治理长效机制发挥重要作用。

11月，银监会联合工信部、工商总局发布了《网络借贷信息中介备案登记管理指引》，为新注册及已设立并开展经营的网贷平台备案登记给予指引。

## 2016

### 1月

中国人民银行召开数字货币研讨会，要求"早日推出央行发行的数字货币"，确定了央行发行数字货币的基调。

### 3月

国务院总理李克强在十二届全国人民代表大会第四次会议上提出，"规范发展互联网金融，大力发展普惠金融和绿色金融"。互联网金融连续第三年被写入政府工作报告，它对实体经济发展的重要作用得到充分肯定。

央行、银监会联合印发《关于加大对新消费领域金融支持的指导意见》，从积极培育发展消费金融组织体系、加快推进消费信贷管理模式和产品创新、加大对新消费重点领域的金融支持、改善优化消费金融发展环境等方面提出一系列细化政策措施。

由央行牵头组建的中国互联网金融协会正式挂牌成立，宗旨是对互联网金融行业进行自律规范；为会员服务，维护会员的合法权益；维持互联网金融行业的正当竞争秩序，推动行业健康有序发展。中国人民银行原副行长李东荣当选首届协会会长。

### 4月

蚂蚁金服旗下个人信贷产品——"蚂蚁花呗"宣布正式上线，进军消费金融领域。

### 5月

小米推出小米金融APP，进军互联网金融。

### 6月

浙江网商银行宣布正式开业，旨在服务小微企业。

国务院印发《关于大力推进大众创业万众创新若干政策措施的意见》，提出支持互联网金融发展。

### 7月

《国务院关于积极推进"互联网+"行动的指导意见》出台，提出将互联网的创新成果与经济社会各领域深度融合，进一步促进社会发展。

证监会发布《关于清理整顿违法从事证券业务活动的意见》，规范了证券公司业务活动，互联网配资平台纷纷停止了相关业务。

央行等十部委联合发布《关于促进互联网金融健康发展的指导意见》，定下互联网金融"鼓励创新、防范风险、趋利避害、健康发展"的发展与监管基调，确立了互联网支付、网络借贷、股权众筹融资、互联网基金销售、互联网保险、互联网信托和互联网消费金融等主要业态的监管职责分工，落实了监管责任，明确了业务边界。

保监会印发《互联网保险业务监管暂行办法》，对互联网保险进行了定义，并对风险管控、信息披露、经营规则、监督管理等方面提出了明确要求。

### 8月

最高人民法院发布《最高人民法院关于审理民间借贷案件适用法律若干问题的规定》，对民间借贷行为及主体范围、受理与管辖进行了规定，明确了民间借贷合同的效力，并对互联网借贷平台的责任承担进行了规定。

### 11月

《中共中央关于制定国民经济和社会发展第十三个五年规划的建议》正式发布，提出规范发展互联网金融。互联网金融首次被纳入中央五年规划，代表其在过去的发展受到认可，行业整体地位进一步得到提升。

### 12月

央行发布《非银行支付机构网络支付业务管理办法》，旨在规范非银行支付机构网络支付业务、防范支付风险、保护当事人合法权益。

银监会联合工业和信息化部、公安部、国家互联网信息办公室等部门起草了《网络借贷信息中介机构业务活动管理暂行办法（征求意见稿）》，向社会公开征求意见。

e租宝深圳分公司被突查，该事件最终被定性为非法集资案，涉及用户ID 901294个，累计投资745.11亿元，引起社会广泛关注。

第二届世界互联网大会在浙江乌镇举行，主题为"互联互通·共享共治——构建网络空间命运共同体"，中国国家主席习近平出席开幕式并发表主旨演讲。

编辑：李洋　设计制作：宫燕　蒋将